Ludwig Wittgenstein

Wiener Ausgabe
'The Big Typescript'

Herausgegeben von Michael Nedo

Zweitausendeins

Herausgegeben mit Zustimmung und im Auftrag der Erben Wittgensteins
Rush Rhees †, G. E. M. Anscombe und G. H. von Wright
sowie deren Vertreter Peter Winch †, Anthony Kenny und Nicholas Denyer
von Michael Nedo, Wittgenstein Archive, Cambridge

Transkription: Isabelle Weiss
Mathematik und Graphik: Bobbie Coe, Desmond Schmidt
Lektorat: Dominik Batthyány
Korrektur: Rosemary Graham, Hilda Lex, Gerlinde Wimmer
Computerimplementation: Desmond Schmidt

Band 11 der Wiener Ausgabe enthält das Typoskript TS 213
aus dem Eigentum von Wittgensteins Erben, Rush Rhees †, G. E. M. Anscombe
und G. H. von Wright, in der Wren Library, Trinity College, Cambridge

Original-Ausgabe erschienen als „Ludwig Wittgenstein – Wiener Ausgabe"
Band 11: 'The Big Typescript'
Copyright © 2000 Springer-Verlag/Wien
ISBN 3-211-82569-X

Lizenzausgabe mit freundlicher Genehmigung des Springer-Verlages/Wien
für Zweitausendeins, Postfach, D-60381 Frankfurt am Main.

Alle Rechte vorbehalten, insbesondere das Recht der mechanischen, elektronischen und fotografischen Vervielfältigung, der Einspeicherung und Verarbeitung in elektronischen Systemen, des Nachdrucks in Zeitschriften oder Zeitungen, des öffentlichen Vortrags, der Verfilmung oder Dramatisierung, der Übertragung durch Rundfunk, Fernsehen oder Video, auch einzelner Text- und Bildteile.

Der gewerbliche Weiterverkauf und der gewerbliche Verleih von Büchern, CDs, Videos oder anderen Sachen aus der Zweitausendeins-Produktion bedürfen in jedem Fall der schriftlichen Genehmigung durch die Geschäftsleitung vom Zweitausendeins Versand in Frankfurt am Main.

Printed in Austria.

Dieses Buch gibt es nur bei Zweitausendeins im Versand, Postfach, D-60348 Frankfurt am Main,
Telefon 069-420 8000, Fax 069-415 003,
Internet www.Zweitausendeins.de, E-Mail Info@Zweitausendeins.de oder in den Zweitausendeins-Läden in Berlin, Düsseldorf, Essen, Frankfurt am Main, Freiburg, 2 x in Hamburg, in Hannover, Köln, Mannheim, München, Nürnberg, Saarbrücken, Stuttgart.

In der Schweiz über buch 2000, Postfach 89, CH-8910 Affoltern a. A.

ISBN 3-86150-434-0

INHALTSVERZEICHNIS	CONTENTS
Einleitung vii	Introduction vii
'The Big Typescript' 3	'The Big Typescript' 3
Appendizes 1–5 507	Appendices 1–5 507

Einleitung

„Meine Absicht war es von Anfang, all dies einmal in einem Buche zusammenzufassen, ..." schreibt Wittgenstein 1945 im Vorwort zu den „Philosophischen Untersuchungen". Das 'Big Typescript' ist Wittgensteins erster Versuch einer solchen Zusammenfassung: von philosophischen Bemerkungen, die er in den ersten vier Jahren seit seiner Rückkehr nach Cambridge in zehn Manuskriptbänden niedergeschrieben hatte. „Das Ergebnis war [schreibt er im August 1938] ein unbefriedigendes, ..."

Das undatierte Typoskript TS 213 basiert auf einer Zettelsammlung, TS 212, die Wittgenstein aus den Synopsen der Manuskriptbände I bis IV, TS 208 und 210 (WA 7) sowie der Synopse der Manuskriptbände V bis X, TS 211 (WA 8) hergestellt hat. Die Entstehungszeit des 'Big Typescript' und die der vorausgehenden Zettelsammlung läßt sich aus den Datierungen der zugrundeliegenden Manuskriptbände und den Manuskripten der „Umarbeitung" herleiten.

Auf der Seite 33 des Typoskripts (WA 11.35.6) findet sich eine Bemerkung aus dem zehnten Manuskriptband (WA 5.178.1), die Wittgenstein am 2. Juni 1932 in Cambridge geschrieben hat. Das bedeutet, daß die Zettelsammlung TS 212 erst nach der Fertigstellung der Synopse TS 211 entstanden ist und die hat Wittgenstein in den Sommerferien 1932 in Wien zu Ende diktiert: zwischen seiner Ankunft in Wien am 28. Juni und seiner Abreise auf die Hochreit am 24. Juli. Dort, in der Einsamkeit und Stille der ausgedehnten Sommerresidenz der Familie hat Wittgenstein vermutlich die Arbeit am 'Big Typescript', die Zettelsammlung TS 212 begonnen. In Anbetracht des Umfangs und der Komplexität der Arbeit ist es jedoch zweifelhaft, ob Wittgenstein die Zettelsammlung noch vor dem Ende 1932 abgeschlossen hat. Das heißt, daß er das Diktat des 'Big Typescript' wahrscheinlich während der folgenden Osterferien, im März 1933 in Wien begonnen hat, worauf auch entsprechende Einträge in Wittgensteins Taschenkalender, "The Cambridge Pocket Diary 1932–1933", hinweisen.

Noch während der Schreibarbeiten am 'Big Typescript' beginnt Wittgenstein mit einer extensiven Über- und Umarbeitung, zuerst auf den Recto-, dann auf den Versoseiten und später in weiteren Manuskripten, die er über ein komplexes Bezugssystem mit dem Typoskript verknüpft. In der darauf folgenden „Umarbeitung", in den Manuskriptbänden X und XI findet sich am Anfang vom Band XI ein erstes und einziges Datum, der 14. 12. 1933, welches das ante quem des 'Big Typescript' bestimmt.

Introduction

In 1945, in the foreword to the 'Philosphical Investigations', Wittgenstein wrote: 'From the beginning my intention was to gather all this one day into a book, ...'. The 'Big Typescript' is his first attempt at putting together one such collection, based on the philosophical remarks he had written down in ten manuscript volumes during the first four years after his return to Cambridge. 'The result was [as he writes in August 1938] an unsatisfactory one, ...'.

The undated typescript TS 213 is based on a collection of cuttings, TS 212, which Wittgenstein produced from the synopses of manuscript volumes I to IV, namely TSS 208 and 210 (WA 7), and synopsis TS 211 (WA 8) from manuscript volumes V to X. The date of composition of the 'Big Typescript', and of the collection of cuttings that preceded it, can be deduced from the dates of the underlying manuscript volumes and from the manuscripts of the reworking, the 'Umarbeitung' (see stemma on next page).

On page 33 of the typescript (WA 11.35.6) occurs a remark from the tenth manuscript volume (WA 5.178.1), written by Wittgenstein on the 2nd of June 1932 in Cambridge. This means that Wittgenstein could only have started the collection of cuttings, TS 212, after completion of synopsis TS 211, which he finished dictating in Vienna during the summer holidays of 1932: that is, in the period between his arrival in Vienna on the 28th of June and his departure for the Hochreit on the 24th of July. There, in the peace and quiet of his family's extensive summer residence, Wittgenstein presumably began work on TS 212, the collection of cuttings that later became the 'Big Typescript', TS 213. However, considering the size and complexity of the work, it is doubtful if Wittgenstein can have finished it before the end of 1932. Hence he probably began the dictation of the 'Big Typescript' during the following Easter holidays, in March 1933 in Vienna. This is also suggested by entries in his Cambridge pocket diaries from 1932–1933.

Even while it was being produced, Wittgenstein began to revise and rework the text extensively, first on the recto and then on the verso pages, and later in further manuscripts, which he connected with the typescripts by way of a complex system of references. The first and only date in the subsequent reworking is found in manuscript volume XI of the 'Umarbeitung': 14/12/1933, which supplies the *terminus ante quem* for the 'Big Typescript'.

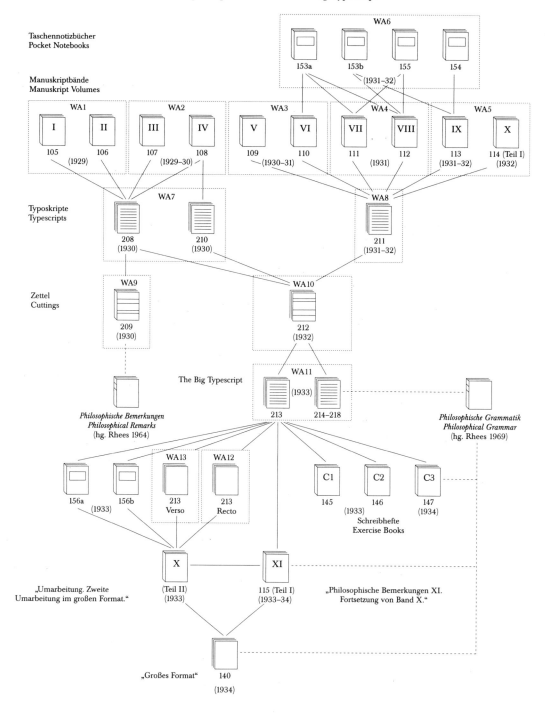

Äußerlich erscheint das Typoskript unter den Schriften Wittgensteins das Fertigste im Sinne eines Buches: Mit einem Inhaltsverzeichnis und unterteilt in 19 Kapitel mit 140 Sektionen. Und doch ist es ein Fragment, ohne Anfang und ohne einem Ende. Es hat keinen Titel, kein Motto und kein Vorwort, obwohl Wittgenstein bereits seit 1930 immer wieder Entwürfe hierfür in seinen Manuskriptbänden notiert hat. Neun Sektionen vom Ende der Zettelsammlung erscheinen nicht im 'Big Typescript', acht davon finden sich in den Typoskripten TSS 214–219 (Appendizes 1–5), nicht übernommen wurde nur eine Sektion, mit dem Titel: „Einen Satz im Ernst oder Spaß meinen. etc."

Aber es sind vor allem die extensiven Über- und Umarbeitungen mit denen Wittgenstein aller Wahrscheinlichkeit noch vor der Fertigstellung des 'Big Typescript' begonnen hatte, die zeigen, daß das Typoskript auf dem Weg zu der angestrebten Zusammenfassung seiner Gedanken in ein Buch eher einen Status nascendi darstellt als, wie oft argumentiert wird, „a coherent stage of Wittgenstein's thought".

Wie und zu welchen Ausmaß Wittgenstein den Text des 'Big Typescript' inhaltlich und stilistisch verbessert hat, zeigt ein Vergleich mit dem Teil I der „Philosophischen Grammatik" der diese Über- und Umarbeitungen weitgehend so wieder gibt, wie es Wittgenstein wohl im Sinn gehabt hatte: Die Sektionen I bis III vom ersten Teil der „Philosophischen Grammatik" sind praktisch identisch mit einem Text den Wittgenstein vermutlich im Jahre 1934 Moritz Schlick diktiert hat, dem sogenannten „Mulder V" (TS 308).

Aber auch diese Über- und Umarbeitungen des 'Big Typescript' kommen zu keinen Abschluß. Wittgenstein bricht die Arbeiten ab, weil, wie er im August 1938 in einem Vorwort (TS 225) zu einem neuerlichen, gänzlich andersartigen Buchprojekt schreibt, „... meine Gedanken bald erlahmten, wenn ich versuchte, sie, gegen ihre natürliche Neigung, einem Gleise entlang weiterzuzwingen."

> Dies hing allerdings auch mit der Natur des Gegenstands selbst zusammen. Dieser Gegenstand zwingt uns, das Gedankengebiet kreuz und quer, nach allen Richtungen hin zu durchreisen; daß die Gedanken in ihm in einem verwickelten Netz von Beziehungen zueinander stehen. (TS 225)

Das Stemma vermittelt einen Eindruck von dem „verwickelten Netz von Beziehungen" in denen die Manuskripte im Textkorpus des 'Big Typescript' zueinander stehen. Eine detaillierte Darstellung dieser Übergänge erscheint, ausgehend von den Manuskriptbänden, im „Register zum 'Big Typescript'".

Outwardly the typescript appears the most finished, the most book-like, of Wittgenstein's writings. It has a table of contents and is divided into 19 chapters and 140 sections. And yet it is a fragment, without a beginning or an end. It bears no title, no motto, no foreword, although from 1930 he was writing down drafts for these in his manuscript volumes. Nine sections from the collection of cuttings do not appear in the 'Big Typescript': eight of these are to be found in typescripts TSS 214–219 (Appendices 1–5); the only section not taken over is one entitled: 'To mean a sentence in earnest or in jest. etc.'

However, it is above all the extensive revisions and reworkings which Wittgenstein in all probability began even before finishing the 'Big Typescript', which show that it represents a nascent state in the process of forcing his ideas into book-form rather than, as is often argued, a 'coherent stage in Wittgenstein's thought'.

How and to what extent Wittgenstein stylistically and materially improved the text of the 'Big Typescript' is shown by a comparison with part I of the 'Philosophical Grammar', which broadly reproduces these revisions and reworkings, probably as he had intended: Sections I to III from the first part of the 'Philosophical Grammar' are virtually identical with a text which Wittgenstein probably dictated to Moritz Schlick in 1934, the so-called 'Mulder V' (TS 308).

And yet these revisions too of the 'Big Typescript' reached no conclusion. Wittgenstein broke off this work because, as he wrote in August 1938, in a foreword (TS 225) to a new book-project of a wholly different nature: '... my ideas soon flagged when I tried to force them against their natural inclination along a *single* track.'

> And this was, of course, connected with the nature of the subject. This subject forces us to travel through the country of thought criss-cross in every direction; that is, the ideas in it lie in a complex network of relations to one another. (TS 225)

The stemma on the opposite page gives some idea of this 'complex network of relations' which connect the manuscripts of the 'Big Typescript' corpus to one another. A detailed representation of these transitions and connections, starting from the manuscript volumes, can be found in the 'Register to the "Big Typescript"'.

Das 'Big Typescript' „as it stands", d.h., unter Ausschluß der umfangreichen Korrekturen, der Über- und Umarbeitungen Wittgensteins, enthält eine Vielzahl, oft sinnentstellender Fehler. Diese wurden in der vorliegenden Ausgabe, so weit als möglich, stillschweigend korrigiert. Bei diesen, oftmals recht schwierigen Entscheidungen wurde der gesamte Manuskriptkorpus berücksichtigt, wobei die Darstellung in den zugrunde liegenden Manuskriptbänden und die der „Umarbeitung" zumeist ausschlaggebend war, wie im folgenden Beispiel:

> Aus der Grammatik des Satzes – und aus ihr allein, muß es hervorgehen, ob ein Satz aus ihm folgt. Keine Einsicht in einen neuen Sinn kann das ergeben; – sondern nur die Einsicht in den alten Sinn. – Es ist nicht möglich, einen neuen Satz zu bilden, der aus jenem folgt, den man nicht hätte bilden können (wenn auch ohne zu wissen, ob er wahr oder falsch ist) als jener gebildet wurde. Entdeckte man einen neuen Sinn und folgte dieser aus jenem/dem/ ersten Satz, so hätte dieser Satz damit seinen Sinn geändert. (WA 11.212.2)

So steht es im Manuskriptband „Bemerkungen V" (WA 3.11.1). Im 'Big Typescript' heißt es aber: „... so hätte dieser Satz *dann nicht* seinen Sinn geändert.", vermutlich die Folge eines Hörfehlers beim Diktat der Synopse TS 211, wo der Fehler zum ersten mal aufscheint. Bei der Korrektur der Zettelsammlung wurde der Fehler übersehen.

Im 'Big Typescript' enden die handschriftlichen Korrekturen auf der Seite 292; die Bemerkung folgt auf der Seite 310, woraus sich erklärt, daß der gleiche Fehler auch in der „Philosophischen Grammatik" auftaucht, im Teil II, die letzte Bemerkung vor: „II Allgemeinheit".

Die extensiven Textänderungen im Übergang von den Manuskriptbänden I–X (WA 1–5) in die Synopsen werden in den Bänden WA 7 und WA 8 umfassend dargestellt, desgleichen die aus den Synopsen in das 'Big Typescript' in der Edition der Zettelsammlung (WA 10). Eine Darstellung der dabei erfolgten Auswahl und Umordnung der Bemerkungen erscheint im „Register zum 'Big Typescript'", zusammen mit einer umfassenden Manuskriptbeschreibung und einer Darstellung der Textgenese des 'Big Typescript': seiner Komposition aus den Synopsen über die Zettelsammlung bis zur Übernahme ganzer Seiten direkt aus der Synopse TS 212.

Das Typoskript gehört zu jenen Materialien die Wittgenstein in der Folge des „Anschluß" 1938 verloren hatte. Diese Manuskripte hat er zeitlebens nicht mehr gesehen; das 'Big Typescript' kam erst lange nach Wittgensteins Tod in den Besitz seiner literarischen Erben.

The 'Big Typescript' as it stands, that is, excluding Wittgenstein's comprehensive corrections, revisions and reworkings, contains frequent and often sense-distorting errors. In the present volume, as far as possible, these mistakes have been corrected without comment. In making these often difficult decisions, the whole manuscript corpus has been taken into account, and the versions of the underlying manuscripts and that of the 'Reworking' were usually decisive, as in the following example:

> It is from the grammar of a sentence – and from that alone, that it becomes clear whether another sentence consequently follows. No insight into a new meaning can provide that; – but only the insight into the old meaning. – It is not possible to form a new sentence following from the first one which one could not have formed (albeit without knowing whether it was true or false) as it was formed. If one was to discover a new meaning which followed from the first sentence, then this sentence would have thereby changed its meaning. (WA 11.212.2)

This version comes from the fifth manuscript volume 'Remarks V' (WA 3.11.1). In the 'Big Typescript', however, the last clause reads, when translated correctly: '... then this sentence would thereby *not* have changed its meaning'. Perhaps the mistake resulted from a mishearing during the dictation of TS 211, where the error first appears, and was subsequently overlooked in the revision of the cutting-collection TS 212.

In the 'Big Typescript' the handwritten corrections finish on page 292; since the above remark occurs on page 310 this explains why, in the 'Philosophical Grammar' Part II, in the last remark before the heading 'II Generality', the same error appears.

The extensive textual changes in the transition from the manuscript volumes I–X (WA 1–5) to the synopses are all included in volumes WA 7 and WA 8; likewise the changes from the synopses to the 'Big Typescript' are included in the edition of the cutting-collection WA 10. The subsequent selection and reordering of remarks is set out in the 'Register of the "Big Typescript"', along with a detailed description of the 'Big Typescript' and its textual genesis: its composition from the synopses by way of the collection of cuttings to the incorporation of whole pages from synopsis TS 212.

The 'Big Typescript' is one of those many manuscripts and typescripts lost by Wittgenstein as a result of the 1938 *Anschluss* of Austria with Germany, and he never saw them again. The 'Big Typescript' came into the possession of Wittgenstein's literary heirs long after his death.

Legende
Wiener Ausgabe Band 11

Haupttext

Sperrung	einfache Unterstreichung
KAPITÄLCHEN	mehrfache Unterstreichung
Serifenlose	gewellte Unterstreichung
| |	Einfügung
/ /	Variante

Linker Randapparat

Seitenweise Zählung der Bemerkungen und ein Register mit Bezug auf die Manuskriptbände I bis X (WA 1 – 5)

Rechter Randapparat

Seiten- und Zeilenzähler der Ausgabe mit den Seitenzahlen des Typoskripts, gegenüber der Textzeile, in der die jeweilige Typoskriptseite beginnt (im Typoskript fehlerhafte Paginierung: der Seite 260 folgt die Seite 262)

Legend
Wiener Ausgabe Volume 11

Main text

letter spacing	single underlining
SMALL CAPS	multiple underlining
sans serif	wavy underlining
| |	insertion
/ /	variant

Left margin

Numbering of the remarks per page with a register relating the text to manuscript volumes I to X (WA 1 – 5)

Right margin

Page and line counter of the edition together with typescript page numbers opposite the line corresponding to the beginning of each page. NB: There is an error in the pagination of the typescript: page 260 is followed by page 262.

'The Big Typescript'

Verstehen.

1	Das Verstehen, die Meinung, fällt aus unsrer Betrachtung heraus. (S. 1)	15
2	„Verstehen" amorph gebraucht. „Verstehen" mehrdeutig. (S. 5)	17
3	Das Verstehen als Korrelat einer Erklärung. (S. 11)	21
4	Das Verstehen des Befehls, die Bedingung dafür, daß wir ihn befolgen. Das Verstehen des Satzes, die Bedingung dafür, daß wir uns nach ihm richten. (S. 15)	23
5	Deuten. Deuten wir jedes Zeichen? (S. 20)	26
6	Man sagt: ein Wort verstehen heißt, wissen, wie es gebraucht wird. Was heißt es, das zu wissen? Dieses Wissen haben wir sozusagen im Vorrat. (S. 22)	27

Bedeutung.

7	Der Begriff der Bedeutung stammt aus einer primitiven Auffassung der Sprache her. (S. 25)	31
8	Bedeutung, der Ort des Wortes im grammatischen Raum. (S. 30)	34
9	Die Bedeutung eines Wortes ist das, was die (grammatische) Erklärung der Bedeutung erklärt. (S. 34)	36
10	„Die Bedeutung eines Zeichens ist durch seine Wirkung (die Assoziationen, die es auslöst, etc.) gegeben." (S. 38)	38
11	Bedeutung als Gefühl, hinter dem Wort stehend; durch eine Geste ausgedrückt. (S. 42)	40
12	Man tritt mit der hinweisenden Erklärung der Zeichen nicht aus der Sprachlehre heraus. (S. 43)	41
13	„Primäre und sekundäre Zeichen". Wort und Muster. Hinweisende Definition. (S. 46)	43
14	Das, was uns am Zeichen interessiert; die Bedeutung, die für uns massgebend ist, ist das, was in der Grammatik des Zeichens niedergelegt ist. (S. 58)	50

Satz. Sinn des Satzes.

15	‚Satz' und ‚Sprache' verschwimmende Begriffe. (S. 60)	53
16	Die Logik redet von Sätzen und Wörtern im gewöhnlichen Sinn, nicht von Sätzen und Wörtern in irgend einem abstrakten Sinn. (S. 71)	60
17	Satz und Satzklang. (S. 74)	62

18	Was als Satz gelten soll, ist in der Grammatik bestimmt. (S. 76)	63
19	Die grammatischen Regeln bestimmen den Sinn des Satzes; und ob eine Wortzusammenstellung Sinn hat oder nicht. (S. 79)	65
20	Der Sinn des Satzes keine Seele. (S. 81)	66
21	Ähnlichkeit von Satz und Bild. (S. 83)	67
22	Sätze mit Genrebildern verglichen. (Verwandt damit: Verstehen eines Bildes.) (S. 85)	68
23	Mit dem Satz scheint die Realität wesentlich übereinstimmen oder nicht übereinstimmen zu können. Er scheint sie zu fordern, sich mit ihm zu vergleichen. (S. 87)	69
24	Das Symbol (der Gedanke), scheint als solches unbefriedigt zu sein. (S. 91)	72
25	Ein Satz ist ein Zeichen in einem System von Zeichen. Er ist eine Zeichenverbindung von mehreren möglichen und im Gegensatz zu den andern möglichen. Gleichsam eine Zeigerstellung im Gegensatz zu andern möglichen. (S. 93)	73
26	Sich vorstellen können, ‚wie es wäre', als Kriterium dafür, daß ein Satz Sinn hat. (S. 95)	74
27	„Logische Möglichkeit und Unmöglichkeit". – Das Bild des ‚Könnens' ultraphysisch angewandt. (Ähnlich: „Das ausgeschlossene Dritte".) (S. 98)	76
28	Elementarsatz. (S. 100)	77
29	„Wie ist die Möglichkeit von p in der Tatsache, daß ~p der Fall ist, enthalten?" „Wie enthält z.B. der schmerzlose Zustand die Möglichkeit der Schmerzen?" (S. 102)	78
30	„Wie kann das Wort ‚nicht' verneinen?" Das Wort „nicht" erscheint uns wie ein Anstoß zu einer komplizierten Tätigkeit des Verneinens. (S. 107)	81
31	Ist die Zeit den Sätzen wesentlich? Vergleich von: Zeit und Wahrheitsfunktionen. (S. 113)	85
32	Wesen der Hypothese. (S. 117)	87
33	Wahrscheinlichkeit. (S. 123)	91
34	Der Begriff „ungefähr". Problem des ‚Sandhaufens'. (S. 136)	99

Augenblickliches Verstehn etc.

35	Ein Wort verstehen = es anwenden können. Eine Sprache verstehen: Einen Kalkül beherrschen. (S. 143)	105

36	Wie begleitet das Verstehen des Satzes das Aussprechen oder Hören des Satzes. (S. 147)	107
37	Zeigt sich die Bedeutung eines Wortes in der Zeit? Wie der tatsächliche Freiheitsgrad eines Mechanismus. Enthüllt sich die Bedeutung des Worts erst nach und nach wie seine Anwendung fortschreitet? (S. 150)	109
38	Begleitet eine Kenntnis der grammatischen Regeln den Ausdruck des Satzes, wenn wir ihn – seine Worte – verstehn? (S. 152)	110
39	Die grammatischen Regeln – und die Bedeutung eines Wortes. Ist die Bedeutung, wenn wir sie verstehen, ‚auf einmal' erfaßt; und in den grammatischen Regeln gleichsam ausgebreitet? (S. 159)	114

Wesen der Sprache.

40	Lernen, Erklärung, der Sprache. Kann man die Sprache durch die Erklärung gleichsam aufbauen, zum Funktionieren bringen? (S. 171)	123
41	Wie wirkt die einmalige Erklärung der Sprache, das Verständnis? (S. 175)	125
42	Kann man etwas Rotes nach dem Wort „rot" suchen? braucht man ein Bild dazu? Verschiedene Suchspiele. (S. 182)	129
43	„Die Beziehung/Verbindung/ zwischen Sprache und Wirklichkeit" ist durch die Worterklärungen hergestellt/gemacht/, welche wieder zur Sprachlehre gehören. So daß die Sprache in sich geschlossen, autonom, bleibt. (S. 189)	134
44	Die Sprache in unserem Sinn nicht als Einrichtung definiert, die einen bestimmten Zweck erfüllt. Die Grammatik kein Mechanismus, der durch seinen Zweck gerechtfertigt ist. (S. 191)	135
45	Die Sprache funktioniert als Sprache nur durch die Regeln, nach denen wir uns in ihrem Gebrauch richten, wie das Spiel nur durch seine Regeln ein Spiel ist. (S. 196)	138
46	Funktionieren des Satzes an einem Sprachspiel erläutert. (S. 201)	141
47	Behauptung, Frage, Annahme, etc. (S. 206)	144

Gedanke. Denken.

48	Wie denkt man den Satz ‚p', wie erwartet (glaubt, wünscht) man, daß p der Fall sein wird? Mechanismus des Denkens. (S. 211)	149
49	„Was ist ein Gedanke, welcher Art muß er sein, um seine Funktion erfüllen zu können?" Hier will man sein Wesen aus seinem Zweck, seiner Funktion erklären. (S. 215)	151

50	Ist die Vorstellung das Porträt par excellence, also grundverschieden, etwa, von einem gemalten Bild und durch ein solches oder etwas Ähnliches nicht ersetzbar? Ist sie das, was eigentlich eine bestimmte Wirklichkeit darstellt, – zugleich Bild und Meinung? (S. 217)	152
51	Ist das Denken ein spezifisch organischer Vorgang? Ein spezifisch menschlich-psychischer Vorgang? Kann man ihn in diesem Falle durch einen anorganischen Vorgang ersetzen, der denselben Zweck erfüllt, also sozusagen durch eine Prothese? (S. 219)	153
52	Ort des Denkens. (S. 220)	154
53	Gedanke und Ausdruck des Gedankens. (S. 222)	155
54	Was ist der Gedanke? Was ist sein Wesen? „Der Gedanke, dieses seltsame Wesen". (S. 226)	158
55	Zweck des Denkens. Grund des Denkens. (S. 227)	159

Grammatik.

56	Die Grammatik ist keiner Wirklichkeit Rechenschaft schuldig. Die grammatischen Regeln bestimmen erst die Bedeutung (konstituieren sie) und sind darum keiner Bedeutung verantwortlich und insofern willkürlich. (S. 233)	165
57	Regel und Erfahrungssatz. Sagt eine Regel, daß Wörter tatsächlich so und so gebraucht werden? (S. 240)	169
58	Die strikten grammatischen Spielregeln und der schwankende Sprachgebrauch. Die Logik normativ. Inwiefern reden wir von idealen Fällen, einer idealen Sprache. („Logik des luftleeren Raums".) (S. 248)	174
59	Wortarten werden nur durch ihre Grammatik unterschieden. (S. 263)	182
60	Sage mir, was Du mit einem Satz anfängst, wie Du ihn verifizierst, etc., und ich werde ihn verstehen. (S. 265)	183

Intention und Abbildung.

61	Wenn ich mich abbildend nach einer Vorlage richte, also weiß, daß ich jetzt den Stift so bewege, weil die Vorlage so verläuft, ist hier eine mir unmittelbar bewußte Kausalität im Spiel? (S. 272)	189
62	Wenn wir „nach einer bestimmten Regel abbilden", ist diese Regel in dem Vorgang des Kopierens (Abbildens) enthalten, also aus ihm eindeutig abzulesen? Verkörpert der Vorgang des Abbildens sozusagen diese Regel? (S. 274)	190
63	Wie rechtfertigt man das Resultat der Abbildung mit der allgemeinen Regel der Abbildung? (S. 279)	193

64	Der Vorgang der absichtlichen Abbildung, der Abbildung mit der Intention abzubilden ist nicht wesentlich ein psychischer, innerer. Ein Vorgang der Manipulation mit Zeichen auf dem Papier kann dasselbe leisten. (S. 283)	195
65	Wie hängen unsre Gedanken mit den Gegenständen zusammen, über die wir denken? Wie treten diese Gegenstände in unsre Gedanken ein. (Sind sie in ihnen durch etwas Andres – etwa Ähnliches – vertreten?) Wesen des Porträts; die Intention. (S. 288)	198

LOGISCHER SCHLUSS.

66	Wissen wir, daß p aus q folgt, weil wir die Sätze verstehen? Geht das Folgen aus einem Sinn hervor? (S. 294)	203
67	„Wenn p aus q folgt, so muß p in q schon mitgedacht sein". (S. 299)	206
68	Der Fall: unendlich viele Sätze folgen aus einem. (S. 303)	208
69	Kann eine Erfahrung lehren, daß dieser Satz aus jenem folgt? (S. 308)	211

ALLGEMEINHEIT.

70	Der Satz „der Kreis befindet sich im Quadrat" in gewissem Sinne unabhängig von der Angabe einer bestimmten Lage (er hat, in gewissem Sinne, nichts mit ihr zu tun). (S. 312)	215
71	Der Satz „der Kreis liegt im Quadrat" keine Disjunktion von Fällen. (S. 317)	218
72	Unzulänglichkeit der Frege- und Russell'schen Allgemeinheitsbezeichnung. (S. 322)	221
73	Kritik meiner früheren Auffassung der Allgemeinheit. (S. 326)	223
74	Erklärung der Allgemeinheit durch Beispiele. (S. 329)	225
75	Bildungsgesetz einer Reihe. „u.s.w." (S. 341)	232

ERWARTUNG. WUNSCH. ETC.

76	Erwartung: der Ausdruck der Erwartung. Artikulierte und unartikulierte Erwartung. (S. 354)	241
77	In der Erwartung wurde das erwartet, was die Erfüllung brachte. (S. 357)	243
78	„Wie kann man etwas wünschen, erwarten, suchen, was nicht da ist?" Mißverständnis des ‚Etwas'. (S. 363)	247

79	Im Ausdruck der Sprache berühren sich Erwartung und Erfüllung. (S. 371)	252
80	„Der Satz bestimmt, welche Realität ihn wahr macht". Er scheint einen Schatten dieser Realität zu geben. Der Befehl scheint seine Ausführung in schattenhafter Weise vorauszunehmen. (S. 375)	254
81	Intention. Was für ein Vorgang ist sie? Man soll aus der Betrachtung dieses Vorgangs ersehen können, was intendiert wird. (S. 380)	257
82	Kein Gefühl der Befriedigung (kein Drittes) kann das Kriterium dafür sein, daß die Erwartung erfüllt ist. (S. 384)	260
83	Der Gedanke – Erwartung, Wunsch, etc. – und die gegenwärtige Situation. (S. 387)	262
84	Glauben. Gründe des Glaubens. (S. 391)	264
85	Grund, Motiv, Ursache. (S. 400)	269

PHILOSOPHIE.

86	Schwierigkeit der Philosophie, nicht die intellektuelle Schwierigkeit der Wissenschaften, sondern die Schwierigkeit einer Umstellung. Widerstände des Willens sind zu überwinden. (S. 406)	275
87	Die Philosophie zeigt die irreführenden Analogien im Gebrauch unsrer Sprache auf. (S. 408)	276
88	Woher das Gefühl des Fundamentalen unserer grammatischen Untersuchungen? (S. 411)	278
89	Methode der Philosophie: die übersichtliche Darstellung der grammatischen/sprachlichen/ Tatsachen. Das Ziel: Durchsichtigkeit der Argumente. Gerechtigkeit. (S. 414)	280
90	Philosophie. Die Klärung des Sprachgebrauches. Fallen der Sprache. (S. 422)	285
91	Die philosophischen Probleme treten uns im praktischen Leben gar nicht entgegen (wie etwa die der Naturlehre), sondern erst, wenn wir uns bei der Bildung unserer Sätze nicht vom praktischen Zweck, sondern von gewissen Analogien in der Sprache leiten lassen. (S. 427)	288
92	Methode in der Philosophie. Möglichkeit des ruhigen Fortschreitens. (S. 431)	290
93	Die Mythologie in den Formen unserer Sprache. ((Paul Ernst.)) (S. 433)	291

PHÄNOMENOLOGIE.

94	Phänomenologie ist Grammatik. (S. 437)	295

95	Kann man in die Eigenschaften des Gesichtsraumes tiefer eindringen? etwa durch Experimente? (S. 443)	299
96	Gesichtsraum im Gegensatz zum Euklidischen Raum. (S. 446)	301
97	Das sehende Subjekt und der Gesichtsraum. (S. 462)	310
98	Der Gesichtsraum mit einem Bild (ebenen Bild) verglichen. (S. 465)	312
99	Minima Visibilia. (S. 469)	314
100	Farben und Farbenmischung. (S. 473)	316

Idealismus, etc..

101	Die Darstellung des unmittelbar Wahrgenommenen. (S. 487)	327
102	„Die Erfahrung im gegenwärtigen Moment, die eigentliche Realität." (S. 494)	331
103	Idealismus. (S. 499)	334
104	„Schmerzen haben." (S. 503)	337
105	Gedächtniszeit. (S. 517)	346
106	„Hier" und „Jetzt". (S. 523)	350
107	Farbe, Erfahrung, etc. als formale Begriffe. (S. 528)	353

Grundlagen der Mathematik.

108	Die Mathematik mit einem Spiel verglichen. (S. 530)	357
109	Es gibt keine Metamathematik. (S. 539)	362
110	Beweis der Relevanz. (S. 542)	364
111	Beweis der Widerspruchsfreiheit. (S. 546)	366
112	Die Begründung der Arithmetik, in der diese auf ihre Anwendungen vorbereitet wird. (Russell, Ramsey.) (S. 550)	369
113	Ramsey's Theorie der Identität. (S. 562)	375
114	Der Begriff der Anwendung der Arithmetik (Mathematik). (S. 566)	378

Über Kardinalzahlen.

115	Kardinalzahlenarten. (S. 569)	381

116	2 + 2 = 4. (S. 581)	388
117	Zahlangaben innerhalb der Mathematik. (S. 600)	399
118	Zahlengleichheit. Längengleichheit. (S. 604)	401

Mathematischer Beweis.

119	Wenn ich sonst etwas suche, so kann ich das Finden beschreiben, auch wenn es nicht eingetreten ist; anders, wenn ich die Lösung eines mathematischen Problems suche. Mathematische Expedition und Polarexpedition. (S. 615)	409
120	Beweis, und Wahrheit und Falschheit eines mathematischen Satzes. (S. 624)	415
121	Wenn Du wissen willst, was bewiesen wurde, schau den Beweis an. (S. 628)	417
122	Das mathematische Problem. Arten der Probleme. Suchen. „Aufgaben" in der Mathematik. (S. 638)	423
123	Eulerscher Beweis. (S. 645)	427
124	Dreiteilung des Winkels, etc. (S. 650)	430
125	Suchen und Versuchen. (S. 657)	434

Induktionsbeweis. Periodizität.

126	Inwiefern beweist der Induktionsbeweis einen Satz? (S. 661)	439
127	Der rekursive Beweis und der Begriff des Satzes. Hat der Beweis einen Satz als wahr erwiesen und einen andern/sein Gegenteil/ als falsch? (S. 663)	440
128	Induktion, $(x) \cdot \varphi x$ und $(Ex) \cdot \varphi x$. Inwiefern erweist die Induktion den allgemeinen Satz als wahr und einen Existentialsatz als falsch? (S. 667)	442
129	Wird aus der Anschreibung des Rekursionsbeweises noch ein weiterer Schluß auf die Allgemeinheit gezogen, sagt das Rekursionsschema nicht schon alles was zu sagen war? (S. 673)	446
130	Inwiefern verdient der Rekursionsbeweis den Namen eines ‚Beweises'. Inwiefern ist der Übergang nach dem Paradigma A durch den Beweis von B gerechtfertigt? (S. 677)	449
131	Der rekursive Beweis reduziert die Anzahl der Grundgesetze nicht. (S. 696)	460
132	Periodizität $1 : 3 = 0\dot{3}$. (S. 699)	462

133	Der rekursive Beweis als Reihe von Beweisen. (S. 702)	464
134	Ein Zeichen auf bestimmte Weise sehen, auffassen. Entdecken eines Aspekts eines mathematischen Ausdrucks. „Den Ausdruck in bestimmter Weise s e h e n". Hervorhebungen. (S. 710)	469
135	Der Induktionsbeweis, Arithmetik und Algebra. (S. 722)	476

Das Unendliche in der Mathematik.

136	Allgemeinheit in der Arithmetik. (S. 727)	481
137	Zur Mengenlehre. (S. 738)	488
138	Extensive Auffassung der reellen Zahlen. (S. 751)	496
139	Arten irrationaler Zahlen. (π', P, F) (S. 756)	499
140	Regellose unendliche Dezimalzahl. (S. 766)	505

Appendix 1

Komplex und Tatsache. (S. 1)	509
Begriff und Gegenstand. Eigenschaft und Substrat. (S. 5)	511
Gegenstand. (S. 13)	515

Appendix 2

Unendlich lang. (S. 1)	519
Unendliche Möglichkeit. (S. 13)	526

Appendix 3

Gleichungen und Ungleichungen sind Festsetzungen oder die Folgen von Festsetzungen. (S. 1)	533

Appendix 4

Allgemeinheit einer Demonstration. (S. 1)	539

Appendix 5

Wie kann uns ein allgemeiner Beweis den besondern Beweis schenken? (S. 1)	545

Verstehen.

1

Das Verstehen, die Meinung, fällt aus unsrer Betrachtung heraus.

3.267.9.1	1	Kann man denn etwas Anderes als einen Satz verstehen?
3.267.9.2		Oder: Ist es nicht erst ein Satz, wenn man es versteht. Also: Kann man Etwas anders, als als Satz verstehen?
3.267.10.1	2	Man könnte/möchte/ davon reden, „einen Satz zu erleben".
3.267.10.2		Läßt sich dieses Erlebnis niederschreiben?
3.267.12.1	3	Da ist es wichtig, daß es in einem gewissen Sinne keinen halben Satz gibt.
3.267.13.1		Das heißt, vom halben Satz gilt, was vom Wort gilt, daß es nur im Zusammenhang des Satzes Sinn/Bedeutung/ hat.
3.267.14.1	4	Das Verstehen fängt aber erst mit dem Satz an (und darum interessiert es uns nicht)./Das Verstehen fängt aber erst mit dem Satz an./
3.268.10.1	5	Wie es keine Metaphysik gibt, so gibt es keine Metalogik. Das Wort „Verstehen", der Ausdruck „einen Satz verstehen", ist auch nicht metalogisch, sondern ein Ausdruck wie jeder andre der Sprache.
3.295.6.1	6	Wir haben es also in unsern Betrachtungen mit dem Verstehen des Satzes nicht zu tun; denn wir selbst müssen ihn verstehen, damit er für uns ein Satz ist.
3.295.7.1	7	Es wäre ja auch seltsam, daß die Wissenschaft und die Mathematik die Sätze gebraucht, aber von ihrem Verstehen nicht spricht.
3.296.2.1	8	Man sieht in dem Verstehen das Eigentliche, im Zeichen das Nebensächliche. – Übrigens, wozu dann das Zeichen überhaupt? – Nur um sich Andern verständlich zu machen? Aber wie ist das möglich. – Hier wird das Zeichen als eine Medizin betrachtet/angesehen/, die im Andern die gleichen Magenschmerzen hervorrufen soll, wie ich sie habe.
3.329.8.1	9	Auf die Frage „was meinst Du", muß zur Antwort kommen: p; und nicht „ich meine das, was ich mit ‚p' meine".
3.174.10.1	10	Die gesamte Sprache kann nicht mißverstanden werden. Denn sonst gäbe es zu diesem Mißverständnis wesentlich keine Erklärung /Aufklärung/.
3.174.11.1		Das heißt eben, die ganze Sprache muß für sich selbst sprechen.

2.319.7.1	1	Man kann es auch so sagen: wenn man sich immer in einem Sprachsystem ausdrückt und also, was ein Satz meint, nur durch Sätze dieses Systems erklärt, so fällt am Schluß die Meinung ganz aus der Sprache, also aus der Betrachtung, heraus und es bleibt die Sprache das Einzige, was wir betrachten können.
2.319.5.1	2	Gesprochenes kann man nur durch die Sprache erklären, darum kann man die Sprache (in diesem Sinne) nicht erklären.
3.325.4.1 3.325.5.1	3	Ich will doch sagen: Die ganze Sprache kann man nicht interpretieren. Eine Interpretation ist immer nur eine im Gegensatz zu einer andern. Sie hängt sich an das Zeichen und reiht es in ein weiteres System ein.
3.147.1.1	4	Alles was ich in der Sprache tun kann, ist etwas sagen: das eine sagen. (Das eine sagen im Raume dessen, was ich hätte sagen können.)
4.75.3.1	5	Wenn Frege gegen die formale Auffassung der Arithmetik spricht, so sagt er gleichsam: diese kleinlichen Erklärungen, die Symbole betreffend, sind müßig, wenn wir diese verstehen. Und das Verstehen besteht quasi im Sehen/ist quasi das Sehen/ eines Bildes, aus dem dann alle Regeln folgen (wodurch sie verständlich werden). Frege sieht aber nicht, daß dieses Bild nur wieder ein Zeichen ist, oder ein Kalkül, der uns den geschriebenen Kalkül erklärt.
4.75.3.2		Aber das Verständnis gleicht überhaupt immer dem, welches wir für einen Kalkül kriegen, wenn wir seine Entstehung, oder praktische Anwendung, kennen lernen. Und natürlich lernen wir auch da wieder nur einen uns übersichtlichern Symbolismus statt des fremden kennen. (Verstehen heißt hier übersehen.)
3.190.5.1	6	Wenn komplizierte Vorgänge beim Verstehen des Wortes „und" eine Rolle spielen und das Verstehen etwas für uns Wesentliches ist, wie kommt es, daß diese Vorgänge in der symbolischen Logik nie erwähnt werden? Wie kommt es, daß von ihnen in der Logik nie die Rede ist, noch sein braucht?
3.108.5.1	7	Im gewöhnlichen Leben, wenn ich jemandem einen Befehl gebe, so ist es mir ganz genug, ihm Zeichen zu geben. Und ich würde nie sagen: das sind ja nur Worte, und ich muß hinter die Worte dringen. Ebenso, wenn ich jemand etwas gefragt hätte und er gibt mir eine Antwort (also ein Zeichen), bin ich zufrieden – das war gerade, was ich erwartete – und wende nicht ein: das ist ja eine bloße Antwort. Es ist klar, daß nichts anderes erwartet werden konnte und daß die Antwort den Gebrauch der Sprache voraussetzt. Wie alles, was zu sagen ist.
2.319.3.1	8	Wenn man aber sagt „wie soll ich wissen, was er meint, ich sehe ja nur seine Zeichen", so sage ich: „wie soll er wissen, was er meint, er hat ja auch nur seine Zeichen".
4.221.2.1	9	„Etwas habe ich aber doch gemeint, als ich das sagte!" – Gut, aber wie können wir, was es ist, herausbringen? Doch wohl nur dadurch, daß er es uns sagt. Wenn wir nicht sein übriges Verhalten zum Kriterium nehmen sollen, dann also das, was er uns erklärt. Du meinst, was Du sagst.

2
„Verstehen" amorph gebraucht. „Verstehen" mehrdeutig.

3.329.2.1	1	„Du hast mit der Hand eine Bewegung gemacht; hast Du etwas damit gemeint? – Ich dachte, Du meintest, ich solle zu Dir kommen".
3.329.3.1		Die Frage ist, ob man fragen darf, „was hast Du gemeint". Auf diese Frage (aber) kommt ein Satz zur Antwort. Während, wenn man so nicht fragen darf, das Meinen – sozusagen – amorph ist. Und „ich meine etwas mit dem Satz" ist dann von derselben Form, wie: „dieser Satz ist nützlich", oder „dieser Satz greift in mein Leben ein".
3.329.5.1	2	Könnte man aber antworten: „ich habe etwas mit dieser Bewegung gemeint, was ich nur durch diese Bewegung ausdrücken kann"?
3.212.2.1	3	Wir unterscheiden doch Sprache, von dem, was nicht Sprache ist. Wir sehen Striche und sagen, wir verstehen sie; und andere, und sagen, sie bedeuten nichts (oder, uns nichts). Damit ist doch eine allgemeine Erfahrung charakterisiert, die wir nennen könnten: „etwas als Sprache verstehen" – ganz abgesehen davon, was wir aus dem gegebenen Gebilde herauslesen.
3.206.3.1	4	Ich sehe eine deutsche Aufschrift und eine chinesische: Ist die chinesische etwa ungeeignet etwas mitzuteilen? – Ich sage, ich habe Chinesisch nicht gelernt. Aber das Lernen der Sprache fällt als bloße Ursache, Geschichte, aus der Gegenwart heraus. Nur auf seine Wirkungen kommt es an, und die sind Phänomene, die eben nicht eintreten, wenn ich das Chinesische sehe/anschaue/. (Warum sie nicht eintreten, ist ganz gleichgültig.)
3.208.4.1	5	„Geben wir denn den Worten, die uns gesagt werden, willkürliche Interpretationen? Kommt nicht das Erlebnis des Verstehens mit dem Erlebnis des Hörens der Zeichen, wenn wir ‚die Sprache der Andern verstehen'?"
3.211.1.1	6	Wenn mir jemand etwas sagt und ich verstehe es, so geschieht mir dies ebenso, wie, daß ich höre was er sagt./ wie, daß ich, was er sagt, höre./ Und hier ist Verstehen das Phänomen, welches sich einstellt, wenn ich einen deutschen Satz höre, und welches dieses Hören vom Hören eines Satzes einer mir nicht geläufigen Sprache unterscheidet.

4.71.8.1	1	Denken wir an eine Chiffre: Ein Satz sei uns in der Chiffre gegeben und auch der Schlüssel, dann ist uns natürlich, in gewisser Beziehung, alles zum Verständnis der Chiffre gegeben. Und doch würde ich, gefragt „verstehst Du diesen Satz in der Chiffre", etwa antworten: Nein, ich muß ihn erst entziffern; und erst, wenn ich ihn z.B. ins Deutsche übertragen hätte, würde ich sagen „jetzt verstehe ich ihn".
4.72.1.1		Wenn man hier die Frage stellte: „In welchem Augenblick der Übertragung (aus der Chiffre ins Deutsche) verstehe ich den Satz", so würde man einen Einblick in das Wesen dessen erhalten, was wir „verstehen" nennen./in das Wesen des Verstehens erhalten./
3.275.4.1	2	Ich sage einen Satz „ich sehe einen schwarzen Kreis"; aber auf die Worte /Wörter/ kommt es doch nicht an; sagen/setzen/ wir also statt dieses Satzes „a b c d e". Aber nun kann ich nicht ohne weiteres mit diesem Zeichen den oberen Sinn verbinden (es sei denn, daß ich es als e i n Wort auffasse und dies als Abkürzung des oberen Satzes). Diese Schwierigkeit ist doch aber sonderbar. Ich könnte sie so ausdrücken: Ich bin nicht gewöhnt statt ‚ich' ‚a' zu sagen und statt ‚sehe' ‚b', und statt ‚einen' ‚c' etc.. Aber damit meine ich nicht, daß ich, wenn ich daran gewöhnt wäre, mit dem Worte ‚a' sofort das Wort ‚ich' assoziieren würde; sondern, daß ich nicht gewöhnt bin ‚a' an der Stelle von ‚ich' zu gebrauchen – in der Bedeutung von ‚ich'.
3.216.11.1	3	„Ich sage das nicht nur, ich meine auch etwas damit". – Wenn man sich überlegt, was dabei in uns vorgeht, wenn wir Worte m e i n e n (und nicht nur sagen), so ist es uns, als wäre dann etwas mit diesen Worten gekuppelt, während sie sonst leer liefen. – Als ob sie gleichsam in uns eingriffen.
3.204.10.1	4	Ich verstehe einen Befehl als Befehl, d.h., ich sehe in ihm nicht nur diese Struktur von Lauten oder Strichen, sondern sie hat – sozusagen – einen Einfluß auf mich. Ich reagiere auf einen Befehl (auch ehe ich ihn befolge) anders, als etwa auf eine Mitteilung oder Frage.
3.195.7.1	5	Der Satz, wenn ich ihn verstehe, bekommt für mich Tiefe.
3.193.5.1	6	Ich sage: Das Verstehen bestehe darin, daß ich eine bestimmte E r f a h r u n g habe. —
3.193.5.2		Daß diese Erfahrung aber das Verstehen d e s s e n ist – was ich verstehe – besteht darin, daß diese Erfahrung ein Teil meiner S p r a c h e ist.
3.103.6.1	7	Man kann manchen Satz nur im Zusammenhang mit anderen verstehen. Wenn ich z.B. irgendwo lese „nachdem er das gesagt hatte, verließ er sie, wie am vorigen Tag". Fragt man mich, ob ich diesen Satz verstehe, so wäre es nicht leicht, darauf zu antworten. Es ist ein deutscher Satz und insofern verstehe ich ihn. Ich wüßte, wie man diesen Satz etwa gebrauchen k ö n n t e, ich könnte selbst einen Zusammenhang für ihn erfinden. Und doch verstehe ich ihn nicht so, wie ich ihn verstünde, wenn ich das Buch bis zu dieser Stelle gelesen hätte. (Vergleiche Sprachspiele.)

| 3.183.7.1 | 1 | Was heißt es, ein gemaltes Bild zu verstehen? Auch da gibt es
| 3.183.7.2 | | Verständnis und Nichtverstehen. Und auch hier kann „verstehen" und
| 3.183.7.3 | | „nicht verstehen" verschiedenerlei heißen. – Wir können uns ein Bild denken, das eine Anordnung von Gegenständen im dreidimensionalen Raum darstellen soll, aber wir sind für einen Teil des Bildes unfähig, Körper im Raum darin zu sehen; sondern sehen nur die gemalte Bildfläche. Wir können dann sagen, wir verstehen diese Teile des Bildes nicht. Es kann sein, daß die räumlichen Gegenstände, die dargestellt sind, uns bekannt, d.h. Formen sind, die wir aus der Anschauung von Körpern her kennen, es können aber auch Formen auf dem Bild dargestellt sein, die wir noch nie gesehen haben. Und da gibt es wieder den Fall, wo etwas – z.B. – wie ein Vogel aussieht, nur nicht wie einer, dessen Art ich kenne; oder aber, wo ein räumliches Gebilde dargestellt ist, dergleichen ich noch nie gesehen habe. Auch in diesen Fällen kann man von einem Nichtverstehen des Bildes reden, aber in einem anderen Sinne als im ersten Fall.

3.184.2.1　2　Aber noch etwas: Angenommen, das Bild stellte Menschen dar, wäre aber klein, und die Menschen darauf etwa einen Zoll lang. Angenommen nun, es gäbe Menschen die diese Länge hätten, so würden wir sie in dem Bild erkennen und es würde uns nun einen ganz andern Eindruck machen, obwohl doch die Illusion der dreidimensionalen Gegenstände ganz dieselbe wäre. Und doch ist der tatsächliche/dieser tatsächliche/ Eindruck, wie er da ist, unabhängig davon, daß ich einmal Menschen in der gewöhnlichen Größe, und nie Zwerge, gesehen habe, wenn auch dies die Ursache des Eindrucks ist.

3.184.3.1　3　Dieses Sehen der gemalten Menschen als Menschen (im Gegensatz etwa zu Zwergen) ist ganz analog dem Sehen des Bildes/der Zeichnung/ als dreidimensionales Gebilde. Wir können hier nicht sagen, wir sehen immer dasselbe und fassen es nachträglich einmal als das Eine und einmal als das Andre auf, sondern wir sehen jedes Mal etwas Anderes.

3.184.4.1　4　Und so auch, wenn wir einen Satz mit Verständnis und ohne Verständnis lesen. (Erinnere Dich daran, wie es ist, wenn man einen Satz mit falscher Betonung liest, ihn daher nicht versteht und nun auf einmal daraufkommt, wie er zu lesen ist.)

3.228.5.1　5　(Beim Lesen einer schleuderhaften Schrift kann man erkennen, was es heißt, etwas in das gegebene Bild hineinsehen.)

3.228.9.1　6　Wenn man eine Uhr abliest, so sieht man einen Komplex von Strichen, Flecken, etc., aber auf ganz bestimmte Weise, wenn man ihn als Uhr und Zeiger auffassen will.

3.210.7.1　7　Wir könnten uns den Marsbewohner denken, der auf der Erde erst nach und nach den Gesichtsausdruck der Menschen als solchen verstehen lernte und den drohenden erst nach gewissen Erfahrungen als solchen empfinden lernt. Er hätte bis dahin diese Gesichtsform angeschaut/angesehen/, wie wir die Form eines Steins betrachten.

3.210.8.1　8　Kann ich so nicht sagen: er lernt erst die befehlende Geste in einer gewissen Satzform verstehen?

Chinesische Gesten verstehen wir so wenig, wie chinesische Sätze.

3
Das Verstehen als Korrelat einer Erklärung.

3.142.5.1   1   „Verstehen", damit meine ich ein Korrelat der Erklärung, nicht einer – etwa medizinischen – Beeinflussung.

3.142.5.2   Mit dem Worte „Mißverständnis" meine ich also wesentlich etwas, was sich durch Erklärung beseitigen läßt. Eine andere Nichtübereinstimmung nenne ich nicht „Mißverständnis".

3.192.7.1   2   Verständnis entspricht der Erklärung; soweit es aber der Erklärung nicht entspricht, ist es unartikuliert und geht uns deswegen nichts an; oder es ist artikuliert und entspricht dem Satz selbst, dessen Verständnis wir beschreiben wollten.

3.168.4.1   3   Wissen, was der Satz besagt, kann nur heißen: die Frage beantworten können „was sagt er?".

3.168.5.1   4   Den Sinn eines Satzes verstehen/kennen/, kann nur heißen: die Frage „was ist sein Sinn" beantworten können.

3.168.6.1   5   Denn ist hier „Sinn haben" intransitiv gebraucht, so daß man also nicht den Sinn eines Satzes von dem eines anderen Satzes unterscheiden kann, dann ist das Sinnhaben eine, den Gebrauch des Satzes begleitende, Angelegenheit, die uns nicht interessiert.

3.216.7.1   6   Das Triviale, was ich zu sagen habe, ist, daß auf den Satz „ich sage das nicht nur, ich meine etwas damit" und die Frage „was?", ein weiterer Satz, in irgend welchen Zeichen, zur Antwort kommt.

3.101.5.1   7   Aber man kann fragen: Ist denn das Verständnis nicht etwas anderes als der Ausdruck des Verständnisses? Ist es nicht so, daß der Ausdruck des Verständnisses eben ein unvollkommener Ausdruck ist? Das heißt doch wohl, ein Ausdruck, der etwas ausläßt, was wesentlich unausdrückbar ist. Denn sonst könnte ich ja eben einen bessern finden. Also wäre der Ausdruck ein vollkommener Ausdruck. – – –

3.191.4.1   8   Es ist eine häufige Auffassung, daß Einer gleichsam nur unvollkommen zeigen kann, ob er verstanden hat.

3.191.4.1   Daß er gleichsam nur immer aus der Ferne darauf deuten, auch sich ihm nähern, es aber nie mit der Hand berühren/ergreifen/ kann. Und das Letzte immer ungesagt bleiben muß.

3.191.5.1   9   Man will sagen: Er versteht es zwar ganz, kann dies aber nicht ganz zeigen, da er sonst schon tun müßte, was ja erst in Befolgung des Befehls geschehen darf. So kann er also nicht zeigen, daß er es ganz versteht. D.h. also, er weiß immer mehr, als er zeigen kann.

| 3.191.6.1 | 1 | Man möchte sagen: er ist mit seinem Verständnis bei der Tatsache /bei der Ausführung/, aber die Erklärung kann nie die Ausführung enthalten.
| 3.191.6.2 | | Aber das Verständnis enthält nicht die Ausführung, sondern ist nur das Symbol, das bei der Ausführung übersetzt wird.

| 4.193.1.1 | 2 | Die Schwierigkeit ist, die Grammatik des Wortes „meinen" klar zu sehen. Aber der Weg dazu ist nur der, über die Antwort auf die Frage „welches ist das Kriterium dafür, daß wir etwas so meinen" und welcher Art ist der Ausdruck, den dieses „so" vertritt. Die Antwort auf die Frage „wie ist das gemeint" stellt die Verbindung zwischen zwei sprachlichen Ausdrücken/zwischen zwei Sprachen/ her. Also fragt auch die Frage nach dieser Verbindung. Der Gebrauch der Hauptwörter „Sinn", „Bedeutung", „Auffassung" und anderer Wörter verleitet uns zu glauben, daß dieser Sinn etc. dem Zeichen so gegenübersteht, wie das Wort, der Name, dem Ding, das sein Träger ist. So daß man sagen könnte: „der Pfeil hat eine ganz bestimmte Bedeutung', ist in einer ganz bestimmten Weise gemeint, die ich nur faute de mieux wieder durch ein Zeichen ausdrücken muß". Die Meinung, die Intention wäre quasi seine Seele, die ich am liebsten direkt zeigen möchte, aber auf die ich leider nur indirekt durch ihren Körper hinweisen kann. –

| 4.193.1.1 | | Wenn ich sage: „ich meine diesen Pfeil so, daß man ihm durch eine Bewegung in der Richtung vom Schwanz zur Spitze folgt", so gebe ich eine Definition (ich setze ein Zeichen für ein andres), während es scheint, als hätte ich sozusagen die Aussage/Angabe/ des Pfeils ergänzt. Ich habe den Pfeil durch ein neues Zeichen ersetzt, das wir statt des Pfeiles gebrauchen können. – G e b r a u c h e n k ö n n e n –. Während es s c h e i n t, als wäre der Pfeil selbst wesentlich unvollständig /unvollkommen/, ergänzungsbedürftig, und als hätte ich ihm nun die nötige Ergänzung gegeben. Wie man eine Beschreibung eines Gegenstandes als unvollkommen erkennt und vervollständigt /vervollständigen kann/. Als hätte der Pfeil die Beschreibung angefangen und wir sie durch den Satz vollendet. – Auch so: Wenn ich wie oben sage „ich meine diesen Pfeil so, daß …..", so macht es den Eindruck, als hätte ich jetzt erst das Eigentliche beschrieben, die Meinung; als wäre der Pfeil gleichsam nur das Musikinstrument, die Meinung aber die Musik, oder besser: der Pfeil, das Zeichen – das heißt in diesem Falle – die Ursache des inneren, seelischen, Vorgangs, und die Worte der Erklärung erst die Beschreibung dieses Vorgangs. Hier spukt die Auffassung des Satzes als eines Zeichens des Gedankens; und des Gedankens als eines Vorgangs in der Seele, oder im Kopf.

| 3.324.6.1 | 3 | Was die Erklärung des Pfeils betrifft, so ist es klar, daß man sagen kann: „Dieser Pfeil bedeutet/sagt/ nicht, daß Du dorthin (mit der Hand zeigend) gehen sollst, sondern dahin." – Und ich würde diese Erklärung natürlich verstehen. –
| 3.324.6.2 | | „Das müßte man aber dazuschreiben".

4

DAS VERSTEHEN DES BEFEHLS, DIE BEDINGUNG DAFÜR, DASS WIR IHN BEFOLGEN.
DAS VERSTEHEN DES SATZES, DIE BEDINGUNG DAFÜR, DASS WIR UNS NACH IHM RICHTEN.

3.155.4.1	1	„Das Verständnis eines Satzes kann nur die Bedingung dafür sein, daß wir ihn anwenden können. D.h., es kann nichts sein, als diese Bedingung /die Bedingung/ und es muß die Bedingung der Anwendung sein."
3.183.5.1	2	Wenn „einen Satz verstehen" heißt, in gewissem Sinn nach ihm handeln, dann kann das Verstehen nicht die logische Bedingung dafür sein, daß wir nach ihm handeln.
3.183.6.1	3	Das Verstehen einer Beschreibung kann man mit dem Zeichnen eines Bildes nach dieser Beschreibung vergleichen. (Und hier ist wieder das Gleichnis ein besonderer Fall dessen, wofür es ein Gleichnis ist.) Und es würde/wird/ auch in vielen Fällen als der Beweis/das Kriterium/ des Verständnisses aufgefaßt.
3.184.5.1	4	Ich verstehe dieses Bild genau, ich könnte es in Ton kneten/plastisch wiedergeben/. – Ich verstehe diese Beschreibung genau, ich könnte eine Zeichnung nach ihr machen.
3.185.6.1	5	Man könnte es in gewissen Fällen geradezu als Kriterium des Verständnisses/Verstehens/ setzen, daß man den Sinn des Satzes muß zeichnerisch darstellen können.
3.231.3.1	6	Es ist sehr sonderbar: Das Verstehen einer Geste möchten wir durch ihre/mit Hilfe ihrer/ Übersetzung in Worte erklären und das Verstehen von Worten durch eine Übersetzung in Gesten./Es ist sehr sonderbar: Wir sind versucht, das Verstehen einer Geste durch ihr entsprechende Worte zu erklären, und das Verstehen von Worten durch diesen entsprechende Gesten./ /..... das Verstehen einer Geste als Fähigkeit zu erklären, sie in Worte zu übersetzen, .../
3.231.4.1	7	Und wirklich werden wir Worte durch eine Geste und eine Geste durch Worte erklären.
3.326.5.1	8	Wenn man mir sagt „bringe eine gelbe Blume" und ich stelle mir vor, wie ich eine gelbe Blume hole, so kann das zeigen, daß ich den Befehl verstanden habe. Aber ebenso, wenn ich ein Bild des Vorgangs male. – Warum? Wohl, weil das, was ich tue, mit Worten des Befehls beschrieben werden muß. Oder soll ich sagen, ich habe tatsächlich einen (dem ersten) verwandten Befehl ausgeführt.

3.269.7.1	1	Nun ist die Frage: Muß ich wirklich in so einem Sinne das Zeichen verstehen, um etwa danach handeln zu können? – Wenn jemand sagt: „gewiß! sonst wüßte ich ja nicht, was ich zu tun habe", so würde ich antworten: „Aber es gibt ja keinen Übergang vom Wissen zum Tun. Und keine prinzipielle Rechtfertigung dessen, daß es das war, was dem Befehl entsprach".
3.269.10.1	2	Was heißt dann also der Satz: „Ich muß den Befehl verstehen, ehe ich nach ihm handeln kann"? Denn dieser Satz/dies zu sagen,/ hat natürlich einen Sinn. Aber gewiß/jedenfalls/ wieder keinen metalogischen.
3.270.9.1	3	Die Idee, die man von dem Verstehen hat, ist etwa, daß man dabei von dem Zeichen näher an die verifizierende Tatsache kommt, etwa durch die Vorstellung. Und wenn man auch nicht wesentlich, d.h. logisch, näher kommt, so ist doch etwas an der Idee richtig, daß das Verstehen in dem Vorstellen der Tatsache besteht. Die Sprache der Vorstellung ist in dem gleichen Sinne wie die Gebärdensprache primitiv.
3.270.1.1	4	„Aber ich muß doch einen Befehl verstehen, um nach ihm handeln zu können". Hier ist das ‚muß' verdächtig. Wenn das wirklich ein Muß ist – ich meine – wenn es ein logisches Muß ist, so handelt es sich hier um eine grammatische Anmerkung.
3.270.2.1	5	Auch wäre da die Frage möglich: Wie lange vor dem Befolgen mußt Du denn den Befehl verstehen?
3.204.11.1	6	(Es kann keine notwendige Zwischenstufe zwischen dem Auffassen eines Befehls und dem Befolgen geben.)
3.165.6.1	7	Wenn das Verstehen eine notwendige Vorbereitung des Folgens war, so muß es dem Zeichen etwas hinzugefügt haben; aber etwas, was jedenfalls nicht die Ausführung war.
3.166.5.1	8	Wenn gesagt würde, daß der, der den Befehl erhält, eben außer den Worten Vorstellungen erhält, die der Ausführung des Befehls ähnlich sind, (während es die Worte nicht sind), so gehe ich noch weiter und nehme an, daß der Befehl dadurch gegeben wird, daß wir dem Andern die Bewegungen, die er etwa in 5 Minuten ausführen soll, jetzt durch mechanische Beeinflussung (etwa indem wir seine Hand führen) auszuführen veranlassen; und näher kann ich doch wohl der Ausführung des Befehls im Ausdruck des Befehls nicht kommen. Dann haben wir die Ähnlichkeit der Vorstellung durch eine viel größere Ähnlichkeit ersetzt. Und der Weg vom Symbol zur Wirklichkeit scheint hier/nun/ sehr verkürzt zu sein. (Ebenso könnte ich, um zu beschreiben, in welcher Stellung ich mich bei der und der Gelegenheit befunden habe, diese Stellung einnehmen.)
3.166.5.2 3.166.5.3		Es ist damit auch gezeigt, daß das Vorkommen von Phantasiebildern, Vorstellungen, für den Gedanken ganz unwesentlich ist./Es ist damit auch das Unwesentliche der Phantasiebilder für den Gedanken gezeigt./

| 3.167.8.1 | 1 | Ich könnte auch sagen: Es scheint uns, als ob, wenn wir den Befehl – z.B. $\begin{matrix} x\ 1\ 2\ 3 \\ x^2 \end{matrix}$ – verstehen, wir etwas hinzufügen, was die Lücke füllt. So daß wir dem, der sagt „aber Du verstehst ihn ja" antworten können: Ja, aber nur, weil ich noch etwas hinzufüge: die Deutung nämlich. |

| 3.168.1.1 | 2 | Nun müßte man allerdings darauf sagen: Aber was veranlaßt Dich denn zu gerade d i e s e r Deutung? Ist es der Befehl, dann war er ja schon eindeutig, da er nur diese Deutung befahl. Oder, hast Du die Deutung willkürlich hinzugefügt –, dann hast Du ja auch den Befehl nicht verstanden, sondern erst das, was Du aus ihm (auf eigene Faust) gemacht hast. |

| 3.313.3.1 | 3 | Eine ‚Interpretation' ist doch wohl etwas, was in Worten gegeben wird. Es ist d i e s e Interpretation im Gegensatz zu einer anderen (die anders lautet). – Wenn man also sagt „jeder Satz bedarf noch einer Interpretation", so hieße das: kein Satz kann ohne einen Zusatz verstanden werden. |

| 3.270.4.1 | 4 | „Ich kann den Befehl nicht ausführen, weil ich nicht verstehe, was Du meinst. – Ja, jetzt verstehe ich Dich". |
| 3.270.4.2 | | Was ging da vor, als ich plötzlich den Andern verstand? Ich konnte mich natürlich irren, und daß ich den Andern verstand, war eine Hypothese. Aber es fiel mir etwa plötzlich eine Deutung ein, die mir einleuchtete. Aber war diese Deutung etwas anderes als ein Satz der Sprache? |

| 3.270.5.1 | 5 | Es konnten mir auch vor diesem Verstehen mehrere Deutungen vorschweben, für deren eine ich mich endlich entscheide. Aber das Vorschweben der Deutungen war das Vorschweben von Ausdrücken einer Sprache. |

| 3.204.9.1 | 6 | Was heißt es: verstehen, daß etwas ein Befehl ist, wenn man auch den Befehl selbst noch nicht versteht? („Er meint: ich soll etwas tun, aber was er wünscht, weiß ich nicht.") |

5
DEUTEN.
DEUTEN WIR JEDES ZEICHEN?

3.205.3.1	1	Deuten wir denn etwas, wenn uns jemand einen Befehl gibt? Wir fassen auf, was wir hören oder sehen; oder: wir sehen, was wir sehen.
	2	Es gibt Fälle, in denen wir einen erhaltenen Befehl deuten und Fälle, in denen wir es nicht tun. Eine Deutung ist eine Ergänzung des gedeuteten Zeichens durch ein Zeichen.
3.205.5.1	3	Wenn mich jemand fragt: „wieviel Uhr ist es", so geht in mir dann keine Arbeit des Deutens vor. Sondern ich reagiere unmittelbar auf das, was ich sehe und höre.
3.252.2.1	4	Denken wir uns einen Zerstreuten, der auf den Befehl „rechtsum" sich nach links gedreht hätte und nun, an die Stirne greifend, sagte „ach so – ‚rechtsum'!" und rechtsum machte.
3.205.8.1	5	Ich deute die Worte; wohl; aber deute ich auch die Mienen? Deute ich, etwa, einen Gesichtsausdruck als drohend? oder freundlich? – Es kann geschehen.
3.205.9.1 3.205.10.1	6	Wenn ich nun sagte: Es ist nicht genug, daß ich das drohende Gesicht wahrnehme, sondern ich muß es erst deuten. – Es zückt jemand das Messer und ich sage: „ich verstehe das als eine Drohung".
3.211.7.1	7	Kann man jemandem befehlen, einen Satz zu verstehen? Hier muß man verschiedene Fälle unterscheiden.

6

M‍an sagt: ein W‍ort verstehen heisst, wissen, wie es gebraucht wird.
W‍as heisst es, das zu wissen? Dieses W‍issen haben wir sozusagen im V‍orrat.

|2.314.5.1|1|Es ist merkwürdig, daß wir uns bei dem Gedanken, daß es jetzt 3 Uhr sein dürfte, die Zeigerstellung meist gar nicht genau oder überhaupt nicht vorstellen, sondern das Bild gleichsam in einem Werkzeugkasten der Sprache haben, aus dem wir wissen, das Werkzeug jederzeit hervorziehen/herausnehmen/ zu können, wenn wir es brauchen. – Dieser Werkzeugkasten scheint mir die Grammatik mit ihren Regeln zu sein. (Denken wir aber, welcher Art dieses Wissen ist.)|

2.314.8.1 2   Es ist so, wie wenn ich mir im Werkzeugkasten der Sprache Werkzeuge zum künftigen Gebrauch herrichtete. Ein Werkzeug ist ja auch das Abbild seines Zwecks.

2.162.5.1 3   Was heißt es, zu sagen „ich sehe zwar kein Rot, aber wenn Du mir einen Farbkasten gibst, so kann ich es Dir darin zeigen"? Wie kann man w‍i‍s‍s‍e‍n, daß man es zeigen kann, wenn ....; daß man es also erkennen kann, wenn man es sieht?

3.199.10.1 4   Ich sage: Hier ist zwar nichts Rotes um mich, aber wenn hier etwas wäre, so k‍ö‍n‍n‍t‍e ich es erkennen.

3.91.3.1 5   a | e   Es ist etwa dies mein Wörterbuch und ich übersetze danach
b | f   den Satz b d c a in f h g e. Nun habe ich im gewöhnlichen Sinne
c | g   gezeigt, daß ich den Gebrauch des Wörterbuchs verstehe und
d | h   kann sagen, daß ich auf gleiche Weise den Satz c d a b übersetzen kann, wenn ich will. – Wenn also der Satz c d a b ein Befehl ist, den entsprechenden Satz in der zweiten Sprache hinzuschreiben, so verstehe ich diesen Befehl, wie ich etwa den Befehl verstehe, | | | | | Schritte zu gehen, wenn mir gezeigt wurde, wie die entsprechenden Befehle mit den Zahlen |, | |, | | |, ausgeführt werden.

3.91.4.1 6   Aber natürlich kann das nicht anders sein, als wenn ich z.B. sage „ich will diesen Fleck rot anstreichen", eine Vorstellung von der Farbe habe und nun „w‍e‍i‍ß", wie diese Vorstellung in die Wirklichkeit zu übersetzen ist.

3.91.6.1 7   Ja, das ganze Problem ist schon darin enthalten: Was heißt es, zu wissen, wie der Fleck aussähe, wenn er meiner Vorstellung entspräche?

2.305.5.1	1	Wenn ich die Vorstellung, die bei der Erwartung etc. im Spiel ist, durch ein wirklich gesehenes Bild ersetzen will, so scheint etwa folgendes zu geschehen: Ich sollte einen dicken schwarzen Strich ziehen und habe als Bild einen dünnen gezogen. Aber die Vorstellung geht noch weiter und sagt, sie weiß auch schon, daß der Strich dick sein soll. So ziehe ich einen dicken, aber etwas blasseren Strich; aber die Vorstellung sagt, sie weiß auch schon, daß er nicht grau sondern schwarz sein sollte. (Ziehe ich aber den dicken schwarzen Strich, so ist das kein Bild mehr.)
4.15.6.1	2	Etwas wissen, ist von der Art dessen, einen Zettel in der Lade meines Schreibtisches zu haben, auf dem es aufgeschrieben steht/ist/.

Bedeutung.

7
DER BEGRIFF DER BEDEUTUNG STAMMT AUS EINER PRIMITIVEN AUFFASSUNG DER SPRACHE HER.

4.10.1.1 1 Augustinus, wenn er vom Lernen der Sprache redet, redet ausschließlich davon, wie wir den Dingen Namen beilegen, oder die Namen der Dinge verstehen. Hier scheint also das Benennen Fundament und Um und Auf der Sprache zu sein.

4.10.1.2 Diese Auffassung des Fundaments der Sprache ist offenbar äquivalent mit der, die die Erklärungsform „das ist …" als fundamental auffaßt. – Von einem Unterschied der Worte redet Augustinus nicht, meint also mit „Namen" offenbar Wörter, wie „Baum", „Tisch", „Brot", und gewiß die Eigennamen der Personen; dann aber wohl auch „essen", „gehen", „hier", „dort"; kurz, alle Wörter. Gewiß aber denkt er zunächst an Hauptwörter und an die übrigen als etwas, was sich finden wird. (Und Plato sagt, daß der Satz aus Haupt- und Zeitwörtern besteht.)

4.10.1.3 Sie beschreiben eben das Spiel einfacher, als es ist.

4.10.1.4 Dieses Spiel kommt aber wohl in der Wirklichkeit vor. – Nehmen
4.10.1.5 wir etwa an, ich wollte aus Bausteinen, die mir ein Andrer zureichen
4.10.1.6 soll, ein Haus aufführen, so könnten wir erst ein Übereinkommen dadurch treffen, daß ich auf einen Stein zeigend sagte „das ist eine Säule", auf einen andern zeigend „das heißt Würfel", – „das heißt Platte" u.s.w.. Und nun bestünde die Anwendung im Ausrufen jener Wörter „Säule", „Platte", etc. in der Ordnung, wie ich die Bausteine brauche. Und ganz ähnlich ist ja das Übereinkommen a | ↑   und etwa eines, das mit Farben arbeiten würde. b | →
c | ↓
d | ←

4.10.2.1 2 Augustinus beschreibt wirklich einen Kalkül; nur ist nicht alles, was wir Sprache nennen, dieser Kalkül.

4.10.3.1 (Und das muß man in einer großen Anzahl von Fällen sagen, wo es sich fragt: ist diese Darstellung brauchbar oder unbrauchbar. Die Antwort ist dann: „ja, brauchbar; aber nur dafür, nicht für das ganze Gebiet, das Du darzustellen vorgabst".)

4.11.1.1 3 Es ist also so, wie wenn jemand erklärte: „spielen besteht darin, daß man Dinge, gewissen Regeln gemäß, auf einer Fläche verschiebt …." und wir ihm antworteten: Du denkst da gewiß an die Brettspiele, und auf sie ist Deine Beschreibung auch anwendbar. Aber das sind nicht die einzigen Spiele. Du kannst also Deine Erklärung richtigstellen, indem Du sie ausdrücklich auf diese Spiele einschränkst.

4.11.2.1 Man könnte also sagen, Augustinus stelle das Lernen der Sprache zu einfach dar/stelle die Sache zu einfach dar/; aber auch: er stelle eine einfachere Sache dar.

4.11.3.1 (Wer das Schachspiel einfacher beschreibt – mit einfacheren Regeln – als es ist, beschreibt damit dennoch ein Spiel, aber ein anderes.)

4.11.4.1	1	Ich wollte ursprünglich sagen: Wie Augustinus das Lernen der Sprache beschreibt, das kann uns zeigen, woher sich diese Auffassung überhaupt schreibt/....., von welcher/welchem/ primitiven Anschauung/Bild/ ..../.
4.11.4.2		Man könnte den Fall mit dem einer Schrift vergleichen, in der Buchstaben zum Bezeichnen von Lauten benützt würden, aber auch zur Bezeichnung der Betonung und als Interpunktionszeichen. Fassen wir dann diese Schrift als eine Sprache zur Beschreibung des Lautbildes auf, so könnte man sich denken, daß Einer diese Schrift so auffaßte, als entspräche einfach jedem Buchstaben ein Laut und als hätten die Buchstaben nicht auch ganz andere Funktionen. – Und so einer – zu einfachen – Beschreibung der Schrift gleicht Augustinus' Beschreibung der Sprache völlig.

4.12.1.1 2 Man kann z.B. – für Andere verständlich – von Kombinationen von Farben mit Formen sprechen (etwa der Farben rot und blau mit den Formen Quadrat und Kreis) ebenso wie von Kombinationen verschiedener Formen oder Körper. Und hier haben wir die Wurzel des irreleitenden Ausdrucks, die Tatsache sei ein Komplex von Gegenständen. Es wird also, daß ein Mensch krank ist, verglichen mit der Zusammenstellung zweier Dinge, wovon das eine der Mensch, das andere die Krankheit wäre. Hüten wir uns davor, zu vergessen, daß das ein Gleichnis ist.

4.12.1.2 Oder man muß sagen, es verhält sich hier mit dem Wort „Kombination", oder „Komplex", wie mit dem Wort „Zahl", das auch in verschiedenen – mehr oder weniger logisch ähnlichen – Weisen (Bedeutungen) gebraucht wird.

3.287.4.1 3 „Bedeutung" kommt von „deuten".

3.266.10.1 4 Was wir Bedeutung nennen, muß mit der primitiven Gebärdensprache (Zeigesprache) zusammenhängen.

3.287.6.1 5 Wenn ich etwa die wirkliche Sitzordnung an einer Tafel nach einer Aufschreibung kollationiere, so hat es einen guten Sinn, beim Lesen jedes Namens auf einen bestimmten Menschen zu zeigen. Sollte ich aber etwa die Beschreibung eines Bildes mit dem Bild vergleichen und außer dem Personenverzeichnis sagte die Beschreibung auch, daß eine gewisse Person eine andere küßt, so wüßte ich nicht, worauf ich als Korrelat des Wortes „küssen" zeigen sollte. Oder, wenn etwa stünde „A ist größer als B", worauf soll ich beim Wort „größer" zeigen? – Ganz offenbar kann ich ja gar nicht auf etwas diesem Wort entsprechendes in dem Sinne zeigen, wie ich etwa auf die Person A im Bilde zeige.

3.288.1.1 Es gibt freilich einen Akt „die Aufmerksamkeit auf die Größe der Personen richten", oder auf ihre Tätigkeit, und in diesem Sinne kann man auch das Küssen und die Größenverhältnisse kollationieren. Das zeigt, wie der allgemeine Begriff der Bedeutung entstehen konnte. Es geschieht da etwas Analoges, wie wenn das Pigment an Stelle der Farbe tritt.

Und der Gebrauch des Wortes „kollationieren" ist hier so schwankend, wie der Gebrauch des Wortes „Bedeutung".

3.228.2.1 6 Die Wörter haben offenbar ganz verschiedene Funktionen im Satz und diese Funktionen erscheinen uns ausgedrückt in den Regeln, die von den Wörtern gelten.

2.166.10.1	1	Wie in einem Stellwerk mit Handgriffen die verschiedensten Dinge ausgeführt werden, so mit den Wörtern der Sprache, die Handgriffen entsprechen. Ein Handgriff ist der einer Kurbel und diese kann kontinuierlich verstellt werden; einer gehört zu einem Schalter und kann nur entweder umgelegt oder aufgestellt werden; ein dritter gehört zu einem Schalter, der drei oder mehr Stellungen zuläßt; ein vierter ist der Handgriff einer Pumpe und wirkt nur, wenn/solange/ er auf- und abbewegt wird; etc.: aber alle sind Handgriffe, werden mit der Hand angefaßt.
3.51.8.1	2	Vergleich der verschiedenen Arten von Linien/der Linien mit verschiedenen Funktionen/ auf der Landkarte mit den Wortarten im Satz. Der Unbelehrte sieht eine Menge Linien und weiß nicht, daß sie sehr verschiedene Bedeutungen haben.
3.51.1.1		Denken wir uns den Plan eines Weges gezeichnet und mit einem Strich durchstrichen, der anzeigen soll, daß dieser Plan nicht auszuführen ist/daß dieser Weg nicht zu gehen ist/. Auf dem Plan sind viele Striche gezogen, aber der, der ihn durchstreicht, hat eine gänzlich andere Funktion als die anderen.
4.56.8.1	3	Der Unterschied der Wortarten ist wie der Unterschied der Spielfiguren, oder, wie der noch größere, einer Spielfigur und des Schachbrettes.

8
Bedeutung, der Ort des Wortes im grammatischen Raum.

3.251.3.1	1	Wir können in der alten Ausdrucksweise sagen: das Wesentliche am Wort ist seine Bedeutung.
3.251.8.1	2	Wir sagen: das Wesentliche am Wort ist seine Bedeutung; wir können das Wort durch ein anderes ersetzen, das die gleiche Bedeutung hat. Damit ist gleichsam ein Platz für das Wort fixiert und man kann ein Wort für das andere setzen, wenn man es an den gleichen Platz setzt.
3.26.5.1	3	Wenn ich mich entschlösse (in meinen Gedanken) statt „rot" ein neues Wort zu sagen, wie würde es sich zeigen, daß dieses an dem Platz des Wortes „rot" steht? Wodurch ist die Stelle/der Platz/ eines Wortes bestimmt? Angenommen etwa, ich wollte auf einmal alle Wörter meiner Sprache durch andere ersetzen, wie könnte i c h wissen, welches Wort an der Stelle eines früheren steht. Sind es die Vorstellungen, die bleiben und den Platz des Wortes halten? So daß an einer Vorstellung quasi ein Haken ist, – und hänge ich an d e n ein Wort, so ist ihm damit /dadurch/ der Platz angewiesen? Oder: wenn ich mir den Platz merke, was merke ich mir da?
3.241.9.1	4	Man könnte z.B. ausmachen, im Deutschen statt „nicht" immer „not" zu setzen und dafür statt „rot" „nicht". So daß das Wort „nicht" in der Sprache bliebe und doch könnte man nun sagen, daß „not" s o gebraucht wird, wie früher „nicht", und daß jetzt „nicht" a n d e r s gebraucht wird als früher.
3.201.8.1	5	Der Ort eines Wortes in der Sprache/Grammatik/ ist seine Bedeutung.
	6	Wäre es nicht ähnlich, wenn ich mich entschlösse, die Formen der Schachfiguren zu ändern, oder etwa eine Figur, die wir jetzt „Rössl" nennen würden, als Königsfigur zu nehmen?/.... oder etwa die Figur eines Pferdchens als König zu nehmen?/ Wie würde es sich nun zeigen, daß das hölzerne Pferdchen Schachkönig ist? Kann ich hier nicht sehr gut von einem Wechsel der Bedeutung reden?
	7	Wir verstehen unter „Bedeutung des Namens" nicht den Träger des Namens.
4.59.1.1	8	Man kann sagen, daß die Worte „der Träger des Namens ‚N'" dieselbe Bedeutung haben wie der Name ‚N' – also für einander eingesetzt werden können.
4.59.2.1	9	Aber heißt es nicht dasselbe, zu sagen „zwei Namen haben e i n e n Träger" und „zwei Namen haben ein- und dieselbe Bedeutung"? (Morgenstern, Abendstern, Venus.)

4.59.3.1	1	Wenn mit dem Satz „‚A' und ‚B' haben denselben Träger" gemeint ist: „der Träger von ‚A'" bedeutet dasselbe wie „der Träger von ‚B'", so ist alles in Ordnung, weil das dasselbe heißt wie A = B. Ist aber mit dem Träger von ‚A' etwa der Mensch gemeint, von dem es sich feststellen läßt, daß er auf den Namen ‚A' getauft ist; oder der Mensch, der das Täfelchen mit dem Namen ‚A' um den Hals trägt; etc., so ist es gar nicht gesagt, daß ich mit ‚A' diesen Menschen meine, und daß die Namen, die den gleichen Träger haben, dasselbe bedeuten.	32
4.59.6.1	2	Aber zeigen wir nicht zur Erklärung der Bedeutung auf den Gegenstand, den der Name vertritt? Ja; aber dieser Gegenstand ist nicht ‚die Bedeutung', obwohl sie durch das Zeigen auf diesen Gegenstand bestimmt wird.	
4.202.4.2	3	Aber es bestimmt hier schon das richtige Verstehen des Wortes ‚Träger' in dem besondern Fall (Farbe, Gestalt, Ton, etc.) die Bedeutung bis auf eine letzte Bestimmung.	
4.202.3.1	4	Wenn ich sage „die Farbe dieses Gegenstands heißt ‚violett'", so muß ich die Farbe mit den ersten Worten „die Farbe dieses Gegenstands" schon benannt haben, sie schon zur Taufe gehalten haben, damit der Akt der Namengebung das sein kann, was er ist. Denn ich könnte auch sagen „der Name dieser Farbe (der Farbe dieses Dings) ist von Dir zu bestimmen", und der den Namen gibt, müßte nun schon wissen, wem er ihn gibt (an welchen Platz der Sprache er ihn stellt).	
4.174.4.1	5	Ich könnte also /so/ erklären, die Farbe dieses Flecks heißt „rot", die Form „Kreis".	
4.174.4.2		Und hier stehen die Wörter „Farbe" und „Form" für Anwendungsarten (grammatische Regeln) und sind /bezeichnen/ in Wirklichkeit Wortarten, wie „Eigenschaftswort", „Hauptwort". Man könnte sehr wohl in der (gewöhnlichen) Grammatik neben diesen Wörtern die Wörter „Farbwort", „Formwort", „Klangwort" einführen. (Aber auch „Baumwort", „Buchwort"?)	
5.178.1.1	6	Der Name, den ich einem Körper gebe, einer Fläche, einem Ort, einer Farbe, hat jedes Mal andere Grammatik. Der Name „A" in „A ist gelb" hat eine andere Grammatik, wenn A der Name eines Körpers und wenn es der Name der Fläche eines Körpers ist; ob nun ein Satz „dieser Körper ist gelb" sagt, daß die Oberfläche des Körpers gelb ist, oder daß er durch und durch gelb ist. „Ich zeige auf A" hat verschiedene Grammatik, je nachdem A ein Körper, eine Fläche, eine Farbe ist etc.. Und so hat auch das hinweisende Fürwort „dieser" andere Bedeutung (d.h. Grammatik), wenn es sich auf Hauptwörter verschiedener Grammatik bezieht./.... Hauptwörter mit verschiedener Grammatik bezieht./	33

9
DIE BEDEUTUNG EINES WORTES IST DAS, WAS DIE (GRAMMATISCHE) ERKLÄRUNG DER BEDEUTUNG ERKLÄRT.

3.208.2.1	1	Man sagt dem Kind: „nein, kein Stück Zucker mehr!" und nimmt es ihm weg. So lernt das Kind die Bedeutung des Wortes ‚kein'.
3.208.2.2		Hätte man ihm mit denselben Worten ein Stück Zucker gereicht, so hätte es gelernt, das Wort anders zu verstehen.
3.252.1.2	2	Veranlassen wir es dadurch nicht, Worten einen Sinn beizulegen, ohne daß wir sie durch ein anderes Zeichen ersetzen, also ohne diesen Sinn auf andere Weise auszudrücken? Veranlassen wir es nicht gleichsam, für sich etwas zu tun, dem kein äußerer Ausdruck gegeben wird, oder wozu der äußere Ausdruck nur im Verhältnis einer Hindeutung steht? Die Bedeutung ließe sich nicht aussprechen, sondern nur auf sie von ferne hinweisen. Sie ließe sich gleichsam nur verursachen. Aber welchen Sinn hat es dann überhaupt, wenn wir von dieser Bedeutung reden? (Schlag und Schmerz)
3.255.3.1	3	Gibt mir die Erklärung des Wortes die Bedeutung, oder verhilft sie mir nur zur Bedeutung? So daß also das Verständnis in der Erklärung nicht niedergelegt wäre, sondern durch sie nur äußerlich bewirkt, wie die Krankheit durch eine Speise.
3.253.6.1	4	Das Problem äußert sich auch in der Frage: Wie erweist sich ein Mißverständnis? Denn das ist dasselbe wie das Problem: Wie zeigt es sich, daß ich richtig verstanden habe? Und das ist: Wie kann ich die Bedeutung erklären?
3.253.6.2		Es fragt sich nun: Kann sich ein Mißverständnis darin äußern, daß, was der Eine bejaht, der Andere verneint?
3.253.7.1	5	Nein, denn dies ist eine Meinungsverschiedenheit und kann als solche aufrecht erhalten werden. Bis wir a n n e h m e n, der Andere habe Recht …..
3.253.8.1	6	Wenn ich also, um das Wort „lila" zu erklären, auf einen Fleck zeigend sage „dieser Fleck ist lila", kann diese Erklärung dann auf zwei Arten funktionieren? einerseits als Definition, die den Fleck als Zeichen gebraucht, andererseits als Erläuterung? Und wie das letztere? Ich müßte annehmen, daß der Andere die Wahrheit sagt und dasselbe sieht, was ich sehe. Der Fall, der wirklich vorkommt, ist etwa folgender: A erzählt dem B in meiner Gegenwart, daß ein bestimmter Gegenstand lila ist. Ich höre das, habe den Gegenstand auch gesehen und denke mir: „jetzt weiß ich doch, was ‚lila' heißt". Das heißt, ich habe aus jenen Sätzen /jener Beschreibung/ eine Worterklärung gezogen.
3.253.8.2		Ich könnte sagen: Wenn das, was A dem B erzählt, die Wahrheit ist, so muß das Wort „lila" d i e s e Bedeutung haben.
3.253.8.3		Ich kann diese Bedeutung also auch quasi hypothetisch annehmen und sagen: wenn ich das Wort s o verstehe, hat A Recht.

3.253.9.1	1	Man sagt: „Ja, wenn das Wort das bedeutet, so ist der Satz wahr".
3.254.1.1	2	Nehmen wir an, die Erklärung der Bedeutung war nur eine Andeutung: konnte man da nicht sagen: Ja, wenn diese Andeutung so verstanden wird, dann gibt das Wort in dieser Verbindung einen wahren Satz etc.. Aber dann muß nun dieses „so" ausgedrückt sein.
3.132.5.1	3	Die Erklärung eines Zeichens muß jede Meinungsverschiedenheit in Bezug auf seine Bedeutung beseitigen können. Und ist dann noch eine Frage nach der Bedeutung zu entscheiden?
	4	Mißverständnis nenne ich das, was durch eine Erklärung zu beseitigen ist. Die Erklärung der Bedeutung eines Wortes schließt Mißverständnisse aus.
3.171.7.2	5	Das sind Mißverständnisse: „Ist das eine Orange? ich dachte das sei eine".
3.171.8.1		Kann man sagen: „Ist das rot? ich dachte, das sei ein Sessel"?
3.171.9.1		Aber kann man sich nicht einbilden (wenn man etwa nicht deutsch versteht) „rot" heiße laut (d.h. werde so gebraucht, wie tatsächlich das Wort „laut" gebraucht wird). Wie wäre aber die Aufklärung dieses Mißverständnisses? Etwa so: „rot ist eine Farbe, keine Tonstärke"? – Eine solche Erklärung könnte man natürlich geben, aber sie wäre nur dem verständlich, der sich bereits ganz in der Grammatik auskennt.
3.171.10.1	6	Der Satz „ist das rot? ich dachte, das sei ein Sessel" hat nur Sinn, wenn das Wort „das" beide Male im gleichen Sinn gebraucht wird und dann muß ich entweder „rot" als Substantiv, oder „ein Sessel" als Adjektiv auffassen.
3.171.11.1	7	Die Aufklärung kann nur verstanden werden, wenn sie in einer Sprache gegeben wird, die unabhängig von dem Mißverständnis besteht.
3.314.6.1	8	Ist es denn nicht denkbar, daß ein grammatisches System in der Wirklichkeit zwei (oder mehr) Anwendungen hat?
3.314.7.1		Ja, aber wenn wir das überhaupt sagen können, so müssen wir die beiden Anwendungen auch durch eine Beschreibung unterscheiden können.
3.283.5.1	9	Zu sagen, daß das Wort „rot" mit allen Vorschriften, die von ihm gelten, das bedeuten könnte, was tatsächlich das Wort „blau" bedeutet; daß also durch diese Regeln die Bedeutung nicht fixiert ist, hat nur einen Sinn, wenn ich die beiden Möglichkeiten der Bedeutung ausdrücken kann und dann sagen, welche die von mir bestimmte ist.
3.283.6.1		(Diese letztere Aussage ist aber eben die Regel, die vorher zur Eindeutigkeit gefehlt hat.)
3.75.8.1 3.75.8.2	10	Die Grammatik erklärt die Bedeutung der Wörter, soweit sie zu erklären ist. Und zu erklären ist sie soweit, als nach ihr gefragt werden kann; und nach ihr fragen kann man soweit, als sie zu erklären ist. Die Bedeutung ist das, was wir in der Erklärung der Bedeutung eines Wortes erklären.
4.6.10.1	11	„Das, was ein cm^3 Wasser wiegt, hat man ,1 Gramm' genannt" – „Ja, was wiegt er denn?" („Bedeutung eines Wortes").

„Die Bedeutung eines Zeichens ist durch seine Wirkung (die Assoziationen, die es auslöst, etc.) gegeben."

3.107.5.1   1   Wenn ich sage, das Symbol ist das, was diesen Effekt hervorruft, so fragt es sich eben, wie ich von diesem Effekt reden kann, wenn er gar nicht da ist. Und wie ich weiß, daß es der ist, den ich gemeint habe, wenn er eintritt/kommt/.

3.107.6.1   2   Es ist darum keine Erklärung, zu sagen: sehr einfach, wir vergleichen die Tatsache mit unserem Erinnerungsbild, – weil vergleichen eine bestimmte Vergleichsmethode voraussetzt, die nicht gegeben ist.

3.195.2.1   3   Wie soll er wissen, welche Farbe er zu wählen hat, wenn er das Wort „rot" hört? – Sehr einfach: er soll die Farbe nehmen, deren Bild ihm beim Hören des Wortes einfällt. – Aber wie soll er wissen, was die „Farbe" ist, „deren Bild ihm einfällt"? Braucht es dafür ein weiteres Kriterium? u.s.f..

         Es gibt auch ein Spiel: die Farbe wählen, die einem beim Wort „rot" einfällt.

2.181.9.1   4   (Die psychologischen – trivialen – Erörterungen über Erwartung, Assoziation, etc. lassen immer das eigentlich Merkwürdige aus und man merkt ihnen an, daß sie herumreden, ohne den springenden Punkt zu berühren.)

3.215.2.1   5   Wenn ich Worte wählen kann, daß sie der Tatsache – in irgend einem Sinne – passen, dann muß ich also schon vorher einen Begriff dieses Passens gehabt haben. Und nun fängt das Problem von Neuem an, denn, wie weiß ich, daß dieser Sachverhalt dem Begriff vom ‚Passen' entspricht.

3.215.3.1   6   Aber warum beschreibe ich dann die Tatsache gerade so? Was ließ Dich diese Worte sagen?

3.215.4.1   7   Und wenn ich nun sagen würde: „alles was geschieht, ist eben, daß ich auf diese Gegenstände sehe und dann diese Worte gebrauche", so wäre die Antwort: „also besteht das Beschreiben in weiter nichts? und ist es immer eine Beschreibung, wenn Einer ……?" Und darauf müßte ich sagen: „Nein. Nur kann ich den Vorgang nicht anders, oder doch nicht mit einer andern Multiplizität beschreiben, als, indem ich sage: ‚ich beschreibe, was ich sehe'; und darum ist keine Erklärung mehr möglich, weil mein Satz bereits die richtige Multiplizität hat."

3.215.5.1   8   Ich könnte auch so fragen: Warum verlangst Du Erklärungen? Wenn diese gegeben sein werden/würden/, wirst Du ja doch wieder vor einem Ende stehen. Sie können Dich nicht weiter führen, als Du jetzt bist.

3.250.5.1	1	In welchem Sinne sagt man, man kennt die Bedeutung des Wortes A, noch ehe man den Befehl, in dem es vorkommt, befolgt hat? Und inwiefern kann man sagen, man hat die Bedeutung durch die Befolgung des Befehls kennengelernt? Können die beiden Bedeutungen miteinander in Widerspruch stehen?
3.250.7.1	2	Ich wünsche einen Apfel zu bekommen. In welchem Sinne kann ich sagen, daß ich noch vor der Erfüllung des Wunsches die Bedeutung des Wortes „Apfel" kenne? Wie äußert sich denn die Kenntnis der Bedeutung? d.h., was versteht man denn unter ihr.
3.250.8.1		Offenbar wird das Verständnis des Wortes durch eine Worterklärung gegeben, welche nicht die Erfüllung des Wunsches ist.
4.56.5.1 4.56.10.1 4.56.7.1 4.56.7.2	3	Die Bedeutung ist eine Festsetzung, nicht Erfahrung. Und damit nicht Kausalität. Was das Zeichen suggeriert, findet man durch Erfahrung. Es ist die Erfahrung, die uns lehrt, welche Zeichen am seltensten mißverstanden werden. Das Zeichen, soweit es suggeriert, also soweit es wirkt, interessiert uns nicht. Es interessiert uns nur als Zug in einem Spiel: Glied in einem System, das selbständig ist./Glied in einem System; das seine Bedeutung in sich selbst hat./Glied in einem System, das selbstbedeutend ist; das seine Bedeutung in sich selbst hat./
4.8.6.1	4	Unsere Weise von den Wörtern zu reden, können wir durch das beleuchten, was Sokrates im „Kratylos" sagt. Kratylos: „Bei weitem und ohne Frage ist es vorzüglicher, Sokrates, durch ein Ähnliches darzustellen, was jemand darstellen will, als durch das erste beste." – Sokrates: „Wohl gesprochen, ..."."
3.48.9.1 3.48.9.2	5	Es wäre charakteristisch für eine bestimmte irrige Auffassung, wenn ein Philosoph glaubte, einen Satz mit roter Farbe drucken lassen zu müssen, da er erst so ganz das ausdrücke, was der Autor sagen will. (Hier hätten wir die magische Auffassung der Zeichen statt der logischen.)
3.48.9.2		(Das magische Zeichen würde wirken wie eine Droge, und für sie wäre die kausale Theorie richtig.)
3.252.6.1	6	Die Untersuchung, ob die Bedeutung eines Zeichens seine Wirkung ist, ist eine grammatische Untersuchung.
2.306.2.1	7	Ich glaube, auf die kausale Theorie der Bedeutung kann man einfach antworten, daß wir, wenn Einer einen Stoß erhält und umfällt, das Umfallen nicht die Bedeutung des Stoßes nennen.
3.41.5.1 3.41.5.2	8	Die Verwendung eines Plans ist eine Übersetzung in unsere Handlungen. Eine Übertragung in unsere Handlungen. Es ist klar, daß da kausale Zusammenhänge gesehen werden, aber es wäre komisch, die als das Wesen eines Planes auszugeben.
5.27.1.1	9	Der Sinn der Sprache ist nicht durch ihren Zweck bestimmt. Oder: Was man den Sinn, die Bedeutung, in der Sprache nennt, ist nicht ihr Zweck.
3.251.7.1	10	Es ist wirklich „the meaning of meaning" was wir untersuchen: Nämlich/Oder/ die Grammatik des Wortes „Bedeutung".

11

BEDEUTUNG ALS GEFÜHL, HINTER DEM WORT STEHEND; DURCH EINE GESTE AUSGEDRÜCKT.

3.228.1.1 1 Jeder, der einen Satz liest und versteht, sieht die Worte/die verschiedenen Wortarten/ in verschiedener Weise, obwohl sich ihr Bild und Klang der Art nach nicht unterscheidet. Wir vergessen ganz, daß ‚nicht' und ‚Tisch' und ‚grün' als Laute oder Schriftbilder betrachtet sich nicht wesentlich voneinander unterscheiden und sehen es nur klar in einer uns fremden Sprache. (James.)

3.228.12.1 2 Das „Nicht" macht eine abwehrende/verneinende/ Geste.
   Nein, es ist eine abwehrende Geste.
3.229.5.1   „Das Verstehen der Verneinung ist dasselbe, wie das Verstehen einer abwehrenden Geste."

3.190.1.1 3 Gefragt, was ich mit „und" im Satze „gib mir das Brot u n d die Butter" meine, würde ich mit einer Gebärde antworten, und diese Gebärde würde die Bedeutung/würde, was ich meine/ illustrieren. Wie das grüne Täfelchen „grün" illustriert und wie die W-F-Notation „und", „nicht", etc. illustriert.

Man tritt mit der hinweisenden Erklärung der Zeichen nicht aus der Sprachlehre heraus.

3.77.4.1	1	Zur Grammatik gehört nur das nicht, was die Wahrheit und Falschheit
3.77.4.2		eines Satzes ausmacht. Nur darum kümmert sich die Grammatik nicht.
3.77.4.3		Zu ihr gehören alle Bedingungen des Vergleichs des Satzes mit der
3.77.4.4		Wirklichkeit/mit den Tatsachen/. Das heißt, alle Bedingungen des Verständnisses. (Alle Bedingungen des Sinnes.)
3.285.3.1	2	Die Anwendung der Sprache geht über diese hinaus, aber nicht die Deutung der Schrift- oder Lautzeichen. Die Deutung vollzieht sich noch im Allgemeinen, als Vorbereitung auf jede Anwendung. Sie geht in der Sprachlehre vor sich und nicht im Gebrauch der Sprache.
3.287.3.1	3	Soweit die Bedeutung der Wörter in der Tatsache (Handlung) zum Vorschein kommt, kommt sie (schon) in der Beschreibung der Tatsache zum Vorschein. (Sie wird also ganz in der Sprachlehre bestimmt.)
3.287.3.2		(In dem, was sich hat voraussehen lassen; worüber man schon vor dem Eintreffen der Tatsache reden konnte.)
3.315.3.1	4	Ist nicht der Grund, warum wir glauben, mit der hinweisenden Erklärung das Gebiet der Sprache, des Zeichensystems, zu verlassen, daß wir dieses Heraustreten aus den Schriftzeichen mit einer Anwendung der Sprache, etwa einer Beschreibung dessen, was ich sehe/wir sehen/, verwechseln.
3.315.4.1	5	Man könnte fragen wollen: Ist es denn aber ein Zufall, daß ich zur Erklärung von Zeichen, also zur Vervollständigung des Zeichensystems aus den Schrift- oder Lautzeichen heraustreten muß? Trete ich damit nicht eben in das Gebiet, in dem/worin/ sich dann das zu Beschreibende /das Beschriebene/ abspielt? Aber dann ist/erscheint/ es seltsam, daß ich überhaupt mit den Schriftzeichen etwas anfangen kann. – Man faßt es etwa so auf, daß die Schriftzeichen bloß die Vertreter jener Dinge sind, auf die man zeigt. – Aber wie seltsam, daß so eine Vertretung möglich ist. Und es wäre nun das Wichtigste, zu verstehen, wie denn Schriftzeichen die andern Dinge vertreten können.
3.315.4.2		Welche Eigenschaft müssen sie haben, die sie zu dieser Vertretung befähigt. Denn ich kann nicht sagen: statt Milch trinke ich Wasser und esse statt Brot Holz, indem ich das Wasser die Milch und Holz das Brot vertreten lasse. (Erinnert an Frege.)

3.315.4.3　1　　　Ich kann nun freilich doch sagen, daß das Definiendum das Definiens
vertritt; und hier steht dieses hinter jenem, wie die Wählerschaft hinter
ihrem Vertreter. Und in diesem Sinne kann man auch sagen, daß das in
der hinweisenden Definition erklärte Zeichen den Hinweis vertreten
kann, da man ja diesen wirklich in einer Gebärdensprache für jenes
setzen könnte. Aber doch handelt es sich hier um eine Vertretung im
Sinne einer Definition, denn die Gebärdensprache ist/bleibt/ eine
Sprache.

3.316.0.4　　　　　Ich möchte sagen: Von einem Befehl in der Gebärdensprache zu
seiner Befolgung ist es ebenso weit, wie von diesem Befehl in der
Wortsprache.

3.316.1.1　　　　　Denn auch die hinweisenden Erklärungen müssen ein für allemal
gegeben werden.

3.316.2.1　　　　　D.h., auch sie gehören zu dem Grundstock von Erklärungen, die
den Kalkül vorbereiten, und nicht zu seiner Anwendung ad hoc.

"Primäre und sekundäre Zeichen".
Wort und Muster.
Hinweisende Definition.

4.175.1.1   1   Der falsche Ton in der Frage, ob es nicht primäre Zeichen (hinweisende Gesten) geben müsse, während unsre Sprache auch ohne die andern, die Worte, auskommen könnte, liegt darin, daß man eine Erklärung der bestehenden Sprache zu erhalten erwartet, statt der bloßen Beschreibung.

4.175.3.1   2   Nicht die Farbe Rot tritt an Stelle des Wortes „rot", sondern die Gebärde, die auf einen roten Gegenstand hinweist, oder das rote Täfelchen.

4.175.4.1   3   Nun sage ich aber: „Es gilt mit Recht als ein Kriterium des Verstehens /Verständnisses/ des Wortes „rot", daß Einer einen roten Gegenstand auf Befehl aus anders gefärbten herausgreifen kann; dagegen ist das richtige Übersetzen des Wortes „rot" ins Englische oder Französische kein Beweis des Verstehens. Darum ist das rote Täfelchen ein primäres Zeichen für „rot", dagegen jedes Wort ein sekundäres/abgeleitetes/ Zeichen." ((Aber das zeigt nur, was ich mit dem „Verstehen des Wortes ‚rot'" meine. Und was heißt „es gilt mit Recht ...."? Heißt es: Wenn ein Mensch einen roten Gegenstand auf Befehl etc. etc., dann hat er erfahrungsgemäß auch das Wort ‚rot' verstanden. Wie man sagen kann, gewisse Schmerzen gelten mit Recht als Symptom dieser und dieser Krankheit? So ist es natürlich nicht gemeint. Also soll es wohl heißen, daß die Fähigkeit, rote Gegenstände herauszugreifen, der spezifische Test dessen ist, was wir Verständnis des Wortes ‚rot' nennen. Dann bestimmt diese Angabe also, was wir mit diesem Verständnis meinen. Aber dann fragt es sich noch: wenn wir das Übersetzen ins Englische etc. als Kriterium ansähen, wäre es nicht auch das Kriterium von dem, was wir ein Verständnis des Wortes nennen? Es gibt nun den Fall, in welchem wir sagen: ich weiß nicht, was das Wort ‚rot'/‚rouge'/ bedeutet, ich weiß nur, daß es das Gleiche bedeutet, wie das englische ‚red'. So ist es, wenn ich die beiden Wörter in einem Wörterbuch auf der gleichen Zeile gesehen habe, und dies ist die Verifikation des Satzes und sein Sinn. Wenn ich dann sage „ich weiß nicht, was das Wort ‚rot'/‚rouge'/ bedeutet", so bezieht sich dieser Satz auf eine Möglichkeit der Erklärung dieser Bedeutung und ich könnte, wenn gefragt „wie stellst Du Dir denn vor, daß Du erfahren könntest, was das Wort bedeutet", Beispiele solcher Erklärungen geben (die die Bedeutung des Wortes „Bedeutung" beleuchten würden). Diese Beispiele wären dann entweder der Art, daß statt des unverstandenen Worts ein verstandenes – etwa das deutsche – gesetzt würde, oder, daß die Erklärung von der Art wäre „diese Farbe heißt ‚violett'". Im ersten Falle wäre es für mich ein Kriterium dafür, daß er das Wort ‚rouge' versteht, daß er sagt, es entspreche dem deutschen ‚rot'. „Ja", wird man sagen, „aber nur, weil Du schon weißt, was das deutsche ‚rot' bedeutet". – Aber das bezieht sich ja ebenso auf die hinweisende Definition. Das Hinweisen auf das rote Täfelchen ist auch nur darum/dann/ ein Zeichen des Verständnisses, weil/wenn/ vorausgesetzt wird, daß er die Bedeutung dieses Zeichens versteht/kennt/, was etwa soviel heißt, als daß er das Zeichen auf bestimmte Weise verwendet. – Es gibt also wohl/allerdings/ den Fall, wo Einer sagt „ich weiß, daß dieses Wort dasselbe bedeutet, wie jenes, weiß aber nicht, was es bedeutet (sie bedeuten)". Willst Du den ersten Teil dieses Satzes verstehen, so frage Dich: „wie konnte er es wissen?" – willst Du den zweiten Teil verstehen, so frage: „wie kann er erfahren, was das Wort bedeutet?" –

4.177.1.1 1 Welches ist denn das Kriterium unseres Verständnisses: das Aufzeigen des roten Täfelchens, wenn gefragt wurde „welches von diesen Täfelchen ist rot", – oder, das Wiederholen der hinweisenden Definition „das⌒ ist ‚rot'"?
  Die Lösung beider Aufgaben betrachten wir als Zeichen des Verständnisses. Hören wir jemand das Wort ‚rot' gebrauchen und zweifeln daran, daß er es versteht, so können wir ihn zur Prüfung fragen „welche Farbe nennen wir ‚rot'". Anderseits: wenn wir jemandem die hinweisende Erklärung gegeben hätten „diese⌒ Farbe heißt ‚rot'" und nun sehen wollten, ob er diese Erklärung richtig verstanden hat, so würden wir nicht von ihm verlangen, daß er sie wiederholt, sondern wir gäben ihm etwa die Aufgabe, aus einer Anzahl von Dingen die roten herauszusuchen. In jedem Fall ist das, was wir „Verständnis" nennen, eben dadurch/durch das/ bestimmt, was wir als Probe des Verständnisses ansehen (durch die Aufgaben bestimmt, die wir zur Prüfung des Verständnisses stellen).))

4.180.4.1 2 Wie ist es, wenn ich eine Bezeichnungsweise festsetze; wenn ich z.B. für den eigenen Gebrauch gewissen Farbtönen Namen geben will. Ich werde das etwa mittels einer Tabelle tun (es kommt immer auf derlei hinaus). Und nun werde ich doch nicht den Namen zur falschen Farbe schreiben (zu der Farbe der ich ihn nicht geben will). Aber warum nicht? Warum soll nicht ‚rot' gegenüber dem grünen Täfelchen stehen und ‚grün' gegenüber dem roten, etc.? – Ja, aber dann müssen wir doch wenigstens wissen, daß ‚rot' nicht das gegenüberliegende Täfelchen meint. – Aber was heißt es „das wissen", außer, daß wir uns etwa neben der geschriebenen Tabelle noch eine andere vorstellen, in der die Ordnung richtiggestellt ist. – „Ja aber dieses Täfelchen ist doch rot, und nicht dieses!" – Gewiß; und das ändert sich ja auch nicht, wie immer ich die Täfelchen und Wörter setze; und es wäre natürlich falsch, auf das grüne Täfelchen zu zeigen und zu sagen „dieses ist rot". Aber das ist auch keine Definition, sondern eine Aussage. – Gut, dann nimmt aber doch unter allen möglichen Anordnungen die gewöhnliche (in der das rote Täfelchen dem Wort ‚rot' gegenübersteht) einen ganz besonderen Platz ein. – ((Da gibt es jedenfalls zwei verschiedene Fälle: Es kann die Tabelle mit grün gegenüber ‚rot' etc. so gebraucht werden, wie wir die Tabelle in der gewöhnlichen Anordnung gewöhnlich gebrauchen. Wir würden also etwa den, der sie gebraucht, von dem Wort ‚rot' nicht auf das gegenüberliegende Täfelchen blicken sehen, sondern auf das rote, das schräg darunter steht (aber wir müßten auch diesen Blick nicht sehen) und finden, daß er dann statt des Wortes ‚rot' in einem Ausdruck das rote Täfelchen einsetzt. Wir würden dann sagen, die Tabelle sei nur anders angeordnet (nach einem andern räumlichen Schema), aber sie verbinde die Zeichen, wie die gewohnte. – Es könnte aber auch sein, daß der, welcher die Tabelle benützt, von der einen

Seite horizontal zur andern blickt und nun in irgend welchen Sätzen das Wort ‚rot' durch ein grünes Täfelchen ersetzt; aber nicht etwa auf den Befehl „gib mir das rote Buch" ein grünes bringt, sondern ganz richtig das rote (d.h. das, welches auch wir ‚rot' nennen). Dieser hat nun die Tabelle anders benützt, als der Erste, aber doch so, daß ‚rot' die gleiche Bedeutung für ihn hatte, wie für uns. (Zu einer Tabelle gehört übrigens wesentlich die Tätigkeit des Nachschauens/Aufsuchens/ in der Tabelle.) Es ist nun offenbar der zweite Fall, welcher uns interessiert und die Frage ist: kann ein grünes Täfelchen als Muster der roten Farbe dienen? Und da ist es klar, daß dies (in einem Sinn) nicht möglich ist. Ich kann mir eine Abmachung denken, wonach Einer, dem ich eine grüne Tafel zeige und sage, male mir diese Farbe, mir ein Rot malt; wenn ich dasselbe sage und zeige ihm blau, so hat er gelb zu malen u.s.w., immer die komplementäre Farbe; und daher kann ich mir auch denken, daß Einer meinen Befehl auch ohne eine vorhergehende Abmachung so deutet. Ich kann mir ferner denken, daß die Abmachung gelautet hätte „auf den Befehl ‚male mir diese Farbe', male immer eine gelblichere, als ich Dir zeige"; und wieder kann ich mir die Deutung auch ohne Verabredung denken. Aber kann man sagen, daß Einer ein rotes Täfelchen genau kopiert, indem er einen bestimmten Ton von grün (oder ein anderes Rot als das des Täfelchens) malt und zwar so, wie er eine gezeichnete Figur, nach verschiedenen Projektionsmethoden, verschieden und genau kopieren kann? – Ist also hier der Vergleich zwischen Farben und Gestalten richtig, und kann ein grünes Täfelchen einerseits als der Name einer bestimmten Schattierung von rot stehen und anderseits als ein Muster dieses Tones? wie ein Kreis als der Name einer bestimmten Ellipse verwendet werden kann, aber auch als ihr Muster. – Kann man also dort wie hier von verschiedenen Projektionsmethoden sprechen, oder gibt es für das Kopieren einer Farbe nur eine solche: das Malen der gleichen Farbe? Wir meinen diese Frage so, daß sie nicht dadurch verneint wird, daß uns die Möglichkeit gezeigt wird, mittels eines bestimmten Farbenkreises und der Festsetzung eines Winkels von einem Farbton auf irgend einen andern überzugehn. Das, glaube ich, zeigt nun, in wiefern das rote Täfelchen gegenüber dem Wort ‚rot' in einem andern Fall ist, als das grüne. Übrigens bezieht sich, was wir hier für die Farben gesagt haben, auch auf die Formen von Figuren, wenn das Kopieren ein Kopieren nach dem Augenmaß und nicht eines mittels Meßinstrumenten ist. – Denken wir uns nun aber doch einen Menschen, der vorgäbe „er könne die Schattierungen von Rot in Grün kopieren" und auch wirklich beim Anblick des roten Täfelchens mit allen (äußeren) Zeichen des genauen Kopierens einen grünen Ton mischte und so fort bei allen ihm gezeigten roten Tönen. Der wäre für uns auf derselben Stufe, wie Einer, der auf die gleiche Weise (durch genaues Hinhorchen) Farben nach Violintönen mischte. Wir würden in dem Fall sagen: „Ich weiß nicht, wie er es macht"; aber nicht in dem Sinne, als verstünden wir nicht die verborgenen Vorgänge in seinem Gehirn oder seinen Muskeln, sondern, wir verstehen nicht, was es heißt „dieser Farbton sei eine Kopie dieses Violintones". Es sei denn, daß damit nur gemeint ist, daß ein bestimmter Mensch erfahrungsgemäß einen bestimmten Farbton mit einem bestimmten Klang assoziiert (ihn zu sehen behauptet, malt, etc.). Der Unterschied zwischen dieser Assoziation und dem Kopieren, auch wenn ich selbst beide Verfahren kenne, besteht darin/zeigt sich darin/, daß es für die assoziierte Gestalt keinen Sinn hat, von Projektionsmethoden zu reden, und daß ich von dem assoziierten

Farbton sagen kann „jetzt fällt mir bei dieser Farbe (oder diesem Klang) diese Farbe ein, vor 5 Minuten war es eine andere". Etc.. Wir könnten auch niemandem sagen „Du hast nicht richtig assoziiert", wohl aber „Du hast nicht richtig kopiert". Und die Kopie einer Farbe – wie ich das Wort gebrauche – ist nur **eine**; und es hat keinen Sinn, (hier) von verschiedenen Projektionsmethoden zu reden.))

4.185.0.3   1   Es ist die Frage: Wenn sich die Regel, das Muster stehe für die Komplementärfarbe, ihrem Wesen nach nur auf die Farben (oder Wörter) blau, rot, grün, gelb bezieht, ist sie dann nicht identisch mit der, welche das grüne Zeichen als Wort für „rot", und umgekehrt, etc. festsetzt? Denn eine Regel/Allgemeinheit/, die ihrem logischen Wesen nach einem logischen Produkt äquivalent ist, ist nichts anderes, als dieses logische Produkt. (Denn man kann nicht sagen: hier ist das grüne Zeichen; nun hole mir ein Ding von der komplementären Farbe, welche immer das sein mag. D.h., „die komplementäre Farbe von rot" ist keine Beschreibung von grün; wie „das Produkt von 2 und 2" keine Beschreibung von 4.) Die Bestimmung, die Komplementärfarbe als Bedeutung des Täfelchens zu nehmen, ist dann wie ein Querstrich in einer Tabelle $\begin{array}{c|c} a & B \\ \hline b & A \end{array}$; ein Querstrich in der Grammatik der Farben gezogen. Es ist klar, daß ich mit Hilfe einer solchen Regel eine Tabelle herstellen/konstruieren/ kann, ohne noch aus der Grammatik herauszutreten, also vor jeder Anwendung der Sprache. Anders wäre es, wenn die Regel (ρ) hieße: das Täfelchen bedeutet immer einen etwas dunkleren Farbton, als sein eigener/der seine/ ist. Man muß nur wieder auf den verschiedenen Sinn der Farb- und der Gestaltprojektion achten (und bei der letzteren wieder auf den Unterschied der Abbildung nach visuellen Kriterien von/und/ der Übertragung mit Meßinstrumenten). Das Kopieren nach der Regel ρ ist ‚kopieren' in einem andern Sinne als dem, in welchem das Hervorbringen des gleichen Farbtons so genannt wird. Es handelt sich also nicht um zwei Projektionsmethoden, vergleichbar etwa der Parallel- und der Zentralprojektion, durch die ich eine geometrische Figur mit Zirkel und Lineal in eine andere projizieren kann. (Die Metrik der Farbtöne.)

4.185.0.3   Wenn ich das berücksichtige, so kann ich also in dem veränderten Sinn des Wortes „Muster" (der dem veränderten Sinn des Worts „kopieren" entspricht) das hellere Täfelchen zum Muster des dunkleren Gegenstandes nehmen.

| 4.185.0.4 | 1 | Könnten wir nicht zur hinweisenden Erklärung von ‚rot' ebensowohl auf ein grünes, wie auf ein rotes Täfelchen zeigen? denn, wenn diese Definition nur ein Zeichen statt des andern setzt, so sollte dies doch aufs gleiche hinauslaufen/keinen Unterschied machen/. – Wenn die Erklärung nur ein Wort für ein andres setzt, ist es auch gleichgültig/so macht es auch keinen/. Bringt aber die Erklärung das Wort mit einem Muster in Zusammenhang, so ist es nun nicht unwesentlich, mit welchem Täfelchen das Zeichen verbunden wird (denke auch wieder daran, daß eine Farbe der andern nicht im gleichen Sinn zum Muster dienen kann, wie ihr selbst). „Aber dann gibt es also willkürliche Zeichen und solche, die nicht willkürlich sind!" – Aber denken wir nur an die Verständigung durch Landkarten, Zeichnungen, und Sätze anderseits: die Sätze sind so wenig willkürlich, wie die Zeichnungen. Aber die Worte sind willkürlich. (Vergleiche die Abbildung $| = \circ, \; - = \times$.) Wird denn aber ein Wort eigentlich als Wort gebraucht, wenn ich es nur in Verbindung mit einer Tabelle gebrauche, die den Übergang zu Mustern macht? Ist es also nicht falsch, zu sagen, ein Satz sei ein Bild, wenn ich doch nur ein Bild nach ihm und der Tabelle zusammenstelle? Aber so ist also doch der Satz und die Tabelle zusammen ein Bild. Also zwar nicht a d b c b allein, aber dieses Zeichen zusammen mit a ↑ b ↓ c → d ← |

| 4.185.0.4 | | Aber es ist offenbar, daß auch a d b c b ein Bild von ↑ ← ↓ → ↓ genannt werden kann. Ja aber, ist nicht doch das Zeichen a d b c b ein willkürlicheres Bild von ↑ ← ↓ → ↓ als dieses Zeichen von der Ausführung der Bewegung? Etwas ist auch an dieser Übertragung willkürlich (die Projektionsmethode) und wie sollte ich bestimmen, was willkürlicher ist. |

| 4.185.0.4 | | Ich vergleiche also die Festsetzung der Wortbedeutung durch die hinweisende Definition, der Festsetzung einer Projektionsmethode zur Abbildung räumlicher Gebilde. Dies ist freilich nicht mehr als/wie/ ein Vergleich. Ein ganz guter Vergleich, aber er enthebt uns nicht der Untersuchung des Funktionierens der Worte, ?getrennt von dem Fall der räumlichen Projektion?. Wir können allerdings sagen – d.h. es entspricht ganz dem Sprachgebrauch – , daß wir uns durch Zeichen verständigen, ob wir Wörter oder Muster gebrauchen; aber das Muster ist kein Wort, und das Spiel, sich nach Worten zu richten, ein anderes als das, sich nach Mustern (zu)? richten. (Wörter sind der Sprache nicht wesentlich.) Kann man aber vielleicht sagen, daß Muster ihr wesentlich wären? (Muster sind der Benützung/dem Gebrauch/ von Mustern wesentlich, Worte, der Benützung/dem Gebrauch/ von Worten.) |

| 4.194.4.1 | 2 | ?Vergiß hier auch nicht, daß die Wortsprache nur e i n e unter vielen möglichen Sprachen ist? und es Übergänge von ihr in die andern gibt. Untersuche die Landkarte darauf/auf das/ hin, was in ihr dem Ausdruck der Wortsprache entspricht. |

| 4.214.2.1 | 3 | ‚Primär' müßte eigentlich heißen: unmißverständlich. |

4.213.2.1	1	Es klingt wie eine lächerliche Selbstverständlichkeit, wenn ich sage, daß der, welcher glaubt die Gebärden/Gesten/ seien die primären Zeichen, die allen andern zu Grunde liegen, außer Stande wäre, den gewöhnlichsten Satz durch Gebärden zu ersetzen.
5.41.4.1	2	Regeln der Grammatik, die eine „Verbindung zwischen Sprache und Wirklichkeit" herstellen, und solche, die es nicht tun. Von der ersten Art etwa: „diese Farbe nenne ich ‚rot'", – von der zweiten: „~~p = p". Aber über diesen Unterschied besteht ein Irrtum: der Unterschied scheint prinzipieller Art zu sein; und die Sprache wesentlich etwas, dem eine Struktur gegeben, und was dann der Wirklichkeit aufgepaßt wird.
4.202.7.1	3	„Ich will nicht verlangen, daß in der erklärenden Tabelle das rote Täfelchen, horizontal gegenüber dem Wort ‚rot' stehen soll, aber irgend ein Gesetz des Lesens der Tabelle muß es doch geben. Denn sonst verliert ja die Tabelle ihren Sinn". Ist es aber gesetzlos, wenn die Tabelle so aufgefaßt wird, wie die Pfeile andeuten? „Aber muß dann nicht eben das Schema der Pfeile vorher gegeben werden?" Nur, sofern auch das Schema früher gegeben wird.
4.203.1.1	4	»Wird aber dann nicht wenigstens eine gewisse Regelmäßigkeit im Gebrauch gefordert?! Würde es angehen, wenn wir einmal eine Tabelle nach diesem, einmal nach jenem Schema zu gebrauchen hätten? **Wie soll man denn wissen, wie man diese Tabelle zu gebrauchen hat?«** – Ja, wie weiß man es denn **heute**? Die Zeichenerklärungen haben doch irgend einmal/irgendwo/ ein Ende.
4.193.1.1	5	Nun gebe ich aber natürlich zu, daß ich, ohne vorhergehende Abmachung einer Chiffre, ein Mißverständnis hervorrufen würde, wenn ich, auf den Punkt A zeigend, sagte, dieser Punkt heißt ‚B'. Wie ich ja auch, wenn ich jemandem den Weg weisen will, mit dem Finger in der Richtung weise, in der er gehen soll, und nicht in der entgegengesetzten. Aber auch ?diese Art des Zeigens? könnte richtig verstanden werden, und zwar ohne daß dieses Verständnis das gegebene Zeichen durch ein weiteres ergänzte. Es liegt in der menschlichen Natur, das Zeigen mit dem Finger so zu verstehen. Und so ist die menschliche Gebärdensprache primär in einem psychologischen Sinne.
4.204.4.1	6	Ist das Zeigen mit dem Finger unserer Sprache wesentlich? Es ist gewiß ein merkwürdiger Zug unserer Sprache, daß wir Wörter hinweisend erklären: das ist ein Baum, das ist ein Pferd, das ist grün, etc.. (Überall auf der Erde/bei den Menschen/ finden sich Brettspiele, die mit kleinen Klötzchen auf Feldern gespielt werden. Überall auf der Erde findet sich eine Schrift/eine Zeichensprache/, die aus geschriebenen Zeichen auf einer Fläche besteht.)

4.210.0.12	1	Ich bestimme die Bedeutung eines Worts, indem ich es als Name eines Gegenstandes erkläre, und auch, indem ich es als gleichbedeutend mit einem andern Wort erkläre. Aber habe ich denn nicht gesagt, man könne ein Zeichen nur durch ein anderes Zeichen erklären? Und das ist gewiß so, sofern ja die hinweisende Erklärung „das⤴ ist N" ein Zeichen ist. Aber ferner bildet hier auch der Träger von „N", auf den gezeigt wird, einen Teil des Zeichens. Denn: |dieser⤴ hat es getan| = |N hat es getan|. Dann heißt aber ‚N' der Name von diesem Menschen, nicht vom Zeichen „dieser⤴", von dem ein Teil auch dieser Mensch ist. Und zwar spielt der Träger in dem Zeichen eine ganz besondere Rolle, verschieden von der eines andern Teiles eines Zeichens. (Eine Rolle, nicht ganz ungleich der des Musters.)
4.211.0.12	2	Die hinweisende Erklärung eines Namens ist nicht nur äußerlich verschieden von einer Definition wie „1 + 1 = 2", indem etwa das eine Zeichen in einer Geste meiner Hand, statt in einem Laut- oder Schriftzeichen besteht, sondern sie unterscheidet sich von dieser logisch; wie die Definition, die das Wort dem Muster beigesellt, von der eines Wortes durch ein Wort. Es wird von ihr in andrer Weise Gebrauch gemacht.
4.212.0.13		Wenn ich also einen Namen hinweisend definiere und einen zweiten durch ihn /den ersten/, so steht dieser zu jenem in anderem Verhältnis /ist dieser zu jenem in anderer Beziehung/, als zum Zeichen, das in der hinweisenden Definition gegeben würde. D.h., dieses letztere ist seinem Gebrauch nach wesentlich von dem Namen verschieden und daher die Verbaldefinition und die hinweisende Definition, ‚Definitionen' im verschiedenen Sinne des Worts.
4.217.0.8	3	Ich kann von primären und sekundären Zeichen sprechen – in e i n e m bestimmten Spiel, einer bestimmten Sprache. – Im Musterkatalog k a n n ich die Muster die primären Zeichen und die Nummern die sekundären nennen. Was soll man aber in einem Fall, wie dem der gesprochenen und geschriebenen Buchstaben sagen? Welches sind hier die primären, welches die sekundären Zeichen?
4.217.0.9	4	Der Begriff vom sekundären Zeichen ist doch dieser: Sekundär ist ein Zeichen dann, wenn, um mich nach ihm zu richten, ich eine Tabelle brauche, die es mit einem andern (primären) Zeichen verbindet, über welches ich mich erst nach dem sekundären richten kann.
4.217.2.1		Die Tabelle garantiert mir die Gleichheit aller Übergänge nicht, denn sie zwingt mich ja nicht, sie immer gleich zu gebrauchen. Sie ist da wie ein Feld, durch das Wege führen, aber ich kann ja auch querfeldein gehen.
4.217.2.2		Ich mache den Übergang in der Tabelle bei jeder Anwendung von Neuem. Er ist nicht, quasi, ein für allemal in der Tabelle gemacht. (Die Tabelle v e r l e i t e t mich höchstens, ihn zu machen.)
4.218.2.1	5	Welcher Art ist denn meine Aussage über die Tabelle: daß sie mich nicht zwingt, sie so und so zu gebrauchen? Und: daß die Anwendung durch die Regel (oder die Tabelle) nicht antizipiert wird?

14

DAS, WAS UNS AM ZEICHEN INTERESSIERT; DIE BEDEUTUNG, DIE FÜR UNS MASSGEBEND IST, IST DAS, WAS IN DER GRAMMATIK DES ZEICHENS NIEDERGELEGT IST.

3.70.1.1 1 Die Grammatik, das sind die Geschäftsbücher der Sprache; aus denen alles zu ersehen sein muß, was nicht Gefühle betrifft, sondern Fakten. /Die Grammatik ist das Geschäftsbuch der Sprache; woraus alles zu ersehen sein muß, was nicht Gefühle betrifft, sondern Tatsachen./

3.70.2.1 2 Ich will also eigentlich sagen: es gibt nicht Grammatik und Interpretation der Zeichen. Sondern, soweit von einer Interpretation, also von einer Erklärung der Zeichen, die Rede sein kann, soweit muß sie die Grammatik selbst besorgen.

3.70.2.2   Denn ich brauchte nur zu fragen: Soll die Interpretation durch Sätze erfolgen? Und in welchem Verhältnis sollen diese Sätze zu der Sprache stehen, die sie schaffen?

3.73.4.1 3 Wenn ich sage, daß ein Satz, der Mengenlehre etwa, in Ordnung ist, aber eine neue Interpretation erhalten muß, so heißt das nur, dieser Teil der Mengenlehre bleibt in sich unangetastet, muß aber in eine andere grammatische Umgebung gerückt werden.

SATZ.

SINN DES SATZES.

‚Satz' und ‚Sprache' verschwimmende Begriffe.

4.93.12.1   1   Wovon unterscheide ich denn einen Satz? Oder, wovon will ich ihn denn unterscheiden? Von Satzteilen in seinem grammatischen System (wie die Gleichung vom Gleichheitszeichen), oder von allem, was wir nicht Satz nennen, also diesem Sessel, meiner Uhr, etc. etc.? Denn, daß es Schrift- oder Lautbilder gibt, die Sätzen besonders ähnlich sind, braucht uns eigentlich nicht zu kümmern.

4.94.1.1   2   Oder wir müssen sagen: Vom Satzbegriff/Satz/ kann nur in einem /innerhalb eines/ grammatischen System/Systems/ gesprochen werden. /… kann nur in der Erklärung eines grammatischen Systems die Rede sein./

4.94.2.1   3   Es geht mit dem Wort „Satz" wie mit dem Wort „Gegenstand" und andern: Nur auf eine beschränkte Sphäre angewandt sind sie zulässig und dort sind sie natürlich. Soll die Sphäre ausgedehnt werden, damit der Begriff ein philosophischer wird, so verflüchtigt sich die Bedeutung der Worte und es sind leere Schatten. Wir müssen sie dort aufgeben und wieder in den Grenzen benützen.

4.94.3.1   4   Nun möchte man aber sagen: „Satz ist alles, womit ich etwas meine". Und gefragt „was heißt das, ‚etwas' meinen", müßte/würde/ ich Beispiele anführen. Nun haben diese Beispiele zwar ihren Bereich, auf den sie ausgedehnt werden können, aber weiter führen sie mich doch nicht. Wie ich ja in der Logik nicht ins Blaue verallgemeinern kann. Hier handelt es sich aber nicht um Typen, sondern darum, daß die Verallgemeinerung selbst etwas bestimmtes ist; nämlich ein Zeichen mit vorausbestimmten grammatischen Regeln. D.h., daß die Unbestimmtheit der Allgemeinheit keine logische Unbestimmtheit ist. So als hätten wir nun nicht nur Freiheit im logischen Raum, sondern auch Freiheit, diesen Raum zu erweitern, oder zu verändern.

4.94.4.1   Also nicht nur Bewegungsfreiheit, sondern eine Unbestimmtheit der Geometrie.

4.94.5.1   5   Über sich selbst führt uns kein Zeichen hinaus; und auch kein Argument.

4.94.6.1   6   Wenn wir sagen, Satz ist jedes Zeichen, womit wir etwas meinen, so könnte man fragen: was meinen wir und wann meinen wir es? Während wir das Zeichen geben? u.s.w., u.s.w..

4.95.1.1   7   Wenn ich frage „was ist die allgemeine Form des Satzes", so kann die Gegenfrage lauten: „haben wir denn einen allgemeinen Begriff vom Satz, den wir nun /nur/ exakt fassen wollen?" – So wie: Haben wir einen allgemeinen Begriff von der Wirklichkeit?

4.95.3.1	1	Die Frage kann auch lauten: Was geschieht, wenn ein neuer Satz in die Sprache aufgenommen wird: Was ist das Kriterium dafür, daß er ein Satz ist? oder, wenn das Aufnehmen in die Sprache ihn zum Satz stempelt, worin besteht diese Aufnahme? Oder: was ist Sprache?
4.95.4.1	2	Da scheint es nun offenbar, daß man das Zeichengeben von anderen Tätigkeiten unterscheidet. Ein Mensch schläft, ißt, trinkt, gibt Zeichen (bedient sich einer Sprache).
4.86.5.1	3	Was ist ein Satz? wodurch ist dieser Begriff bestimmt? – Wie wird dieses Wort („Satz") in der nicht-philosophischen Sprache gebraucht? Satz, im Gegensatz wozu?
4.86.6.1	4	Ich kenne einen Satz, wenn ich ihn sehe.
4.87.1.1	5	Diese Frage ist fundamental: Wie, wenn wir eine neue Erfahrung machen, etwa einen neuen Geschmack oder einen neuen Hautreiz kennen lernen: woher weiß ich, daß, was diese Erfahrung beschreibt, ein Satz ist? Oder, warum soll ich das einen Satz nennen? Wohl/Nun,/ mit demselben Recht, womit/mit welchem/ ich von einer neuen Erfahrung gesprochen habe. Denn Erfahrung und Satz sind äquivalent. Aber warum habe ich das Wort Erfahrung gebraucht, im Gegensatz wozu?
4.87.2.1	6	Habe ich denn, was geschehen ist, schon bis zu einem Grade damit charakterisiert, daß ich sagte, es sei eine Erfahrung? Doch offenbar gar nicht. Aber es scheint doch, als hätte ich es schon getan, als hätte ich davon schon etwas ausgesagt: „daß es eine Erfahrung ist". In diesem falschen Schein liegt unser ganzes Problem. Denn, was vom Prädikat „Erfahrung" gilt, gilt vom Prädikat „Satz".
4.87.3.1	7	Das Wort „Satz" und das Wort „Erfahrung" haben schon eine bestimmte Grammatik.
4.87.4.1	8	Das heißt, ihre Grammatik muß im Vorhinein bestimmt sein und hängt nicht von irgend einem künftigen Ereignis ab.
4.87.5.1	9	Hier ist auch der Unsinn in der „experimentellen Theorie der Bedeutung" ausgesprochen. Denn die Bedeutung ist in der Grammatik festgelegt.
4.87.6.1	10	Wie verhält sich die Grammatik des Wortes „Satz" zur Grammatik der Sätze?
4.87.7.1	11	„Satz" ist offenbar die Überschrift der Grammatik der Sätze. In einem Sinne aber auch die Überschrift der Grammatik überhaupt, also äquivalent den Worten „Grammatik" und „Sprache".
4.87.9.1	12	Das ist es auch, was damit gemeint ist, daß es in der Welt zwar Überraschungen gibt, aber nicht in der Grammatik.
4.87.11.1	13	Es scheint unsere Frage noch zu erschweren, daß auch die Worte „Welt" und „Wirklichkeit" Äquivalente des Wortes „Satz" sind.

4.88.1.1	1	Aber es ist doch lächerlich, die Welt, oder die Wirklichkeit, abgrenzen zu wollen. Wem soll man sie denn entgegenstellen. Und so ist es mit der Bedeutung des Wortes „Tatsache".
4.88.1.2		Aber man gebraucht ja diese Wörter auch nicht als Begriffswörter.
4.88.3.1	2	Etwas ist ein Satz nur in einer Sprache.
4.88.4.1	3	Wenn ich nun sage: aber die Sprache kann sich doch ausdehnen, so ist die Antwort: Gewiß, aber wenn dieses Wort „ausdehnen" hier einen Sinn hat, so muß ich jetzt schon wissen, was ich damit meine, muß angeben können, wie ich mir so eine Ausdehnung vorstelle. Und was ich jetzt nicht denken kann, das kann ich jetzt auch nicht ausdrücken, und auch nicht andeuten.
4.88.5.1	4	Und das Wort „jetzt" bedeutet hier: „in diesem Kalkül"/„in dieser Grammatik"/, oder: „wenn die Worte mit? diesen grammatischen Regeln gebraucht werden".
4.88.6.1	5	Hier haben wir dieses bohrende Problem: wie es möglich ist, an die Existenz von Dingen auch nur zu denken, wenn wir immer nur Vorstellungen – ihre Abbilder – sehen./: wie es denn möglich ist, auch nur auf den Gedanken zu kommen!/
4.88.7.1	6	Hierher gehört die alte Frage: „wie bin ich dann aber überhaupt zu diesem Begriff gekommen" (etwa zu dem der außer mir liegenden Gegenstände). (Es ist ein Glück, eine solche Frage aus der Entfernung als alte Gedankenbewegung betrachten zu können; ohne in ihr verstrickt zu sein.) Zu dieser Frage ist ganz richtig der Nachsatz zu denken: „ich konnte doch nicht mein eigenes Denken transcendieren", „ich konnte doch nicht sinnvoll das transcendieren, was für mich Sinn hat". Es ist das Gefühl, daß ich nicht auf Schleichwegen (hinterrücks) dahin kommen kann, etwas zu denken, was zu denken mir eigentlich verwehrt ist. Daß es hier keine Schleichwege gibt, auf denen ich weiter kommen könnte, als auf dem direkten Weg.
4.89.1.1	7	Wir haben es natürlich wieder mit einer falschen Analogie zu tun: Es hat guten Sinn zu sagen „ich weiß, daß er in diesem Zimmer ist, weil ich ihn höre, wenn ich auch nicht hineingehen und ihn sehen kann".
2.266.4.1	8	„Satz" ist so allgemein wie z.B. auch „Ereignis". Wie kann man „ein Ereignis" von dem abgrenzen, was kein Ereignis ist?
2.266.4.2		Ebenso allgemein ist aber auch „Experiment", das vielleicht auf den ersten Blick spezieller zu sein scheint.
2.267.2.1	9	„Da geschah ein Ereignis ….": das heißt nicht „ein Ereignis" im Gegensatz zu etwas Anderem.

3.197.2.1	1	Rechtmäßiger Gebrauch des Wortes ‚Sprache': Es bedeutet entweder die Erfahrungstatsache, daß Menschen reden (auf gleicher Stufe mit der, daß Hunde bellen), oder es bedeutet: festgesetztes System der Verständigung /festgesetztes System von Wörtern und grammatischen Regeln/ in den Ausdrücken „die englische Sprache", „deutsche Sprache", „Sprache der Neger" etc.. ‚Sprache' als logischer Begriff könnte nur mit ‚Satz' äquivalent, und dann eine/die/ Überschrift eines Teiles der Grammatik sein.
3.193.8.1	2	Könnten wir etwas ‚Sprache' nennen, was nicht wirklich angewandt würde? Könnte man von Sprache reden, wenn nie eine gesprochen worden wäre? (Ist denn Sprache ein Begriff, wie ‚Centaur'/vergleichbar mit dem Begriff ‚Centaur'/, der besteht, auch wenn es nie ein solches Wesen gegeben hat?) (Vergleiche damit ein Spiel, das nie gespielt wurde, eine Regel, nach der nie gehandelt wurde.)
3.273.4.1	3	Was tut der, der eine neue Sprache konstruiert (erfindet)? nach welchem Prinzip geht er vor? Denn dieses Prinzip ist der Begriff ‚Sprache'.
3.274.3.1	4	Eine Sprache erfinden, heißt, eine Sprache konstruieren. Ihre Regeln aufstellen. Ihre Grammatik verfassen.
3.274.4.1	5	Erweitert jede erfundene Sprache den Begriff der Sprache?
3.274.5.1	6	Was für das Wort „Sprache" gilt, muß auch für den Ausdruck „System von Regeln" gelten. Also auch für das Wort „Kalkül".
3.274.7.1	7	Wie bin ich denn zum Begriff ‚Sprache' gekommen? Doch nur durch die Sprachen, die ich gelernt habe.
3.274.7.2 3.274.9.1		Aber die haben mich in gewissem Sinne über sich hinausgeführt, denn ich wäre jetzt im Stande, eine neue Sprache zu konstruieren, z.B. Wörter zu erfinden. Also gehört diese Methode der Konstruktion noch zum Begriff der Sprache. Aber nur, wenn ich ihn so festlege. Immer wieder hat mein „u.s.w." eine Grenze.
3.274.8.1	8	Der Begriff: sich einander etwas mitteilen. Wenn ich z.B. sage: ‚Sprache' werde ich jedes System von Zeichen nennen, das Menschen untereinander vereinbaren, um sich miteinander zu verständigen, so könnte man hier schon fragen: Und was schließt Du unter dem Begriff ‚Zeichen' ein?
3.274.10.1	9	Was nenne ich „Handlung", was „Sinneswahrnehmung"?
3.274.11.1	10	Die Worte „Welt", „Erfahrung", „Sprache", „Satz", „Kalkül", „Mathematik" können alle nur für triviale Abgrenzungen stehen, wie „essen", „ruhen" etc..
3.275.1.1	11	Denn, wenn auch ein solches Wort der Titel unserer Grammatik wäre – etwa das Wort „Grammatik" – so hätte doch dieser Titel nur dieses Buch von andern Büchern zu unterscheiden.
3.275.3.1	12	Allgemeine Ausführungen über die Welt und die Sprache gibt es nicht.

| 4.95.10.1 | 1 | Aber warum zerbreche ich mir über den Begriff ‚Sprache' den Kopf, statt Sprache zu gebrauchen?! |
| 4.95.10.2 | | Dieses Kopfzerbrechen ist nur dann berechtigt, wenn wir einen allgemeinen Begriff haben. |

| 4.15.5.1 | 2 | Ich finde bei Plato auf eine Frage wie „was ist Erkenntnis" nicht die vorläufige Antwort: Sehen wir einmal nach, wie dieses Wort gebraucht wird. Sokrates weist es immer zurück, von Erkenntnissen statt von der Erkenntnis zu reden. |

| 3.277.7.1 | 3 | Aber wenn so der allgemeine Begriff der Sprache sozusagen zerfließt, zerfließt da nicht auch die Philosophie? Nein, denn ihre Aufgabe ist es nicht, eine neue Sprache zu schaffen, sondern die zu reinigen, die vorhanden ist. |

| 4.39.1.1 | 4 | Der, welcher darauf aufmerksam macht, daß ein Wort in zwei verschiedenen Bedeutungen gebraucht wurde, oder daß bei dem Gebrauch dieses/eines/ Ausdrucks uns dieses Bild vorschwebt, und der überhaupt die Regeln feststellt (tabuliert), nach welchen Worte gebraucht werden, hat gar keine Pflicht, eine Erklärung (Definition) des Wortes „Regel" (oder „Wort", „Sprache", „Satz", etc.) zu geben./...., hat garnicht die Pflicht übernommen, .../ |

| 4.56.1.1 | 5 | | Die Philosophie hat es in demselben Sinn mit Kalkülen zu tun, wie sie es mit Gedanken zu tun hat (oder mit Sätzen und Sprachen). Hätte sie's aber wesentlich mit dem Begriff des Kalküls zu tun, also mit dem Begriff des Kalküls vor allen Kalkülen, so gäbe es eine Metaphilosophie. Und die gibt es nicht. (Man könnte alles, was wir zu sagen haben, so darstellen, daß das als ein leitender Gedanke erschiene.) | |

| 4.39.3.1 | 6 | So ist es mir erlaubt, das Wort ‚Regel' zu verwenden, ohne notwendig erst die Regeln über dieses Wort zu tabulieren. Und diese Regeln sind nicht Über-Regeln. |

| 4.39.4.1 | 7 | Das Wort „Regel" muß in der Erklärung eines Spiels nicht gebraucht werden (natürlich auch kein äquivalentes). |

4.39.5.1
4.40.0.2

1   Wie gebrauchen wir denn auch das Wort ‚Regel' (wenn wir etwa von Spielen reden)? Im Gegensatz wozu? Wir sagen z.B. „das folgt aus dieser Regel", aber dann könnten wir ja die Regel des Spiels zitieren, und so das Wort „Regel" ersetzen. Oder wir sprechen von „allen Regeln des Spiels" und müssen sie dann entweder aufgezählt haben (und dann liegt (wieder)? der erste Fall vor), oder wir sprechen von den Regeln, als einer Gruppe, die auf bestimmte Art aus gegebenen/bestimmten/ Grundpositionen erzeugt werden und dann steht das Wort „Regel" für den Ausdruck dieser Grundpositionen und Operationen. Oder wir sagen „Das ist eine Regel, das nicht", wenn etwa das Zweite nur ein einzelnes Wort ist, oder eine Konfiguration der Spielsteine. (Oder: „nein, das ist nach der neuen Abmachung auch eine Regel".) Wenn wir etwa das Regelverzeichnis des Spiels aufzuschreiben hätten, so könnte so etwas gesagt werden und dann hieße es: Das gehört hinein, das nicht. Aber nicht vermöge einer bestimmten Eigenschaft (nämlich der, eine Regel zu sein), wie wenn man etwa lauter Äpfel in eine Kiste packen möchte und sagt „nein, das gehört nicht hinein, das ist eine Birne". Ja aber wir nennen doch manches „Spiel", manches nicht, und manches „Regel", und manches nicht! Aber auf die Abgrenzung alles dessen, was wir Spiel nennen gegen alles andere, kommt es ja nie an. Die Spiele sind für uns die Spiele, von denen wir gehört haben, die wir aufzählen können, und etwa noch einige nach Analogie anderer neu gebildete; und wenn jemand etwa ein Buch über die Spiele schriebe, so brauchte er eigentlich das Wort „Spiel" auch im Titel nicht, sondern als Titel könnte eine Aufzählung der Namen der einzelnen Spiele stehen. Und gefragt: Was ist denn aber das Gemeinsame aller dieser Dinge, weshalb Du sie zusammenfaßt? könnte er sagen: ich weiß es nicht in einem Satz anzugeben, aber Du siehst ja viele Analogien. Im übrigen ist diese/scheint mir diese/ Frage müßig, da ich auch wieder nach Analogien fortfahrend, durch unmerkbare Stufen, zu Gebilden kommen kann, die niemand mehr im gewöhnlichen Leben „Spiel" nennen wollte. Ich nenne daher „Spiel" das, was auf dieser Liste steht, wie auch, was diesen Spielen bis zu einem gewissen (von mir nicht näher bestimmten) Grade ähnlich ist. Im übrigen behalte ich mir vor, in jedem neuen Fall zu entscheiden, ob ich etwas zu den Spielen rechnen will oder nicht.

4.40.1.1	1	Ebenso verhält es sich nun auch mit dem Begriff der Regel. Nur in ganz besonderen/speziellen/ Fällen handelt es sich uns darum, die Regeln von etwas abzugrenzen, was nicht Regel ist, und in allen diesen Fällen ist es leicht, ein unterscheidendes Kriterium zu geben. Das heißt, wir brauchen das Wort „Regel" im Gegensatz zu „Wort", „Konfiguration der Steine" und einigem Andern, und diese Grenzen sind klar gezogen. Dagegen ist es müßig, Grenzen dort zu ziehen, wo wir sie nicht brauchen. Verhält es sich hier nicht ebenso, wie mit dem Begriff ‚Pflanze'? Wir gebrauchen dieses Wort in bestimmtem Sinne, aber, im Falle einzelliger Lebewesen war die Frage eine Zeit lang schwebend, ob man sie Tiere oder Pflanzen nennen solle, und es ließen sich auch beliebig viel andere Grenzfälle konstruieren, für die die Entscheidung, ob etwas noch unter den Begriff Pflanze falle, erst zu treffen wäre. Ist aber darum die Bedeutung des Wortes „Pflanze" in allen anderen Fällen verschwommen, so daß man sagen könnte, wir gebrauchen das Wort, ohne es zu verstehen? Ja, würde uns eine Definition, die den Begriff nach verschiedenen Seiten begrenzte, die Bedeutung des Wortes in allen Sätzen klarer machen, so daß wir auch alle Sätze, in denen es vorkommt, besser verstehen würden? Offenbar nein.
4.35.6.1	2	(Sokrates stellt die Frage, was Erkenntnis sei und ist nicht mit der Aufzählung von Erkenntnissen zufrieden. Wir aber kümmern uns nicht viel um diesen allgemeinen Begriff und sind froh, wenn wir Schuhmacherei, Geometrie etc. verstehen.)
4.35.8.1	3	Wir glauben nicht, daß nur der ein Spiel versteht, der eine Definition des Begriffs ‚Spiel' geben kann.
4.35.9.1	4	(Ich mache es mir in der Philosophie immer leichter und leichter. Aber die Schwierigkeit ist, es sich leichter zu machen und doch exakt zu bleiben.)

16

Die Logik redet von Sätzen und Wörtern im gewöhnlichen Sinn, nicht von Sätzen und Wörtern in irgend einem abstrakten Sinn.

2.170.7.1	1	Ich glaube nicht, daß die Logik in einem andern Sinne von Sätzen reden kann, als wir für gewöhnlich tun, wenn wir sagen „hier steht ein Satz aufgeschrieben" oder „nein, das sieht nur aus wie ein Satz, ist aber keiner", etc. etc.
2.171.1.1	2	Die Frage „was ist ein Wort" ist ganz analog der „was ist eine Schachfigur".
3.285.6.1	3	Wir reden von dem räumlichen und zeitlichen Phänomen der Sprache. Nicht von einem unräumlichen und unzeitlichen Unding. Aber wir reden von ihr so, wie von den Figuren des Schachspiels, indem wir Regeln für sie tabulieren, nicht ihre physikalischen Eigenschaften beschreiben.
3.286.5.1	4	Wir können in der Philosophie auch keine größere Allgemeinheit erreichen, als in dem, was wir in Leben und Wissenschaft sagen /aussprechen/. (D.h., auch hier lassen wir alles, wie es ist.)
3.286.6.1	5	So ist eine aufsehenerregende Definition der Zahl keine/nicht die/ Sache der Philosophie.
3.286.7.1	6	Die Philosophie hat es mit den bestehenden Sprachen zu tun und nicht vorzugeben, daß sie von einer abstrakten Sprache handeln müsse.
3.291.1.1	7	Wenn ich nämlich über die Sprache – Wort, Satz, etc. – rede, muß ich die Sprache des Alltags reden. – Aber gibt es denn eine andere?
3.291.2.1	8	Ist diese Sprache etwa zu grob, materiell, für das, was wir sagen wollen? Und kann es eine andere geben? Und wie merkwürdig, daß wir dann mit der unseren dennoch/überhaupt/ etwas anfangen können.
3.291.4.1	9	Daß ich beim Erklären der Sprache (in unserem Sinne) schon die volle Sprache (nicht etwa eine vorbereitende, vorläufige) anwenden muß, zeigt schon, daß ich nur Äußerliches über die Sprache sagen /vorbringen/ kann.
3.291.5.1	10	Ja, aber wie können uns diese Ausführungen dann befriedigen? – Nun, Deine Fragen waren ja auch schon in dieser Sprache abgefaßt; mußten in dieser Sprache ausgedrückt werden, wenn etwas zu fragen war!
3.291.6.1	11	Und Deine Skrupel sind Mißverständnisse.
3.291.7.1	12	Deine Fragen beziehen sich auf Wörter, so muß ich von Wörtern reden.

3.291.9.1	1	Man sagt: Es kommt doch nicht auf das/auf's/ Wort an, sondern auf seine Bedeutung, und denkt dabei immer an die Bedeutung, als ob sie nun eine Sache von der Art des Worts wäre, allerdings vom Wort verschieden. Hier ist das Wort, hier die Bedeutung. (Das Geld, und die Kuh, die man dafür kaufen kann. Anderseits aber: das Geld, und sein Nutzen.)	
3.289.10.1	2	Über die Sprache sind nicht mehr Skrupeln berechtigt, als ein Schachspieler über das Schachspiel hat, nämlich keine. ((Hier ist nicht gemeint „über den Begriff der Sprache". Sondern es heißt eher: „sprich ruhig darauf los, wie ein Schachspieler spielt, es kann Dir nichts passieren, Deine Skrupel sind ja nur Mißverständnisse, ‚philosophische' Sätze."))	73

Satz und Satzklang.

4.93.9.1	1	Bei der Frage nach der allgemeinen Satzform bedenken wir, daß die gewöhnliche Sprache zwar einen bestimmten Satzrhythmus hat, aber nicht alles, was diesen Rhythmus hat, ein Satz ist.
4.93.9.2		D.h. wie ein Satz klingt und keiner ist. – Daher die Idee vom sinnvollen und unsinnigen ‚Satz‘.
4.93.10.1	2	Anderseits ist dieser Rhythmus aber natürlich nicht wesentlich. Der Ausdruck „Zucker Tisch" klingt nicht wie ein Satz, kann aber doch sehr wohl den Satz „auf dem Tisch liegt Zucker" ersetzen. Und zwar nicht etwa so, daß wir uns etwas Fehlendes hinzudenken müßten, sondern, es kommt wieder nur auf das System an, dem der Ausdruck „Zucker Tisch" angehört.
4.93.11.1	3	Es fragt sich also, ob wir außer diesem irreführenden Satzklang noch einen allgemeinen Begriff vom Satz haben. (Ich rede jetzt von dem, was durch ‚ · ‘, ‚v‘, ‚~‘, zusammengehalten wird.)
4.144.3.1	4	| Denken wir uns, wir läsen die Sätze eines Buches verkehrt, die Worte in umgekehrter Reihenfolge; könnten wir nicht dennoch den Satz verstehen? Und klänge er jetzt nicht ganz unsatzmäßig? |
5.85.1.1	5	Hat es einen Sinn, zu sagen: „Ich habe so viele Schuhe, als eine Wurzel der Gleichung $x^3 + 2x - 3 = 0$ Einheiten hat"? Hier könnte es scheinen, als hätten wir eine Notation, der wir es eventuell nicht ansehen können, ob sie Sinn hat oder nicht.
5.85.1.2		Wenn der Ausdruck „die Wurzel der Gleichung $F(x) = 0$" eine Beschreibung im Russell'schen Sinne wäre, so hätte der Satz „ich habe n Äpfel und $n + 2 = 6$" einen andern Sinn, als der: „ich habe 4 Äpfel".
5.85.1.3		Wir haben in dem ersten Satz ein außerordentlich lehrreiches Beispiel dafür, wie eine Notation auf den ersten Blick einwandfrei erscheinen kann, nämlich so, als verstünden wir sie; und daß wir in Wirklichkeit einen unsinnigen Satz nach Analogie eines sinnvollen gebildet haben und nur glauben, die Regeln des ersteren zu übersehen. So ist „ich habe n Schuhe und $n^2 = 4$" ein sinnvoller Satz; aber nicht: „ich habe n Schuhe und $n^2 = 2$".

18
Was als Satz gelten soll, ist in der Grammatik bestimmt.

3.85.9.1	1	Die Erklärung, die man erhält, wenn man nach dem Wesen des Satzes fragt: Satz sei alles, was wahr oder falsch sein könne – ist nicht so ganz unrichtig. Es ist die Form der Wahrheitsfunktion (in welcher Form der Zeichengebung immer ausgedrückt), die das logische Wesen des Satzes ausmacht.
3.48.2.1	2	‚p' ist wahr = p. Man gebraucht das Wort „wahr" in Zusammenhängen wie „was er sagt ist wahr", das aber sagt dasselbe wie „er sagt ‚p', und p ist der Fall".
3.68.3.1	3	„Wahr" und „falsch" sind tatsächlich nur Wörter einer bestimmten Notation der Wahrheitsfunktion.
3.72.9.1	4	Wenn man sagt, Satz sei alles, was wahr oder falsch sein könne, so heißt das d a s s e l b e wie: Satz ist alles, was sich verneinen läßt.
3.72.11.1	5	Wenn wir von dem sprechen, was der Satzform als solcher wesentlich ist, so meinen wir die Wahrheitsfunktionen/Wahrheitsfunktion/.
2.267.1.1	6	Man kann natürlich nicht sagen, ‚Satz' sei dasjenige, wovon man ‚wahr' und ‚falsch' aussagen könne, in dem Sinn, als könne man versuchen, zu welchen Symbolen die Wörter ‚wahr' und ‚falsch' paßten und danach entscheiden, ob etwas ein Satz ist. Denn das würde nur dann etwas bestimmen, wenn diese Worte in einer bestimmten Weise gemeint sind, das aber können sie nur im Zusammenhang sein./.... wenn diese Worte in einer bestimmten Weise gemeint sind, d.h. bereits eine bestimmte Grammatik haben./ Und eben im Zusammenhang mit einem Satz. Alles, was man machen kann, ist hier, wie in allen diesen Fällen, das grammatische Spiel bestimmen, seine Regeln angeben und es dabei bewenden lassen.
3.288.6.1	7	Was ein Satz ist, wird durch die Grammatik bestimmt. D.h., innerhalb der Grammatik.
3.288.6.2		(Dahin zielte auch meine „allgemeine Satzform".)
3.268.1.1	8	Man kann nicht sagen „dieser Struktur fehlt noch etwas, um ein Satz zu sein". Sondern es fehlt ihr etwas, um in d i e s e r Sprache ein Satz zu sein. Wie man sagen kann/Man kann sagen/: dem Zeichenausdruck „2 + 2 4" fehlt etwas, um eine Gleichung zu sein.
3.268.3.1	9	Den Russen, welche statt „er ist gut" sagen „er gut" geht nichts verloren, und sie denken sich auch kein Verbum dazu.
3.268.4.1	10	Den kompletten Satz zu charakterisieren ist so unmöglich, wie die komplette Tatsache.

5.84.1.1	1	Kann man den Begriff des „Satzes" festlegen? oder die allgemeine Form des Gesetzes? – Warum nicht! Wie man ja auch den Begriff ‚Zahl' festlegen könnte, etwa durch das Zeichen „$[0, \xi, \xi + 1]$". Es steht mir ja frei, nur das Zahl zu nennen; und so steht es mir auch frei, eine analoge Vorschrift zur Bildung von Sätzen oder Gesetzen zu geben und das Wort „Satz" oder „Gesetz" als ein Äquivalent dieser Vorschrift zu gebrauchen. Wehrt man sich dagegen und sagt, es sei doch klar, daß damit nur gewisse Gesetze von andern abgegrenzt worden seien, so antworte ich: Ja, Du kannst freilich nicht eine Grenze ziehen, wenn Du von vornherein entschlossen bist, keine anzuerkennen! – Sollen die „Sätze" den unendlichen logischen Raum erfüllen, so kann von keiner allgemeinen Satzform die Rede sein. Es fragt sich dann natürlich: Wie gebrauchst Du nun das Wort „Satz"? im Gegensatz wozu? – Etwa im Gegensatz zu „Wort", „Satzteil", „Buchtitel", „Erzählung", etc..
5.182.3.1	2	(Ein Satz, der von allen Sätzen oder allen Funktionen handelt. Was stellt man sich darunter vor?/Was meint man damit?/ Es wäre wohl ein Satz der Logik. Denken wir nun daran, wie der Satz $\sim^{2n}p = p$ bewiesen wird.)
4.89.2.1	3	Wenn ich „es verhält sich so und so" als allgemeine Satzform gelten lasse, dann muß ich $2 + 2 = 4$ unter die Sätze rechnen, denn es ist grammatisch richtig, zu sagen: „es verhält sich so, daß $2 + 2$ gleich 4 ist". Es braucht weitere Regeln, um die Sätze der Arithmetik auszuschließen.
4.71.1.1	4	Falsche Ideen über das Funktionieren der Sprache: Broad, der sagte, etwas w e r d e eintreffen, sei kein Satz. Was spricht man dieser Aussage damit ab? Etwas anderes, als daß sie Gegenwärtiges oder Vergangenes beschreibt? – Die Magie mit Wörtern. Ein solcher Satz, wie der Broads, kommt mir so vor, wie ein Versuch, eine chemische Änderung magisch zu bewirken; indem man den Substanzen, quasi, zu verstehen gibt, was sie tun sollen (wenn man etwa Eisen in Gold überführen wollte, indem man ein Stück Eisen mit der rechten und zugleich ein Stück Gold mit der linken Hand faßte).

19
DIE GRAMMATISCHEN REGELN BESTIMMEN DEN SINN DES SATZES; UND OB EINE WORTZUSAMMENSTELLUNG SINN HAT ODER NICHT.

3.24.3.1   1   Man könnte sagen: „Wie mach ich's denn, um ein Wort immer richtig anzuwenden, schau ich immer in der Grammatik nach? Nein, daß ich etwas meine – was ich meine, hindert mich Unsinn zu sagen." Aber was meine ich denn? Ich sage: ich rede vom Teilen eines Apfels, aber nicht vom Teilen der Farbe Rot, weil ich beim „Teilen eines Apfels" mir etwas denken kann, etwas vorstellen, etwas wollen kann; beim Ausdruck „Teilen einer Farbe" nicht. Und ist es etwa so, daß man bei diesem Wort nur noch keine Wirkung auf andere Menschen beobachtet hat?!

3.25.1.1   2   „Woher weiß ich, daß ich Rot nicht teilen kann?" – Die Frage selbst heißt nichts. Ich möchte sagen: Ich/Man/ muß mit der Unterscheidung von Sinn und Unsinn **anfangen**. Vor ihr ist nichts möglich. Ich kann sie nicht begründen.

5.30.6.1   3   Welcher Art nun sind die Regeln, welche sagen, daß die und die
5.30.6.2   Zusammenstellungen von Wörtern keinen Sinn haben? Sind sie von der Art derjenigen Vorschriften, welche etwa sagen, daß es keine Spielstellung im Schach ist, wenn zwei Figuren auf dem gleichen Feld stehen, oder wenn eine Figur auf der Grenze zwischen zwei Feldern steht, etc.? Diese Sätze sind wieder wie gewisse Handlungen, ?wie wenn man etwa ein Schachbrett? aus einem größeren Stück kariertem Papier herausschneidet. Sie ziehen eine Grenze. – Was heißt es denn, zu sagen: „diese Wortzusammenstellung heißt nichts". Von einem Namen kann man sagen „diesen Namen habe ich niemandem gegeben" und das Namengeben ist eine bestimmte Handlung (umhängen eines Täfelchens).

5.31.0.3   Denken wir an die Darstellung einer Reise auf der Erde durch eine Linie in der Projektion der zwei Halbkugeln und daß wir sagen: ein Linienstück, das auf der Zeichenebene die Grenzkreise der Projektionen verläßt, ist in dieser Darstellung sinnlos. Man könnte auch sagen: nichts ist darüber ausgemacht worden.

2.215.4.1   4   Gesichtsraum und Retina. Es ist, wie wenn man eine Kugel orthogonal auf eine Ebene projiziert, etwa in der Art, wie die beiden Halbkugeln der Erde in einem Atlas dargestellt werden, und nun könnte einer glauben, daß, was auf der Ebene außerhalb der beiden Kugelprojektionen vor sich geht, immerhin noch einer möglichen Ausdehnung dessen entspricht, was sich auf der Kugel befindet. Hier wird eben ein **kompletter Raum** auf einen **Teil** eines andern Raumes projiziert; und analog ist es mit den Grenzen der Sprache im Wörterbuch./in der Grammatik./

20

DER SINN DES SATZES KEINE SEELE.

2.228.4.1	1	Die Methode des Messens, z.B. des räumlichen Messens, verhält sich zu einer bestimmten Messung genau so, wie der Sinn eines Satzes zu seiner Wahr- oder Falschheit.
5.42.4.1	2	Der Sinn eines/des/ Satzes ist nicht pneumatisch, sondern ist das, was auf die Frage nach der Erklärung des Sinnes zur Antwort kommt. Und – oder – der eine Sinn unterscheidet sich vom andern, wie die Erklärung des einen von der Erklärung des andern.
5.43.1.1	3	Welche Rolle der Satz im Kalkül spielt, das ist sein Sinn.
5.43.2.1	4	Der Sinn steht (also) nicht hinter ihm (wie der psychische Vorgang der Vorstellungen etc.).
3.328.3.1	5	Was heißt es denn: „entdecken, daß ein Satz keinen Sinn hat"?
3.328.3.2		Und was heißt das: „wenn ich etwas damit meine, muß es doch Sinn haben"?
3.328.3.3		„Wenn ich etwas damit meine ...." – wenn ich was damit meine?!
3.328.4.1	6	Was heißt es: „Wenn ich mir etwas dabei vorstellen kann, muß es doch Sinn haben"?
3.328.4.2		Wenn ich mir was dabei vorstellen kann? Das, was ich sage? /sagte?/ – Das heißt nichts./Dann heißt dieser Satz nichts./ – Und ‚Etwas'? Das würde heißen: Wenn ich die Worte auf diese Weise benützen kann, dann haben sie Sinn. Oder eigentlich: wenn ich sie zum Kalkulieren benütze, dann haben sie Sinn.
3.243.6.1	7	Man könnte auch so fragen: Ist der ganze Satz nur ein unartikuliertes Zeichen, in dem ich erst nachträglich Ähnlichkeiten mit anderen Sätzen erkenne? Das wäre etwa so, wenn jeder Satz eine Droge/Medizin/ mit bestimmter Wirkung wäre und man käme erst nachträglich durch Analyse darauf, daß zwei Medizinen gewisse Ingredientien mit einander gemein hätten.
3.244.5.1	8	Ja, man könnte unsere Frage in einer sehr elementaren Form stellen: Warum eine Sprache nicht mit bloß einem Wort möglich ist /auskommen könnte/, da es ja doch vorkommt, daß ein Wort (in einer Sprache) mehrere Bedeutungen hat. (Warum also nicht alle?)

21
Ähnlichkeit von Satz und Bild.

3.256.6.1 1 In welchem Sinne kann ich sagen, der Satz sei ein Bild? Wenn ich darüber denke, möchte ich sagen: er muß ein Bild sein, damit er mir zeigen kann, was ich tun soll, damit ich mich nach ihm richten kann. Aber dann willst Du also bloß sagen, daß Du Dich nach dem Satz richtest in demselben Sinne, in dem Du Dich nach einem Bild richtest.

3.256.7.1 2 Ist jedes Bild ein Satz? Und was heißt es, etwa zu sagen, daß jedes als ein Satz gebraucht werden kann?

3.256.8.1 3 Ich kann die Beschreibung des Gartens in ein gemaltes Bild, das Bild in eine Beschreibung übersetzen.

3.255.4.1 4 Zu sagen, daß der Satz ein Bild ist, hebt gewisse Züge in der Grammatik des Wortes „Satz" hervor.

3.149.5.1 5 Das Denken ist ganz dem Zeichnen von Bildern zu vergleichen.
3.149.6.1   Man kann aber auch sagen: Das Denken ist (wesentlich) mit keinem Vorgang zu vergleichen und was wie ein Vergleichsobjekt scheint, ist in Wirklichkeit ein Beispiel.

4.84.8.1 6 Wenn ich den Satz mit einem Maßstab verglichen habe, so habe ich, strenggenommen, nur einen Satz, der mit Hilfe eines Maßstabes die Länge eines Gegenstands/eine Länge/ beschreibt/aussagt/, als Beispiel für alle Sätze herangezogen./als Beispiel eines Satzes herangezogen./

2.162.2.1 7 Wenn man die Sätze als Vorschriften auffaßt, um Modelle zu bilden, wird ihre Bildhaftigkeit noch deutlicher.

2.166.6.1 8 Die Sprache muß von der Mannigfaltigkeit eines Stellwerks sein, das die Handlungen veranlaßt, die ihren Sätzen entsprechen.

2.171.8.1 9 Die Übereinstimmung von Satz und Wirklichkeit ist der Übereinstimmung zwischen Bild und Abgebildetem nur so weit ähnlich, wie der Übereinstimmung zwischen einem Erinnerungsbild und dem gegenwärtigen Gegenstand.

3.327.4.1 10 Der Satz ist der Tatsache so ähnlich wie das Zeichen ‚5' dem Zeichen ‚3 + 2'. Und das gemalte Bild der Tatsache, wie ‚|||||' dem Zeichen ‚|| + |||'.

3.132.11.1 11 Z.B. a, b, c, d bedeuten Bewegungen und zwar a = ↑, b = ↓, c = →, d = ←. Also heißt z.B. b c c b d a der Linienzug ↓

3.132.11.2 Nun, ist der Satz „b c c b d a" nicht ähnlich jenem Linienzug? Offenbar ja, in gewisser Weise. (Ist es nicht genau die Ähnlichkeit einer Photographie und des photographierten Gegenstandes?)

Sätze mit Genrebildern verglichen.
(Verwandt damit: Verstehen eines Bildes.)

3.16.5.1 1 Wie ist es mit den Sätzen, die in Dichtungen vorkommen. Hier kann doch gewiß von einer Verifikation nicht geredet werden und doch haben diese Sätze Sinn. Sie verhalten sich zu den Sätzen, für die es (eine) Verifikation gibt, wie ein Genrebild zu einem Portrait. Und dieses Gleichnis dürfte wirklich die Sache vollständig darstellen.

3.16.8.1 2 Wenn ich ein Bild anschaue, so sagt es mir etwas, auch wenn ich keinen Augenblick glaube (mir einbilde), die Menschen seien wirklich oder es habe wirkliche Menschen gegeben, von denen dies ein verkleinertes Bild sei. „Es sagt mir etwas" kann aber hier nur heißen, „es bringt eine bestimmte Einstellung in mir hervor".
Denn wie, wenn ich fragte: „was sagt es mir denn?"

3.17.1.1 3 Meine Stellung gegen das Bild ist auch keine hypothetische, so daß ich mir etwa sagte „wenn es solche Menschen gäbe, dann ...."

3.125.1.1 4 Wenn ich ein Genrebild ansehe, so halte ich die gemalten Menschen darin nicht für wirkliche Menschen, andererseits ist ihre Ähnlichkeit mit Menschen für das Verständnis des Bildes wesentlich.

3.273.3.1 5 Wenn man es für selbstverständlich hält, daß sich der Mensch an seiner Phantasie vergnügt, so bedenke man, daß diese Phantasie nicht wie ein gemaltes Bild oder ein plastisches Modell ist, sondern ein kompliziertes Gebilde aus heterogenen Bestandteilen: Wörtern und Bildern. Man wird dann das Operieren mit Schrift- und Lautzeichen nicht mehr in Gegensatz stellen zu dem Operieren mit „Vorstellungsbildern" der Ereignisse.

3.18.1.2 6 Die Illustration in einem Buch ist dem Buch nichts fremdes, sondern gesellt sich ihm zu wie ein verwandter Behelf einem anderen, – wie etwa eine Reibahle dem Bohrer.

3.18.1.3 (Wenn einen die Häßlichkeit eines Menschen abstößt, so kann sie im Bild, im gemalten, gleichfalls abstoßen, aber auch in der Beschreibung, in den Worten.)

23

MIT DEM SATZ SCHEINT DIE REALITÄT WESENTLICH
ÜBEREINSTIMMEN ODER NICHT ÜBEREINSTIMMEN ZU KÖNNEN. ER
SCHEINT SIE ZU FORDERN, SICH MIT IHM ZU VERGLEICHEN.

3.94.5.1   1   „Meine Erwartung ist so gemacht, daß, was immer kommt, mit ihr übereinstimmen muß, oder nicht."

3.44.6.1   2   Der Satz ist als Richter hingestellt und wir fühlen uns vor ihm verantwortlich.

3.203.2.1   3   Ich sage, die Hand über dem/den/ Tisch haltend, „ich wollte, dieser Tisch wäre so hoch". Nun ist das Merkwürdige: die Hand über dem Tisch an und für sich drückt gar nichts aus. D.h., sie ist eine Hand über einem Tisch, aber kein Symbol (wie der Pfeil, der etwa die Gehrichtung anzeigen soll, an sich nichts ausdrückt).

3.206.10.1   4   „Die Hand zeigt dahin". Aber in wiefern zeigt sie dahin? einfach, weil sie sich in einer Richtung verjüngt? (Zeigt ein Nagel in die Wand?) D.h., ist es dasselbe zu sagen „sie zeigt etc." oder/und/ „sie verjüngt sich in dieser Richtung"?

2.313.4.1   5   Man kann eine Lehne auf das Maß eines Körpers einstellen, vorbereiten. Dann liegt in dieser Einstellung zwar das eingestellte Maß, aber in keiner Weise, daß ein bestimmter Körper es hat. Ja vor allem liegt darin keine Annahme darüber, ob der Körper dieses Maß hat, oder nicht hat.

3.165.2.1   6   Ich sagte, der Satz wäre wie ein Maßstab an die Wirklichkeit angelegt: Aber der Maßstab ist, wie alle richtigen Gleichnisse des Satzes, ein besonderer Fall eines Satzes. Und auch er bestimmt nichts, solange man nicht mit ihm mißt. Aber Messen ist Vergleichen (und muß heißen, Übersetzen).

3.165.4.1   7   Man möchte sagen: Lege den Maßstab an einen Körper an; er sagt nicht, daß der Körper so lang ist. Vielmehr ist er an sich gleichsam tot und leistet nichts von dem, was der Gedanke leistet. Es ist, als hätten wir uns eingebildet, das Wesentliche am lebenden Menschen sei die äußere Gestalt, und hätten nun einen Holzblock von dieser Gestalt hergestellt und sähen mit Enttäuschung den toten Klotz, der auch keine Ähnlichkeit mit dem Leben hat.

2.291.3.1   8   Man könnte sagen, „die Erwartung ist kein Bild, sie bedient sich nur eines Bildes". Ich erwarte etwa, daß meine Uhr jetzt auf 7 zeigen wird und drücke dies durch ein Bild der Zeigerstellung aus. Dieses Bild kann ich nun mit der wirklichen Stellung vergleichen; die Erwartung aber nicht.

2.315.7.1	1	Mein Gedanke ist immer: wenn einer die Erwartung sehen könnte, daß er sehen/erkennen/ müßte, was erwartet wurde.
2.313.3.1	2	Gut, ich sage: wenn ich meine Uhr herausziehe, wird sie mir jetzt entweder d i e s e s Bild der Zeigerstellung bieten, oder nicht. Aber wie kann ich es ausdrücken, daß ich mich für eine dieser Annahmen entscheide?
2.313.3.2		Jeder Gedanke ist der Ausdruck eines Gedankens.
4.7.4.1	3	Ich könnte mein Problem so darstellen: Wenn ich untersuchen wollte, ob die Krönung Napoleons so und so stattgefunden hat, so könnte ich mich dabei, als einer Urkunde, des Bildes bedienen, statt einer Beschreibung. Und es frägt sich nun, ist die ganze Vergleichung der Urkunde mit der Wirklichkeit von der Art, wie der Vergleich der Wirklichkeit mit dem Bild, oder gibt es dabei noch etwas Andres, von andrer Art?
4.7.5.1	4	Aber womit soll man die Wirklichkeit vergleichen, (:) als mit dem Satz? Und was soll man andres tun, (:) als sie mit ihm zu vergleichen?
2.296.1.1	5	Wenn man das Beispiel von dem, durch Gebärden mitgeteilten Befehl betrachtet, möchte man einerseits immer sagen: „Ja, dieses Beispiel ist eben unvollkommen, die Gebärdensprache zu roh, darum kann sie den beabsichtigten Sinn nicht vollständig ausdrücken" – aber tatsächlich ist sie so gut wie jede denkbare andere, und erfüllt ihren Zweck so vollständig, wie es überhaupt denkbar ist.
2.296.1.2		(Es ist eine der wichtigsten Einsichten, daß es keine Verbesserung der Logik gibt.)
3.167.4.1	6	Der Befehl $x^2 \quad \begin{matrix} x & 1 & 2 & 3 & 4 \end{matrix}$ kommt uns unvollständig vor. Es scheint uns, als wäre etwas nur angedeutet, was nicht ausgesprochen ist.
3.167.5.1 3.167.5.2	7	Angedeutet aber ist etwas nur insofern, als ein System nicht ausdrücklich, oder unvollkommen festgelegt. Wir möchten sagen, es sei uns unvollkommen angedeutet oder, das Zeichen suggeriere nur undeutlich, was wir zu tun hätten. Es sei etwa in dem Sinn undeutlich, wie eine Tafel mit der Aufschrift „Links Gehen" deutlicher wird, wenn zugleich ein Pfeil die Richtung zeigt./Es sei etwa undeutlich in dem Sinn, in welchem wir der Deutlichkeit halber Zeichen ausführlicher geben./
3.167.6.1	8	Aber für uns ist der Befehl deutlich, der unzweideutig ist; und einen deutlicheren gibt es nicht.
3.167.7.1	9	Eindeutig aber kann er nur werden, dadurch, daß in dem System von Befehlen eine Unterscheidung gemacht wird, die, wenn sie fehlt, eben die Zweideutigkeit hervorruft. (Wenn also das System die richtige Mannigfaltigkeit erhält.)
3.174.8.1	10	Was, in der Logik, nicht nötig ist, hilft auch nicht./.... ist auch nicht von Nutzen./
3.174.8.2		Was nicht nötig ist, ist überflüssig.

4.57.3.1   1   Die Unbeholfenheit mit der das Zeichen wie ein Stummer durch allerlei suggestive Gebärden sich verständlich zu machen sucht, verschwindet, wenn wir erkennen, daß das Wesentliche am Zeichen das System ist, dem es zugehört und sein übriger Inhalt wegfällt.

[5]

24

DAS SYMBOL (DER GEDANKE), SCHEINT ALS SOLCHES UNBEFRIEDIGT ZU SEIN.

3.195.10.1	1	Jedes Symbol scheint als solches etwas offen zu lassen.
3.46.1.1 3.46.1.2 3.46.2.1	2	Der Plan ist als Plan etwas Unbefriedigtes. (Wie der Wunsch, die Erwartung, die Vermutung u.s.f..) Ich möchte manchmal mein Gefühl dem Plan gegenüber als eine Innervation bezeichnen. Aber auch die Innervation an sich ist nicht unbefriedigt, ergänzungsbedürftig.
3.196.2.1	3	In wiefern kann man den Wunsch als solchen, die Erwartung ‚unbefriedigt' nennen? Was ist das Urbild/Vorbild/ der Unbefriedigung? Ist es der leere Hohlraum (in den etwas hineinpaßt)? Und würde man von einem leeren Raum sagen, er sei unbefriedigt? Wäre das nicht auch eine Metapher? Ist es nicht ein gewisses Gefühl, das wir Unbefriedigung nennen? Etwa der Hunger. Aber der Hunger enthält nicht das Bild seiner Befriedigung.
3.196.5.1	4	Die Hohlform ist nur unbefriedigt in dem System, in dem auch die entsprechende Vollform vorkommt./.... in dem auch die Vollform vorkommt./
3.196.7.1	5	Ich meine, man kann das Wort „unbefriedigt" nicht schlechtweg von einer Tatsache gebrauchen. Es kann aber in einem System eine Tatsache beschreiben helfen. Ich könnte z.B. festsetzen, daß ich den Hohlzylinder ‚den unbefriedigten Zylinder' nennen werde, den entsprechenden Vollzylinder, seine Befriedigung.
3.196.9.1	6	Aber man kann nicht sagen, daß der Wunsch ‚p möge der Fall sein', durch die Tatsache p befriedigt wird, es sei denn als Zeichenregel: |der Wunsch p möge der Fall sein| = |der Wunsch, der durch die Tatsache p befriedigt wird|.

25

Ein Satz ist ein Zeichen in einem System von Zeichen. Er ist eine Zeichenverbindung von mehreren möglichen und im Gegensatz zu den andern möglichen. Gleichsam eine Zeigerstellung im Gegensatz zu andern möglichen.

3.156.3.1   1   Einen Satz verstehen heißt, eine Sprache verstehen.

3.100.7.1   2   Jeder Satz einer Sprache hat nur Sinn im Gegensatz zu anderen Wortzusammenstellungen derselben Sprache.

3.147.3.1   3   Wenn ein Satz nicht eine mögliche Verbindung unter anderen wäre, so hätte er keine Funktion.
3.147.4.1   D.h.: Wenn ein Satz nicht das Ergebnis einer Entscheidung wäre, hätte er nichts zu sagen.

4.57.4.1   4   Denken ist Pläne machen.
4.57.4.2   Wenn Du Pläne machst, so machst Du einen Plan zum Unterschied von/im Gegensatz zu/ andern Plänen.

3.203.3.1   5   → im Gegensatz zu ↗ ist ein anderes Zeichen als → im Gegensatz zu ⟶.

3.203.11.1   6   „Geh so → nicht so ↗" hat nur Sinn, wenn es die Richtung ist, die dem Pfeil hier wesentlich ist, und nicht, etwa nur die Länge.

3.238.3.1   7   Man muß wissen, worauf im Zeichen man zu sehen hat. Etwa: auf welcher Ziffer der Zeiger steht, nicht darauf, wie lang er ist.

3.238.4.1   8   „Geh' in der Richtung, in der der Zeiger zeigt".
         „Geh' so viele Meter in der Sekunde, als der Pfeil cm lang ist".
         „Mach' so viele Schritte, als ich Pfeile zeichne".
         „Zeichne diesen Pfeil nach".
         Für jeden dieser Befehle kann der gleiche Pfeil stehen. – – –

3.239.4.1   9   „Ich muß auf die Länge achten", „ich muß auf die Richtung achten", das heißt schon: auf die Länge im Gegensatz zu anderen, etc..

3.241.1.1   10   Wie soll ich mich nach der Uhr richten? Wie kann ich mich nach diesem Bild ⏱ richten? (Wie nach jedem andern.)

3.238.8.1   11   Es zeigt mir jemand zum ersten Mal eine Uhr und will, daß ich mich nach ihr richte. Ich frage nun: worauf soll ich bei diesem Ding achten. Und er sagt: auf die Stellung der Zeiger.

3.120.2.1   12   Natürlich, das Zeichen eines Systems bezeichnet es nur im Gegensatz zu anderen Systemen und setzt selbst ein System voraus. (Interne Relation, die nur besteht, wenn ihre Glieder da sind.)

26
Sich vorstellen können, ‚wie es wäre,' als Kriterium dafür, dass ein Satz Sinn hat.

3.175.4.1	1	Was heißt es, wenn man sagt: „ich kann mir das Gegenteil davon nicht vorstellen", oder „wie wäre es denn, wenn's anders wäre"; z.B. wenn jemand gesagt hat, daß meine Vorstellungen privat seien, oder daß nur ich selbst wissen kann, ob ich Schmerzen empfinde, und dergleichen.
3.175.5.1	2	Wenn ich mir nicht vorstellen kann, wie es anders wäre, so kann ich mir auch nicht vorstellen, wie es so sein kann.
3.175.5.2		„Ich kann mir nicht vorstellen" heißt nämlich hier nicht, was es im Satz „ich kann mir keinen Totenkopf vorstellen" heißt. Ich will damit nicht auf eine mangelnde Vorstellungskraft deuten.
2.193.1.1	3	Überlege: „Ich habe tatsächlich nie gesehen, daß ein schwarzer Fleck nach und nach immer heller wird, bis er weiß ist, und dann immer rötlicher, bis er rot ist; aber ich weiß, daß es möglich ist, weil ich es mir vorstellen kann. D.h., ich operiere mit meinen Vorstellungen im Raume der Farben und tue mit ihnen, was mit den Farben möglich wäre." ((Siehe „Logische Möglichkeit".))
3.26.4.1	4	Es scheint, als könnte man so etwas sagen wie: Die Wortsprache läßt unsinnige Ausdrücke zu, die Sprache der Vorstellung aber nicht unsinnige Vorstellungen. (Natürlich kann das, so wie es da steht, nichts heißen.)
3.328.1.1	5	Was heißt es denn „entdecken, daß ein Satz keinen Sinn hat"? Oder fragen wir so: Wie kann man denn die Unsinnigkeit eines Satzes (etwa: „dieser Körper ist ausgedehnt") dadurch bekräftigen, daß man sagt: „Ich kann mir nicht vorstellen, wie es anders wäre"?
3.328.1.2		Denn, kann ich etwa versuchen, es mir vorzustellen? Heißt es nicht: Zu sagen, daß ich es mir vorstelle, ist sinnlos? Wie hilft mir dann also diese Umformung von einem Unsinn in einen andern? – Und warum sagt man gerade: „ich kann mir nicht vorstellen, wie es anders wäre"? und nicht – was doch auf dasselbe hinauskommt – „ich kann mir nicht vorstellen, wie das wäre"?
3.328.1.3		Man erkennt scheinbar in dem unsinnigen Satz etwas, wie eine Tautologie, zum Unterschied von einer Kontradiktion. Aber das ist ja auch falsch. – Man sagt gleichsam: „Ja, es/er/ ist ausgedehnt, aber wie könnte es denn anders sein? also, wozu es sagen!"
3.328.1.4		Es ist dieselbe Tendenz, die uns auf den Satz „dieser Stab hat eine bestimmte Länge" nicht antworten läßt „Unsinn!", sondern: „Freilich!".
3.328.1.5		Was ist aber der Grund (zu) dieser Tendenz? Sie könnte auch so beschrieben werden: wenn wir die beiden Sätze „dieser Stab hat eine Länge" und seine Verneinung „dieser Stab hat keine Länge" hören, so sind wir parteiisch und neigen dem ersten Satz zu (statt beide für Unsinn zu erklären).

3.328.1.6   Der Grund hievon ist aber eine Verwechslung: Wir sehen den ersten Satz verifiziert (und den zweiten falsifiziert) dadurch, „daß der Stab 4m hat". Und man wird sagen: „und 4m ist doch eine Länge" und vergißt, daß man hier einen Satz der Grammatik hat.

3.326.6.1   1   Warum sieht man es als Beweis dafür an, daß ein Satz Sinn hat: daß ich mir, was er sagt, vorstellen kann? Ich könnte sagen: Weil ich diese Vorstellung mit einem dem ersten verwandten Satz beschreiben müßte.

2   Könnte ich durch eine Zeichnung darstellen, wie es ist, wenn es sich so verhält, wenn es keinen Sinn hätte, zu sagen „es verhält sich so"?
Zu sagen „ich kann aufzeichnen wie es ist, wenn es sich so verhält" ist hier eine grammatische Bestimmung über den betrachteten Satz (denn ich will ja nicht sagen, ich könne es zeichnen, etwa weil ich zeichnen gelernt habe u.s.w.). Wie, wenn ich sagte: „ist das kein Spiel, da ich doch darin gewinnen und verlieren kann?" – Nun, wenn das Dein Kriterium eines Spieles ist, dann ist es ein Spiel.

3   „Ich weiß, daß es möglich ist, weil ...." Diese Ausdrucksform ist von Fällen hergenommen, wie: „Ich weiß, daß es möglich ist, die Tür mit diesem Schlüssel aufzusperren, weil ich es schon einmal getan habe". Vermute ich also in dem Sinn, daß dieser Farbenübergang möglich sein wird, weil ich mir ihn vorstellen kann?! Muß es nicht vielmehr heißen: der Satz „der Farbenübergang ist möglich" heißt dasselbe wie der: „ich kann ihn mir vorstellen", oder: der erste Satz folgt aus dem zweiten? – Wie ist es damit: „Das ABC läßt sich laut hersagen, weil ich es mir im Geiste vorsagen kann"?
„Ich kann mir vorstellen, wie es wäre", oder – was wieder ebenso gut ist – : „ich kann es aufzeichnen, wie es wäre, wenn p der Fall ist" gibt eine Anwendung des Satzes. Es sagt etwas über den Kalkül, in welchem wir p verwenden.

„Logische Möglichkeit und Unmöglichkeit". – Das Bild des ‚Könnens' ultraphysisch angewandt.
(Ähnlich: „Das ausgeschlossene Dritte".)

2.187.4.1   1   Wenn man sagt, die Substanz ist unzerstörbar, so meint man, es ist sinnlos, in irgend einem Zusammenhang – bejahend oder verneinend – von dem „Zerstören einer Substanz" zu reden.

4.9.5.1   2   Ich versuche etwas, kann es aber nicht. – Was heißt es aber: „etwas nicht versuchen können"?
4.9.6.1   „Wir können auch nicht einmal versuchen, uns ein rundes Viereck vorzustellen".

         3   Logische Möglichkeit und Sinn. Kann man fragen: „wie müssen die grammatischen Regeln für die Wörter beschaffen sein, damit sie einem Satz Sinn geben"?

         4   Der Gebrauch des Satzes, das ist sein Sinn.

         5   Ich sage z.B. „auf diesem Tisch steht jetzt keine Vase, aber es könnte eine da stehn; dagegen ist es sinnlos/unsinnig/ zu sagen, der Raum könnte vier Dimensionen haben." Aber wenn der Satz dadurch sinnvoll wird, daß er mit den grammatischen Regeln im Einklang ist, nun, so machen wir eben die Regel, die den Satz, unser Raum habe vier Dimensionen, erlaubt. Wohl, aber damit ist nun die Grammatik dieses Ausdrucks noch nicht festgelegt. Nun müssen erst noch weitere Bestimmungen darüber gemacht/getroffen/ werden, wie ein solcher Satz zu gebrauchen ist, wie er etwa verifiziert wird.

         6   Wenn man auch den Satz als Bild des beschriebenen Sachverhalts auffaßt und sagt, der Satz zeige eben wie es ist, wenn er wahr wäre, er zeige also die Möglichkeit des behaupteten Sachverhalts, so kann der Satz doch bestenfalls tun, was ein gemaltes oder modelliertes Bild tut, und er kann also jedenfalls nicht das hinstellen/erzeugen/, was nun eben nicht der Fall ist. Also hängt es ganz von unserer Grammatik ab, was möglich genannt wird und was nicht, nämlich eben, was sie zuläßt. Aber das ist doch willkürlich! – Gewiß, aber nicht mit jedem Gebilde kann ich etwas anfangen; d.h.: nicht jedes Spiel ist nützlich, und wenn ich versucht bin, etwas ganz Nutzloses als Satz zuzulassen, so geschieht es, weil ich mich durch eine Analogie dazu verleiten lasse und nicht sehe, daß mir für meinen Satz noch die wesentlichen Regeln der Anwendung fehlen. So ist es z.B., wenn man von einer unendlichen Baumreihe redet und sich nicht fragt, wie es denn zu verifizieren sei, daß eine Baumreihe unendlich ist, und was etwa die Beziehung dieser Verifikation zu der des Satzes „die Baumreihe hat 100 Bäume" ist.

ELEMENTARSATZ.

4.8.4.1	1	Kann ein logisches Produkt in einem Satz verborgen sein? Und wenn,
4.8.4.2		wie erfährt man das, und was für Methoden haben wir, das im Satz Verborgene ans Tageslicht zu ziehen? Haben wir noch keine sicheren Methoden, (es zu finden,) dann können wir auch nicht davon reden, daß etwas verborgen ist, oder verborgen sein könnte. Und haben wir eine Methode des Suchens, so kann – das logische Produkt etwa, im Satz nur so verborgen sein, wie es etwa die Teilbarkeit durch 3 in der Zahl 753 ist, solange ich das Kriterium noch nicht angewandt habe, oder aber auch die $\sqrt{7}$ solange ich sie noch nicht ausgerechnet habe. Denn, das verborgene logische Produkt finden, ist eine mathematische Aufgabe.
4.8.5.1	2	Also ist Elementarsatz ein solcher, der sich in dem Kalkül, wie ich es jetzt/heute/ benütze, nicht als Wahrheitsfunktion anderer Sätze darstellt.
4.237.3.1	3	Die Idee, Elementarsätze zu konstruieren (wie dies z.B. Carnap versucht hat), beruht auf einer falschen Auffassung der logischen Analyse. Sie betrachtet das Problem dieser Analyse als das, eine Theorie der Elementarsätze zu finden. Sie lehnt sich an das an, was, in der Mechanik z.B., geschieht, wenn eine Anzahl von Grundgesetzen gefunden wird, aus denen das ganze System von Sätzen hervorgeht.
4.237.4.1	4	Meine eigene Auffassung war falsch: Teils, weil ich mir über den Sinn der Worte „in einem Satz ist ein logisches Produkt versteckt" (und ähnlicher) nicht klar war, zweitens, weil auch ich dachte, die logische Analyse müsse verborgene Dinge an den Tag bringen (wie es die chemische und physikalische tut).
4.238.1.1	5	Man kann den Satz „dieser Ort ist jetzt rot" (oder „dieser Kreis ist jetzt rot", etc.) einen Elementarsatz nennen, wenn man damit sagen will, daß er weder eine Wahrheitsfunktion anderer Sätze ist, noch als solche definiert (ist)?. (Ich sehe hier von Verbindungen der Art p · (q ∨ ~q) und analogen ab.)
4.238.1.2		Aus „a ist jetzt rot" folgt aber „a ist jetzt nicht grün" und die Elementarsätze in diesem Sinn sind also nicht von einander unabhängig, wie die Elementarsätze in meinem seinerzeit beschriebenen Kalkül, von dem ich annahm, der ganze Gebrauch der Sätze müsse sich auf ihn zurückführen lassen; – verleitet durch einen falschen Begriff von diesem „zurückführen"/von dieser Zurückführung/.

29

„Wie ist die Möglichkeit von ~p in der Tatsache, dass ~p der Fall ist, enthalten?"
„Wie enthält z.B. der schmerzlose Zustand die Möglichkeit der Schmerzen?"

2.150.1.1   1   „Über den schmerzlosen Zustand sinnvoll reden setzt die Fähigkeit voraus, Schmerzen zu fühlen und das kann keine ‚physiologische Fähigkeit/Disposition/' sein, – denn wie wüßte man sonst, wozu es die Fähigkeit ist – sondern eine logische Möglichkeit. – Ich beschreibe meinen gegenwärtigen Zustand durch die Anspielung auf Etwas, was nicht der Fall ist. Wenn diese Hinweisung zu der Beschreibung nötig ist (und nicht bloß eine Verzierung), so muß in meinem gegenwärtigen Zustand etwas liegen, was diese Erwähnung (Hinweisung) nötig macht. Ich vergleiche diesen Zustand mit einem anderen, also muß er mit ihm vergleichbar sein. Er muß auch im Schmerzraum liegen, wenn auch an einer andern Stelle. – Sonst würde mein Satz etwa heißen, mein gegenwärtiger Zustand hat mit einem schmerzhaften **nichts zu tun**; etwa, wie ich sagen würde, die Farbe dieser Rose hat mit der Eroberung Galliens durch Cäsar nichts zu tun. D.h. es ist kein Zusammenhang vorhanden. Aber ich meine gerade, daß zwischen meinem jetzigen Zustand und einem schmerzhaften ein Zusammenhang besteht." Ich **meine** nur, was ich sage.

In wiefern ist aber Schmerzlosigkeit ein **Zustand**. Was nenne ich einen „Zustand"?

2.160.8.1   2   Wenn ich sage, ich habe heute Nacht **nicht** geträumt, so muß ich doch wissen, wo nach dem Traum zu suchen wäre (d.h., der Satz „ich habe geträumt" darf, auf die Situation angewendet, nur falsch, aber nicht unsinnig sein).

2.161.1.1   Ich drücke die gegenwärtige Situation durch eine Stellung – die negative – der Signalscheibe „Träume – keine Träume" aus. Ich muß sie aber trotz ihrer negativen Stellung von andern Signalscheiben unterscheiden können. Ich muß wissen, daß ich d i e s e Signalscheibe in der Hand habe.

2.161.2.1   Man könnte nun fragen: Heißt das, daß Du doch etwas gespürt hast, sozusagen die Andeutung eines Traums, die Dir die Stelle zum Bewußtsein bringt, an der ein Traum gestanden wäre? Oder, wenn ich sage „ich habe keine Schmerzen im Arm", heißt das, daß ich eine Art schattenhaftes Gefühl habe, welches die Stelle andeutet, in die der Schmerz eintreten würde? Doch offenbar, nein.

2.161.3.1   In wiefern enthält der gegenwärtige, schmerzlose Zustand die Möglichkeit der Schmerzen?

2.161.5.1   Wenn einer sagt: „Damit das Wort Schmerzen Bedeutung habe, ist es notwendig, daß man Schmerzen als solche erkennt, wenn sie auftreten", so kann man antworten: „Es ist nicht notwendiger, als daß man das Fehlen von Schmerzen erkennt".

2.161.7.1		„Schmerzen" heißt sozusagen der ganze Maßstab und nicht einer seiner Teilstriche. Daß er auf einem bestimmten Teilstrich steht, ist durch einen Satz auszudrücken.
2.162.1.1	1	„Was wäre das für eine Frage: ‚Könnte denn Alles nicht der Fall sein, und nichts der-Fall-sein'? Könnte man sich einen Zustand einer Welt denken, in dem mit Wahrheit nur negative Sätze zu sagen wären? Ist das nicht offenbar alles Unsinn? Gibt es denn wesentlich negative und positive Zustände?" Nun, es kommt darauf an, was man ‚Zustände' nennt.
2.186.1.1	2	Ist absolute Stille zu verwechseln mit innerer Taubheit, ich meine der Unbekanntheit mit dem Begriff des Tones? Wenn das der Fall wäre, so könnte man den Mangel des Gehörssinnes nicht von dem Mangel eines andern Sinnes unterscheiden.
2.186.1.2		Ist das aber nicht genau dieselbe Frage wie: Ist der Mann, der jetzt nichts Rotes um sich sieht, in derselben Lage, wie der, der unfähig ist, rot zu sehen?
2.186.1.3		Man kann natürlich sagen: Der Eine kann sich rot doch vorstellen, aber das vorgestellte Rot ist ja nicht dasselbe, wie das gesehene.
		Nun, worin äußert sich denn die Fähigkeit, rot zu sehen und worin die Bekanntschaft mit dem Begriff des Tons?
2.188.3.1	3	Wenn ich nur etwas Schwarzes sehe und sage, es ist nicht rot, wie weiß ich, daß ich nicht Unsinn rede, d.h. daß es rot sein kann, daß es Rot gibt? Wenn nicht rot eben ein anderer Teilstrich auf dem Maßstab ist, auf dem auch schwarz einer ist. Was ist der Unterschied zwischen „das ist nicht rot" und „das ist nicht abracadabra"? Ich muß offenbar wissen, daß „schwarz", welches den tatsächlichen Zustand beschreibt (oder beschreiben hilft) das ist, an dessen Stelle in der Beschreibung „rot" steht.
2.189.8.1	4	Das Gefühl ist, als müßte ~p, um p zu verneinen, es erst in gewissem Sinne wahr machen. Man fragt „was ist nicht der Fall". Dieses muß dargestellt werden, kann aber doch nicht so dargestellt werden, daß p wirklich wahr gemacht wird.
2.190.3.1	5	„Das Grau muß bereits im Raum von dunkler und heller vorgestellt sein, wenn ich davon reden will, daß es dunkler oder heller werden kann.
2.190.4.1		Man könnte also vielleicht auch sagen: Der Maßstab muß schon angelegt sein, ich kann ihn nicht – willkürlich – anlegen, ich kann nur einen Teilstrich darauf hervorheben.
2.190.4.2		Das kommt auf Folgendes hinaus: Wenn es um mich her vollkommen still ist, so kann ich an diese Stille den Gehörsraum nicht willkürlich anbringen (aufbauen), oder nicht anbringen. D.h., es ist für mich entweder still im Gegensatz zu einem Laut, oder das Wort ‚still' hat keine Bedeutung für mich. D.h. ich kann nicht wählen zwischen innerem Gehör und innerer Taubheit.
2.190.4.3		Und ebenso kann ich, wenn ich grau sehe, nicht zwischen normalem innerem Sehen, partieller oder vollkommener Farbenblindheit wählen."

| 2.186.7.1 | 1 | „Kann ich mir Schmerzen in der Spitze meines Nagels denken, oder in meinen Haaren? Sind diese Schmerzen nicht ebenso, und ebenso wenig vorstellbar, wie die an irgend einer Stelle des Körpers, wo ich gerade keine Schmerzen habe und mich an keine erinnere?"

| | 2 | Sehen wir die Sache vom Standpunkt des gesunden Menschenverstandes an. Wir sind versucht zu sagen: „ich habe jetzt in der Hand keine Schmerzen" heißt nur etwas, wenn ich weiß wie es ist, wenn man Schmerzen in der Hand hat. Was heißt es, das zu wissen? Was ist unser Kriterium dafür, daß man es weiß? Nun, ich würde sagen: „ich habe schon öfters Schmerzen gehabt", „ich habe öfters Schmerzen an dieser Stelle gehabt", oder „ich habe zwar nicht an d i e s e r Stelle Schmerzen gehabt, aber an andern Stellen meines Körpers". Es könnte gefragt werden: worin besteht die Erinnerung an Deine vergangenen Schmerzen? fühlst Du sie in einer Art schattenhafter Weise wieder? Aber sei diese Erfahrung (des Sich-Erinnerns) wie immer, sie ist eine bestimmte Erfahrung und ich nenne sie die Erinnerung „an Schmerzen, die ich gehabt habe" und dies zeigt eben, wie ich das Wort „Schmerzen" und den Ausdruck der Vergangenheit gebrauche.

106

| 2.282.6.1 | 3 | Die Verneinung enthält eine Art Allgemeinheit durch das Gebiet von Möglichkeiten, die sie offen läßt.
| 2.282.7.1 | | Aber freilich muß auch die Bejahung sie enthalten und nur einen andern Gebrauch von ihr machen.

| 2.320.10.1 | 4 | ~p schließt p aus; was es dann z u l ä ß t, hängt von der Natur, d.h. der Grammatik, des p ab.
| 2.266.2.1 | | /„~p" schließt einfach p aus. Was dann s t a t t p der Fall sein kann, folgt aus dem Wesen des Ausgeschlossenen./

30

„WIE KANN DAS WORT ‚NICHT' VERNEINEN?"
DAS WORT „NICHT" ERSCHEINT UNS WIE EIN ANSTOSS ZU EINER KOMPLIZIERTEN TÄTIGKEIT DES VERNEINENS.

3.240.11.1   1   „Wie kann das Wort ‚nicht' verneinen?" Ja, haben wir denn abgesehen von der Verneinung/außer der Verneinung/ durch ein Zeichen, noch einen Begriff von der Verneinung?

3.240.11.2   Doch es fällt uns dabei etwas ein, wie: Hindernis, abwehrende Geste, Ausschluß. Aber das alles (ist) doch immer in einem Zeichen verkörpert.

2.310.4.1   2   Was ist der Unterschied zwischen: Wünschen, daß etwas geschieht und Wünschen, daß dasselbe nicht geschieht?

2.310.4.2   Wollte man es bildlich darstellen, man würde mit dem Bild der Handlung etwas vornehmen: es durchstreichen, in bestimmter Weise einrahmen, und dergleichen. Aber das erscheint uns als eine rohe Methode des Ausdrucks; aber ich glaube, daß jede wesentlich ebenso sein muß; in der Wortsprache setze ich das Zeichen „nicht" in den Satz. Wie gesagt, das scheint ein ungeschickter Behelf und man meint etwa, im Denken geschieht es schon anders. Ich glaube aber, im Denken, Erwarten, Wünschen, geschieht es ganz ebenso. Sonst würde ja auch die Diskrepanz zwischen dem Denken und dem Sprechen – in dem wir ja doch denken – unerträglich sein.

2.310.5.1   3   Noch einmal: der Ausdruck der Verneinung, den wir gebrauchen, wenn wir uns irgendeiner Sprache/Schrift/ bedienen, erscheint uns primitiv; als gäbe es einen richtigeren, der mir nur in den rohen Verhältnissen dieser Sprache nicht zur Verfügung steht.

2.311.3.1   4   Dieses Primitive der Ausdrucksform, das uns bei der Verneinung aufgefallen ist, haben wir schon früher begegnet; wenn man nämlich etwa einem Menschen begreiflich machen will, daß er einen gewissen Weg gehen soll, so kann man ihm den Weg aufzeichnen, und hierin mit beliebig weitgehender Genauigkeit verfahren. Die Andeutung jedoch, die ihm verständlich machen soll, daß er den Weg gehen soll, ist wieder von der primitiven Art, die man gerne verbessern möchte.

3.50.1.1   5   „Was hilft es, daß als Negationszeichen nur ein Haken vor dem Satz p steht, ich muß ja doch die ganze Negation denken."

3.50.5.1   6   „Das Zeichen ‚~' deutet an, Du sollst das, was folgt, negativ auffassen."

3.50.5.2   Es deutet an, heißt aber, daß das nicht der letzte sprachliche Ausdruck ist. Daß das nicht das Bild des Gedankens ist. Daß mehr in der Negation ist als das.

3.52.5.1	1	Ich möchte sagen, die Verneinung ist nur eine Veranlassung um etwas viel Komplexeres zu tun; aber was? Läßt sich die Frage nicht beantworten (und das eine Symbol der Negation durch ein anderes zu ersetzen, ist keine Antwort), so ist sie unsinnig, und dann ist es auch jener erste Satz.
3.52.6.1		Es ist, als veranlaßte uns das Zeichen der Negation zu etwas; aber was, das wird scheinbar nicht gesagt. Es ist, als brauchte es nur angedeutet werden; als wüßten wir es schon. ?Als wäre eine Erklärung jetzt unnötig, da wir die Sache ohnehin schon kennen.?
3.53.2.1	2	Gäbe es eine explizitere Ausdrucksweise der Negation, so müßte sie sich doch in die andere abbilden lassen und könnte darum nicht von anderer Multiplizität sein.
3.54.5.1	3	Nun wäre aber die Frage: wie zeigt sich das uns bekannte Spezifische der Negation in den Regeln, die vom Negationszeichen gelten /handeln/. Daß z.B. ein gezeichneter Plan eines Weges ein Bild des Weges ist, verstehen wir ohne weiteres; wo sich der gezeichnete Strich nach links biegt, biegt sich auch der Weg nach links, etc. etc.. Daß aber das Zeichen „nicht" den Plan ausschließt, sehen wir nicht. Eher noch, wenn wir etwas ausgeschlossenes mit einem Strich umfahren, gleichsam abzäunen. Aber so könnte man ja das „~" als eine Tafel auffassen „Verbotener Weg".
		Denken wir aber daran, wie jemandem wirklich die Bedeutung so einer Tafel gelehrt würde. Man würde ihn etwa zurückhalten, den Weg zu gehen.
3.226.2.1	4	„Ich sage doch diese Worte nicht bloß, sondern ich meine auch etwas mit ihnen". Wenn ich z.B. sage „Du darfst nicht hereinkommen", so ist es der natürliche Akt, zur Begleitung dieser Worte, mich vor die Tür zu stellen und sie zuzuhalten. Aber es wäre nicht so offenbar naturgemäß, wenn ich sie ihm bei diesen Worten öffnen würde. Diese Worte haben, wie sie hier verstanden werden, offenbar etwas mit jenem Akt zu tun.
3.226.2.2		Der Akt ist sozusagen eine Illustration zu ihnen – müßte als Sprache aufgefaßt werden können. Andrerseits ist er aber auch der Akt, den ich abgesehen von jedem Symbolismus aus meiner Natur tun will./tue./
3.55.1.1	5	Wie ist es aber mit diesem Gedanken: Wenn „~p" ein Bild sein soll, wäre, was es bedeutet, nicht am besten dadurch darzustellen, daß das im Zeichen nicht der Fall ist, was darstellen würde, daß p der Fall ist. Es ist aber klar, daß so ein Symbolismus nicht funktioniert.
3.55.3.1		Es ist dafür keine Erklärung, zu sagen (was ich einmal sagte), ein solcher negativer Symbolismus ginge schon, er sei nur darum nicht zu gebrauchen, weil man aus ihm nicht erfahren könne, was verneint sei. Dann ist er eben kein Symbolismus der Negation, wenn er uns nicht das Nötige mitteilt. Und dann fehlt es ihm am Wesentlichen.
3.55.3.2		Es hat ja seinen Grund, warum in gewissen Fällen der negative Symbolismus funktioniert und z.B. keine Antwort auch eine Antwort ist. In diesen Fällen ist eben der Sinn des Schweigens eindeutig bestimmt.
3.55.6.1	6	Es wird eine andere Art Porträt entworfen, durch ein Bild, was zeigen soll, wie es sich nicht verhält, als durch eines, was zeigt wie es sich verhält.

3.56.1.1	1	Die Farbangabe, daß etwas nicht rot ist, ist von anderer Art als die, daß etwas rot (oder blau) ist. D.h. sie ist nicht in dem gleichen Sinn eine Farbangabe.
3.56.2.1	2	Dagegen **kann** die Negation eines Satzes eine Angabe gleicher Art sein, wie der negierte Satz.
3.56.10.1	3	„Ich brauche im negativen Satz das intakte Bild des positiven Satzes."
3.56.5.1	4	„Ich kann ein Bild davon zeichnen, wie Zwei miteinander fechten; aber doch nicht davon, wie Zwei miteinander nicht fechten (d.h. nicht ein Bild, das bloß dies darstellt).
3.56.7.1		‚Sie fechten nicht miteinander' heißt nicht, daß davon nicht die Rede ist, sondern, es i s t eben davon die Rede und wird (nur)? ausgeschlossen."
	5	Die Idee der Negation ist nur in einer Zeichenerklärung verkörpert und soweit wir eine solche Idee besitzen, besitzen wir sie nur in der Form so einer Erklärung. Denn wenn man fragen kann „w a s meinst Du damit /mit diesem Zeichen/", so ist die Antwort nur eine Zeichenerklärung (irgendeiner Art).
		Den Begriff der Negation/Verneinung/ besitzen wir nur in einem Symbolismus. Und darum kann man nicht sagen: „auf die und die Art kann man die Negation nicht darstellen, weil diese Art nicht eindeutig wäre" – als handelte es sich um die Beschreibung eines Gegenstandes, die nicht eindeutig gegeben worden wäre. Wenn der Symbolismus nicht erkennen läßt, was verneint wurde, so verneint er nicht; wie ein Schachbrett ohne Felder kein schlechtes, d.h. unpraktisches Schachbrett ist, sondern keins. Und wenn ich glaubte, auf/mit/ einem Brett ohne Felder Schach spielen zu können, so habe ich das Spiel einfach mißverstanden und werde etwa jetzt darauf/auf das Mißverständnis/ aufmerksam gemacht.
		Ein Symbolismus, der die Negation „nicht darstellen kann", ist kein Symbolismus der Negation.
	6	Ich glaube, ein Teil der Schwierigkeit rührt vom Gebrauch der Wörter „ja" und „nein" her (auch „wahr" und „falsch"). Diese beiden lassen es so erscheinen, als wäre ein Satz und sein Gegenteil im Verhältnis zweier Pole zueinander oder zweier entgegengesetzter Richtungen. Während schon, daß ~~p = p ist, eine doppelte Bejahung aber keine Verneinung ist, zeigen kann, daß dieses Bild falsch ist.

111

5.164.1.1 1 Wenn gefragt würde: ist die Negation/Verneinung/ in der Mathematik, etwa in ~(2 + 2 = 5), die gleiche, wie die nicht-mathematischer Sätze? so müßte erst bestimmt werden, was als Charakteristikum der/dieser/ Verneinung als solcher aufzufassen ist. Die Bedeutung eines Zeichens liegt ja in den Regeln, nach denen es verwendet wird/in den Regeln, die seinen Gebrauch vorschreiben/. Welche dieser Regeln machen das Zeichen „~" zur Verneinung? Denn es ist klar, daß gewisse Regeln, die sich auf „~" beziehen, für beide Fälle die gleichen sind; z.B. ~~p = p. Man könnte ja auch fragen: ist die Verneinung eines Satzes „ich sehe einen roten Fleck" die gleiche, wie die von „die Erde bewegt sich in einer Ellipse um die Sonne"; und die Antwort müßte auch sein: Wie hast Du „Verneinung" definiert, durch welche Klasse von Regeln? – daraus wird sich ergeben, ob wir in beiden Fällen „die gleiche Verneinung" haben. Wenn die Logik allgemein von der Verneinung redet, oder einen Kalkül mit ihr treibt, so ist die Bedeutung des Verneinungszeichens nicht weiter festgelegt, als die Regeln seines Kalküls. Wir dürfen hier nicht vergessen, daß ein Wort seine Bedeutung nicht als etwas, ihm ein für allemal verliehenes, mit sich herumträgt, so daß wir sicher sind, wenn wir nach dieser Flasche greifen, auch die bestimmte Flüssigkeit, etwa Spiritus, zu erwischen./.... auch die bestimmte Flüssigkeit, z.B. Spiritus, in der Hand zu halten./

31

IST DIE ZEIT DEN SÄTZEN WESENTLICH?
VERGLEICH VON: ZEIT UND WAHRHEITSFUNKTIONEN.

3.65.4.1   1   Die Grammatik, wenn sie in der Form eines Buches uns vorläge,
3.65.4.2   bestünde nicht aus einer Reihe bloß nebengeordneter Artikel, sondern
               würde eine andere Struktur zeigen. Und in dieser müßte man – wenn
               ich Recht habe – auch den Unterschied zwischen Phänomenologischem
               und Nicht-Phänomenologischem sehen. Es wäre da etwa ein Kapitel
               von den Farben, worin der Gebrauch der Farbwörter geregelt wäre;
               aber dem vergleichbar wäre nicht, was über die Wörter „nicht", „oder",
               etc. (die „logischen Konstanten") in der Grammatik gesagt würde.
3.65.4.3   Es würde z.B. aus den Regeln hervorgehen, daß diese letzteren
               Wörter in? jedem Satz anzuwenden seien (nicht aber die Farbwörter).
               Und dieses „jedem" hätte nicht den Charakter einer erfahrungsmäßigen
               Allgemeinheit; sondern der inappellablen Allgemeinheit einer obersten
               Spielregel. Es scheint mir ähnlich, wie das Schachspiel wohl ohne
               gewisse Figuren zu spielen (oder doch fortzusetzen) ist, aber nie ohne
               das Schachbrett.

3.72.2.1   2   Wie offenbart sich die Zeitlichkeit der Tatsachen, wie drückt sie sich
               aus, als dadurch, daß gewisse Ausdrücke/Wendungen/ in unsern Sätzen
               vorkommen müssen. D.h.: Wie drückt sich die Zeitlichkeit der
               Tatsachen aus, als grammatisch?

3.69.1.1   3   Negation und Disjunktion, möchten wir sagen, hat mit dem Wesen des
               Satzes zu tun, die Zeit aber nicht, sondern mit seinem Inhalt.
3.69.1.2   Wie aber kann es sich in der Grammatik zeigen, daß Etwas mit
               dem Wesen des Satzes zusammenhängt und etwas anderes nicht, wenn
               sie beide gleich allgemein sind?
3.69.1.3   Oder sollte ich sagen, die geringere Allgemeinheit wäre auf seiten
               der Zeit, da die mathematischen Sätze negiert und disjungiert werden
               können, aber nicht zeitlich sind? Ein Zusammenhang ist wohl da, wenn
               auch diese Form, die Sache darzustellen, irreführend ist.

3.69.4.1   4   Wie unterscheidet die Grammatik zwischen Satzform und Inhalt? Denn
               dies soll ja ein grammatikalischer Unterschied sein. Wie sollte man ihn
               beschreiben können, wenn ihn die Grammatik nicht zeigt?

3.69.5.1   5   Was hat es mit dem Schema „Es verhält sich so und so" für eine
               Bewandtnis? Man könnte sagen, das „Es verhält sich" ist die Handhabe
               für den Angriff der Wahrheitsfunktionen.
3.69.8.1   „Es verhält sich" ist also nur ein Ausdruck aus einer Notation der
               Wahrheitsfunktionen. Ein Ausdruck, der uns zeigt, welcher Teil der
               Grammatik hier in Funktion tritt.

3.70.3.1	1	?Jene zweifache Art der Allgemeinheit wäre so seltsam?, wie wenn von
3.70.4.1		zwei Regeln eines Spiels, die beide gleich ausnahmslos gelten, die eine als die fundamentalere angesprochen würde. Als könnte man also fragen /darüber reden/, ob der König oder das Schachbrett für das Schachspiel essentieller wäre. Welches von beiden das Wesentlichere, welches das Zufälligere wäre.

3.71.5.1 2 Zum mindesten scheint eine Frage berechtigt: Wenn ich die Grammatik aufgeschrieben hätte und die verschiedenen Kapitel, über die Farbwörter, etc. etc. der Reihe nach dastünden, wie wüßte ich dann, daß die Regeln über alle die Figuren des Schachspiels, wie wüßte ich dann, daß dies nun alle Kapitel sind? Und wenn sich nun in allen vorhandenen Kapiteln eine gemeinsame Eigentümlichkeit findet, so haben wir es hier scheinbar mit einer logischen Allgemeinheit, aber keiner wesentlichen, d.h. voraussehbaren Allgemeinheit, zu tun. Man kann aber doch nicht sagen, daß die Tatsache, daß das Schachspiel mit 16 Figuren gespielt wird, ihm weniger wesentlich ist, als, daß es auf dem Schachbrett gespielt wird.

3.72.4.1 3 Da Zeit und Wahrheitsfunktionen so verschieden schmecken und da sie ihr Wesen allein und ganz in der Grammatik offenbaren, so muß die Grammatik den verschiedenen Geschmack erklären.

3.72.5.1   Das eine schmeckt nach Inhalt, das andere nach Darstellungsform.
3.72.6.1   Sie schmecken so verschieden, wie der Plan und der Strich durch den Plan.

3.69.2.1 4 Es kommt mir so vor, als wäre die Gegenwart, wie sie in dem Satz „der Himmel ist blau" steht (wenn dieser Satz nicht-hypothetisch gemeint ist), keine Form der Zeit. Als ob also die Gegenwart in diesem Sinne unzeitlich wäre.

3.71.2.1 5 Es ist merkwürdig, daß die Zeit, von der ich hier rede, nicht die im physikalischen Sinne ist. Es handelt sich hier nicht um eine Zeitmessung. Und es ist verdächtig, daß etwas, was mit einer solchen Messung nichts zu tun hat, in den Sätzen eine ähnliche Rolle spielen soll, wie die physikalische Zeit in den Hypothesen der Physik.

          6 Diskutiere:
3.70.6.1   Der Unterschied zwischen der Logik des Inhalts und der Logik der Satzform überhaupt. Das eine erscheint gleichsam bunt, das andere matt. Das eine scheint von dem zu handeln, was das Bild darstellt, das andere wie der Rahmen des Bildes ein Charakteristikum der Bildform zu sein.

2.160.2.1 7 Daß alle Sätze die Zeit in irgend einer Weise enthalten, scheint uns zufällig, im Vergleich damit, daß auf alle Sätze die Wahrheitsfunktionen anwendbar sind.

2.160.2.2   Das scheint mit ihrem Wesen als Sätzen zusammenzuhängen, das andere mit dem Wesen der vorgefundenen Realität.

32

WESEN DER HYPOTHESE.

2.177.4.1	1	Eine Hypothese könnte man offenbar durch Bilder erklären. Ich meine, man könnte z.B. die Hypothese „hier liegt ein Buch" durch Bilder erklären, die das Buch im Grundriss, Aufriss und verschiedenen Schnitten zeigen.
2.177.5.1	2	Eine solche Darstellung gibt ein Gesetz. Wie die Gleichung einer Kurve ein Gesetz gibt, nach der die Ordinatenabschnitte aufzufinden sind, wenn man in verschiedenen Abszissen schneidet.
2.177.5.2		Die fallweisen Verifikationen entsprechen dann solchen wirklich ausgeführten Schnitten.
2.177.6.1		Wenn unsere Erfahrungen die Punkte auf einer Geraden ergeben, so ist der Satz, daß diese Erfahrungen die verschiedenen Ansichten einer Geraden sind, eine Hypothese.
2.177.7.1		Die Hypothese ist eine Art der Darstellung dieser Realität, denn eine neue Erfahrung kann mit ihr übereinstimmen oder nicht-übereinstimmen, bezw. eine Änderung der Hypothese nötig machen.
2.178.5.1	3	Drücken wir z.B. den Satz, daß eine Kugel sich in einer bestimmten Entfernung von unseren Augen befindet, mit Hilfe eines Koordinatensystems und der Kugelgleichung aus, so hat diese Beschreibung eine größere Mannigfaltigkeit, als die einer Verifikation durch das Auge. Jene Mannigfaltigkeit entspricht nicht einer Verifikation, sondern einem Gesetz, welchem Verifikationen gehorchen.
2.193.4.1	4	Eine Hypothese ist ein Gesetz zur Bildung von Sätzen.
2.193.4.2		Man könnte auch sagen: Eine Hypothese ist ein Gesetz zur Bildung von Erwartungen.
2.193.5.1		Ein Satz ist sozusagen ein Schnitt durch eine Hypothese in einem bestimmten Ort.
2.195.11.1	5	Nach meinem Prinzip müssen die beiden Annahmen ihrem Sinne nach identisch sein, wenn alle mögliche Erfahrung, die die eine bestätigt, auch die andere bestätigt. Wenn also keine Entscheidung zwischen beiden durch die Erfahrung denkbar ist.
5.181.2.1	6	Darstellung einer Linie als Gerade mit Abweichungen. Die Gleichung der Linie enthält einen Parameter, dessen Verlauf die Abweichungen von der Geraden ausdrückt. Es ist nicht wesentlich, daß diese Abweichungen „gering" seien. Sie können so groß sein, daß die Linie einer Geraden nicht ähnlich sieht. Die „Gerade mit Abweichungen" ist nur eine Form der Beschreibung. Sie erleichtert es mir, einen bestimmten Teil der Beschreibung auszuschalten, zu vernachlässigen, wenn ich will. (Die Form „Regel mit Ausnahmen".)

3.178.4.1	1	Was heißt es, sicher zu sein, daß man Zahnschmerzen haben wird. (Kann man nicht sicher sein, dann erlaubt es die Grammatik nicht, das Wort „sicher" in dieser Verbindung zu gebrauchen.) Grammatik des Wortes „sicher sein".
3.178.6.1	2	Man sagt: „Wenn ich sage, daß ich einen Sessel dort sehe, so sage ich mehr, als ich sicher weiß". Und nun heißt es meistens: „Aber eines weiß ich doch sicher". Wenn man aber nun sagen will, was das ist, so kommt man in eine gewisse Verlegenheit.
3.178.7.1		„Ich sehe etwas Braunes, – das ist sicher"; damit will man eigentlich sagen, daß die braune Farbe gesehen, und nicht vielleicht auch nur/bloß/ vermutet ist (wie etwa in dem Fall, wo ich es/sie/ aus gewissen anderen Anzeichen vermute)./.... und nicht vielleicht auch bloß aus anderen Anzeichen vermutet ist./ Und man sagt ja auch einfach: „Etwas Braunes sehe ich".
3.178.8.1	3	Wenn mir gesagt wird: „Sieh in dieses Fernrohr und zeichne mir auf, was Du siehst", so ist, was ich zeichne, der Ausdruck eines Satzes, nicht einer Hypothese.
3.179.2.1	4	Wenn ich sage „hier steht ein Sessel", so ist damit – wie man sagt – „mehr" gemeint, als die Beschreibung dessen, was ich wahrnehme. Und das kann nur heißen, daß dieser Satz nicht wahr sein muß, auch wenn die Beschreibung des Gesehenen stimmt. Unter welchen Umständen werde ich nun sagen, daß jener Satz nicht wahr war? Offenbar: wenn gewisse andere Sätze nicht wahr sind, die in dem ersten mit beinhaltet waren. Aber es ist nicht so, als ob nun der erste ein logisches Produkt gewesen wäre.
3.67.1.1	5	Das beste Gleichnis für jede Hypothese, und selbst ein Beispiel, ist ein Körper mit seinen nach einer bestimmten Regel konstruierten Ansichten aus den verschiedenen Punkten des Raumes.
5.58.4.1	6	Der Vorgang einer Erkenntnis in einer wissenschaftlichen Untersuchung (in der Experimentalphysik etwa) ist freilich nicht der einer Erkenntnis im Leben außerhalb dem Laboratorium/des Laboratoriums/; aber er ist ein ähnlicher und kann, neben den andern gestellt/gehalten/, diesen beleuchten.
2.281.4.1	7	Es ist ein wesentlicher Unterschied zwischen Sätzen wie „das ist ein Löwe", „die Sonne ist größer als die Erde", die alle ein „dieses", „jetzt", „hier" enthalten und also an die Realität unmittelbar anknüpfen, und Sätzen wie „Menschen haben zwei Hände" etc. Denn, wenn zufällig keine Menschen in meiner Umgebung wären, wie wollte ich diesen Satz kontrollieren?
3.13.2.1	8	Es werden immer Fassetten der Hypothese verifiziert.
3.13.4.1	9	Ist es nun nicht etwa so, daß das, was die Hypothese erklärt, selbst nur wieder durch eine Hypothese ausdrückbar ist. Das heißt natürlich: gibt es überhaupt primäre Sätze; die also endgültig verifizierbar sind, und nicht die Fassetten einer Hypothese sind? (Das ist etwa, als würde man fragen „gibt es Flächen, die nicht Oberflächen von Körpern sind?")

3.13.6.1	1	Es kann jedenfalls kein Unterschied sein zwischen einer Hypothese, als Ausdruck einer unmittelbaren Erfahrung gebraucht, und einem Satz im engeren Sinne.
3.14.2.1	2	Es ist ein Unterschied zwischen einem Satz wie „hier liegt eine Kugel vor mir" und „es schaut so aus, als läge eine Kugel vor mir". – Das zeigt sich auch so: man kann sagen „es scheint eine Kugel vor mir zu liegen", aber es ist sinnlos zu sagen: „es schaut so aus, als schiene eine Kugel hier zu liegen". Wie man auch sagen kann „hier liegt wahrscheinlich eine Kugel", aber nicht „wahrscheinlich scheint hier eine Kugel zu liegen". Man würde in so einem Falle sagen: „ob es scheint, mußt Du doch wissen".
3.16.2.1	3	In dem, was den Satz mit der gegebenen Tatsache verbindet, ist nichts Hypothetisches.
3.16.3.1	4	Es ist doch klar, daß eine Hypothese von der Wirklichkeit – ich meine von der unmittelbaren Erfahrung – einmal mit ja, einmal mit nein beantwortet wird; (wobei freilich das „ja" und „nein" hier nur Bestätigung und Fehlen der Bestätigung ausdrückt) und daß man dieser Bejahung und Verneinung Ausdruck verleihen kann.
3.16.4.1	5	Die Hypothese wird, mit der Fassette an die Realität angelegt, zum Satz.
3.19.6.1 3.19.6.2	6	Ob der Körper, den ich sehe, eine Kugel ist, kann zweifelhaft sein, aber, daß er von hier etwa eine Kugel zu sein scheint, kann nicht zweifelhaft sein. – Der Mechanismus der Hypothese würde nicht funktionieren, wenn der Schein noch zweifelhaft wäre; wenn also auch nicht eine Fassette der Hypothese unzweifelhaft verifiziert würde. Wenn es hier Zweifel gäbe, was könnte den Zweifel heben? Wenn auch diese Verbindung locker wäre, so gäbe es auch nicht Bestätigung einer Hypothese, die Hypothese hinge dann gänzlich in der Luft und wäre zwecklos (und damit sinnlos).
4.219.6.1	7	Wenn ich sagte „ich sah einen Sessel"; so widerspricht dem (in einem Sinne) nicht der Satz „es war keiner da". Denn den ersten Satz würde ich auch in der Beschreibung eines Traums verwenden und niemand würde mir dann mit den Worten des zweiten widersprechen. Aber die Beschreibung des Traums mit jenen Worten wirft ein Licht auf den Sinn der Worte „ich sah".
4.219.6.2		In dem Satz „es war ja keiner da" kann das „da" übrigens verschiedene Bedeutung haben.
5.181.1.1	8	Ich stimme mit den Anschauungen neuerer Physiker überein, wenn sie sagen, daß die Zeichen in ihren Gleichungen keine „Bedeutungen" mehr haben, und daß die Physik zu keinen solchen Bedeutungen gelangen könne, sondern bei den Zeichen stehen bleiben müsse: sie sehen nämlich nicht, daß diese Zeichen insofern Bedeutung haben – und nur insofern – als ihnen, auf welchen Umwegen immer, das beobachtete Phänomen entspricht, oder nicht entspricht.

3.235.4.1   1   Denken wir uns, daß das Schachspiel nicht als Brettspiel erfunden worden wäre, sondern als Spiel, das mit Ziffern und Buchstaben auf Papier zu spielen ist und so, daß sich niemand dabei ein Quadrat mit 64 Feldern etc. vorgestellt hätte. Nun aber hätte jemand die Entdeckung gemacht, daß dieses Spiel ganz einem entspricht, das man auf einem Brett in der und der Weise spielen könnte. Diese Erfindung wäre eine große Erleichterung des Spiels gewesen (Leute, denen es früher zu schwer gewesen wäre, könnten es nun spielen). Aber es ist klar, daß diese neue Illustration der Spielregeln nur ein neuer, leichter übersehbarer, Symbolismus wäre, der übrigens mit dem Geschriebenen auf gleicher Stufe stünde. Vergleiche nun damit das Gerede darüber, daß die Physik heute nicht mehr mit mechanischen Modellen, sondern „nur mit Symbolen" arbeitet.

33

WAHRSCHEINLICHKEIT.

2.193.6.1	1	Die Wahrscheinlichkeit einer Hypothese hat ihr Maß darin, wieviel Evidenz nötig ist, um es vorteilhaft zu machen, sie umzustoßen.
2.193.7.1		Nur in diesem Sinne kann man sagen, daß wiederholte gleichförmige Erfahrung in der Vergangenheit das Andauern dieser Gleichförmigkeit in der Zukunft wahrscheinlich macht.
2.193.8.1		Wenn ich nun in diesem Sinne sage: Ich nehme an, daß morgen die Sonne wieder aufgehen wird, weil das Gegenteil zu unwahrscheinlich ist, so meine ich hier mit „wahrscheinlich" oder „unwahrscheinlich" etwas ganz Anderes, als mit diesen Worten im Satz „es ist gleich wahrscheinlich, daß ich Kopf oder Adler werfe" gemeint ist. Die beiden Bedeutungen des Wortes „wahrscheinlich" stehen zwar in einem gewissen Zusammenhang, aber sie sind nicht identisch.
2.176.9.1	2	Man gibt die Hypothese nur um einen immer höheren Preis auf.
2.176.10.1	3	Die Induktion ist ein Vorgang nach einem ökonomischen Prinzip.
2.177.3.1	4	Die Frage der Einfachheit der Darstellung durch eine bestimmte angenommene Hypothese hängt, glaube ich, unmittelbar mit der Frage der Wahrscheinlichkeit zusammen.
2.230.2.1 2.230.2.2	5	Man kann einen Teil einer Hypothese vergleichen mit der Bewegung eines Teils eines Getriebes, einer Bewegung, die man festlegen kann, ohne dadurch die bezweckte Bewegung zu präjudizieren. Wohl aber hat man dann das übrige Getriebe auf eine bestimmte Art einzurichten, daß es die gewünschte Bewegung hervorbringt. Ich denke an ein Differentialgetriebe. – Habe ich die Entscheidung getroffen, daß von einem gewissen Teil meiner Hypothese nicht abgewichen werden soll, was immer die zu beschreibende Erfahrung sei, so habe ich eine Darstellungsweise festgelegt und jener Teil der Hypothese ist nun ein Postulat. Ein Postulat muß von solcher Art sein, daß keine denkbare Erfahrung es widerlegen kann, wenn es auch äußerst unbequem sein mag, an dem Postulat festzuhalten. In dem Maße, wie man hier von einer größeren oder geringeren Bequemlichkeit reden kann, gibt es eine größere oder geringere Wahrscheinlichkeit des Postulats.

2.231.1.1	1	Von einem Maß dieser Wahrscheinlichkeit zu reden, ist nun vor der Hand sinnlos. Es verhält sich hier ähnlich, wie im Falle, etwa, zweier Zahlenarten, wo wir mit einem gewissen Recht sagen können, die eine sei der andern ähnlicher (stehe ihr näher) als einer dritten, ein zahlenmäßiges Maß der Ähnlichkeit aber nicht existiert. Man könnte sich natürlich auch in solchen Fällen ein Maß konstruiert denken, indem man etwa die Postulate oder Axiome zählt, die beide Systeme gemein haben, etc. etc..
2.231.2.1 2.231.2.2	2	Ich gebe jemandem die Information und nur diese: Du wirst um die und die Zeit auf der Strecke AB einen Lichtpunkt erscheinen sehen. Hat nun die Frage einen Sinn A⊢———————C⊣B „ist es wahrscheinlicher, daß dieser Punkt im Intervall AC erscheint als in CB"? Ich glaube, offenbar nein. – Ich kann freilich bestimmen, daß die Wahrscheinlichkeit, daß das Ereignis in CB eintritt, sich zu der, daß es in AC eintritt, verhalten soll, wie $\frac{CB}{AC}$, aber das ist eine Bestimmung, zu der ich empirische Gründe haben kann, aber a priori ist darüber nichts zu sagen. Die beobachtete Verteilung von Ereignissen kann mich zu dieser Annahme führen. Die Wahrscheinlichkeit, wo unendlich viele Möglichkeiten in Betracht kommen, muß natürlich als Limes betrachtet werden. Teile ich nämlich die Strecke AB in beliebig viele, beliebig ungleiche Teile und betrachte die Wahrscheinlichkeiten, daß das Ereignis in irgend einem dieser Teile stattfindet, als untereinander gleich, so haben wir sofort den einfachen Fall des Würfels vor uns. Und nun kann ich ein Gesetz – willkürlich – aufstellen, wonach Teile gleicher Wahrscheinlichkeit gebildet werden sollen. Z.B., das Gesetz, daß gleiche Länge der Teile gleiche Wahrscheinlichkeit bedingt. Aber auch jedes andere Gesetz ist gleichermaßen erlaubt.
2.231.2.3		Könnte ich nicht auch im Fall des Würfels etwa 5 Flächen zusammennehmen als eine Möglichkeit und sie der sechsten als der zweiten Möglichkeit gegenüberstellen? Und was, außer der Erfahrung, kann mich hindern, diese beiden Möglichkeiten als gleich wahrscheinlich zu betrachten?
2.232.1.1		Denken wir uns etwa einen roten Ball geworfen, der nur eine ganz kleine grüne Kalotte hat. Ist es in diesem Fall nicht viel wahrscheinlicher, daß er auf dem roten Teil auffällt, als auf dem grünen? – Wie würde man aber diesen Satz begründen? Wohl dadurch, daß der Ball, wenn man ihn wirft, viel öfter auf die rote, als auf die grüne Fläche auffällt. Aber das hat nichts mit der Logik zu tun. – Man könnte die rote und grüne Fläche und die Ereignisse, die auf ihnen stattfinden, immer auf solche Art auf eine Fläche projizieren, daß die Projektion der grünen Fläche gleich oder größer wäre als die der roten; so, daß die Ereignisse, in dieser Projektion betrachtet, ein ganz anderes Wahrscheinlichkeitsverhältnis zu haben scheinen, als auf der ursprünglichen Fläche. Wenn ich z.B. die Ereignisse in einem geeigneten gekrümmten Spiegel sich abbilden lasse und mir nun denke, was ich für das wahrscheinlichere Ereignis gehalten hätte, wenn ich nur das Bild im Spiegel sehe.
2.232.2.1		Dasjenige, was der Spiegel nicht verändern kann, ist die Anzahl bestimmt umrissener Möglichkeiten. Wenn ich also auf meinem Ball n Farbenflecke habe, so zeigt der Spiegel auch n, und habe ich bestimmt, daß diese als gleich wahrscheinlich gelten sollen, so kann ich diese Bestimmung auch für das Spiegelbild aufrecht erhalten.

2.232.3.1		Um mich noch deutlicher zu machen: Wenn ich das Experiment im Hohlspiegel ausführe, d.h. die Beobachtungen im Hohlspiegel mache, so wird es vielleicht scheinen, als fiele der Ball öfter auf die kleine Fläche, als auf die viel größere und es ist klar, daß keinem der Experimente – im Hohlspiegel und außerhalb – ein Vorzug gebührt.

2.157.3.1 1 Wir können unser altes Prinzip auf die Sätze, die eine Wahrscheinlichkeit ausdrücken, anwenden und sagen, daß wir ihren Sinn erkennen werden, wenn wir bedenken, was sie verifiziert.

2.157.4.1   Wenn ich sage „das wird wahrscheinlich eintreffen", wird dieser Satz durch das Eintreffen verifiziert, oder durch das Nichteintreffen falsifiziert? Ich glaube, offenbar nein. Dann sagt er auch nichts darüber aus. Denn, wenn ein Streit darüber entstünde, ob es wahrscheinlich ist oder nicht, so würden immer nur Argumente aus der Vergangenheit herangezogen werden. Und auch dann nur, wenn es bereits bekannt wäre, was eingetroffen ist.

2.199.6.1 2 Die Kausalität beruht auf einer beobachteten Gleichförmigkeit. Nun ist zwar nicht gesagt, daß eine bisher beobachtete Gleichförmigkeit immer so weiter gehen wird, aber, daß die Ereignisse bisher gleichförmig waren, muß feststehen; das kann nicht wieder das unsichere Resultat einer empirischen Reihe sein, die selbst auch wieder nicht gegeben ist, sondern von einer ebenso unsicheren abhängt, u.s.f. ad inf.

5.3.2.1 3 Wenn Leute sagen, der Satz „es ist wahrscheinlich, daß p eintreffen wird" sage etwas über das Ereignis p, so vergessen sie, daß es auch wahrscheinlich bleibt, wenn das Ereignis p nicht eintrifft.

5.3.3.1 4 Wir sagen mit dem Satz „p wird wahrscheinlich eintreffen" zwar etwas über die Zukunft, aber nicht etwas „über das Ereignis p", wie die grammatische Form der Aussage uns glauben macht.

5.3.4.1 5 Wenn ich nach dem Grund einer Behauptung frage, so ist die Antwort auf diese Frage nicht für den Gefragten und eben diese Handlung (die Behauptung), sondern allgemein gültig.

5.3.5.1 6 Wenn ich sage: „das Wetter deutet auf Regen", sage ich etwas über das zukünftige Wetter? Nein, sondern über das gegenwärtige, mit Hilfe eines Gesetzes, welches das Wetter zu einer Zeit mit dem Wetter zu einer späteren/in einer früheren/ Zeit in Verbindung bringt. Dieses Gesetz muß bereits vorhanden sein, und mit seiner Hilfe fassen wir gewisse Aussagen über unsere Erfahrung zusammen. –

5.3.5.2   Aber dasselbe könnte man dann auch für historische Aussagen behaupten. Aber es war ja auch vorschnell, zu sagen, der Satz „das Wetter deutet auf Regen" sage nichts über das zukünftige Wetter. Das kommt darauf an, was man darunter versteht „etwas über etwas auszusagen". Der Satz sagt eben seinen Wortlaut!

5.3.5.3   Der Satz „p wird wahrscheinlich eintreten" sagt/Er sagt/ nur etwas über die Zukunft in einem Sinn, in welchem seine Wahr- und Falschheit gänzlich unabhängig ist von dem, was in der Zukunft geschehen wird.

| 5.3.6.1 | 1 | Wenn wir sagen, „das Gewehr zielt jetzt auf den Punkt P", so sagen wir nichts darüber, wohin der Schuß treffen wird. Der Punkt auf den es zielt, ist ein **geometrisches Hilfsmittel** zur Angabe seiner Richtung. Daß wir gerade dieses Mittel verwenden, hängt allerdings mit gewissen Erfahrungen/Beobachtungen/ zusammen (Wurfparabel, etc.), aber diese treten jetzt nicht in die Beschreibung der Richtung ein.

5.170.3.1   2   Die Galton'sche Photographie, das Bild einer Wahrscheinlichkeit. Das Gesetz der Wahrscheinlichkeit, das Naturgesetz, was man sieht, wenn man blinzelt.

5.173.1.1   3   Was heißt es: „die Punkte, die das Experiment liefert, liegen durchschnittlich auf einer Geraden"? oder: „wenn ich mit einem guten Würfel würfle, so werfe ich durchschnittlich alle 6 Würfe eine 1"? Ist dieser Satz mit **jeder** Erfahrung, die ich etwa mache, vereinbar? Wenn er das ist, so sagt er nichts. Habe ich (vorher) angegeben, mit welcher Erfahrung er nicht mehr vereinbar ist, welches die Grenze ist, bis zu der die Ausnahmen von der Regel gehen dürfen, ohne die Regel umzustoßen? Nein. Hätte ich aber nicht eine solche Grenze aufstellen können? Gewiß. – Denken wir uns, die Grenze wäre so gezogen: wenn unter 6 aufeinander folgenden Würfen 4 gleiche auftreten, ist der Würfel schlecht. Nun fragt man aber: „Wenn das aber nur selten genug geschieht, ist er dann nicht doch gut?" – Darauf lautet die Antwort: Wenn ich das Auftreten von 4 gleichen Würfen unter 6 aufeinander folgenden für eine bestimmte Zahl von Würfen erlaube, so ziehe ich damit eine **andere** Grenze, als die erste war. Wenn ich aber sage „jede Anzahl gleicher aufeinander folgender Würfe ist erlaubt, wenn sie nur selten genug auftritt", dann habe ich damit die Güte des Würfels im strengen Sinne als unabhängig von den Wurfresultaten erklärt. Es sei denn, daß ich unter der Güte des Würfels nicht eine Eigenschaft des Würfels, sondern eine Eigenschaft einer bestimmten Partie im Würfelspiel verstehe. Denn dann kann ich allerdings sagen: Ich nenne den Würfel in einer Partie gut, wenn unter den N Würfen der Partie nicht mehr als log N gleiche aufeinander folgende vorkommen. Hiermit wäre aber eben kein Test zur Überprüfung von Würfeln gegeben, sondern ein Kriterium zur Beurteilung einer Partie des Spiels.

5.174.1.1   4   Man sagt, wenn der Würfel ganz gleichmäßig und sich selbst überlassen ist, dann muß die Verteilung der Ziffern 1, 2, 3, 4, 5, 6 unter den Wurfresultaten gleichförmig sein, weil **kein Grund vorhanden ist**, weshalb die eine Ziffer öfter vorkommen sollte als die andere.

5.174.1.2   1   Stellen wir nun aber die Wurfresultate statt durch die Ziffern 1 bis 6 durch die Werte der Funktion $(x-3)^2$ für die Argumente 1 bis 6 dar, also durch die Ziffern 0, 1, 4, 9. Ist ein Grund vorhanden, warum eine dieser Ziffern öfter in den neuen Wurfresultaten fungieren soll, als eine andere? Dies lehrt uns, daß das Gesetz a priori der Wahrscheinlichkeit eine Form von Gesetzen ist, wie die der Minimumgesetze der Mechanik etc.. Hätte man durch Versuche herausgefunden, daß die Verteilung der Würfe 1 bis 6 mit einem regelmäßigen Würfel so ausfällt, daß die Verteilung der Werte $(x-3)^2$ eine gleichmäßige wird, so hätte man nun diese Gleichmäßigkeit als die Gleichmäßigkeit a priori erklärt.

5.174.1.3   So machen wir es auch in der kinetischen Gastheorie: wir stellen die Verteilung der Molekülbewegungen in der Form irgend einer gleichförmigen Verteilung dar; was aber gleichförmig verteilt ist – so wie an andrer Stelle was zu einem Minimum wird – wählen wir so, daß unsere Theorie mit der Erfahrung übereinstimmt.

5.175.1.1   2   „Die Moleküle bewegen sich bloß nach den Gesetzen der Wahrscheinlichkeit", das soll heißen: die Physik tritt ab, und die Moleküle bewegen sich jetzt quasi bloß nach Gesetzen der Logik. Diese Meinung ist verwandt der, daß das Trägheitsgesetz ein Satz a priori ist; und auch hier redet man davon, was ein Körper tut, wenn er sich selbst überlassen ist. Was ist das Kriterium dafür, daß er sich selbst überlassen ist? Ist es am Ende das, daß er sich gleichförmig in einer Geraden bewegt? Oder ist es ein anderes. Wenn das letztere, dann ist es eine Sache der Erfahrung, ob das Trägheitsgesetz stimmt; im ersten Fall aber war es gar kein Gesetz, sondern eine Definition. Und Analoges gilt von einem Satz: „wenn die Teilchen sich selbst überlassen sind, dann ist die Verteilung ihrer Bewegungen die und die". Welches ist das Kriterium dafür, daß sie sich selbst überlassen sind? etc..

5.175.2.1   3 | Wenn die Messung ergibt, daß der Würfel genau und homogen ist, – ich nehme an, daß die Ziffern auf seinen Flächen die Wurfresultate nicht beeinflussen – und die werfende Hand bewegt sich regellos – folgt daraus die durchschnittlich gleichmäßige Verteilung der Würfe 1 bis 6? Woraus sollte man die schließen? Über die Bewegung beim Werfen hat man keine Annahme gemacht und die Prämisse der/Annahme der/ Genauigkeit des Würfels ist doch von ganz anderer Art/Multiplizität/, als eine durchschnittlich gleichförmige Verteilung von Resultaten. Die Prämisse ist gleichsam einfärbig, die Konklusion gesprenkelt. Warum hat man gesagt, der Esel werde zwischen den beiden gleichen Heubündeln verhungern, und nicht, er werde durchschnittlich so oft von dem einen, wie von dem andern fressen/er werde von beiden durchschnittlich gleich oft fressen/? |

5.178.2.1   4   Zu sagen, die Punkte, die dieses Experiment liefert, liegen durchschnittlich auf dieser Linie, z.B. einer Geraden, sagt etwas Ähnliches wie: „aus dieser Entfernung gesehen, scheinen sie in einer Geraden zu liegen".

5.178.2.2   Ich kann von einer Linie/Strecke/ sagen, der allgemeine Eindruck ist der einer Geraden; aber nicht: „die Linie/Strecke/ schaut gerade aus, denn sie kann das Stück einer Linie sein, die mir als Ganzes/Ganze/ den Eindruck der Geraden macht". (Berge auf der Erde und auf dem Mond. Erde eine Kugel.)

| 5.180.1.1 | 1 | Das Experiment des Würfelns dauert eine gewisse Zeit, und unsere Erwartungen über die zukünftigen Ergebnisse des Würfelns können sich nur auf Tendenzen gründen, die wir in den Ergebnissen des Experiments wahrnehmen. D.h., das Experiment kann nur die Erwartung begründen, daß es so weitergehen wird, wie (es)? das Experiment gezeigt hat. Aber wir können nicht erwarten, daß das Experiment, wenn fortgesetzt, nun Ergebnisse liefern wird, die mehr als die des wirklich ausgeführten Experiments mit einer vorgefaßten Meinung über seinen Verlauf übereinstimmen. Wenn ich also z.B. Kopf und Adler werfe und in den Ergebnissen des Experiments keine Tendenz der Kopf- und Adler-Zahlen finde, sich weiter einander zu nähern, so gibt das Experiment mir keinen Grund zur Annahme, daß seine Fortsetzung eine solche Annäherung zeigen wird. Ja die Erwartung dieser Annäherung muß sich selbst auf einen bestimmten Zeitpunkt beziehen, denn man kann nicht sagen, man erwarte, daß ein Ereignis e i n m a l – in der unendlichen Zukunft – eintreten werde. |

| 5.181.3.1 | 2 | Alle „begründete Erwartung" ist Erwartung, daß eine bis jetzt beobachtete Regel weiterhin/weiter/ gelten wird. |
| 5.181.3.2 | | (Die Regel aber muß beobachtet worden sein und kann nicht selbst wieder bloß erwartet werden.) |

| 5.181.4.1 | 3 | Die Logik der Wahrscheinlichkeit hat es mit dem Zustand der Erwartung nur soweit zu tun, wie die Logik überhaupt, mit dem Denken. |

5.181.5.1 4
5.182.0.2

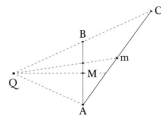

Von der Lichtquelle Q wird ein Lichtstrahl ausgesandt, der die Scheibe AB trifft, dort einen Lichtpunkt erzeugt und dann die Scheibe AC trifft. Wir haben nun keinen Grund zur Annahme, der Lichtpunkt auf AB werde rechts von der Mitte M liegen, noch zur entgegengesetzten; aber auch keinen Grund anzunehmen, der Lichtpunkt auf AC werde auf d e r und nicht auf jener Seite von der Mitte m liegen./Wir haben nun keinen Grund, anzunehmen, daß der Lichtpunkt auf AB eher auf der einen Seite der Mitte M, als auf der andern liegen wird; aber auch keinen Grund, anzunehmen, der Lichtpunkt auf AC werde auf der einen und nicht auf der andern Seite der Mitte m liegen./ Das gibt also widersprechende Wahrscheinlichkeiten. Wenn ich nun eine Annahme über den Grad der Wahrscheinlichkeit mache, daß der eine Lichtpunkt im Stück AM liegt, – wie wird diese Annahme verifiziert? Wir denken /meinen/ doch, durch einen Häufigkeitsversuch. Angenommen nun, dieser bestätigt die Auffassung, daß die Wahrscheinlichkeiten für das Stück AM und BM gleich sind (also für Am und Cm verschieden), so ist sie damit als die richtige erkannt und erweist sich also als eine physikalische Hypothese. Die geometrische Konstruktion zeigt nur, daß die Gleichheit der Strecken AM und BM k e i n Grund zur Annahme gleicher Wahrscheinlichkeit war.

5.183.1.1   1   Wenn ich annehme, die Messung ergebe, daß der Würfel genau und
homogen ist, und die Ziffern auf seinen Flächen die Wurfresultate nicht
beeinflussen, und die Hand, die ihn wirft, bewegt sich ohne bestimmte
Regel; folgt daraus die/eine/ durchschnittlich gleichförmige Verteilung
der Würfe 1 bis 6 unter den Wurfergebnissen? – Woraus sollte sie
hervorgehen? Daß der Würfel genau und homogen ist, kann doch keine
durchschnittlich gleichförmige Verteilung von Resultaten
begründen. (Die Voraussetzung ist sozusagen homogen, die Folgerung
wäre gesprenkelt.) Und über die Bewegung beim Werfen haben wir ja
keine Annahme gemacht. (Mit der Gleichheit der beiden Heubündel
hat man zwar begründet, daß der Esel in ihrer Mitte verhungern
(werde); aber nicht, daß er ungefähr gleich oft von jedem fressen werde.)
– Mit unseren Annahmen ist es auch vollkommen vereinbar, daß mit
dem Würfel 100 Einser nacheinander geworfen werden, wenn Reibung,
Handbewegung, Luftwiderstand so zusammentreffen. Die Erfahrung,
daß das nie geschieht, ist eine, die diese Faktoren betrifft/ist eine diese
Faktoren betreffende/. Und die Vermutung der gleichmäßigen
Verteilung der Wurfergebnisse ist eine Vermutung über das Arbeiten
dieser Faktoren/Einflüsse/.

5.183.1.2   Wenn man sagt, ein gleicharmiger Hebel, auf den symmetrische
Kräfte wirken, müsse in Ruhe bleiben, weil keine Ursache vorhanden
ist, weshalb er sich eher auf die eine als auf die andre Seite neigen
sollte, so heißt das nur, daß, wenn wir gleiche Hebelarme und
symmetrische Kräfte konstatiert haben und nun der Hebel sich nach der
einen Seite neigt, wir dies aus den uns bekannten – oder von uns
angenommenen – Voraussetzungen nicht erklären können. (Die Form,
die wir „Erklärung" nennen, muß auch asymmetrisch sein; wie die
Operation, ?die aus „a + b" „2a + 3b" macht?.) Wohl aber können wir
die andauernde Ruhe des Hebels aus unsern Voraussetzungen erklären.
– Aber auch eine schwingende Bewegung, die durchschnittlich gleich
oft von der Mitte/Mittellage/ nach rechts und nach links gerichtet ist?
Die schwingende Bewegung nicht, denn in der ist ja wieder
Asymmetrie. Nur die Symmetrie in dieser Asymmetrie. Hätte sich der
Hebel gleichförmig nach rechts gedreht, so könnte man analog sagen:
Mit der Symmetrie der Bedingungen kann ich die Gleichförmigkeit der
Bewegung, aber nicht ihre Richtung erklären.

5.184.0.3   Eine Ungleichförmigkeit der Verteilung der Wurfresultate ist mit
der Symmetrie des Würfels nicht zu erklären. Und nur insofern erklärt
diese Symmetrie die Gleichförmigkeit der Verteilung. – Denn man
kann natürlich sagen: Wenn die Ziffern auf den Würfelflächen keine
Wirkung haben, dann kann ihre Verschiedenheit nicht eine
Ungleichförmigkeit der Verteilung erklären; und gleiche Umstände
können selbstverständlich nicht Verschiedenheiten erklären; soweit also
könnte man auf eine Gleichförmigkeit schließen. Aber woher dann
überhaupt verschiedene Wurfresultate? Gewiß, was diese/Was diese/
erklärt, muß nun auch ihre durchschnittliche Gleichförmigkeit erklären.
Die Regelmäßigkeit des Würfels stört nur eben diese Gleichförmigkeit
nicht.

5.184.1.1   1   Angenommen, Einer der täglich im Spiel würfelt, würde etwa eine Woche lang nichts als Einser werfen, und zwar mit Würfeln, die nach allen anderen Arten/Methoden/ der Untersuchung/Prüfung/ sich als gut erweisen, und wenn ein Andrer sie wirft, auch die gewöhnlichen Resultate geben/liefern/. Hat er nun Grund, hier ein Naturgesetz anzunehmen, dem gemäß er immer Einser wirft/werfen muß/; hat er Grund zu glauben, daß das nun so weiter gehen wird, – oder (vielmehr) Grund anzunehmen, daß diese Regelmäßigkeit nicht lange mehr andauern kann/wird/? Hat er also Grund das Spiel aufzugeben, da es sich gezeigt hat, daß er nur Einser werfen kann; oder weiterzuspielen, da es jetzt nur um so wahrscheinlicher ist, daß er beim nächsten Wurf eine höhere Zahl werfen wird? – In Wirklichkeit wird er sich weigern, die Regelmäßigkeit als ein Naturgesetz anzuerkennen; zum mindesten wird sie lang andauern müssen, ehe er diese Auffassung in Betracht zieht. Aber warum? – „Ich glaube, weil so viel frühere Erfahrung seines Lebens gegen ein solches Gesetz spricht, die alle – sozusagen – erst überwunden werden muß, ehe wir eine ganz neue Betrachtungsweise annehmen.

5.184.2.1   2   Wenn wir aus der relativen Häufigkeit eines Ereignisses auf seine relative Häufigkeit in der Zukunft Schlüsse ziehen, so können wir das natürlich nur nach der bisher tatsächlich beobachteten Häufigkeit tun. Und nicht nach einer, die wir aus der beobachteten durch irgend einen Prozeß der Wahrscheinlichkeitsrechnung erhalten haben. Denn die berechnete Wahrscheinlichkeit stimmt **mit jeder beliebigen** tatsächlich beobachteten Häufigkeit überein, da sie die Zeit offen läßt.

5.185.1.1   3   Wenn sich der Spieler, oder die Versicherungsgesellschaft, nach der Wahrscheinlichkeit richten, so richten sie sich nicht nach der Wahrscheinlichkeitsrechnung, denn nach dieser allein kann man sich nicht richten, da, **was immer** geschieht, mit ihr in Übereinstimmung zu bringen ist; sondern die Versicherungsgesellschaft richtet sich nach einer tatsächlich beobachteten Häufigkeit. Und zwar ist das natürlich eine absolute Häufigkeit.

34

Der Begriff „ungefähr".
Problem des ‚Sandhaufens'.

4.13.3.1   1   „Er kam ungefähr von dort ⊢────→".
„Ungefähr da ist der hellste Punkt des Horizontes".
„Mach' das Brett ungefähr 2m lang".
Muß ich, um das sagen zu können, Grenzen wissen, die den Spielraum dieser Länge bestimmen? Offenbar nicht. Genügt es nicht z.B. zu sagen: „der Spielraum ±1cm ist ohneweiters erlaubt; ±2cm wäre schon zu viel"? – Es ist doch dem Sinn meines Satzes auch wesentlich, daß ich nicht imstande bin, dem Spielraum „genaue" Grenzen zu geben. Kommt das nicht offenbar daher, daß der Raum, in dem ich hier arbeite, eine andre Metrik hat, als der Euklidische?

4.13.3.2   Wenn man nämlich den Spielraum genau durch den Versuch feststellen wollte, indem man die Länge ändert |und sich den Grenzen des Spielraums nähert| und immer fragt, ob diese Länge noch angehe oder schon nicht mehr, so käme man nach einigen Einschränkungen zu Widersprüchen, indem einmal ein Punkt noch als innerhalb der Grenzen liegend bezeichnet würde, ein andermal ein weiter innerhalb gelegener als schon unzulässig erklärt würde; beides etwa mit der Bemerkung, die Angaben/Antworten/ seien nicht mehr (ganz) sicher.

4.14.2.2   2   Die Unsicherheit ist von der Art, wie die, der Angabe des höchsten Punktes einer Kurve. Wir sind eben nicht im euklidischen Raum und es gibt hier nicht im euklidischen Sinne einen höchsten Punkt. Die Antwort wird heißen: „der höchste Punkt ist ungefähr da", und die Grammatik des Wortes „ungefähr" – in diesem Zusammenhang – gehört dann? zur Geometrie unseres Raumes.

4.13.4.1   3   Ist es denn nicht so, wie man etwa beim Fleischhauer nur auf Deka genau abwiegt, obwohl das anderseits willkürlich ist, und nur bestimmt durch die herkömmlichen Messinggewichte. Es genügt hier zu wissen: mehr als P_1 wiegt es nicht und weniger als P_2 auch nicht. Man könnte sagen: die Gewichtsangabe besteht hier prinzipiell nicht aus einer Zahlangabe, sondern aus der Angabe eines Intervalls, und die Intervalle bilden eine diskontinuierliche Reihe.

4.13.5.1   4   Man könnte doch sagen: „halte Dich jedenfalls innerhalb ±1cm", damit eine willkürliche Grenze setzend. – Würde nun gesagt: „gut, aber dies ist doch nicht die wirkliche Grenze des zulässigen Spielraums; welche ist es also?" so wäre etwa die Antwort „ich weiß keine, ich weiß nur, daß ±2cm schon zu viel wäre".

Denken wir uns folgendes psychologisches Experiment: Wir zeigen dem Subjekt zwei Linien G_1, G_2, durch welche quer die Gerade a gezogen ist. Das Stück dieser Geraden, welches zwischen G_1 und G_2 liegt, werde ich die Strecke a nennen. Wir ziehen nun in beliebiger Entfernung von a und parallel dazu b und fragen, ob er die Strecke b größer sieht als a, oder die beiden Längen nicht mehr unterscheidet. Er antwortet, b erscheine größer als a. Darauf nähern wir uns a, indem wir die Distanz von a zu b mit unsern Meßinstrumenten halbieren und ziehen c. „Siehst Du c größer als a?" – „Ja". Wir halbieren die Distanz c–a und ziehen d. „Siehst Du d größer als a?" – „Ja". Wir halbieren a–d. „Siehst Du e größer als a?" – „Nein". Wir halbieren daher e–d. „Siehst Du f größer als e?" – „Ja". Wir halbieren also e–f und ziehen h. Wir könnten uns so auch von der linken Seite der Strecke a nähern, und dann sagen, daß einer gesehenen Länge a im euklidischen Raum nicht eine Länge entspricht, sondern ein Intervall von Längen, und in ähnlicher Weise einer gesehenen Lage eines Strichs (etwa des Zeigers eines Instruments) ein Intervall von Lagen im euklidischen Raum; aber dieses Intervall hat nicht scharfe Grenzen. Das heißt: es ist nicht von Punkten begrenzt, sondern von konvergierenden Intervallen, die nicht gegen einen Punkt konvergieren. (Wie die Reihe der Dualbrüche, die wir durch Werfen von Kopf und Adler erzeugen.) Das Charakteristische zweier Intervalle, die so nicht durch Punkte sondern unscharf begrenzt sind, ist, daß auf die Frage, ob sie einander übergreifen oder getrennt voneinander liegen, in gewissen Fällen die Antwort lautet: „unentschieden". Und daß die Frage, ob sie einander berühren, einen Endpunkt miteinander gemein haben, immer sinnlos ist, da sie ja keine Endpunkte haben. Man könnte aber sagen: sie haben vorläufige Endpunkte. In dem Sinne, in welchem die Entwicklung von π ein vorläufiges Ende hat. An dieser Eigenschaft des ‚unscharfen' Intervalls ist natürlich nichts geheimnisvolles, sondern das etwas Paradoxe klärt sich durch die doppelte Verwendung des Wortes „Intervall" auf.

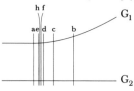

Es ist dies der gleiche Fall, wie der der doppelten Verwendung des Wortes „Schach", wenn es einmal die Gesamtheit der jetzt geltenden Schachregeln bedeutet, ein andermal: das Spiel, welches N.N. in Persien erfunden hat und welches sich so und so entwickelt hat. In einem Fall ist es unsinnig, von einer Änderung/Entwicklung/ der Schachregeln zu reden, im andern Fall nicht. Wir können „Länge einer gemessenen Strecke" entweder das nennen, was bei einer bestimmten Messung, die ich heute um 5 Uhr durchführe, herauskommt, – dann gibt es für diese Längenangabe kein „± etc." –, oder etwas, dem sich Messungen nähern etc.; in den zwei Fällen wird das Wort „Länge" mit ganz verschiedener Grammatik gebraucht. Und ebenso das Wort „Intervall", wenn ich einmal etwas Fertiges, einmal etwas sich Entwickelndes ein Intervall nenne.

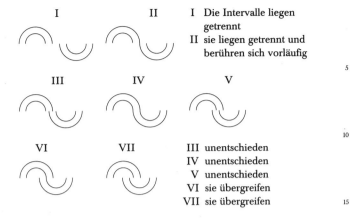

I Die Intervalle liegen getrennt
II sie liegen getrennt und berühren sich vorläufig
III unentschieden
IV unentschieden
V unentschieden
VI sie übergreifen
VII sie übergreifen

Wir können uns aber nicht wundern, daß nun ein Intervall so seltsame Eigenschaften haben soll; da wir eben das Wort „Intervall" jetzt in einem nicht gewöhnlichen Sinn gebrauchen. Und wir können nicht sagen, wir haben neue Eigenschaften gewisser Intervalle entdeckt. Sowenig wie wir neue Eigenschaften des Schachkönigs entdecken würden, wenn wir die Regeln des Spiels änderten, aber die Bezeichnung „Schach" und „König" beibehielten. (Vergl. dagegen Brouwer, über das Gesetz des ausgeschlossenen Dritten.)

5.169.1.2   Jener Versuch ergibt also wesentlich, was wir ein „unscharfes" Intervall genannt haben; dagegen wären natürlich andere Experimente möglich/denkbar/, die statt dessen ein scharfes Intervall ergeben. Denken wir etwa, wir bewegten ein Lineal von der Anfangsstellung b, und parallel zu dieser, gegen a hin, bis in unserm Subjekt irgend eine bestimmte Reaktion einträte; dann könnten wir den Punkt, an dem die Reaktion beginnt, die Grenze unseres Streifens nennen. – So könnten wir natürlich auch ein Wägungsresultat „das Gewicht eines Körpers" nennen und es gäbe dann in diesem Sinn eine absolut genaue Wägung, d.i. eine, deren Resultat nicht die Form „G ± g" hat. Wir haben damit unsere Ausdrucksweise geändert, und müssen nun sagen, daß das Gewicht des Körpers schwankt und zwar nach einem uns unbekannten Gesetz. (Die Unterscheidung/Der Unterschied/ zwischen „absolut genauer" Wägung und „wesentlich ungenauer" Wägung ist eine grammatische/ein grammatischer/ und bezieht sich auf zwei verschiedene Bedeutungen des Ausdrucks „Ergebnis der Wägung".)

5.170.1.1 1   Die Unbestimmtheit des Wortes „Haufen". Ich könnte definieren: ein Körper von gewisser Form und Konsistenz etc. sei ein Haufe, wenn sein Volumen Km^3 beträgt, oder mehr; was darunter liegt, will ich ein Häufchen nennen. Dann gibt es kein größtes Häufchen; das heißt: dann ist es sinnlos, von dem „größten Häufchen" zu reden. Umgekehrt könnte ich bestimmen: Haufe solle alles das sein, was größer als Km^3 ist, und dann hätte der Ausdruck „der kleinste Haufe" keine Bedeutung. Ist aber diese Unterscheidung nicht müßig? Gewiß, – wenn wir unter dem Volumen ein Messungsresultat im gewöhnlichen Sinne verstehen; denn dieses Resultat hat die Form „$V \pm v$"./Gewiß, – wenn wir unter dem Resultat der Messung des Volumens einen Ausdruck von der Form „$V \pm v$" verstehen./ Sonst aber könnte die Unterscheidung so brauchbar sein, wie/wäre diese Unterscheidung nicht müßiger als/ die, zwischen einem Schock Äpfel und 61 Äpfeln.

4.106.5.1 2   Zu dem Problem vom „Sandhaufen": Man könnte sich hier, wie in ähnlichen Fällen, einen offiziellen/offiziell festgesetzten/ Begriff denken /.... denken, daß es einen offiziellen Begriff, wie den einer Schrittlänge gäbe,/ etwa: Haufe ist alles, was über $\frac{1}{2} m^3$ groß ist. Dieser wäre aber dennoch nicht unser gewöhnlich gebrauchter Begriff. Für diesen liegt keine Abgrenzung vor (und bestimmen wir eine, so ändern wir den Begriff); sondern es liegen nur Fälle vor, welche wir zu dem Umfang des Begriffs/zu den Haufen/ rechnen und solche, die wir nicht mehr zu dem Umfang des Begriffs rechnen.

4.14.2.1 3   „Mach' mir hier einen Haufen Sand". — „Gut, das nennt er gewiß noch einen Haufen". Ich konnte dem Befehl Folge leisten, also war er in Ordnung. Wie aber ist es mit diesem Befehl: „Mach' mir den kleinsten Haufen, den Du noch so nennst"? Ich würde sagen: das ist Unsinn; ich kann nur eine vorläufige obere und untere Grenze bestimmen.

Das augenblickliche Verstehn und die Anwendung des Worts in der Zeit.

35

EIN WORT VERSTEHEN = ES ANWENDEN KÖNNEN.
EINE SPRACHE VERSTEHEN: EINEN KALKÜL BEHERRSCHEN.

4.93.4.1	1	Kann ich sagen, mich/uns/ interessiert nur der **Inhalt** des Satzes? Und der Inhalt des Satzes ist in ihm.
4.93.5.1	2	Seinen Inhalt hat der Satz als Glied des Kalküls.
4.93.6.1	3	Ist also „einen Satz verstehen" von der gleichen Art, wie „einen Kalkül beherrschen"? Also wie: multiplizieren können? Das glaube ich.
4.8.3.1	4	Die Bedeutung eines Worts verstehen, heißt, seinen Gebrauch kennen, verstehen.
3.288.9.1	5	„Ich kann das Wort ‚gelb' anwenden" – ist das auf einer anderen Stufe als „ich kann Schach spielen", oder „ich kann den König im Schachspiel verwenden"?
3.21.2.1	6	Die Frage, die unmittelbar mit unserer in Beziehung steht, ist die nach dem Sinn der Aussage „ich **kann** Schach spielen"?
3.21.3.1		„Ich weiß, wie ein Bauer ziehen darf".
3.21.3.1		„Ich weiß, wie das Wort ‚Kugel' gebraucht werden darf".
3.22.1.1	7	Wenn ich sage „ich kann dieses Gewicht heben", so kann man antworten: „das wird sich zeigen, wenn Du es versuchst"; und geht es dann nicht, so kann man sagen „siehst Du, Du konntest es nicht"; und ich kann darauf nicht antworten „doch, ich konnte es, als ich es sagte, nur als es zum Aufheben kam, konnte ich es nicht". Ob man es kann, **wird die Erfahrung zeigen**. Anders ist es, wenn ich sage „ich verstehe diesen Befehl"; dies ist, oder scheint ein Erlebnis zu sein. „Ich muß wissen, ob ich ihn (jetzt) verstehe" – aber nicht: Ich muß wissen, ob ich das Gewicht jetzt heben kann. – Wie ist es nun in dieser Hinsicht mit dem Satz „ich kann Schach spielen"? Ist das etwas, was sich zeigen wird, oder kann man sagen „als ich es behauptete, konnte ich Schach spielen, nur jetzt kann ich es nicht".
		Ist nicht das, was mich rechtfertigt, nur, daß ich mich erinnere, früher Schach gespielt zu haben? Und etwa, daß ich, aufgefordert zur Probe die Regeln im Geiste durchfliegen kann?
3.22.2.1	8	Ist es nicht auch so beim Gebrauch des Wortes „Kugel"? Ich gebrauche das Wort instinktiv. Aufgefordert aber, Rechenschaft darüber zu geben, ob ich es verstehe, rufe ich mir, gleichsam zur Probe, gewisse Vorstellungen hervor.
3.23.1.1		(Es kann nicht darauf ankommen, ob die Sprache instinktiv oder halbinstinktiv gebraucht wird. Wir sind hier im Sumpf der graduellen Unterschiede, nicht auf dem festen Grund der Logik.)

3.23.4.1	1	Wenn ich sage „sieh', dort ist eine Kugel", oder „dort ist ein Kegel", so kann die Ansicht (ein Kreis) auf beides passen, und wenn ich sage „ja, ich sehe es", so unterscheide ich doch zwischen den beiden Hypothesen. Wie ich im Schachspiel zwischen einem Bauern und dem König unterscheide, auch wenn der gegenwärtige Zug einer ist, den beide machen könnten, und wenn selbst eine Königsfigur als Bauer fungierte.
3.23.4.2		Das Wort „Kugel" ist mir bekannt und steht in mir für etwas; d.h., es bringt mich in eine gewisse Stellung zu sich (wie ein Magnet eine Nadel in seine Richtung bringt).
2.227.6.1	2	Man ist in der Philosophie immer in der Gefahr, eine Mythologie des Symbolismus zu geben, oder der Psychologie. Statt einfach zu sagen, was jeder weiß und zugeben muß.
3.104.2.1	3	Wenn ich gefragt würde „kannst Du das Alphabet hersagen", so würde ich antworten: ja. − „Bist Du sicher" − „Ja". Wenn ich nun aber im Hersagen steckenbliebe und nicht weiter wüßte, so gibt es doch einen Fall, in welchem ich sagen würde „ja, als ich sagte, ich könne es hersagen, da konnte ich es", und zwar dann, wenn ich es mir damals „im Geiste" hergesagt hätte. Ich würde dies auch als Beweis angeben. Das heißt aber, daß das Hersagen im Geiste die Fähigkeit zum wirklichen Hersagen − so wie wir hier das Wort Fähigkeit verstehen − enthält.
3.104.2.2	4	Etwas tun können hat ja eben jenen schattenhaften Charakter, das heißt, es erscheint wie/als/ ein Schatten des wirklichen/tatsächlichen/ Tuns, gerade wie der Sinn des Satzes als Schatten seiner Verifikation/als Schatten einer Tatsache/ erscheint; oder das Verständnis des Befehles als Schatten seiner Ausführung. Der Befehl „wirft, gleichsam, seinen Schatten schon voraus", oder, im Befehl „wirft die Tat ihren Schatten voraus". − Dieser Schatten aber, was immer er sein mag, ist, was er ist, und nicht das Ereignis. Er ist in sich selbst abgeschlossen und weist nicht weiter als er selbst reicht.
3.294.2.2	5	Das ist doch der gleiche Fall wie: „Kannst Du Deinen Arm heben?" In welchem Falle würde ich dies verneinen müssen, oder bezweifeln? Solche Fälle sind leicht zu denken.
3.294.3.1		Als Bestätigung dessen, daß wir den Arm heben können, sehen wir etwa ein Zucken mit den Muskeln an, oder eine kleine Bewegung des Arms./Die Bestätigung dessen, daß wir den Arm heben können, sehen wir etwa in einem Zucken mit den Muskeln, oder einer kleinen Bewegung des Arms./ Oder die geforderte Bewegung selbst, jetzt ausgeführt, als Kriterium dafür, daß ich sie gleich darauf ausführen kann.

36

Wie begleitet das Verstehen des Satzes das Aussprechen oder Hören des Satzes?

4.91.11.1	1	Das schwierigste Problem scheint der Gegensatz, das Verhältnis zu sein zwischen dem Operieren mit der Sprache in der Zeit/im Lauf der Zeit/ und dem momentanen Erfassen des Satzes.
4.92.1.1	2	Aber wann erfassen oder verstehen wir den Satz?! Nachdem wir ihn ausgesprochen haben? – Und wenn, während wir ihn aussprechen: ist das Verstehen ein artikulierter Vorgang, wie das Bilden des Satzes, oder ein unartikulierter? Und wenn ein artikulierter: muß er nicht projektiv mit dem andern verbunden sein? Denn sonst wäre seine Artikulation von der ersten unabhängig.
5.157.5.1	3	„Er sagt das, und meint es": Vergleiche das einerseits mit: „er sagt das, und schreibt es nieder"; anderseits mit: „er schreibt das und unterschreibt es".
4.92.2.1	4	Man könnte fragen: Wie lange braucht es/man/, um einen Satz zu verstehen. Und wenn man ihn eine Stunde lang versteht, beginnt man da immer vom frischen?
4.92.6.1	5	Ist das Verstehen nicht das Erfassen des Satzes, so kann es auch nach diesem (und warum nicht auch vorher) vor sich gehen.
3.99.3.1	6	Ist das Verstehen eines Satzes dem Verstehen eines Schachzuges, als solchen, nicht analog? Wer das Schachspiel gar nicht kennt und sieht jemand einen Zug machen, der wird ihn nicht verstehen, d.h. nicht als Zug eines Spieles verstehen. Und es ist etwas anderes, dem Spiel/Zug/ mit Verständnis zu folgen, als es/ihn/ bloß zu sehen.
3.99.5.1	7	Was ist es aber dann, das uns immer das Gefühl gibt, daß das Verstehen eines Satzes das Verstehen von etwas außerhalb ihm Liegendem ist und zwar nicht von der Welt außerhalb des Zeichens, wie sie eben ist, sondern von der Welt, wie das Zeichen sie – gleichsam – wünscht.
3.195.9.1	8	Man würde etwa (so)? sagen: Ich sage ja nicht nur „zeichne einen Kreis", sondern ich wünsche doch, daß der Andre etwas tut. (Gewiß!) Und dieses Tun ist doch etwas anderes als das Sagen, und ist eben das Außerhalb, worauf ich weise/worauf der Satz weist/.

4.178.1.1	1	Das Verstehen eines Satzes der Wortsprache ist dem Verstehen eines musikalischen Themas (oder Musikstückes) viel verwandter, als man glaubt. Und zwar so, daß das Verstehen des sprachlichen Satzes näher als man denkt dem liegt, was man gewöhnlich das Verständnis des musikalischen Ausdrucks nennt. – Warum pfeife ich das gerade so? warum bringe ich den Wechsel der Stärke und des Zeitmaßes gerade auf dieses ganz bestimmte Ideal? Ich möchte sagen: „weil ich weiß, was das alles heißt" – aber was heißt es denn? – Ich wüßte es nicht zu sagen, außer durch eine Übersetzung in einen Vorgang vom gleichen Rhythmus.	
3.294.5.1	2	Das Können und Verstehen wird von der Sprache scheinbar als Zustand dargestellt, wie der Zahnschmerz, und das ist die falsche Analogie, unter der ich laboriere.	149
3.293.8.1	3	Wie, wenn man fragte: Wann kannst Du Schach spielen? Immer? oder während Du es sagst? aber während des ganzen Satzes? – Und wie seltsam, daß Schachspielen-Können so kurze Zeit braucht/dauert/ und eine Schachpartie so viel länger!	
3.293.10.1	4	Wenn nun „das Wort ‚gelb' verstehen" heißt, es anwenden können, so besteht/ist/ die gleiche Frage: Wann kannst Du es anwenden. Redest Du von einer Disposition? Ist es eine Vermutung?	
4.70.7.1	5	Augustinus: „Wann messe ich einen Zeitraum?" Ähnlich meiner Frage: Wann kann ich Schach spielen.	

37

ZEIGT SICH DIE BEDEUTUNG EINES WORTES IN DER ZEIT? WIE DER
TATSÄCHLICHE FREIHEITSGRAD EINES MECHANISMUS.
ENTHÜLLT SICH DIE BEDEUTUNG DES WORTS ERST NACH UND NACH
WIE SEINE ANWENDUNG FORTSCHREITET?

3.20.2.1 3.20.2.2	1	Es ist eine sehr merkwürdige Tatsache, daß ich mich bei dem Gebrauch der Sprache nicht erinnere, wie ich sie gelernt habe. Ich sage „hier sehe ich eine schwarze Kugel". Ich weiß nicht, wie ich „schwarz" und „Kugel" gelernt habe. Meine Anwendung der Wörter ist unabhängig von diesem Erlernen. Es ist so, als hätte ich die Wörter selbst geprägt. Und hier werden wir wieder zu der Frage geführt: Wenn die Grammatik, die von den Wörtern handelt, für ihre Bedeutung wesentlich ist, muß ich die grammatischen Regeln, die von einem Wort handeln, alle im Kopf haben, wenn es für mich etwas bedeuten soll? Oder ist es hier, wie im Mechanismus: Das Rad, das stillsteht, oder auch sich dreht, das Rad in einer Lage, weiß, gleichsam, nicht, welche Bewegung ihm noch erlaubt ist, der Kolben weiß nicht, welches Gesetz seiner Bewegung vorgeschrieben ist; und doch wirkt das Rad und der Kolben nur durch jene Gebundenheit/jenes Gebundensein/.
3.20.2.4		Soll ich also sagen: Die grammatischen Regeln wirken in der Zeit? (Wie jene Führung.)
3.20.2.5		Also: Das Wort „Kugel" wirkt nur in der Art/durch die Art/ seiner Anwendung. Und es wäre die seltsame Frage denkbar: „wie kann ich denn dann gleich wissen, was ich mit ‚Kugel' meine, ich kann doch nicht die ganze Art der Anwendung auf einmal im Kopf haben?"
3.21.1.1	2	Und ist es nicht ähnlich mit dem Schachspiel: in irgend einem Sinne kann man sagen, ich wisse die Regeln des Schachspiels (habe sie im Kopf), während ich spiele. Aber ist dieses „sie im Kopf haben" nicht wirklich nur eine Hypothese. Habe ich sie nicht nur insofern im Kopf, als ich sie in jedem besondern Falle anwende? – Gewiß, dies Wissen ist nur das hypothetische Reservoir, woraus das wirklich gesehene Wasser fließt.
3.100.11.1	3	Das Verständnis der Sprache – quasi des Spiels – scheint wie ein Hintergrund, auf dem der einzelne Satz erst Bedeutung gewinnt.
3.101.1.1	4	Die allgemeine Regel erst enthüllt den Freiheitsgrad, die Beweglichkeit des Mechanismus. Das Bild des Mechanismus in einer seiner Stellungen enthält hievon nichts.
3.101.2.1	5	Soll ich nun sagen, der Freiheitsgrad des Mechanismus kann sich nur mit der Zeit enthüllen? Aber wie kann ich dann je wissen, daß er gewisse Bewegungen nicht machen kann (und daß er gewisse Bewegungen machen kann, die er gerade noch nicht gemacht hat).
3.101.3.1	6	Das Verständnis als eine Disposition der Seele, oder des Gehirns, geht uns nichts an.

38

BEGLEITET EINE KENNTNIS DER GRAMMATISCHEN REGELN DEN AUSDRUCK DES SATZES, WENN WIR IHN – SEINE WORTE – VERSTEHN?

3.203.13.1   1   Kann ich nicht sagen: ich meine die Verneinung, welche verdoppelt eine Bejahung gibt?

3.203.14.1   2   Wäre das nicht, als würde man sagen: Ich meine die Gerade, deren zwei sich in einem Punkt schneiden.

3.204.1.1   3   Das heißt: Wenn Du von Rot gesprochen hast, hast Du dann das gemeint, wovon man sagen kann, es sei hell, aber nicht grün, auch wenn Du an diese Regel nicht gedacht, oder von ihr Gebrauch gemacht hast? – Hast Du das ‚~' verwendet, wofür ~~~p = ~p ist? auch wenn Du diese Regel nicht verwendet hast? Ist es etwa eine Hypothese, daß es d a s ~ war? Kann es zweifelhaft sein, ob es dasselbe war, und durch die Erfahrung bestätigt werden.

3.207.5.1   4   Was heißt die Frage: Ist das dasselbe ‚~', für welches die Regel ~~~p = ~p gilt?

3.207.6.1   5   „Meinst Du das ‚~' so, daß ich aus ~p ~~~p schließen kann?"

3.189.6.1   6   Das Schachspiel ist gewiß durch seine Regeln (sein Regelverzeichnis) charakterisiert. Und wir sagen, daß Einer, der eine Partie Schach spielt und jetzt einen Zug macht, etwas anderes tut, als der, der nicht Schach spielen kann (d.h. das Spiel nicht kennt) und nun eine Figur in die Hand nimmt und sie zufällig der Regel gemäß bewegt. Andersseits ist es klar, daß der Unterschied nicht darin besteht, daß der Erste in irgend einer Form die Regeln des Schachspiels vor sich hersagt oder überdenkt. – Wenn ich nun sage: „daß er Schach spielen kann, (wirklich Schach spielt, die Absicht hat, Schach zu spielen) besteht darin, daß er die Regeln kennt", ist diese Kenntnis der Regeln in jedem Zuge in irgendeiner Form enthalten?
      Was heißt das: „er tut etwas anderes"? Hierin liegt schon die Verwendung eines falschen Bildes. Worin besteht der Unterschied? Man denkt da wieder an Gehirnvorgänge.

      7   Wenn das Schachspiel durch seine Regeln definiert ist, so gehören diese Regeln zur Grammatik des Wortes „Schach".

3.290.1.1	1	Kann man eine Intention haben, ohne sie auszudrücken? Kann man die Absicht haben, Schach zu spielen (in dem Sinne, in welchem man apodiktisch sagt „ich hatte die Absicht Schach zu spielen; i ch m u ß es d o ch wi ssen"), ohne einen Ausdruck dieser Absicht? – Könnte man da nicht fragen: Woher weißt Du, daß das, was Du hattest, di e s e Absicht war?
3.290.1.2		Ist die Absicht Schach zu spielen etwa wie die Vorliebe für das Spiel, oder für eine Person. Wo? man auch fragen könnte: Hast Du diese Vorliebe die ganze Zeit oder etc., und die Antwort ist, daß „eine Vorliebe haben" gewisse Handlungen, Gedanken und Gefühle einschließt und andere ausschließt.
3.290.2.1	2	Muß ich nicht sagen: „Ich weiß, daß ich die Absicht hatte, denn i ch habe mir gedacht ‚jetzt komme ich endlich zum Schachspielen'" oder etc. etc..
3.290.3.1	3	Es würde sich mit der Absicht in diesem Sinne auch vollkommen vertragen, wenn ich beim ersten Zug darauf käme, daß ich alle Schachregeln vergessen habe, und zwar so, daß ich nicht etwa sagen könnte „ja, als ich den Vorsatz hatte/faßte/, da hatte/habe/ ich sie noch gewußt".
3.290.4.1	4	Es wäre wichtig, den Fehler allgemein auszudrücken, den ich in allen diesen Betrachtungen zu machen neige/geneigt bin/. Die falsche Analogie, aus der er entspringt.
3.290.8.1	5	Ich glaube, jener Fehler liegt in der Idee, daß die Bedeutung eines Wortes eine Vorstellung ist, die das Wort begleitet.
3.290.8.2		Und diese Conception hat wieder mit der des Bewußt-Seins zu tun. /Und diese Conception steht wieder …… in Verbindung./ Dessen, was ich immer „das Primäre" nannte.
4.5.71	6	Es stört uns quasi, daß der Gedanke eines Satzes in keinem Moment ganz vorhanden ist. Hier sehen wir, daß wir den Gedanken mit einem Ding vergleichen, welches wir erzeugen, und das wir nie als Ganzes besitzen; sondern, kaum entsteht ein Teil, so verschwindet ein andrer. Das hat gewissermaßen etwas unbefriedigendes, weil wir – wieder durch eine Erklärung/ein Gleichnis/ verführt – uns etwas Anderes erwarten.
3.292.4.1	7	Der Spieler, der die Intention hatte, Schach zu spielen, hatte sie schon dadurch, daß er zu sich etwa die Worte sagte „jetzt wollen wir Schach spielen".
3.292.4.2		Ich will sagen, daß das Wort „Schach" eben auch (nur) ein Stein in einem Kalkül ist. Wird der Kalkül beschrieben, so müssen wir die Regeln tabulieren/tabuliert vor uns haben/, wird er aber angewandt, so wird jetzt gemäß der einen, dann gemäß der andern Regel vorgegangen, dabei kann uns ihr Ausdruck vorschweben, oder auch nicht.
3.292.5.1	8	Muß denn dem, der das Wort „Schach" gebraucht, eine Definition des Wortes vorschweben? Gewiß nicht. – Gefragt, was er unter „Schach" versteht, wird er erst eine geben. Diese Definition ist selber ein bestimmter Schritt in seinem Kalkül.

3.292.6.1	1	Wenn ich ihn aber nun fragte: Wie Du das Wort ausgesprochen hast, was hast Du damit gemeint? – Wenn er mir darauf antwortet: „ich habe das Spiel gemeint, das wir so oft gespielt haben etc. etc.", so weiß ich, daß ihm diese Erklärung in keiner Weise beim Gebrauch des Wortes vorgeschwebt hatte, und daß seine Antwort meine Frage nicht in dem Sinn beantwortet, daß sie mir sagt, was, quasi, „in ihm vorging /vorgegangen ist/", als er dieses Wort sagte.
3.292.7.1	2	Denn die Frage ist eben, ob unter der „Bedeutung, in der man ein Wort gebraucht" ein Vorgang verstanden werden soll, den wir beim Sprechen oder Hören des Wortes erleben.
3.293.1.1	3	Die Quelle des Fehlers scheint die Idee vom **Gedanken** zu sein, **der den Satz begleitet**. Oder der seinem Ausdruck vorangeht. Dem Wortausdruck kann natürlich ein andrer Ausdruck vorangehen, aber für uns kommt der Unterschied/Artunterschied/ dieser beiden Ausdrücke – oder Gedanken – nicht in Betracht. Und es kann der Gedanke unmittelbar in seiner Wortform gedacht werden.
2.326.2.1	4	Man könnte sagen: auf die Aussage „dieser Satz hat Sinn" kann man nicht wesentlich fragen „welchen?" So wie man ja auch auf den Satz „diese Worte sind ein Satz" nicht fragen kann „welcher?"
3.293.2.1 3.293.2.2	5	„Er hat diese Worte gesagt, sich aber dabei gar nichts gedacht." – „Doch, ich habe mir etwas dabei gedacht". – „Und zwar was denn?" – „Nun, das, was ich gesagt habe".
3.293.4.1	6	„Dieses Wort hat doch eine ganz bestimmte Bedeutung". Wie ist sie denn (ganz) bestimmt?
3.254.10.1	7	„Ich habe etwas bestimmtes damit gemeint, als ich sagte ....". – „Wann hast Du es gemeint und wie lange hat es gebraucht. Und hast Du bei jedem Wort etwas anderes gemeint, oder während des ganzen Satzes dasselbe?"
3.254.11.1	8	Übrigens komisch, daß, wenn man bei jedem – sagen wir, deutschen – Wort etwas meint, eine Zusammenstellung solcher Wörter Unsinn sein kann!
3.169.7.1 3.169.9.1	9	„Ich meine aber doch mit diesen Worten etwas". Gewiß: im Gegensatz z.B. etwa zu dem Falle, wo ich nichts meine, wo ich etwa Silben ihres komischen Klangs wegen aneinander reihe. Ich will eigentlich sagen, daß ‚ich meine etwas mit den Worten' nur heißt: ich unterscheide doch diesen Fall von dem des sinnlosen Plapperns etc.. Und das ist zugegeben. Aber es ist damit noch keine besondere Theorie des Meinens gegeben.
3.169.10.1	10	Und so geht es in allen solchen Fällen. Wenn etwa jemand sagt: „aber ich meine doch wirklich, daß der Andere Zahnschmerzen hat; nicht, daß er sich bloß so benimmt". Immer muß man antworten: „Gewiß" und zugeben, daß auch wir diese Unterscheidung machen müssen./daß diese Unterscheidung besteht./

3.330.5.1	1	„Jetzt sehe ich's erst, er zeigt immer auf die Leute, die dort vorübergehen". Er hat ein System verstanden: wie Einer, dem ich die Ziffern 1, 4, 9, 16 zeige und der sagt „ich versteh' jetzt das System, ich kann jetzt selbst weiterschreiben". Aber was ist diesem Menschen geschehen, als er das System plötzlich verstand?
3.330.8.1	2	Es handelt sich beim Verstehen nicht um einen Akt des momentanen, sozusagen nicht diskursiven, Erfassens der Grammatik. Als könnte man sie gleichsam auf einmal herunterschlucken.
3.331.1.1	3	Das also, was der macht, der auf einmal die Bewegung des Andern deutet (ich sage nicht „richtig deutet"), ist ein Schritt in einem Kalkül. Er t u t ungefähr was er s a g t, wenn er seinem Verständnis Ausdruck gibt. – Und das ist ja immer unser Prinzip – . Und wenn ich sage „was er macht, ist der Schritt eines Kalküls", so heißt das, daß ich diesen Kalkül schon kenne; in dem Sinne, in dem ich die deutsche Sprache kenne, oder das Einmaleins.
3.331.1.2		Welche ich ja auch nicht so in mir habe, als wäre/wären/ die ganze deutsche Grammatik und die Einmaleins-Sätze zusammengeschoben auf Etwas, was man auf einmal, als Ganzes, erfassen kann./was ich nun auf einmal, als Ganzes, besitze./
3.331.4.1	4	Gewiß, der Vorgang des „jetzt versteh' ich ….!" ist ein ganz spezifischer, aber es i s t eben auch ein ganz spezifischer Vorgang, wenn wir auf einen bekannten Kalkül stoßen, wenn wir „weiter wissen".
3.331.4.2		Aber dieses Weiter-Wissen ist eben auch d i s k u r s i v (nicht intuitiv).
4.5.2.1	5	Intuitives Denken, das wäre so, wie eine Schachpartie auf die Form eines dauernden, gleichbleibenden Zustandes gebracht (ebenso undenkbar).

39

DIE GRAMMATISCHEN REGELN – UND DIE BEDEUTUNG EINES WORTES.
IST DIE BEDEUTUNG, WENN WIR SIE VERSTEHEN, ‚AUF EINMAL' ERFASST; UND IN DEN GRAMMATISCHEN REGELN GLEICHSAM AUSGEBREITET?

3.275.6.1   1   Und doch ist noch etwas unklar/nicht klar/, was sich z.B. in der dreifachen Verwendung des Wortes ‚ist' zeigt. Denn, was heißt es, wenn ich sage, daß im Satz ‚die Rose ist rot' das ‚ist' eine andere Bedeutung hat, als in ‚zweimal zwei ist vier'? Wenn man sagt, es heiße, daß verschiedene Regeln von diesen beiden Wörtern gelten, so muß man zunächst sagen, daß wir hier nur e i n Wort haben. Zu sagen aber: von diesem gelten in einem Fall d i e Regeln, im anderen jene, ist Unsinn.

3.275.6.2   Und das hängt wieder mit der Frage zusammen, wie wir uns denn aller Regeln bewußt sind, wenn wir ein Wort in einer bestimmten Bedeutung gebrauchen, und doch die Regeln die Bedeutung ausmachen?

3.217.7.1   2   Wenn ich nun aber das Wort „ist" betrachte: Wie kann ich hier zwei verschiedene Anwendungsarten unterscheiden, wenn ich nur auf die grammatischen Regeln sehe/achte/? Denn diese erlauben ja eben die Verwendung des Wortes im Zusammenhang „die Rose ist rot" und „zweimal zwei ist vier". An diesen Regeln sehe ich nicht, daß es sich um zwei verschiedene Wörter handelt/daß wir hier zwei verschiedene Wörter haben/. – Ich ersehe es aber z.B. wenn ich versuche, in beiden Sätzen statt „ist" „ist gleich" zu setzen/einzusetzen/ (oder auch den Ausdruck „hat die Eigenschaft"). Aber nur wieder, weil ich für den Ausdruck „ist gleich" die Regel kenne, daß er in „die Rose .... rot" nicht eingesetzt werden darf/nicht stehen darf/.

3.218.4.1   3   Wenn ich mich weigere ein Wort, z.B. das Wort ‚ist gleich' in zwei Zusammenhängen zu gebrauchen, so ist der Grund das, was wir mit den Worten beschreiben „das Wort habe in den beiden Fällen verschiedene Bedeutung"./das Wort werde in diesen Fällen in verschiedenem Sinn gebraucht./

3.218.5.1   4   Kann ich nun aber das, was die grammatischen Regeln von einem Worte sagen, auch anders beschreiben, nämlich durch die Beschreibung des Vorgangs, der beim Verstehen des Wortes stattfindet?

3.218.6.1   5   Wenn also die Grammatik – z.B. – die Geometrie der Verneinung ist, kann ich sie durch eine Beschreibung dessen ersetzen, was bei der Verwendung sozusagen hinter dem Wort ‚nicht' steht?

3.218.7.1   6   Aber so eine Beschreibung wäre doch – wie gesagt – ein Ersatz des Wortes/für das Wort/ ‚nicht', etwa wie

p	
W	F
F	W

und könnte die Grammatik nicht ersetzen. (?)

3.218.8.1	1	In meiner Darstellung schienen doch die grammatischen Regeln die Auseinanderlegung dessen, was ich im Gebrauch des Wortes auf einmal erlebe. Sozusagen (nur)? Folgen, Äußerungen, der Eigenschaften, die ich beim Verstehen auf einmal erlebe. Das muß natürlich ein Unsinn sein.
3.218.9.1	2	Man würde ja geradezu sagen: die/eine/ Verneinung hat die Eigenschaft, daß sie verdoppelt eine Bejahung ergibt. (Etwa wie: Eisen hat die Eigenschaft, mit Schwefelsäure Eisensulfat zu geben.) Während die Regel die Verneinung nicht näher beschreibt, sondern konstituiert.
3.219.1.1	3	Daß wir dieses Wort dieser Regel gemäß gebrauchen, das dafür einsetzen etc., damit dokumentieren wir, wie wir es meinen.
3.49.6.1	4	„Wie ich einen Körper durch seine verschiedenen Ansichten geben kann und er mit diesen äquivalent ist, so offenbart sich die Natur der Negation in den verschiedenen, grammatisch erlaubten Anwendungen des Negationszeichens."
3.248.7.1	5	„Die doppelte Negation gibt eine Bejahung", das klingt so wie: Kohle und Sauerstoff gibt Kohlensäure. Aber in Wirklichkeit gibt die doppelte Negation nichts, sondern ist etwas.
3.248.8.1	6	„Wer die Negation versteht, der weiß, daß die doppelte Negation ...."
3.248.9.1 3.248.10.1	7	Es täuscht uns da etwas eine physikalische Tatsache vor. So, als sähen wir ein Ergebnis des logischen Prozesses. Während das Ergebnis nur das des physikalischen Prozesses ist.
3.219.2.1	8	Das Wort ‚nicht' in der grammatischen Regel hat keine Bedeutung, sonst könnte das nicht von ihm ausgesagt werden.
3.219.3.1 3.219.3.2	9	Die Negation hat keine andere Eigenschaft, als etwa die, in gewissen Sätzen, die Wahrheit zu ergeben. Und ebenso hat ein Kreis die Eigenschaft, da oder dort zu stehen, diese Farbe zu haben, von einer Geraden tatsächlich geschnitten zu werden; aber nicht, was ihm die Geometrie zuzuschreiben scheint. (Nämlich diese Eigenschaften haben zu können.)
3.219.4.1	10	Was heißt es: „Dieses Papier ist nicht schwarz und ‚nicht' ist hier in dem Sinne/ist hier so/ gebraucht, daß eine dreifache Verneinung eine Verneinung ergibt"? Wie hat sich denn das im Gebrauch geäußert?
3.219.5.1		Oder: „Dieses Papier ist nicht schwarz und zwei von diesen Verneinungen geben eine Bejahung". Kann ich das sagen?
3.219.6.1		Oder: „Dieses Buch ist rot und die Rose ist rot und die beiden Wörter ‚rot' haben die gleiche Bedeutung". (Dieser Satz ist von gleicher Art wie die beiden oberen.) Was ist denn das für ein Satz? ein grammatischer? Sagt er etwas über das Buch und die Rose?
3.219.7.1		Ist der Zusatz zum Verständnis des ersten Satzes nicht nötig, so ist er Unsinn, und wenn nötig, dann war das erste noch kein Satz; und dasselbe gilt in den oberen Fällen.

3.219.8.1	1	„Daß 3 Verneinungen wieder eine Verneinung ergeben, muß doch schon in der einen Verneinung, die ich jetzt gebrauche, liegen". Aber deute ich hier nicht schon wieder? (D.h. bin ich nicht im Begriffe, eine Mythologie zu erfinden?)
3.219.11.1	2	Heißt es etwas, zu sagen, daß drei solche Verneinungen eine Verneinung ergeben. (Das erinnert immer an „drei solche Pferde können diesen Wagen fortbewegen".) Aber, wie gesagt, in jenem logischen Satz ist gar nicht von der Verneinung die Rede (von der Verneinung handeln nur Sätze wie: es regnet nicht) sondern nur vom Wort ‚nicht', und es ist eine Regel über die Ersetzung eines Zeichens durch ein anderes.
3.220.1.1	3	Aber können wir die Berechtigung dieser Regel nicht einsehen, wenn wir die Verneinung verstehen? Ist sie nicht eine Folge aus dem Wesen der Verneinung? Sie ist nicht eine Folge, aber ein Ausdruck dieses Wesens.
3.220.2.1	4	Was wir sehen, wenn wir einsehen, daß eine doppelte Verneinung etc. ..., muß von der Art dessen sein, was wir im Zeichen $\begin{array}{c|c|c} p & & \\ \hline W & F & W \\ \hline F & W & F \end{array}$ wahrnehmen. (?)
3.220.5.1	5	Die Geometrie spricht aber so wenig von Würfeln, wie die Logik von der Verneinung.
3.220.5.1		(Man möchte hier vielleicht einwenden, daß die Geometrie vom Begriff des Würfels und die Logik vom Begriff der Negation handelt. Aber diese Begriffe gibt es nicht.)
3.220.6.1	6	Man kann einen Würfel – ich meine das Wesentliche des Würfels – nicht beschreiben. Aber kann ich denn nicht beschreiben, wie man z.B. eine Kiste macht? und ist damit nicht eine Beschreibung des/eines/ Würfels gegeben? Das Wesentliche am Würfel ist damit nicht beschrieben, das steckt vielmehr in der Möglichkeit dieser Beschreibung, d.h. darin, daß sie eine Beschreibung ist; nicht darin, daß sie zutrifft.
3.220.7.1	7	Nun kann ich doch aber sagen: „Ich sehe die Figur ⌷ 3-dimensional". Aber dieser Satz entspricht der Beschreibung einer Kiste. Er beschreibt einen bestimmten Würfel, nicht die Würfelform. Freilich kann ich das Wort „Würfelform" definieren. D.h. Zeichen geben, durch die es ersetzt werden kann./darf./
3.220.8.1	8	Man kann eine geometrische Figur nicht beschreiben. Auch die Gleichung beschreibt sie nicht, ?sondern vertritt sie durch die Regeln, die von ihr gelten?.
3.220.9.1	9	Und haben wir hier nicht das Wort „Figur" so angewendet/angewandt/, wie in unseren Betrachtungen so oft das Wort „Gedanke" oder „Symbol"? Die Art der Anwendung dieses Wortes, von welcher ich sagte, es bedeute dann kein Phänomen, sondern sei quasi ein unvollständiges Zeichen/Symbol/ und entspreche eher einer Funktion.

3.221.1.1	1	Man kann auch nicht sagen, die Würfelform habe die Eigenschaft, lauter gleiche Seiten zu besitzen. Wohl aber hat ein Holzklotz diese Eigenschaft. (Noch hat „die Eins die Eigenschaft, zu sich selbst addiert, Zwei zu ergeben".)
3.221.2.1	2	Ich sagte doch: Es schien, als wären die grammatischen Regeln die ‚Folgen in der Zeit' dessen, was wir in einem Augenblick wahrnehmen, wenn wir eine Verneinung verstehen.
3.221.2.2		Und als gebe es also zwei Darstellungen des Wesens der Verneinung: Den Akt (etwa den seelischen Akt) der Verneinung selbst, und seine Spiegelung in dem System der Grammatik.
3.221.3.1	3	Man ist versucht zu sagen/könnte sagen/: die Gestalt eines Würfels wird doch sowohl durch die Grammatik des Wortes „Würfel", als auch durch einen Würfel, dargestellt.
3.221.4.1	4	In „~p · (~~p = p)" kann der zweite Teil nur eine Spielregel sein.
3.221.5.1	5	Es hat den Anschein, als könnte man aus der Bedeutung der Negation s c h l i e ß e n, daß ~~p, p heißt.
3.221.6.1	6	Als würden aus der Natur der Negation die Regeln über das Negationszeichen f o l g e n.
3.221.6.2		So daß, in gewissem Sinne, die Negation zuerst vorhanden wäre/ist/ und dann die Regeln der Grammatik.
3.221.7.1	7	Es ist also, als hätte das Wesen der Negation einen zweifachen Ausdruck in der Sprache: Dasjenige, was ich sehe, wenn ich die Negation verstehe, und die Folgen dieses Wesens in der Grammatik.
3.222.8.1	8	Zu sagen, daß eine Vierteldrehung ein Quadrat mit sich selbst zur Deckung bringt, heißt doch offenbar nichts andres als: Das Quadrat ist um? zwei zueinander senkrechte Achsen symmetrisch, und das wieder, daß es Sinn hat, von zwei senkrechten Achsen zu reden, ob sie vorhanden sind oder nicht. Dies ist ein Satz der Grammatik.
3.223.1.1	9	Die Schwierigkeit ist wieder, daß es scheint, als wäre in einem Satz, der etwa das Wort ‚Quadrat' enthält, schon der Schatten eines andern Satzes mit diesem Worte enthalten. – Nämlich eben die M ö g l i c h k e i t jenen anderen Satz zu bilden, die ja, wie ich sagte, im Sinn des Wortes ‚Quadrat' liegt.
3.223.2.1		Und doch kann man eben nur sagen, der andere Satz ist nicht mit diesem ausgesprochen, auch nicht schattenhaft. (Und wird vielleicht nie ausgesprochen werden.)

3.222.1.1 1 Statt der Betrachtung der Negation, könnte ich auch die eines Pfeiles setzen und z.B. sagen: wenn ich ihn zweimal um 180° drehe, zeigt er wieder, wohin er jetzt zeigt; welcher Satz dem ~~p = p entspricht. Wie ist es nun hier mit der Darstellung des Wesens dieses Pfeils durch die Sprache? Jener Satz muß doch unmittelbar von diesem Wesen abgeleitet /abgelesen/ sein und es also darstellen.

3.222.2.1 Oder nehmen wir den Fall eines Quadrats und eines Rechtecks und die Sätze, daß das Quadrat durch eine Vierteldrehung mit sich selbst zur Deckung gebracht werden kann; das Rechteck aber erst durch eine halbe Drehung.

3.224.5.1 2 Es frägt sich: Was ist das für ein Satz „das Wort ‚ist' in ‚die Rose ist rot' ist dasselbe, wie in ‚das Buch ist rot', aber nicht dasselbe, wie in ‚zweimal zwei ist vier'"? Man kann nicht antworten, es heiße, verschiedene Regeln gelten von den beiden Wörtern, denn damit geht man im Zirkel. Wohl aber heißt es, das Wort ist in seinen verschiedenen Verbindungen durch zwei Zeichen ersetzbar, die nicht für einander einzusetzen sind. Ersetze ich dagegen das Wort in den beiden ersten Sätzen durch zwei verschiedene Wörter, so darf ich sie für einander einsetzen.

3.224.6.1 3 Nun könnte ich wieder fragen: sind diese Regeln /ist diese Regel/ nur eine F o l g e des E r s t e n: daß im einen Fall die beiden Wörter ‚ist' die gleiche Bedeutung haben, im andern Fall nicht? Oder ist es so, daß diese Regel eben der sprachliche Ausdruck dafür ist, daß die Wörter das Gleiche bedeuten?

3.224.7.1 4 Ich will es damit vergleichen, daß das Wort ‚ist' einen andern Wortkörper hinter sich hat. Daß es beide Male die gleiche Fläche ist, die einem andern Körper angehört, wie wenn ich ein Dreieck im Vordergrund sehe, das das eine Mal die Endfläche eines Prismas, das andre Mal eines Tetraeders ist.

3.225.1.1 5 Oder denken wir uns diesen Fall: Wir hätten Glaswürfel, deren eine Seite /Seitenfläche/ rot gefärbt wäre. Wenn wir sie aneinander reihen, so wird im Raum nur eine ganz bestimmte Anordnung roter Quadrate entstehen können, bedingt durch die Würfelform der Körper. Ich könnte nun die Regel, nach der hier rote Quadrate angeordnet sein können, auch ohne Erwähnung der Würfel angeben, aber in ihr wäre doch bereits das Wesen der Würfelform präjudiziert. Freilich nicht, daß wir gläserne Würfel haben, wohl aber die Geometrie des Würfels.

3.225.2.1 6 Wenn wir nun aber einen solchen Würfel s e h e n, sind d a m i t wirklich schon alle Gesetze der möglichen Zusammenstellung gegeben?! Also die ganze Geometrie?

3.225.2.2 Kann ich die Geometrie des Würfels von einem Würfel ablesen?

3.225.4.1 7 Der Würfel ist dann eine Notation der Regel.

3.225.4.2 Und hätten wir eine solche Regel gefunden, so könnten wir sie wirklich nicht besser notieren, als durch die Zeichnung eines Würfels (und daß es hier eine Zeichnung tut, ist wieder ungemein wichtig /bedeutsam/).

3.225.5.1	1	Und nun ist die Frage: in wiefern kann der Würfel oder die Zeichnung (denn die beiden kommen hier auf dasselbe hinaus/auf eins hinaus/) als Notation der geometrischen Regeln dienen?
3.225.6.1	2	Doch auch nur, sofern er einem System angehört: nämlich der Würfel mit der einen roten Endfläche wird etwas anderes notieren, als eine Pyramide mit quadratischer roter Basis, etc.. D.h., es wird dasjenige Merkmal der Regeln notieren, worin sich z.B. der Würfel von der Pyramide unterscheidet.
3.226.7.1	3	Jedes Zeichen der Negation ist gleichwertig jedem andern, denn „p ⌐" ist ebenso ein Komplex von Strichen, wie das Wort „nicht", und zur Negation wird es nur durch die Art, wie es ‚wirkt'. Hier aber ist nicht die Wirkung im Sinne der Psychologie (das Wort ‚Wirkung' also nicht kausal) gemeint, sondern die Form seiner Wirkung.
3.226.8.1	4	Ich möchte sagen: Nur dynamisch wirkt das Zeichen, nicht statisch.
3.226.8.2		Der Gedanke ist dynamisch.
3.84.1.1	5	Daß die Tautologie und Kontradiktion nichts sagen, geht nicht etwa aus dem W-F-Schema hervor, sondern muß festgesetzt werden. Und die Schemata machen nur die Form der allgemeinen Festsetzung einfach. /..... machen nur die Festsetzung der Form leicht./einfach.//
4.213.3.1	6	Du sagst, das Hinweisen auf einen roten Gegenstand ist das primäre Zeichen für ‚rot'. Aber das Hinweisen auf einen roten Gegenstand ist nicht mehr, als die bestimmte Handbewegung gegen einen roten Gegenstand, und ist vorläufig gar kein Zeichen. Wenn Du sagst, Du meinst: das Hinweisen auf den roten Gegenstand als Zeichen verstanden – so sage ich: das Verständnis, auf das es uns ankommt, ist kein Vorgang, der das Hindeuten begleitet (etwa ein Vorgang im Gehirn) und wenn Du doch so einen Vorgang meinst, so ist dieser an sich wieder kein Zeichen. ((Die Idee ist hier immer wieder, daß die Meinung, die Interpretation, ein Vorgang sei, der das Hinweisen begleitet und ihm sozusagen die Seele gibt (ohne welche es tot wäre). Das scheint besonders dort so, wo ein Zeichen die ganze Grammatik zusammenzufassen scheint, daß wir sie aus ihm ableiten können, und es scheint, daß sie in ihm enthalten wäre, wie eine Perlenschnur in einer Schachtel wäre und wir sie nur herauszuziehen müßten. (Aber dieses Bild ist es eben, was/welches/ uns irreführt.) Als wäre also das Verständnis ein momentanes Erfassen von etwas, wovon später nur die Konsequenzen gezogen werden; und zwar so, daß diese Konsequenzen bereits in einem ideellen Sinn existieren, ehe sie gezogen wurden. Als ob also der Würfel – z.B. – schon die ganze Geometrie des Würfels enthielte und ich sie nun nur noch auszubreiten habe/hätte/. Aber welcher Würfel? Der Gesichtswürfel, oder ein Eisenwürfel? Oder gibt es einen ideellen Würfel? – Offenbar schwebt uns der Vorgang vor, aus einer Zeichnung, Vorstellung (oder einem Modell) Sätze der Geometrie abzuleiten. Aber welche Rolle spielt dabei das Modell? Doch wohl die des Zeichens! Des Zeichens, welches eine bestimmte Verwendungsart hat und nur durch diese bezeichnet. Es ist allerdings interessant und merkwürdig, wie dieses Zeichen verwendet wird, wie wir etwa die Zeichnung des Würfels wieder und wieder bringen mit immer andern Zutaten. Einmal sind die Diagonalen gezogen, einmal Würfel aneinander gereiht, etc. etc.. Und

es ist dieses Zeichen (mit der Identität eines/des/ Zeichens), welches wir für jenen Würfel nehmen, in dem die geometrischen Gesetze bereits liegen. (Sie liegen in ihm so wenig, wie im Schachkönig die Dispositionen, in gewisser Weise benützt zu werden.) Die geometrischen Gesetze konstituieren den Begriff des Würfels (sie geben eine Konstitution, eine Verfassung). Was ich seinerzeit über den „Wortkörper" geschrieben habe, ist der klare Ausdruck des besprochenen Irrtums.))

Wesen der Sprache.

40

LERNEN, ERKLÄRUNG, DER SPRACHE.
KANN MAN DIE SPRACHE DURCH DIE ERKLÄRUNG GLEICHSAM
AUFBAUEN, ZUM FUNKTIONIEREN BRINGEN?

3.3.4.1   1   Wenn ich erkläre „,~p' ist wahr, wenn ,p' nicht wahr ist", so setzt das voraus, daß ich verstehe, was es heißt, ,p' sei nicht wahr. Dann habe ich aber nichts getan als zu definieren:
$\sim p \stackrel{\text{Def}}{=}$,p' ist falsch.

3.3.4.2   Es kommt nämlich wesentlich darauf an, daß es nicht möglich ist, das Zeichen „p" auf der rechten Seite der Definition auszulassen, bezw. durch ein anderes zu ersetzen (es sei denn wieder durch eine/mit Hilfe einer/ Definition). Solange das nicht möglich ist, kann und muß man auch die rechte Seite als Funktion auffassen von p, nämlich: ,( )' ist falsch.

3.3.4.3   Das hängt auch damit zusammen, daß ja der Tintenstrich nicht falsch ist. Wie er schwarz oder krumm ist.

3.4.0.5   2   Wenn ich also auch dem Schriftzug „p" den Namen A gebe und daher schreibe: „~p $\stackrel{\text{Def}}{=}$ A ist falsch", so hat das nur einen Sinn, d.h. die rechte Seite kann nur verstanden werden, wenn A für uns als Satzzeichen steht. Dann aber ist nichts gewonnen; zum mindesten keine Erklärung des Mechanismus der Negation.

3.4.1.1   3   Und dasselbe muß der Fall sein, wenn man erklärt, „(x) fx" sei wahr, wenn f( ) für alle Substitutionen wahr ist. Man muß auch dazu schon den logischen Mechanismus der Verallgemeinerung verstehen. Es ist (auch) nicht so, daß man erst ahnungslos ist, und die Verallgemeinerung nun durch die Erklärung erst zum Funktionieren gebracht wird. Wie wenn man in eine Maschine ein Rad einsetzt und sie dann/nun/ erst funktioniert (oder, die Maschine erst in zwei getrennten Teilen da ist und sie nun erst durch das Zusammensetzen als diese Maschine funktionieren).

         4   Die Erklärung einer Sprache (der Zeichen einer Sprache) führt uns nur von einer Sprache in eine andere.

3.79.1.1   5   Wie schaut die Erklärung eines Zeichens aus? Das müßte doch eine für die Sprache außerordentlich wichtige Form sein, sei dieser Behelf nun ein Satz oder nicht.

3.79.3.1   6   Denken wir uns eine Sprache, in der ich „A ist größer als B" nicht nur so ausdrücke: „↑ ist größer als ↗", sondern in der ich auch statt des Wortes „größer" eine Geste mache, die die Bedeutung des Wortes zeigt. – Wie könnte ich nun so eine Sprache erklären? (Wie könnte ich die Zeichen so einer Sprache erklären?) Und würde ich nun noch das frühere Bedürfnis nach einer Erklärung fühlen?
Eine Erklärung für die Bedeutung eines Zeichens tritt an Stelle des erklärten Zeichens.

3.249.3.1	1	Auch das Kind lernt in diesem Sinne/duch Erklärungen/ nur eine Sprache vermittels einer anderen. Die Wortsprache durch die Gebärdensprache.	173
3.249.4.1			

3.230.2.1 2 Die Gebärdensprache ist eine Sprache und wir haben sie nicht – im gewöhnlichen Sinne – gelernt. Das heißt: sie wurde uns nicht geflissentlich gelehrt. – Und jedenfalls nicht durch Zeichenerklärungen.

3.230.6.1 3 Man kann sich das Lernen einer Sprache in anderm Sinne aber analog dem Fingerhutsuchen vorstellen, wo die gewünschte Bewegung durch „heiß, heiß", „kalt, kalt" herbeigeführt wird. Man könnte sich denken, daß der Lehrende statt dieser Worte auf irgendeine Weise (etwa durch Mienen) angenehme und unangenehme Empfindungen hervorruft, und der Lernende nun dazu gebracht wird, die Bewegung auf den Befehl hin auszuführen, die regelmäßig von der angenehmen Empfindung begleitet wird (oder zu ihr führt).

4.8.7.1 4 Verbindung von Wort und Sache durch die Erklärung/das Lehren der Sprache/ hergestellt. Was ist das für eine Verbindung, welche Art? Was für Arten von Verbindungen gibt es?

4.9.1.1   Eine elektrische, mechanische, psychische Verbindung kann funktionieren oder nicht funktionieren: Anwendung auf die Verbindung, die die Worterklärung herstellt.

4.61.3.1 5 Die Zuordnung von Gegenstand und Name ist keine andere, als die durch die Worte „das ist ....." oder eine Tabelle erzeugte etc.. Sie ist ein Teil des Symbolismus. Es ist daher unrichtig zu sagen, die Beziehung von/zwischen/ Name und Gegenstand sei eine psychologische.

3.245.3.1 6 Das Wort ‚Teekanne' hat doch Bedeutung; gewiß, im Gegensatz zum Worte ‚Abracadabra', nämlich in der deutschen Sprache. Aber wir könnten ihm natürlich auch eine Bedeutung geben; das wäre ein Akt ganz analog dem, wenn ich ein Täfelchen mit der Aufschrift ‚Teekanne' an eine Teekanne hänge. Aber was habe ich hier anders als eine Teekanne mit einer Tafel, auf der Striche zu sehen sind? Also wieder nichts logisch Interessantes. Die Festsetzung der Bedeutung eines Wortes kann nie (wesentlich) anderer Art sein.

41
Wie wirkt die einmalige Erklärung der Sprache, das Verständnis?

3.132.2.1	1	Vielleicht ist die eigentliche Schwierigkeit die: daß ich das Wort „rot" erkläre, indem ich auf etwas Rotes zeige und sage „das ist rot", während doch dieses Rote später meinem Blick entschwindet. Und nun scheinbar etwas Anderes an seine Stelle tritt (die Erinnerung oder wie man es heißen mag).
3.132.3.1	2	„Also so wird dieses Wort gebraucht!" Aber wie bewahre ich denn dieses So in der Erinnerung?
3.206.4.1	3	Das Lernen der Sprache ist in ihrer Benützung/ihrem Gebrauch/ nicht enthalten. (Wie die Ursache eben nicht in ihrer Wirkung.)
3.206.7.1	4	Ich kann die Regel selbst festsetzen und mich eine/die/ Sprache lehren. Ich gehe spazieren und sage mir: Wo immer ich einen Baum treffe, soll mir das das Zeichen sein, bei der nächsten Kreuzung links zu gehen, und nun richte ich mich nach den Bäumen in dieser Weise (fasse ihre Stellung als einen Befehl auf).
3.99.7.1	5	Wie kann ich mir vornehmen, einer Regel zu folgen?
3.99.7.2		Nicht nur soweit, als ich die Regel ausdrücken kann?
3.186.2.1	6	Welche Wirkung hatte nun die hinweisende Erklärung? Hatte sie sozusagen nur eine automatische Wirkung? Das heißt aber, wird sie nun immer wieder benötigt, oder hatte sie eine ursächliche Wirkung, wie etwa eine Impfung, die uns ein für allemal, oder doch bis auf weiteres, geändert hat.
3.185.3.1	7	Ich sage „wähle alle blauen Kugeln aus"; er aber weiß nicht, was „blau" heißt. Nun zeige ich und sage „das ist blau". Nun versteht er mich und kann meinem Befehl folgen.
3.185.3.2	8	Ich setze ihn in Stand, dem Befehl zu folgen. Was geschieht nun aber, wenn er in Zukunft diesen Befehl hört? Ist es nötig, daß er sich jener Erklärung, d.h. des einmaligen Ereignisses jener Erklärung erinnert? Ist es nötig, daß das Vorstellungsbild des blauen Gegenstands oder eines blauen Gegenstands vor seine Seele tritt? Alles das scheint nicht nötig zu sein, obwohl es möglicherweise geschieht. Und doch scheint das Wort „blau" jetzt einen anderen Aspect für ihn zu haben, als da es ihm noch nicht erklärt war. Es gewinnt gleichsam Tiefe.
3.281.3.1	9	In wiefern hilft die hinweisende Erklärung „das ist ‚rot'" zum Verständnis des Wortes.
3.281.4.1		(Sie ‚hilft' gar nicht, sondern ist eben eine der symbolischen Regeln für den Gebrauch des Wortes ‚rot'.)

3.187.3.1	1	Eine Erklärung kann nicht in die Ferne wirken. Ich meine: sie wirkt nur, wo sie angewandt wird. Wenn sie außerdem noch eine „Wirkung" hat, dann nicht als Erklärung.
4.183.1.1	2	Ist es so, daß eine Erklärung, eine Tabelle, zuerst so gebraucht werden kann, daß man sie „nachschlägt"; daß man sie dann gleichsam im Kopf nachschlägt, d.h., sie sich vor das innere Auge ruft (oder dergleichen); und daß man endlich ohne diese Tabelle arbeitet, also so, als wäre sie nie da gewesen. In diesem letzten Fall spielt man also ein anderes Spiel. Denn es ist nun nicht so, daß jene Tabelle ja doch im Hintergrund steht und man immer auf sie zurückgreifen kann; sie ist aus unserm Spiel ausgeschieden und wenn ich auf sie ‚zurückgreife', so tue ich, was der Erblindete tut, der etwa auf den Tastsinn zurückgreift. Eine Erklärung ist das Anlegen/die Konstruktion/Anfertigung/ einer Tabelle und sie wird Geschichte, wenn ich die Tabelle nicht mehr benütze./Eine Erklärung fertigt eine Tabelle an und sie wird zur Geschichte, wenn ...../
4.183.1.1	3	Ich muß unterscheiden zwischen den Fällen: wenn ich mich einmal nach einer Tabelle richte, und ein andermal in Übereinstimmung mit der Tabelle (der Regel, welche die Tabelle ausdrückt) handle, ohne die Tabelle zu benützen. – Die Regel, deren Erlernung uns veranlaßte, jetzt so und so zu handeln, ist als Ursache unserer Handlungsweise Geschichte und (für uns) ohne Interesse. Sofern sie aber eine allgemeine Beschreibung unserer Handlungsweise ist, ist sie eine Hypothese. Es ist die Hypothese, daß diese zwei Leute, die am/über dem/ Schachbrett sitzen, so und so handeln werden (wobei auch ein Verstoß gegen die Spielregeln unter die Hypothese fällt, denn diese sagt dann etwas darüber aus, wie sich die Beiden benehmen werden, wenn sie auf diesen Verstoß aufmerksam werden). Die Spieler können aber die Regel auch benützen, indem sie in jedem besonderen Fall nachschlagen, was zu tun ist; hier tritt die Regel in die Spielhandlung selbst ein und verhält sich zu ihr nicht, wie eine Hypothese zu ihrer Bestätigung. „Hier gibt es aber eine Schwierigkeit. Denn der Spieler, welcher ohne Benützung des Regelverzeichnisses spielt, ja, der nie eins gesehen hätte, könnte dennoch, wenn es verlangt würde, ein Regelverzeichnis anlegen und zwar nicht – behaviouristisch – indem er durch wiederholte Beobachtung feststellte, wie er in diesem und in jenem Fall gehandelt hat /handelt/, sondern, indem er vor einem Zug stehend sagt: ‚in diesem Fall zieht man so'." – Aber wenn es nur so ist, so zeigt es doch nur, daß er unter gewissen Umständen eine Regel aussprechen wird, nicht, daß er von ihr beim Zug expliziten Gebrauch gemacht hat. Daß er ein Regelverzeichnis anlegen würde/wird/, wenn man es verlangte /verlangt/, ist eine Hypothese und wenn man eine Disposition, ein Vermögen, ein Regelverzeichnis anzulegen annimmt, so ist es eine psychische Disposition auf gleicher Stufe mit einer physiologischen. Wenn gesagt wird, diese Disposition charakterisiert den Vorgang des Spiels, so charakterisiert sie ihn als einen psychischen oder physiologischen, was er tatsächlich ist. (Im Studium des Symbolismus gibt es keinen Vordergrund und Hintergrund, nicht ein sichtbares /greifbares/ Zeichen und ein es begleitendes unsichtbares/ungreifbares/ Vermögen, oder Verständnis.)

4.212.0.14   1   Wie wirkt nun die hinweisende Erklärung? Sie lehrt den Gebrauch eines Zeichens; und das Merkwürdige ist nur, daß sie ihn auch für die Fälle zu lehren scheint, in denen ein Zurückgehen auf das hinweisende Zeichen nicht möglich ist. Aber geschieht das nicht, indem wir, quasi, die in der hinweisenden Definition gelernten Regeln in bestimmter Weise transformieren? (Wenn z.B. der Mann, der mir vorgestellt wurde, abwesend ist und ich nun trotzdem seinen Namen gebrauche, dessen Gebrauch mir durch die Vorstellung – hinweisende Erklärung – erklärt wurde.) Wenn ich ihn nun brauche, in wiefern mache ich da von der hinweisenden Erklärung Gebrauch? Offenbar nicht in der Weise, in welcher ich in der Anwesenheit des Menschen von ihr Gebrauch machen konnte. Es gibt ein Spiel, worin ich immer statt des Namens das hinweisende Zeichen geben kann, und eins, in welchem das nicht mehr möglich ist. Und wir müssen nur daran festhalten, daß die Erklärung, als fortwirkende Ursache unseres Gebrauchs von Zeichen, uns nicht interessiert, sondern nur, sofern wir von ihr in unserm Kalkül Gebrauch machen können. Eine Schwierigkeit in der Erklärung des Gebrauchs der hinweisenden Definition macht es, daß wir /Es macht eine Schwierigkeit in der Erklärung des Gebrauchs der hinweisenden Definition, daß wir/ verschiedene Kriterien der Identität anwenden (also das Wort ‚Identität' in verschiedener Weise gebrauchen), je nachdem, ob ein Ding sich vor unsern Augen bewegt, oder unserm Blick entschwindet und vielleicht wieder erscheint. Das ist wichtig, denn für den zweiten Fall gibt uns die hinweisende Definition eigentlich nur ein Muster und tut nur, was auch der Hinweis auf ein Bild tut. Das drückt sich darin aus, daß die gegebene hinweisende Erklärung nichts nützt, wenn wir vergessen haben, wie der Mensch, auf den gezeigt wurde, aussah.

2   Es ist möglich, daß Einer die Bedeutung des Wortes „blau" vergißt. Was hat er da vergessen?: Wie äußert sich das?
Da gibt es verschiedene Fälle: Er zeigt etwa auf verschieden gefärbte Täfelchen und sagt: „ich weiss nicht mehr, welche von diesen man ‚blau' nennt". Oder aber, er weiss überhaupt nicht mehr, was das Wort /es/ bedeutet, und nur, daß es ein deutsches Wort ist /ein Wort der deutschen Sprache ist/.
Wenn wir ihn nun fragen: „weisst Du, was das Wort ‚blau' bedeutet", und sagt „ja"; da konnte er verschiedene Kriterien anwenden, um sich „zu überzeugen", daß er die Bedeutung wisse. (Denken wir wieder an die entsprechenden Kriterien dafür, daß er das Alphabet hersagen kann.) Vielleicht rief er sich ein blaues Vorstellungsbild vor die Seele, vielleicht sah er nach einem blauen Gegenstand im Zimmer, vielleicht fiel ihm das englische Wort „blue" ein, oder er dachte an einen „blauen Fleck", den er sich geholt hatte, etc., etc..
Wenn nun gefragt würde: wie kann er sich denn zur Probe seines Verständnisses ein blaues Vorstellungsbild vor die Seele rufen, denn, wie kann ihm das Wort ‚blau' zeigen, welche Farbe aus dem Farbenkasten seiner Vorstellung er zu wählen hat, – so ist zu sagen, daß es sich eben so zeigt, daß das Bild vom Wählen, etwa, eines blauen Gegenstands mittels eines blauen Mustertäfelchens hier unpassend /ungeeignet/ ist. Und der Vorgang eher mit dem zu vergleichen ist, wenn beim Drücken eines Knopfes, auf dem das Wort „blau" geschrieben steht, automatisch ein blaues Täfelchen vorspringt, oder, wenn der Mechanismus versagt, nicht vorspringt.

Man könnte nun sagen: Der, welcher die Bedeutung des Wortes „blau" vergessen hat und aufgefordert wurde, einen blauen Gegenstand aus anderen auszuwählen, fühlt beim Ansehen dieser Gegenstände, daß die Verbindung zwischen dem Wort „blau" und jenen Farben nicht mehr besteht (unterbrochen ist). Und die Verbindung wird wieder hergestellt, wenn wir ihm die Erklärung des Wortes wiederholen. Aber wir konnten die Verbindung auf mannigfache Weise wieder herstellen: Wir konnten ihm einen blauen Gegenstand zeigen und die hinweisende Definition geben, oder ihm sagen „erinnere Dich an Deinen ‚blauen Fleck'", oder wir konnten ihm das Wort „blue" zuflüstern, etc. etc.. Und wenn ich sagte, wir konnten die Verbindung auf diese verschiedenen Arten herstellen, so liegt nun der Gedanke nahe, daß ich ein bestimmtes Phänomen, welches ich die Verbindung zwischen Wort und Farbe, oder das Verständnis des Wortes nenne, auf alle diese verschiedenen Arten hervorgerufen habe; wie ich etwa sage, daß ich die Enden zweier Drähte durch Drahtstücke verschiedener Länge und Materialien leitend miteinander verbinden kann. Aber von so einem Phänomen, etwa dem Entstehen eines blauen Vorstellungsbildes, muss keine Rede sein und das Verständnis wird sich dann dadurch zeigen, daß er etwa die blaue Kugel aus den andern tatsächlich auswählt, oder sagt, er könne es nun tun, wolle es aber nicht; etc., etc., etc.. Wir können dann immer ein Spiel festsetzen, welches eine Möglichkeit so eines Vorgangs darstellt, und müssen nicht vergessen, daß in Wirklichkeit hundert verschiedene und ihre Kreuzungen mit den Worten „die Bedeutung vergessen", „sich an die Bedeutung erinnern", „die Bedeutung kennen" beschrieben werden.

42
KANN MAN ETWAS ROTES NACH DEM WORT „ROT" SUCHEN? BRAUCHT MAN EIN BILD DAZU? VERSCHIEDENE SUCHSPIELE.

3.194.13.1	1	Man könnte eine wesentliche Frage auch so stellen: Wenn ich jemandem sage „male diesen Kreis rot", wie entnimmt er aus dem Wort ‚rot', welche Farbe er zu nehmen hat?
3.296.6.1	2	Heißt es etwas, zu sagen, daß das Wort ‚rot', um ein brauchbares Zeichen zu sein, ein Supplement – etwa im Gedächtnis – braucht?
3.296.6.2		D.h., inwiefern ist es allein nicht Zeichen?
3.298.2.1	3	Wenn ich eine Erfahrung mit den Worten beschreibe „vor mir steht ein blauer Kessel", ist die Rechtfertigung dieser Worte, außer der Erfahrung die in den Worten beschrieben wird, noch eine andere, etwa die Erinnerung, daß ich das Wort ‚blau' immer für diese Farbe verwendet habe, etc.?
3.298.5.1	4	Wenn ich jemandem sage „wenn ich läute, komm' zu mir", so wird er zuerst, wenn er läuten hört, sich diesen Befehl (das Läuten) in Worte übersetzen und erst den übersetzten befolgen. Nach einiger Zeit aber wird er das Läuten ohne Intervention anderer Zeichen in die Handlung übersetzen.
3.298.5.2		Und so, wenn ich sage „zeige auf einen roten Fleck", befolgt er diesen Befehl, ohne daß ihm dabei zuerst das Phantasiebild eines roten Flecks als Zeichen für ‚rot' erscheint.
3.298.7.1	5	Wenn er läutet, so komme ich zu ihm, ohne mir erst ein Bild meiner Bewegungen vorzustellen, wonach ich (dann) handle.
3.310.3.1	6	Ich kann gewiß sagen: „Tu jetzt, was Du Deiner Erinnerung nach gestern um diese Zeit getan hast". Und wenn er sich daran erinnert, kann er seiner Erinnerung folgen. Erinnert er sich aber nicht, so hat der Befehl keinen Sinn für ihn.
3.310.4.1	7	Wäre dieser Befehl also wie der: „Tu, was auf dem Zettel in dieser Lade aufgeschrieben steht". Wenn in der Lade kein Zettel ist, so ist das kein Befehl. Oder denken wir uns, daß auf dem Zettel eine unsinnige /sinnlose/ Wortverbindung steht.
3.311.12.1	8	Wenn ich jemandem sage „male das Grün Deiner Zimmertür nach dem Gedächtnis", so bestimmt das, was er zu tun hat, nicht eindeutiger, als der Befehl „male das Grün, was Du auf dieser Tafel siehst".

3.312.2.1	1	Wenn es bei der Bedeutung des Wortes „rot" auf das Bild ankommt, das mein Gedächtnis beim Klang dieses Wortes automatisch reproduziert, so muß ich mich auf diese Reproduktion gerade so verlassen, als wäre ich entschlossen, die Bedeutung durch Nachschlagen in einem Buche zu bestimmen, wobei ich mich diesem Buche, dem Täfelchen, das ich darin fände, quasi auf Gnade und Ungnade ergeben würde.
3.312.4.1	2	Ich bin dem Gedächtnis ausgeliefert.
3.320.3.1	3	Freilich kann man sagen: das rote Täfelchen ist in Wirklichkeit auch nicht maßgebend, weil das Gedächtnis immer als Kontrolle des Täfelchens verwendet wird.
3.321.4.1	4	Die Frage aber ist: Ist im Falle einer relativen Veränderung der Farbe des Täfelchens zu meinem Gedächtnis (ein gewagter Ausdruck) in irgend einem Sinne unbedingt der Deutung der Vorzug zu geben, das Täfelchen habe sich geändert und ich müsse mich also nach dem Gedächtnis richten? Offenbar nein. Übrigens besagt die ‚Deutung', das Täfelchen und nicht das Gedächtnisbild habe sich verändert, nichts als eine Worterklärung der Wörter „verändern" und „gleichbleiben".
3.321.3.1 3.321.3.2 3.321.3.3	5	Könnte ich behaupten, daß mein Gedächtnis immer etwas nachdunkle? Jedenfalls könnte ich sagen: „wähle die Farbe, die Du im Gedächtnis hast" und auch „wähle eine etwas dunklere Farbe, als die Du im Gedächtnis hast". Von einem Nachdunkeln kann man natürlich nur im Vergleich zu Etwas/etwas andrem/ sprechen und es genügt nicht, zu sagen „nun, mit der Farbe, wie sie wirklich war", weil hier die besondere Art der Verifikation, d.h., die (besondere) Grammatik der Worte „wie sie war" noch nicht festgelegt ist, diese Worte (also) noch mehrdeutig sind.
3.316.5.1	6	Mit einem Draht nach einem Kurzschluß suchen; er ist gefunden, wenn es läutet. Aber suche ich dabei auch nach etwas, was der Idee des Klingelns gleich ist?
3.260.2.1 3.260.3.1	7	Der Befehl sei: „Stelle Dir einen roten Kreis vor". Und ich tue es. Wie konnte ich den Worten auf diese Weise folgen? Das ist doch ein Zeichen/Beweis/ dafür, daß wir den Worten auch ohne Vorstellungen gehorchen können.
3.260.5.1	8	Wie kann ich es rechtfertigen, daß ich mir auf diese Worte hin diese Vorstellung mache?
3.107.10.1	9	Hat mir jemand die Vorstellung der blauen Farbe gezeigt und gesagt, daß sie das ist?
3.326.3.1	10	Es ist also richtig: „Ich erinnere mich daran", an das, was ich hier vor mir sehe. Das Bild ist dann in einem gewissen Sinne gegenwärtig und vergangen.
3.326.4.1	11	Der Vorgang des Vergleiches eines Bildes mit der Wirklichkeit ist also der Erinnerung nicht wesentlich.

3.319.3.1	1	Es ist instruktiv zu denken, daß, wenn wir mit einem gelben Täfelchen die Blume suchen, uns jedenfalls nicht die Relation der Farbengleichheit in einem weiteren Bild gegenwärtig ist. Sondern wir sind mit dem einen ganz zufrieden.
3.319.4.1	2	(So wie wir nicht für einen Augenblick daran dächten, ein Kind die Gebärdensprache zu lehren.)
3.320.1.1	3	Ich kann die Bedeutung der Zeichen ☿, ◻, ☉, durch die Tabelle ☿ | Kirche erklären; aber diese Tabelle wieder erklären, indem ich sie ◻ | Haus ☉ | Stadt so schreibe ☿ + Kirche 　　　　　　 ◻ + Haus 　　　　　　 ☉ + Stadt und sie einer anderen entgegenstelle: ⎛☿⎞ Kirche 　　　　　　　　　　　　　　　　　　⎜◻⎟ Haus 　　　　　　　　　　　　　　　　　　⎝☉⎠ Stadt
3.320.2.1	4	Aber konnte denn auch die erste Erklärung wegbleiben? Gewiß, wenn die Zeichen ☿, ◻, ☉, uns (etwa) ursprünglich ebenso beigebracht worden wären, wie die Wörter „Kirche", „Haus", „Stadt". Aber diese mußten uns doch erklärt werden! – Soweit sie uns überhaupt ‚erklärt' wurden, geschah es durch eine Gebärdensprache, die uns nicht erklärt wurde. – Aber wäre denn diese Gebärdensprache einer Erklärung fähig gewesen? – Gewiß; z.B. durch eine Wortsprache.
4.205.7.1	5	Denken wir an das laute Lesen nach der Schrift (oder das Schreiben nach dem Gehör). Wir könnten uns natürlich eine Art Tabelle denken, nach der wir uns dabei richten könnten. Aber wir richten uns nach keiner. Kein Akt des Gedächtnisses, nichts, vermittelt zwischen dem geschriebenen Zeichen und dem Laut.
3.296.7.1	6	(Das Wort ‚rot' ist ein Stein in einem Kalkül und das rote Täfelchen ist auch einer.)

4.215.1.2	1	Es ist ein anderes Spiel, mit einem Täfelchen herumgehen, es an die Gegenstände anzulegen und so die Farbengleichheit zu prüfen; und anderseits: ohne ein solches Muster nach Wörtern in einer Wortsprache handeln.
4.215.1.3		Man denkt nun: Ja, das erste Spiel verstehe ich; das ist ja ganz einfach: Der erste Schritt ist der, von einem geschriebenen Wort auf das gleiche geschriebene Wort des Musters; der zweite ist der Übergang von dem Wort auf dem Mustertäfelchen zu der Farbe auf dem g l e i c h e n Täfelchen; und der dritte, das Vergleichen von Farben. Jeden Schritt dieses Kalküls gehen wir also auf einer Brücke. (Wir sind geführt, der Schritt ist vorgezeichnet.)
4.215.1.4		Aber wir sind doch hier nur insofern geführt, als wir uns führen lassen. Auf diese Weise k a n n ich alles, und m u ß ich nichts eine Führung nennen. – Und am Schluß tu ich, was ich tue und das ist Alles.
4.215.1.5		Aber ein Unterschied bleibt doch: Wenn ich gefragt werde „warum nennst Du gerade diese Farbe ‚rot'", so würde ich tatsächlich antworten: weil sie auf dem gleichen Täfelchen mit dem Wort ‚rot' steht. Würde ich aber in dem zweiten Spiel gefragt „warum nennst Du diese Farbe ‚rot'", so gäbe es darauf keine Antwort und die Frage hätte keinen Sinn. – Aber im ersten Spiel hat die Frage keinen Sinn: „warum nennst Du d i e Farbe ‚rot', die auf dem gleichen Täfelchen mit dem Wort ‚rot' steht". So handle ich eben (und man kann dafür wohl eine Ursache angeben, aber keinen Grund).
4.215.1.6		Bedenke vor allem: Wie weiß man, daß das Täfelchen rot bleibt? Braucht man dazu wieder ein Bild? Und wie ist es mit dem? etc.. Woran erkennt er das Vorbild als Vorbild?
4.215.2.1	2	(Ein Grund läßt sich nur i n n e r h a l b eines Spiels angeben.)
4.215.3.1	3	Die Kette der Gründe kommt zu einem Ende und zwar dem Ende in diesem Spiel/und zwar (an)? der Grenze des Spiels/.
4.216.4.1	4	Man kann sagen: Die Regeln des Spiels sind die, die gelehrt werden, wenn das Spiel gelehrt wird. – Nun wird z.B. dem Menschen, der lesen lernt, tatsächlich gelehrt: das ist ein a, das ein e, etc.; also, könnte man sagen, gehören diese Regeln, gehört diese Tabelle mit zum Spiel. – Aber erstens: lehrt man denn auch den Gebrauch dieser Tabelle? und k ö n n t e man ihn, anderseits, nicht lehren? Und zweitens kann doch das Spiel w i r k l i c h auf zwei verschiedene Arten gespielt werden.
4.216.4.2		Man kann nun fragen: ist es denn aber auch noch ein Spiel, wenn Einer die Buchstaben abbc sieht und i r g e n d e t w a s macht? Und wo hört das Spiel auf, und wo fängt es an?
4.216.4.3		Die Antwort ist natürlich: Spiel ist es, wenn es nach einer Regel vor sich geht. Aber was ist noch eine Regel und was keine mehr?
4.216.4.4		Eine Regel kann ich nicht anders geben, als durch ihren Ausdruck; denn auch Beispiele, wenn sie Beispiele sein sollen, sind ein Ausdruck für die Regel, wie jeder andre.
4.216.4.5		Wenn ich also sage: Spiel nenne ich es nur, wenn es einer Regel gemäß geschieht und die Regel ist eine Tabelle, so kann ich nicht die Verwendungsart/die Art des Gebrauches/ dieser Tabelle garantieren, denn ich kann sie nur durch eine weitere Tabelle festlegen, oder durch Beispiele. Diese Beispiele tragen nicht weiter, als sie selbst gehen /reichen/ und die zweite Tabelle ist im gleichen Fall wie die erste.

4.216.4.6   Ich könnte auch sagen: was ist das Schachspiel andres (oder was ist vom Schachspiel andres vorhanden), als Regelverzeichnisse (gesprochen, geschrieben, etc.) und die Beschreibung einer Anzahl von Schachpartien?

4.216.4.7   Es steht mir (danach) natürlich frei, ‚Spielregel' nur ein Ding von bestimmt festgelegter Form zu nennen.

43

„Die Beziehung/Verbindung/ zwischen Sprache und Wirklichkeit" ist durch die Worterklärungen hergestellt /gemacht/, welche wieder zur Sprachlehre gehören. So dass die Sprache in sich geschlossen, autonom, bleibt.

3.19.1.1 1 Übereinstimmung von Gedanke und Wirklichkeit. Wie alles Metaphysische ist die (prästabilierte) Harmonie zwischen Gedanken und Wirklichkeit in der Grammatik der Sprache aufzufinden.

3.15.1.1 2 Es ist wohl auch Unsinn zu sagen, die Übereinstimmung (und Nichtübereinstimmung) zwischen Satz und Welt/Realität/ sei willkürlich durch eine Zuordnung geschaffen. Denn, wie ist diese Zuordnung auszudrücken? Sie besteht darin, daß der Satz „p" sagt, es sei gerade das der Fall. Aber wie ist dieses „gerade das" ausgedrückt/gegeben/? Wenn durch einen andern Satz, so gewinnen wir nichts dabei; wenn aber durch die Realität, dann muß diese schon in bestimmter Weise – artikuliert – aufgefaßt sein. Das heißt: man kann nicht auf einen Satz und auf eine Realität deuten und sagen: „das entspricht dem". Sondern, dem Satz entspricht nur wieder das schon Artikulierte. D.h., es gibt keine hinweisende Erklärung für Sätze.

3.36.4.1 3 Um in einer Sprache/im Chinesischen/ einen Satz bilden zu können, dazu genügt es nicht, die Lautreihe zu lernen und zu wissen, daß sie, etwa in der Fibel neben einem bestimmten Bild steht. Denn das befähigt mich nicht, die Tatsache in jener Sprache/auf Chinesisch/ zu porträtieren.

3.36.5.1 Ja, wenn es mir im Deutschen so geschähe, daß ich die ganze Sprache vergäße, mir aber bei einer bestimmten Gelegenheit doch die Lautverbindung einfiele, die man in diesem Falle gebraucht, so würde ich diese Lautverbindung in diesem Falle nicht verstehen.

3.37.4.1 4 Wenn man jemanden fragt „wie weißt Du, daß diese Beschreibung wiedergibt, was Du siehst", so könnte er etwa antworten „ich meine das mit diesen Worten". Aber was ist dieses „das", wenn es nicht (selbst) wieder artikuliert, also schon Sprache ist? Also ist „ich meine das" gar keine Antwort. Die Antwort ist eine Erklärung der Bedeutung der Worte.

3.37.5.1 5 Wenn ich die Beschreibung nach Regeln bilde, was auch möglich ist, dann übersetze ich sie als eine Sprache aus einer anderen. Und das kann ich natürlich mit Grammatik und Wörterbuch tun und so rechtfertigen. – Aber dann ist die Übertragung von Artikuliertem in Artikuliertes. Und wenn ich sie durch Berufung auf die Grammatik und das Wörterbuch rechtfertige, so tue ich nichts, als eine Beziehung zwischen Wirklichkeit und Beschreibung (eine projektive Beziehung) festzustellen, von der Intention aber, meiner Beschreibung ist hiebei keine Rede. (D.h., ich kann eben nur die Ähnlichkeit des Bildes prüfen, nichts weiter.)

44

DIE SPRACHE IN UNSEREM SINN NICHT ALS EINRICHTUNG
DEFINIERT, DIE EINEN BESTIMMTEN ZWECK ERFÜLLT.
DIE GRAMMATIK KEIN MECHANISMUS, DER DURCH SEINEN ZWECK
GERECHTFERTIGT IST.

3.218.3.1   1   Könnte ich nicht die Sprache als soziale Einrichtung betrachten, die gewissen Regeln unterliegt, weil sie sonst nicht wirksam wäre/wirken würde/. Aber hier liegt es: dieses Letztere/Letzte/ kann ich nicht sagen; eine Rechtfertigung der Regeln kann ich, auch so, nicht geben. Ich könnte sie nur als ein Spiel, das die Menschen spielen, beschreiben.

4.91.1.1   2   Aber wie ist es: Ich gehe diesen Weg, um dorthin zu kommen; ich drehe den Hahn auf, um Wasser zu erhalten, ich winke, damit jemand zu mir kommt und endlich teile ich ihm meinen Wunsch mit, damit er ihn erfüllt! ((D.h.: War also die Mitteilung meines Wunsches nicht nur das Ziehen eines Hebels und der Sinn meiner Mitteilung, ihr Zweck?))

4.91.2.1   3   Aber was geht vor sich, wenn ich den Hahn aufdrehe, damit Wasser herausfließt? Was geschieht, ist, daß ich den Hahn aufdrehe, und daß dann Wasser herauskommt, oder nicht. Was geschieht, ist also, daß ich den Hahn aufdrehe. –

4.91.2.1   Was auf das Wort „damit" folgt, die Absicht, ist darin nicht enthalten. Ist sie vorhanden, so muß sie ausgedrückt sein und sie kann nur dann bereits durch das Aufdrehen des Hahnes ausgedrückt sein, wenn das Teil einer Sprache ist.

4.95.11.1   4   Wenn man sagte: Sprache ist alles, womit man sich verständigen kann, so muß/müßte/ man fragen: Aber worin besteht es, ‚sich verständigen'?

4.95.11.2   Ich könnte als Antwort darauf einen realen oder fiktiven Fall einer Verständigung von Menschen oder andern Lebewesen beschreiben. In dieser Beschreibung werden dann fingierte kausale Verbindungen eine Rolle spielen. Aber wenn der Begriff Sprache durch solche bestimmt ist, so interessiert er uns nicht. Und abgesehen von jenen empirischen Regelmäßigkeiten der Ereignisse, haben wir dann nur noch einen willkürlichen/beliebigen/ Kalkül. – Aber worin besteht denn das Wesentliche eines Kalküls?

4.96.1.1   5   ‚Sprache' und ‚Lebewesen'. Der Begriff des Lebewesens hat die gleiche Unbestimmtheit wie der der Sprache./.... ist so unbestimmt wie ..../

3.163.8.1	1	„Ein Zeichen ist doch immer für ein lebendes Wesen da, also muß das etwas dem Zeichen Wesentliches sein". Gewiß: auch ein Sessel ist immer nur für einen Menschen da, aber er läßt sich beschreiben, ohne daß wir von seinem Zweck reden. Das Zeichen hat nur einen Zweck in der menschlichen Gesellschaft, aber dieser Zweck kümmert uns gar nicht.
3.163.8.2		Ja am Schluß sagen wir überhaupt keine Eigenschaften von den Zeichen aus – denn diese interessieren uns nicht – sondern nur die (allgemeinen) Regeln ihres Gebrauchs. Wer das Schachspiel beschreibt, gibt weder Eigenschaften der Schachfiguren an, noch redet er vom Nutzen und Gebrauch des Schachspiels.
3.251.1.1	2	Denken wir uns den Standpunkt eines Forschers: er findet, daß in der Sprache der Erde ein Zeichen benützt wird, das nach diesen und diesen Regeln (etwa nach denen der Negation) gebraucht wird, und fragt sich: Wozu können sie das brauchen? Die Antwort wäre aber: Wenn immer ein Zeichen mit diesen Regeln zu gebrauchen ist.
3.273.5.1	3	Eine Sprache erfinden, heißt nicht auf Grund von Naturgesetzen (oder im Einklang mit ihnen/in Übereinstimmung mit ihnen/) eine Vorrichtung zu einem bestimmten Zweck erfinden. Wie es etwa die Erfindung des Benzinmotors oder der Nähmaschine ist. Auch die Erfindung eines Spiels ist nicht in diesem Sinne eine Erfindung, aber vergleichbar der Erfindung einer Sprache.
3.274.1.1	4	Ich brauche nicht zu sagen, daß ich nur die Grammatik des Wortes „Sprache" weiter beschreibe, indem ich sie mit der Grammatik des Wortes „Erfindung" in Verbindung bringe.
3.242.5.1	5	Ist alles, was ich sagen darf/kann/ damit gesagt: Man kann nicht von den grammatischen Regeln sagen, sie seien eine Einrichtung dazu, daß die Sprache ihren Zweck erfüllen könne. Wie man etwa sagt: wenn die Dampfmaschine keine Steuerung hätte, so könnte der Kolben nicht hin und her gehen, wie er soll. Als könne man sich eine Sprache auch ohne Grammatik denken.
3.243.1.1	6	Die grammatischen Regeln sind, wie sie nun einmal da sind, Regeln des Gebrauchs der Wörter. Übertreten wir sie, so können wir deswegen die Wörter dennoch mit Sinn gebrauchen. Wozu wären dann die grammatischen Regeln da? Um den Gebrauch der Sprache im Ganzen gleichförmig zu machen? (etwa aus ästhetischen Gründen?) Um den Gebrauch der Sprache als gesellschaftliche Einrichtung zu ermöglichen? also wie eine Verkehrsordnung, damit keine Kollision geschieht /entsteht/? (Aber was macht es uns/geht es uns an/, wenn eine entsteht?) Die Kollision, die nicht geschehen/entstehen/ darf, darf nicht entstehen können! D.h., ohne Grammatik ist es nicht eine schlechte Sprache, sondern keine Sprache.
3.243.3.1	7	Anderseits muß man doch sagen, die Grammatik einer Sprache als allgemein anerkannte Institution ist eine Verkehrsordnung. Denn, daß man das Wort „Tisch" immer in dieser Weise gebraucht, ist nicht der Sprache als solcher wesentlich, sondern quasi nur eine praktische Einrichtung.

3.255.7.1	1	Wie unterscheiden sich die Sprachregeln von denen des Anstandes?
3.255.7.2		Wenn man kein Ziel angeben kann, das nicht erreicht würde, wenn diese Regeln anders wären.
3.261.7.1	2	Der Zweck der Grammatik ist nur der Zweck der Sprache.
3.261.7.1		Der Zweck der Grammatik ist der Zweck der Sprache.
3.255.9.1	3	Woher die Bedeutung der Sprache? Kann man denn sagen: Ohne Sprache könnten wir uns nicht miteinander verständigen. Nein, das ist ja nicht so, wie: ohne Telephon könnten wir nicht von Amerika nach Europa reden. (Es sei denn, daß wir unter „Telephon" jede Vorrichtung verstehen, welche etc. etc..)
3.255.10.1	4	Wir können aber sagen: Ohne Sprache könnten wir die Menschen nicht beeinflussen. Oder, nicht trösten. Oder: nicht ohne eine Sprache Häuser und Maschinen bauen.
3.255.11.1	5	Es ist auch richtig/sinnvoll/ zu sagen, ohne den Gebrauch des Mundes oder der Hände können sich Menschen nicht verständigen.
3.262.1.1	6	Die Worte, die Einer bei gewisser Gelegenheit sagt, sind insofern nicht willkürlich, als gerade d i e s e in der Sprache, die er sprechen will (oder muß) das meinen, was er sagen will; d.h., als gerade für sie diese grammatischen Regeln gelten. Was er aber meint, d.h. das grammatische Spiel, das er spielt, ist insofern nicht willkürlich, als er etwa seinen Zweck nur so glaubt erreichen zu können.

45

Die Sprache funktioniert als Sprache nur durch die Regeln, nach denen wir uns in ihrem Gebrauch richten, wie das Spiel nur durch seine Regeln ein Spiel ist.

3.283.7.1	1	Wie, wenn eine Sprache aus lauter einfachen und unabhängigen Signalen bestünde?! Denken wir uns diesen Fall: Es handle sich etwa um die Beschreibung einer Fläche, auf der in schwarz und weiß sich allerlei Figuren zeigen können. Wäre es nun möglich, alle möglichen Figuren durch unabhängige Symbole zu bezeichnen/kennzeichnen/? (Ich nehme dabei an, daß ich nur über, sagen wir, 10000 Figuren reden will.) Wenn ich Recht habe, so muß die ganze Geometrie in den Regeln über die Verwendung dieser 10000 Signale wiederkehren. (Und zwar ebenso, wie die Arithmetik, wenn wir statt 10 unabhängiger Zahlzeichen eine Billion verwendeten.)
3.283.8.1	2	Um eine Abhängigkeit auszudrücken, bedarf es einer Abhängigkeit.
3.278.6.1	3	Denken wir uns ein Tagebuch mit Signalen geführt. Etwa die Seite in Abschnitte für jede Stunde eingeteilt und nun heißt ‚X' ich schlafe, ‚|' ich stehe auf, ‚⌐' ich schreibe, etc..
3.278.7.1	4	Muß denn nicht die Regel der Sprache – daß also dieses Zeichen d a s bedeutet – irgendwo niedergelegt sein?
3.278.8.1		Freilich auch: M e h r als die Regel niederlegen, kann ich nicht. Ist die Regel niedergelegt, so ist es eben eine andere Sprache, als wenn sie nicht niedergelegt ist.
3.278.9.1	5	Und warum soll ich, daß ‚X' in dieser Zeile steht, nicht ein Bild dessen nennen, daß ich dann schlafen gehe? Freilich, daß es die Multiplizität dessen wiedergeben soll die in jenen Worten liegt, kann ich nicht verlangen.
3.278.10.1		Der Akt des Schlafengehens war ja auch nicht dadurch bestimmt. Denken wir, ich zeichne einen Sitzplan ⋰ , ist ein Kreuzchen das Bild eines Menschen oder nicht? –
3.278.11.1	6	Wie kann ich denn kontrollieren, daß es immer dasselbe ist, was ich ‚X' nenne. Es sei denn, daß ich etwa ein Erinnerungsbild zuziehe. Das aber dann zum Zeichen gehört.
3.278.13.1	7	Wenn z.B. Einer fragte: wie weißt Du, daß Du jetzt dasselbe tust, wie vor einer Stunde, und ich antwortete: ich habe mir's ja aufgeschrieben, hier steht ja ein ‚X'!
3.279.1.1	8	Wenn ich mich in d i e s e r Sprache ausdrücke, so werde ich also mit ‚|' immer dasselbe meinen. Es kann einen/keinen/ Sinn haben, zu sagen, daß ich beide Male dasselbe tue, wenn ich den Befehl ‚|' befolge (oder dasselbe getan habe, als ich tat, was ich durch ‚|' bezeichnete).

3.170.6.1	1	D.h. die Sprache funktioniert als Sprache nur durch die Regeln, nach denen wir uns in ihrem Gebrauch richten. (Wie das Spiel nur durch Regeln als Spiel funktioniert.)	198
3.170.7.1	2	Und zwar, ob ich zu mir oder Andern rede. Denn auch mir teile ich nichts mit, wenn ich Lautgruppen ad hoc mit irgend welchen Fakten associiere.	
3.170.8.1	3	Ich muß, wenn ich zu mir rede, schon auf einem bestehenden /gegebenen/ Sprachklavier spielen.	
3.170.10.1	4	‚Ich verstehe diese Worte' (die ich etwa zu mir selbst sage), ‚ich meine etwas damit', ‚sie haben einen Sinn' muß immer dasselbe heißen wie: ‚sie sind nicht ad hoc erfundene Laute, sondern Zeichen aus einem System'. Ich spiele ein Spiel mit ihnen.	
3.171.1.1	5	Etwa?, wie die Teilstriche auf einem Maßstab nur solche sind, wenn sie ein System bilden.	
3.171.5.1	6	Denn, wenn wir einen Befehl befolgen, so deuten wir die Worte nicht willkürlich.	
3.171.5.2		D.h. wieder, wir müssen die Unterscheidung anerkennen zwischen dem ‚Befolgen eines Befehls' und einem ‚willkürlichen Zuordnen einer Handlung'.	
3.172.6.1	7	Das Aussprechen eines Satzes wäre kein Porträtieren, wenn ich meine Worte nicht aus einem System wählte, so daß man sagen kann, ich wähle sie im Gegensatz zu anderen.	
3.172.6.2		Aber die Worte, wenn sie nicht in einem grammatischen System stehen, sind ja alle gleichwertig und also wäre es dann ganz gleichgültig, welche ich wählte, ja, – man könnte sagen – als Worte würden sie sich (dann) voneinander gar nicht unterscheiden.	199
3.172.6.3		Man muß die Worte wählen, wie/in demselben Sinne wie/ man die Striche und Farben wählt, mit denen man einen Körper abbildet.	
3.175.1.1	8	Warum wir ein Wort – und nicht ein anderes – an dieser Stelle gebrauchen, erfahren wir, wenn wir jemand fragen: warum gebrauchst Du hier das Wort A. Die Antwort wird sein: das und das heißt A. Und das ist eine Regel der Grammatik, die die Position des Wortes in der Sprache bestimmt. Und (zum Zeichen, daß es sich hier wirklich um Grammatik handelt) wenn A das Wort „und" gewesen wäre, so könnte man weiter nichts tun, als die Regeln für „und" angeben.	
4.200.2.1	9	Sage ich jemandem „bringe eine rote Blume" und er bringt eine, und nun frage ich „warum hast Du mir eine von dieser Farbe gebracht?" – und er: „diese Farbe nenne ich/heißt doch/ ‚rot'": so ist dies Letzte ein Satz der Grammatik. Er rechtfertigt eine Anwendung des Worts.	
4.200.3.1	10	Fehlt dieser Satz/diese Regel/, so ist die Grammatik des Worts (seine Bedeutung) eine andere.	
3.122.4.1	11	Wenn man einen Satz braucht, so muß er schon irgendwie funktionieren. Das heißt, man gebraucht ihn nicht, um einer Tatsache einen Lärm beizuordnen.	

3.123.3.1   1   Es wäre doch nicht, einen Tatbestand porträtieren, wenn ich etwa beliebige Striche auf das Papier kritzelte und sagte „es gibt gewiß eine Projektionsmethode, die diesen Tatbestand in diese Zeichnung projiziert.

3.123.4.1   2   Ja auch hier (beim Porträtieren/Abbilden/) fühle ich mich schon beim ersten Strich verpflichtet – d.h. er ist nicht willkürlich. Jedenfalls aber fängt das Bild erst dort an, wo die Verpflichtung anfängt.

200

46
FUNKTIONIEREN DES SATZES AN EINEM SPRACHSPIEL ERLÄUTERT.

3.275.5.1   1   Ich halte meine Wange, und jemand fragt, warum ich es tue und ich antworte: „Zahnschmerzen". Das heißt offenbar dasselbe, wie „ich habe Zahnschmerzen", aber weder stelle ich mir die fehlenden Worte im Geiste vor, noch gehen sie mir im Sinn irgendwie ab. Daher ist es auch möglich, daß ich die Worte „ich habe Zahnschmerzen" in dem Sinne ausspreche, als sagte ich nur das letzte Wort, oder als wären die drei nur ein Wort.
          (Elliptischer Satz. Was tut die Grammatik, wenn sie sagt: „‚Hut und Stock!' heißt eigentlich ‚gib mir meinen Hut und meinen Stock!'")

5.46.1.1   2   Ein einfaches Sprachspiel ist z.B. dieses: Man spricht zu einem Kind (es kann aber auch ein Erwachsener sein), indem man das elektrische Licht in einem Raum andreht: „Licht", dann, indem man es abdreht: „Finster"; und tut das etwa mehrere Male mit Betonung und variierenden Zeitlängen. Dann geht man etwa in das Nebenzimmer, dreht von dort aus das Licht im ersten an und ab und bringt das Kind dazu, daß es mitteilt, ob es licht oder finster ist./.... daß es mitteilt: „Licht", oder: „Finster"./

5.46.1.2   Soll ich da nun „Licht" und „Finster" ‚Sätze' nennen? Nun, wie ich will. – Und wie ist es mit der ‚Übereinstimmung mit der Wirklichkeit'?

5.46.2.1   3   Wenn ich bestimmte einfache Spiele beschreibe, so geschieht es nicht, um mit ihnen nach und nach die wirklichen Vorgänge der Sprache – oder des Denkens – aufzubauen, was nur zu Ungerechtigkeiten führt, – sondern ich stelle die Spiele als solche hin, und lasse sie ihre aufklärende Wirkung auf die besonderen Probleme ausstrahlen.

5.46.5.1   4   Man könnte oben sagen: „die Worte ‚Licht', ‚Finster' sind hier als Sätze
5.46.5.2   gemeint und sind nicht einfach Wörter". Das heißt, sie sind hier nicht so gebraucht, wie wir sie in der gewöhnlichen Sprache gebrauchen (obwohl wir tatsächlich auch oft so sprechen). Aber wenn ich plötzlich ohne sichtbaren Anlaß das Wort „Licht" isoliert ausspreche, so wird man allerdings sagen: „was heißt das? das ist doch kein Satz" oder: „Du sagst ‚Licht', nun was soll's damit?" Das Aussprechen des Wortes „Licht" ist in diesem Fall sozusagen noch ?kein (kompletter) Zug des Spiels, das, wie wir annehmen, der Andre spielt?.

5.46.6.1   5   Wie unterscheidet sich nun „Licht", wenn es den Wunsch nach Licht ausdrückt, von „Licht", wenn es konstatiert, daß es im Zimmer licht ist? Daß wir es in jedem Fall anders **meinen**? Und worin besteht das? In bestimmten Vorgängen, die das Aussprechen begleiten, oder in einem bestimmten Benehmen, das ihm vorangeht, eventuell es begleitet, und ihm folgt?

5.47.1.1	1	Wenn ein Mann im Ertrinken „Hilfe!" schreit, – konstatiert er die Tatsache, daß er Hilfe bedarf? daß er ohne Hilfe ertrinken wird? – Dagegen gibt es den Fall, in dem man, quasi, sich beobachtend sagt „ich hätte (oder: habe) jetzt den Wunsch nach ....".
5.47.2.1	2	Ich sage das Wort „Licht!", – der Andere fragt mich: „was meinst Du?" – und ich sage/antworte/: „Ich meinte, Du sollst Licht machen". – Wie war das, als ich es meinte? Sprach ich den „kompletten Satz" in der Vorstellung unhörbar aus, oder den entsprechenden in einer andern Sprache? (Ja, das kann vorkommen oder auch nicht.) Die Fälle, die man alle mit dem Ausdruck „ich meinte" zusammenfaßt, sind sehr mannigfach.
5.47.3.1	3	Nun kann man ruhig annehmen: ‚ich meinte, Du solltest Licht machen' heißt, daß mir dabei ein Phantasiebild von Dir in dieser Tätigkeit vorgeschwebt hat, und ebensogut: der Satz heißt, daß mir dabei die Worte des vollständigen Satzes in der Phantasie gegenwärtig waren, oder, daß eins von diesen beiden der Fall war; – nur muß ich wissen, daß ich damit eine Festsetzung über die Worte „ich meinte" getroffen habe und eine engere als die ist, welche dem tatsächlichen allgemeinen Gebrauch des Ausdrucks entspricht.
5.47.4.1	4	Wenn das Meinen für uns irgend eine Bedeutung, Wichtigkeit, haben soll, so muß dem System der Sätze ein System der Meinungen zugeordnet sein, was immer für Vorgänge die Meinungen sein sollen.
5.47.5.1	5	Inwiefern stimmt nun das Wort „Licht" im obigen Symbolismus oder Zeichenspiel mit einer Wirklichkeit überein, – oder nicht überein?
5.47.5.2		Wie gebrauchen wir überhaupt das Wort „übereinstimmen"? – Wir sagen „die beiden Uhren stimmen überein", wenn sie die gleiche Zeit zeigen, „die beiden Maßstäbe stimmen überein", wenn gewisse Teilstriche zusammenfallen, „die beiden Farben stimmen überein", wenn etwa ihre Zusammenstellung uns angenehm ist. Wir sagen „die beiden Längen stimmen überein", wenn sie gleich sind, aber auch, wenn sie in einem von uns gewünschten Verhältnis stehen. Und, daß sie „übereinstimmen" heißt dann nichts andres, als daß sie in diesem Verhältnis – etwa 1:2 – stehen. So muß also in jedem Fall erst festgesetzt werden, was unter „Übereinstimmung" zu verstehen ist. – So ist es nun auch mit der Übereinstimmung einer Längenangabe mit einer Länge. Wenn ich sage: „dieser Stab ist 2m lang", so kann ich z.B. erklären/eine Erklärung geben/, wie man nach diesem Satz mit einem Maßstab die Länge des Stabes kontrolliert, wie man etwa nach diesem Satz einen Meßstreifen für den Stab erzeugt. Und ich sage nun, der Satz stimmt mit der Wirklichkeit überein, wenn der auf diese Weise konstruierte Meßstreifen mit dem Stab übereinstimmt. Diese Konstruktion eines Meßstreifens illustriert übrigens, was ich in der „Abhandlung" damit meinte, daß der Satz bis an die Wirklichkeit herankommt. – Man könnte das auch so klar machen: Wenn ich die Wirklichkeit daraufhin prüfen will, ob sie mit einem Satz übereinstimmt, so kann ich das auch so machen, daß ich sie nun beschreibe und sehe, ob der gleiche Satz herauskommt. Oder: ich kann die Wirklichkeit nach grammatischen Regeln in die Sprache des Satzes übersetzen und nun im Land der Sprache ?den Vergleich durchführen?.

5.48.0.1		Als ich nun dem Andern erklärte: „Licht" (indem ich Licht machte), „Finster" (indem ich auslöschte), hätte ich auch sagen können und mit genau derselben Bedeutung: „das ist/heißt/ ‚Licht'" (wobei ich Licht mache) und „das ist/heißt/ ‚Finster'" etc., und auch ebensogut: „das stimmt mit ‚Licht' überein", „das stimmt mit ‚Finster' überein".
5.48.1.1	1	Es kommt eben wieder auf die Grammatik des Wortes „Übereinstimmung" an, auf seinen Gebrauch. Und hier liegt die Verwechslung mit ‚Ähnlichkeit' nahe, in dem Sinn, in dem zwei Personen einander ähnlich sind, wenn ich sie leicht miteinander verwechseln kann.
5.48.1.2		Ich kann auch wirklich nach der Aussage über die Gestalt eines Körpers eine Hohlform konstruieren, in die nun der Körper paßt, oder nicht paßt, je nachdem die Beschreibung richtig oder falsch war, und die konstruierte Hohlform gehört dann in dieser Auffassung noch zur Sprache (die bis an die Wirklichkeit herankommt).
5.48.2.1	2	Aber auch die Hohlform macht kein finsteres Gesicht, wenn der Körper nicht in sie paßt.
5.50.2.1	3	Wenn das Wort „Übereinstimmung mit der Wirklichkeit" gebraucht wird/werden darf/, dann nicht als metalogischer Ausdruck, sondern als Teil eines Kalküls, als Teil der gewöhnlichen Sprache. Man kann etwa sagen: Im Sprachspiel „Licht! – Finster!" kommt der Ausdruck „Übereinstimmung mit der Wirklichkeit" nicht vor.
5.50.6.1	4	In dem Sprachspiel „Licht – Finster" kommt keine Frage vor. – Aber wir könnten es auch mit Fragen spielen.

Behauptung, Frage, Annahme, etc.

3.108.1.1   1   Das Frege'sche Behauptungszeichen ist am Platze, wenn es nichts weiter bezeichnen soll, als den Anfang des Satzes. Man könnte sagen „den Anfang der Behauptung", im Gegensatz zu den Sätzen, die in der Behauptung vorkommen können. Das Behauptungszeichen dient dann demselben Zweck, wie der Schlußpunkt des vorhergehenden Satzes.

3.108.2.1   „Ich denke p" hat dann mit „⊢ p" eben nur das Zeichen „p" gemein/gemeinsam/.

3.42.10.1   2   Was zum Wesen des Satzes gehört, kann die Sprache schon darum nicht ausdrücken, weil es für jeden Satz das Gleiche wäre; und ein Zeichen, das in jedem Satz vorkommen muß, logisch eine bloße Spielerei wäre. Die Zeichen des Satzes sind ja nicht Talismane oder magische Zeichen, die auf den Betrachter einen bestimmten Eindruck hervorrufen sollen.

3.42.10.2   Gäbe es philosophische Zeichen im Satz, so müßte ihre Wirkung /Funktion/ eine solche unmittelbare sein.

5.50.7.1   3   Man hat natürlich das Recht, ein Behauptungszeichen zu verwenden, wenn man es im Gegensatz etwa zu einem Fragezeichen gebraucht. Irreleitend ist es nur, wenn man meint, daß die Behauptung nun aus zwei Akten bestehe, dem Erwägen und dem Behaupten (Beilegen des Wahrheitswertes, oder dergl.) und daß wir diese Akte nach dem geschriebenen Satz ausführen, ungefähr wie wir nach Noten Klavier spielen.

5.50.7.2   Mit dem Klavierspielen nach Noten ist nun allerdings das laute oder auch leise, Lesen nach dem geschriebenen oder gedruckten Satz zu vergleichen und ganz analog; aber nichts, was wir ‚denken' nennen. Ist also z.B. ein Behauptungszeichen im geschriebenen Satz, so wird wieder ein Behauptungszeichen im gelesenen sein (etwa die Betonung, oder der Stimmfall). Aber nicht, als ob im geschriebenen Satz das Zeichen, im gedachten aber die Bedeutung anwesend wäre. –

5.50.8.1   4   Eine Sprache (ich meine eine Sprechart) ist denkbar, in der es keine Behauptungssätze gibt, sondern nur Fragen und die Bejahung und Verneinung.

5.48.3.1	1	Behauptung, Annahme, Frage. Man kann auf dem Schachbrett einen Zug in einer Schachpartie machen, – aber auch während eines Gesprächs über ein Schachproblem zur Illustration, oder wenn man jemand das Spiel lehrt, – etc.. Man sagt dann auch etwa: „angenommen, ich zöge so, ….". So ein Zug hat Ähnlichkeit mit dem, was man in der Sprache ‚Annahme' nennt. Ich sage nun etwa „im Nebenzimmer ist ein Dieb", – der Andre fragt mich „woher weißt Du das?" und ich antworte: „oh ich wollte nicht sagen, daß wirklich ein Dieb im Nebenzimmer ist, ich habe es nur in Erwägung gezogen". – Möchte man da nicht fragen: Was hast Du erwogen? wie Du Dich benehmen würdest, wenn ein Dieb da wäre, oder, was für ein Geräusch es machen würde, oder, was er Dir wohl stehlen würde?
5.49.0.1		Freges Anschauung könnte man so wiedergeben: daß die Annahme (so wie er das Wort gebrauchte) das ist, was die Behauptung, daß p der Fall ist, mit der Frage, ob p der Fall ist, gemeinsam hat. Oder auch, daß die Annahme dasselbe ist wie die Frage. Man könnte auch eine Behauptung immer als eine Frage mit einer Bejahung darstellen. Statt „Es regnet": „Regnet es? Ja!"
5.50.3.1	2	Wenn es so etwas gäbe, wie eine Annahme im Sinne Freges, müßte dann nicht die Annahme, daß p der Fall ist gleich der sein, daß ~p der Fall ist?
5.50.4.1	3	In dem Sinn, in welchem die Frage „ist p der Fall?" die gleiche ist wie „ist p nicht der Fall?".
5.49.3.1	4	Es gibt wirkliche Annahmen, die wir eben durch Sätze von der Form „angenommen p wäre (oder: ist) der Fall" ausdrücken. Aber solche Sätze nennen wir nicht vollständig und sie scheinen sehr ähnlich den Sätzen der Form/erinnern uns an Sätze der Form/ „wenn p der Fall ist, ….".
5.49.6.1	5	Ist nun aber eine solche Annahme ein Teil einer Behauptung? Ist das nicht, als sagte man, die Frage, ob p der Fall ist, sei ein Teil der Behauptung, daß p der Fall ist?
5.49.7.1	6	Ist es aber nicht auffällig, daß wir es in unsern gewöhnlich philosophisch-grammatischen Problemen nie damit zu tun haben, ob sie sich auf Behauptungen oder Fragen beziehen? (Etwa in dem Problem vom Idealismus und Realismus.)
5.49.5.1 5.49.5.2	7	Und welcher Art ist ein Satz, wenn sich Einer eine mögliche Situation, etwa ihrer Seltsamkeit wegen, notiert? Oder: die Erzählung eines Witzes?
	8	Sprachspiel: eine Geschichte erfinden. Oder: eine Geschichte erfinden und zeichnen. – Etc..
	9	Wir können uns auch eine Sprache denken, die nur aus Befehlen besteht. So eine Sprache verhält sich zu der unseren, wie eine primitive Arithmetik zu unserer. Und wie jene Arithmetik nicht wesentlich unvollständig ist, so ist es auch die primitivere Form der Sprache nicht.

Gedanke.

Denken.

48
Wie denkt man den Satz ‚p', wie erwartet (glaubt, wünscht) man, dass p der Fall sein wird? Mechanismus des Denkens.

3.95.4.1	1	Man ist (durch die irreführende Grammatik) versucht, zu fragen: wie denkt man den Satz p, wie erwartet man, daß das und das eintreffen wird (wie macht man das). Und in dieser falschen Frage liegt wohl die ganze Schwierigkeit in nuce enthalten.
3.116.5.1	2	„Wie arbeitet der Gedanke, wie bedient er sich seines Ausdrucks?" – das ist/klingt/ analog der Frage: „wie arbeitet der Musterwebstuhl, wie bedient er sich der Karten?"
3.116.7.1	3	Das Gefühl ist, daß mit dem Satz „ich glaube, daß p der Fall ist" der Vorgang des Glaubens nicht beschrieben sei (daß vom Webstuhl nur die Karten gegeben seien und alles übrige bloß angedeutet ist). Daß man die Beschreibung „ich glaube p" durch die Beschreibung eines Mechanismus ersetzen könnte, worin dann p, d.h. jetzt die Wortfolge „p", wie die Karten im Webstuhl nur als ein Bestandteil vorkommen würde. Aber hier ist der Irrtum: Was immer diese Beschreibung enthielte, wäre für uns wertlos, außer eben der Satz p mit seiner Grammatik. Sie ist quasi der eigentliche Mechanismus, in welchem/dem/ er eingebettet liegt.
3.179.3.1	4	Wenn man fragt „wie macht der Gedanke/Satz/ das, daß er darstellt?" So könnte die Antwort sein: „Weißt Du es denn (wirklich) nicht? Du siehst es doch, wenn Du denkst/wenn Du ihn benützt/". Es ist ja nichts verborgen.
3.179.4.1		Wie macht der Satz das? – Weißt Du es denn nicht? Es ist ja nichts versteckt.
3.179.5.1	5	Das ‚alles fließt' scheint uns am Ausdruck der Wahrheit zu hindern, denn es ist, als ob wir sie nicht auffassen könnten, da sie uns entgleitet.
3.179.6.1	6	Aber es hindert uns eben nicht am Ausdruck. – Was es heißt, etwas Entfliehendes in der Beschreibung festhalten zu wollen, wissen wir. Das geschieht etwa, wenn wir das Eine vergessen, während wir das Andere beschreiben wollen. Aber darum handelt es sich doch hier nicht. Und so ist der Ausdruck/das Wort/ „entfliehen" anzuwenden.
3.179.10.1	7	Aber auf die Antwort „Du weißt ja, wie es der Satz macht, es ist ja nichts verborgen", möchte man sagen: „ja, aber es fließt alles so rasch vorüber und ich möchte es gleichsam breiter auseinander gelegt sehen".
3.179.11.1	8	Aber auch hier irren wir uns. Denn es geschieht dabei auch nichts, was uns durch die Geschwindigkeit entgeht.

| 3.180.1.1 | 1 | Warum können wir uns keine Maschine mit einem Gedächtnis denken? Es wurde oft gesagt, daß das Gedächtnis darin besteht, daß Ereignisse Spuren hinterlassen, in denen nun gewisse Vorgänge vor sich gehen müßten. Wie wenn Wasser sich ein Bett macht und das folgende Wasser in diesem Bett fließen muß; der eine Vorgang fährt für den nächsten das Gleise aus./der eine Vorgang fährt das Gleise aus, das den andern führt./ Geschieht dies nun aber in einer Maschine, wie es wirklich geschieht, so sagt niemand, die Maschine habe Gedächtnis, oder habe sich den einen Vorgang gemerkt. |

| 3.180.2.1 | 2 | Nun ist das aber ganz so, wie wenn man sagt, eine Maschine kann nicht denken, oder kann keine Schmerzen haben. Und hier kommt es darauf an, was man darunter versteht „Schmerzen zu haben". Es ist klar, daß ich mir eine Maschine denken kann, die sich genau so benimmt (in allen Details), wie ein Mensch der Schmerzen hat. Oder vielmehr: ich kann den Andern eine Maschine nennen, die Schmerzen hat, d.h.: den andern K ö r p e r. Und ebenso, natürlich, meinen Körper. Dagegen hat das Phänomen der Schmerzen, wie es auftritt, wenn ‚ich Schmerzen habe', mit meinem Körper, d.h. mit den Erfahrungen, die ich als Existenz meines Körpers zusammenfasse, gar nichts zu tun. (Ich kann Zahnschmerzen haben ohne Zähne.) Und hier hat nun die Maschine gar keinen Platz. – Es ist klar, die Maschine kann nur einen physikalischen Körper ersetzen. Und in dem Sinne, wie man von einem solchen sagen kann, er „habe" Schmerzen, kann man es auch von einer Maschine sagen. Oder wieder, die K ö r p e r, von denen wir sagen, sie hätten Schmerzen, können wir mit Maschinen vergleichen und auch Maschinen nennen. |

| 3.180.3.1 | 3 | Und ganz ebenso verhält es sich mit dem Denken und dem Gedächtnis. |

| 3.180.4.1 3.180.4.2 | 4 | Es ist uns – wie gesagt – als ginge es uns mit dem Gedanken so, wie mit einer Landschaft, die wir gesehen haben und beschreiben sollen, aber wir erinnern uns ihrer nicht genau genug, um sie in? allen ihren Zusammenhängen beschreiben zu können. So, glauben wir, können wir das Denken nachträglich nicht beschreiben, weil uns alle die vielen feineren Vorgänge dann verloren gegangen sind. |

| 3.180.5.1 | | Diese feinen Verhäkelungen möchten wir sozusagen unter der Lupe sehen. |

49

"Was ist ein Gedanke, welcher Art muss er sein, um seine Funktion erfüllen zu können?"
Hier will man sein Wesen aus seinem Zweck, seiner Funktion erklären.

3.115.6.1 3.115.6.2	1	Wir fragen: Was ist ein Gedanke, welcher Art muß etwas sein, um die Funktion des Gedankens verrichten zu können? Und diese Frage ist ganz analog der: Was ist, oder wie funktioniert, eine Nähmaschine. „Wie macht sie das?" Aber die Antwort könnte sein: Schau den Stich an; alles, was der Nähmaschine wesentlich ist, ist in ihm zu sehen; alles andre kann so, oder anders sein.
3.115.7.1	2	Wir fragen, wie muß der Gedanke beschaffen sein, um seine Bestimmung /Funktion/ zu erfüllen; aber was ist denn seine Bestimmung/Funktion/? Wenn sie nicht in ihm selbst liegt (d.h. wenn sie nicht ist, (das)? zu sein, was er ist), liegt sie in seiner Wirkung; aber die interessiert uns nicht.
4.57.7.1	3	Wir sind nicht im Bereiche der Erklärungen und jede Erklärung klingt uns trivial.
4.57.8.1	4	Aber dieser Verzicht auf die Erklärung macht es so schwer zu sagen, was der Gedanke uns eigentlich bedeutet.
4.57.9.1	5	Man kann etwa sagen: Er rechnet auf Grund von Gegebenem und endet in einer Handlung.
4.57.10.1	6	Die Berechnung der Wandstärke eines Kessels und, der entsprechenden, Verfertigung ist ein sicheres Beispiel des Denkens. /.... muß ein Beispiel des Denkens sein./ /Die Berechnung der Wandstärke eines Kessels und die dieser entsprechenden Verfertigung ..../
4.58.1.1	7	Der Schritt, der von der Berechnung auf dem Papier zur Handlung führt, ist noch ein Schritt der Rechnung.
3.148.1.2 3.148.1.3	8	Wir sagen, wir werden das Denken untersuchen von dem Standpunkt aus, daß es auch von einer Maschine ausgeführt werden könnte. Aber hier befinden wir uns in einer falschen Betrachtungsweise. Wir sehen das Denken für/als/ einen Vorgang wie das Schreiben an, oder das Weben das Erzeugen eines Stoffes, etc.. Und dann läßt sich natürlich sagen, daß dieser Vorgang der Erzeugung sich im Wesentlichen auch maschinell muß denken lassen.

50

IST DIE VORSTELLUNG DAS PORTRÄT PAR EXCELLENCE, ALSO GRUNDVERSCHIEDEN, ETWA, VON EINEM GEMALTEN BILD UND DURCH EIN SOLCHES ODER ETWAS ÄHNLICHES NICHT ERSETZBAR? IST SIE DAS, WAS EIGENTLICH EINE BESTIMMTE WIRKLICHKEIT DARSTELLT, – ZUGLEICH BILD UND MEINUNG?

4.9.2.1	1	Sokrates zu Theaitetos: „Und wer vorstellt, sollte nicht etwas vorstellen?" Th.: „Notwendig". Sok.: „Und wer etwas vorstellt, nichts Wirkliches?" Th.: „So scheint es".
3.333.2.1	2	„Ist die Vorstellung nur die Vorstellung, oder ist sie Vorstellung von Etwas in der Wirklichkeit?"
3.333.3.1		Und von dieser Frage aus könnte man auch die Beziehung der Vorstellung zum gemalten Bild erfassen./Und von dieser Frage aus könnte man ..../
3.333.4.1	3	Die Frage könnte aber nicht heißen: „Ist die Vorstellung immer Vorstellung von etwas, was in der Wirklichkeit existiert" – denn das ist sie offenbar nicht immer –; sondern, es müßte heißen: bezieht sich die Vorstellung immer, wahr oder falsch, auf Wirklichkeit. – Denn das kann man von einem gemalten Bild nicht sagen. – Aber worin besteht dieses ‚sich auf die Wirklichkeit beziehen'? Es ist doch wohl die Beziehung des Porträts zu seinem Gegenstand.
3.333.5.1	4	Aber warum sollte man dann nicht sagen, daß eine Vorstellung Vorstellung eines Traumes sei?
2.287.1.1	5	Wenn mir heute geträumt hat, daß N mich besuche und N besucht mich nun wirklich, so war darum jene Traumphantasie? keine Erwartung, und die Tatsache, daß N mich besuchte, keine Erfüllung einer/der/ Erwartung.
2.184.7.1	6	Diese Situation ist nicht denkbar: Ich habe irgend ein Vorstellungsbild vor mir und sage „jetzt weiß ich nicht, ist das eine Erwartung oder eine Erinnerung, oder nur ein Bild ohne jede Beziehung zur Wirklichkeit".
2.184.7.4		Denn ich erwarte ebenso wirklich, wie ich warte.

51

IST DAS DENKEN EIN SPEZIFISCH ORGANISCHER VORGANG? EIN SPEZIFISCH MENSCHLICH-PSYCHISCHER VORGANG? KANN MAN IHN IN DIESEM FALLE DURCH EINEN ANORGANISCHEN VORGANG ERSETZEN, DER DENSELBEN ZWECK ERFÜLLT, ALSO SOZUSAGEN DURCH EINE PROTHESE?

2.286.6.1 1   Eine Gedankenprothese ist darum nicht möglich, weil der Gedanke für uns nichts spezifisch Menschliches ist.
2.286.6.2   Wir könnten die Rechenmaschine als eine Prothese statt der 10 Finger ansehen, aber die Rechnung ist nichts spezifisch Menschliches und für sie gibt es keinen Ersatz/keine Prothese/.

Ort des Denkens.

4.91.6.1	1	Eine der gefährlichsten Ideen ist, merkwürdigerweise, daß wir mit dem Kopf, oder im Kopf denken.
4.91.8.1	2	Die Idee von einem Vorgang im Kopf, in dem gänzlich abgeschlossenen Raum, gibt dem Denken etwas Okkultes.
3.183.3.1	3	„Das Denken geht im Kopf vor sich" heißt eigentlich nichts anderes, als, unser Kopf hat etwas mit dem Denken zu tun. Man sagt freilich auch: „ich denke mit der Feder auf dem Papier" und diese Ortsangabe ist mindestens so gut, wie die erste.
3.183.4.1	4	Wenn wir fragen „wo geht das Denken vor sich", so ist dahinter immer die Vorstellung eines maschinellen Prozesses, der in einem abgeschlossenen Raum vor sich geht, sehr ähnlich, wie der Vorgang in der Rechenmaschine.
3.148.4.1	5	Schon die Bezeichnung ‚Tätigkeit' für's Denken ist in einer Weise irreführend. Wir sagen: das Reden ist eine Tätigkeit unseres Mundes. Denn wir sehen dabei unseren Mund sich bewegen und fühlen es, etc. In demselben/diesem/ Sinne kann man nicht sagen, das Denken sei eine Tätigkeit unseres Gehirns.
3.148.5.1		Und kann man sagen, das Denken sei eine Tätigkeit des Mundes oder des Kehlkopfs oder der Hände (etwa, wenn wir schreibend denken)?
3.148.6.1		Zu sagen, Denken sei eben eine Tätigkeit des Geistes, wie Sprechen des Mundes, ist eine Travestie (der Wahrheit).
3.148.7.1		Wir gebrauchen eben ein Bild, wenn wir von der Tätigkeit des Geistes reden.
3.148.9.1	6	Das Denken ist nicht mit der Tätigkeit eines Mechanismus zu vergleichen, die wir von außen sehen/der wir von außen zuschauen/, deren Inneres aber wir sehen müßten/müssen/ um sie zu verstehen.
3.149.1.1		[Das Denken ist nicht die Tätigkeit eines Mechanismus, der wir von außen zusehen, deren Inneres aber erforscht werden muß.]
3.149.2.1		[Das Denken ist nicht mit der Tätigkeit eines Mechanismus zu vergleichen, den wir von außen sehen, in dessen Inneres wir aber erst dringen müssen.]
3.182.7.1	7	Die Wendung „daß etwas in unserem Geist vor sich geht", soll, glaube ich, andeuten, daß es im physikalischen Raum nicht lokalisierbar ist. Von Magenschmerzen sagt man nicht, daß sie in unserem Geist vor sich gehen, obwohl der physikalische Magen ja nicht der unmittelbare Ort der Schmerzen ist, in dem Sinn, in welchem er der Ort der Verdauung ist.

53
GEDANKE UND AUSDRUCK DES GEDANKENS.

2.277.1.1   1   Der Gedanke ist wesentlich das, was durch den Satz ausgedrückt ist, wobei ‚ausgedrückt' nicht heißt ‚hervorgerufen'. Ein Schnupfen wird durch ein kaltes Bad hervorgerufen, aber nicht durch ein kaltes Bad ausgedrückt.

2.320.2.1   2   Man hat nicht den Gedanken, und daneben die Sprache. — Es ist also
2.320.3.1   nicht so, daß man für den Andern die Zeichen, für sich selbst aber einen stummen Gedanken hat. Gleichsam einen gasförmigen oder ätherischen Gedanken, im Gegensatz zu sichtbaren, hörbaren Symbolen.

2.320.6.1   3   Man könnte so sagen, am Gedanken ist nichts wesentlich privat. — Es kann jeder in ihn Einsicht nehmen.

2.320.8.1   4   Man hat nicht den Zeichenausdruck und daneben, für sich selbst, den (gleichsam dunkeln) Gedanken. Dann wäre es doch auch zu merkwürdig, daß man den Gedanken durch die Worte sollte wiedergeben können.

2.320.9.1   5   D.h.: wenn der Gedanke nicht schon artikuliert wäre, wie könnte der Ausdruck durch die Sprache ihn artikulieren. Der artikulierte Gedanke aber ist in allem Wesentlichen ein Satz.

4.15.2.1   6   Wie sich der Gedanke zur Rede verhält, kann man am besten verstehen, wenn man bedenkt, ob etwa das Verständnis (der Gedanke) einer Rechnung (etwa/z.B./ einer Multiplikation) als gesonderter Prozeß neben dem Rechnungsvorgang einherläuft.

4.15.3.1   7   Wenn man das Verstehen, Wissen, etc., als Zustand auffaßt, dann nur hypothetisch im Sinne einer psychischen Disposition, welche auf derselben Stufe steht, wie eine physiologische Disposition.

4.15.4.1   8   „Dachtest Du denn, als Du den Satz sagtest, daran, daß Napoleon ...." — „ich dachte nur, was ich sagte".

4.9.11.1   9   Plato nennt die Hoffnung eine Rede. (Philebos)

3.54.3.1   10   Der Gedanke ist kein geheimer — und verschwommener — Prozeß von dem wir nur Andeutungen in der Sprache sehen, als wäre die Negation ein Stoß und der Gedanke darauf wie? ein unbestimmter Schmerz, von diesem Stoß hervorgerufen, aber gänzlich von ihm verschieden.

3.96.9.1	1	Gedankenlesen kann nur darin bestehen, daß wir Zeichen interpretieren, also einfach lesen (nur vielleicht andere Zeichen). Oder aber es besteht darin, daß Einem, wenn man des Anderen Hand hält (oder in andrer Art mit ihm in Kontakt steht) Gedanken kommen, die durch nachträgliches Fragen als die Gedanken auch des Anderen erkannt werden. Aber da handelt es sich überhaupt um kein Lesen, sondern es wäre nur die Hypothese erlaubt, daß zwei Leute unter gewissen Umständen das Gleiche dächten.
3.97.1.1	2	Ist das Denken ein augenblicklicher Vorgang oder etwa ein andauernder Zustand, wovon die Worte, der Satz, nur eine ungeschickte Wiedergabe sind.(so daß man etwa sagen könnte, wie von dem Eindruck einer Landschaft: Worte können das gar nicht wiedergeben)? Der Gedanke braucht solange wie sein Ausdruck. Weil der Ausdruck der Gedanke ist.
3.97.3.1	3	Ich habe einmal gelesen, daß ein französischer Politiker gesagt hat, die französische Sprache sei dadurch ausgezeichnet, daß in ihr die Wörter in der Ordnung folgen, wie man wirklich denkt.
3.98.7.1	4	Niemand würde fragen, ob die Multiplikation zweier Zahlen (etwa nach der gewöhnlichen Art durchgeführt) gleichläuft mit dem Gedanken. Weil jeder die Multiplikation als ein Instrument ansieht. Während man den Gedanken nicht als ein Instrument ansieht.
3.105.1.1	5	Die Idee, daß eine Sprache eine Wortfolge haben kann, die der Reihenfolge des Denkens entspricht, im Gegensatz zu einer anderen Sprache, rührt von der Auffassung her, daß das Denken vom Ausdruck der Gedanken getrennt vorgeht. Also ein wesentlich anderer Vorgang ist. Nach dieser Auffassung könnte man nun freilich sagen: Die wesentlichen Eigenschaften des Negationszeichens offenbaren sich freilich erst nach und nach im Gebrauch, aber ich denke die Negation auf einmal. Das Zeichen „nicht" ist ja nur ein Hinweis auf den Gedanken „nicht". Es stößt mich nur, daß ich das Rechte denke. (Es ist nur Signal.)
2.188.1.1	6	Willkürlichkeit des sprachlichen Ausdrucks: Könnte man sagen: das Kind muß das Sprechen einer bestimmten Sprache zwar lernen, aber nicht das Denken, d.h. es würde von selber denken, auch ohne irgend eine Sprache zu lernen? ((D.h. Willkürlichkeit, wie sie gewöhnlich aufgefaßt wird. Sozusagen: „auf den Gedanken kommt es an, nicht auf die Worte".))
2.188.1.2		Ich meine aber, wenn es denkt, so macht es sich eben Bilder und diese sind in einem gewissen Sinne willkürlich, insofern nämlich, als andere Bilder denselben Dienst geleistet hätten. Und anderseits ist ja die Sprache auch natürlich entstanden, d.h., es muß wohl einen ersten Menschen gegeben haben, der einen bestimmten Gedanken zum ersten Mal in gesprochenen Worten ausgedrückt hat. Und übrigens ist das ganz gleichgültig, weil jedes Kind, das die Sprache lernt, sie nur in dieser Weise lernt, daß es anfängt in ihr zu denken. Plötzlich anfängt; ich meine: Es gibt kein Vorstadium, in welchem das Kind die Sprache zwar schon gebraucht, sozusagen zur Verständigung gebraucht, aber noch nicht in ihr denkt.

4.89.3.1	1	Ist es quasi eine Verunreinigung des Sinnes, daß wir ihn in einer bestimmten Sprache, mit ihren Zufälligkeiten, ausdrücken und nicht gleichsam körperlos und rein?? Nein, denn es ist wesentlich, daß ich die Idee der Übersetzung von einer Sprache in die andere verstehe.
4.89.5.1	2	Spiele ich eigentlich doch nicht das Schachspiel selbst, da die Figuren ja? auch anders sein könnten?!
4.89.6.1	3	Da der Sinn eines Satzes ganz in der Sprache fixiert ist, und es auf den Sinn ankommt, so ist jede Sprache gleich gut. Der Sinn aber ist, was Sätze, die in einander übersetzbar sind, gemein haben.

54
WAS IST DER GEDANKE? WAS IST SEIN WESEN?
„DER GEDANKE, DIESES SELTSAME WESEN".

2.286.1.1	1	Der Gedanke, soweit man überhaupt von ihm reden kann, muß etwas ganz
2.286.2.1		hausbackenes sein. (Man pflegt sich ihn als etwas Ätherisches, noch Unerforschtes, zu denken; als handle es sich um Etwas, dessen Außenseite bloß wir kennen, dessen Wesen aber noch unerforscht ist, etwa wie das unseres Gehirns.)/unser Gehirn.)/
2.286.3.1	2	Der Gedanke hat aber nur eine Außenseite und kein Innen. Und ihn analysieren heißt nicht in ihn dringen.
3.202.3.1	3	Man kann wieder nur die Grammatik des Wortes „erwarten"/„denken"/ explicit machen. (Und so des Wortes „erwarten"/„denken"/, etc..)

55
ZWECK DES DENKENS.
GRUND DES DENKENS.

4.70.6.1   1   Wozu denkt der Mensch? wozu ist es nütze? Wozu berechnet er Dampfkessel und überläßt es nicht dem Zufall, wie stark er ihre Wand/Wände/ macht/wie stark die Wand des Kessels wird/? Es ist doch nur Erfahrungstatsache, daß Kessel, die so berechnet wurden, nicht so oft explodieren/explodierten/. Aber so, wie er alles eher täte, als die Hand ins Feuer stecken, das ihn früher gebrannt hat, so wird er alles eher tun, als den Kessel nicht berechnen. Da uns aber Ursachen nicht interessieren, so können wir nur sagen: die Menschen denken tatsächlich: sie gehen z.B. auf diese Weise vor, wenn sie einen Dampfkessel bauen. Kann nun ein so erzeugter Kessel nicht explodieren? Oh ja. –

4.70.8.1   2   Sich etwas überlegen. Ich überlege, ob ich jetzt ins Kino gehen soll. Ich mache mir ein Bild der Zeiteinteilung des Abends. Aber wozu tue ich das?? Ich mache ja kein „Gedankenexperiment"!

4.72.2.1   3   Wir verstehen alle, was es heißt, in einem Kalender nachschlagen, an welchem Tag der Woche wir frei sind. Das Bild, das wir sehen, ist etwa M̷D̷M̷D̷F S̷S̷ und wir sagen nun, wir seien nur Freitag frei, und handeln demgemäß. Mit welcher Berechtigung handeln wir nach dem Bild?

4.85.9.1   4   Wir erwarten etwas und handeln der Erwartung gemäß. Muß die Erwartung eintreffen? Nein. Warum aber handeln wir nach der Erwartung? Weil wir dazu getrieben werden, wie dazu, einem Automobil auszuweichen, uns niederzusetzen, wenn wir müde sind und aufzuspringen, wenn wir uns auf einen Dorn gesetzt haben.

2.178.1.1   5   Die Natur des Glaubens an die Gleichförmigkeit des Geschehens wird vielleicht am klarsten im Falle, in dem wir Furcht vor dem erwarteten Ereignis empfinden. Nichts könnte mich dazu bewegen, meine Hand in die Flamme zu stecken, obwohl ich mich doch nur in der Vergangenheit verbrannt habe.

4.61.5.1   6   Daß mich das Feuer brennen wird, wenn ich die Hand hineinstecke: das ist Sicherheit.
4.62.1.1   D.h., da sehe ich, was Sicherheit bedeutet. (Nicht nur was das Wort „Sicherheit" bedeutet, sondern auch, was es mit ihr auf sich hat.)

5.157.6.1   7   Der Glaube, daß mich das Feuer brennen wird, ist von der Natur der Furcht, daß es mich brennen wird.

5.158.1.1   8   Wenn man mich ins Feuer zöge, so würde ich mich wehren und nicht gutwillig gehn; und ebenso würde ich schreien: „das Feuer wird mich brennen!" und ich würde nicht schreien: „vielleicht wird es ganz angenehm sein!"

5.158.2.1	1	Ich kalkuliere so, weil ich nicht anders kalkulieren kann. (Ich glaube das, weil ich nicht anders glauben kann.)
3.293.5.1	2	Es läßt sich kein/Man kann keinen/ Grund angeben, weswegen man denken soll.
3.293.5.2		Es sei denn ein Grund von der Art dessen, weswegen man essen soll.
3.293.6.1	3	Man kann einen Gedanken aus anderen begründen, aber nicht das Denken. Das, glaube ich, ist es, was unsere Untersuchung rein beschreibend macht.
3.293.5.1	4	Es läßt sich kein rationaler Grund angeben, weshalb wir denken sollten /müßten/.
5.32.1.1	5	Ich nehme an, daß dieses Haus nicht in einer halben Stunde zusammenstürzen wird. Wann nehme ich das an? Die ganze Zeit? und was ist dieses Annehmen für eine Tätigkeit? Heißt, das annehmen, nicht (wieder) zweierlei? Einmal bezeichnet es eine hypothetische psychologische Disposition; einmal den Akt des Denkens, Ausdrückens, jenes Satzes/des Satzes „das Haus wird nicht einstürzen"/. Im ersten Sinne ist das Kriterium dafür, daß ich jene Annahme mache/das annehme/ das, was ich sonst sage, fühle und tue; im andern Sinn, daß ich einen Satz sage, der wieder ein Glied einer Rechnung/Kalkulation/ ist. Nun sagt man: Du mußt aber doch einen Grund haben, das anzunehmen, sonst ist die Annahme ungestützt und wertlos (erinnere Dich daran, daß wir zwar auf der Erde stehen, die Erde aber nicht wieder auf irgend etwas; und Kinder glauben, sie müsse fallen, wenn sie nicht gestützt ist). Nun, ich habe auch Gründe zu meiner Annahme. Sie lauten etwa: daß das Haus schon jahrelang gestanden hat, aber nicht so lang, daß es schon baufällig sein könnte, etc. etc.. Was ein Grund wofür ist (was als Grund wofür gilt), kann von vornherein angegeben werden und beschreibt/bestimmt/ einen Kalkül, in welchem/dem/ eben das eine ein Grund des andern ist. Soll aber nun ein Grund für diesen ganzen Kalkül gegeben werden, so sehen wir, daß er fehlt. Fragt man aber, ob der Kalkül also eine willkürliche Annahme ist, so ist die Antwort, daß er es so wenig ist, wie die Furcht vor dem Feuer oder einem wütenden Menschen, der sich uns nähert.
5.32.1.2		Wenn man nun sagt: gewiß sind doch die Regeln der Grammatik, nach denen wir vorgehen und operieren, nicht willkürlich; so müßte man zur Antwort fragen: Gut also, warum denkt denn ein Mensch wie er denkt? warum geht er denn durch diese Denkhandlungen? (gefragt ist hier natürlich nach den Gründen, nicht Ursachen). Nun, da lassen sich Gründe in dem Kalkül angeben; und ganz zum Schluß ist man dann versucht zu sagen: „es ist eben sehr wahrscheinlich, daß sich das Ding jetzt so verhalten wird, wie es sich immer verhalten hat"/.... daß das Ding jetzt das gleiche Verhalten zeigen wird, das es immer gezeigt hat"/, – oder dergleichen. Eine Redensart, die den Anfang des Raisonnements verhüllt und hier/an diesem Anfang/ eine ähnliche Rolle spielt, wie der Schöpfer am Beginn/Anfang/ der Welt, der/welcher/ zwar in Wirklichkeit nichts erklärt, aber ein den Menschen acceptabler Anfang ist./einen den Menschen acceptablen Anfang macht./

5.33.0.1   Das, was so schwer einzusehen ist, ist, daß, solange wir ein Wahr-Falsch-Spiel spielen/daß, solange wir im Bereich der Wahr-Falsch-Spiele bleiben/, eine Änderung der Grammatik uns nur von einem solchen Spiel zu einem andern führen kann, aber nicht von etwas Wahrem zu etwas Falschem. Und wenn wir anderseits aus dem Bereich dieser Spiele heraustreten, so nennen wir es eben nicht mehr Grammatik, und zu einem Widerspruch mit der Wirklichkeit kommen wir wieder nicht.

5.33.1.1   1 Denken wir uns die Tätigkeit in einem Haus, in einer Werkstätte. Da wird gehobelt, gesägt, gestrichen, etc. etc.; und außerdem gibt es da eine Tätigkeit, die man ‚rechnen/Rechnen/' nennt, und die sich scheinbar von allen den andern unterscheidet/von allen diesen unterscheidet/, besonders, was den /ihren/ Grund anbelangt. Wir machen da etwa ein Bild, die Tätigkeit des Rechnens (Zeichnens, etc.) verbindet Teile der andern Tätigkeit. Er setzt aus, rechnet etwas, dann mißt er und arbeitet mit dem Hobel weiter. Er setzt auch manchmal aus, um das Hobelmesser zu schleifen; aber ist diese Tätigkeit analog der andern des Kalkulierens? – „Aber Du glaubst doch auch, daß mehr Kessel explodieren würden/mehr Kesselexplosionen wären/, wenn die Kessel nicht berechnet würden". „Ja, ich glaube es; – aber was will das sagen?" Folgt daraus, daß weniger sein werden? Und was ist denn die Grundlage dieses Glaubens?

5.33.1.2   Wenn man nun nach dem Grund einer einzelnen Denkhandlung (Kalkülhandlung) fragt, so erhält man als Antwort die Auseinandersetzung eines Systems dem die Handlung angehört.

Grammatik.

56

DIE GRAMMATIK IST KEINER WIRKLICHKEIT RECHENSCHAFT
SCHULDIG.
DIE GRAMMATISCHEN REGELN BESTIMMEN ERST DIE BEDEUTUNG
(KONSTITUIEREN SIE) UND SIND DARUM KEINER BEDEUTUNG
VERANTWORTLICH UND INSOFERN WILLKÜRLICH.

3.282.2.1 1 Angenommen, wir lassen die Übersetzung in die Gebärdensprache fort; zeigt es sich dann in der Anwendung (ich meine, in den grammatischen Regeln der Anwendung), daß diese Übersetzung möglich ist?

3.282.3.1 2 Und kann es sich nur zeigen, daß sie möglich ist, oder auch, daß sie notwendig ist?

3.282.3.2 Wenn sie notwendig ist, so heißt das, daß die Sprache vermittels des roten Täfelchens in irgend einem Sinn notwendig ist; und nicht gleichberechtigt der Wortsprache.

3.282.4.1 3 Aber wie könnte das sein? denn dann wären ja die hinweisenden Erklärungen überflüssig: das heißt aber schon, implicite in den andern enthalten. Wie kann denn eine Regel eines Spiels überflüssig sein, wenn es eben das Spiel sein soll, was auch durch diese Regel charakterisiert wird.

3.282.5.1 4 Der/Mein/ Fehler besteht hier immer wieder darin, daß ich vergesse, daß erst alle Regeln das Spiel, die Sprache, charakterisieren, und daß diese Regeln nicht einer Wirklichkeit verantwortlich sind, so daß sie von ihr kontrolliert würden, und so daß man von einer Regel bezweifeln könnte, daß sie notwendig, oder richtig, wäre. (Vergleiche das Problem der Widerspruchsfreiheit der Nicht-euklidischen Geometrie.)

3.282.6.1 5 Die Grammatik ist keiner Wirklichkeit verantwortlich.

3.282.7.1 6 (Die Grammatik ist der Wirklichkeit nicht Rechenschaft schuldig.)

3.266.11.1 7 Kann man diese hinweisende Erklärung mit den Regeln der Verwendung kollidieren?

3.266.12.1 8 Denn eigentlich können ja Regeln nicht kollidieren, außer sie widersprechen einander. Denn im Übrigen bestimmen sie ja eine Bedeutung, und sind nicht einer verantwortlich, so daß sie ihr widersprechen könnten. ((Dazu eine Bemerkung, daß die hinweisende Erklärung eine der Regeln ist, die von einem Wort gelten.))

4.205.4.1 9 Eine Sprache ist, was sie ist, und eine andere Sprache ist nicht diese Sprache. Ich gebrauche also die Nummern des Musterkataloges anders, als die Wörter „rot", „blau", etc..

3.237.7.1	1	Es kann keine Diskussion darüber geben, ob diese Regeln oder andere die richtigen für das Wort ‚nicht' sind. Denn das Wort hat ohne diese/die/ Regeln noch keine Bedeutung, und wenn wir die Regeln ändern, so hat es nun eine andere Bedeutung (oder keine) und wir können dann ebensogut auch das Wort ändern. Daher sind diese Regeln willkürlich, weil die Regeln erst das Zeichen machen.
3.226.1.1	2	Das einzige Korrelat, in der Sprache, zu einer Naturnotwendigkeit ist eine willkürliche Regel. Sie ist das einzige, was man von dieser Notwendigkeit in Sätze/einen Satz/ abziehen kann.
5.33.3.1	3	Wenn man fragt „warum gibst Du Eier in diesen Teig", so ist die Antwort etwa „weil der Kuchen dann besser schmeckt". Also, man hört /erfährt/ eine Wirkung und sie wird als Grund gegeben.
5.33.3.2		Wenn ich dem Holzblock eine bestimmte Form geben will, so ist der Hieb der richtige, der diese Form erzeugt. – Ich nenne aber nicht das Argument das richtige, das die erwünschten Folgen hat. Vielmehr nenne ich die Rechnung falsch, obwohl/auch wenn/ die Handlungen, die dem Resultat entspringen, zum gewünschten Ende geführt haben. („Ich mach' den Haupttreffer, und er will mich belehren!") Das zeigt, daß die Rechtfertigungen in den beiden Fällen verschiedene sind, und also „Rechtfertigung" verschiedenes in beiden bedeutet. In einem Fall kann man sagen: „Wart' nur, Du wirst schon sehen, daß das Richtige (d.h. hier: Gewünschte) herauskommt"; im andern ist dies keine Rechtfertigung.
5.34.0.1		Wenn man nun von der Willkürlichkeit der grammatischen Regeln spricht, so kann das nur bedeuten, daß es die Rechtfertigung, die in der Grammatik als solche liegt, nicht für die Grammatik gibt. Und wenn man das Rechnen und/aber/ nicht das Kochen dem Spiel vergleicht, ?so ist es eben aus/aus eben/ diesem Grunde?. Das ist aber auch der Grund, warum man das Kochen keinen Kalkül nennen würde. Wie ist es aber mit dem Aufräumen eines Zimmers, oder dem Ordnen eines Bücherschrankes, – oder dem Stricken eines bestimmten Musters? Diese Dinge kommen dem Spiel in irgendeiner Weise näher. Ich glaube, der Grund, warum man das Kochen kein Spiel zu nennen versucht ist, ist der: es gibt natürlich auch für das Kochen Regeln, aber „Kochen" bezeichnet nicht wesentlich eine Tätigkeit nach diesen Regeln, sondern eine Tätigkeit, die ein bestimmtes Resultat hat. Es ist z.B. etwa eine Regel, daß man Eier 3 Minuten lang kocht, um weiche Eier zu erhalten; wird aber durch irgend welche Umstände das gleiche Ergebnis durch 5 Minuten langes Kochen erreicht, so sagt man nun nicht „das heißt dann nicht ‚weiche Eier kochen'". Dagegen heißt „Schachspielen" nicht die Tätigkeit, die ein bestimmtes Ergebnis hat, sondern dieses Wort bedeutet eine Tätigkeit, die nach gewissen Regeln ausgeführt wird. Die Regeln der Kochkunst hängen mit der Grammatik des Wortes „kochen" anders zusammen, als die Regeln des Schachspiels mit der Grammatik des Wortes „Schach spielen" und als die Regeln des Multiplizierens mit der Grammatik des Wortes „multiplizieren".
5.34.0.2		Die Regeln der Grammatik sind so (d.h. in demselben Sinne) willkürlich, wie die Wahl einer Maßeinheit. Aber das kann doch nur heißen, daß sie von der Länge des Zumessenden unabhängig ist. Und daß nicht die Wahl der einen Einheit ‚wahr', der andern ‚falsch' ist, wie die Angabe der Länge wahr oder falsch ist. Was natürlich nur eine Bemerkung über die Grammatik des Wortes „Längeneinheit" ist.

5.34.0.3   Man ist versucht, die Regeln der Grammatik durch Sätze zu rechtfertigen von der Art: „Aber es gibt doch wirklich 4 primäre Farben"; und gegen die Möglichkeit dieser Rechtfertigung, die nach dem Modell der Rechtfertigung eines Satzes durch (den)? Hinweis auf seine Verifikation gebaut ist, richtet sich das Wort, daß die Regeln der Grammatik willkürlich sind.

5.35.0.1   Kann man aber nicht doch in irgend einem Sinne sagen, daß die Grammatik der Farbwörter die Welt, wie sie tatsächlich ist, charakterisiert? Man möchte sagen: kann ich nicht wirklich vergebens nach einer fünften primären Farbe suchen? – (Und wenn man suchen kann, dann ist ein Finden denkbar.) Nimmt man nicht die primären Farben zusammen, weil sie eine Ähnlichkeit haben, oder zum mindesten die Farben, im Gegensatz z.B. von/zu den/ Formen oder Tönen, weil sie eine Ähnlichkeit haben? Oder habe ich, wenn ich diese Einteilung der Welt als die richtige hinstelle, schon eine vorgefaßte Idee als Paradigma im Kopf? Von der ich dann etwa nur sagen kann: „ja, das ist die Weise/Art/, wie wir die Dinge betrachten", oder „wir wollen eben ein solches Bild (von der Wirklichkeit) machen". Wenn ich nämlich sage: „die primären Farben haben doch eine bestimmte Ähnlichkeit miteinander" – woher nehme ich den Begriff dieser Ähnlichkeit? D.h.: habe ich hier eine Funktion „x ähnlich mit y", in die ich die Farben als Argumente einsetzen kann? Ist nicht so, wie der Begriff „primäre Farbe" nichts andres ist, als „blau oder rot oder grün oder gelb", – auch der Begriff jener Ähnlichkeit nur durch die vier Farben gegeben? Ja, sind sie nicht die gleichen! – Ja, könnte man denn auch rot, grün und kreisförmig zusammenfassen? – Warum nicht?!

5.35.0.2   Die Wichtigkeit in einem Spiel liegt darin, daß wir dieses Spiel spielen. Daß wir diese Handlungen ausführen. Es verliert seine Wichtigkeit nicht dadurch, daß es selbst nicht wieder eine Handlung in einem andern (übergeordneten) Spiel ist.

5.35.0.3   Warum nenne ich die Regeln des Kochens nicht willkürlich; und warum bin ich versucht, die Regeln der Grammatik willkürlich zu nennen? Weil das Kochen durch seinen Zweck definiert ist, dagegen der Gebrauch der Sprache nicht. Darum ist der Gebrauch der Sprache in einem gewissen Sinne autonom, in dem das Kochen und Waschen es nicht ist. Denn, wer sich beim Kochen nach andern als den richtigen Regeln richtet, kocht schlecht; aber wer sich nach andern Regeln als denen des Schach richtet, spielt ein anderes Spiel und wer sich nach andern grammatischen Regeln richtet, als den und den, spricht darum nichts Falsches, sondern von etwas Anderem.

2.225.1.1   1   Könnte ich den Zweck der grammatischen Konventionen dadurch beschreiben, daß ich sagte, ich müßte sie machen, weil etwa die Farben gewisse Eigenschaften haben, so wären damit diese Konventionen überflüssig, denn dann könnte ich eben das sagen, was die Konventionen gerade ausschließen. Umgekehrt, wenn die Konventionen nötig waren, also gewisse Kombinationen der Wörter als unsinnig ausgeschlossen werden mußten, dann kann ich eben darum nicht eine Eigenschaft der Farben angeben, die die Konventionen nötig machte, denn dann wäre es denkbar, daß die Farben diese Eigenschaft nicht hätten und das könnte nur entgegen den Konventionen ausgedrückt werden.

2.227.4.1	1	Ich nenne die Regel der Darstellung keine Konvention, die sich durch Sätze rechtfertigen läßt, Sätze, welche das Dargestellte beschreiben und zeigen, daß die Darstellung adäquat ist. Die Konventionen der Grammatik lassen sich nicht durch eine Beschreibung des Dargestellten rechtfertigen. Jede solche Beschreibung setzt schon die Regeln der Grammatik voraus. D.h., was in der zu rechtfertigenden Grammatik als Unsinn gilt, kann in der Grammatik der rechtfertigenden Sätze auch nicht als Sinn gelten, u.u.
5.31.1.1	2	Wer etwas dagegen hat, daß man sagt, die Regeln der Grammatik seien Spielregeln, hat in dem Sinne Recht, daß das, was das Spiel zum Spiel macht, die Konkurrenz von Spielern, der Zweck der Unterhaltung und Erholung, in der Grammatik abwesend ist, etc.. Aber niemand wird leugnen, daß das Studium des Wesens der Spielregeln für das Studium der grammatischen Regeln nützlich sein muß, da irgend eine Ähnlichkeit zweifellos besteht. Es ist überhaupt besser, ohne ein gefaßtes Urteil oder Vorurteil über die Analogie zwischen Grammatik und Spiel, und nur getrieben von dem sicheren Instinkt, daß hier eine Verwandtschaft vorliegt, die Spielregeln zu betrachten. Und hier wieder soll man einfach berichten, was man sieht und nicht fürchten, daß man damit eine wichtige Anschauung untergräbt, oder auch, seine Zeit mit etwas Überflüssigem verliert.
5.31.1.2		Man sieht dann vor allem, wie der Begriff des Spiels und damit der Spielregel ein an den Rändern verschwimmender ist.
5.31.1.3		Ferner sieht man etwa Folgendes, wenn man die Regeln z.B. des Schachspiels betrachtet: Es gibt hier Sätze, die die Züge der einzelnen Figuren beschreiben; allgemeiner ausgedrückt, Regeln über Spielhandlungen. Dann aber gibt es doch die Sätze, die die Grundstellung beschreiben und solche, die das Schachbrett beschreiben.

57

Regel und Erfahrungssatz.
Sagt eine Regel, dass Wörter tatsächlich so und so gebraucht werden?

5.23.2.1 1 Regel und Erfahrungssatz. Ist eine Regel ein Erfahrungssatz – etwa über den Gebrauch der Sprache? Ist eine Regel des Schachspiels ein Satz darüber, wie die Menschen seit dem Ereignis der Erfindung des Schachspiels es gespielt haben; d.h. etwa mit so geformten Figuren gezogen haben? Denn, wenn davon die Rede ist, daß die Menschen das Schachspiel so gespielt haben, so muß das Schachspiel so definiert sein, daß es Sinn hat, davon auszusagen, es sei anders gespielt worden. Sonst nämlich gehören die Regeln zur Definition des Schachspiels. Daß jemand der Regel .... gemäß spielt, das ist eine Erfahrungstatsache; oder: „A spielt der Regel .... gemäß", „die meisten Menschen spielen der Regel .... gemäß", „niemand spielt der Regel .... gemäß" sind Erfahrungssätze. Die Regel ist kein Erfahrungssatz, sondern nur der Teil eines solchen Satzes.

5.23.2.2 Die Regel ist die Festsetzung der Maßeinheit/Die Regel setzt die Maßeinheit fest/, und der Erfahrungssatz sagt, wie lang ein Gegenstand ist. (Und hier sieht man, wie logische Gleichnisse funktionieren, denn die Festsetzung der Maßeinheit ist wirklich eine grammatische Regel und die Angabe einer Länge in dieser Maßeinheit ein Satz, der von der Regel Gebrauch macht.)

5.23.3.1 2 Wenn man die Regel dem Satz beifügt, so ändert sich der Sinn des Satzes nicht. Wenn die Definition des Meters die Länge des Pariser Urmeters ist, so sagt der Satz „dieses Zimmer ist 4m lang" dasselbe wie „dieses Zimmer ist 4m lang; und 1m = die Länge des Pariser Urmeters".

5.23.3.2 Die Legende zu einer Landkarte ist so eine Anweisung zum Gebrauch – oder zum Verständnis – einer Beschreibung.

5.24.1.1 Diese Legende sagt jedenfalls nichts über die Geographie des Landes aus. So wenig, wie der Satz „1m ist die Länge des Urmeters in Paris" die Länge eines Gegenstandes beschreibt.

5.24.3.1 3 Ferner muß sich die Regel auf die Anwendung in der Beschreibung (der Wirklichkeit) beziehen. Denn, was hat es für einen Sinn von einem Stab zu sagen „das ist das Urmeter", wenn sich diese Aussage nicht auf Messungen mit dem Metermaß bezieht. Insofern könnten wir uns die Regel jedem Satz beigefügt denken.

5.24.3.2 Die Regel ist eine Art vorgezeichneter Route; ein vorgezeichneter Weg.

5.24.5.1 4 Die Regel möchte ich ein Instrument nennen.

5.25.3.1	1	Wenn eine Regel ein Satz ist, dann wohl einer, der von den Wörtern der Sprache handelt. Aber was sagt so ein Satz von den Wörtern aus? Daß sie in dem und dem Zusammenhang gebraucht werden? Aber von wem und wann? Oder, daß jemand wünscht, daß sie so gebraucht werden? Und wer? – Vielmehr ist die Regel von allen diesen Aussagen ein Teil.
5.26.1.1	2	Die Regel „links gehen!" oder einfach ein Pfeil. Wie, wenn ich mir in meinem Zimmer einen Pfeil an die Wand malte – wäre der auch der Ausdruck eines Gesetzes, wie es der Pfeil auf einem Bahnhof wohl sein könnte? Um ihn zu einem Gesetz zu machen, gehört doch/wohl/ noch der übrige Apparat, dessen ?einer Teil der Pfeil nur ist?.
5.26.1.2 5.26.1.3		(Sraffa) Ein Ingenieur baut eine Brücke; er schlägt dazu in mehreren Handbüchern nach; in technischen Handbüchern und in juridischen. Aus dem einen erfährt er, daß die Brücke zusammenbrechen würde, wenn er diesen Teil schwächer machen würde als etc. etc.; aus den andern, daß er eingesperrt würde, wenn er sie so und so bauen wollte/würde/. – Stehn nun die beiden Bücher nicht auf gleicher Stufe? – Das kommt drauf an, was für eine Rolle sie in seinem Leben spielen. Das juridische Handbuch kann ja für ihn einfach ein Buch über die Naturgeschichte der ihn umgebenden Menschen sein. Vielleicht muß er auch ein Buch über das Leben der Biber nachschlagen, um zu erfahren, wie er die Brücke streichen muß, daß die Biber sie nicht annagen. – Gibt es aber nicht noch eine andere Weise, die Gesetze zu betrachten? Fühlen wir nicht sogar deutlich, daß wir sie nicht so betrachten? – Ist dies nicht die gleiche Frage, wie: – Ist ein Vertrag nur die Feststellung, daß es für die Parteien nützlich ist, so und so zu handeln? Fühlen wir uns nicht in manchen Fällen (wenn auch nicht in allen) auf andre Weise „durch den Vertrag gebunden"? – Kann man nun sagen: „Wer sich durch einen Vertrag oder ein Gesetz gebunden fühlt, stellt sich irrtümlicherweise das Gesetz als einen Menschen (oder Gott) vor, der ihn mit physischer Gewalt zwingt"? – Nein; denn, wenn er handelt, als ob ihn jemand zwänge, so ist doch seine Handlung jedenfalls Wirklichkeit und auch die Vorstellungsbilder, die er etwa dabei hat, sind nicht Irrtümer; und er braucht sich in nichts irren und kann doch handeln wie er handelt und sich auch vorstellen, was er sich etwa vorstellt. Die Worte „der Vertrag bindet mich" sind zwar eine bildliche Darstellung und daher mit der gewöhnlichen Bedeutung des Wortes „binden" ein falscher Satz; aber, richtig aufgefaßt, sind sie wahr (oder können es sein) und unterscheiden einen Fall von dem, in welchem der Vertrag mir bloß sagt, was zu tun mir nützlich ist. Und wenn man etwas gegen die Worte einwendet „der Vertrag (oder das Gesetz) bindet mich", so kann man nichts sagen gegen die Worte: „ich fühle mich durch den Vertrag gebunden".

5.27.2.1	1	Die Regel – wie ich sie verstehe – ist wie ein Weg in einem Garten. Oder wie die vorgezeichneten Felder auf einem/dem/ Schachbrett, oder die Linien einer Tabelle. Von diesen Linien etc. wird man nicht sagen, daß sie uns etwas mitteilen (obwohl sie ein Teil einer Mitteilung sein können, ja auch selbst Mitteilungen). Ich lege in einer Abmachung mit jemandem eine Regel fest. In dieser Abmachung teile ich ihm etwa die Regel (einer künftigen Darstellung) mit. Ich sage ihm etwa: „der Plan, den ich Dir von meinem Haus zeichne, ist im Maßstab 1:10". Das ist eigentlich ein Teil der Beschreibung des Hauses. Und wenn ich schreibe ~p · (~~p = p) so ist das wirklich ähnlich, wie wenn ich dem Plan den Maßstab beifüge.
5.27.2.2		Ich könnte auch so sagen: Ich will nur das mitteilen, was der Satz der Sprache mitteilt; und die Regel ist nichts als ein Hilfsmittel dieser Mitteilung (so wie sie, die Regel, verstehe). Schon deshalb darf/kann/ die Regel nicht selbst eine Mitteilung sein; denn sonst würde der Sinn des Satzes irgendwie zugleich den Sinn der Mitteilung über den Sprachgebrauch beinhalten.
5.27.2.3		Wir müssen uns vergegenwärtigen, wie wir in der Philosophie, d.h. beim Klären grammatischer Fragen, wirklich von Regeln reden; – damit wir auf der Erde bleiben und nicht nebelhafte Konstruktionen machen/bauen/. Ich gebe z.B. Regeln wie: $(\exists x)\, \varphi x \vee \varphi a \vee \varphi b = (\exists x) \cdot \varphi x$ oder ~~p = p, oder ich sage, daß es sinnlos ist von einem „rötlichen Grün" zu reden, oder von „schwärzlichen Schwarz", oder ich sage, daß „a = a" sinnlos ist, oder beschreibe eine Notation die dieses Gebilde und „$(\exists x) \cdot x = x$" vermeidet, oder sage, es habe keinen Sinn zu sagen, etwas „scheine rot zu scheinen", oder es habe Sinn zu sagen, daß im Gesichtsraum eine krumme Linie aus geraden Stücken zusammengesetzt sei, oder es habe den gleichen Sinn, zu sagen „der Stein falle, weil er von der Erde angezogen werde" und „der Stein m ü s s e fallen, weil er von der Erde etc.".
5.27.2.4		Ich biete dem Verwirrten eine Regel an und er nimmt sie an. Ich könnte auch sagen: ich biete ihm eine Notation an.
5.28.0.1		Wie schaut nun so eine Notation aus? Nun, in den meisten Fällen werde ich Sätze der alten Notation (etwa der Wortsprache) in die entsprechenden Sätze der neuen Schreibweise übersetzen; etwa indem ich schreibe:

$$
\begin{array}{ll}
\text{alt} & \text{neu} \\
(\exists x, y)\, \varphi(x, y) \ldots & (\exists x, y)\, \varphi(x, y) \,.\vee. (\exists x)\, \varphi(x, x) \\
(\exists x, y) \cdot \varphi(x, y) \cdot x \neq y \ldots & (\exists x, y)\, \varphi(x, y) \\
& \text{etc.}
\end{array}
$$

5.28.0.2 5.28.0.3	2	Die Regel entspricht aber in gewissem Sinne dem, was man eine „Annahme" genannt hat. Sie ist quasi ein Satzradikal (chemisch gesprochen). Und es ist charakteristisch für die Art unserer Untersuchung, daß wir uns nicht für die Sätze interessieren, die mit diesem Radikal gebildet werden (können). Im Mittelpunkt der Betrachtung steht die Regel; nicht, daß ich sie jemandem anbiete, nicht, daß jemand sie benützt, etc.. Sie könnte, glaube ich, verglichen werden dem Plan eines Hauses, ich meine einer Zeichnung, die als Plan eines Hauses gebraucht werden kann, der aber kein existierendes Haus entspricht und von der auch nicht gesagt wird, daß ihr einmal eines entsprechen soll, etc..

5.29.1.1	1	Die Beschreibung einer neuen, etwa übersichtlicheren, Notation (denn auf die Übersichtlichkeit kommt es uns an) ist dann von der gleichen Art, wie die Beschreibung einer jener Sprachen, die die Kinder erfinden oder von einander lernen, worin z.B. jeder Vokal der gewöhnlichen Sprache/Wörter/ verdoppelt und zwischen die Teile der Verdoppelung ein b gestellt wird. Hier sind wir ganz nah an's Spiel herangekommen. So eine Beschreibung oder ein Regelverzeichnis kann man als Definiens des Namens der Sprache oder des Spiels auffassen. Denken wir auch an die Beschreibung des Zeichnens, Konstruierens, irgend einer Figur, etwa eines Sternes (welches auch in Spielen eine Rolle spielt). Sie lautet etwa so: „Man zieht eine Gerade von einem Punkt A nach einem Punkt B, etc. etc.". Diese Beschreibung könnte ich offenbar auch/einfach/ durch eine Vorlage, d.h. Zeichnung, ersetzen.
5.29.1.2		Das, was hier irrezuführen scheint, ist ein Doppelsinn des Wortes „Beschreibung", wenn man einmal von der Beschreibung eines wirklichen Hauses oder Baumes etc. spricht, ein andermal/einmal/ von der Beschreibung einer Gestalt, Konstruktion, etc., einer Notation, eines Spiels. Worunter aber eben nicht ein Satz gemeint ist der sagt, daß ein solches Spiel irgendwo wirklich gespielt, oder eine solche Notation wirklich verwendet wird; vielmehr steht die Beschreibung statt der hier gebrauchten Wörter „ein solches Spiel" und „eine solche Notation".
5.29.1.3		Die Beschreibung einer Notation fängt (man)? charakteristisch(erweise) oft mit den Worten an: „Wir können auch so schreiben: ....". Man könnte fragen: „was ist das für eine Mitteilung ‚wir können ....'" etc.. Man schreibt auch etwa: „übersichtlicher wird unsere Darstellung, wenn wir statt .... schreiben: ....; und die Regeln geben ...."; und hier stehen die Regeln in einem Satz.
5.30.1.1	2	Denken wir uns etwa ein Bild, einen Boxer in bestimmter Kampfstellung darstellend. Dieses Bild kann nun dazu gebraucht werden um jemandem mitzuteilen, wie er stehen, sich halten soll; oder, wie er sich nicht halten soll; oder, wie ein bestimmter Mann dort und dort gestanden hat/ist/; etc. etc.. Man könnte dieses Bild ein Satzradikal nennen.
5.30.4.1	3	‚Regel' ist in demselben Sinne ein Begriff mit verschwommenen Rändern, wie ‚Blatt' oder ‚Stiel' oder ‚Tisch', etc..
5.30.5.1	4	Wenn man eine Notation beschreibt, sagt man etwa: „ich will/werde/ in diesem Buch statt ‚p oder q' ‚p ∨ q' schreiben", und das ist natürlich ein kompletter Satz. Das aber, was ich ‚Regel' nennen will, und etwa „p oder q .=. p ∨ q" geschrieben wird, ist keiner. – Was ich ‚Regel' nenne, soll nichts von einer bestimmten (oder auch unbestimmten) Zeit oder einem Ort der Anwendung enthalten, sich auf keine bestimmten (oder unbestimmten) Personen beziehen; sondern nur Instrument der Darstellung sein.
5.30.5.2		Wir sagen nun: „wir gebrauchen die Wörter ‚rot' und ‚grün' in solcher Weise, daß es als sinnlos gilt (kontradiktorisch ist) zu sagen, am selben Ort sei zu gleicher Zeit rot und grün". Und dies ist natürlich ein Satz, Erfahrungssatz über unsere tatsächliche Sprache.

5.36.1.1	1	Die Stellung der Spielregeln zu den Sätzen. Eine Regel verhält sich zu einem Erfahrungssatz ähnlich, wie die Zeichnung, die die charakteristischen Merkmale eines Wohnhausplanes hat, zu der Beschreibung, welche sich einer solchen Zeichnung bedient, und welche sagt, daß so ein Haus dort und dort existiere/stehe/.
5.36.1.2		Der Respekt, den man vor den Regeln des Schachspiels – etwa – hat, entspringt/kommt/ daher, daß die Spiele die diese Regeln charakterisieren, uns in vielerlei Beziehung gemäß sind. Denken wir uns aber, ich erfände/beschriebe/ ein Spiel, das ich etwa „Abracadabra" nenne und gebe dafür die Regel: „Man lege einen Feldstein in eine viereckige Kiste, nagle die Kiste zu und werfe mit einem andern Stein nach ihr" – gewiß hat dieses Gebilde auch das Recht, eine Regel genannt zu werden. Man wird nur fragen: „was soll das alles? wozu sollen wir das machen?" Aber auf solche Fragen geben ja auch die Schachregeln keine Antwort. Aber in dem Fall der eben gegebenen Regel fällt das Wort „man lege .... und werfe" auf,/fällt das Wort auf „man lege .... und werfe",/ nämlich die imperative Form; man möchte fragen: warum soll ich .... legen etc., oder in welchem Fall? Was muß mein Zweck sein, damit ich das tun soll? Das heißt, der Imperativ scheint uns hier unsinnig. Aber er ist es ebensowenig, wie in einer gewöhnlichen Spielregel. Nur sieht man hier/in diesem Fall/ klar, daß man es nicht mit einem kompletten Satz zu tun hat. Höchstens mit der Definition von „Abracadabra"; nämlich: „Abracadabra spielen" heißt, einen Feldstein in eine Kiste legen, etc..

58

DIE STRIKTEN GRAMMATISCHEN SPIELREGELN UND DER
SCHWANKENDE SPRACHGEBRAUCH.
DIE LOGIK NORMATIV.
INWIEFERN REDEN WIR VON IDEALEN FÄLLEN, EINER IDEALEN
SPRACHE. („LOGIK DES LUFTLEEREN RAUMS".)

4.40.2.1	1	Was heißt es, zu wissen, was eine Pflanze ist?
4.40.2.2		Was heißt es, es zu wissen und es nicht sagen zu können?
4.40.2.3		„Du weißt es und kannst hellenisch reden, also mußt Du es doch sagen können."
4.41.1.1		Müßigkeit einer Definition, etwa der, des Begriffs ‚Pflanze'. Aber ist die Definition kein Erfordernis der Exaktheit? „Der Boden war ganz mit Pflanzen bedeckt": damit meinen wir nicht Bacillen. Ja, wir denken dabei vielleicht an grüne Pflanzen einer bestimmten Größenordnung. Wer uns sagen würde, wir wissen nicht, was wir reden, ehe wir keine Definition der Pflanze gegeben haben, würden wir mit Recht für verrückt halten. Ja, wir könnten auch mit einer solchen Definition uns in den gewöhnlichen Fällen nicht besser verständigen. Ja, es scheint sogar, in gewissem Sinne schlechter, weil gerade das Undefinierte in diesem Fall zu unserer Sprache zu gehören scheint.
4.41.2.1	2	Denken wir uns in dem Satz einer Erzählung „der Boden war ganz mit Gräsern und Kräutern bedeckt" die Wörter „Gräser" und „Kräuter" durch Definitionen ersetzt. Es ist klar, daß diese Definitionen lange und komplizierte Ausdrücke sein müssen/werden/; und nun ist die Frage, ob wir denn wirklich mit dem Satz das gemeint haben, was jetzt in dem ungleich viel komplizierteren steht. Wir würden – glaube ich – sagen, daß wir an alles das gar nicht gedacht hätten.
4.41.3.1 4.41.4.1	3	Kann man nun aber auf eine solche Sprache die Idee des Kalküls anwenden? Und ist das nicht so, als wollte man in einem Bild, worin alle Farbflecken ineinander verlaufen, von Farbgrenzen reden? Oder liegt die Sache so: Denken wir uns ein Spiel, etwa das Tennis, in dessen Regeln nichts über die Höhe gesagt ist, die ein Ball im Flug nicht übersteigen darf. Und nun sagte Einer: Das Spiel ist ja gar nicht geregelt, denn, wenn Einer den Ball so hoch wirft, daß er nicht wieder auf die Erde zurückfällt, oder so weit, daß er um die Erde herumfliegt, so wissen wir nicht, ob dieser Ball als ‚out' oder ‚in' gelten soll. Man würde ihm – glaube ich – antworten, wenn ein solcher Fall einträte, so werde man Regeln für ihn geben, jetzt sei es nicht nötig.

4.42.2.1	1	So können doch grammatische Regeln über den Gebrauch des Wortes „Pflanze" gegeben werden und wir können also auf Fragen von der Art „folgt aus die sem Sachverhalt, daß dort eine Pflanze steht" Bescheid geben. Auf andere solche Fragen aber sind wir nicht gerüstet und können antworten: Ein solcher Fall ist noch nie vorgekommen und es wäre für uns müßig, für ihn vorzusorgen. (Wenn es etwa gelänge, ein Lebewesen halb maschinell und halb auf organischem Weg zu erzeugen, und nun gefragt würde: ist das nun noch ein Tier (oder eine Pflanze).)
4.42.3.1	2	Wenn etwa beim Preisschießen für gewisse Grenzfälle keine Bestimmung getroffen wäre, ob dieser Schuß noch als Treffer ins Schwarze gelten soll (oder nicht). Nehmen wir nun aber an, ein solcher Schuß komme bei unserem Preisschießen gar nicht vor; könnte man dann dennoch sagen, die ganze Preisverteilung gelte nichts, weil dieser Fall nicht vorgesehen war/für diesen Fall nicht vorgesorgt war/?
4.44.1.1	3	Ich mache mich doch anheischig, das Regelverzeichnis unserer Sprache aufzustellen: Was soll ich nun in einem Fall, wie dem des Begriffes ‚Pflanze', tun?
4.44.1.2		Soll ich sagen, daß für diesen und diesen Fall keine Regel aufgestellt ist? Gewiß, wenn es sich so verhält. Soll ich aber also sagen, es gibt kein Regelverzeichnis unserer Sprache und das ganze Unternehmen, eins aufzustellen, ist Unsinn? – Aber es ist ja klar, daß es nicht unsinnig ist, denn wir stellen ja mit Erfolg Regeln auf, und wir müssen uns nur enthalten, Dogmen aufzustellen. (Was ist das Wesen eines Dogmas? Besteht es nicht darin, naturnotwendige Sätze über alle möglichen Regeln zu behaupten?)/Ist es nicht die Behauptung eines naturnotwendigen Satzes über alle möglichen Regeln?/
4.44.2.1	4	„Ich weiß, was eine Pflanze ist, kann es aber nicht sagen". Hat dieses Wissen die Multiplizität eines Satzes, der nur nicht ausgesprochen wurde? So daß, wenn der Satz ausgesprochen würde, ich ihn als den Ausdruck meines Wissens anerkennen würde? – Ist es nicht vielmehr wahr, daß jede exakte Definition als Ausdruck unseres Verstehens abgelehnt werden müßte? D.h., würden wir nicht von so einer sagen müssen, sie bestimme zwar einen, dem unseren verwandten, Begriff, aber nicht diesen selbst? Und die Verwandtschaft sei etwa die, zweier Bilder, deren eines aus unscharf begrenzten Farbflecken, das andere aus ähnlich geformten und verteilten, aber scharf begrenzten, bestünde. Die Verwandtschaft wäre dann ebenso unleugbar, wie die Verschiedenheit.
4.44.3.1	5	Die Frage ist nun: kannst Du bei dem ersten Bild auch von Flecken reden? Gewiß, nur in einem anderen, aber verwandten, Sinn.
4.44.4.1	6	Das heißt: die unscharfen Grenzen gehören zu meinem Begriff der Pflanze, so wie er jetzt ist, d.h. so, wie ich dieses Wort jetzt gebrauche, und es charakterisiert diesen Begriff, daß ich z.B. sage: ich habe darüber keine Bestimmung getroffen, ob dieses Ding eine Pflanze heißen soll oder nicht.

4.45.1.1	1	Es verhält sich doch mit dem Begriff ‚Pflanze' ähnlich, wie mit dem der Eiförmigkeit, wie wir sie im gewöhnlichen Leben meinen. Die Grenzen dieses Begriffs sind nicht scharf bestimmt und wir würden z.B. ein Osterei von dieser Form ⊂⊃ nicht als solches gelten lassen und doch nicht sagen können, bei welchem Verhältnis der Länge und Breite etwas anfängt, ein Osterei zu sein. Ja, wenn Einer nun ein solches Verhältnis angäbe, was es auch sei, so könnten wir es nicht als die richtige Begrenzung unseres Begriffs anerkennen. Sondern wir müßten entweder sagen: nein, das nenne ich kein Osterei, es ist zu schlank, oder zu dick etc., oder: ja, das ist auch ein Osterei, aber der Grenzfall ist es nicht gerade. Diesen gibt es eben nicht in unserm Kalkül und wer einen Grenzfall einführt, führt einen andern Kalkül ein.
4.195.1.1 4.196.1.1	2	Wenn man sagt „N. existiert nicht", so kann das verschiedenerlei bedeuten. Es kann heißen, daß ein Mann, der, als er lebte, diesen Namen trug, nicht, oder nicht zu einer gewissen Zeit, in einem gewissen Land existiert hat; aber auch, daß spätere Geschichtsschreiber den Charakter, den wir so (etwa „Moses") nennen, erfunden haben, daß die und die Ereignisse nie stattgefunden haben und ihr Held also nie gelebt hat. D.h. also: kein Mensch hat Moses geheißen und diese Taten vollbracht; oder: das Ding, das Dir als Herr N vorgestellt wurde, war eine Puppe; etc.. Denken wir uns, es sagte uns Einer, er habe Moses auf der Straße gesehen. Wir würden ihn dann fragen: „wie meinst Du das: Du hast ihn gesehen? Wie wußtest Du denn, daß er es war?" und nun könnte der Andre sagen: „er hat es mir gesagt", oder „er sah so aus, wie ich mir Moses vorstelle", oder „er hatte diese und diese Merkmale", etc.. Ich will doch wohl das sagen, was Russell dadurch ausdrückt, daß der Name Moses durch verschiedene Beschreibungen definiert sein kann („der Mann, welcher ‚Moses' hieß und zu dieser Zeit an diesem Ort lebte", oder „der Mann – wie immer er damals genannt wurde – welcher die Israeliten durch die Wüste führte", oder „der Mann, der als kleines Kind von der Königstochter aus dem Nil gefischt wurde", etc. etc.). Und je nachdem wir die eine oder andere Definition annehmen, bekommt der Satz „Moses hat existiert" einen andern Sinn und ebenso jeder andere Satz, der von Moses handelt. Man würde/könnte/ auch immer, wenn uns jemand sagte „N existiert nicht" fragen: „was meinst Du? willst Du sagen, daß …., oder daß ….. etc.?" – Wenn ich nun sage: „N ist gestorben" so hat es mit „N" gewöhnlich etwa folgende Bewandtnis: Ich glaube, daß ein Mensch N gelebt hat: den ich 1.) dort und dort gesehen habe, der 2.) so und so ausschaut, 3.) das und das getan hat und 4.) in der bürgerlichen Welt den Namen „N" führt. Gefragt, was ich unter „N" verstehe, würde ich alle diese Dinge, oder einige von ihnen, und bei verschiedenen Gelegenheiten verschiedene, aufzählen. Meine Definition von „N" wäre also: der Mann, von dem alles das stimmt. Wenn aber nun einiges davon sich als falsch erwiese, – wäre der Satz „N ist gestorben" nun als falsch anzusehen? auch, wenn nur etwas vielleicht ganz Nebensächliches, was ich von dem Menschen glaubte, nicht stimmen würde; – und wo fängt das Hauptsächliche an? Das kommt nun darauf hinaus, daß wir den Namen „N" in gewissem Sinne ohne feste Bedeutung gebrauchen, oder: daß wir bereit sind, die Spielregeln nach Bedarf zu verändern (make the rules as we go along). Das erinnert an das, was ich früher einmal über die Benützung der Begriffswörter, z.B. des Wortes „Blatt" oder „Pflanze", geschrieben habe. – Und hier erinnere ich mich daran, daß Ramsey einmal betont hat, die Logik sei eine „normative Wissenschaft". Wenn man damit meint, sie

stelle ein Ideal auf, dem sich die Wirklichkeit nur nähere, so muß gesagt werden, daß dann dieses „Ideal" uns nur als ein Instrument der annähernden Beschreibung der Wirklichkeit interessiert. Es ist allerdings möglich, einen Kalkül genau zu beschreiben und zwar zu dem Zweck, um dadurch eine Gruppe anderer Kalküle beiläufig zu charakterisieren. Wollte z.B. jemand wissen, was ein Brettspiel ist, so könnte ich ihm zur Erklärung das Damespiel genau beschreiben und dann sagen: siehst Du, so ungefähr funktioniert jedes Brettspiel. – War es nun nicht ein Fehler von mir (denn so scheint es mir jetzt) anzunehmen, daß der, der die Sprache gebrauchte, immer ein bestimmtes Spiel spiele? Denn, war das nicht der Sinn meiner Bemerkung, daß alles an einem Satz – wie beiläufig immer er ausgedrückt sein mag – ‚in Ordnung ist'? Aber wollte ich nicht sagen: alles müsse in Ordnung sein, wenn Einer einen Satz sage und ihn anwende? Aber daran ist doch weder etwas in Ordnung noch in Unordnung, – in Ordnung wäre es, wenn man sagen könnte: auch dieser Mann spielt ein Spiel nach einem bestimmten, festen Regelverzeichnis.

4.197.1.2   1   Denn ich habe zur Feststellung der Regel, nach der er handelt, zwei Wege angegeben. Der eine, der hypothetische, bestand in der Beobachtung seiner Handlungen und die Regel war dann von der Art eines naturwissenschaftlichen Satzes. Der andere war, ihn zu fragen, nach welcher Regel er vorgehe. Wie aber, wenn der erste Weg ?kein klares Resultat ergibt? und die Frage keine Regel zu Tage fördert, wie es im Fall „N ist gestorben" geschieht. Denn, wenn wir den, der das sagte, fragen „was ist N?" so wird er zwar ‚N' durch eine Beschreibung erklären, wird aber bereit sein, diese Beschreibung zu widerrufen und abzuändern, wenn wir ihm den einen oder andern Satz widerlegen /entziehen/. Wie soll ich also die Regel bestimmen/auffassen/, nach der er spielt? er weiß sie selbst nicht. Ich könnte eine Regel nur nach dem bestimmen, was er auf die Frage „wer ist N" in diesem Fall gerade antwortet.

4.197.1.3   Steckt uns da nicht die Analogie der Sprache mit dem Spiel ein Licht auf? Wir können uns doch sehr wohl denken, daß sich Menschen auf einer Wiese damit unterhielten, mit einem Ball zu spielen; und zwar so, daß sie verschiedene bestehende Spiele der Reihe nach anfingen, nicht zu Ende spielten und etwa dazwischen sogar planlos den Ball würfen, auffingen, fallen ließen etc.. Nun sagte Einer: die ganze Zeit hindurch spielen die Leute ein Ballspiel und richten sich daher bei jedem Wurf nach gewissen/bestimmten/ Regeln. – Aber – wird man einwenden – der den Satz „N ist gestorben" gesagt hat, hat doch nicht planlos Worte aneinander gereiht (und darin besteht es ja, daß er ‚etwas mit seinen Worten gemeint hat'). – Aber man kann wohl sagen: er sagt den Satz planlos, was sich eben in der beschriebenen Unsicherheit zeigt. Freilich ist der Satz irgendwo hergenommen und wenn man will, so spielt er nun auch ein Spiel mit sehr primitiven Regeln; denn es bleibt ja wahr, daß ich auf die Frage „wer ist N" eine Antwort bekam, oder eine Reihe von Antworten, die nicht gänzlich regellos waren. – Wir können sagen: Untersuchen wir die Sprache auf ihre Regeln hin. Hat sie dort und da keine Regeln, so ist das das Resultat unsrer Untersuchung.

4.198.1.1 1   Wenn aber der Träger dem Namen abhanden kommen, oder nie
existiert haben kann, so mußte man beim Gebrauch des Namens von
vornherein damit rechnen. Das mußte in seiner Bedeutung liegen. ((Es
sei denn, daß wir diese Bedeutung geändert haben, oder, daß das Wort
keine bestimmte Bedeutung hatte; denn welches ist die Bedeutung,
wenn er sie nicht angeben kann? Nun, wir werden sein tatsächliches
Verhalten durch ein „Schwanken zwischen mehreren Bedeutungen"
beschreiben können. Es ist wohl wesentlich, daß ich ihn fragen kann:
was hast Du eigentlich gemeint. Und als Antwort wird er mir vieles
sagen, und sich etwa an mich wenden, daß ich ihm das Regelverzeichnis
einrichte, das seinem Zweck entspricht. Es wird sich dann in unserm
Gespräch oft die Redeweise finden „Du wolltest also eigentlich sagen
...." (und diese kann wieder ganz mißverstanden werden – sie ist keine
Beschreibung des damaligen Geisteszustands des Sprechenden; als ob
das „was er sagen wollte" irgendwo in seinem Geist ausgedrückt
gewesen wäre). Aber hier nämlich ist eine Gefahr: Es scheint nämlich dann
(leicht), als landeten wir am Schluß bei? etwas, was wir mit unserer
gewöhnlichen Sprache gar nicht mehr ausdrücken können. Das ist aber
das sicherste Zeichen (dafür), daß wir fehl gegangen sind; aus unserm
Spiel herausgetreten sind. – Was versteht man unter „allen Regeln des
Tennisspiels"? Alle Regeln, die in einem bestimmten Buche stehen,
oder alle die der Spieler im Kopf hat, oder alle die je ausgesprochen
wurden, oder gar: alle die sich angeben lassen?! – Daher wollen wir
lieber nicht so vague von ‚allen Regeln' reden, sondern nur von
bestimmten Regeln, oder allen Regeln eines Verzeichnisses, etc.. Und
das gleiche gilt von den Regeln über die Verwendung eines Wortes.
Wenn Einer mich, z.B., etwas fragt, so will ich, wenn ich ihm antworte,
wissen, ob diese Antwort in seinem Spiel als Antwort auf seine Frage
gilt; ob in seinem Spiel dieser Satz aus jenem folgt/aus dem, was er
gesagt hat, folgt/.

4.199.0.2   Für uns ist es genügend, daß es eine Frage gibt: „wie meinst Du
das?" und daß als Antwort auf diese Frage das zuerst gegebene Zeichen
durch ein neues ersetzt wird. – Der Einwand dagegen ist, daß mir eine
Erklärung ja nichts hilft, wenn sie nicht die letzte ist, und daß sie nie die
letzte ist. Ich kann zwar erklären: unter ‚Moses' verstehe ich den Mann,
wenn es einen solchen gegeben hat, der die Israeliten aus Ägypten
geführt hat, wie immer er damals genannt worden sein mag und was
immer er sonst getan oder nicht getan haben mag –, aber ähnliche
Fragen ergeben sich nun in Bezug auf die Wörter dieses Satzes/dieser
Erklärung/ (was nennst Du „Ägypten"? wen, „die Israeliten"? etc.). Ja,
diese Fragen kommen auch nicht zu einem Ende, wenn wir etwa bei
Worten/Wörtern/ wie ‚rot', ‚dunkel', ‚süß', angelangt wären. Unrichtig
war es nur, zu sagen, daß mir deshalb eine dieser Erklärungen nichts
hilft. Im Gegenteil, sie ist es gerade, was ich brauche, ja alles, was ich
brauchen, und auch geben kann. Und wenn ich auf eine solche
Erkärung hin sage „jetzt weiß/versteh'/ ich, was Du meinst", so kann
man nicht einwenden, das könne ich ja doch nie verstehen; sondern
seine Erklärung hat mir eben das gegeben, was ich Verständnis nenne;
sie hat die Schwierigkeit beseitigt, die ich hatte. Was uns quälte, ist,
glaube ich, ganz in dem Pseudoproblem ausgedrückt: Das Schachspiel
ist doch durch die Gesamtheit der Schachregeln konstituiert, – was
macht dann das Rücken einer Figur im Spiel zu einem Schachzug, da
doch dabei in keiner Weise alle Regeln des Schachspiels beteiligt sind.))

4.38.2.1	1	Was bedeutet „undefinierbar"? Dieses Wort ist offenbar irreführend, denn es erweckt den Anschein, als könnten wir hier etwas versuchen, was sich dann als unausführbar erwiese. Als wäre also das Undefinierbare etwas, was sich nicht weiter definieren ließe, wie sich ein zu großes Gewicht nicht heben läßt. Wir könnten sagen: „Wie denn ‚undefinierbar'?! Können wir denn versuchen, es zu definieren?"
4.38.3.1	2	Nun könnte man freilich sagen: die Definition ist ja etwas Willkürliches, d.h., wie ich ein Wort definiere, so ist es definiert. Aber darauf kann geantwortet werden: Es kommt darauf an, es so zu definieren, wie wir das Wort meinen. Also so, daß wir zur Definition des Wortes „Tisch", z.B., sagen: ja, das ist es, was ich mit dem Wort meine. – Ja hat Dich nun aber die Definition dahin gebracht, das mit dem Wort zu meinen oder willst Du sagen, daß Du das schon immer gemeint hast? Und wenn das Letztere, so hast Du also immer das gemeint, was die Definition sagt (im Gegensatz zu etwas Anderem, was sie auch sagen könnte). D.h.: die Definition ist auch eine Beschreibung dessen, was Du schon früher gemeint hast. Du warst also auch früher schon im Besitz einer Übersetzung dieser Definition; sie hat sozusagen nur laut gesagt, was Du schon im Stillen wußtest. Sie hat also auch wesentlich nichts zergliedert.
5.15.2.1	3	Denken wir uns Jemand, der die /alle/ Formen in diesem Zimmer beschreibt, indem er sie mit ebenflächigen geometrischen Formen vergleicht. Gibt es in diesem Zimmer nur solche Formen? Nein. – Muß der, der die Formen unter dem Gesichtspunkt der ebenflächigen Körper beschreibt, behaupten, es gäbe nur solche Formen im Zimmer? Auch nicht. Kann man sagen, daß das einseitig ist, weil er alle Formen durchgängig nach diesem Schema auffaßt? Und sollte es ihn in/an/ dieser Auffassung irre machen, wenn er bemerkt, daß auch runde Körper vorhanden sind? Nein. Es wäre auch irreführend, den ebenflächigen Körper ein „Ideal" zu nennen, dem sich die Wirklichkeit nur mehr oder weniger nähert. Aber die Geometrie der ebenflächigen Körper könnte man mit Bezug auf diese Darstellungsweise/Darstellung/ eine normative Wissenschaft nennen. (Eine, die das Darstellungsmittel darstellt; gleichsam eine, die die Meßgläser eicht.)
5.46.3.1	4	Ich habe ein Bild mit verschwommenen Farben und komplizierten Übergängen. Ich stelle ein einfaches mit klargeschiedenen Farben, aber mit dem ersten verwandtes, daneben. Ich sage nicht, daß das erste eigentlich das zweite/andere/ sei; aber ich lade den Andern ein, das einfache anzusehen, und verspreche mir davon, daß gewisse Beunruhigungen für ihn verschwinden werden.
4.213.1.1	5	Behandle die deutlichen Fälle in der Philosophie, nicht die undeutlichen. Diese werden sich lösen, wenn jene gelöst sind.
4.213.1.2		Die Tendenz mit der Untersuchung eines Satzes da anzufangen, wo seine Anwendung ganz nebelhaft und unsicher ist (der Satz der Identität ist ein gutes Beispiel), anstatt diese Fälle vorläufig beiseite zu lassen und den Satz dort anzugehen, wo wir mit gesundem Menschenverstand über ihn reden können, diese Tendenz ist für die aussichtslose Methode der meisten Menschen, die philosophieren, bezeichnend.

4.34.4.1	1	Ich betrachte die Sprache und Grammatik unter dem Gesichtspunkt des Kalküls/unter der Form des Kalküls/als Kalkül/, d.h. des Operierens nach festgelegten Regeln./d.h. als Vorgang nach festgesetzten Regeln./
4.197.1.3	2	Untersuchen wir die/unsere/ Sprache auf ihre Regeln hin.
3.244.6.1	3	Gibt es so etwas, wie eine komplette Grammatik, z.B., des Wortes ‚nicht'?
4.60.1.1	4	Es ist von der größten Bedeutung, daß wir uns zu einem Kalkül der Logik immer ein Beispiel denken, auf welches der Kalkül wirklich angewandt wird, und nicht Beispiele, von denen wir sagen, sie seien eigentlich nicht die idealen, diese aber hätten wir noch nicht. Das ist das Zeichen einer ganz falschen Auffassung. Kann ich den Kalkül überhaupt verwenden, dann ist das/dies/ auch die ideale Verwendung und die Verwendung, um die es sich handelt. Man geniert sich nämlich einerseits, das Beispiel als das eigentliche anzuerkennen, weil man in ihm noch eine Komplikation erkennt, auf die der Kalkül sich nicht bezieht; anderseits ist es doch das Urbild des Kalküls und er davon hergenommen, und auf eine geträumte Anwendung kann man nicht warten. Man muß sich also eingestehen, welches das eigentliche Urbild des Kalküls ist.
4.60.2.1	5	Das ist aber kein Eingeständnis – als habe man damit einen Fehler gemacht/begangen/, den Kalkül von daher genommen zu haben, sondern der Fehler liegt darin, ihn jetzt in nebelhafter Weise anzuwenden, oder eine Anwendung zu versprechen./.... oder eine Anwendung in nebuloser Ferne zu versprechen./
4.60.3.1	6	(So könnte Spengler besser verstanden werden, wenn er sagte: ich vergleiche verschiedene Kulturperioden dem Leben von Familien; innerhalb der Familie gibt es eine Familienähnlichkeit, während es auch zwischen den Mitgliedern verschiedener Familien eine Ähnlichkeit gibt; die Familienähnlichkeit unterscheidet sich von der andern Ähnlichkeit so und so etc.. Ich meine: das Vergleichsobjekt, der Gegenstand, von welchem diese Betrachtungsweise abgezogen ist, muß uns angegeben werden, damit nicht in die Diskussion immer Ungerechtigkeiten einfließen. Denn da wird dann alles, was für das Urbild der Betrachtung stimmt, auch von dem Objekt, worauf wir die Betrachtung anwenden, behauptet: und behauptet „es müsse immer ..."
4.61.0.2		Das kommt nun daher, daß man den Merkmalen des Urbilds einen Halt in der Betrachtung geben will. Da man aber Urbild und Objekt vermischt, dem Objekt dogmatisch beilegen muß, was nur das Urbild charakterisieren muß/soll/. Anderseits glaubt man, die Betrachtung ermangle ja der/habe nicht die/ Allgemeinheit, die man ihr geben will, wenn sie nur für den einen Fall wirklich stimmt. Aber das Urbild soll ja eben als solches hingestellt werden; daß es die ganze Betrachtung charakterisiert, ihre Form bestimmt. Es steht also an der Spitze und ist dadurch, daß alles, was nur von ihm gilt, von allen Objekten der Betrachtung ausgesagt wird.
3.12.5.1	7	Die Aristotelische Logik ist ein Spiel, das sich auf Sätze anwenden läßt.

2.158.3.1	1	Wie seltsam, wenn sich die Logik mit einer „idealen" Sprache befaßte, und nicht mit u n s e r e r, denn woher sollten wir diese ideale Sprache nehmen? Und was sollte diese ideale Sprache ausdrücken? Doch wohl das, was wir jetzt in unserer gewöhnlichen Sprache ausdrücken; dann muß die Logik also diese untersuchen. Oder etwas anderes: aber wie soll ich dann überhaupt wissen, was das ist. – Die logische Analyse ist die Analyse von etwas, was wir haben, nicht von etwas, was wir nicht haben. Sie ist also die Analyse der Sätze w i e s i e s i n d. (Es wäre seltsam, wenn die menschliche Gesellschaft bis jetzt gesprochen hätte, ohne einen richtigen Satz zusammenzubringen.)
4.54.10.1	2	Nicht das ist wahr, daß, was ich sage/wir sagen/, nur für eine „ideale Sprache" gilt (oder Geltung hätte); wohl aber kann man sagen, daß wir eine ideale Sprache konstruieren, in die aber dann alles übersetzbar ist, was in den anderen/in unidealen/ Sprachen gesagt werden kann.
3.267.1.1	3	Wenn Einer von einer idealen Sprache redet, so müßte man fragen: in welcher Beziehung ‚ideal'?
4.214.3.1	4	(Es gibt keine Logik für den luftleeren Raum. Insofern es keine Hypothese in der Logik gibt.)

59

WORTARTEN WERDEN NUR DURCH IHRE GRAMMATIK UNTERSCHIEDEN.

2.263.4.1   1   Es gibt nicht zwei Wortarten, die ich grammatisch (ganz) gleich behandeln kann, die aber doch zwei Wortarten sind. Sondern die Regeln, die von ihnen handeln, machen die Wortarten aus: dieselben Regeln, dieselbe Wortart. Das hängt damit zusammen, daß, wenn sich ein Zeichen ganz so benimmt wie ein anderes, die beiden dasselbe Zeichen sind

2.262.6.1   2   Verschiedenen Arten von Schachfiguren wie Läufer, Rössel, etc. entsprechen verschiedene Wortarten.

2.262.7.1   3   Ich komme hier auf jene Methode der Zeichenerklärung, über die sich Frege so lustig gemacht hat. Man könnte nämlich die Wörter „Rössel", „Läufer", etc. dadurch erklären, daß man die Regeln angibt, die von diesen Figuren handeln.

2.263.1.1   4   Genau dasselbe gilt in jeder Geometrie von den Ausdrücken „Punkt" und „Gerade" etc. Was ein Punkt ist und was eine Gerade, sieht man nur daran welche Plätze das eine und das andere in dem System von Regeln einnimmt. Denken wir uns etwa ein System von Buchstaben von solcher Art, daß alle erlaubten Zeichen Gruppen von 3 Buchstaben sind, und zwar derart, daß ein Buchstabe, der an einer Außenstelle stehen darf, nicht in der Mittelstelle stehen darf und umgekehrt. Diese Regel würde zwischen zwei „Wortarten" unterscheiden und wir könnten das dadurch zum Ausdruck bringen, daß wir für die Außenglieder große, für die Innenglieder kleine Buchstaben verwenden. – Andrerseits aber hat die Unterscheidung zweier Wortarten keinerlei Sinn, wenn sie nicht auf die obige Art syntaktisch unterschieden sind, d.h. wenn sie nicht auch ohne die verschiedene Art der Bezeichnung, bloß durch die von ihnen geltenden Regeln, als verschieden zu erkennen wären. (Zwei Rössel könnten einander in keiner Hinsicht ähnlich sehen und wären, wenn man die für sie geltenden Spielregeln kennt, doch als solche gekennzeichnet.) Damit hängt es unmittelbar zusammen, daß das Einführen neuer Gattungsnamen in die Philosophie der Logik uns um kein Haar weiterbringt, solange nicht die syntaktischen Regeln gegeben sind, die den Unterschied machen.

3.287.7.1   5   Das Wort „ein gewisser" und seine Grammatik. Ein Beispiel, wie man Worte häuft, um eine Bedeutung zu sichern, statt auf die Spielregeln zu achten. (Als wollte man dem Schachkönig ein wirkliches Gesicht anmalen, um ihm die richtige Wirkung zu sichern.)

60

SAGE MIR, WAS DU MIT EINEM SATZ ANFÄNGST, WIE DU IHN VERIFIZIERST, ETC., UND ICH WERDE IHN VERSTEHEN.

3.295.5.1	1	Die Angabe/Beschreibung/ der Verifikation eines Satzes ist ein Beitrag zu seiner Grammatik.
2.227.5.1	2	Man kann nicht die Möglichkeit der Evidenz mit der Sprache überschreiten.
4.152.3.1	3	| Die Frage nach der Verifikation ist nur eine andere Form der Frage „wie meinst Du das?". |
4.3.4.1	4	Wie sich die Sprache von der Beschreibung der Verifikation entfernt. Man muß wieder entdecken, daß man die Zeit mit der Uhr mißt. – Und erkennt dabei nicht einmal, daß man eine grammatische Entdeckung gemacht hat.
5.155.2.1	5	Wie ein Satz verifiziert wird, das sagt er. Vergleiche die Allgemeinheit in der Arithmetik mit der Allgemeinheit von nicht arithmetischen Sätzen. Sie wird anders verifiziert und ist darum eine Andere. Die Verifikation ist nicht bloß ein/nicht ein bloßes/ Anzeichen der Wahrheit, sondern sie bestimmt den Sinn des Satzes. (Einstein: wie eine Größe gemessen wird, das ist sie.)
4.174.7.1	6	Welches ist die ‚wirkliche Lage' des Körpers, den ich unter Wasser sehe, was, die ‚wirkliche Farbe' des Tisches. Hier macht eben die Frage nach der Verifikation den Sinn der Worte/dieser Ausdrücke/ klar.
5.156.1.1	7	Eigentlich hat ja schon Russell durch seine „theory of descriptions" gezeigt, daß man sich nicht eine Kenntnis der Dinge von hinten herum erschleichen kann, und daß es nur scheinen kann, als wüßten wir von den Dingen mehr, als sie uns auf geradem Weg geoffenbart haben. Aber er hat durch die Idee der „indirect knowledge" wieder alles verschleiert.
2.169.3.1	8	Aus derselben Quelle fließt nur Eines.
5.43.3.1	9	Welche Sätze aus ihm folgen und aus welchen Sätzen er folgt, das macht seinen Sinn aus. Daher auch die Frage nach seiner Verifikation eine Frage nach seinem Sinn ist.

5.43.4.1	1	Wende das auf einen Satz an, wie etwa „es wird niemals Menschen mit 2 Köpfen geben". Dieser Satz scheint irgendwie ins Unendliche, Unverifizierbare zu reichen und sein Sinn von jeder Verifikation unabhängig zu sein. Aber wenn wir seinen Sinn erforschen wollen, so meldet sich ganz richtig die Frage: Können wir die Wahrheit eines solchen Satzes je wissen, und wie können wir sie wissen; und welche Gründe können wir haben, was der Satz sagt anzunehmen oder abzulehnen? Nun wird man vielleicht sagen: es ist ja nach dem Sinn gefragt worden; und nicht danach, ob und wie man ihn wissen kann. Aber die Antwort auf die Frage „wie kann man diesen Satz wissen?" ist nicht eine psychologische, sondern sagt, aus welchem andern Satz er folgt, gehört also zur Grammatik des erstern. Und die Gründe, die möglich sind den Satz anzunehmen, sind nicht persönliche Angelegenheiten, sondern Teile des Kalküls, zu dem der Satz gehört. Wenn ich frage: wie kann ich den Satz „jemand ist im Nebenzimmer" verifizieren, oder wie kann ich herausfinden, daß jemand im Nebenzimmer ist, so ist etwa eine Antwort: „indem ich ins Nebenzimmer gehe und ihn sehe". Wenn nun gefragt wird „wie kann ich ins Nebenzimmer kommen, wenn die Türe versperrt ist", so ist dieses „kann" ein anderes als das erste: Die erste Frage nach der Möglichkeit (der logischen) hatte eine Erklärung über den Satzkalkül zur Antwort, daß nämlich dieser Satz aus jenem folgt; die zweite Frage war eine nach der physikalischen Möglichkeit und hatte einen Erfahrungssatz zur Antwort: daß man, etwa, die Mauer nicht durchbrechen könne, weil sie zu stark sei, dagegen die Tür mit einem Sperrhaken öffnen könne. Beide Fragen nun sind in gewissem Sinn, aber nicht im gleichen, Fragen nach der Verifikation. Und, indem man die erste Art mit der zweiten verwechselt, glaubt man, die Frage nach der Verifikation sei für den Sinn ohne Belang. Die Gründe für die Annahme eines Satzes sind nicht zu verwechseln mit den Ursachen der Annahme. Jene gehören zum Kalkül des Satzes.
5.44.1.1	2	Die Ursachen, warum wir einen Satz glauben, wären bei der/für die/ Frage, was es denn ist, was wir glauben, allerdings irrelevant, aber nicht so die Gründe, die ja mit dem Satz grammatisch verwandt sind und uns sagen, wer er ist.
5.44.2.1	3	Und der Sinn des Satzes ist ja nicht etwas, was wir erforschen, und vielleicht zum Teil unerforschlich ist. So daß wir später erst noch einmal daraufkommen könnten, daß dieser Satz von andern Wesen als wir sind, auf eine andere Art gewußt werden kann. So daß er dieser Satz mit diesem Sinn bliebe, dieser Sinn aber Eigenschaften hätte, die wir jetzt nicht ahnen. Der Satz, oder sein Sinn, ist nicht das pneumatische Wesen, was sein Eigenleben hat und nun Abenteuer besteht, von denen wir nichts zu wissen brauchen. Wir hätten ihm quasi Geist von unserm Geist eingehaucht – seinen Sinn – aber nun hat er sein Eigenleben – wie unser Kind – und wir können ihn (nur) erforschen und mehr oder weniger verstehen.
5.44.3.1	4	Der Instinkt führt Einen richtig, der zur Frage führt: Wie kann man so etwas wissen; was für einen Grund können wir haben, das anzunehmen; aus welchen Erfahrungen würden wir so einen Satz ableiten; etc..

5.44.4.1	1	Der Sinn ist keine Seele des Satzes. Er muß, soweit wir an ihm interessiert sind, sich gänzlich ausmessen lassen, sich ganz in Zeichen offenbaren/erschließen/.
5.44.5.1	2	Wenn man nun fragt: hat es Sinn zu sagen „es wird n i e das und das geben"? – Nun, welche Evidenz gibt es dafür; und was folgt daraus? – Denn, wenn es keine Evidenz dafür gibt – nicht, daß wir noch nicht im Stande waren sie zu kriegen – sondern, daß/wenn/ keine im Kalkül v o r g e s e h e n wurde, – dann ist damit der Charakter dieses Satzes bestimmt. Wie das Wesen einer Zahlenart dadurch, daß kein Vergleich zwischen ihr und gewissen Rationalzahlen möglich ist.
5.44.6.1	3	Übrigens: Eine Zahl, die heute auf bewußte Weise mittels des Fermat'schen Satzes definiert ist, wird dadurch nicht geändert, daß der Beweis dieses Satzes, oder des Gegenteils, gefunden wird. Denn der Kalkül dieser Zahl weiß von dieser Lösung des Problems nichts (und wird auch dann nichts von ihr wissen).
5.45.1.1	4	„Ich werde nie einen Menschen mit 2 Köpfen sehen"; man glaubt, durch diesen Satz irgendwie in die Unendlichkeit zu reichen. Quasi, zum mindesten eine Eisenbahn dorthin gelegt zu haben, wenn wir auch noch nicht die ganze Strecke bereist haben.
5.45.1.2		Es liegt da die Idee zu Grunde, daß z.B. das Wort „nie" die Unendlichkeit bereits/schon/ mitbringe, da das eben seine Bedeutung ist.
5.45.1.3		Es kommt darauf an: Was kann ich mit so einem Satz tun /anfangen/; denn, auf die Frage „was bedeutet er?" kommt ja wieder ein Satz zur Antwort, und der führt mich solange nicht weiter, als ich aus der Erklärung nichts über die Züge erfahre, die ich mit den Figuren machen darf. (Als ich, sozusagen, nur immer wieder die gleiche Konfiguration vor mir sehe und keine anderen, die ich aus ihr bilden kann.) So höre ich z.B., daß keine Erfahrung diesen Satz beweisen kann und das beruhigt mich über seine unendliche Bedeutung.
5.45.3.1	5	Aus keiner Evidenz folgt, daß dieser Satz wahr ist. Ja, aber ich kann doch g l a u b e n, daß er wahr ist/daß das der Fall ist, was er sagt/! Aber was heißt das: „glauben, daß das der Fall ist"? Reicht etwa dieser Glaube in die Unendlichkeit; fliegt er der Verifikation voran? – Was heißt es, das glauben? Diesen Satz mit bestimmten Gefühlen sagen? ist es ein bestimmtes Benehmen? denn etwas andres kann es doch nicht sein. – Und dann interessiert es uns nur insofern, als es ein Kalkulieren mit dem Satz ist.

2.157.6.1 1 Um den Sinn einer Frage zu verstehen, bedenken wir: Wie sieht denn
die Antwort auf diese Frage aus.
2.157.7.1   Auf die Frage „ist A mein Ahne" kann ich mir nur die Antwort
denken „A findet sich in meiner Ahnengalerie" oder „A findet sich nicht
in meiner Ahnengalerie" (wo ich unter Ahnengalerie die Gesamtheit
aller Arten von Nachrichten über meine Vorfahren verstehe). Dann
konnte aber auch die Frage nur dasselbe heißen wie: „Findet sich A in
meiner Ahnengalerie". (Eine Ahnengalerie hat ein Ende: das ist ein Satz
der Syntax) Wenn mir ein Gott offenbarte, A sei mein Ahne, aber nicht,
der wievielte, so könnte auch diese Offenbarung für mich nur den Sinn
haben, ich werde A unter meinen Ahnen finden, wenn ich nur lang
genug suche; da ich aber die Zahl N von Ahnen durchsuchen werde, so
muß die Offenbarung bedeuten, A sei unter jenen N Ahnen.

Intention und Abbildung.

61

WENN ICH MICH ABBILDEND NACH EINER VORLAGE RICHTE, ALSO WEISS, DASS ICH JETZT DEN STIFT SO BEWEGE, WEIL DIE VORLAGE SO VERLÄUFT, IST HIER EINE MIR UNMITTELBAR BEWUSSTE KAUSALITÄT IM SPIEL?

3.173.3.1	1	Wenn ich, den Regeln folgend, statt „→" „a" schreibe, so ist es, als wäre hier eine Kausalität im Spiel, die nicht hypothetisch, sondern unmittelbar erlebt, wäre. (Natürlich ist nichts dergleichen der Fall.)
3.159.3.1	2	Wenn ich mich aber nun ärgere, weil jemand zur Türe hereinkommt, kann ich mich hier im Nexus irren, oder erlebe ich ihn wie den Ärger?
3.159.3.2		In einem gewissen Sinne kann ich mich irren, denn ich kann mir sagen „Ich weiß nicht, warum mich sein Kommen heute so? ärgert". Das heißt, über die Ursache meines Ärgers läßt sich streiten. – Anderseits nicht darüber, daß der Gedanke an sein Kommen – wie man sagt – unlustbetont ist.
3.159.4.1		Wie aber in dem Fall: Ich sehe den Menschen und der Haß gegen ihn steigt bei seinem Anblick in mir gegen ihn auf. – Könnte man fragen: wie weiß ich, daß ich ihn hasse, daß er die Ursache meines Hasses ist. Und wie weiß ich, daß sein Anblick diesen Haß neu erweckt? Auf die erste Frage: – ‚ich hasse ihn' heißt nicht ‚ich hasse und er ist die Ursache meines Hasses'. Sondern er, beziehungsweise sein Gesichtsbild – etc. – kommt in meinem Haß vor, ist ein Bestandteil meines Hasses. (Auch hier tut's die Vertretung nicht, denn was garantiert mir dafür, daß das Vertretene existiert.) Im zweiten Fall kommt? eben unmittelbar die Erscheinung des Menschen in meinem Haß vor?, oder, wenn nicht, dann ist seine Erscheinung wirklich nur die hypothetische Ursache meines Gefühls und ich kann mich darin irren, daß sie es ist, die das Gefühl hervorruft.
3.159.5.1	3	„Ganz ebenso muß es sich auch mit dem Handeln nach einem Zeichenausdruck verhalten. Der Zeichenausdruck muß in diesem Vorgang involviert sein, während er nicht involviert ist, wenn er bloß die Ursache meines Handelns ist."
3.160.1.1	4	Wenn der Satz „ich hasse ihn" so aufgefaßt wird: ich hasse und er ist die Ursache; dann ist die Frage möglich „bist Du sicher, daß Du ihn haßt, ist es nicht vielleicht ein Anderer oder etwas Anderes" und das ist offenbarer Unsinn.

62

WENN WIR „NACH EINER BESTIMMTEN REGEL ABBILDEN", IST DIESE REGEL IN DEM VORGANG DES KOPIERENS (ABBILDENS) ENTHALTEN, ALSO AUS IHM EINDEUTIG ABZULESEN? VERKÖRPERT DER VORGANG DES ABBILDENS SOZUSAGEN DIESE REGEL?

3.126.4.1   1   Denken wir uns den einfachen Fall, daß jemand eine Strecke absichtlich im Maßstab 1:1 kopiert. Ist dann in dem Vorgang des Kopierens schon das Verständnis des Nachzeichnens irgendeiner Strecke im Maßstab 1:1 enthalten? D.h. ist die Weise, in der mein Bleistift von der Strecke geführt wird, eben dieses allgemeine Gesetz? Mein Stift wurde von mir quasi ganz voraussetzungslos gehalten und nur von der Länge der Vorlage geführt/beeinflußt/.

3.126.5.1   Ich würde dann sagen: Wäre die Vorlage länger gewesen, so wäre ich mit meinem Bleistift noch weitergefahren und wenn kürzer, weniger weit. Aber war, gleichsam, der Geist, der sich hierin ausspricht, schon im Nachziehen des einen Strichs enthalten?

3.127.1.1   2   Ich kann mir vornehmen: Ich gehe solange, bis ich ihn finde (ich will etwa jemand auf einer Straße treffen). Und nun gehe ich die Straße entlang und treffe ihn an einem bestimmten Punkt und bleibe stehen. War in dem Vorgang des Gehens, oder irgend einem andern gleichzeitigen, die Befolgung der allgemeinen Regel, die ich mir vorgesetzt hatte, enthalten? Oder war der Vorgang nur in Übereinstimmung mit dieser Regel, aber auch mit anderen entgegengesetzten Regeln?

3.127.7.1   3   Ich gebe jemandem den Befehl von A eine Linie parallel zu a zu ziehen. Er versucht (beabsichtigt) es zu tun, aber mit dem Erfolg, daß die Linie parallel zu b wird. War nun der Vorgang des Kopierens derselbe, als hätte er beabsichtigt, parallel zu b zu ziehen und seine Absicht ausgeführt? Ich glaube offenbar, nein. Er hat sich von der Linie a führen lassen.

3.150.2.1   4   Wer liest, macht das, was er abliest abhängig von dem, was da steht. Aber die Abhängigkeit kann nur durch eine Regel ausgedrückt werden.

3.150.3.1   5   Was hätte übrigens eine/die/ allgemeine Regel überhaupt auszudrücken, wenn das nicht/nicht das/?

3.128.5.1   6   Die Frage ist nun: wenn ich (nun) auf diese Weise eine Vorlage nachgezeichnet habe, ist es dann möglich, den Vorgang des Nachzeichnens, wie er war, auch nach einer anderen allgemeinen Regel richtig zu beschreiben? Oder kann ich so eine Beschreibung zurückweisen /ablehnen/ mit den Worten: „nein, ich habe mich wirklich nur von dieser (allgemeinen) Regel leiten lassen (und nicht von jener anderen, die in diesem Falle/hier/ allerdings auch dasselbe Resultat ergeben hätte)".

3.123.6.1	1	Wenn ich absichtlich eine gewisse Form nachzeichne, so hat der Vorgang des Kopierens mit der Wirklichkeit an einer bestimmten Stelle diese Form gemein. Sie ist eine Fassette des Vorgangs des Kopierens. Eine Fassette, die an dem kopierten Gegenstand anliegt und sich dort mit ihm deckt.
3.124.1.1	2	Man könnte dann sagen: Wenn auch mein Bleistift die Vorlage nicht trifft, die Absicht trifft sie immer.
3.137.4.1	3	Es ist nur die Absicht, die an das Modell heranreicht. Und das ist dadurch ausgedrückt, daß der Ausdruck der Absicht die Beschreibung des Modells und den Ausdruck der Projektionsregel enthält. Was ich tatsächlich spiele, ist gleichgültig; die Erfahrung wird es lehren und die Beschreibung des Gespielten muß nichts mit der Beschreibung des Notenbildes gemein haben. Wenn ich dagegen meine Absicht beschreiben will, so muß es heißen, daß ich dieses Notenbild auf die Weise in Tönen abzubilden beabsichtige. Und nur das kann der Ausdruck dafür sein, daß die Absicht an die Vorlage heranreicht und eine allgemeine Regel enthält.
3.138.1.1	4	Wenn ich einen Apparat machte, der nach Noten spielen könnte, der also auf das Notenbild in der Weise reagierte, daß er die entsprechenden Tasten einer Klaviatur drückte, und wenn dieser Apparat bis jetzt immer klaglos funktioniert hätte, so wäre doch weder er, noch sein Funktionieren der Ausdruck einer allgemeinen Regel. Ferner, dieses Funktionieren ist, wie immer er funktioniert, an sich weder richtig noch falsch; d.h. weder der Notenvorlage entsprechend, noch ihr nichtentsprechend. Kein Mechanismus, welcher Art immer, kann eine solche Regel etablieren. Man kann nur sagen: der Mechanismus arbeitet bis jetzt dieser Regel gemäß (was natürlich heißt, daß er auch anderen Regeln gemäß arbeitet). Das Funktionieren des Apparates bis zum gegenwärtigen Zeitpunkt würde gewisse Regeln zu/von/ seiner Beschreibung ausschließen, aber nie eine Regel eindeutig bestimmen.
3.142.3.1	5	Wir können wohl eine Maschine zur Illustration der Koordination zweier Vorgänge, der Abbildung des einen in den andern, verwenden, aber nur die Maschine wie sie funktionieren soll, also die Maschine in ganz bestimmter Weise als Ausdruck aufgefaßt, also als Teil der Sprache.
3.142.4.1	6	Nur in diesem Sinne bildet z.B. das Pianola die Loch-Schrift auf dem Streifen in die Tonfolge ab. Oder der Musterwebstuhl die Sprache der gelochten Karten in das Muster des gewebten Stoffes.
3.138.2.1	7	Das Wort „psychischer Vorgang", „mental process", ist an vieler Verwirrung schuld. Wenn wir sagen, der Gedanke, die Intention sind psychische Vorgänge, so stellen wir uns darunter etwas ähnliches oder analoges vor, wie unter dem Wort chemischer Vorgang, oder physiologischer Vorgang. – Und soweit das richtig ist, haben wir mit dem Gedanken und der Intention nichts zu tun.

3.139.4.1 1 „Wenn man kopiert, d.h. überhaupt abbildet, sich von einer Vorlage leiten läßt, so ist das Charakteristische daran, daß nur die Vorlage mir bewußt wird, dagegen nicht die Projektionsart. Ich bin mir bewußt, daß mich die Vorlage einmal so, einmal so lenkt, aber das W i e dieser Übertragung nehme ich sozusagen hin; ich bemerke es weiter nicht. Und zwar, weil ich es nicht mit einem Anderen vergleiche. Ich befolge die Projektionsregel, aber ich drücke sie nicht aus und sie fällt sozusagen aus der Betrachtung heraus, weil sie mit nichts verglichen wird. Wenn ich sie beschreibe, so setzt das voraus, daß ich sie mit anderen Regeln vergleiche."

3.139.5.1 2 „Ja, in gewissem Sinne ist alles, was beim Nachbilden der Vorlage geschieht, daß diese Vorlage an uns vorüberzieht und wir sie besser oder weniger gut treffen. D.h. es ist das Ende der Kopiermaschine, das unserer Vorlage entlangläuft, was wir beobachten; die ganze übrige Maschine nehmen wir als gegeben hin. Wir merken sozusagen nur, was sich ändert, nicht, was gleichbleibt. Der Abbildungsweise haben wir durch eine Einstellung (die gleichbleibt) (ein für allemal) Rechnung getragen. – Und was wir s p ü r e n, ist nur das Modell."

3.139.6.1 3 „Darum, wenn wir falsch nach Noten singen oder spielen – so verschieden diese Abbildung der Art nach von ihrem Vorbild ist – fühlen wir es als einen Verstoß gegen das M o d e l l."

63

WIE RECHTFERTIGT MAN DAS RESULTAT DER ABBILDUNG MIT DER ALLGEMEINEN REGEL DER ABBILDUNG?

3.232.1.1   1   Ich kann 5^2 mittels x^2 rechtfertigen, wenn ich dabei x^2 einem x^3 oder einem andern Zeichen des Systems entgegenstelle.

3.232.3.1   2   Die Schwierigkeit ist offenbar, das nicht zu rechtfertigen versuchen, was keine Rechtfertigung verträgt/zuläßt/.

3.232.4.1   3   Wenn man fragt: „warum schreibst Du 5^2?" und ich antworte „es steht doch da, ich soll quadrieren", so ist das eine Rechtfertigung – und eine v o l l e – . ?Eine Rechtfertigung verlangen, in dem Sinne, in dem dies keine ist, ist sinnlos.?

3.232.6.1   4   Ich hätte jemandem alle möglichen Erklärungen/mögliche Erklärung/ dafür gegeben, was der Befehl „quadriere diese Zahlen" heißt. (Und diese Erklärungen sind doch sämtlich Zeichen.) Er quadriere darauf, und nun frage ich ihn „warum tust Du d a s auf diese Erklärung hin?" Dann hätte es keinen Sinn mir zu antworten: „Du hast mir doch gesagt: (es folgt die Wiederholung der Erklärungen)". Eine andre Art der Antwort ist aber auf diese Frage auch nicht möglich und die Frage heißt eben nichts. Sie müßte sinnvoll lauten: „Warum tust Du d a s und nicht jenes auf diese Erklärungen hin (ich habe Dir doch gesagt ....)".

3.232.7.1   5   Wenn man nun fragen würde: Wie lange vor der Anwendung der Regel muß die Disposition „x^2" gedauert haben? Eine Sekunde, oder zwei? Diese Frage klingt natürlich, und mit Recht, wie eine Persiflage. Wir fühlen, daß es darauf gar nicht ankommen kann. Aber diese Art der? Frage taucht immer wieder auf.

3.46.8.1   6   Wenn man nach einer Regel einen Tatbestand abbildet, so ist d i e s e r dabei die Vorlage. Ich brauche keine weitere Vorlage, die mir zeigt, wie die Abbildung vor sich zu gehen hat, wie also die erste Vorlage zu benützen ist, denn sonst brauchte ich auch eine Vorlage, um mir die Anwendung der zweiten zu zeigen, u.s.f. ad infinitum. D.h. eine weitere Vorlage nützt mich nichts, ich muß ja doch einmal ohne Vorlage handeln.

3.234.6.1	1	Wenn ich mich mit der Bewegung des Punktes P von A nach B nach dem Pfeil ↗ richte, so ist, was hier geschieht,/so ist das/ nur dadurch beschrieben, daß ich das System von Pfeilen beschreibe, dem dieser angehört. – Ich könnte nun wohl sagen: Ist das genug? muß ich nicht auch die Regel angeben, nach der die Übersetzung geschieht, z.B. hier, daß ich mich parallel zum Pfeil bewegen soll? Aber diese Übersetzungsregel kann/könnte/ ich mir in Gestalt etwa des Zeichens „| |" (im Gegensatz etwa zu „| —") dem Pfeile zugesetzt denken; aber dann würde das Zeichen „↗| |" auf keiner andern Stufe stehen wie „↗" und ich könnte doch jetzt nur das System beschreiben, dem dieses Zeichen angehört, wenn ich nicht ad infinitum, also erfolglos, weitere Zeichen zu den obigen setzen will.
3.236.3.1	2	Wir stoßen hier immer auf die peinliche Frage, ob denn nicht das Anschreiben des ‚5^2' (z.B.) mehr oder weniger (oder ganz) automatisch erfolgt sein könne, und fühlen, daß das der Fall sein mag und daß es uns gar nichts angeht. ?Daß wir hier auf ganz irrelevantem Boden sind, wo wir nicht hingehören.?
3.237.1.1	3	„Ich schreibe ‚5^2', weil hier ‚x^2' steht". Was aber, wenn ich sagte: „Ich schreibe ‚+', weil hier ‚o' steht"? Man würde fragen: Schreibst Du denn überall ‚+' wo ‚o' steht? D.h., man würde nach einer allgemeinen Regel fragen. Und das ‚weil' im letzten Satz hätte sonst keinen Sinn.
3.240.3.1	4	y ⟨ 5 / 25 Warum schreibst Du 25? – Weil dort ‚y' steht. – Ja ist das das Signal für 25? – Nein, aber ich habe ‚25' geschrieben, weil dort ‚y' steht. – Woher weißt Du denn, daß Du es deswegen geschrieben hast?
3.240.5.1	5	Was heißt es aber: Ich geh zur Tür, weil der Befehl gelautet hat „geh zur Tür"?
3.240.5.2		Und wie vergleicht sich dieser Satz mit: ich geh zur Tür, obwohl der Befehl gelautet hat „geh zur Tür". Oder: Ich geh zur Tür, aber nicht weil der Befehl lautete „geh ….", sondern …… Oder: Ich geh nicht zur Tür, weil der Befehl gelautet hat „geh z. T.".
3.253.3.1	6	Das Phänomen der Rechtfertigung. $\begin{array}{|c|c|}\hline & 3 \\ \hline x^2 & 3^2 \\ \hline\end{array}$ Ich rechtfertige das Resultat 3^2 durch x^2. So schaut jede Rechtfertigung aus.
3.253.4.1	7	In gewissem Sinn bringt uns das nicht weiter. Aber es kann uns ja auch nicht weiter, d.h., zu einem Fundament/zu dem Metalogischen/, bringen.

64

DER VORGANG DER ABSICHTLICHEN ABBILDUNG, DER ABBILDUNG
MIT DER INTENTION ABZUBILDEN IST NICHT WESENTLICH EIN
PSYCHISCHER, INNERER. EIN VORGANG DER MANIPULATION MIT
ZEICHEN AUF DEM PAPIER KANN DASSELBE LEISTEN.

3.157.4.1   1   Kein psychischer Vorgang kann besser symbolisieren, als Zeichen, die auf dem Papier stehen.

3.157.4.2   Der psychische Vorgang kann auch nicht mehr leisten, als die Schriftzeichen auf dem Papier.

3.157.4.3   Denn immer wieder ist man in der? Versuchung, einen symbolischen Vorgang durch einen besonderen psychischen Vorgang erklären zu wollen, als ob die Psyche in dieser Sache viel mehr tun könnte, als das Zeichen.

3.157.5.1   2   Es mißleitet uns da die falsche Analogie mit einem Mechanismus, der mit anderen Mitteln arbeitet, und daher besondere Bewegungen/eine besondere Bewegung/ erklären kann. Wie wenn wir sagen: diese Bewegung kann nicht durch den Eingriff von Zahnrädern allein erklärt werden.

3.157.6.1   3   Hierher gehört irgendwie: daß es nicht selbstverständlich ist, daß sich das Zeichen durch seine Erklärung ersetzen läßt. Sondern eine merkwürdige, wichtige Einsicht in das Wesen dieser (Art von) Erklärung.

3.157.7.1   4   Die Beschreibung des Psychischen müßte sich ja doch wieder als Symbol verwenden lassen.

3.331.5.1   5   Das Behaviouristische an meiner Auffassung/an unserer Behandlung/ besteht nur darin, daß ich/wir/ keinen Unterschied zwischen ‚außen' und ‚innen' mache./machen./ Weil mich die Psychologie nichts angeht.

3.133.2.1   6   Kann man etwas in einem wesentlich anderem Sinne „offen lassen", als man eine Klammer leer läßt?

3.160.5.1   7   Es kann nie essentiell für uns sein, daß ein Phänomen in der Seele sich abspielt und nicht auf dem Papier, für den Andern sichtbar.

3.161.1.1	1	Man kann sagen, daß, ob ich lese, oder nur Laute hervorbringe, während ein Text vor meinen Augen ist, sich nicht durch die Beobachtung von außen entscheiden läßt. Aber das Lesen kann nicht wesentlich eine innere Angelegenheit sein. Das Ableiten der Übersetzung von Zeichen, wenn es überhaupt ein Vorgang ist, muß auch ein sichtbarer Vorgang sein können. Man muß also z.B. auch den Vorgang dafür nehmen/ansehen/ können, der sich auf dem Papier abspielt, wenn die Glieder der Reihe 1, 4, 9, 16 (als Übersetzung von 1, 2, 3, 4) durch die Gleichungen $1 \times 1 = 1$, $2 \times 2 = 4$, $3 \times 3 = 9$, etc. ausgerechnet erscheinen.

3.161.1.2
$$\begin{array}{cccc} 1 & 2 & 3 & 4 \\ \times & \times & \times & \times \\ 1 & 2 & 3 & 4 \\ \| & \| & \| & \| \\ 1 & 4 & 9 & 16 \end{array}$$ Man könnte dann vom Standpunkt des Behaviourism sagen: Wenn ein Mensch das hinschreibt, dann hat er die untere Reihe durch Rechnung gewonnen, schreibt er aber bloß die untere Reihe an, dann nicht.

3.161.1.3 Schriebe er aber nun:
$$\begin{array}{cccc} 1 & 2 & 3 & 4 \\ \times & \times & \times & \times \\ 1 & 2 & 3 & 4 \\ \| & \| & \| & \| \\ 1 & 5 & 9 & 20 \end{array}$$
so würden wir sagen, er hat falsch gerechnet, weil 2×2 nicht 5 ist, etc..

3.161.2.1　2　Man könnte natürlich ebensogut schreiben $\begin{array}{ccccc} x & 1 & 2 & 3 & 4 \\ x^2 & 1 & 4 & 9 & 16 \end{array}$ und diese Darstellung ist ganz gleichwertig mit der ersten, oder überhaupt jeder andern, wenn eine Regel festgesetzt ist, die sie von einer anderen Darstellung unterscheidet.

3.161.3.1　3　Das Gefühl, welches man bei jeder solchen Darstellung hat, daß sie roh (unbeholfen) ist, leitet irre, denn wir sind versucht, nach einer „besseren" Darstellung zu suchen. Die gibt es aber gar nicht. Eine ist so gut wie die andere, solange die Multiplizität die richtige ist; d.h., solange jedem Unterschied im Dargestellten ein Unterschied in der Darstellung entspricht.

3.161.4.1　4　Und nun kann aber auch der Gedanke als psychischer Prozeß nicht mehr tun, als dieses „rohe" Zeichen.

3.162.1.1　5　Man kann nicht fragen: Welcher Art sind die geistigen Vorgänge, daß sie wahr und falsch sein können, was die außergeistigen nicht können. Denn, wenn es die „geistigen" können, so müssen's auch die anderen können; und umgekehrt.

3.162.1.2　　Denn, können es die seelischen/geistigen/ Vorgänge, so muß es auch ihre Beschreibung können. Denn in ihrer Beschreibung muß es sich zeigen, wie es möglich ist.

3.162.2.1	1	Wenn man sagt, der Gedanke sei eine seelische Tätigkeit, oder eine Tätigkeit des Geistes, so denkt man an den Geist als an ein trübes, gasförmiges Wesen, in dem manches geschehen kann, das außerhalb dieser Sphäre nicht geschehen kann. Und von dem man manches erwarten kann/muß/, das sonst nicht möglich ist.
3.162.2.2		Es handelt/Als handle/ gleichsam die Lehre vom Gedanken vom organischen Teil, im Gegensatz zum anorganischen des Zeichens.
3.162.3.1		Es ist/wäre/ gleichsam der Gedanke der organische Teil des Symbols, das Zeichen der anorganische. Und jener organische Teil kann Dinge leisten, die der anorganische nicht könnte.
3.162.4.1		Als geschähe hinter dem Ausdruck noch etwas Wesentliches, was sich nicht ausdrücken läßt/nicht durch den Ausdruck ersetzen läßt/ – auf das/worauf/ sich etwa nur hinweisen läßt – was in dieser Wolke (dem Geist) geschieht und den Gedanken erst zum Gedanken macht. Wir denken hier an einen Vorgang analog dem Vorgang der Verdauung und die Idee ist, daß im Inneren des Körpers andere chemische Veränderungen vor sich gehen, als wir sie außen produzieren können, daß der organische Teil der Verdauung einen anderen Chemismus hat, als, was wir außen mit den Nahrungsmitteln vornehmen könnten.
3.174.2.1	2	Das heißt, das Abbilden kann sich von einem andern Vorgang auch nur so unterscheiden, wie eben ein Vorgang vom andern und das heißt, daß dieser Unterschied nicht logische Bedeutung haben kann/kein metalogischer Vorgang ist/.
3.174.3.1	3	So wie ich früher einmal gesagt habe: Die Intention kann auch nur ein Phänomen wie jedes andere sein, wenn ich überhaupt von ihr reden darf.
3.174.4.1	4	Das Wählen der Striche beim Abbilden einer Vorlage ist also allerdings ein anderer Vorgang, als etwa das bloße Zeichnen dieser Striche, wenn ich mich „nicht nach der Vorlage richte", aber der Unterschied ist ein äußerer, beschreibbarer, wie der Unterschied zwischen den Zeichengruppen 2, 4, 6, 8 und x 2, 4, 6, 8 und steht mit 4, 16, 36, 64 x^2 4, 16, 36, 64 diesem Unterschied auf gleicher Stufe/auf einer Stufe/.
3.174.5.1	5	Und so steht es also auch mit dem Wählen der Worte, wenn ich etwas mit Worten beschreibe: dieser Vorgang unterscheidet sich von dem, des willkürlichen Zuordnens von Worten, aber eben nur (äußerlich), wie sich die beiden Zeichen im vorigen Satze unterscheiden.
3.172.10.1	6	„Wenn man einen Hund gelehrt hätte, den Zeichenverbindungen von a, b, c, d zu folgen (wobei a = →, b = ↓, c = ←, d = ↑), so mag er das mechanisch tun, aber, wenn ich nun wissen will, welches Zeichen ich ihm geben muß, um ihn einen bestimmten Linienzug laufen zu lassen, so muß ich das Zeichen von dem Linienzug nach der Regel ableiten."

65

WIE HÄNGEN UNSRE GEDANKEN MIT DEN GEGENSTÄNDEN
ZUSAMMEN, ÜBER DIE WIR DENKEN? WIE TRETEN DIESE
GEGENSTÄNDE IN UNSRE GEDANKEN EIN. (SIND SIE IN IHNEN DURCH
ETWAS ANDRES – ETWA ÄHNLICHES – VERTRETEN?)
WESEN DES PORTRÄTS; DIE INTENTION.

2.304.5.1	1	„Das soll er sein" (dieses Bild stellt ihn vor) darin liegt das ganze Problem der Darstellung.
3.42.9.1	2	Wenn ich sage „der Sinn eines Satzes ist dadurch bestimmt, wie er zu verifizieren ist", was muß ich dann von dem Sinn des Satzes sagen: daß dieser Satz die Übersetzung/dieses Bild das Porträt/ jenes Gegenstandes sein soll? Wie ist das denn zu verifizieren?
2.274.7.1 2.274.8.1	3	Was heißt es: Ich kann mir vorstellen, daß der Fleck A sich an den Ort B bewegt? Die seltsame Täuschung, der man unterliegt, daß im Satze die Gegenstände das tun, was der Satz sagt, muß sich aufhellen.
2.274.9.1	4	Es ist, als ob im Befehl bereits ein Schatten der Ausführung läge. Aber ein Schatten eben dieser Ausführung. Du gehst im Befehl dort und dort hin. – Sonst wäre es aber eben ein anderer Befehl.
4.71.5.1	5	„Der Satz ist ein Bild". Ein Bild wovon? Kann man sagen: „von der Tatsache, die ihn wahr macht, wenn er wahr ist und von der Tatsache, die ihn falsch macht, wenn er falsch ist. Im ersten Fall ist er ein korrektes Bild, im zweiten ein unkorrektes"? ((Wenn ich bei einem gemalten Bild frage: „wovon ist das ein Bild"; was ist die Art der Antwort?))
4.71.7.1	6	Wenn man mit Bild meint: die richtige, oder falsche Darstellung der Realität, dann muß man wissen, welcher Realität, oder; welches Teils der Realität. Ich kann dieses Zimmer richtig oder falsch darstellen, aber um heraus zu finden, ob richtig oder nicht, muß ich wissen, daß dieses Zimmer gemeint ist.
4.9.3.1	7	Was heißt es: Sich eine Vorstellung machen, die der Wirklichkeit nicht entspricht?
4.9.7.1 4.9.8.1 4.9.9.1	8	Man vergleiche das Vorstellen mit dem Malen eines Bildes. Er malt also ein Bild des Menschen, wie dieser in Wirklichkeit nicht ist. 　Sehr einfach. Aber warum nennen wir es das Bild dieses Menschen? Denn, wenn es das nicht ist, ist es (ja)? nicht falsch. – Wir nennen es so, weil er selbst es drübergeschrieben hat. 　Also hat er nichts weiter getan, als jenes Bild zu malen, und jenen Namen drüberzuschreiben. Und das tat er wohl auch in der Vorstellung.

4.56.11.1	1	Es muß uns klar sein, daß der Zusammenhang unseres Gedankens mit Napoleon nur durch diesen selbst und durch kein Bild (Vorstellung, etc.) und sei es noch so ähnlich, gemacht werden kann. Anderseits aber ist Napoleon für uns in seiner Abwesenheit nicht weniger enthalten, als in seiner Anwesenheit.
4.58.4.1	2	„Der Plan besteht darin, daß ich mich das und das tun sehe". Aber wie weiß ich, daß i c h es bin. – Nun, ich bin es ja nicht, was ich sehe, sondern etwa ein Bild. Warum aber nenne ich es m e i n Bild? Nicht etwa, weil es mir ähnlich sieht.
4.58.4.2		„Woher weiß ich, daß ich es bin": Das ist ein gutes Beispiel einer falsch angebrachten Frage. Die Frage hat nämlich Sinn, wenn es etwa heißt: Woher weiß ich, daß ich es bin, den ich da im Spiegel sehe. Und die Antwort gibt dann Merkmale, nach denen ich zu erkennen bin. –
4.59.4.1	3	Die Frage „woher weiß ich, daß ich das bin" oder richtiger „.... daß das m i c h vertritt" ist Unsinn, denn, daß es mich vertritt, ist meine (eigene) Bestimmung. Ja, ich könnte ebensogut fragen: „woher weiß ich, daß das Wort ‚ich' mich vertritt", denn meine Figur im Bild war nur ein anderes Wort ‚ich'.
4.59.5.1	4	Wohl aber könnte man fragen „was hat denn der Name ‚a' mit diesem Menschen zu tun". Und die Antwort wäre: Nun, das i s t a/er h e i ß t a/.
4.59.7.1	5	„Diese Figur des Bildes bin ich" ist ein Übereinkommen.
4.59.8.1	6	Ja, aber worin kommen wir überein? Welche Beziehung zwischen Zeichen und mir stellen wir her? Nun, n u r die, die etwa durch das Zeigen mit der Hand oder das Umhängen eines Täfelchens besteht. Denn diese Relation ist nur durch das System bedeutungsvoll, dem sie angehört.
3.327.5.1	7	Wenn man sagt: Ich stelle mir die Sonne vor, wie sie über den Himmel zieht; so ist doch nicht die Vorstellung damit beschrieben, daß „die Sonne über den Himmel zieht"! Nun könnte ich einerseits fragen: ist nicht, was Du vor Dir siehst, eine gelbe Scheibe in Bewegung? aber doch nicht gerade die Sonne. – Andrerseits, wenn ich sage „ich stelle mir die Sonne in dieser Bewegung vor", so ist das nicht dasselbe, wie wenn ich (etwa kinematographisch) ein solches Bild zu sehen bekäme.
3.327.5.2		Ja, es hätte Sinn, von diesem Bild zu fragen: „stellt das die Sonne vor?"
2.317.6.1	8	Das Porträt ist nur ein dem N ähnliches Bild (oder auch das nicht), es hat aber nichts in sich (wenn noch so ähnlich), was es zum Bildnis d i e s e s Menschen, d.h. zum beabsichtigten Bildnis machen würde. (Ja, das Bild, was dem Einen täuschend ähnlich ist, kann in Wirklichkeit das schlechte Porträt eines Anderen sein.)
2.318.2.1	9	Nun kann man doch fragen: „Wie zeigt sich denn das, daß er das Bild als Porträt des N meint?" – „Nun, indem er's sagt" – „Aber wie zeigt es sich denn, daß er d a s mit dem meint, was er sagt?" – „Gar nicht!" ((Worauf bezieht sich denn dieses „das". Man kann fragen: Wie zeigt sich, daß er meint, was er sagt. Antwort z.B. an seinem Gesicht.))

| 4.14.3.1 | 1 | „Ich war der Meinung, Napoleon sei 1805 gekrönt worden". – „Warst Du die ganze Zeit ununterbrochen dieser Meinung?"

| 4.14.4.1 | 2 | Was hat aber Deine Meinung mit Napoleon zu tun? Welcher Zusammenhang/Welche Verbindung/ besteht zwischen Deiner Meinung und Napoleon?
| 4.14.4.2 | | Es kann, z.B., der sein, daß das Wort „Napoleon" in dem Ausdruck meiner Meinung vorkommt, plus dem Zusammenhang, den dieses Wort mit seinem Träger hat. Also etwa, daß er sich so unterschrieben hat, so angeredet wurde, etc. etc.

| 4.15.1.1 | 3 | „Aber mit dem Wort ‚Napoleon' bezeichnest Du doch, während Du es ausprichst, eben diesen Menschen". – „Wie geht denn, Deiner Meinung nach, dieser Akt des Bezeichnens vor sich? Momentan? oder braucht er Zeit?" – „Ja aber, wenn man Dich fragt ‚hast Du jetzt (eben) den Mann gemeint, der die Schlacht bei Austerlitz gewonnen hat?' wirst Du doch sagen ‚ja'. Also hast Du diesen Mann gemeint, als Du den Satz, in dem sein Name vorkommt, aussprachst!" – Wohl, aber nur etwa in dem Sinne, in welchem ich damals auch wußte, daß 2 + 2 = 4 ist/sei/. Nämlich nicht so, als ob zu dieser Zeit ein besonderer Vorgang stattgefunden hätte, den wir dieses ‚Meinen' nennen könnten; auch wenn vielleicht gewisse Bilder das Aussprechen begleitet haben, die für diese Meinung charakteristisch sind und bei andrer Bedeutung des Wortes ‚Napoleon' vielleicht andre gewesen wären. Vielmehr ist die Antwort „ja, ich habe den Sieger von Austerlitz gemeint" ein weiterer Schritt im Kalkül. Täuschend ist an ihm die vergangene Form, die eine Beschreibung dessen zu geben scheint, was „in mir" während des Aussprechens des Satzes vorgegangen war. In Wirklichkeit knüpft das Präteritum nur an den früher ausgesprochenen Satz an.

| 4.202.5.1 | 4 | „Aber ich habe ihn gemeint". Sonderbarer Vorgang, dieses Meinen! Kann man jemanden meinen, auch wenn er in Amerika und man in Europa ist? Und/Oder/ gar, wenn er schon tot ist?

| 2.314.3.1 | 5 | Meine ganzen Überlegungen gehen immer dahin, zu zeigen, daß es
| 2.314.3.2 | | nichts nützt, sich das Denken als ein Halluzinieren vorzustellen. D.h., daß es überflüssig ist, die Schwierigkeit aber bestehen bleibt. Denn auch die Halluzination, kein Bild, kann die Kluft zwischen dem Bild und der Wirklichkeit überbrücken, und das eine nicht eher als das andere.

Logischer Schluss.

66
WISSEN WIR, DASS p AUS q FOLGT, WEIL WIR DIE SÄTZE VERSTEHEN? GEHT DAS FOLGEN AUS EINEM SINN HERVOR?

4.18.3.1	1	$p \cdot q = q$ heißt „q folgt aus p".
4.31.4.1	2	$(\exists x)\, fx \lor fa = (\exists x)\, fx, (\exists x)\, fx \cdot fa = fa$ Wie weiß ich das? (denn das Obere habe ich sozusagen bewiesen). Man möchte etwa sagen: „ich verstehe ‚$(\exists x)\, fx$' eben". (Ein herrliches Beispiel dessen, was ‚verstehen' heißt.)
4.31.4.2		Ich könnte aber ebensogut fragen „wie weiß ich, daß $(\exists x)\, fx$ aus fa folgt" und antworten: „weil ich ‚$(\exists x)\, fx$' verstehe". Wie weiß ich aber wirklich, daß es folgt? – Weil ich so kalkuliere.
4.31.4.2	3	Wie weiß ich, daß $(\exists x)\, fx$ aus fa folgt? Sehe ich quasi hinter das Zeichen „$(\exists x)\, fx$", und sehe den Sinn, der hinter ihm steht und daraus/aus ihm/, daß er aus fa folgt? ist d a s das Verstehen?
4.31.4.3		Nein, jene Gleichung drückt einen Teil des Verstehens /Verständnisses/ aus (das so ausgebreitet vor mir liegt).
4.31.4.4		Denke an die/Vergleiche die/ Auffassung des Verstehens, das ursprünglich mit einem Schlag erfaßbar/ein Erfassen mit einem Schlag/, erst so ausgebreitet werden kann.
4.31.4.5		Wenn ich sage „ich weiß, daß $(\exists x)\, fx$ folgt, weil ich es verstehe", so hieße das, daß ich, es verstehend, etwas A n d e r e s sehe, als das gegebene Zeichen, gleichsam eine Definition des Zeichens, aus der das Folgen hervorgeht.
4.32.9.1	4	Wird nicht vielmehr die Abhängigkeit durch die Gleichung hergestellt und festgesetzt? Denn eine verborgene Abhängigkeit gibt es eben nicht.

| 4.32.5.1 | 5 |

$(\exists x)\, fx$	fa
W	W
W	F
~~F~~	~~W~~
F	F

Aber, meinte ich, muß also nicht $(\exists x)\, fx$ eine Wahrheitsfunktion von fa sein, damit das möglich ist? Damit diese Abhängigkeit möglich ist?

4.32.6.1	6	Ja sagt denn eben $(\exists x)\, fx \lor fa = (\exists x)\, fx$ nicht, daß fa schon in $(\exists x)\, fx$ enthalten ist? Zeigt es nicht die Abhängigkeit des fa vom $(\exists x)\, fx$? Nein, außer, wenn $(\exists x)\, fx$ als logische Summe d e f i n i e r t ist (mit einem Summanden fa). – Ist das der Fall, so ist $(\exists x)\, fx$ (nichts als) eine Abkürzung.
4.32.7.1	7	Einen verborgenen Zusammenhang gibt es in der Logik nicht.
4.35.11.1	8	Hinter die Regeln kann man nicht dringen, weil es kein Dahinter gibt.
4.35.12.1	9	$fE \cdot fa = fa$ Kann man sagen: das ist nur möglich, wenn fE aus fa folgt; oder muß man sagen: das bestimmt, daß fE aus fa folgt?/folgen soll./

4.36.1.1	1	Wenn das erste, so muß es vermöge der Struktur folgen, etwa indem fE durch eine Definition so bestimmt ist, daß es die entsprechende Struktur hat. Aber kann denn wirklich das folgen, gleichsam aus der sichtbaren Struktur der Zeichen hervorgehen, wie ein physikalisches Verhalten aus einer physikalischen Eigenschaft, und braucht etwa nicht vielmehr immer solche Bestimmungen, wie die Gleichung fE · fa = fa? Ist es etwa den p ∨ q anzusehen, daß es aus p folgt, oder auch nur den Regeln, welche Russell für die Wahrheitsfunktionen gibt?
4.36.2.1	2	Und warum sollte auch die Regel fE · fa = fa aus einer andern Regel hervorgehen und nicht die primäre Regel sein?
4.36.3.1	3	Denn was soll es heißen „fE muß doch fa in irgendeiner Weise enthalten"? Es enthält es eben nicht, insofern wir mit fE arbeiten können, ohne fa zu erwähnen. Wohl, aber, insofern eben die Regel fE · fa = fa gilt.
4.36.4.1	4	Die Meinung/Idee/ ist nämlich, daß f∃ · fa = fa nur vermöge einer Definition von fE gelten kann.
4.36.5.1	5	Und zwar – glaube ich – darum, weil es sonst den falschen Anschein hat, als würde nachträglich noch eine Bestimmung über fE getroffen, nachdem es schon in die Sprache eingeführt sei?. Es wird aber tatsächlich keine Bestimmung einer künftigen Erfahrung überlassen.
4.36.6.1	6	Und die Definition des fE aus ‚allen Einzelfällen' ist ja ebenso unmöglich, wie die Aufzählung aller Regeln von der Form fE · fx = fx.
4.36.7.1	7	Ja, die Einzelgleichungen fE · fx = fx sind eben gerade ein Ausdruck dieser Unmöglichkeit.
4.37.3.1	8	Wenn man gefragt wird: ist es aber nun auch sicher, daß ein anderer Kalkül als dieser nicht gebraucht wird, so muß man sagen: Wenn das heißt „gebrauchen wir nicht in unserer tatsächlichen/wirklichen/ Sprache noch andere Kalküle", so kann ich nur antworten „ich weiß (jetzt)? keine anderen (so, wie wenn jemand fragte „sind das alle Kalküle der (gegenwärtigen)? Mathematik", ich sagen könnte „ich erinnere mich keiner anderen, aber ich kann etwa noch genauer nachlesen). Die Frage kann aber nicht heißen „kann kein anderer Kalkül gebraucht werden?" Denn wie sollte ich diese Frage beantworten?/Denn wie sollte die Antwort auf diese Frage gefunden werden?/
4.37.4.1		Ein Kalkül ist ja da, indem man ihn beschreibt.
4.37.5.1	9	Kann man sagen: ‚Kalkül' ist kein mathematischer Begriff?

4.166.1.1 1   Wenn ich sagte: „ob p aus q folgt, muß aus p und q allein zu ersehen sein/hervorgehen/"; so müßte es heißen: daß p aus q folgt, ist eine Bestimmung, die den Sinn von p und q bestimmt; nicht etwas, das, von dem Sinn dieser beiden ausgesagt, wahr ist. Daher kann man (sehr) wohl die Schlußregeln angeben, gibt damit aber Regeln für die Benützung der Schriftzeichen an, die deren Sinn erst bestimmen; was nichts andres heißt, als daß diese Regeln willkürlich festzusetzen sind; d.h. nicht von der Wirklichkeit abzulesen, wie eine Beschreibung. Denn, wenn ich sage, die Regeln sind willkürlich, so meine ich, sie sind nicht von der Wirklichkeit determiniert, wie die Beschreibung dieser Wirklichkeit. Und das heißt: Es ist Unsinn, von ihnen zu sagen, sie stimmen mit der Wirklichkeit überein; die Regeln über die Wörter „blau", „rot", etwa, stimmten mit den Tatsachen, die diese Farben betreffen, überein. etc..

298

5.36.4.1 2   Die Gleichung p · q = p zeigt eigentlich den Zusammenhang des Folgens und der Wahrheitsfunktionen.

67
„Wenn p aus q folgt, so muss p in q schon mitgedacht sein".

4.30.4.1	1	Bedenke, daß aus dem allgemeinen Satz eine logische Summe von, sagen wir, hundert Summanden folgen könnte, an die wir doch bestimmt nicht gedacht haben, als wir den allgemeinen Satz aussprachen. Können wir nicht dennoch sagen, daß sie aus ihm folgt?
3.6.5.1	2	„Was aus einem Gedanken folgt, muß in ihm mitgedacht werden. Denn an einem Gedanken ist nichts, was wir nicht wissen, während wir ihn denken. Er ist keine Maschine, deren Untersuchung Ungeahntes zu Tage fördern kann, oder eine Maschine, die etwas leisten kann, was man ihr zuerst nicht ansieht. D.h. er wirkt eben logisch überhaupt nicht als Maschine. Als Gedanke liegt in ihm nicht mehr, als hineingelegt wurde. Als Maschine, d.h. kausal, wäre ihm alles zuzutrauen; logisch ergibt er nur, was wir mit ihm gemeint haben."
3.6.5.2		Wenn ich sage, das Viereck ist ganz weiß, so denke ich nicht an zehn kleinere, in ihm enthaltene Rechtecke, die weiß sind; und an „alle" in ihm enthaltenen Rechtecke oder Flecken, kann ich nicht denken. Ebenso denke ich im Satz „er ist im Zimmer" nicht an hundert mögliche Stellungen, die er einnehmen kann, und gewiß nicht an alle.
3.7.2.1	3	„Wo immer Du die Scheibe triffst, hast Du gewonnen. – Du hast sie rechts oben getroffen, also ....."
3.7.4.1	4	Auf den ersten Blick scheint es zwei Arten der Deduktion zu geben: in der einen ist in der Prämisse von dem/allem/ die Rede, wovon die Konklusion handelt, in der andern nicht. Von der ersten Art ist der Schluß von p · q auf q. Von der anderen der Schluß: der ganze Stab ist weiß, also ist auch das mittlere Drittel weiß. In dieser Konklusion wird von Grenzen gesprochen, von denen im ersten Satz nicht die Rede war. (Das ist verdächtig.) Oder wenn ich sage: „wo immer in diesem Kreise Du die Scheibe triffst, wirst Du den Preis gewinnen" und dann „Du hast sie hier getroffen, also ....", so war dieser Ort im ersten Satz nicht vorausgesehen. Die Scheibe mit dem Einschuß hat zu der Scheibe, wie ich sie früher gesehen habe, eine bestimmte interne Beziehung und darin besteht es, daß das Loch hier unter die vorausgesehene allgemeine Möglichkeit fällt. Aber es selbst war nicht vorausgesehen und es kam in dem ersten Bild nicht vor. Oder mußte doch nicht darin vorkommen. Denn selbst angenommen, ich hätte dabei an tausend bestimmte Möglichkeiten gedacht, so hätte es zum mindesten geschehen können, daß die ausgelassen wurde, die später eintraf. Und wäre das Voraussehen dieser Möglichkeit wesentlich gewesen, so hätte die Prämisse durch das Übersehen dieser einen Möglichkeit den unrechten Sinn bekommen und die Konklusion würde nun nicht aus ihr folgen.

3.8.0.2		Anderseits wird dem Satz „wohin immer Du in diesem Kreis triffst, ..." nichts hinzugefügt, wenn man sagt: „wohin immer Du in diesem Kreis triffst, und wenn Du insbesondere den schwarzen Punkt triffst, ...". Aber, war der schwarze Punkt schon da, als man den ersten Satz aussprach, so war er natürlich mitgemeint; war er aber nicht da, so hat sich durch ihn eben der Sinn des Satzes geändert.
3.9.4.1	1	Was soll es aber dann heißen, zu sagen: wenn ein Satz aus dem andern folgt, so muß der erste im zweiten mitgedacht sein, da es doch nicht nötig ist, im Satz „ich bin 170cm hoch" auch nur einen einzigen der aus ihm folgenden negativen Längenangaben mitzudenken.
4.30.8.1	2	„Das Kreuz liegt so auf der Geraden: ⊢―×―――" – „Es liegt also zwischen den Strichen ....."
4.30.8.2		„Es hat hier $16\frac{1}{2}°$". – „Es hat also jedenfalls mehr als 15°."
4.31.1.1		Wenn man sich übrigens wundert, daß dieser Satz aus jenem folgt, obwohl man doch bei jenem gar nicht an ihn dachte,/daß ein Satz aus dem andern folgt, obwohl man doch bei diesem gar nicht an jenen dachte,/ so denke man nur daran, daß p ∨ q aus p folgt, und ich denke doch gewiß nicht alle Sätze p ∨ ξ wenn ich p denke.
4.31.2.1	3	Die ganze Idee, daß man bei dem Satz, aus dem ein anderer folgt, diesen denken muß, beruht auf einer falschen, und psychologisierenden, Auffassung. Wir haben uns ja nur um das zu kümmern, was in den Zeichen und (ihren) Regeln liegt.
5.144.1.1	4	Wenn das Kriterium dafür, daß p aus q folgt, darin besteht, daß man „beim Denken von q p mitdenkt", so denkt man wohl beim Denken des Satzes „in dieser Kiste sind 10^5 Sandkörner" die 10^5 Sätze: „in dieser Kiste ist ein Sandkorn", „..... 2 Sandkörner", etc., etc.? Was ist denn hier das Kriterium des Mitdenkens!
5.144.1.2		Und wie ist es mit einem Satz: „ein Fleck (F) liegt zwischen den Grenzen AA"? Folgt aus ihm nicht, daß F auch zwischen BB und | | | ● | | | zwischen CC liegt, u.s.w.? Folgen C B F A B C hier aus einem Satz unendlich viele? und ist er also unendlich vielsagend? – Aus dem Satz „ein Fleck liegt zwischen den Grenzen AA" folgt jeder Satz von der Art „ein Fleck liegt zwischen den Grenzen BB", den ich hinschreibe – und so viele, als ich hinschreibe. Wie aus p soviele Sätze der Form p ∨ ξ folgen, als ich hinschreibe (oder ausspreche, etc.). (Der Induktionsbeweis beweist soviele Sätze von der Form ...., als ich hinschreibe.)

68
DER FALL: UNENDLICH VIELE SÄTZE FOLGEN AUS EINEM.

3.5.4.1	1	Ist es unmöglich, daß aus einem Satz unendlich viele Sätze folgen, – in dem Sinn nämlich, daß nach einer Regel immer neue Sätze aus dem einen gebildet werden könnten, ad infinitum?
3.5.5.1	2	Angenommen, die ersten tausend Sätze dieser Reihe schrieben wir in Konjunktion an. Müßte der Sinn dieses Produktes dem Sinne des ursprünglichen Satzes nicht näherkommen, als das Produkt der ersten hundert Sätze? Müßte man nicht eine immer bessere Annäherung an den ersten Satz bekommen, je mehr man das Produkt ausdehnte und würde das nicht zeigen, daß aus dem Satz nicht unendlich viele andere folgen können, da ich schon nicht mehr im Stande bin, das Produkt aus 10^{10} Gliedern zu verstehen und doch den Satz verstanden habe, dem das Produkt aus 10^{100} Gliedern noch näher kommt als das von 10^{10} Gliedern?
3.5.6.1	3	Man denkt sich wohl, der allgemeine Satz ist eine abgekürzte Ausdrucksweise des Produkts. Aber was ist am Produkt abzukürzen, es enthält ja nichts Überflüssiges.
3.9.2.1	4	Wenn man ein Beispiel braucht dafür, daß unendlich viele Sätze aus e i n e m folgen, so wäre vielleicht das Einfachste das, daß aus „a ist rot" die Negation aller Sätze folgt, die a eine andere Farbe zuschreiben. Diese negativen Sätze werden gewiß in dem einen nicht mitgedacht. Man könnte natürlich sagen: wir unterscheiden doch nicht unendlich viele Farbtöne; aber die Frage ist: hat die Anzahl der Farbtöne, die wir unterscheiden, überhaupt etwas mit der Komplikation jenes ersten Satzes zu tun; ist er mehr oder weniger komplex, je nachdem wir mehr oder weniger Farbtöne unterscheiden?
3.9.2.2		Müßte man nun nicht so sagen: Ein Satz folgt erst aus ihm, wenn er da ist. Erst wenn wir zehn Sätze gebildet haben, die aus dem ersten folgen, folgen zehn Sätze aus ihm.
3.9.5.1	5	Ich möchte sagen, ein Satz folgt erst dann aus dem anderen, wenn er mit ihm konfrontiert wird. Jenes „u.s.w. ad infinitum" bezieht sich nur auf die Möglichkeit der Bildung von Sätzen, die aus dem ersten folgen, ergibt aber keine Zahl solcher Sätze.
3.9.6.1		Könnte ich also einfach sagen: Unendlich viele Sätze folgen d a r u m nicht aus einem Satz, weil es unmöglich ist, unendlich viele Sätze hinzuschreiben (d.h. ein Unsinn ist, das zu sagen).

| 3.6.1.1 | 1 | Wie verhält es sich nun mit dem Satz: „die Fläche ist von A bis B weiß"? Aus ihm folgt doch, daß sie auch von A′ bis B′ weiß ist. Es braucht sich da nicht um gesehenes Weiß zu handeln; und der Schluß von dem ersten Satz auf den zweiten wird jedenfalls immer wieder ausgeführt. Es sagt mir Einer „ich habe die Fläche von A bis B damit bestrichen" und ich sage darauf „also ist sie jedenfalls von A′ bis B′ gestrichen". |

Man müßte a priori sagen können, daß F(A′B′) aus F(AB) folgen würde.

| 3.58.1.1 | 2 | Sind die Striche A′ und B′ vorhanden, dann folgt allerdings jener zweite Satz aus dem ersten ?(dann ist die Zusammengesetztheit schon in dem ersten Satz offenbar? vorhanden)? dann folgen aber aus dem ersten Satz nur so viele Sätze, als seiner Zusammengesetztheit entspricht (also nie unendlich viele). |

| 3.8.2.1 | 3 | „Das Ganze ist weiß, folglich ist auch ein Teil, der durch eine solche Grenzlinie charakterisiert ist, weiß." „Das Ganze war weiß, also war auch jener Teil davon weiß, auch wenn ich ihn damals nicht begrenzt darin wahrgenommen habe." |

| 3.57.5.1 3.57.7.1 | 4 | „Eine ungeteilt gesehene Fläche hat keine Teile". |

Denken wir uns aber einen Maßstab an die Fläche angelegt, so daß wir etwa zuerst das Bild ▭, dann das Bild ▭▭ und dann ▭▭▭ vor uns hätten, dann folgt daraus, daß das erste Band durchaus weiß ist durchaus nicht, daß im zweiten und dritten alles mit Ausnahme der Teilstriche weiß ist.

3.7.2.1	5	„Wo immer, innerhalb dieses Kreises Du die Scheibe triffst, hast Du gewonnen".
3.7.2.2		„Ich denke, Du wirst die Scheibe irgendwo innerhalb dieses Kreises treffen".
3.7.2.3		Was den ersten Satz betrifft, könnte man fragen: woher weißt Du das? Hast Du alle möglichen Orte ausprobiert? Und die Antwort müßte dann lauten: das ist ja kein Satz, sondern eine allgemeine Festsetzung.

| 3.8.3.1 | 6 | Der Schluß lautet auch nicht so: „wo immer auf der Scheibe der Schuß hintrifft, hast Du gewonnen. Du hast auf der Scheibe dahin getroffen, also hast Du den Preis gewonnen". Denn wo? ist dieses da? wie ist es außer dem Schuß bezeichnet, etwa durch einen Kreis? Und war der auch schon früher auf der Scheibe? Wenn nicht, so hat die Scheibe sich ja verändert, wäre er aber schon dort gewesen, dann wäre er als eine Möglichkeit des Treffens vorgesehen worden. Es muß vielmehr heißen: „Du hast die Scheibe getroffen, also ....". |

| 3.9.1.1 3.9.1.2 | 7 | Der Ort auf der Scheibe muß nicht notwendig durch ein Zeichen, einen Kreis, auf der Scheibe angegeben sein. Denn es gibt jedenfalls die Beschreibung „näher dem Mittelpunkt", „näher dem Rand", „rechts oben" etc.. Wie immer die Scheibe getroffen wird, stets muß so eine Beschreibung möglich sein. (Aber von diesen Beschreibungen gibt es auch nicht „unendlich viele".) |

3.8.4.1	1	Hat es nun einen Sinn zu sagen: „aber wenn man die Scheibe trifft, muß
3.8.4.2		man sie irgendwo treffen"? Oder auch: „wo immer er die Fläche trifft,

Hat es nun einen Sinn zu sagen: „aber wenn man die Scheibe trifft, muß man sie irgendwo treffen"? Oder auch: „wo immer er die Fläche trifft, wird es keine Überraschung sein, – so daß man etwa sagen würde ‚das habe ich mir nicht erwartet, ich habe gar nicht gewußt, daß es diesen Ort gibt'". Das heißt aber doch, es kann keine geometrische Überraschung sein.

Was für eine Art Satz ist: „Auf diesem Streifen sind alle Schattierungen von Grau zwischen Schwarz und Weiß zu sehen"? Hier scheint es auf den ersten Blick, daß von unendlich vielen Schattierungen die Rede ist.

Ja, wir haben hier scheinbar das Paradox, daß wir zwar nur endlich viele Schattierungen von einander unterscheiden können und der Unterschied zwischen ihnen natürlich nicht ein unendlich kleiner ist, und wir dennoch einen kontinuierlichen Übergang sehen.

Man kann ein bestimmtes Grau ebensowenig als eines der unendlich vielen Grau zwischen Schwarz und Weiß auffassen, wie man eine Tangente t als eines der unendlich vielen Übergangsstadien von t_1 nach t_2 auffassen kann. Wenn ich etwa ein Lineal von t_1 nach t_2 am Kreis abrollen sehe, so sehe ich – wenn es sich kontinuierlich bewegt – keine einzige der Zwischenlagen in dem Sinne, in welchem ich t sehe, wenn die Tangente ruht; oder aber ich sehe nur eine endliche Anzahl von Zwischenlagen. Wenn ich aber in so einem Fall scheinbar von einem allgemeinen Satz auf einen Spezialfall schließe, so ist die Quelle dieses allgemeinen Satzes nie die Erfahrung und der Satz wirklich kein Satz.

Wenn ich z.B. sage: „Ich habe das Lineal sich von t_1 nach t_2 bewegen sehen, also muß ich es auch in t gesehen haben", so haben wir hier keinen richtigen logischen Schluß. Wenn ich nämlich damit sagen will, das Lineal muß mir in der Lage t erschienen sein – wenn ich also von der Lage im Gesichtsraum rede, so folgt das aus dem Vordersatz durchaus nicht. Rede ich aber vom physischen Lineal, so ist es natürlich möglich, daß das Lineal die Lage t übersprungen hat und das Phänomen im Gesichtsraum dennoch kontinuierlich war.

69
KANN EINE ERFAHRUNG LEHREN, DASS DIESER SATZ AUS JENEM FOLGT?

4.34.5.1	1	Es ist nur wesentlich, daß wir (hier)? nicht sagen können, wir sind durch Erfahrung daraufgekommen, daß es auch noch diesen Fall der Grammatik gibt. Denn den müßten wir in dieser Aussage/statement/ beschreiben und diese Beschreibung, obwohl ich ihre Wahrheit erst jetzt einsehe, hätte ich doch schon vor dieser Erfahrung verstehen können.
4.34.6.1	2	Es ist die alte Frage: inwiefern kann man jetzt von einer Erfahrung sprechen, die man jetzt nicht hat.
4.34.6.2		Was ich nicht voraussehen kann, kann ich nicht voraussehen. Und wovon ich jetzt sprechen kann, kann ich jetzt sprechen, unabhängig von dem, wovon ich jetzt n i c h t sprechen kann.
4.34.6.3		Die Logik ist eben immer komplex.
4.34.7.1	3	„Wie kann ich wissen, was alles folgen wird?" – Was ich dann wissen kann, kann ich auch jetzt wissen.
4.35.2.1	4	Aber gibt es denn auch allgemeine Regeln der Grammatik, oder nicht nur Regeln über allgemeine Zeichen?
4.35.3.1		Was wäre etwa eine allgemeine und eine besondere Regel im Schachspiel (oder einem andern)? Jede Regel ist ja allgemein.
4.35.4.1		Doch ist eine andere Art der Allgemeinheit in der Regel, daß $p \vee q$ aus p folgt, als in der, daß jeder Satz der Form p, $\sim\sim p$, ... aus $p \cdot q$ folgt. Ist aber nicht die Allgemeinheit der Regel für den Rösselsprung eine andere als die, einer Regel für den Anfang einer Partie?
4.35.5.1	5	Ist das Wort „Regel" überhaupt vieldeutig? Und sollen wir also nicht von Regeln im Allgemeinen reden, wie auch nicht von Sprachen im Allgemeinen? Sondern nur von Regeln in besonderen Fällen.
3.10.1.1	6	„Wenn aus $F_1(a)$ (a hat die Farbe F_1) folgt $\sim F_2(a)$, so mußte in der Grammatik des ersten Satzes auch schon die Möglichkeit des zweiten vorausgesehen sein (wie könnten wir auch sonst F_1 und F_2 Farben nennen)."
3.10.1.2		„Wenn der zweite Satz dem ersten, sozusagen, unerwartet gekommen wäre, so könnte er nie aus ihm folgen".
3.10.1.3		„Der erste Satz muß den anderen als seine Folge anerkennen.
3.10.1.4		Oder vielmehr es muß dann beide e i n e Grammatik vereinigen und diese muß dieselbe sein, wie vor dem Schluß".
3.10.1.5		(Es ist sehr schwer, hier keine Märchen von den Vorgängen im Symbolismus zu erzählen, wie an anderer Stelle keine Märchen über die psychologischen Vorgänge. Denn alles ist ja einfach und allbekannt (und nichts neues zu erfinden). Das ist ja eigentlich das Unerhörte an der Logik, daß ihre außerordentliche Schwierigkeit darauf beruht, daß nichts zu konstruieren, sondern alles schon da und bekannt ist.)

3.10.2.1	1	„Welchen Satz p nicht als seine Folge erkennt, der ist nicht seine Folge".
3.11.1.1	2	Aus der Grammatik des Satzes – und aus ihr allein, muß es hervorgehen, ob ein Satz aus ihm folgt. Keine Einsicht in einen neuen Sinn kann das ergeben; – sondern nur die Einsicht in den alten Sinn. – Es ist nicht möglich, einen neuen Satz zu bilden, der aus jenem folgt, den man nicht hätte bilden können (wenn auch ohne zu wissen, ob er wahr oder falsch ist) als jener gebildet wurde. Entdeckte man einen neuen Sinn und folgte dieser aus jenem/dem/ ersten Satz, so hätte dieser Satz damit seinen Sinn geändert.

Allgemeinheit.

70

DER SATZ „DER KREIS BEFINDET SICH IM QUADRAT" IN GEWISSEM SINNE UNABHÄNGIG VON DER ANGABE EINER BESTIMMTEN LAGE (ER HAT, IN GEWISSEM SINNE, NICHTS MIT IHR ZU TUN).

4.29.8.1	1	Ich möchte sagen: das allgemeine Bild |O| hat eine andre Metrik als das besondere.
4.30.3.1	2	Im allgemeinen Zeichen „|O|" spielen die Distanzen so wenig eine Rolle wie im Zeichen „a R b".
4.20.6.1	3	Wie man die Zeichnung | O | als eine Darstellung des „allgemeinen Falls" ansehen kann. Quasi nicht im Maßraum, sondern so, daß die Distanzen des Kreises von den Geraden garnichts ausmachen. Man sieht dann das Bild als Fall eines anderen Systems, wie wenn man es als Darstellung einer besonderen Lage des Kreises zwischen den Geraden sieht. Oder richtiger: Es ist dann Bestandteil eines andren Kalküls. Von der Variablen gelten eben andre Regeln, als von ihrem besonderen Wert.
4.28.2.1	4	„Woher/Wie/ weißt Du, daß er im Zimmer ist?" – „Weil ich ihn hineingesteckt habe und er nirgends heraus kann." – So ist also Dein Wissen der allgemeinen Tatsache, daß er irgendwo im Zimmer ist, auch von der Multiplizität dieses Grundes.
4.30.7.1	5	Nehmen wir die besonderen Fälle des allgemeinen Sachverhalts, daß das Kreuz sich zwischen den Grenzstrichen befindet: ⊢—×—⊣ ⊢—×——⊣ ⊢———×—⊣ Jeder dieser Fälle z.B. hat eine/seine/ besondere Individualität. Tritt diese Individualität irgendwie in den Sinn des allgemeinen Satzes ein? Offenbar nicht.
4.33.3.1	6	Es scheint uns aber das ‚zwischen den Strichen, oder Wänden, Liegen' etwas Einfaches, wovon die verschiedenen Lagen (ob die Gesichtserscheinungen, oder die durch Messen festgestellten Lagen) ganz unabhängig sind.
4.33.3.2		D.h., wenn wir von den einzelnen (gesehenen) Lagen reden, so scheinen wir von etwas ganz Anderem zu reden, als von dem, wovon im allgemeinen Satz die Rede ist.
4.33.4.1	7	Es ist ein anderer Kalkül, zu dem unsere Allgemeinheitsbezeichnung gehört und ein anderer, in dem es jene Disjunktion gibt. Wenn wir sagen, das Kreuz liegt zwischen diesen Strichen, so haben wir keine Disjunktion bereit, die den Platz des/dieses/ allgemeinen Satzes nehmen könnte.

3.4.2.1	1	Wenn man die allgemeinen Sätze von der Art „der Kreis befindet sich im Quadrat" betrachtet, so kommt es einem immer wieder so vor, als sei die Angabe der Lage im Quadrat nicht eine nähere Bestimmung zur Angabe, der Kreis liege im Quadrat (wenigstens nicht, soweit der Gesichtsraum in Betracht kommt), als sei vielmehr das „im Quadrat" eine komplette Bestimmung, die an sich nicht mehr näher zu beschreiben sei. So wie eine Angabe der Farbe die Angabe der Härte eines Materials nicht näher bestimmt. – So ist nun das Verhältnis der Angaben über den Kreis natürlich nicht, und doch hat das Gefühl einen Grund.
3.5.2.1	2	In den grammatischen Regeln für die Termini des allgemeinen Satzes muß es liegen, welche Mannigfaltigkeit er für mögliche Spezialfälle vorsieht/voraussieht/. Was in den Regeln nicht liegt, ist nicht vorhergesehen.
3.5.3.1	3	Alle diese Verteilungen könnten verschiedene Zerrbilder desselben Sachverhalts sein. (Man denke sich die beiden weißen Streifen und den schwarzen Streifen in der Mitte dehnbar.)
3.6.3.1 3.6.3.2	4	Ist denn in (x) fx von a die Rede, da fa aus (x) fx folgt? In dem Sinne des allgemeinen Satzes, dessen Verifikation in einer Aufzählung besteht, ja.
3.58.2.1	5	Wenn ich sage „in dem Quadrat ist ein schwarzer Kreis" so ist es mir immer, als habe ich hier wieder etwas Einfaches vor mir. Als müsse ich nicht an verschiedene mögliche Stellungen/Lagen/ oder Größen des Kreises denken. Und doch kann man sagen: wenn ein Kreis in dem Quadrat ist, so muß er irgendwo und von irgend einer Größe sein. Nun kann aber doch auf keinen Fall davon die Rede sein, daß ich mir alle möglichen Lagen und Größen zum voraus denke. – In dem ersten Satz scheine ich sie vielmehr, sozusagen, durch ein Sieb zu fassen, so daß „Kreis innerhalb des Quadrats" einem Eindruck zu entsprechen scheint, für den das Wo etc. überhaupt noch nicht in Betracht kommt, als sei es (gegen allen Anschein) etwas, was mit jenem ersten Sachverhalt nur physikalisch, nicht logisch verbunden sei.
3.58.4.1		Der Ausdruck „Sieb" kommt daher: wenn ich etwa eine Landschaft ansehe, durch ein Glas, das nur die Unterschiede von Dunkelheit und Helligkeit durchläßt, nicht aber die Farbunterschiede, so kann man so ein Glas ein Sieb nennen. Denkt man sich nun das Quadrat durch ein Glas betrachtet, das nur den Unterschied „Kreis im Quadrat, oder nicht im Quadrat" durchließe, nicht aber einen Unterschied der Lage oder Größe des Kreises, so könnten wir auch hier von einem Sieb sprechen.

3.60.9.1	1	Ich möchte sagen, in dem Satz „ein Kreis liegt im Quadrat" ist von der besonderen Lage überhaupt nicht die Rede. Ich sehe dann in dem Bild nicht die Lage, ich sehe von ihr ab. So als wären etwa die Abstände von den Quadratseiten dehnbar und als gälten ihre Längen nicht.
3.61.1.3		Ja, kann denn nicht der Fleck sich wirklich im Viereck bewegen? Ist das nicht nur ein spezieller Fall von dem, im Viereck zu sein? Dann wäre es also doch nicht so, daß der Fleck an einer bestimmten Stelle im Viereck liegen muß, wenn er überhaupt darin ist.
3.61.2.1	2	Ich will sagen, daß es eine Beziehung des Flecks zum Rand zu geben scheint, die unabhängig von dem Abstand ist. – Gleichsam als bediente ich mich einer Geometrie, in der es keinen Abstand gibt, wohl aber ein Innen und Außen. So gesehen, sind allerdings auch die Bilder und gleich.
3.61.5.1	3	Der Satz „der Fleck ist im Quadrat" hält gleichsam selbst den Fleck bloß im Quadrat, das heißt, er beschränkt die Freiheit des Flecks nur auf diese Weise und gibt ihm in dem Quadrat volle? Freiheit. Der Satz bildet dann einen Rahmen, der die Freiheit des Flecks beschränkt und ihn innerhalb frei läßt, das heißt, mit seiner Lage nichts zu schaffen hat. – Dazu muß aber der Satz (gleichsam eine Kiste, in der der Fleck eingesperrt ist) die logische Natur dieses Rahmens haben und das hat er, denn ich könnte jemandem den Satz erklären und dann jene Möglichkeiten auseinandersetzen und zwar unabhängig davon, ob ein solcher Satz wahr ist oder nicht, also unabhängig von einer Tatsache.
3.86.8.1	4	„Wo immer der Fleck im Viereck ist ...." heißt „wenn er/solange er/ im Viereck ist ...." und hier ist nur die Freiheit (Ungebundenheit) im Viereck gemeint, aber keine Menge von Lagen.
3.87.1.1	5	Es besteht freilich eine logische Ähnlichkeit (formelle Analogie) zwischen dieser Freiheit und der Gesamtheit von Möglichkeiten, daher gebraucht man oft in beiden Fällen dieselben Wörter („alle", „jeder", etc.).
2.228.6.1	6	„Alle Helligkeitsgrade unter diesem tun meinen Augen weh". Prüfe die Art der Allgemeinheit.
5.76.1.1	7	„Alle Punkte dieser Fläche sind weiß". Wie verifizierst Du das? – dann werde ich wissen, was es heißt.

316

71
Der Satz „der Kreis liegt im Quadrat" keine Disjunktion von Fällen.

3.59.1.1	1	Wenn ich sage, der Fleck liegt im Quadrat, so weiß ich – und muß wissen – daß es verschiedene mögliche Lagen für ihn gibt. Aber auch, daß ich nicht eine bestimmte Zahl aller solcher Lagen nennen könnte. Ich weiß von vornherein nicht, wieviele Lagen „ich unterscheiden könnte". – Und ein Versuch darüber lehrt mich auch nicht das, was ich hier wissen will.
3.59.2.1		Das Dunkel, welches über den Möglichkeiten der Lage etc. herrscht, ist die gegenwärtige logische Situation. So wie trübe Beleuchtung auch eine bestimmte Beleuchtung ist.
3.59.6.1	2	Es ist da immer so, als könnte man eine logische Form nicht ganz übersehen, da man nicht weiß, wieviel, oder welche mögliche Lagen es für den Fleck im Viereck gibt. Anderseits weiß man es doch, denn man ist von keiner überrascht, wenn sie auftritt.
3.63.2.1 3.63.3.1	3	Es ist natürlich nicht „Stellung des Kreises in diesem Quadrat" ein Begriff, und die besondere Stellung ein Gegenstand, der unter ihn fällt. So daß Gegenstände gefunden würden, von denen man sich überzeugt, daß sie (auch)? Stellungen des Kreises im Quadrat sind, von denen man aber früher nichts gewußt hat.
3.63.6.1	4	Die Mittelstellung des Kreises und andere ausgezeichnete Stellungen sind übrigens ganz analog den primären Farben in der Farbenskala. (Dieses Gleichnis könnte man mit Vorteil fortsetzen.)
2.244.4.1	5	Der Raum ist sozusagen eine Möglichkeit. Er besteht nicht aus mehreren Möglichkeiten.
2.244.5.1	6	Wenn ich also höre, das Buch liegt – irgendwo – auf dem Tisch, und finde es nun in einer bestimmten Stellung, so kann ich nicht überrascht sein und sagen „ah, ich habe nicht gewußt, daß es diese Stellung gibt" und doch hatte ich diese besondere Stellung nicht vorhergesehen, d.h., als besondere Möglichkeit vorher ins Auge gefaßt. Was mich überrascht, ist eine physische Möglichkeit, nicht eine logische!
2.245.1.1 2.245.1.2	7	Was ist aber der Unterschied zwischen dem Fall „das Buch liegt irgendwo auf dem Tisch" und dem „das Ereignis wird irgendeinmal in Zukunft eintreten"? Offenbar der, daß wir im einen Fall eine sichere Methode kennen zu verifizieren, ob das Buch auf dem Tisch liegt, im anderen Fall eine analoge Methode nicht existiert. Wenn etwa ein bestimmtes Ereignis bei einer der unendlich vielen Bisektionen einer Strecke eintreten sollte, oder besser: wenn es eintreten sollte, wenn wir die Strecke in einem Punkt (ohne nähere Bestimmung) schneiden und an diesem Punkt eine Minute verweilen, so ist diese Angabe ebenso sinnlos, wie die über die unendliche Zukunft.

| 4.33.1.1 | 1 | Angenommen, ich gäbe eine Disjunktion von so vielen Stellungen an, daß es mir unmöglich wäre, eine Stellung von allen angegebenen als verschieden zu erkennen/sehen/; wäre nun die Disjunktion der allgemeine Satz (∃x)fx? Wäre es nicht sozusagen Pedantrie, die Disjunktion noch immer nicht als den allgemeinen Satz anzuerkennen? Oder besteht ein wesentlicher Unterschied, und ist die Disjunktion vielleicht dem allgemeinen Satz gar nicht ähnlich? |

| 4.33.2.1 | 2 | Das, was uns auffällt, ist, daß der eine Satz so kompliziert, der andere so einfach ist. Oder ist der einfache nur eine kurze Schreibweise des komplizierteren? |

| 2.237.1.2 | 3 | Was ist denn das Kriterium dafür (für den allgemeinen Satz), daß der Kreis im Quadrat ist? Entweder überhaupt nichts, was mit einer Mehrheit von Lagen (bezw. Größen) zu tun hat, oder aber etwas, was mit einer endlichen Anzahl solcher Lagen zu tun hat. |

| 2.242.6.1 | 4 | Wenn man sagt, der Fleck A ist irgendwo zwischen den Grenzen B und C, ist es denn nicht offenbar möglich, eine Anzahl von B ▨ [A] ▨ C Stellungen des A zwischen B und C zu beschreiben oder abzubilden, so daß ich die Succession aller dieser Stellungen als kontinuierlichen Übergang sehe? Und ist dann nicht die Disjunktion aller dieser N Stellungen eben der Satz, daß sich A irgendwo zwischen B und C befindet? |

| 2.242.6.2 | | Aber wie verhält es sich mit diesen N Bildern? Es ist klar, daß ein Bild und das unmittelbar folgende visuell nicht unterscheidbar sein dürfen, sonst ist der Übergang visuell diskontinuierlich.
Die Stellungen, deren Succession ich als kontinuierlichen Übergang sehe, sind Stellungen nicht im Gesichtsraum. |

| 4.18.5.1 | 5 | Wie ist der Umfang des Begriffs „Dazwischenliegen" bestimmt? Denn es soll doch im Vorhinein festgelegt werden, welche Möglichkeiten zu diesem Begriff gehören. Es kann, wie ich sage, keine Überraschung sein, daß ich auch das „dazwischenliegen" nenne. Oder: wie können die Regeln für das Wort „dazwischenliegen" angegeben werden, da ich doch nicht die Fälle des Dazwischenliegens aufzählen kann? Natürlich muß gerade das für die Bedeutung dieses Worts charakteristisch sein. |

| 4.18.6.1 | 6 | Wir würden das Wort ja auch nicht durch Hinweisen auf alle besonderen Fälle jemandem zu erklären suchen, sondern/aber wohl,/ indem wir auf einen solchen Fall (oder einige) zeigten und in irgendeiner Weise andeuteten, daß es auf den besonderen Fall nicht ankomme. |

| 4.18.7.1 | 7 | Das Aufzählen von Lagen ist nicht nur nicht nötig, sondern es kann hier wesentlich von so einem Aufzählen keine Rede sein. |

| 4.19.4.1 | 8 | Zu sagen „der Kreis liegt entweder zwischen den beiden Geraden oder hier" (wo dieses/das/ ‚hier' ein Ort zwischen den Geraden ist) heißt offenbar nur: „der Kreis liegt zwischen den beiden Geraden", und der Zusatz „oder hier" erscheint/ist/ überflüssig. Man wird sagen: in dem ‚irgendwo' ist das ‚hier' schon mitinbegriffen. Das ist aber merkwürdig, weil es nicht (darin) genannt ist. |

4.19.5.1	1	Eine bestimmte Schwierigkeit besteht darin, daß/wenn/ die Worte /Zeichen/ das nicht zu sagen scheinen, was der Gedanke erfaßt, oder: wenn die Worte das nicht sagen, was der Gedanke zu erfassen scheint.
4.19.6.1	2	So, wenn wir sagen „dieser Satz gilt von allen Zahlen" und glauben in dem Gedanken alle Zahlen wie die Äpfel in einer Kiste gefaßt /aufgefaßt/ zu haben.
4.20.2.1	3	Nun könnte man aber fragen: Wie kann ich (nun)? im Voraus wissen, aus welchen Sätzen dieser allgemeine Satz folgt? Wenn ich diese Sätze nicht angeben kann.
4.20.3.1	4	Kann man aber sagen: „man kann nicht sagen, aus welchen Sätzen dieser Satz folgt"? Das klingt so wie: man weiß es nicht. Aber so ist es natürlich nicht. Und ich kann ja Sätze sagen, und im Vorhinein sagen, aus denen er folgt. – „Nur nicht alle". – Aber das heißt ja eben nichts.
4.20.4.1	5	Es ist eben nur der allgemeine Satz und besondere Sätze (nicht die besonderen Sätze). Aber der allgemeine Satz zählt besondere Sätze nicht auf. Aber was charakterisiert ihn denn dann als allgemein, und was zeigt, daß er nicht einfach diejenigen/die/ besonderen Sätze umschließt, von denen wir in diesem bestimmten Falle sprechen?
4.20.5.1	6	Er kann nicht durch seine Spezialfälle charakterisiert werden; denn wieviele man auch aufzählt, so könnte er immer mit dem Produkt der angeführten Fälle/Spezialfälle/ verwechselt werden. Seine Allgemeinheit liegt also in einer Eigenschaft (grammatischen Eigenschaft) der Variablen.

Unzulänglichkeit der Frege- und Russell'schen Allgemeinheitsbezeichnung.

5.16.1.1   1   Die eigentliche Schwierigkeit liegt nämlich im Begriff des ‚(∃n)' und allgemein des ‚(∃x)'. Ursprünglich stammt diese Notation vom Ausdruck unsrer Wortsprache her: „es gibt ein .... von der und der Eigenschaft". Und was hier an Stelle der Punkte steht, ist etwa „Buch meiner Bibliothek", oder „Ding (Körper) in diesem Zimmer", „Wort in diesem Brief", u.s.w.. Man denkt dabei an Gegenstände, die man der Reihe nach durchgehen kann. Durch einen, so oft verwendeten/angewandten/, Prozeß der Sublimierung wurde diese Form dann zu der: „es gibt einen Gegenstand, für welchen .....", und hier dachte man sich ursprünglich auch die Gegenstände der Welt ganz analog den ‚Gegenständen' im Zimmer (nämlich den Tischen, Stühlen, Büchern, etc.). Obwohl es ganz klar ist, daß die Grammatik dieses „(∃x) etc." in vielen Fällen eine ganz andere ist, als im primitiven und als Urbild dienenden Fall. Besonders kraß wird die Diskrepanz zwischen dem ursprünglichen Bild und dem, worauf die Notation nun angewendet werden soll/angewendet wird/, wenn ein Satz „in diesem Viereck sind nur zwei Kreise" wiedergegeben wird durch die/in der/ Form „es gibt keinen Gegenstand, der die Eigenschaft hat, ein Kreis in diesem Viereck, aber weder der Kreis a noch der Kreis b zu sein", oder „es gibt nicht drei Gegenstände, die die Eigenschaft haben, ein Kreis in diesem Viereck zu sein". Der Satz „es gibt nur zwei Dinge, die Kreise in diesem Viereck sind" (analog gebildet dem Satz „es gibt nur zwei Menschen, die diesen Berg erstiegen haben") klingt verrückt; und mit Recht. D.h., es ist nichts damit gewonnen, daß wir den Satz „in diesem Viereck sind zwei Kreise" in jene Form pressen; vielmehr hilft uns das nur zu übersehen, daß wir die Grammatik dieses Satzes nicht klargestellt haben. Zugleich aber gibt hier die Russell'sche Notation einen Schein von Exaktheit, der Manchen glauben macht, die Probleme seien dadurch gelöst, daß man den Satz auf die Russell'sche Form gebracht hat. (Es ist das ebenso gefährlich, wie der Gebrauch des Wortes „wahrscheinlich", ohne weitere Untersuchung darüber, wie das Wort in diesem speziellen Fall gebraucht wird. Auch das Wort „wahrscheinlich" ist, aus leicht verständlichen Gründen, mit einer Idee der Exaktheit verbunden.)

5.17.0.1   In allen den Fällen: „Einer der vier Füße dieses Tisches hält nicht", „es gibt Engländer mit schwarzen Haaren", „auf dieser Wand ist ein Fleck", „die beiden Töpfe haben das gleiche Gewicht", „auf beiden Seiten stehen gleichviel Wörter" – wird in der Russell'schen Notation das „(∃...)..." gebraucht; und jedesmal mit anderer Grammatik. Damit will ich also sagen, daß mit einer Übersetzung so eines Satzes aus der Wortsprache in die Russell'sche Notation nicht viel gewonnen ist.

5.172.2.1	1	Unzulänglichkeit der Frege'schen und Russell'schen Allgemeinheitsbezeichnung.
5.172.2.2		Es hat Sinn, zu sagen „schreib' eine beliebige Kardinalzahl hin", ist aber Unsinn zu sagen: „schreib' alle Kardinalzahlen hin". „In dem Viereck befindet sich ein Kreis" $((\exists x) \cdot \varphi x)$ hat Sinn, aber nicht $\sim(\exists x) \cdot \sim \varphi x$: „in dem Viereck befinden sich alle Kreise". „Auf einem andersfarbigen Hintergrund befindet sich ein roter Kreis" hat Sinn, aber nicht „es gibt keine von rot verschiedene Farbe eines Hintergrundes, auf der sich kein roter Kreis befindet".
5.173.0.3		„In diesem Viereck ist ein schwarzer Kreis": Wenn dieser Satz die Form „$(\exists x) \cdot$ x ist ein schwarzer Kreis im Viereck" hat, was/welcher Art/ ist so ein Ding x, welches/das/ die Eigenschaft hat, ein schwarzer Kreis zu sein (und also auch die haben kann, kein schwarzer Kreis zu sein)? Ist es etwa ein Ort im Quadrat? dann aber gibt es keinen Satz „$(x) \cdot$ x ist ein schwarzer ....". Anderseits könnte jener Satz bedeuten „es gibt einen Fleck im Quadrat, der ein schwarzer Kreis ist". Wie verifiziert man diesen Satz? Nun, man geht die verschiedenen Flecken im Quadrat durch und untersucht sie daraufhin, ob sie ganz schwarz und kreisförmig sind. Welcher Art ist aber der Satz: „Es ist kein Fleck in dem Quadrat"? Denn, wenn das ‚x' in ‚$(\exists x)$' im vorigen Fall ‚Fleck im Quadrat' hieß, dann kann es zwar einen Satz „$(\exists x) \cdot \varphi x$" geben, aber keinen „$(\exists x)$" oder „$\sim(\exists x)$". Oder, ich könnte wieder fragen: Was ist das für ein Ding, das die Eigenschaft hat (oder nicht hat) ein Fleck im Quadrat zu sein?
5.173.0.4		Und wenn man sagen kann „ein Fleck ist in dem Quadrat", hat es dann/damit/ auch schon Sinn, zu sagen „alle Flecken sind in dem Quadrat"? Welche alle?
3.82.2.1	2	Die gewöhnliche Sprache sagt „in diesem Viereck ist ein roter Kreis", die Russell'sche Notation sagt „es gibt einen Gegenstand, der ein roter Kreis in diesem Viereck ist". Diese Ausdrucksform ist offenbar nach dem Modell gebildet: „es gibt eine Substanz, die im Dunkeln leuchtet", „es gibt einen Kreis in diesem Viereck, der rot ist". – Vielleicht ist schon der Ausdruck „es gibt" irreführend. „Es gibt" heißt eigentlich soviel wie „es findet sich", oder „es gibt unter diesen Kreisen einen ....".
3.82.2.2		Wenn man also in größtmöglicher Annäherung an die Russell'sche Ausdrucksweise sagt „es gibt einen Ort in diesem Viereck, wo ein roter Kreis ist", so heißt das eigentlich, unter diesen Orten gibt es einen, an welchem etc..
3.83.1.1	3	(Der schwierigste Standpunkt in der Logik ist der des gesunden Menschenverstandes. Denn er verlangt zur Rechtfertigung seiner Meinung die volle Wahrheit und hilft uns nicht, durch die geringste Konzession, oder Konstruktion.)
3.83.2.1	4	Der richtige Ausdruck dieser Art Allgemeinheit ist also der, der gewöhnlichen Sprache „in dem Viereck ist ein Kreis", welcher die Lage des Kreises einfach offen läßt (unentschieden läßt). („Unentschieden" ist ein richtiger Ausdruck, weil die Entscheidung einfach fehlt.)

73

KRITIK MEINER FRÜHEREN AUFFASSUNG DER ALLGEMEINHEIT.

4.32.2.1   1   Meine Auffassung des allgemeinen Satzes war, daß $(\exists x)\,fx$ eine logische Summe ist und daß nur ihre Summanden hier nicht aufgezählt seien, sich aber aufzählen ließen (und zwar aus dem Wörterbuch und der Grammatik der Sprache).

4.32.2.2   Denn ließen sie sich nicht aufzählen, so handelt es sich ja doch nicht um eine/um keine/ logische Summe/, so haben wir ja doch keine logische Summe/. (Vielleicht ein Gesetz, logische Summen zu bilden.)

5.6.2.1   2   Die Erklärung von $(\exists x) \cdot \varphi x$ als einer logischen Summe und $(x) \cdot \varphi x$ als logischem Produkt kann natürlich nicht aufrecht erhalten werden. Sie ging mit einer falschen Auffassung der logischen Analyse zusammen, indem ich etwa dachte, das logische Produkt für ein bestimmtes $(x) \cdot \varphi x$ werde sich schon einmal finden. – Es ist natürlich richtig, daß $(\exists x) \cdot \varphi x$ irgendwie als logische Summe funktioniert und $(x) \cdot \varphi x$ als Produkt; ja in einer Verwendungsart der Worte „alle" und „einige" ist meine alte Erklärung richtig, nämlich – z.B. – in dem Falle „alle primären Farben finden sich in diesem Bild" oder „alle Töne der C-Dur Tonleiter kommen in diesem Thema vor". In Fällen aber wie „alle Menschen sterben, ehe sie 200 Jahre alt werden" stimmt meine Erklärung nicht. Daß nun aber $(\exists x) \cdot \varphi x$ als logische Summe funktioniert, ist darin ausgedrückt, daß es aus φa und aus $\varphi a \vee \varphi b$ folgt, also in den Regeln:
$(\exists x) \cdot \varphi x \;:\; \varphi a = \varphi a$ und
$(\exists x) \cdot \varphi x \;:\; \varphi a \vee \varphi b = \varphi a \vee \varphi b$.
Aus diesen Regeln ergeben sich dann die Grundgesetze Russells
$\varphi x \,.\supset.\, (\exists z) \cdot \varphi z$ und
$\varphi x \vee \varphi y \,.\supset.\, (\exists z) \cdot \varphi z$ als Tautologien.

5.7.2.1   3   Für $(\exists x) \cdot \varphi x$, etc. brauchen wir auch die Regeln:
$(\exists x)\, \varphi x \vee \psi x = (\exists x)\, \varphi x \vee (\exists x)\, \psi x$,
$(\exists x, y)\, \varphi x \cdot \psi y \,.\vee.\, (\exists x)\, \varphi x \cdot \psi x = (\exists x)\, \varphi x \cdot (\exists x)\, \psi x$.
Jede solche Regel ist ein Ausdruck der Analogie zwischen $(\exists x)\, \varphi x$ und einer logischen Summe.

5.9.2.1   4   Man könnte übrigens wirklich eine Notation für $(\exists x) \cdot \varphi x$ einführen, in der man es durch ein Zeichen „$\varphi\alpha \vee \varphi\beta \vee \varphi\gamma \vee \ldots$" ersetzt und dürfte dann damit rechnen, wie mit einer logischen Summe; es müßten aber die Regeln vorgesehen sein, nach denen ich diese Notation immer in die von „$(\exists x) \cdot \varphi x$" zurücknehmen kann und die also das Zeichen „$\varphi a \vee \varphi b \vee \varphi c \vee \ldots$" von dem einer logischen Summe unterscheiden. Der Zweck dieser Notation wäre nur der, in gewissen Fällen leichter mit $(\exists x)\, \varphi x$ rechnen zu können.

2.211.1.1	1	Wenn ich Recht habe, so gibt es keinen Begriff „reine Farbe"; der Satz „A hat eine reine Farbe" heißt einfach „A ist rot, oder gelb, oder blau, oder grün". „Dieser Hut gehört entweder A oder B oder C" ist nicht derselbe Satz wie „dieser Hut gehört einem Menschen in diesem Zimmer", selbst wenn tatsächlich nur A, B, C im Zimmer sind, denn das muß erst dazugesagt werden. – Auf dieser Fläche sind zwei reine Farben, h e i ß t : Auf dieser Fläche sind rot und gelb, oder rot und blau, oder rot und grün, oder etc.
2.211.1.2		Wenn ich nun nicht sagen kann „es gibt 4 reine Farben", so sind die reinen Farben und die Zahl 4 doch irgendwie miteinander verbunden und das muß sich auch irgendwie ausdrücken. – Z.B. wenn ich sage „auf dieser Fläche sehe ich 4 Farben: gelb, blau, rot, grün".
4.30.6.1	2	Die Allgemeinheitsbezeichnung unserer gewöhnlichen Sprache faßt die logische Form noch viel oberflächlicher, als ich früher geglaubt habe. Sie ist eben in dieser Beziehung mit der Subjekt-Prädikat Form vergleichbar.
4.29.2.1	3	Die Allgemeinheit ist so vieldeutig, wie die Subjekt-Prädikat Form.
5.45.4.1	4	Es gibt so viel verschiedene Allgemeinheiten, als es verschiedene Zahlarten gibt./Es gibt so viel verschiedene ‚alle‘, als es verschiedene ‚Eins‘ gibt./
5.45.5.1	5	Darum nützt es nichts, zur Klärung das Wort „alle" zu gebrauchen, wenn man seine Grammatik in d i e s e m Fall noch nicht kennt.

74
ERKLÄRUNG DER ALLGEMEINHEIT DURCH BEISPIELE.

4.45.3.1 1 Denken wir uns die Erklärung des Begriffs der Pflanze. Wir zeigen jemand mehrere Gegenstände und sagen, das sind Pflanzen. Dann zeigt auch er auf einen weiteren Gegenstand und sagt „ist auch das eine Pflanze" und wir antworten „ja, das auch", u.s.w.. Ich hätte nun einmal gesagt, er habe nun in dem Gezeigten den Begriff ‚Pflanze' – das gewisse Gemeinsame – gesehen und er sähe/sehe/ die Beispiele der Erklärung anders, wenn er in ihnen eben diesen Begriff sieht als, wenn er sie etwa als Repräsentanten dieser bestimmten Form/Gestalt/ und Farbe allein auffasse. (So wie ich auch sagte, er sähe in der Variablen, wenn er sie als solche versteht, etwas, was er im Zeichen für den besonderen Fall nicht sieht.) Aber der Gedanke des ‚darin Sehens' ist von dem Fall hergenommen, wo ich z.B. die Figur |||| verschieden ‚phrasiert' sehe. Aber dann sehe ich eben in einem andern Sinn wirklich verschiedene Figuren und, was diese gemein haben, ist außer ihrer Ähnlichkeit die Verursachung durch das gleiche physikalische Bild.

4.46.0.2   Aber diese Erklärung ist doch nicht ohneweiteres auf den Fall des Verstehens der Variablen oder der Beispiele für den Begriff ‚Pflanze' anzuwenden. Denn angenommen, wir hätten wirklich etwas anderes in ihnen gesehen, als in Pflanzen, die nur um ihrer selbst willen gezeigt wurden, so ist die Frage, kann denn dieses, oder irgendein anderes, Bild uns zu der Anwendung als Variablen berechtigen? Ich hätte Einem also die Pflanzen zur Erklärung zeigen können und ihm dazu einen Trank gegeben, durch den es verursacht wird, daß er die Beispiele in der bestimmten Weise sieht. (Wie es möglich wäre, daß ein Alkoholisierter eine Gruppe |||| immer als ||| | sieht.) Und damit wäre die Erklärung des Begriffs in eindeutiger Weise gegeben und wer sie verstanden hat, hätte von den vorgezeigten Specimina und den begleitenden Gesten dieses Bild empfangen. So ist es aber doch nicht. – Es ist nämlich wohl möglich, daß der, welcher z.B. das Zeichen |||||| als Zahlzeichen für die 6 sieht, es anders sieht (etwas anderes darin sieht) als der, welcher es nur als Zeichen für „einige" auffaßt und er seine Aufmerksamkeit nicht auf das Gleiche richten wird; aber es kommt dann auf das System von Regeln an, die von diesen Zeichen gelten und das Verstehen wird wesentlich kein Sehen des Zeichens in gewisser Weise sein.

4.46.1.1 2 Es wäre also möglich, zu sagen ‚jetzt sehe ich das nicht mehr als Rose, sondern nur noch als Pflanze'!
4.46.1.2   Oder: „Jetzt sehe ich es nur als Rose, nicht mehr als diese Rose".
4.46.2.1   „Ich sehe den Fleck nur noch im Quadrat, aber nicht mehr in einer bestimmten Lage".

4.46.3.1 3 Der seelische Vorgang des Verstehens interessiert uns eben gar nicht. (So wenig, wie der einer Intuition.)

4.47.1.1	1	„Es ist doch gar kein Zweifel, daß der, welcher die Beispiele als beliebige Fälle zur Veranschaulichung des Begriffs versteht, etwas andres versteht, als der, welcher sie als bestimmt begrenzte Aufzählung auffaßt". Sehr richtig, aber was versteht der erste also, was der zweite nicht versteht? Nun, er sieht eben nur Beispiele in den vorgezeigten Dingen, die nur gewisse Züge aufzeigen/aufweisen/ sollen, aber er meint nicht, daß ich ihm im Übrigen diese Dinge um ihrer selbst willen zeige. –	331
4.47.2.1	2	Ich möchte die eine Aufzählung/Klasse/ ‚logisch begrenzt', die andere ‚logisch nicht begrenzt' nennen.	
4.47.3.1	3	Ja, aber ist es denn so, daß er nun tatsächlich nur diese Züge an den Dingen sieht? Etwa am Blatt nur das, was allen Blättern gemeinsam ist? Das wäre so, als sähe er alles übrige „in blanco". Also gleichsam ein unausgefülltes Formular, in dem die wesentlichen Züge vorgedruckt sind. (Aber die Funktion „f(…)" ist ja so ein Formular.)	
4.47.4.1	4	Aber was ist denn das für ein Prozeß, wenn mir Einer mehrere verschiedene Dinge als Beispiele eines Begriffes/für einen Begriff/ zeigt, um mich darauf zu führen, das Gemeinsame in ihnen zu sehen; und wenn ich es nun suche und wirklich sehe?/es suche und nun wirklich sehe?/ Er kann mich auch auf das Gemeinsame aufmerksam machen. – Bringt er aber dadurch hervor, daß ich den Gegenstand anders sehe? Vielleicht auch, denn ich kann jedenfalls besonders auf einen seiner Teile schauen, während ich sonst etwa alle gleichmäßig deutlich gesehen hätte. Aber dieses Sehen ist nicht das Verstehen des Begriffs. Denn wir sehen nicht etwas mit einer leeren Argumentstelle.	
4.47.6.1	5	Man könnte auch fragen: Sieht der, welcher das Zeichen „|||…." als Zeichen des Zahlbegriffs (im Gegensatz zu „|||", welches 3 bezeichnen soll) auffaßt, jene erste Gruppe von Strichen anders, als die zweite? Aber auch wenn er sie anders – gleichsam, vielleicht, verschwommener – sieht, sieht er da etwa das Wesentliche des Zahlbegriffs? Hieße das nicht, daß er dann „|||…." und „||||…." tatsächlich nicht voneinander müßte unterscheiden können? (Wenn ich ihm (nämlich)? etwa den Trank eingegeben hätte, der ihn den Begriff sehen macht/läßt/.)	332
4.48.1.1	6	Denn wenn ich sage: Er bewirkt dadurch, daß er uns mehrere Beispiele zeigt, daß wir das Gemeinsame in ihnen sehen und von dem Übrigen absehen, so heißt das eigentlich, daß das Übrige/übrige/ in den Hintergrund tritt, also gleichsam blasser wird (und warum soll es dann nicht ganz verschwinden) und „das Gemeinsame", etwa die Eiförmigkeit, allein im Vordergrund bleibt.	
4.48.1.2		Aber so ist es nicht. Übrigens wären die mehreren Beispiele nur ein technisches Hilfsmittel, und wenn ich einmal das Gewünschte gesehen hätte, so könnte ich's auch in einem Beispiel sehen. (Wie ja auch ‚(∃x)fx' nur ein Beispiel enthält.)	
4.48.2.1	7	Es sind also die Regeln, die von dem Beispiel gelten, die es zum Beispiel machen. –	

4.48.3.1	1	Nun genügt aber doch heute jedenfalls das bloße Begriffswort ohne eine Illustration, um sich mit mir zu verständigen/sich mir verständlich zu machen/ (und die Geschichte des Verständnisses interessiert uns ja nicht) z.B., wenn mir Einer sagt „forme ein Ei"; und ich will doch nicht sagen, daß ich etwa dabei den Begriff des Ei's vor meinem inneren Auge sehe, wenn ich diesen Befehl (und das Wort „Ei") verstehe.
4.48.4.1		Wenn wir eine Anwendung des Begriffes ‚Ei' oder ‚Pflanze' machen, so schwebt uns gewiß nicht vorerst ein allgemeines Bild vor, oder bei dem Hören des Wortes „Pflanze" das Bild des bestimmten Gegenstandes, den ich dann als eine Pflanze bezeichne. Sondern ich mache die Anwendung sozusagen spontan. Dennoch gibt es eine Anwendung, von der ich sagen würde: nein, das habe ich unter ‚Pflanze' nicht gemeint; oder anderseits „ja, das habe ich auch gemeint". Aber heißt das, daß mir diese Bilder vorgeschwebt haben/vorschwebten/ und ich sie in meinem Geist ausdrücklich abgewiesen und zugelassen habe? – Und doch hat es diesen Anschein, wenn ich sage: „ja, das und das und das habe ich alles gemeint, aber d a s nicht". Man könnte aber fragen: ja, hast Du denn alle diese Fälle vorausgesehen? und die Antwort würde dann lauten „ja", oder „nein", aber ich dachte mir, es sollte etwas zwischen dieser und dieser Form sein", oder dergleichen. Meistens aber habe ich in diesem Moment gar keine Grenzen gezogen und diese ergeben sich nur auf einem Umweg durch eine Überlegung. Ich sage z.B. „bring' mir noch eine ungefähr so große Blume" und er bringt eine und ich sage: Ja, so eine habe ich gemeint. So erinnere ich mich vielleicht an ein Bild, was mir vorschwebte, aber aus diesem geht nicht hervor, daß auch die herbeigebrachte Blume noch zulässig ist. Sondern hier wende ich eben jenes Bild an. Und diese Anwendung war nicht antizipiert worden.
4.55.11.1	2	Was uns interessiert ist nur die e x a k t e Beziehung des Beispiels zum Folgen/zu dem Danachhandeln/.
4.56.2.1	3	Es wird aus dem Beispiel heraus wieder kalkuliert.
4.56.3.1	4	Beispiele sind ordentliche Zeichen, nicht Abfall, nicht Beeinflussung.
4.56.4.1	5	Denn uns interessiert nur die Geometrie des Mechanismus. (Das heißt doch, die Grammatik seiner Beschreibung.)
4.36.8.1	6	Wie äußert es sich aber in unsern Regeln, daß die behandelten Fälle fx keine wesentlich abgeschlossene Klasse sind? – Doch wohl nur durch die Allgemeinheit der allgemeinen Regel. – Daß sie nicht d i e Bedeutung für den Kalkül haben, wie eine abgeschlossene Gruppe von Grundzeichen (etwa den Namen der 6 Grundfarben). Wie anders, als durch die Regeln, die von ihnen ausgesagt sind. – Wenn ich etwa in einem Spiel die Erlaubnis habe, eine gewisse Art von Steinen in beliebiger Anzahl zu borgen, andere aber in festgesetzter Anzahl vorhanden sind, oder das Spiel zwar zeitlich unbegrenzt, aber räumlich begrenzt ist, haben wir ja wohl denselben Fall. Und der Unterschied zwischen den einen und den anderen Figuren des Spiels muß eben durch die Spielregeln festgesetzt sein. Es heißt dann etwa von der einen: Du kannst soviele Steine dieser Art nehmen, als Du willst. – Und nach einem anderen exakteren/bindenderen/ Ausdruck der/dieser/ Regel darf ich nicht suchen.

| 4.37.1.1 | 1 | Das heißt, daß der Ausdruck für die Unbegrenztheit der behandelten Einzelfälle (eben) ein allgemeiner Ausdruck sein wird und kein andrer sein kann, kein Ausdruck, indem die anderen nicht behandelten Einzelfälle in schattenhafter Weise vorkämen. |

| 4.37.2.1 | 2 | Es ist ja klar, daß ich keine logische Summe als Definition des Satzes „das Kreuz liegt zwischen den Strichen" anerkenne. Und damit ist doch alles gesagt. |

| 4.49.2.1 | 3 | Eines möchte ich immer sagen, um den Unterschied der Fälle zu erklären, die als Beispiele für einen Begriff beigebracht werden, von denen, die in der Grammatik eine bestimmte abgeschlossene Gruppe bilden. Wird nämlich zuerst erklärt „A, B, C, D sind Bücher. − Nun bringe mir ein Buch" und er bringt eines, das von allen gezeigten verschieden ist, so kann dennoch gesagt werden, er habe ganz richtig nach der aufgestellten Regel gehandelt. Hätte es aber geheißen „A, B, C, D sind meine Bücher. − Bringe mir eines von meinen Büchern", so wäre es falsch gewesen, überhaupt ein fünftes/weiteres/ zu bringen und die Antwort hätte gelautet: Ich habe Dir doch gesagt, daß A, B, C, D meine Bücher sind. Im ersten Fall handelt der der Regel nicht zuwider, der einen anderen Gegenstand bringt, als die in der Regel genannten, im zweiten Fall würde er dadurch der Regel zuwider handeln. Wenn Du aber auch nur A, B, C, D im Befehl nanntest, aber die Handlung f(E) als Befolgung des Befehls ansahst, heißt das nicht, daß Du mit F(A, B, C, D …) doch F(A, B, C, D, E) meintest? Oder, wie unterscheiden sich diese Befehle, wenn sie doch von dem Selben befolgt werden? − Ja, aber es hätte ja auch f(G) mit dem Befehl übereingestimmt und nicht nur f(E). − Gut, dann meintest Du eben mit dem ersten Befehl: F(A, B, C, D, E, G). u.s.f. Was immer Du mir bringst, ich hätte es doch in einer Disjunktion einschließen können. Wenn wir also eine Disjunktion aller von uns tatsächlich gebrauchten Fälle konstruieren, wie würde sich die syntaktisch von dem allgemeinen Satz unterscheiden? Denn wir dürfen nun nicht sagen: dadurch, daß der allgemeine Satz auch noch durch R (das nicht in der Disjunktion steht) wahr gemacht wird. Denn dadurch unterscheidet sich der allgemeine Satz nicht von einer Disjunktion, die R enthält. (Und also ist auch jede andere ähnliche Antwort unmöglich.) Wohl aber wird es einen Sinn haben, zu sagen: F(A, B, C, D, E) ist die Disjunktion aller tatsächlich von uns gebrauchten Fälle, aber auch andere Fälle (es wird natürlich keiner erwähnt) machen den allgemeinen Satz „F(A, B, C, D, …)" wahr. Während man hierin natürlich nicht den allgemeinen Satz für F(A, B, C, D, E) einsetzen kann. |

| 4.49.3.1 | 4 | Es ist übrigens hier gerade wichtig, daß die Parenthese im vorigen Satz „und also ist auch jede andere ähnliche Antwort unmöglich" ein Unsinn /unsinnig/ ist, weil man zwar verschiedene besondere Fälle als Beispiele einer Allgemeinheit geben/angeben/ kann, aber nicht verschiedene Variable, da die Variablen R, S, T sich ihrer Bedeutung nach nicht unterscheiden. |

| 4.50.1.3 | 1 | Man könnte dann freilich nicht sagen, wir befolgen F(∃) anders, wenn |
| 4.50.1.4 | | wir f(D) tun, als eine Disjunktion, worin/in welcher/ f(D) vorkommt, |

denn F(∃) = F(∃) ∨ f(D). Wem der Befehl gegeben wird „hole mir irgend eine Pflanze, oder diese" (von welcher ihm ein Bild mitgegeben wird), der wird dieses Bild ruhig beiseite legen und sich sagen „da es irgend eine tut, so geht mich dieses Bild nichts an". Dagegen werden wir das Bild nicht einfach beiseite legen dürfen, wenn es uns mit fünf anderen gegeben wurde und der Befehl lautete, eine von diesen sechs Pflanzen zu bringen. (Es kommt also darauf an, in welcher Disjunktion sich der besondere Befehl befindet.) Und nach dem Befehl „f(A) ∨ f(B) ∨ f(C)" wird man sich anders richten, als nach dem Befehl „f(∃)" (= f(∃) ∨ f(C)), auch wenn man jedes Mal f(C) tut. – Das Bild f(C) geht in f(∃) unter. (Und es hilft uns ja nichts in einem Kahn zu sitzen, wenn wir mitsamt ihm unter Wasser sind und sinken.) Man möchte (uns)? sagen: Wenn Du auf den Befehl „f(∃)" f(C) tust, so hätte Dir ja auch f(C) ausdrücklich erlaubt sein können, und wie hätte sich dann der allgemeine Befehl von einer Disjunktion unterschieden? – Aber auf diese Erlaubnis hättest Du Dich eben, in der? Disjunktion mit dem allgemeinen Satz, gar? nicht s t ü t z e n können.

4.51.0.5   Ist es also so, daß der Befehl „bringe mir eine Blume" nie durch den Befehl ersetzt werden kann von der Form „bringe mir A oder B oder C", sondern immer lauten muß „bringe mir A oder B oder C, oder eine andere Blume"?

4.51.0.6   Aber warum tut der allgemeine Satz so unbestimmt, wenn ich ja doch jeden Fall, der wirklich eintritt, auch im Voraus hätte beschreiben können?

4.51.0.8 2 Aber auch das scheint mir noch nicht den wichtigsten Punkt dieser Sache zu treffen. Weil es, wie ich glaube, nicht eigentlich auf die Unendlichkeit der Möglichkeiten ankommt, sondern auf eine Art von Unbestimmtheit. Ja, gefragt, wieviele Möglichkeiten es denn für einen Kreis im Gesichtsfeld gäbe, innerhalb eines bestimmten Vierecks zu liegen, könnte ich weder eine endliche Zahl nennen, noch sagen, es gäbe unendlich viele (wie in der euklidischen Ebene). Sondern wir kommen hier zwar nie zu einem Ende, aber die Reihe ist nicht endlos im Sinne von |1, ξ, ξ + 1|.

4.51.0.9   Sondern, kein Ende, zu dem wir kommen, ist wesentlich das Ende.
4.51.0.10 Das heißt, ich könnte immer sagen: ich seh' nicht ein, warum das alle Möglichkeiten sein sollen. – Und das heißt doch wohl, daß es sinnlos ist, von „allen Möglichkeiten" zu sprechen. Der Begriff ‚Pflanze' und ‚Ei' wird also von der Aufzählung g a r n i c h t a n g e t a s t e t.

4.52.0.12　1　　Wenn wir auch sagen, wir hätten die besondere Befolgung f(a) immer als möglich voraussehen können, so haben wir dies doch in Wirklichkeit nie getan. – Aber selbst, wenn ich die Möglichkeit f(a) vorhersehe und ausdrücklich in meinen Befehl aufnehme, so verliert sie sich neben dem allgemeinen Satz und zwar, weil ich eben aus dem allgemeinen Satz ersehe, daß dieser besondere Fall erlaubt ist, und nicht einfach daraus, daß er im Befehl als erlaubt festgesetzt ist. Denn, steht der allgemeine Satz da, so nützt mir das Hinzusetzen des besonderen Falles nichts mehr (d.h. es macht den Befehl nicht expliziter). Denn nur aus dem allgemeinen Satz leite ich ja die Rechtfertigung her, diesen besonderen Fall neben ihn zu setzen. Man könnte nämlich glauben, und darauf geht ja meine ganze Argumentation aus, daß durch das Hinzusetzen des besonderen Falles die – gleichsam verschwommene – Allgemeinheit des Satzes aufgehoben wird. Man könnte sagen/; daß man sagen könnte/ „jetzt brauchen wir sie nicht mehr, wir haben ja hier den bestimmten Fall". Ja, aber wenn ich doch zugebe, daß ich den besonderen Fall darum hierhersetze, weil er mit dem allgemeinen Satz übereinstimmt! Oder, daß ich doch anerkenne, daß f(a) ein besonderer Fall von f(∃) ist! Denn nun kann ich nicht sagen: das beweist/heißt/ eben, daß f(∃) eine Disjunktion ist, deren ein Glied f(a) ist. Denn wenn dies so ist, so muß sich diese Disjunktion angeben lassen. f(∃) muß dann als eine Disjunktion definiert sein. Eine solche Definition wäre auch ohne weiteres zu geben, sie entspräche aber nicht dem Gebrauch von f(∃), den wir meinen. Nicht so, daß die Disjunktion immer noch etwas übrig läßt; sondern, daß sie das Wesentliche der Allgemeinheit gar nicht berührt, ja, wenn man sie dieser beifügt, ihre Rechtfertigung erst von dem allgemeinen Satz nimmt/bezieht/.

4.53.1.1　2　　Ich befehle zuerst f(∃); er befolgt den Befehl und tut f(a). Nun denke ich, ich hätte ihm ja gleich den Befehl „f(∃) ∨ f(a)" geben können. (Denn, daß f(a) den Befehl f(∃) befolgt, wußte ich ja früher und es kam ja auf dasselbe hinaus, ihm f(∃) ∨ f(a) zu befehlen.) Und dann hätte er sich also bei der Befolgung nach der/einer/ Disjunktion „tue Eines oder f(a)" gerichtet. Und ist es, wenn er den Befehl durch f(a) befolgt, nicht gleichgültig, was in Disjunktion mit f(a) steht? Wenn er auf jeden Fall f(a) tut, so ist ja doch der Befehl befolgt, was immer die Alternative ist.

4.53.1.2　　　　Ich möchte auch sagen: In der Grammatik ist nichts nachträglich, keine Bestimmung nach einer andern, sondern alles ist zugleich da?.

4.53.1.3　　　　Insofern kann ich also (auch)? nicht sagen, ich habe zuerst den Befehl f(∃) gegeben und bin dann erst draufgekommen, daß f(a) ein Fall von f(∃) ist; jedenfalls aber war und blieb mein Befehl f(∃), und f(a) setzte ich dazu wissend/in der Erkenntnis/, daß f(a) mit f(∃) übereinstimmt. Und diese Bestimmung, daß f(a) mit f(∃) übereinstimmt, setzt doch eben den Sinn des Satzes f(∃) voraus, wenn er überhaupt selbständig festgehalten wird, und nicht erklärt wird, er sei durch eine Disjunktion zu ersetzen. Und mein Satz „jedenfalls war und blieb aber mein Befehl f(∃) u.s.w." hieß nur, daß ich den allgemeinen Befehl nicht durch eine Disjunktion ersetzt hatte.

4.53.1.4   Man kann sich nun denken, daß ich einen Befehl p ∨ f(a) gebe und
der Andere den ersten Teil des Befehls nicht deutlich versteht, wohl aber,
daß der Befehl „.... ∨ f(a)" lautet. Er könnte dann f(a) tun und sagen
„ich weiß gewiß, daß ich den Befehl befolgt habe, wenn ich auch den
ersten Teil nicht verstanden habe". So nun denke ich es mir auch, wenn
ich sage, es käme ja auf die andere Alternative nicht an. Aber dann hat
er doch nicht den gegebenen Befehl befolgt, sondern ihn als „f(a)!"
aufgefaßt./als Befehl f(a) aufgefaßt./ Man könnte fragen: Hat der,
welcher auf den Befehl „f(∃) ∨ f(a)" f(a) tut, den Befehl darum (d.h.
insofern) befolgt, weil der Befehl von der Form ξ ∨ f(a) ist, oder darum,
weil f(∃) ∨ f(a) = f(∃) ist? Wer f(∃) versteht, also weiß, daß
f(∃) ∨ f(a) = f(∃) ist, der befolgt durch f(a) f(∃), auch wenn ich es
„f(∃) ∨ f(a)" schreibe, weil er ja doch sieht, daß f(a) ein Fall von f(∃) ist.
– Und nun kann man uns entgegenhalten: Wenn er sieht, daß f(a) ein
Fall von f(∃) ist, so heißt das ja doch, daß f(a) disjunktiv in f(∃) enthalten
ist, daß also f(∃) mit Hilfe von f(a) definiert ist! Und – muß er jetzt
weiter sagen – die übrigen Teile der Disjunktion gehen mich eben
nichts an, wenn die Glieder, die ich sehe, alle sind, die ich jetzt brauche.
„Du hast eben mit der Erklärung ‚daß f(a) ein Fall von f(∃) ist' nichts
weiter gesagt, als daß f(a) in f(∃) vorkommt, und noch andere Glieder."
– Aber gerade das meinen wir nicht. Und es ist nicht so, als hätten wir
durch unsere Bestimmung f(∃) unvollständig/unvollkommen/
definiert. Denn dann wäre ja eine vollständige Definition möglich.
Und es wäre diejenige Disjunktion, nach welcher das angehängte
„∨ f(∃)" gleichsam lächerlich wäre, weil ja doch nur die genannten
/aufgezählten/ Fälle für uns in Betracht kämen. Wie wir aber f(∃)
auffassen, ist die Bestimmung, daß f(a) ein Fall von f(∃) ist, keine
unvollkommene, sondern gar keine Definition von f(∃). Ich nähere mich
also auch nicht dem Sinn von f(∃), wenn ich die Disjunktion der Fälle
vermehre; die Disjunktion der Fälle ∨ f(∃) ist zwar gleich f(∃), aber
niemals gleich der Disjunktion der Fälle, sondern ein ganz anderer Satz.

4.54.1.1 1   Auf keinem Umweg kann, was über eine Aufzählung von Einzelfällen
gesagt ist/wird/, die Erklärung der Allgemeinheit ergeben/sein/.

4.34.2.1 2   Kann ich denn aber die Regeln des Folgens in diesem Fall angeben?
Denn, wie weiß ich, daß gerade aus fa (∃x) fx folgt? ich kann ja doch
nicht alle Sätze angeben, aus denen es folgt. – Das ist aber auch gar
nicht nötig; folgt (∃x) fx aus fa, so war das jedenfalls vor jeder
besonderen Erfahrung zu wissen, und möglich, es in der Grammatik
anzugeben.

4.34.3.1 3   Ich sagte „es war möglich, vor jeder Erfahrung zu wissen, daß (∃x) fx
aus fa folgt und es in der Grammatik anzugeben". Es sollte aber heißen:
,(∃x) fx folgt aus fa' ist kein Satz (Erfahrungssatz) der Sprache, der
,(∃x) fx' und ,fa' angehören, sondern eine in ihrer Grammatik
festgesetzte Regel.

75
Bildungsgesetz einer Reihe.
„u.s.w."

4.19.7.1   1   Man kann für den Gebrauch der Variablen wohl eine Regel aufstellen und es ist kein Pläonasmus, daß wir dabei eben diese Art der Variablen gebrauchen. Denn brauchten wir sie nicht, so wäre ja durch die Regeln die Variable definiert. Und wir nehmen ja nicht an, daß sie sich definieren lasse, oder: daß sie definiert werden müsse (denn einmal nehmen die Definitionen doch ein/ihr/ Ende).

4.20.1.1   2   Das heißt (nur)?, daß – z.B. – die Variable „x^2" keine Abkürzung ist (etwa für eine logische Summe) und daß in unserm Gedanken auch nur ein Zeichen dieser Multiplizität vorhanden ist.

4.21.1.1   3   Denn nehmen wir an, ich hätte 7 Fälle/Spezialfälle/ aufgezählt und sagte „ihre logische Summe ist aber nicht der allgemeine Satz", so ist das nicht genug und ich will noch sagen, daß auch keine andere Zahl von Fällen/Spezialfällen/ den allgemeinen Satz ergibt. Aber in diesem Zusatz scheine ich nun wiederum eine Aufzählung, wenn auch nicht wirklich, so doch quasi schattenhaft auszuführen. Aber so ist es nicht, denn in dem Zusatz kommen ganz andere Wörter als die Zahlwörter vor.

4.21.2.1   4   „Wie aber soll ich es verbieten, daß ein Zahlwort dort und dort eingesetzt wird? Ich kann doch nicht vorhersehen, welches Zahlwort Einer wird einsetzen wollen, um es zu verbieten". – Du kannst es ja verbieten, wenn es kommt. – Aber da sprechen wir ja schon, allgemein, vom Zahlbegriff!

4.22.2.1   5   Was aber macht ein Zeichen zum Ausdruck der Unendlichkeit? Was gibt ihm den eigentümlichen Charakter dessen, was wir unendlich nennen? Ich glaube, daß es sich ähnlich verhält wie das Zeichen einer enormen Zahl. Denn das Charakteristische des Unendlichen, wie man es so? auffaßt, ist seine enorme Größe.

4.21.4.1   6   Aber es gibt nicht etwas, was eine Aufzählung ist und doch keine Aufzählung. Eine Allgemeinheit, die quasi nebelhaft aufzählt, aber nicht wirklich und bis zu einer bestimmten Grenze.

4.21.5.1   7   Die Punkte in „1 + 1 + 1 + 1 ...." sind eben auch nur die vier Pünktchen.
4.21.5.2   Ein Zeichen, für das sich gewisse Regeln angeben lassen müssen. (Nämlich dieselben, wie für das Zeichen „u.s.w. ad inf.") Dieses Zeichen ahmt zwar die Aufzählung in gewisser Weise nach, ist aber keine Aufzählung. Und das heißt wohl, daß die Regeln, die von ihm gelten, bis zu einem Punkt mit denen, die von einer Aufzählung gelten, übereinstimmen, aber nicht ganz übereinstimmen.

4.21.6.1	1	Es gibt kein Mittelding zwischen einer/der/ bestimmten Aufzählung und der Variablen./und dem allgemeinen Zeichen./

4.23.3.1	2	Man hat natürlich nur die Zahlen bis zu einer gewissen höchsten – sagen wir 10^{10} – hingeschrieben. Worin besteht nun die **Möglichkeit**, Zahlen hinzuschreiben, die man noch nicht hingeschrieben hat? Wie seltsam dieses Gefühl, als wären sie doch schon alle irgendwie vorhanden! (Frege sagte, eine Konstruktionslinie sei in gewissem Sinne schon vorhanden, auch ehe sie gezogen wurde.)

4.23.4.1	3	Hier ist die Schwierigkeit, sich zu wehren gegen den Gedanken, die Möglichkeit sei eine Art schattenhafter Existenz/Wirklichkeit/.

4.23.6.1	4	In den Regeln für die Variable $\underline{a}$ kann eine Variable $\underline{b}$ vorkommen und auch besondere Zahlzeichen; aber auch keine Gesamtheit von Zahlen.

4.23.7.1	5	Nun scheint es aber, als wäre damit etwas (aus der Logik) **weggeleugnet**. Etwa gerade die Allgemeinheit; oder das, was die Punkte andeuten. Das Unfertige (Lockere, Dehnbare) der Reihe /Zahlenreihe/. Und natürlich dürfen und können wir nichts wegleugnen. Wo kommt also diese Unbestimmtheit zum Ausdruck? Etwa so: Wenn wir Zahlen anführen, die wir statt der Variablen $\underline{a}$ einsetzen dürfen, so sagen wir von keiner, es sei die letzte, oder höchste.

4.23.8.1	6	Würde uns aber nun nach der Erklärung einer Rechnungsart jemand fragen: „und ist nun 103 das letzte Zeichen, welches ich benützen kann"; was sollen wir antworten? „Nein, es ist nicht das letzte", oder „es gibt kein letztes"? – Aber muß ich ihn nicht zurückfragen: „Und wenn es nicht das letzte ist, was käme dann noch?" Und sagt er nun „104", so müßte ich sagen: Ganz richtig, Du kannst die Reihe selber fortsetzen.

4.24.1.1	7	Von einem Ende der Möglichkeit kann ich überhaupt nicht reden.

4.24.2.1	8	(Nur vor dem Geschwätz muß man sich in der Philosophie hüten. Eine
4.24.2.2		Regel aber, die praktisch anwendbar ist, ist immer in Ordnung.)

4.24.3.1	9	Es ist klar, daß man einer Regel von der Art $\vert a, \xi, \xi+1 \vert$ folgen kann; ich meine, ohne schon von vornherein die Reihe hinschreiben zu können, sondern, indem man sich wirklich nach der Bildungsregel richtet/indem man wirklich der Bildungsregel folgt/. Es ist ja dann dasselbe, wie wenn ich eine Reihe etwa mit der Zahl 1 anfinge und sagte: „nun gib 7 dazu, multipliziere mit 5 und zieh' die Wurzel, und diese zusammengesetzte Operation wende immer wieder auf das/ihr/ Resultat an". (Das wäre ja die Regel $\vert 1, \xi, \sqrt{(\xi+7)\cdot 5} \vert$.)

4.24.6.1	10	Schließlich ist ja das Wort „u.s.w." nichts anderes, als das Wort „u.s.w." (d.h. wieder als ein Zeichen des Kalküls, das nicht mehr tun kann, als durch die Regeln zu bedeuten, die von ihm gelten. Das nicht mehr sagen kann, als es zeigt.)
4.24.6.2		D.h. es wohnt dem Wort „u.s.w." keine geheime Kraft inne, durch die nun die Reihe fortgesetzt wird, ohne fortgesetzt zu werden.

4.24.7.1	11	Das wohl nicht, wird man sagen, aber eben die Bedeutung der unendlichen Fortsetzung.

| 4.27.10.1 | 1 | Man könnte nun? aber fragen: Wie kommt es, daß der, welcher die allgemeine Regel nun auf eine weitere Zahl anwendet, nur dieser Regel folgt. Daß keine weitere Regel nötig war, die ihm erlaubt, die allgemeine auch auf diesen Fall anzuwenden; und daß doch dieser Fall in der (allgemeinen) Regel nicht genannt war. |

| 4.28.1.1 | 2 | Es wundert uns also, daß wir diesen Abgrund zwischen den einzelnen Zahlen und dem allgemeinen Satz nicht überbrücken können. |

| 4.24.8.1 | 3 | „Kann man sich einen leeren Raum vorstellen?" (Diese Frage gehört merkwürdigerweise hierher.) |

| 4.24.9.1 | 4 | Es ist einer der tiefstwurzelnden Fehler der Philosophie: die Möglichkeit als ein Schatten der Wirklichkeit./, die Möglichkeit als einen Schatten der Wirklichkeit zu sehen./ |
| 4.24.9.2 | | Anderseits aber kann es kein Irrtum sein. Und das ist es auch nicht, wenn man den Satz diesen Schatten nennt. |

| 4.25.2.1 | 5 | Die Gefahr ist natürlich hier wieder, in einen Positivismus zu verfallen, nämlich in einen, der einen eigenen Namen verdient und daher natürlich ein Irrtum sein muß. Denn wir dürfen überhaupt keine Tendenz haben, keine besondere Auffassung der Dinge, sondern müssen alles anerkennen, was jeder Mensch darüber je gesagt hat, außer soweit er selbst eine besondere Auffassung oder Theorie hatte. |

| 4.25.3.1 | 6 | Denn das Zeichen „u.s.w.", oder ein ihm entsprechendes, ist wohl für die Bezeichnung der Endlosigkeit wesentlich. Natürlich durch die Regeln, die von einem solchen Zeichen gelten. D.h. wir können wohl das Reihenstück „1, 1 + 1, 1 + 1 + 1" unterscheiden von der Reihe „1, 1 + 1, 1 + 1 + 1, u.s.w.". Und das letzte Zeichen und sein Gebrauch ist so wesentlich für den Kalkül, als eines der vorhergehenden./als irgend ein andres./ |

| 4.25.4.1 | 7 | Das, was mich nun bedrückt, ist, daß das „u.s.w." scheinbar auch in den Regeln für das Zeichen „u.s.w." vorkommen muß. Z.B. ist 1, 1 + 1, u.s.w. = 1, 1 + 1, 1 + 1 + 1, u.s.w. u.s.w.. |

| 4.25.5.1 | 8 | Aber haben wir denn hier nicht die alte Erkenntnis, daß wir die Sprache nur von außen beschreiben können? Daß wir also nicht erwarten dürfen, durch eine Beschreibung der Sprache in andere Tiefen zu dringen, als die Sprache selbst offenbart: Denn die Sprache beschreiben wir mittels der Sprache. |

| 4.26.1.1 | 9 | Wir könnten sagen: Es ist ja gar kein Anlaß, zu fürchten, daß wir das Wort „u.s.w." in einer das Endliche übersteigenden Weise gebrauchen. |

| 4.26.2.1 | 10 | Übrigens kann der, für das „u.s.w." charakteristische Teil seiner Grammatik nicht in Regeln über die Verbindung von „u.s.w." mit einzelnen Zahlzeichen (nicht: „den einzelnen Zahlzeichen") bestehen – denn diese Regeln geben ja wieder ein beliebiges Stück einer Reihe – sondern in Regeln der Verbindung von „u.s.w." mit „u.s.w.". |

4.30.1.1	1	Die Möglichkeit noch weitere Zahlen anzuführen. Die Schwierigkeit scheint uns die zu sein, daß die Zahlen, die ich tatsächlich angeführt habe, ja gar nicht wesentlich sind/keine wesentliche Gruppe sind/ und nichts dies andeutet, daß sie eine **beliebige** Kollektion sind: **die zufällig aufgeschriebenen unter allen Zahlen**.
4.30.1.2		(So, als hätte ich in einer Schachtel alle Steine eines Spiels und auf dem Tisch daneben eine zufällige Auswahl aus dieser Schachtel.
4.30.1.3		Oder, als wären die einen Ziffern in Tinte **nachgezogen**, während sie alle schon gleichsam blaß vorgezeichnet sind.)
4.30.1.4		Daß wir aber außer diesen zufällig benützten nur die allgemeine Form haben.
4.30.1.5		Haben wir hier übrigens nicht – so komisch das klingt – den Unterschied zwischen Zahlzeichen und Zahlen?
4.62.5.1	2	Wenn ich z.B. sage „‚Kardinalzahlen' nenne ich alles, was aus 1 durch fortgesetztes Addieren von 1 entsteht", so vertritt das Wort „fortgesetzt" nicht eine nebelhafte Fortsetzung von 1, 1 + 1, 1 + 1 + 1, vielmehr ist auch das Zeichen „1, 1 + 1, 1 + 1 + 1, ..." ganz exakt zu nehmen; als verschieden von „1, 1 + 1, 1 + 1 + 1" anderen bestimmten Regeln unterworfen und nicht ein Ersatz/Vertreter/ einer Reihe „die sich nicht hinschreiben läßt".
4.62.6.1	3	Das heißt: Mit dem Zeichen „1, 1 + 1, 1 + 1 + 1, ..." wird auch **gerechnet**, wie mit (den)? Zahlzeichen, nur nach andern Regeln.
4.62.7.1	4	Was bildet man sich denn aber ein? Welchen Fehler macht man denn? Wofür hält man das Zeichen „1, 1 + 1, ..."? D.h.: wo kommt denn das **wirklich** vor, was man in diesem Zeichen zu sehen meint? Etwa, wenn ich sage „er zählte 1, 2, 3, 4 und so weiter bis 1000"? wo es auch möglich wäre, wirklich alle Zahlen hinzuschreiben.
4.62.8.1	5	Als was **sieht** man denn „1, 1 + 1, 1 + 1 + 1, ..." an?
4.62.8.2		Als eine ungenaue Ausdrucksweise. Die Pünktchen sind so, wie weitere Zahlzeichen, die aber undeutlich sind. So, als hörte man auf, Zahlzeichen hinzuschreiben, weil man ja doch nicht alle hinschreiben kann, aber als seien sie allerdings, quasi, in einer Kiste, vorhanden./.... aber als seien sie wohl, gleichsam in einer Kiste vorhanden./ Etwa auch, wie wenn ich von einer Melodie nur die ersten Töne deutlich singe und den Rest nur noch andeute und in Nichts auslaufen lasse. (Oder wenn man beim Schreiben von einem Wort nur wenige Buchstaben deutlich schreibt und mit einem unartikulierten Strich endet.) Wo dann dem ‚undeutlich' ein ‚deutlich' entspräche.
4.21.7.1	6	Ich habe einmal gesagt, es könne nicht Zahlen geben **und** den Begriff der Zahl. Und das ist richtig, wenn es heißt, daß die Variable zur Zahl nicht so steht, wie der Begriff Apfel zu einem Apfel (oder der Begriff Schwert zu Nothung).
4.21.7.2		Anderseits ist die Zahlvariable kein Zahlzeichen.

4.22.1.1	1	Ich wollte aber auch sagen, daß der Zahlbegriff nicht unabhängig von den Zahlen (gegeben) sein könnte, und das ist nicht wahr. Sondern die Zahlvariable ist in dem Sinne von einzelnen Zahlen unabhängig, als es einen Kalkül mit einer Klasse unsrer Zahlzeichen, und ohne die allgemeine Zahlvariable, wohl gibt. Freilich gelten dann eben nicht alle Regeln von diesen Zahlzeichen, die von unsern gelten, aber doch entsprechen sie unseren, wie die Damesteine im Damespiel denen im Schlagdamespiel.
5.150.3.1	2	Wogegen ich mich wehre, ist die Anschauung, daß eine/die/ unendliche Zahlenreihe etwas uns Gegebenes sei, worüber es nun spezielle Zahlensätze und auch allgemeine Sätze über alle Zahlen der Reihe gibt. So daß der arithmetische Kalkül nicht vollständig wäre, wenn er nicht auch die allgemeinen Sätze über die Kardinalzahlen enthielte, nämlich allgemeine Gleichungen der Art a + (b + c) = (a + b) + c. Während schon 1 : 3 = 0˙3 einem andern Kalkül angehört als 1 : 3 = 0˙3. Und so ist eine allgemeine Zeichenregel (z.B. rekursive Definition), die für 1, (1) + 1, ((1) + 1) + 1, (((1) + 1) + 1) + 1, u.s.w. gilt, etwas andres, als eine spezielle Definition. Und die allgemeine Regel fügt dem Zahlenkalkül etwas neues bei, ohne welches er ebenso vollständig gewesen wäre, wie die Arithmetik der Zahlenreihe 1, 2, 3, 4, 5.
4.63.1.1	3	Es fragt sich auch, wo denn der Zahlbegriff (oder Begriff der Kardinalzahl) unbedingt gebraucht wird. Zahl, im Gegensatz wozu? [1, ξ, ξ + 1] wohl im Gegensatz zu [5, ξ, √ξ] u.s.w.. – Denn wenn ich so ein Zeichen (wie „[1, ξ, ξ + 1]") wirklich einführe – und nicht nur als Luxus mitschleppe, so muß ich auch etwas mit ihm tun, d.h., es in einem Kalkül verwenden, und dann verliert es seine Alleinherrlichkeit und kommt in ein System ihm koordinierter Zeichen.
4.63.2.1	4	Man wird vielleicht sagen: aber ‚Kardinalzahl' steht doch im Gegensatz zu ‚Rationalzahl', ‚reelle Zahl' etc.. Aber dieser Unterschied ist ein Unterschied der Regeln (der von ihnen geltenden Spielregeln) – nicht einer, der Stellung auf dem Schachbrett – nicht ein Unterschied, für den man im selben Kalkül verschiedene koordinierte Worte braucht.
4.66.2.1	5	Man sagt „dieser Satz ist für alle Kardinalzahlen bewiesen". Aber sehen wir doch nur hin, wie der Begriff der Kardinalzahl in den Beweis eintritt. Doch nur, indem im Beweis von 1 und der Operation ξ + 1 die Rede ist – aber nicht im Gegensatz zu Etwas, was den Rationalzahlen entspräche. Wenn man also den Beweis in Prosa mit Hilfe des Begriffsworts ‚Kardinalzahl' beschreibt, so sehen wir wohl, daß kein **Begriff** diesem Wort entspricht.

5.86.1.1	1	Die Ausdrücke „die Kardinalzahlen", „die reellen Zahlen" sind außerordentlich irreführend, außer, wo sie als Teil einer Bestimmung verwendet werden, wie in: „die Kardinalzahlen von 1 bis 100", etc.. „Die Kardinalzahlen" gibt es nicht, sondern nur „Kardinalzahlen" und den Begriff, die Form, ‚Kardinalzahl'. Nun sagt man: „die Zahl der Kardinalzahlen ist kleiner, als die der reellen Zahlen" und denkt sich, man könnte die beiden Reihen etwa nebeneinander schreiben (wenn wir nicht schwache Menschen wären) und dann würde die eine im Endlosen enden, während die andere ins wirklich-Unendliche über sie hinaus liefe. Aber das ist alles Unsinn. Wenn von einer Beziehung, die man nach Analogie „größer" und „kleiner" nennen kann, die Rede sein kann, dann nur zwischen den Formen ‚Kardinalzahl' und ‚reelle Zahl'. Was eine Reihe ist, erfahre ich dadurch, daß man es mir erklärt und nur soweit, als man es erklärt. Eine endliche Reihe wurde mir durch Beispiele der Art 1, 2, 3, 4 erklärt, eine endlose durch Zeichen der Art „1, 2, 3, 4, u.s.w." oder „1, 2, 3, 4 ….".
3.140.5.1	2	„Es ist wichtig, daß ich eine/die/ Projektionsregel verstehen (sehen) kann, ohne sie in einer allgemeinen Notation vor mir zu haben. Ich kann aus der Reihe $\frac{1}{1}\ \frac{2}{4}\ \frac{3}{9}\ \frac{4}{16}$ eine allgemeine Regel entnehmen – freilich auch beliebig viele andere, aber doch auch eine bestimmte und das heißt, daß für mich diese Reihe irgendwie der Ausdruck dieser einen Regel war."
2.329.1.1	3	Hat man „intuitiv" das Bildungsgesetz einer Reihe, z.B. der Reihe m verstanden, so daß man also im Stande ist, ein beliebiges $m_{(\nu)}$ zu bilden, so hat man das Bildungsgesetz ganz verstanden, also so gut, wie es etwa /irgend/ eine algebraische Darstellung vermitteln könnte. D.h. man kann es durch eine solche Darstellung nicht mehr besser verstehen. Und diese Darstellung ist daher insofern auch nicht strenger. Obwohl sie natürlich einprägsamer sein kann.
5.125.2.1	4	Man ist geneigt, zu glauben, daß die Notation, die eine Reihe durch Anschreiben einiger Glieder mit dem Zeichen „u.s.w." darstellt, wesentlich unexakt ist. Im/, im/ Gegensatz zur Angabe des allgemeinen Gliedes. Dabei vergißt man, daß die Angabe des allgemeinen Gliedes sich auf eine Grundreihe bezieht, welche nicht wieder durch ein allgemeines Glied beschrieben sein kann. So ist $2n + 1$ das allgemeine Glied der ungeraden Zahlen, wenn n die Kardinalzahlen durchläuft, aber es wäre Unsinn zu sagen, n sei das allgemeine Glied der Reihe der Kardinalzahlen. Wenn man diese Reihe erklären will, so kann man es nicht durch Angabe des „allgemeinen Gliedes n", sondern natürlich nur durch eine Erklärung der Art 1, 1 + 1, 1 + 1 + 1, u.s.w.. Und es ist natürlich kein wesentlicher Unterschied zwischen dieser Reihe und der: 1, 1 + 1, 1 + 1 + 1 + 1, u.s.w., die ich ganz ebensogut als Grundreihe hätte nehmen/annehmen/ können (so daß dann das allgemeine Glied der Kardinalzahlenreihe $\frac{n-1}{2}$ gelautet hätte).

4.235.1.1　1

$(\exists x)\, \varphi x \cdot \sim(\exists x, y)\, \varphi x \cdot \varphi y$
$(\exists x, y)\, \varphi x \cdot \varphi y \cdot \sim(\exists x, y, z)\, \varphi x \cdot \varphi y \cdot \varphi z$
$(\exists x, y, z)\, \varphi x \cdot \varphi y \cdot \varphi z \cdot \sim(\exists x, y, z, u)\, \varphi x \cdot \varphi y \cdot \varphi z \cdot \varphi u$

»Wie müßte man es nun anfangen, die allgemeine Form solcher Sätze zu schreiben? Die Frage hat offenbar einen guten Sinn. Denn, wenn ich nur einige solcher Sätze als Beispiele hinschreibe, so versteht man, was das Wesentliche dieser Sätze sein soll.«

4.235.1.1　　Nun, dann ist also die Reihe der Beispiele schon eine Notation; denn das Verstehen dieser Reihe besteht doch in der Verwendung dieses Symbols und darin, daß wir es von andern in demselben System unterscheiden, z.B. von:

$(\exists x)\, \varphi x$
$(\exists x, y, z)\, \varphi x \cdot \varphi y \cdot \varphi z$
$(\exists x, y, z, u, v)\, \varphi x \cdot \varphi y \cdot \varphi z \cdot \varphi u \cdot \varphi v.$

Warum sollen wir aber nicht das allgemeine Glied der ersten Reihe so schreiben:

$(\exists x_1 \ldots x_n)\, \Pi_{x_1}^{x_n} \varphi x \cdot (\exists x_1 \ldots x_{n+1})\, \Pi_{x_1}^{x_{n+1}} \varphi x\ ?$

Ist diese Notation unexakt? Sie selbst soll ja nichts bildhaft machen, sondern nur auf die Regeln ihres Gebrauchs, das System in dem sie gebraucht wird, kommt es an./, auf das System, in dem sie gebraucht wird, kommt es an./ Die Skrupel, die ihr anhaften, schreiben sich von einem Gedankengang her, der sich mit der Zahl der Urzeichen in dem Kalkül der ‚Principia Mathematica' beschäftigte.

ERWARTUNG.

WUNSCH.

ETC..

76

Erwartung: der Ausdruck der Erwartung.
Artikulierte und unartikulierte Erwartung.

2.315.4.1 1   Kann man sagen, die Erwartung ist eine vorbereitende, erwartende, Handlung. – Es wirft mir jemand einen Ball, ich strecke die Hände aus und richte sie zum Erfassen des Balls. Aber sagen wir, ich hätte mich verstellt, ich hatte erwartet, daß er nicht werfen würde, wollte aber so tun, als erwartete ich den Wurf. Worin besteht dann mein Erwarten, daß er nicht werfen wird, wenn meine Handlung die gegenteilige Erwartung ausdrückt? Diese/Sie/ mußte doch auch in etwas bestehen, was ich tat. Ich war also doch irgendwie nicht drauf vorbereitet, daß der Ball kam.

2.296.3.1 2   Es ist sehr trivial, wenn ich sage, daß ich in der Erwartung eines Flecks die Erwartung eines kreisförmigen von der eines elliptischen muß unterscheiden können und es überhaupt so viele Unterschiede in der Erwartung geben muß, wie in den Erfüllungen der Erwartungen. (Der Hunger und der Apfel, der ihn befriedigt, haben nicht die gleiche Multiplizität.)

3.39.8.1 3   Nehmen wir an, ich erwarte jemand: ich sehe auf die Uhr, dann zum Fenster hinaus, richte etwas in meinem Zimmer zurecht, schaue wieder hinaus, etc.. Diese Tätigkeit könnte ich das Erwarten nennen. Denke ich nun die ganze Zeit dabei? (D.h. ist diese Tätigkeit wesentlich eine Denktätigkeit, oder von ihr? begleitet?) Letzteres bestimmt nicht. Und wenn ich jene Tätigkeiten Denken nenne, welches wären die Worte, durch die dieser Gedanke ausgedrückt würde? – Wohl aber werden auch Gedanken während dieses Wartens sich einfinden. Ich werde mir sagen: „vielleicht ist er zu Hause aufgehalten worden", und drgl. mehr; vielleicht auch die artikulierte Erwartung „wenn er nur käme".

3.39.8.2   In allen jenen erwartenden Handlungen ist nichts, was uns interessiert (die Erfüllung der Erwartung in diesem Sinn ist nichts anderes, als die Stillung eines Hungers). Uns interessiert nur das zu einem Zweck gemachte Bild. – Der artikulierte Gedanke.

2.285.6.1 4   Es ist – glaube ich, wichtig zu erkennen, daß, wenn ich etwa glaube, daß jemand zu mir kommen wird, mein Dauerzustand nichts mit dem Betreffenden und den übrigen Elementen des Gedankens zu tun hat, d.h. sie nicht enthält. Das Gleiche gilt aber für Erwartung, Wunsch, etc. etc.. Wenn ich jemand erwarte, so denke ich nicht während dieser ganzen Zeit, daß er kommen wird, oder dergleichen. Ja selbst, wenn ich es gerade denke, so ist ja dieser Vorgang kein amorpher, wie etwa der des Schmerzes, sondern besteht nur darin, daß ich etwa jetzt gerade den Satz sage, „er wird kommen". Man kann nicht amorph sehen, daß etwas der Fall ist, glauben, daß etwas der Fall ist, wünschen, befürchten, denken, etc..

3.94.4.1 5   Der Ausdruck der Erwartung ist die Erwartung.

2.315.9.1	1	Die Vorbereitung ist quasi selbst die Sprache und kann nicht über sich selbst hinaus. (In dem „nicht über sich selbst hinauskönnen" liegt die Ähnlichkeit meiner Betrachtungen und jener der Relativitätstheorie.)
2.316.2.1	2	Wenn ich früher gesagt habe, es kommt darauf an, ob dieses Bild erwartet wird, d.h., ob wir gerade dieses Bild „verwenden" („benützen") so könnte ich jetzt sagen, es kommt darauf an, ob gerade dieses Bild unsere Sprache ist./zu unserer Sprache gehört./
2.316.3.1	3	Die Sprache als Ausdruck der Erwartung ist das Vorbereitete.

77

IN DER ERWARTUNG WURDE D A S ERWARTET, WAS DIE ERFÜLLUNG BRACHTE.

2.283.6.1 1   Die Erwartung und die Tatsache, die die Erwartung befriedigt, passen doch irgendwie zusammen. Man soll nun eine Erwartung beschreiben, und eine Tatsache, die zusammenpassen, damit man sieht, worin diese Übereinstimmung besteht. Da denkt man sofort an das Passen einer Vollform in eine entsprechende Hohlform. Aber wenn man nun hier die beiden beschreiben will, so sieht man, daß, soweit sie passen, eine Beschreibung für beide gilt. Vergleiche das Passen eines Hutes zu einem Kleid.

3.211.2.1 2   Kann man den Vorgang des Verständnisses eines Befehls mit dem Vorgang der Befolgung vergleichen, um zu zeigen, daß diese Befolgung diesem Verständnis, dieser Auffassung, wirklich entspricht? und inwiefern sie übereinstimmen? Gewiß, – nämlich z.B. die Auffassung p′ mit der Befolgung p. „Ich habe mir das heller vorgestellt". Aber nicht die Vorstellung ist als solche heller als die Wirklichkeit.

3.27.7.1 3   Kann man denn die Erwartung mit der eingetroffenen Tatsache vergleichen? Man sagt ja, die Tatsache stimme mit der Erwartung überein oder nicht überein. Aber dieses Übereinstimmen bezieht sich nicht auf Eigenschaften der Erwartung als solcher (des Vorgangs der Erwartung) und Eigenschaften des Ereignisses als Realität.
Kann man eine Hohlform mit einer Vollform vergleichen.

3.27.8.1 4   (Es ist aber nicht so als ob ich sagte: „ich habe Lust auf einen Apfel, was immer also diese Lust stillen wird, werde ich einen Apfel nennen". (Also etwa auch ein Schlafmittel.))

2.284.3.1 5   Das Seltsame ist ja darin ausgedrückt, daß, wenn das/dies/ der Fleck ist, den ich erwartet habe, er sich nicht von dem unterscheidet, den ich erwartet habe. Wenn man also fragt: „Wie unterscheidet sich denn der Fleck von dem, den Du erwartet hast, denn in Deiner Erwartung war doch der wirkliche Fleck nicht vorhanden, sonst hättest Du ihn nicht erwarten können", so ist die Antwort dennoch: der Fleck ist der, den ich erwartet habe.

3.102.3.1 6   Ich sage „genau so habe ich mir's vorgestellt". Und jemand antwortet etwa „das ist unmöglich, denn das eine war eine Vorstellung und das andere ist keine; und hast Du etwa Deine Vorstellung für Wirklichkeit gehalten?"

3.34.6.1	1	„Ich erwarte mir einen Schuß". Der Schuß fällt. Wie, das hast Du Dir erwartet; war also dieser Krach irgendwie schon in Deiner Erwartung? Oder stimmt Deine Erwartung nur in anderer Beziehung mit dem Eingetretenen überein, war dieser Lärm nicht in Deiner Erwartung enthalten und kam nur als Accidens hinzu, als die Erwartung erfüllt wurde? Aber nein, wenn der Lärm nicht eingetreten wäre, so wäre meine Erwartung nicht erfüllt worden; der Lärm hat sie erfüllt, er kam nicht zu der Erfüllung hinzu wie ein zweiter Gast zu dem einen, den ich erwartete.
3.34.7.1	2	War das am Ereignis, was nicht auch in der Erwartung war, ein Accidens, eine Beigabe des Schicksals/der Schickung/? Aber was war denn dann nicht Beigabe, kam denn irgend etwas vom Schuß schon in meiner Erwartung vor? Und was war denn Beigabe, denn hatte ich mir nicht den ganzen Schuß erwartet?
2.292.7.1	3	Unterscheidet sich etwa ein vorgestellter Ton von dem gleichen, wirklich gehörten durch die Klangfarbe?!
3.28.7.1	4	Es hat auch einen Sinn zu sagen, es sei nicht das geschehen, was ich erwartet habe, sondern etwas ähnliches; im Gegensatze aber zu dem Fall, wenn das geschieht, was erwartet wurde. Und das zeigt, welcher Art der Mißbrauch der Sprache ist, zu welchem/dem/ wir hier verleitet werden.
3.29.1.1	5	Wenn man nun sagte: Das Rot, das Du Dir vorstellst, ist doch gewiß nicht dasselbe (dieselbe Sache) wie das, was Du wirklich vor Dir siehst, – wie kannst Du dann sagen ‚das ist dasselbe, was ich mir vorgestellt habe'? – Zeigt denn das nicht nur, daß, was ich „dieses Rot" nenne, eben das ist, was meiner Vorstellung und der Wirklichkeit gemein ist? Denn das Vorstellen des Rot ist natürlich anders als das Sehen des Rot, aber darum heißt ja auch das eine „Vorstellen eines roten Flecks" und das andre „Sehen eines roten Flecks". In beiden (verschiedenen) Ausdrücken aber kommt dasselbe Wort „rot" vor und so muß dieses Wort nur das bezeichnen, was beiden Vorgängen zukommt.
3.29.1.2		Ist es denn nicht dasselbe in? den Sätzen „hier ist ein roter Fleck" und „hier ist kein roter Fleck"? In beiden kommt das Wort „rot" vor, also kann dieses Wort nicht das Vorhandensein von etwas Rotem bedeuten. – (Der Satz „das ist rot" ist nur eine Anwendung des Wortes „rot", gleichberechtigt mit allen anderen, wie mit dem Satz „das ist nicht rot".)
3.29.1.3		(Das Wort „rot" hat eben – wie jedes Wort – nur im Satzzusammenhang eine Funktion. Und ist das Mißverständnis das, in dem Wort allein schon den Sinn eines Satzes zu sehen glaubst?)
3.30.5.1	6	Wie komisch wäre es, zu sagen: ein Vorgang sieht anders aus, wenn er geschieht, als wenn er nicht geschieht. Oder: „Ein roter Fleck sieht anders aus, wenn er da ist, als wenn er nicht da ist, aber die Sprache abstrahiert von diesem Unterschied, denn sie spricht von einem roten Fleck, ob er da ist oder nicht".

3.30.6.1	1	Wie unterscheidet sich das Rot eines Flecks, den wir vor uns sehen, von dem dieses Flecks, wenn wir ihn uns bloß vorstellen? – Aber wie wissen wir denn, daß es das Rot dieses Flecks ist, wenn es (von dem Ersten) verschieden ist? – Woher wissen wir denn, daß es dasselbe Rot ist, wenn es verschieden ist/nicht dasselbe ist/? – Dieser Gallimathias zeigt, daß hier ein Mißbrauch der Sprache vorliegt.
3.31.1.1	2	Wie ist es möglich, daß ich erwarte, und das, was ich erwarte, kommt? Wie konnt' ich es erwarten, da es nicht da war?
3.31.1.2		Die Realität ist keine Eigenschaft, die dem Erwarteten noch fehlt und die nun hinzutritt, wenn es eintritt. – Sie ist auch nicht wie das Tageslicht, das den Dingen erst ihre Farbe gibt, wenn sie im Dunkeln schon gleichsam farblos vorhanden sind.
3.31.1.4		Wie konnte ich es erwarten, und es kommt dann wirklich; – als ob die Erwartung ein dunkles Transparent wäre und mit der Erfüllung das Licht dahinter angezündet würde. – Aber jedes solche Gleichnis ist falsch, weil es die Realität als einen beschreibbaren Zusatz zur Erwartung/zum Gedanken/ darstellt; was unsinnig ist.
3.31.1.5		(Es ist das im Grunde derselbe Unsinn, wie der, der die vorgestellte Farbe als matt im Vergleich zur wirklichen darstellt.)
3.31.1.6	3	Du siehst also, möchte ich sagen, an diesen Beispielen, wie die Worte wirklich gebraucht werden.
2.291.4.1	4	Ich habe etwas vorausgesagt, es tritt nun ein, und ich sage nun einfach „es ist eingetroffen" und das beschreibt schon den Tatbestand vollkommen. Er ist also auch jetzt nur soweit beschrieben, als man ihn auch hat beschreiben können, bevor/ehe/ er eingetreten war.
2.291.5.1	5	Wenn ich einfach sagen kann „es ist eingetroffen" so kann ich andrerseits nicht/nicht auch/ beschreiben, wie ein Tatbestand sein muß, um eine bestimmte Erwartung zu befriedigen.
3.214.6.1	6	Das Befolgen des Befehls liegt darin, daß ich etwas tue – – Kann ich aber auch sagen, ‚daß ich das tue, was er befiehlt'? Gibt es ein Kriterium dafür, daß das die Handlung ist, die ihn befolgt? Was soll hier unter einem Kriterium verstanden werden.
2.291.6.1	7	Die Erwartung verhält sich eben zu ihrer Befriedigung nicht wie der Hunger zu seiner Befriedigung. Ich kann sehr wohl den Hunger beschreiben und das, was ihn stillt, und sagen, daß es ihn stillt.
2.168.8.1	8	Wenn ich ein Ereignis erwarte und es kommt dasjenige, welches meine Erwartung erfüllt, hat es dann einen Sinn zu fragen, ob das wirklich das Ereignis ist, welches ich erwartet habe. D.h., wie würde ein Satz, der das behauptet, verifiziert werden?

3.106.5.1	1	„Wie weißt Du, daß Du einen r o t e n Fleck erwartest?" – d.h. „wie weißt Du, daß ein roter Fleck die Erfüllung dessen ist, was Du Dir erwartest". Aber ebensogut könnte man fragen, „wie weißt Du, daß das ein roter Fleck i s t?"
3.106.5.2		Wie weißt Du, daß, was Du getan hast, wirklich war, das Alphabet im Geist herzusagen? – Aber wie weißt Du, daß, was Du hersagst, nun wirklich das Alphabet i s t?
3.106.6.1		Das ist natürlich die gleiche Frage wie: Woher weißt Du, daß, was Du rot nennst, wirklich dasselbe ist, was der Andre so nennt. Und die eine Frage ist ebenso unsinnig wie die andere.
3.110.2.1	2	Was immer ich über die Erfüllung der Erwartung sagen mag, was sie zur Erfüllung dieser Erwartung machen soll, zählt sich zur Erwartung, ändert den A u s d r u c k der Erwartung. D.h., der Ausdruck der Erwartung ist der v o l l s t ä n d i g e Ausdruck der Erwartung.
2.181.2.1 2.181.2.2	3	Wenn ich sage „das ist dasselbe Ereignis, welches ich erwartet habe" und „das ist dasselbe Ereignis, was auch an jenem Ort stattgefunden hat", so bedeutet hier das Wort „dasselbe" jedesmal etwas anderes. (Man würde auch normalerweise nicht sagen „das ist dasselbe, was ich erwartet habe", sondern „das ist das, was ich erwartet habe".)

78

„WIE KANN MAN ETWAS WÜNSCHEN, ERWARTEN, SUCHEN, WAS NICHT DA IST?"
MISSVERSTÄNDNIS DES ‚ETWAS'.

2.312.8.1   1   Es könnte gesagt werden: Wie kann ich denn das Ereignis erwarten, es ist ja noch garnicht da?

2.279.4.1   2   Man kann sich vorstellen, es sei etwas der Fall, was nicht ist: sehr merkwürdig! Denn, daß die Vorstellung nicht mit der Wirklichkeit übereinstimmt, ist nicht merkwürdig, daß sie sie aber dann repräsentiert, ist merkwürdig.

4.12.3.1   3   Sokrates: Wer also vorstellt, was nicht ist, der stellt nichts vor? – Theaitetos: So scheint es. – S.: Wer aber nichts vorstellt, der wird gewiß überhaupt garnicht vorstellen? – Th.: Offenbar, wie wir sehen.

4.12.3.2   Setzen wir in diesem Argument |und dem ihm vorhergehenden| statt „vorstellen" etwa „zerschneiden"/„töten"/, so läuft es auf eine Regel der Verwendung dieses Wortes hinaus. Man dürfe nicht sagen: „ich zerschneide/töte/ etwas, was nicht existiert"./Es hat keinen Sinn zu sagen ..../

4.12.4.1   4   Ich kann mir einen Hirsch auf dieser Wiese vorstellen, der nicht da ist, aber keinen töten, der nicht da ist. – Und sich einen Hirsch vorstellen, der nicht da ist, heißt, sich vorstellen, daß ein Hirsch da ist, obwohl keiner da ist. Einen Hirsch töten aber, heißt nicht: töten, daß ein Hirsch da ist (also: verschiedene grammatische Regeln). Wenn aber jemand sagt: „um mir einen Hirsch vorzustellen, muß es ihn doch in einem gewissen Sinne geben", so ist die Antwort: nein, es muß ihn dazu in keinem Sinne geben. Und wenn darauf gesagt würde: Aber z.B. die braune Farbe muß es doch geben, damit ich mir sie vorstellen kann, so ist zu sagen: „Es gibt die braune Farbe' heißt überhaupt nichts, außer etwa, daß sie da oder dort als Färbung eines Gegenstandes (Flecks) auftritt/erscheint/ und das ist nicht nötig, damit ich mir einen braunen Hirsch vorstellen kann."

3.327.1.1   5   „Ich stelle mir vor, wie das sein wird" (wenn der Sessel weiß gestrichen sein wird) – wie kann ich es mir denn vorstellen, wenn es nicht ist?! Ist denn die Vorstellung eine Zauberei?

3.199.2.1   6   Man möchte fragen: Welcher außerordentliche Prozeß muß das Wollen sein, daß ich d a s schon jetzt wollen kann, was ich erst in 5 Minuten tun werde?!

3.199.4.1   7   Die Antwort: Wenn Dir das sonderbar vorkommt, so vergleichst Du es mit etwas, womit es nicht zu vergleichen ist. – Etwa damit: Wie kann ich jetzt dem Mann die Hand geben, der erst in 5 Minuten hereintreten wird? (Oder etwa gar: Wie kann ich dem die Hand geben, den es vielleicht gar nicht gibt?)

3.199.5.1	1	Das ‚foreshadowing' der Tatsache besteht offenbar darin, daß wir jetzt denken können, daß das eintreffen wird, was erst eintreffen wird. Oder, wie das irreführend ausgedrückt wird: daß wir (an) das denken können, was erst eintreffen wird.	
3.301.2.1	2	„Wenn immer ich über die Erfüllung eines Satzes rede, rede ich über sie im Allgemeinen. Ich beschreibe sie in irgendeiner Form. Ja, es liegt diese Allgemeinheit schon darin, daß ich die Beschreibung zum Voraus geben kann und jedenfalls unabhängig von dem Eintreten der Tatsache."	
3.302.1.1	3	Wenn man sagt, daß die Tatsache auf „allgemeine Art" beschrieben wird /Wenn wir sagen, daß wir die Tatsachen auf „allgemeine Art" beschreiben/, so setzen wir diese Art im Geiste einer andern entgegen. (Diese Entgegenstellung nehmen wir aber natürlich von wo anders her.) Wir denken uns, daß bei der Erfüllung etwas Neues entsteht und nun da ist, was früher nicht da war. Das heißt, wir denken an einen Gegenstand oder Komplex, auf den wir nun zeigen können, beziehungsweise, der sich nun selbst repräsentieren kann, während die Beschreibung nur sein Bild war. Wie wenn ich den Apfel, der auf diesem Zweig wachsen wird, zum Voraus gemalt hätte, nun aber er selber kommt. Man könnte dann sagen, die Beschreibung des Apfels war allgemein, d.h. mit Wörtern, Farben, etc. bewerkstelligt, die schon vor dem Apfel und nicht speziell für ihn da waren. Gleichsam altes Gerümpel im Vergleich mit dem wirklichen Apfel. Vorläufer/Vorbilder/, die alle abdanken müssen, wenn der Erwartete (selber) kommt.	
3.302.2.1	4	Aber der Erwartete ist nicht die Erfüllung, sondern: daß er gekommen ist.	
3.302.3.1	5	Dieser Fehler ist tief in unserer Sprache verankert: Wir sagen „ich erwarte ihn" und „ich erwarte sein Kommen" und „ich erwarte, daß er kommt".	
3.302.4.1	6	Die Tatsache wird allgemein beschrieben heißt, sie wird aus alten Bestandteilen zusammengesetzt.	
3.302.4.2		Sie wird beschrieben, das ist so, als wäre sie uns, außer durch die Beschreibung, noch anders gegeben.	
3.302.5.1	7	Hier wird die Tatsache mit einem Haus oder einem andern/sonstigen/ Komplex gleichgestellt.	
3.302.6.1	8	Noch einmal der Vergleich: der Mensch tritt ein – die Tatsache/das Ereignis/ tritt ein: Als wäre die Tatsache/das Ereignis/ schon vorgebildet vor der Tür der Wirklichkeit und würde nun in diese eintreten, wenn sie/es/ eintritt.	

3.317.1.1	1	Das ganze Problem der Bedeutung der Worte ist darin aufgerollt, daß ich den A suche, ehe ich ihn gefunden habe. – Es ist darüber zu sagen, daß ich ihn suchen kann, auch wenn er in gewissem Sinne nicht existiert.
3.317.1.2		Wenn wir sagen, ein Bild ist dazu nötig, wir müssen in irgend einem Sinne ein Bild von ihm herumtragen, so sage ich: vielleicht; aber was hat es für einen Sinn, zu sagen, es sei ein Bild von ihm. Das hat also auch nur einen Sinn, wenn ich ein weiteres Bild von ihm habe, das dem Wort „ihm" entspricht.
3.317.3.1	2	Man sagt etwa: Wenn ich von der Sonne spreche, muß ich ein Bild der Sonne in mir haben. – Aber wie kann man sagen, daß es ein Bild der Sonne ist. Hier wird doch die Sonne wieder erwähnt, im Gegensatz zu ihrem Bilde. Und damit ich sagen kann: „das ist ein Bild der Sonne", müßte ich ein weiteres Bild der Sonne besitzen. u.s.w..
3.318.9.1	3	Man könnte nur sagen: Wenn er von der Sonne spricht, muß er ein visuelles Bild (oder Gebilde von der und der Beschaffenheit – rund, gelb, etc.) vor sich sehen. Nicht, daß das wahr ist, aber es hat Sinn, und dieses Bild ist dann ein Teil des Zeichens.
3.317.4.1	4	Wie seltsam, ich kann ihn suchen, wenn er nicht da ist, aber ich kann nicht auf ihn zeigen, wenn er nicht da ist. Das ist eigentlich das Problem des Suchens und zeigt den irreführenden Vergleich.
3.317.4.2		Man könnte sagen wollen: da muß er doch auch dabei sein, wenn ich ihn suche. – Dann muß er auch dabei sein, wenn ich ihn nicht finde, und auch, wenn es ihn nicht gibt.
3.317.5.1	5	Ihn (etwa meinen Stock) suchen, ist eine Art des Suchens und unterscheidet sich davon, daß man etwas andres sucht, durch das, was man beim Suchen tut (sagt, denkt), nicht durch das, was man findet.
3.317.6.1	6	Und trage ich beim Suchen ein Bild mit mir oder eine Vorstellung, nun gut. Und sage ich, das Bild sei das Bild des Gesuchten, so sagt das nur, welchen Platz das Bild im Vorgang des Suchens einnimmt. Und finde ich ihn und sage „da ist er! den habe ich gesucht", so sind die letzten Worte nicht etwa eine Worterklärung für die Bezeichnung des gesuchten Gegenstandes (etwa für die Worte „mein Stock"), die erst jetzt, wo er gefunden ist, gegeben werden könnte/kann/. – Wie man das, was man wünscht, nach der Erfüllung des Wunsches nicht besser weiß, oder erklären kann, als vorher.
3.317.7.1	7	Man kann den Dieb nicht hängen ehe man ihn hat, wohl aber schon suchen.
3.318.1.1	8	„Du hast den Menschen gesucht? Wie war das möglich, er war doch gar nicht da!"
3.318.2.1	9	„Ich suche meinen Stock. – Da ist er!" Dies letztere ist keine Erklärung des Ausdrucks „mein Stock", die für das Verständnis des ersten Satzes wesentlich wäre und die ich daher nicht hätte geben können, ehe mein Stock gefunden war. Vielmehr muß der Satz „da ist er", wenn er nicht eine Wiederholung der (auch) früher möglichen Worterklärung ist, ein neuer synthetischer Satz sein.

3.318.3.1	1	Das Problem entspricht einer Verwechslung eines Wortes oder Ausdrucks mit dem Satz, der die Existenz, das Dasein, des Gegenstands behauptet.
3.318.4.1	2	„Den hast Du gesucht? Du konntest ja nicht einmal wissen, ob er da ist!" (Vergleiche dagegen das Suchen nach der Dreiteilung des Winkels.)
3.318.5.1	3	Auch haben wir hier die Verwechslung zwischen der Bedeutung und dem Träger eines Wortes. Denn der Gegenstand, auf den ich bei dem Worte „den" zeige, ist der Träger des Namens, nicht seine Bedeutung.
3.318.6.1	4	Kurz: ich suche den Träger des Namens, nicht dessen/seine/ Bedeutung /die Bedeutung des Namens/.
3.318.6.2		Aber anderseits: ich suche und hänge den Träger des Namens. (?)
3.318.7.1	5	Man kann von dem Träger des Namens sagen, daß er (existiert oder) nicht existiert, und das ist natürlich keine Tätigkeit, obwohl man es mit einer verwechseln könnte und sagen, er müsse doch dabei sein, wenn er nicht existiert. (Und das ist von einem Philosophen bestimmt schon einmal geschrieben worden.)
3.318.8.1	6	(„Ich suche ihn". – „Wie schaut er aus". – „Ich weiß es nicht, aber (ich bin sicher) ich werde ihn wiedererkennen, wenn ich ihn sehe".)
3.323.2.1	7	Der Gedanke, daß uns (erst) das Finden zeigt/sagt/, was wir erwartet haben, heißt, den Vorgang so beurteilen, wie etwa die Symptome der Erwartung bei einem Andern. Ich sehe ihn etwa unruhig auf und ab gehen; da kommt jemand zur Tür herein und er wird ruhig und gibt Zeichen der Befriedigung; und nun sage ich: „er hat offenbar diesen Menschen erwartet".
3.323.3.1	8	Die ‚Symptome der Erwartung' sind nicht der Ausdruck der Erwartung.
3.323.3.2		Und zu glauben, ich wüßte erst nach dem Finden, was ich gesucht (nach der Erfüllung, was ich gewünscht) habe, läuft auf einen unsinnigen „behaviourism" hinaus.
3.323.4.1	9	„Ich wünsche mir eine gelbe Blume". – „Ja, ich gehe und suche Dir eine gelbe Blume. Hier habe ich eine gefunden". – Gehört die Bedeutung von „gelbe Blume" mehr zum letzten Satz, als zu den zwei vorhergehenden?
3.324.3.1	10	Die Bedeutung des Wortes „gelb" ist nicht die Existenz eines gelben Flecks: Das ist es, was ich über das Wort „Bedeutung" sagen möchte.
3.117.7.1	11	»Die Vorstellung, die mit dem Wort rot verbunden ist, ist gewiß die, welche der Tatsache entspricht, daß etwas rot ist, – nicht die, die der Tatsache entspricht, daß etwas blau, also nicht rot ist. Statt der Worterklärung „das⌐ ist rot" sollte ich sagen „so sieht es aus, wenn etwas rot ist". Ja, die Vorstellung rot ist die Vorstellung, daß etwas rot ist. Und darauf beruht jene Verwechslung von Wort und Satz, von der ich früher sprach.«

3.121.6.1　1　Und hier ist, glaube ich, ein Hauptanstoß zum Mißverständnis, daß das „Vorkommen von rot" in zwei Tatbeständen als deren gemeinsamer Bestandteil einen doppelten Sinn hat. In dem einen Fall heißt es, daß sowohl da wie dort etwas rot ist – d.h. die Eigenschaft rot hat. In dem andern handelt es sich nicht um eine Gemeinsamkeit der Farbe (die ja durch eine Farbangabe ausgedrückt würde).

3.122.1.1　Diese Gemeinsamkeit ist eben die Harmonie zwischen Welt /Wirklichkeit/ und Gedanken, die nicht zu beschreiben ist.

79
IM AUSDRUCK DER SPRACHE BERÜHREN SICH ERWARTUNG UND ERFÜLLUNG.

3.34.4.1	1	In der Sprache berühren sich Erwartung und Ereignis.
3.310.2.1	2	„Ich sagte, ‚geh aus dem Zimmer' und er ging aus dem Zimmer". „Ich sagte, ‚geh aus dem Zimmer' und er ging langsam aus dem Zimmer". „Ich sagte, ‚geh aus dem Zimmer' und er sprang zum Fenster hinaus". Hier ist eine Rechtfertigung möglich, auch wo die Beschreibung der Handlung nicht die ist, die der Befehl gibt.
3.312.11.1	3	Es ist doch offenbar nicht unmöglich/undenkbar/, daß Einer die gelbe Blume so mit einem Phantasiebild sucht, wie ein Anderer mit dem färbigen Täfelchen, oder ein Dritter in irgendeinem Sinne, mit dem Bild einer Reaktion, die durch das, was er sucht, hervorgerufen werden soll (Klingel).
3.312.11.2		Womit immer aber er suchen geht (mit welchem Paradigma immer), nichts zwingt ihn, das als das Gesuchte anzuerkennen, was er am Schluß wirklich anerkennt, und die Rechtfertigung in Worten, oder andern Zeichen, die er dann von dem Resultat/Ergebnis/ gibt, rechtfertigt wieder nur in Bezug auf eine andere Beschreibung in derselben Sprache.
3.313.1.1	4	Die Schwierigkeit ist aufzuhören, ‚warum' zu fragen (ich meine, sich dieser Frage zu enthalten).
3.314.1.1	5	Du befiehlst mir „bringe mir eine gelbe Blume"; ich bringe eine und Du fragst: „warum hast Du mir so eine gebracht?" Dann hat diese Frage nur einen Sinn, wenn sie zu ergänzen ist „und nicht eine von dieser (andern) Art".
3.314.1.2		D.h., diese Frage gehört schon in/bezieht sich schon auf/ ein System; und die Antwort muß sich auf das gleiche System beziehen.
3.314.2.1	6	Auf die Frage „warum tust Du das auf meinen Befehl?" kann man fragen: „was?"
3.314.3.1		Da wäre es nun absurd zu fragen „warum bringst Du mir eine gelbe Blume, wenn ich Dir befohlen habe, mir eine gelbe Blume zu bringen". Eher könnte man fragen „warum bringst Du eine rote Blume, wenn ich sagte, Du sollest eine gelbe bringen" oder „warum bringst Du eine dunkelgelbe auf den Befehl ‚bring' eine gelbe'?"

2.300.3.1	1	Noch einmal: was ist das Kriterium dafür, daß der Befehl richtig ausgeführt wurde? Was ist das Kriterium, nämlich auch für den Befehlenden? Wie kann er wissen, daß der Befehl nicht richtig ausgeführt wurde. Angenommen, er ist von der Ausführung befriedigt und sagt nun: „von dieser Befriedigung lasse ich mich aber nicht täuschen, denn ich weiß, daß doch nicht das geschehen ist, was ich wollte". Er erinnert sich in irgend einem Sinne daran, wie er den Befehl gemeint hatte. – – – In welchem Sinne? Woran erinnere ich mich, wenn ich mich erinnere, das gewünscht zu haben.
3.117.1.1	2	Man hat vielleicht das Gefühl: es kann doch nicht im Satz „ich glaube, daß p der Fall ist" das ‚p' dasselbe bedeuten, wie in der Behauptung „p", weil ja in der Tatsache des Glaubens, daß p der Fall ist, die Tatsache, daß p der Fall ist, nicht enthalten ist.
3.117.3.1	3	Man hat das Gefühl, daß ich mich im Satz „ich erwarte, daß er kommt" der Worte „er kommt" in anderem Sinne bediene, als in der Behauptung „er kommt". – Aber wäre es so, wie könnte ich davon reden, daß meine Erwartung durch die Tatsache befriedigt ist?
3.117.4.1	4	Nun könnte man aber fragen: Wie schaut das aus, wenn er kommt? – „Es geht die Tür auf und ein Mann tritt herein, der ….". Wie schaut das aus, wenn ich erwarte, daß er kommt? – „Ich gehe auf und ab, sehe auf die Uhr, ….". – Aber der eine Vorgang hat ja mit dem anderen nicht die geringste Ähnlichkeit! Wie kann man dann dieselben Worte zu ihrer Beschreibung gebrauchen? Aber, auf-und-abgehen konnte ich ja auch, ohne zu erwarten, daß er kommen werde, auf die Uhr sehen auch, etc.; das ist also nicht das Charakteristische des Erwartens, daß er kommt. Das Charakteristische aber ist nur eben durch diese Worte gegeben. Und „er" heißt dasselbe, wie in der Behauptung „er kommt" und „kommt" heißt dasselbe, wie in der Behauptung, und ihre Zusammenstellung bedeutet nichts anderes. D.h. z.B.: eine hinweisende Erklärung des Wortes „er" gilt für beide Sätze.
3.48.8.1	5	Wenn ich ~p glaube, so glaube ich dabei nicht zugleich p, weil „p" in „~p" vorkommt.
3.49.2.1	6	p kommt in ~p in demselben Sinne vor, wie ~p in p.
3.49.3.1	7	Die Worte „vorkommen" etc. sind eben unbestimmt, wie alle solche Prosa. Exakt und unzweideutig und unbestreitbar sind nur die grammatischen Regeln, die am Schluß zeigen müssen, was gemeint ist.

80

„Der Satz bestimmt, welche Realität ihn wahr macht".
Er scheint einen Schatten dieser Realität zu geben. Der
Befehl scheint seine Ausführung in schattenhafter Weise
vorauszunehmen.

3.281.12.1 1 Die Beschreibung der Sprache muß dasselbe leisten wie die Sprache.

3.281.13.1 2 Denn dann kann ich wirklich aus dem Satz, der Beschreibung der Wirklichkeit, ersehen, wie es sich in der Wirklichkeit verhält.

3.281.14.1 3 (Aber nur d a s nennt man ja „Beschreibung" und nur das nennt man ja „ersehen, wie es sich verhält"!)

3.282.1.1 4 (Und etwas anderes ist es ja nicht, was wir alle damit sagen: daß wir aus der Beschreibung ersehen; wie es sich in Wirklichkeit verhält.)

3.299.4.1 5 „Du beziehst von dem Befehl die Kenntnis dessen, was Du zu tun hast.
3.299.4.2   Und doch gibt Dir der Befehl nur sich selbst, und seine W i r k u n g ist gleichgültig."

3.299.6.1 6 Das wird erst dann seltsam, wenn der Befehl etwa ein Glockenzeichen ist. – Denn, in welchem Sinne mir dieses Zeichen mitteilt, was ich zu tun habe, außer daß ich es einfach/eben/ tue u n d das Zeichen da war – –. Denn es ist auch nicht das, daß ich es erfahrungsgemäß immer tue, wenn das Zeichen gegeben wird.

3.299.7.1 7 Darum hat es ja auch ohne weiteres k e i n e n S i n n, zu sagen: „Ich muß gehen, weil die Glocke geläutet hat". Sondern, dazu muß noch etwas anderes gegeben sein.

3.314.4.1 8 Wie kann man die Handlung von dem Befehl „hole eine gelbe Blume" ableiten? – Wie kann man das Zeichen „5" aus dem Zeichen „2 + 3" ableiten?

3.165.7.1 9 Kann man denn, und in welchem Sinne kann man, aus dem Zeichen plus dem Verständnis (also der Interpretation) die Ausführung ableiten, ehe sie geschieht? Alles was man ableitet, ist doch nur eine Beschreibung der Ausführung und auch diese Beschreibung war erst da, nachdem man s i e abgeleitet hatte.

3.165.8.1 10 Die A u s f ü h r u n g des Befehls leiten wir von diesem erst ab, wenn wir ihn ausführen.

4.92.4.1 11 The bridge c a n only be crossed when we get there. (Gemeint ist die Brücke zwischen Zeichen und Realität.)

4.85.6.1	1	Von der Erwartung zur Erfüllung ist ein Schritt einer Rechnung. Ja, die Rechnung $\frac{25 \times 25}{\begin{array}{c}50\\\underline{125}\end{array}}$ steht zu ihrem Resultat 625 genau im Verhältnis der Erwartung zur Erfüllung.
4.85.7.1	2	Und soweit – und nur soweit – als diese Rechnung ein Bild des Resultats ist, ist auch die Erwartung ein Bild der Erfüllung.
4.85.8.1	3	Und soweit das Resultat von der/durch die/ Rechnung, soweit ist die Erfüllung durch die Erwartung bestimmt./.... von der Rechnung bestimmt ist, soweit ..../
3.199.7.1	4	„Der Befehl nimmt die Ausführung voraus". Inwiefern nimmt er sie denn voraus? Dadurch, daß er d a s befiehlt/daß er jetzt befiehlt/, was später ausgeführt (oder nicht ausgeführt) wird. Oder: Das, was wir damit meinen, wenn wir sagen, der Befehl nimmt die Ausführung voraus, ist d a s s e l b e, was dadurch ausgedrückt ist, daß der Befehl befiehlt, was später geschieht. Aber richtig: „geschieht, oder nicht geschieht". Und das sagt nichts. (Der Befehl kann sein Wesen eben nur z e i g e n.)
3.200.2.1	5	Aber, wenn auch mein Wunsch nicht bestimmt, was der Fall sein wird, so bestimmt er doch sozusagen das Thema einer Tatsache, ob die nun den Wunsch erfüllen, oder nicht.
3.200.3.1	6	Muß er nun dazu etwas voraus wissen? Nein. $p \vee \sim p$ sagt wirklich n i c h t s.
3.200.4.1	7	Wir wundern uns – sozusagen – nicht darüber, daß Einer die Zukunft weiß, sondern – darüber, daß er überhaupt (richtig oder falsch) prophezeien kann.
3.200.5.1	8	Es ist, als würde die bloße Prophezeiung (gleichgültig ob richtig oder falsch) schon einen Schatten der Zukunft vorausnehmen. – Während sie über die Zukunft nichts weiß, und weniger als nichts nicht wissen kann.
3.176.2.1	9	Worin besteht das Vorgehen nach einer Regel? – Kann man das fragen? –
3.176.2.2		Ich gehe nach einer Regel vor heißt: ich gehe so vor, daß das, was herauskommt, ... Daß das, was herauskommt, dieser Regel genügt.
3.176.2.3		Nach der Regel vorgehen, heißt s o vorgehen, und das ‚so' muß die Regel enthalten.
3.176.5.1	10	Wenn die Regel heißt „wo Du ein ↑ siehst, schreib' ein ‚c'", so ist damit gegeben, was ich tun soll, so weit es überhaupt gegeben sein kann.
3.176.6.1	11	Denn mehr bestimmt, als durch eine genaue Beschreibung, kann etwas nicht sein. Denn, bestimmen kann nur heißen, es b e s c h r e i b e n.

3.177.1.1	1	Dann ist eine Handlung nicht bestimmt, wenn die Beschreibung noch etwas offen läßt/gelassen hat/ (so, daß man sagen kann „ich weiß noch nicht ob ....") was also die/eine/ Beschreibung bestimmen kann. Ist die Beschreibung vollständig, so ist die Handlung bestimmt. Und das heißt, es kann der Beschreibung nur eine Handlung entsprechen. (Nur so können wir das Wort/diesen Ausdruck/ gebrauchen.)
3.177.2.1		(Erinnern wir uns an die Argumentation über „Zahnschmerzen".)
3.177.3.1	2	Hier ist auch der Zusammenhang mit der Frage: „sieht der Andere wirklich dieselbe Farbe, wenn er blau sieht, wie ich?" Freilich, er sieht blau! Das ist ja eben dieselbe Farbe. – D.h.?, die Frage, ob er als blau dieselbe Farbe sieht, ist unsinnig, wenn angenommen ist, daß wir das Recht haben, was er sieht und ich sehe, als ‚blau' zu bezeichnen. Läßt sich im gewöhnlichen Sinne – d.h. nach der gewöhnlichen Methode – konstatieren, daß er nicht dieselbe Farbe sieht, so kann ich nicht sagen, daß wir beide blau sehen. Und läßt es sich konstatieren, daß wir beide blau sehen, dann „sehen wir beide die gleiche Farbe", denn dieser Satz hat ja nur auf diese Proben Bezug.
3.177.4.1	3	Und so/analog/ verhält es sich mit der Frage: „ist das, was ich jetzt ‚gelb' nenne, gewiß die gleiche Farbe, die ich früher ‚gelb' genannt habe?" – Gewiß, denn es ist ja gelb. – Aber woher weißt Du das? – Weil ich mich daran erinnere. – Aber kann die Erinnerung nicht täuschen? – Nein. Nicht, ?wenn ihr Datum gerade das ist, wonach ich mich richte?.
3.93.4.1	4	Wenn man nun fragt: Ist also die Tatsache durch die Erwartung auf ja und nein bestimmt, oder nicht, d.h. ist es bestimmt, in welchem Sinne die Erwartung durch ein Ereignis – welches immer eintrifft? – beantwortet werden? wird, so muß man antworten: ja! Unbestimmt wäre es etwa im Falle einer Disjunktion im Ausdruck der Erwartung.
3.166.4.1	5	Wenn ich sage „der Satz bestimmt doch schon im Voraus, was ihn wahr machen wird": Gewiß, der Satz ‚p' bestimmt, daß p der Fall sein muß, um ihn wahr zu machen; das ist aber auch alles, was man darüber sagen kann, und heißt nur: „der Satz p = der Satz, den die Tatsache p wahr macht".

INTENTION.
WAS FÜR EIN VORGANG IST SIE? MAN SOLL AUS DER BETRACHTUNG
DIESES VORGANGS ERSEHEN KÖNNEN, WAS INTENDIERT WIRD.

2.181.8.1   1   Wenn eine Vorrichtung als Bremse wirken soll, tatsächlich aber aus irgendwelchen Ursachen den Gang der Maschine beschleunigt, so ist die Absicht, der die Vorrichtung dienen sollte, aus ihr allein nicht zu ersehen.
2.181.8.2   Wenn man sagt „das ist der Bremshebel, er funktioniert aber nicht", so spricht man von der Absicht. Ähnlich ist es, wenn man eine verdorbene Uhr doch eine Uhr nennt.

2.270.1.1   2   Angenommen, das Anziehen des Bremshebels bewirkt manchmal das Abbremsen der Maschine und manchmal nicht. So ist daraus allein nicht zu schließen, daß er als Bremshebel gedacht war. Wenn nun eine bestimmte Person immer dann, wenn der Hebel nicht als Bremshebel wirkt, ärgerlich würde –. So wäre damit auch nicht das gezeigt, was ich zeigen will. Ja, man könnte dann sagen, daß der Hebel einmal die Bremse, einmal den Ärger betätigt. – Wie drückt es sich nämlich aus, daß die Person darüber ärgerlich wird, daß der Hebel die Bremse nicht betätigt hat?
2.270.2.1   (Dieses über etwas ärgerlich sein ist nämlich scheinbar von ganz derselben Art, wie: etwas fürchten, etwas wünschen, etwas erwarten, etc.) Das „über etwas ärgerlich sein" verhält sich nämlich zu dem, worüber man ärgerlich ist, nicht wie die Wirkung zur Ursache, also nicht wie Magenschmerzen zu der Speise mit der man sich den Magen verdorben hat. Man kann darüber im Zweifel sein, woran man sich den Magen verdorben hat und die Speise, die etwa die Ursache ist, tritt in die Magenschmerzen nicht als ein Bestandteil dieser Schmerzen ein; dagegen kann man, in einem gewissen Sinne, nicht zweifelhaft sein, worüber man sich ärgert, wovor man sich fürchtet, was man glaubt. (Es heißt nicht „ich weiß nicht, – ich glaube heute, aber ich weiß nicht woran"!) – Und hier haben wir natürlich das alte Problem, daß nämlich der Gedanke, daß das und das der Fall ist, nicht voraussetzt, daß es der Fall ist. Daß aber anderseits doch etwas von? der Tatsache für den Gedanken selbst Voraussetzung sein muß. „Ich kann nicht denken, daß etwas rot ist, wenn rot garnicht existiert". Die Antwort darauf ist, daß die Gedanken in demselben Raum sein müssen, wie das Zweifelhafte, wenn auch an einer andern Stelle.

2.270.2.1	1	

Darin, und nur darin besteht auch die (prästabilierte) Harmonie zwischen Welt und Gedanken.

2.271.0.3
2.271.1.1
Die Intention ist nun aber von genau derselben Art wie – z.B. – der Ärger. Und da scheint es irgendwie, als würde man die Intention von außen betrachtet nie als Intention erkennen; als müßte man sie selbst intendieren/meinen/, um sie als Meinung zu verstehen. Das hieße aber, sie nicht als Phänomen, nicht als Tatsache, zu betrachten! Das ist natürlich wieder das vorige Problem, denn der Witz ist, daß man es dem Gedanken (als selbständige Tatsache betrachtet) ansehen muß, daß er der Gedanke ist, daß das und das der Fall ist. Kann man es ihm nicht ansehen (so wenig wie den Magenschmerzen woher sie rühren), dann hat er kein logisches Interesse, oder vielmehr, dann gibt es keine Logik. – Das kommt auch darauf hinaus, daß man den Gedanken mit der Realität muß unmittelbar vergleichen können und es nicht erst einer Erfahrung bedürfen kann, daß diesem Gedanken diese Realität entspricht. (Darum unterscheiden sich auch Gedanken nach ihrem Inhalt, aber Magenschmerzen nicht nach dem, was sie hervorgerufen hat.)

2.271.1.2
Meine Auffassung scheint unsinnig, wenn man sie so ausdrückt: man soll sehen können, worüber Einer denkt, wenn man ihm den Kopf aufmacht; wie ist denn das möglich? die Gegenstände, über die er denkt, sind ja garnicht in seinem Kopf (ebensowenig wie in seinen Gedanken)!

2.271.1.2
Man muß nämlich die Gedanken, Intentionen (etc.) von außen betrachtet als solche verstehen, ohne über die Bedeutung von etwas unterrichtet zu werden. Denn auch die Relation des Bedeutens wird ja dann als ein Phänomen gesehen (und ich kann/darf/ dann nicht wieder auf eine Bedeutung des Phänomens hinweisen müssen, da ja dieses Bedeuten wieder in den Phänomenen/dem Phänomen mit/ inbegriffen ist).

2.271.2.1 2
Wenn man den Gedanken betrachtet, so kann also von einem Verstehen keine Rede mehr sein, denn, sieht man ihn, so muß man ihn als den Gedanken dieses Inhalts erkennen, es ist nichts zu deuten. – Aber so ist es ja wirklich, wenn wir denken, da wird nicht gedeutet. –

2.272.1.3 3
Die kausale Erklärung des Bedeutens und Verstehens lautet im Wesentlichen so: einen Befehl verstehen heißt, man würde ihn ausführen, wenn ein gewisser Riegel zurückgezogen würde. – Es würde jemandem befohlen, einen Arm zu heben, und man sagt: den Befehl verstehen heißt, den Arm zu heben. Das ist klar, wenn auch gegen unseren Sprachgebrauch (wir nennen das „den Befehl befolgen"). Nun sagt man/Frege/ aber: den Befehl verstehen heißt, entweder den Arm heben, oder, wenn das nicht, etwas bestimmtes Anderes tun – etwa das Bein heben. Nun heißt das aber nicht „verstehen" im ersten Sinn, denn der Befehl war nicht „den Arm oder das Bein zu heben". Der Befehl bezieht sich also (nach wie vor) auf eine Handlung, die nicht geschehen ist. Mit andern Worten, es bleibt der Unterschied bestehen zwischen dem Verstehen und dem Befolgen des Befehls. Und weiter/Frege/: ein unverstandener Befehl ist gar kein Befehl. – Dieses Verstehen des Befehls kann nicht irgend eine Handlung sein, (etwa den Fuß heben) sondern sie muß das Wesen des Befehls selbst enthalten.

3.95.3.1	1	„In dem Faktum des Verstehens muß das Verstehen (was immer es ist) seinen Ausdruck finden.
3.95.3.2		In dem Vorgang des Verstehens (welcher immer der sei) muß das Verstehen ausgedrückt sein."
		(Wenn ich Einem in die Seele sähe, müßte ich sehen, woran er denkt. Siehe Vorgang des Denkens.)
2.275.10.1	2	In der Sprache wird alles ausgetragen.
2.279.7.1	3	Warum scheint mir mein Gedanke ein so exceptionelles Stück Wirklichkeit zu sein? Doch nicht, weil ich ihn „von innen" kenne, das heißt nichts; sondern offenbar, weil ich alles in Gedanken ausmache, und über das Denken auch nur wieder denke.

KEIN GEFÜHL DER BEFRIEDIGUNG (KEIN DRITTES) KANN DAS KRITERIUM DAFÜR SEIN, DASS DIE ERWARTUNG ERFÜLLT IST.

2.276.5.1   1   Man könnte nämlich denken, wie ist es; der Gedanke und die Tatsache sind verschieden; aber wir nennen den Gedanken: den, daß die Tatsache der Fall ist; oder die Tatsache: die, welche den Gedanken wahr macht. Ist da das Eine eine Beschreibung mit Hilfe des Anderen? Wird der Gedanke mittels der Tatsache, die ihn wahr macht beschrieben, also einer äußeren Eigenschaft nach beschrieben, wie wenn ich von jemandem sage, er sei mein Onkel?

2.276.6.1   2   Wenn man den Ausdruck „der Gedanke, daß .... der Fall ist" als Beschreibung erklärt, so ist damit wieder nichts erklärt, weil es sich fragt: wie ist eine solche Beschreibung möglich, sie setzt selber wieder das Wesen des Gedankens voraus, denn sie enthält den Hinweis auf eine Tatsache, die nicht geschehen ist, also gerade das, was problematisch war.

2.199.2.1   3   Die Erfüllung der Erwartung besteht nicht darin, daß ein Drittes geschieht, das man außer eben als „die Erfüllung der Erwartung" auch noch anders beschreiben könnte, also z.B. als ein Gefühl der Befriedigung, oder der Freude, oder wie immer.

2.199.3.1   Denn die Erwartung, daß p der Fall sein wird, muß das Gleiche sein, wie die Erwartung der Erfüllung dieser Erwartung, dagegen wäre, wenn ich unrecht habe, die Erwartung, daß p eintreffen wird, verschieden von der Erwartung, daß die Erfüllung dieser Erwartung eintreffen wird.

3.311.6.1   4   Könnte denn die Rechtfertigung lauten: „Du hast gesagt ‚bring' etwas Rotes' und dieses hier hat mir daraufhin ein Gefühl der Befriedigung erzeugt/gegeben/, darum habe ich es gebracht"?

3.311.7.1   5   Müßte man da nicht antworten: Ich habe Dir doch nicht geschafft, mir das zu bringen, was Dir auf meine Worte hin ein solches Gefühl geben wird!

3.319.1.1   6   Ich gehe die gelbe Blume suchen. Auch wenn mir während des Gehens ein Bild vorschwebt, brauche ich es denn, wenn ich die gelbe Blume – oder eine andere – sehe? – Und wenn ich sage „sobald ich eine gelbe Blume sehe, schnappt, gleichsam, etwas in der Erinnerung/dem Gedächtnis/ ein": kann ich denn dieses Einschnappen eher voraussehen, erwarten, als die gelbe Blume? Ich wüßte nicht, warum. D.h., wenn es in einem bestimmten Fall wirklich so ist, daß ich nicht die gelbe Blume, sondern ein anderes (indirektes) Kriterium erwarte, so ist das/dies/ jedenfalls keine Erklärung des Erwartens.

3.319.2.1 1   Aber geht nicht mit dem Eintreffen des Erwarteten immer ein Phänomen der Zustimmung/Bejahung/ (oder Befriedigung) Hand in Hand? Dann frage ich: Ist dieses Phänomen ein anderes, als das Eintreten des Erwarteten? Wenn ja, dann weiß ich nicht, ob so ein anderes Phänomen die Erfüllung immer begleitet. – Oder ist es dasselbe, wie die Erfüllung? Wenn ich sage: Der, dem die Erwartung erfüllt wird, m u ß doch nicht sagen „ja, das ist es" (oder dergleichen), so kann man mir antworten: „gewiß, aber er muß doch w i s s e n, daß die Erwartung erfüllt ist". – Ja, soweit das Wissen dazu gehört, d a ß sie erfüllt ist. In diesem Sinne: wüßte er's nicht, so wäre sie nicht erfüllt. – „Wohl, aber, wenn einem eine Erwartung erfüllt wird, so tritt doch immer eine Entspannung auf!" – Woher weißt Du das? –

3.322.4.1 2   Beim Versteckenspiel erwarte ich, den Fingerhut zu finden. Wenn ich ihn finde, gebe ich ein Zeichen der Befriedigung von mir, oder ich fühle doch (eine)? Befriedigung. Dieses Phänomen mag ich auch erwartet haben (oder auch nicht), aber diese Erwartung ist nicht die, den Fingerhut zu finden. Ich kann beide Erwartungen haben und die sind offenbar ganz getrennt.

3.323.1.1 3   Es ist nicht so, daß wir eine Unbefriedigung/das Phänomen einer Unbefriedigung/ spüren/[merken/bemerken/]/, die dann durch finden des Fingerhutes aufgehoben wird/vergeht/, und nun sagen: „also war jenes Phänomen die Erwartung des Fingerhutes/den Fingerhut zu finden/".

3.323.1.2   Nein, das erste Phänomen ist die Erwartung des Fingerhutes/den Fingerhut zu finden/ so sicher, als/wie/ das zweite das Finden des Fingerhutes ist. Das Wort „Fingerhut"/Der Ausdruck „finden des Fingerhuts"/ gehört zu der Beschreibung des ersten so notwendig, wie zur Beschreibung des zweiten. Nur verwechseln wir nicht „die Bedeutung des Wortes ‚Fingerhut'" (den Ort dieses Worts im grammatischen Raume) mit der Tatsache, daß ein Fingerhut hier ist.

83

Der Gedanke – Erwartung, Wunsch, etc. – und die gegenwärtige Situation.

2.306.3.1	1	„Die Beschäftigung mit dem Bild erscheint als Spielerei, wenn sie sich nicht mit der uns interessierenden Wirklichkeit befaßt. Wenn ich hoffe, daß er zur Tür hereinkommen wird, so beschäftige ich mich mit dieser Tür, etwa mit dem Boden, auf den er treten wird. Und das Übrige, was die Phantasie tut, ist nicht Spiel, sondern eine Art Vorbereitung, eine Tätigkeit (sozusagen eine Arbeit), die die Form des Bildes in sich trägt. Etwa so (nur nicht unbedingt so explicit) wie wenn ich seinen Weg mit einem Teppich belegen und an einer bestimmten Stelle einen Stuhl herrichten wollte."
		Denn warum sollen wir uns gerade für dieses Bild interessieren, wo wir uns doch sonst mit Seelenzuständen, Magenschmerzen, etc. nicht befassen.
3.198.6.1	2	(Der Plan kann mich nur leiten, wenn ich auch auf dem Plan bin.)
3.198.3.1	3	Wenn ich mit verbundenen Augen die Richtung verloren habe und man mir nun sagt: geh dort und dort hin, so hat dieser Befehl keinen Sinn für mich.
2.199.1.1	4	Ich erwarte mir, daß der Stab im selben Sinne 2m hoch sein wird, in dem er jetzt 1m 99cm hoch ist.
2.289.2.1	5	In demselben Sinne, in dem er jetzt 1m hoch ist, wird er später 1˙5m hoch sein.
3.163.9.1	6	Wäre der Gedanke sozusagen eine Privatbelustigung und hätte nichts mit der Außenwelt zu tun, so wäre er für uns ohne jedes Interesse (wie etwa die Gefühle bei einer Magenverstimmung). Was wir wissen wollen ist: Was hat der Gedanke mit dem zu tun, was außer dem Gedanken vorfällt. Denn seine Bedeutung, ich meine seine Wichtigkeit, bezieht er ja nur daher.
3.163.9.2		Was hat das, was ich denke, mit dem zu tun, was der Fall ist.
3.120.4.1	7	Das Denken als Ganzes und seine /mit seiner/ Anwendung geht sozusagen automatisch vor sich. – Wieviele Zwischenstufen ich auch zwischen den Gedanken und die Anwendung setze, immer folgt eine Zwischenstufe der nächsten – und die Anwendung der letzten – ohne Zwischenglied. Und hier haben wir den gleichen Fall, wie wenn wir zwischen Entschluß und Tat durch Zwischenglieder vermitteln wollen.
3.94.7.1 3.94.8.1	8	Wenn ich gehe, so enthält der einzelne Schritt nicht das Ziel, wohin mich das Gehen bringen wird. Komme ich ans Ziel, so war jeder Schritt ein Schritt zu diesem Ziel.

3.324.1.1	1	„Worin besteht es, sich eine gelbe Blume zu wünschen? Wesentlich darin, daß man in dem, was man sieht, eine gelbe Blume vermißt? Also auch darin, daß man erkennt, was in dem Satz ausgedrückt ist „ich sehe jetzt keine gelbe Blume"."
2.184.8.1	2	Könnte man auch sagen: Man kann die Erwartung nicht beschreiben, wenn man die gegenwärtige Realität nicht beschreiben kann oder, man kann die Erwartung nicht beschreiben, wenn man nicht eine vergleichende Beschreibung von Erwartung und Gegenwart geben kann in der Form: Jetzt sehe ich hier einen roten Kreis und erwarte mir später dort ein blaues Viereck.
2.184.8.2		D.h., der Sprachmaßstab muß an dem Punkt der Gegenwart angelegt werden und deutet dann über ihn hinaus – etwa in der Richtung der Erwartung.
3.324.2.1	3	Ich will sagen: wenn ich über eine gelbe Blume rede, muß ich zwar keine sehen, aber ich muß etwas sehen und das Wort „gelbe Blume" hat quasi nur in Übereinstimmung mit oder im Gegensatz zu dem Bedeutung, was ich sehe. Seine Bedeutung würde quasi nur von dem aus bestimmt, was ich sehe, entweder als das, was ich sehe, oder als das, was davon in der und der Richtung so und so weit weg liegt. Hier meine ich aber weder Richtung noch Distanz räumlich im gewöhnlichen Sinn, sondern es kann die Richtung von Rot nach Blau und die Farbendistanz von Rot auf ein bestimmtes Blaurot gemeint sein. – Aber auch so stimmt meine Auffassung nicht. Es ist schon richtig, daß der Satz „ich wünsche eine gelbe Blume" den Gesichtsraum voraussetzt, nämlich nur insofern, als er in unserer Sprache voraussetzt, daß der Satz „ich sehe jetzt eine gelbe Blume" und sein Gegenteil Sinn haben muß/hat/. Ja, es muß auch Sinn haben, oder vielmehr, es hat auch Sinn, zu sagen „das Gelb, was ich mir wünsche, ist grünlicher als das, welches ich sehe". Aber anderseits wird der grammatische Ort des Wortes „gelbe Blume" nicht durch eine Maßangabe, bezogen auf das, was ich jetzt sehe, bestimmt. Obwohl, soweit von einer solchen Entfernung und Richtung die Rede überhaupt sein kann, durch die Beschreibung des gegenwärtigen Gesichtsbildes und des Gewünschten diese Entfernung und Richtung im grammatischen Raum gegeben sein muß.
2.317.3.1	4	Ich habe das Gefühl, nur die Stellungnahme zu dem Bild kann es uns zur Wirklichkeit machen, d.h., kann es mit der Wirklichkeit so verbinden, gleichsam wie eine Lasche, die die Überleitung von dem Bild zur Wirklichkeit herstellt, die beiden in der rechten Lage zueinander haltend, dadurch, daß beide für sie dasselbe bedeuten.
2.317.3.2		Die Furcht verbindet das Bild mit den Schrecken der Wirklichkeit /mit der Wirklichkeit/.

84
GLAUBEN. GRÜNDE DES GLAUBENS.

5.51.6.1	1	Glauben. Hiermit verwandt ist: erwarten, hoffen, fürchten, wünschen. Aber auch: zweifeln, suchen, etc..
5.51.6.2		Man sagt: „Ich habe ihn von 5 bis 6 Uhr erwartet", „ich habe den ganzen Tag gehofft, er werde kommen", „in meiner Jugend habe ich gewünscht ....", etc.. Daher der falsche Vergleich mit in der Zeit amorphen Zuständen (Zahnschmerz, das Hören eines Tones, etc., obwohl diese unter sich wieder verschieden sind).
5.52.1.1	2	Was heißt es nun: „ich glaube, er wird um 5 Uhr kommen"? oder: „er glaubt N werde um 5 Uhr kommen"? Nun, woran erkenne ich, daß er das glaubt? Daran, daß er es sagt? oder aus seinem übrigen Verhalten? oder aus beiden? Danach wird man dem Satz „er glaubt ...." verschiedenen Sinn geben können.
5.52.2.1	3	Hat es einen Sinn zu fragen: „Woher weißt Du, daß Du das glaubst"? Und ist etwa die Antwort: „ich erkenne es durch Introspection"?
5.52.2.2		In manchen Fällen wird man so etwas sagen können, in manchen aber nicht.
5.52.3.1	4	Es hat einen Sinn, zu fragen: „liebe ich sie wirklich? mache ich mir das nicht nur vor?" Und der Prozeß der Introspection ist hier das Aufrufen von Erinnerungen, das Vorstellen möglicher Situationen und der Gefühle, die man hätte, etc..
5.52.4.1	5	Introspection nennt man einen Prozeß /Vorgang/ des Schauens im Gegensatz zum Sehen.
5.52.5.1	6	„Woher/Wie/ weiß ich, daß ich das glaube?", „wie weiß ich, daß ich Zahnschmerzen habe?": in mancher Beziehung sind diese Fälle /Beispiele/ ähnlich.
5.52.6.1	7	Man konstruiert hier nach dem Schema: „Woher weißt Du, daß jemand im andern Zimmer ist?" – „Ich habe ihn drin singen gehört".
5.52.6.2		„Ich weiß, daß ich Zahnschmerzen habe, weil ich es fühle" ist nach diesem Schema konstruiert und heißt nichts.
5.52.6.3		Vielmehr: ich habe Zahnschmerzen = ich fühle Zahnschmerzen = ich fühle, daß ich Zahnschmerzen habe (ungeschickter und irreführender Ausdruck). „Ich weiß, daß ich Zahnschmerzen habe" sagt dasselbe, nur noch ungeschickter, es sei denn, daß unter „ich habe Zahnschmerzen" eine Hypothese verstanden wird. Wie in dem Fall: „ich weiß, daß die Schmerzen vom schlechten Zahn herrühren und nicht von einer Neuralgie".
5.52.7.1		Denken wir auch an die Frage „wie merkst Du, daß Du Zahnschmerzen hast?", oder gar „wie merkst Du, daß Du fürchterliche Zahnschmerzen hast?" (Dagegen: „wie merkst Du, daß Du Zahnschmerzen bekommen wirst".)

5.53.1.1	1	(Hierher gehört die Frage: welchen Sinn hat es, von der Verifikation des Satzes ‚ich habe Zahnschmerzen' zu reden? Und hier sieht man deutlich, daß die Frage „wie wird dieser Satz verifiziert" von einem Gebiet der Grammatik zum andern ihren Sinn ändert.)	
5.53.2.1	2	Man könnte nun die Sache so (falsch) auffassen: Die Frage „wie weißt Du, daß Du Zahnschmerzen hast" wird darum nicht gestellt, weil man dies von den Zahnschmerzen (selbst) aus erster Hand erfährt, während man, daß ein Mensch im andern Zimmer ist, aus zweiter Hand, etwa durch ein Geräusch, erfährt. Das eine weiß ich durch unmittelbare Beobachtung, das andere erfahre ich indirekt. Also: „Wie weißt Du, daß Du Zahnschmerzen hast" – „Ich weiß es, weil ich sie habe" – „Du entnimmst es daraus, daß Du sie hast; aber mußt Du dazu nicht schon wissen, daß Du sie hast?". – – Der Übergang von den Zahnschmerzen zur Aussage „ich habe Zahnschmerzen" ist eben ein ganz anderer, als der vom Geräusch zur Aussage „in diesem Zimmer ist jemand". Das heißt, die Übergänge gehören ganz andern Sprachspielen an/gehören zu ganz verschiedenen Sprachspielen/.	393
5.53.3.1	3	Ist, daß ich Zahnschmerzen habe e i n G r u n d zur Annahme, daß ich Zahnschmerzen habe?	
5.53.4.1	4	(Man kann die Philosophen dadurch verwirren/(confound)/, daß man nicht bloß da Unsinn spricht, wo auch sie es tun, sondern auch solchen, den zu sagen sie sich scheuen (würden).)	
5.53.5.1	5	Erschließt man aus der Wirklichkeit einen Satz? Also etwa „aus den wirklichen Zahnschmerzen, darauf, daß man Zahnschmerzen hat"? Aber das ist doch nur eine unkorrekte Ausdrucksweise; es müßte heißen: man schließt, daß man Zahnschmerzen hat daraus, daß man Zahnschmerzen hat (offenbarer Unsinn).	
5.54.1.1	6	„Warum glaubst Du, daß Du Dich an der Herdplatte verbrennen wirst?"	394
5.54.1.2		– Hast Du Gründe für diesen Glauben, und brauchst Du Gründe?	
5.54.1.3		Hast Du diese Gründe – gleichsam – immer bei Dir, wenn Du es glaubst?	
5.54.1.4		Und glaubst Du es immer – ausdrücklich – wenn Du Dich etwa wehrst, die Herdplatte anzurühren?	
5.54.1.5		Meint man mit ‚Gründen des Glaubens/für den Glauben/' dasselbe, wie mit ‚Ursachen des Glaubens' (Ursachen des Vorgangs des Glaubens)?	
5.54.2.1	7	Was für einen Grund habe ich, anzunehmen, daß mein Finger, wenn er den Tisch berühren, einen Widerstand spüren wird? Was für einen Grund, zu glauben, daß dieser Bleistift sich nicht schmerzlos durch meine Hand stecken läßt? Wenn ich dies frage, melden sich hundert Gründe, die einander gar nicht zu Wort kommen lassen wollen. „Ich habe es doch selbst ungezählte Male erfahren; und ebenso oft von ähnlichen Erfahrungen gehört; wenn es nicht so wäre, würde ….; etc.".	
5.54.3.1	8	Glaube ich, wenn ich auf meine Türe zugehe, ausdrücklich, daß sie sich öffnen lassen wird, – daß dahinter ein Zimmer und nicht ein Abgrund sein wird, etc.?	
5.54.4.1		Setzen wir statt des Glaubens den Ausdruck des Glaubens. –	

5.54.5.1	1	Was heißt es, etwas aus einem bestimmten Grunde glauben? Entspricht es, wenn wir statt des Glaubens den Ausdruck des Glaubens setzen, dem, daß Einer/man/ den Grund sagt, ehe er/man/ das Begründete sagt?
5.54.6.1	2	„Hast Du es aus diesen Gründen geglaubt?" ist dann eine ähnliche Frage, wie: „hast Du, als Du mir sagtest, 25 × 25 sei 625, die Multiplikation wirklich ausgeführt?"
5.54.7.1	3	Die Frage „warum glaubst Du das"/„aus welchen Gründen glaubst Du das"/ könnte bedeuten: „aus welchen Gründen leitest Du das jetzt ab (hast Du es jetzt abgeleitet)"; aber auch: „welche Gründe kannst Du mir nachträglich für diese Annahme angeben".
5.55.1.1	4	Ich könnte also unter ‚Gründen' zu einer Meinung tatsächlich nur das verstehen, was der Andere sich vorgesagt hat, ehe er zu der Meinung kam. Die Rechnung, die er tatsächlich ausgeführt hat.
5.55.2.1	5	Frage ich jemand: „warum glaubst Du, daß diese Armbewegung einen Schmerz mit sich bringen wird?", und er antwortet: „weil sie ihn einmal hervorgebracht und einmal nicht hervorgebracht hat", so werde ich sagen: „das ist doch kein Grund zu Deiner Annahme".
5.55.2.2		Wie nun, wenn er mir darauf antwortet: „oh doch! ich habe diese Annahme noch immer gemacht, wenn ich diese Erfahrung gemacht hatte"? – Da würden wir doch sagen: „Du scheinst mir die Ursache (psychologische Ursache) Deiner Annahme anzugeben, aber nicht den Grund".
5.55.3.1	6	„Warum glaubst Du, daß das geschehen wird?" – „Weil ich es zweimal beobachtet habe".
5.55.3.2		Oder: „Warum glaubst Du, daß das geschehen wird?" – „Weil ich es mehrmals beobachtet habe; und es geht offenbar so vor sich: ……" (es folgt eine Darlegung einer umfassenden Hypothese). Aber diese Hypothese, dieses Gesamtbild, muß Dir einleuchten. Hier geht die Kette der Gründe nicht weiter. – (Eher könnte man sagen, daß sie sich schließt.)
5.55.4.1	7	Man möchte sagen: Wir schließen nur dann aus der früheren Erfahrung auf die zukünftige, wenn wir die Vorgänge verstehen (im Besitze der richtigen Hypothese sind). Wenn wir den richtigen, tatsächlichen, Mechanismus zwischen den beiden beobachteten Rädern annehmen. Aber denken wir doch nur: Was ist denn das/unser/ Kriterium dafür, daß unsere Annahme die richtige ist? –
5.55.4.2		Das Bild und die Daten überzeugen uns und führen uns nicht wieder weiter – zu andern Gründen.
5.55.5.1	8	Wir sagen: „diese Gründe sind überzeugend"; und dabei handelt es sich nicht um Prämissen, aus denen das folgt, wovon wir überzeugt wurden.

5.55.6.1 1 Wenn man sagt: „die gegebenen Daten sind insofern Gründe, zu glauben, p werde geschehn, als dies aus den Daten zusammen mit dem angenommenen Naturgesetz folgt", – dann kommt das eben darauf hinaus, zu sagen, das Geglaubte folge aus den Daten n i c h t, sondern komme vielmehr ?einer neuen Annahme gleich?.

5.56.1.1 2 Wenn man nun fragt: wie k a n n aber frühere Erfahrung ein Grund zur Annahme sein, es werde später das und das eintreffen, – so ist die Antwort: welchen allgemeinen Begriff vom Grund zu solch einer Annahme haben wir denn? Diese Art Angabe über die Vergangenheit nennen wir eben Grund zur Annahme, es werde das in Zukunft geschehn. – Und wenn man sich wundert, daß wir ein solches Sprachspiel/Spiel/ spielen, dann berufe ich mich auf die W i r k u n g einer vergangenen Erfahrung (daß ein gebranntes Kind das Feuer fürchtet).

5.56.2.1 3 Wer sagt, er ist durch Angaben über Vergangenes nicht davon zu überzeugen, daß in Zukunft etwas geschehen wird, der muß etwas anderes mit dem Wort „überzeugen" meinen, als wir es tun. – Man könnte ihn fragen: Was willst Du denn hören? Was für Angaben nennst Du Gründe?/dafür/, das zu glauben? Was nennst Du „überzeugen"? Welche Art des „Überzeugens" erwartest Du Dir. – Wenn d a s keine Gründe sind, was sind denn Gründe? – Wenn Du sagst, das sind/seien/ keine Gründe, so mußt Du doch angeben können, was der Fall sein müßte, damit wir mit Recht sagen könnten, es seien Gründe für unsern Glauben/unsere Annahme/ vorhanden. ‚Keine Gründe' – : im Gegensatz wozu?

5.56.3.1 4 Denn, wohlgemerkt: Gründe sind hier nicht Sätze, aus denen das Geglaubte f o l g t.

5.56.4.1 5 Aber nicht, als ob man sagen könnte/wir sagen wollten/: Für's Glauben genügt eben weniger, als für das Wissen. – Denn hier handelt es sich nicht um eine Annäherung an das logische Folgen.

5.56.5.1 6 Irregeführt werden wir durch die Ausdrucksweise/Redeweise/: „Das ist ein guter/richtiger/ Grund zu unserer Annahme, denn er macht das Eintreffen des Ereignisses wahrscheinlich"./„Dieser Grund ist gut, denn er macht das Eintreffen des Ereignisses wahrscheinlich"./ Hier ist es, als ob wir nun etwas weiteres über den Grund ausgesagt hätten, was seine Zugrundelegung/was ihn als (guten) Grund/ rechtfertigt; während mit dem Satz, daß dieser Grund das Eintreffen wahrscheinlich macht, nichts gesagt ist, wenn nicht, daß dieser Grund dem/einem/ bestimmten Standard des guten Grundes entspricht, – der Standard aber nicht begründet ist!

5.56.6.1 7 Ein guter Grund ist einer der s o aussieht.

5.56.7.1 8 „Das ist ein guter Grund, denn er macht das Eintreffen wahrscheinlich" erscheint uns so wie: „das ist ein guter Hieb, denn er macht den Gegner kampfunfähig".

| 5.57.1.1 | 1 | Man möchte sagen: „ein guter Grund ist er nur darum, weil er das Eintreffen wirklich wahrscheinlich macht". Weil er sozusagen wirklich einen Einfluß auf das Ereignis hat, also quasi einen erfahrungsmäßigen.

5.57.2.1 2 „Warum nimmst Du an, daß er besserer Stimmung sein wird, weil ich Dir sage, daß er gegessen hat? ist denn das ein Grund?" – „Das ist ein guter Grund, denn das Essen hat erfahrungsgemäß einen Einfluß auf seine Stimmung". Und das könnte man auch so sagen: „Das Essen macht es wirklich wahrscheinlicher, daß er guter Stimmung sein wird".

5.57.2.2   Wenn man aber fragen wollte: „Und ist alles das, was Du von der früheren Erfahrung vorbringst, ein guter Grund, anzunehmen, daß es sich auch diesmal so verhalten wird", so kann ich nun nicht sagen: ja, denn das macht das Eintreffen der Annahme wahrscheinlich. Ich habe oben meinen Grund mit Hilfe des Standards für den guten Grund gerechtfertigt; jetzt kann ich aber nicht den Standard rechtfertigen.

5.57.3.1 3 Wenn man sagt „die Furcht ist begründet", so ist nicht wieder begründet, daß wir das als guten Grund zur Furcht ansehen. Oder vielmehr: es kann hier nicht wieder von einer Begründung die Rede sein.

2.259.4.1 4 Wenn der Grund, etwas zu glauben, eine erfahrungsgemäße Beziehung
2.259.4.2   wäre, so müßte man weiter fragen „und warum ist das ein Grund gerade für diesen Glauben". Und so ginge es weiter. (Z.B. „warum nehmen wir das Gedächtnis als Grund für den Glauben, daß etwas in der Vergangenheit geschehen ist".)

85

GRUND, MOTIV, URSACHE.

4.86.1.1	1	Ich lege meine Hand auf die Herdplatte, fühle unerträgliche Hitze und ziehe die Hand schnell zurück: War es nicht möglich, daß die Hitze der Platte im nächsten Augenblick aufgehört hätte? konnte ich es wissen? Und war es nicht möglich, daß ich gerade durch meine Bewegung mich einem Schmerz aussetzte?
4.86.1.2		Es ist also in gewissem Sinne keine gute Begründung zu sagen: „Ich zog die Hand zurück,/Ich mußte die Hand zurückziehen,/ weil die Platte zu heiß war"! –
4.86.2.1	2	Wenn man nun fragte: Bist Du sicher, daß Du es deswegen getan
4.86.2.2		hast? Würde man da nicht schwören, daß man es nur deswegen getan hat? Und ist es nicht doch Erfahrung? Müßte man nicht sagen: man würde schwören, daß man es deshalb tun wollte; nicht, daß der Arm sich aus dieser Ursache zurückgezogen hat? Man beschwört das Motiv, nicht die Ursache.
4.86.3.1	3	„Ich hab' es nicht mehr (länger) ausgehalten". „Ich halte es nicht mehr aus; ich muß die Hand zurückziehen". Aber worin besteht dieses Zurückziehen, als in dem Wunsch, die Hand möchte sich zurückziehen, während sie sich wirklich zurückzieht? Zieht sie sich nicht zurück, so können wir auch nichts machen. Jedenfalls, möchte ich sagen, ist ‚sie zurückziehen wollen' eine Erfahrung, die wir zwar wünschen können, aber nicht herbeiführen. Denke an die Erfahrung beim Zeichnen eines Quadrats mit seinen Diagonalen durch den Spiegel.
4.86.4.1	4	Wenn ich sage, die Erfahrung des Wollens könne ich zwar wünschen, aber nicht herbeiführen, so bin ich da wieder bei einem, für die Erkenntnistheorie sehr/so/ charakteristischen Unsinn. Denn in dem Sinne, in welchem ich überhaupt etwas herbeiführen kann (etwa Magenschmerzen durch Überessen), kann ich auch das Wollen herbeiführen. (In diesem Sinne führe ich das Schwimmen-Wollen herbei, indem ich in's tiefe Wasser springe.) Ich wollte wohl sagen: ich könnte das Wollen nicht wollen; d.h., es hat keinen Sinn, vom Wollen-wollen zu sprechen. Und mein falscher Ausdruck kam daher, daß man sich das Wollen als ein direktes nicht-kausales Herbeiführen denken will. Und der?/Dieser Idee/ liegt wieder eine falsche Analogie zugrunde, etwa, daß der kausale Nexus durch eine Reihe von Zahnrädern gebildet wird (die auslassen kann, wenn der Mechanismus gestört wird), während der Nexus des Willens etwa dem des Innern zum Äußern entspricht, oder dem der Bewegung des physikalischen Körpers zur Bewegung seiner Erscheinung./seines Gesichtsbildes./

| 5.58.2.1 | 1 | „Wie weißt Du, daß Du es aus diesem Motiv getan hast?" – „Ich erinnere mich daran, es darum getan zu haben". – „Woran erinnerst Du Dich? Hast Du es Dir damals gesagt; oder erinnerst Du Dich an die Stimmung in der Du warst; oder daran, daß Du Mühe hattest, einen Ausdruck Deines Gefühls zu unterdrücken?"
| 5.58.2.2 | | Und wenn man etwa einen Ausdruck seines Gefühls nur mit Mühe unterdrückt hat, – wie war das? Hatte man sich ihn damals leise vorgesagt? etc. etc..

| 5.58.3.1 | 2 | Das Motiv ist nicht eine Ursache ‚von innen gesehen'! Das Gleichnis von ‚innen und außen' ist hier – wie so oft – gänzlich irreleitend. – Es ist von der Idee der Seele (eines Lebewesens) im Kopfe (als Hohlraum vorgestellt) hergenommen/hergeleitet/. Aber diese Idee ist darin mit andern unvereinbaren vermengt, wie die Metaphern in dem Satz: „der Zahn der Zeit, der alle Wunden heilt, etc.".

| 5.57.4.1 | 3 | „Wie weißt Du, daß das wirklich der Grund ist, weswegen Du es glaubst?" – (das)? ist, als fragte ich: „wie weißt Du, daß es das ist, was Du glaubst". Denn er gibt nicht die Ursache eines Glaubens an, die er nur vermuten könnte, sondern beschreibt einen Vorgang von Operationen, die zu dem Geglaubten führen (und geführt haben). Einen Vorgang, der seiner Art nach zu dem des Glaubens gehört. – Der Unterschied zwischen der Frage nach der Ursache und der (Frage) nach dem Grund des Glaubens ist etwa so, wie der, zwischen der Frage: „was ist die physikalische Ursache davon, daß Du da bist" und der Frage: „auf welchem Wege bist Du hergekommen". – Und hier sieht man sehr klar, wie auch die Angabe der Ursache als Angabe eines Weges aufgefaßt werden kann, aber in ganz anderem Sinne.

| 5.58.1.1 | 4 | „Man kann die Ursache einer Erscheinung nur vermuten" (nicht wissen). – Das muß ein Satz der Grammatik sein. Es ist nicht gemeint, daß wir ‚mit dem besten Willen' die Ursache nicht wissen können. Der Satz ist insofern ähnlich dem: „wir können in der Zahlenreihe, soweit wir auch zählen, kein Ende erreichen". Das heißt: von einem „Ende der Zahlenreihe" kann keine Rede sein; und dies ist – irreführend – in das Gleichnis gekleidet von Einem, der wegen der großen Länge des Weges das Ende nicht erreichen kann. – So gibt es einen Sinn, in dem ich sagen kann: „ich kann die Ursache dieser Erscheinung nur vermuten" d.h.: es ist mir noch nicht gelungen, sie (im gewöhnlichen Sinn) ‚festzustellen'. Also im Gegensatz zu dem Fall, in dem es mir gelungen ist, wo?/in dem/ ich also die Ursache weiß. – Sage ich nun aber, als metaphysischen Satz, „ich kann die/eine/ Ursache immer nur vermuten", so heißt das: ich will im Falle der Ursache immer von ‚vermuten' und nicht von ‚wissen' sprechen, um so Fälle verschiedener Grammatik voneinander zu unterscheiden. (Das ist also so, wie wenn ich sage: ich will in einer Gleichung das Zeichen „=" und nicht das Wort „ist" gebrauchen.) Was also an unserem ersten Beispiel falsch ist, ist das Wort „nur", aber freilich gehört das eben ganz zu dem Gleichnis, das schon im Gebrauch des Wortes „können" liegt.

| 5.59.1.1 | 5 | Nach den Gründen zu einer Annahme gefragt, besinnt man sich auf diese Gründe. Geschieht hier dasselbe, wie, wenn man über die Ursachen eines Ereignisses nachdenkt?/.... wenn man darüber nachdenkt, was die Ursachen eines Ereignisses gewesen sein mögen?/

4.96.6.1	1	„Diese Gegend macht mich melancholisch". Woher weißt Du, daß es die Gegend ist? Ist das eine Hypothese – wie Du auch nur glaubst, daß es jene Speise war, die die Magenschmerzen verursachte, oder gehört es zur unmittelbaren Erfahrung. Wäre es also widerlegt, wenn Du, in eine andere Gegend versetzt, melancholisch bliebest; oder ist es nicht durch eine künftige Erfahrung zu widerlegen, da es die Beschreibung der gegenwärtigen ist?
4.96.6.2		Ja, wie bist Du auf den Gedanken gekommen, daß es die Gegend ist, die diese Stimmung hervorruft? Oder handelt es sich eben gar nicht um einen durch sie hervorgerufenen Zustand meiner Person, sondern, etwa, darum, daß das Bild der Gegend melancholisch ist? (Dies hängt unmittelbar zusammen mit dem Problem: Motiv und Ursache.)
4.96.6.3		„Das ist ein furchtbarer Anblick". – Das kannst Du nicht wissen.
4.96.6.4		Vielleicht hättest Du auch sonst gezittert.
4.96.6.5		Wie hängt die Furcht mit dem Anblick zusammen? oder mit der furchtbaren Vorstellung? Oder soll ich etwa sagen: „sich vor dieser Vorstellung fürchten" heißt, sie haben und sich fürchten? Wenn man nun aber mehrere Vorstellungen hat, während man sich fürchtet (mehrere sieht oder hört), ist da ein Zweifel darüber, was das Furchtbare ist? Oder weiß man es eben aus Erfahrung, wovor (von allen diesen Sachen) man sich fürchtet? Ich möchte auch sagen „das Fürchten ist eine Beschäftigung mit dem Anblick".
4.96.6.6		Kann ich sagen; es sei ein sehr komplizierter Vorgang, in welchem die Vorstellung an charakteristischen Stellen eintritt?
4.96.7.1	2	Denken wir an ein furchtbares Antlitz. Welche Rolle spielt der Anblick im Vorgang der Furcht.
4.97.1.1	3	Ich will sagen: die Furcht begleitet nicht den Anblick. Sondern das Furchtbare und die Furcht haben die Struktur des Gesichtes. Denken wir, daß wir den Zügen eines Gesichts mit den Augen in Aufregung folgen. Sie gleichsam zitternd nachfahren. So daß die Schwingungen der Furcht den Linien des Gesichts superponiert wären.

404

PHILOSOPHIE.

86

SCHWIERIGKEIT DER PHILOSOPHIE, NICHT DIE INTELLEKTUELLE
SCHWIERIGKEIT DER WISSENSCHAFTEN, SONDERN DIE
SCHWIERIGKEIT EINER UMSTELLUNG. WIDERSTÄNDE DES
WILLENS SIND ZU ÜBERWINDEN.

3.268.11.1 1 Wie ich oft gesagt habe, führt die Philosophie mich zu keinem Verzicht, da ich mich nicht entbreche, etwas zu sagen, sondern eine gewisse Wortverbindung als sinnlos aufgebe. In anderem Sinne aber erfordert die Philosophie dann eine Resignation, aber des Gefühls, nicht des Verstandes. Und das ist es vielleicht, was sie Vielen so schwer macht. Es kann schwer sein, einen Ausdruck nicht zu gebrauchen, wie es schwer ist, die Tränen zurückzuhalten, oder einen Ausbruch des Zorns/der Wut/.

4.214.1.1 2 | (Tolstoi: die Bedeutung (Bedeutsamkeit) eines Gegenstandes liegt in seiner allgemeinen Verständlichkeit. – Das ist wahr und falsch. Das, was den Gegenstand schwer verständlich macht ist – wenn er bedeutend, wichtig, ist – nicht, daß irgendeine besondere Instruktion über abstruse Dinge zu seinem Verständnis erforderlich wäre, sondern der Gegensatz zwischen dem Verstehen des Gegenstandes und dem, was die meisten Menschen sehen wollen. Dadurch kann gerade das Naheliegendste am allerschwersten verständlich werden. Nicht eine Schwierigkeit des Verstandes, sondern des Willens ist zu überwinden.) |

4.124.10.1 3 Die Arbeit an der Philosophie ist – wie vielfach die Arbeit in? der Architektur – eigentlich mehr die/eine/ Arbeit an Einem selbst. An der eignen Auffassung. Daran, wie man die Dinge sieht. (Und was man von ihnen verlangt.)

3.274.2.1 4 Beiläufig gesprochen, hat es in/nach/ der alten Auffassung – etwa der, der (großen) westlichen Philosophen – zwei Arten von Problemen im wissenschaftlichen Sinne gegeben/zweierlei Arten von Problemen ..../: wesentliche, große, universelle, und unwesentliche, quasi accidentelle Probleme. Und dagegen ist unsere Auffassung, daß es kein großes, wesentliches Problem im Sinne der Wissenschaft gibt.

87

Die Philosophie zeigt die irreführenden Analogien im Gebrauch unsrer Sprache auf.

3.169.5.1 1   Ist die Grammatik, wie ich das Wort gebrauche, nur die Beschreibung der tatsächlichen Handhabung der Sprache/Sprachen/? So daß ihre Sätze eigentlich wie Sätze einer Naturwissenschaft aufgefaßt werden könnten?

3.169.5.1   Das könnte man die descriptive Wissenschaft vom Sprechen nennen, im Gegensatz zu der vom Denken.

3.169.6.1 2   Es könnten ja auch die Regeln des Schachspiels als Sätze aus der Naturgeschichte des Menschen aufgefaßt werden. (Wie die Spiele der Tiere in naturgeschichtlichen Büchern beschrieben werden.)

3.270.8.1 3   Wenn ich einen philosophischen Fehler rektifiziere und sage, man hat sich das immer so vorgestellt, aber so ist es nicht, so zeige ich immer auf eine Analogie/so muß ich immer ..... zeigen/, nach der man sich gerichtet hat, und, daß diese Analogie nicht stimmt./.... so muß ich immer eine Analogie aufzeigen, nach der man gedacht hat, die man aber nicht als Analogie erkannt hat./

5.126.2.1 4   Die Wirkung einer in die Sprache aufgenommenen falschen Analogie: Sie bedeutet? einen ständigen Kampf und Beunruhigung (quasi einen ständigen Reiz). Es ist, wie wenn ein Ding aus der Entfernung ein Mensch zu sein scheint, weil wir dann Gewisses nicht wahrnehmen, und in der Nähe sehen wir, daß es ein Baumstumpf. Kaum entfernen wir uns ein wenig und verlieren die Erklärungen aus dem Auge, so erscheint uns e i n e Gestalt; sehen wir darauf-hin näher zu, so sehen wir eine andere; nun entfernen wir uns wieder, etc. etc..

5.42.3.1   5   (Der aufregende Charakter der grammatischen Unklarheit.)

4.12.2.1   6   Philosophieren ist: falsche Argumente zurückweisen.

3.156.6.1 7   Der Philosoph trachtet, das erlösende Wort zu finden, das ist das Wort, das uns endlich erlaubt, das zu fassen, was bis jetzt immer, ungreifbar, unser Bewußtsein belastet hat.

3.157.1.1   (Es ist, wie wenn man ein Haar auf der Zunge liegen hat; man spürt es, aber kann es nicht erfassen/ergreifen/ und darum nicht loswerden.)

3.157.2.1 8   Der Philosoph liefert uns das Wort, womit man/ich/ die Sache ausdrücken und unschädlich machen kann.

3.20.2.3   9   (Die Wahl unserer Worte ist so wichtig, weil es gilt, die Physiognomie der Sache genau zu treffen, weil nur der genau gerichtete Gedanke auf die richtige Bahn führen kann. Der Wagen muß haargenau auf die Schiene gesetzt werden, damit er richtig weiterrollen kann.)

3.290.5.1	1	Eine der wichtigsten Aufgaben ist es, alle falschen Gedankengänge so charakteristisch auszudrücken, daß der Leser sagt „ja, genau so habe ich es gemeint". Die Physiognomie jedes Irrtums nachzuzeichnen.
3.290.6.1	2	Wir können ja auch nur dann den Andern eines Fehlers überführen, wenn er anerkennt, daß dies wirklich der Ausdruck seines Gefühls ist. /.... wenn er diesen Ausdruck (wirklich) als den richtigen Ausdruck seines Gefühls anerkennt./
3.290.7.1	3	Nämlich, nur wenn er ihn als solchen anerkennt, ist er der richtige Ausdruck. (Psychoanalyse.)
3.291.11.1	4	Was der Andre anerkennt, ist die Analogie die ich ihm darbiete, als Quelle seines Gedankens.

88

Woher das Gefühl des Fundamentalen unserer grammatischen Untersuchungen?

2.291.2.1	1	(Es beschäftigen uns Fragen verschiedener Art, etwa „wie groß ist das spezifische Gewicht dieses Körpers", „wird es heute schön bleiben", „wer wird als nächster zur Tür hereinkommen", etc.. Aber unter unseren Fragen finden sich solche von besonderer Art. Wir haben hier ein anderes Erlebnis. Die Fragen scheinen fundamentaler zu sein als die anderen. Und nun sage ich; wenn wir dieses Erlebnis haben, dann sind wir an der Grenze der Sprache angelangt.)
4.218.3.1	2	Woher nimmt die Betrachtung ihre Wichtigkeit, da sie doch nur alles Interessante, d.h. alles Große und Wichtige, zu zerstören scheint? (Gleichsam alle Bauwerke; indem sie nur Steinbrocken und Schutt übrig läßt.)
4.218.4.1	3	Woher nimmt die Betrachtung ihre Wichtigkeit:/,/ die uns darauf aufmerksam macht, daß man eine Tabelle auf mehr als e i n e Weise brauchen kann, daß man sich eine Tabelle als Anleitung zum Gebrauch einer Tabelle ausdenken kann, daß man einen Pfeil auch als Zeiger der Richtung von der Spitze zum Schwanzende auffassen kann, daß ich eine Vorlage auf mancherlei Weise als Vorlage benützen kann?
3.179.7.1	4	Wir führen die Wörter von ihrer metaphysischen, wieder auf ihre richtige Verwendung in der Sprache zurück.
3.179.8.1		(Der Mann, der sagte, man könne nicht zweimal in den gleichen Fluß steigen, sagte etwas Falsches; man k a n n zweimal in den gleichen Fluß steigen.)
3.179.9.1		Und so sieht die Lösung aller philosophischen Schwierigkeiten aus. Ihre Antworten müssen, wenn sie richtig sind, hausbacken und gewöhnlich sein. Aber man muß sie im richtigen Geist anschauen, dann macht das nichts.
3.255.5.1	5	Woher nehmen/nahmen/ die alten philosophischen Probleme ihre Bedeutung?
3.255.6.1	6	Der Satz der Identität z.B. schien eine fundamentale Bedeutung zu haben. Aber der Satz, daß dieser „Satz" ein Unsinn ist, hat diese Bedeutung übernommen.
3.261.11.1	7	Ich könnte fragen: Warum empfinde ich einen grammatischen Witz in gewissem Sinne als tief? (Und das ist natürlich die philosophische Tiefe.)
3.271.4.1	8	Warum empfinden wir die Untersuchung der Grammatik als fundamental?
3.271.5.1	9	Das Wort „fundamental" kann auch nichts metalogisches, oder philosophisches bedeuten, wo es überhaupt eine Bedeutung hat.

3.271.7.1	1	Die Untersuchung der Grammatik ist im selben Sinne fundamental, wie wir die Sprache fundamental – etwa ihr eigenes Fundament – nennen können.
3.271.8.1	2	Unsere grammatische Untersuchung unterscheidet sich ja von der eines Philologen etc.; uns interessiert z.B. die Übersetzung von einer Sprache in andre, von uns erfundene Sprachen. Überhaupt interessieren uns Regeln, die der Philologe gar nicht betrachtet. Diesen Unterschied können wir also wohl hervorheben.
3.271.9.1	3	Anderseits wäre es irreführend zu sagen, daß wir das Wesentliche der Grammatik behandeln (er, das Zufällige).
3.271.10.1	4	„Aber das ist ja nur eine äußere Unterscheidung/ein äußerer Unterschied/". Ich glaube, eine andere gibt es nicht.
3.271.11.1	5	Eher könnten wir sagen, daß wir doch etwas Anderes Grammatik nennen, als er. Wie wir eben Wortarten unterscheiden, wo für ihn kein Unterschied (vorhanden) ist.
3.261.8.1	6	Die Wichtigkeit der Grammatik ist die Wichtigkeit der Sprache.
3.262.2.1	7	Man könnte auch ein Wort z.B. ‚rot' wichtig nennen insofern, als es oft und zu Wichtigem gebraucht wird, im Gegensatz etwa zu dem Wort ‚Pfeifendeckel'. Und die Grammatik des Wortes ‚rot' ist dann wichtig, weil sie die Bedeutung des Wortes ‚rot' beschreibt.
4.111.5.1	8	(Alles, was die Philosophie tun kann ist, Götzen zerstören. Und das heißt, keinen neuen – etwa in der „Abwesenheit eines Götzen" – zu schaffen.)

89

METHODE DER PHILOSOPHIE: DIE ÜBERSICHTLICHE DARSTELLUNG
DER GRAMMATISCHEN/SPRACHLICHEN/ TATSACHEN.
DAS ZIEL: DURCHSICHTIGKEIT DER ARGUMENTE. GERECHTIGKEIT.

4.220.4.1   1   Es hat Einer gehört, daß der Anker eines Schiffes durch eine Dampfmaschine aufgezogen werde. Er denkt nur an die, welche das Schiff treibt (und nach welcher es Dampfschiff heißt) und kann sich, was er gehört hat, nicht erklären. (Vielleicht fällt ihm die Schwierigkeit auch erst später ein.) Nun sagen wir ihm: Nein, es ist nicht d i e s e Dampfmaschine, sondern außer ihr gibt es noch eine Reihe anderer an Bord und eine von diesen hebt den Anker. – War sein Problem ein philosophisches? War es ein philosophisches, wenn er von der Existenz anderer Dampfmaschinen auf dem Schiff gehört hatte und nur daran erinnert werden mußte? – Ich glaube, seine Unklarheit hat zwei Teile: Was der Erklärende ihm als Tatsache mitteilt, hätte der Fragende sehr wohl als Möglichkeit sich selber ausdenken können, und seine Frage in bestimmter Form, statt in der des bloßen Zugeständnisses der Unklarheit vorlegen können. Diesen Teil des Zweifels hätte er selber beheben können, dagegen konnte ihn Nachdenken nicht über die Tatsachen belehren. Oder: Die Beunruhigung, die davon herkommt, daß er die Wahrheit nicht wußte, konnte ihm kein Ordnen seiner Begriffe nehmen.

4.220.4.2   Die andere Beunruhigung und Unklarheit wird durch die Worte „hier stimmt mir etwas nicht" gekennzeichnet und die Lösung, durch (die Worte): „Ach so, Du meinst nicht d i e Dampfmaschine" oder – für einen andern Fall – „... Du meinst mit Dampfmaschine nicht nur Kolbenmaschine".

4.220.5.1   2   Die Arbeit des Philosophen ist ein Zusammentragen von Erinnerungen zu einem bestimmten Zweck.

4.221.1.1   3   Eine philosophische Frage ist ähnlich der, nach der Verfassung einer bestimmten Gesellschaft. – Und es wäre etwa so, als ob eine Gesellschaft ohne klar geschriebene Regeln zusammenkäme, aber mit einem Bedürfnis nach solchen; ja, auch mit einem Instinkt, durch welchen sie gewisse Regeln in ihren Zusammenkünften beobachten /einhalten/; nur daß dies dadurch erschwert wird, daß nichts hierüber klar ausgesprochen ist und keine Einrichtung getroffen, die die Regeln deutlich macht./klar hervortreten läßt./ So betrachten sie tatsächlich Einen von ihnen als Präsidenten, aber er sitzt nicht oben an der Tafel, ist durch nichts kenntlich und das erschwert die Verhandlung. Daher kommen wir und schaffen eine klare Ordnung: Wir setzen den Präsidenten an einen leicht kenntlichen Platz und seinen Sekretär zu ihm an ein eigenes Tischchen und die übrigen gleichberechtigten Mitglieder in zwei Reihen zu beiden Seiten des Tisches etc. etc..

4.221.3.1	1	Wenn man die Philosophie fragt: „was ist – z.B. – Substanz?" so wird um eine Regel gebeten. Eine allgemeine Regel, die für das Wort „Substanz" gilt, d.h.: nach welcher ich zu spielen entschlossen bin. – Ich will sagen: die Frage „was ist …." bezieht sich nicht auf einen besonderen – praktischen – Fall, sondern wir fragen sie von unserem Schreibtisch aus. Erinnere Dich nur an den Fall des Gesetzes der Identität, um zu sehen, daß es sich bei der Erledigung einer philosophischen Schwierigkeit nicht um das Aussprechen neuer Wahrheiten über den Gegenstand der Untersuchung (der Identität) handelt.
4.222.0.2		Die Schwierigkeit besteht nur darin, zu verstehen, was uns die Festsetzung einer Regel hilft. Warum die uns beruhigt, nachdem wir so schwer beunruhigt waren. Was uns beruhigt ist offenbar, daß wir ein System sehen, das diejenigen Gebilde (systematisch) ausschließt, die uns immer beunruhigt haben, mit denen wir nichts anzufangen wußten und die wir doch ?respektieren zu müssen glaubten?. Ist die Festsetzung einer solchen grammatischen Regel in dieser Beziehung nicht wie die Entdeckung einer Erklärung in der Physik? z.B., des Kopernikanischen Systems? Eine Ähnlichkeit ist vorhanden. – Das Seltsame an der philosophischen Beunruhigung und ihrer Lösung möchte scheinen, daß sie ist, wie die Qual des Asketen, der, eine schwere Kugel unter Stöhnen stemmend, da stand und den ein Mann erlöste, indem er ihm sagte: „laß' sie fallen". Man fragt sich: Wenn Dich diese Sätze beunruhigen, Du nichts mit ihnen anzufangen wußtest, warum ließest Du sie nicht schon früher fallen, was hat Dich daran gehindert? Nun, ich glaube, es war das falsche System, dem er sich anbequemen zu müssen glaubte, etc..
5.101.2.1	2	(Die besondere Beruhigung, welche eintritt, wenn wir einem Fall, den wir für einzigartig hielten, andere ähnliche Fälle an die Seite stellen können, tritt in unseren Untersuchungen immer wieder ein, wenn wir zeigen, daß ein Wort nicht nur eine Bedeutung (oder, nicht nur zwei) hat, sondern in fünf oder sechs verschiedenen (Bedeutungen) gebraucht wird.)
3.104.1.1	3	Die philosophischen Probleme kann man mit den Kassenschlössern vergleichen, die durch Einstellen eines bestimmten Wortes oder einer bestimmten Zahl geöffnet werden, so daß keine Gewalt die Tür öffnen kann, ehe gerade dieses Wort getroffen ist, und ist es getroffen, jedes Kind sie öffnen kann./…. und ist es getroffen, keinerlei Anstrengung nötig ist, die Tür/sie/ zu öffnen./
3.307.3.1	4	Der Begriff der übersichtlichen Darstellung ist für uns von grundlegender Bedeutung. Er bezeichnet unsere Darstellungsform, die Art, wie wir die Dinge sehen. (Eine Art der ‚Weltanschauung', wie sie scheinbar für unsere Zeit typisch ist. Spengler.)
3.307.4.1	5	Diese übersichtliche Darstellung vermittelt das Verstehen/Verständnis/, welches eben darin besteht, daß wir die „Zusammenhänge sehen". Daher die Wichtigkeit der Zwischenglieder./des Findens von Zwischengliedern./

2.220.2.1	1	Der Satz ist vollkommen logisch analysiert, dessen Grammatik vollkommen klargelegt ist. Er mag in welcher Ausdrucksweise immer hingeschrieben oder ausgesprochen sein.
2.147.2.1	2	Unserer Grammatik fehlt es vor allem an Übersichtlichkeit.
3.268.5.1	3	Die Philosophie darf den wirklichen/tatsächlichen/ Gebrauch der Sprache/…. darf, was wirklich gesagt wird/ in keiner Weise antasten, sie kann ihn/es/ am Ende also nur beschreiben.
3.268.6.1	4	Denn sie kann ihn auch nicht begründen.
3.268.7.1	5	Sie läßt alles wie es ist.
3.268.8.1		Sie läßt auch die Mathematik wie sie ist (jetzt ist) und keine mathematische Entdeckung kann sie weiter bringen.
3.268.9.1		Ein „führendes Problem der mathematischen Logik" (Ramsey) ist ein Problem der Mathematik wie jedes andere.
3.283.1.1	6	(Ein Gleichnis gehört zu unserem Gebäude; aber wir können auch aus ihm keine Folgen ziehen; es führt uns nicht über sich selbst hinaus, sondern muß als Gleichnis stehen bleiben. Wir können keine Folgerungen daraus ziehen. So, wenn wir den Satz mit einem Bild vergleichen (wobei ja, was wir unter ‚Bild' verstehen, schon früher /vorher/ in uns festliegen muß) oder, wenn ich die Anwendung der Sprache mit der, etwa, des Multiplikationskalküls vergleiche.
3.283.1.2		Die Philosophie stellt eben alles bloß hin und erklärt und folgert nichts.)
3.211.9.1	7	Da alles offen daliegt, ist auch nichts zu erklären. Denn was etwa nicht offen daliegt, interessiert uns nicht./…., denn, was etwa verborgen ist …./
3.212.1.1		Die Antwort auf die Frage nach der Erklärung der Negation ist wirklich: verstehst Du sie denn nicht? Nun, wenn Du sie verstehst, was gibt es da noch zu erklären, was hat eine Erklärung da noch zu tun?
3.58.6.1	8	Wir müssen wissen, was Erklärung heißt. Es ist die ständige Gefahr, dieses Wort in der Logik in einem Sinn verwenden zu wollen, der von der Physik hergenommen ist.
4.6.2.1	9	(Methodologie, wenn sie von der? Messung redet, sagt nicht, aus welchem Material etwa wir den Maßstab am Vorteilhaftesten herstellen, um dies und dies Resultat zu erzielen; obwohl doch das auch zur Methode des Messens gehört. Vielmehr interessiert diese Untersuchung bloß, unter welchen Umständen wir sagen, eine Länge, eine Stromstärke, (u.s.w.) sei gemessen. Sie will die, von uns bereits verwendeten, uns geläufigen, Methoden tabulieren, um dadurch die Bedeutung der Worte „Länge", „Stromstärke", etc. festzulegen.)
3.308.10.1	10	Wollte man Thesen in der Philosophie aufstellen, es könnte nie über sie zur Diskussion kommen, weil Alle mit ihnen einverstanden wären.
4.85.5.1	11	Das Lernen der Philosophie ist wirklich ein Rückerinnern. Wir erinnern uns, daß wir die Worte wirklich auf diese Weise gebraucht haben.

4.219.8.1	1	Die philosophisch wichtigsten Aspekte der Dinge/der Sprache/ sind durch ihre Einfachheit und Alltäglichkeit verborgen.
4.219.8.2		(Man kann es nicht bemerken, weil man es immer (offen) vor Augen hat.)
3.308.8.1	2	Die eigentlichen Grundlagen seiner Forschung fallen dem Menschen gar nicht auf. Es sei denn, daß ihm dies einmal aufgefallen/zum Bewußtsein gekommen/ ist. (Frazer etc. etc..)
3.308.9.1		Und das heißt, das Auffallendste (Stärkste) fällt ihm nicht auf.
4.32.8.1	3	(Eines der größten Hindernisse für die Philosophie ist die Erwartung neuer tiefer/unerhörter/ Aufschlüsse.)
2.257.5.1	4	Philosophie könnte man auch das nennen, was vor allen neuen Entdeckungen und Erfindungen möglich/da/ ist.
2.257.7.1	5	Das muß sich auch darauf beziehen, daß ich keine Erklärungen der Variablen „Satz" geben kann. Es ist klar, daß dieser logische Begriff, diese Variable, von der Ordnung des Begriffs „Realität" oder „Welt" sein muß.
2.281.3.1	6	Wenn Einer die Lösung des ‚Problems des Lebens' gefunden zu haben glaubt, und sich sagen wollte, jetzt ist alles ganz leicht, so brauchte er sich zu seiner Widerlegung nur erinnern, daß es eine Zeit gegeben hat, wo diese ‚Lösung' nicht gefunden war; aber auch zu der Zeit mußte man leben können und im Hinblick auf sie erscheint die gefundene Lösung wie/als/ ein Zufall. Und so geht es uns in der Logik. Wenn es eine ‚Lösung' der logischen (philosophischen) Probleme gäbe, so müßten wir uns nur vorhalten, daß sie ja einmal nicht gelöst waren (und auch da mußte man leben und denken können). – – –
4.68.2.1	7	Alle Überlegungen können viel hausbackener angestellt werden, als ich sie in früherer Zeit angestellt habe. Und darum brauchen in der Philosophie auch keine neuen Wörter angewendet werden, sondern die alten, gewöhnlichen Wörter der Sprache reichen aus./die alten reichen aus./
4.43.2.1	8	(Unsere Aufgabe ist es nur, gerecht zu sein. D.h., wir haben nur die
4.43.2.2		Ungerechtigkeiten der Philosophie aufzuzeigen und zu lösen, aber nicht neue Parteien – und Glaubensbekenntnisse – aufzustellen.)
2.249.9.1	9	(Es ist schwer, in der Philosophie nicht zu übertreiben.)
4.156.2.1	10	(Der Philosoph übertreibt, schreit gleichsam in seiner Ohnmacht, so lange er den Kern der Konfusion noch nicht entdeckt hat.)
4.220.2.1	11	Das philosophische Problem ist ein Bewußtsein der Unordnung in unsern Begriffen, und durch ordnen derselben zu heben.
4.125.2.1	12	Ein philosophisches Problem ist immer von der Form: „Ich kenne mich einfach nicht aus".

| 4.123.7.1 | 1 | Wie ich Philosophie betreibe, ist es ihre ganze Aufgabe, den Ausdruck so zu gestalten, daß gewisse Beunruhigungen/Probleme?/ verschwinden. ((Hertz.)) |

| 3.216.13.1 | 2 | Wenn ich Recht habe, so müssen sich philosophische Probleme wirklich restlos lösen lassen, im Gegensatz zu allen andern. |

| 3.216.14.1 | 3 | Wenn ich sage: Hier sind wir an der Grenze der Sprache, so scheint /klingt/ das immer, als wäre hier eine Resignation nötig, während im Gegenteil volle Befriedigung eintritt, da k e i n e Frage übrig bleibt. |

| 3.217.1.1 | 4 | Die Probleme werden im eigentlichen Sinne aufgelöst – wie ein Stück Zucker im Wasser. |

| 5.33.2.1 | 5 | | Die Menschen, welche kein Bedürfnis nach Durchsichtigkeit ihrer Argumentation haben, sind für die Philosophie verloren. | |

90
Philosophie.
Die Klärung des Sprachgebrauches. Fallen der Sprache.

5.176.3.1   1   Wie kommt es, daß die Philosophie ein so komplizierter Bau/Aufbau/ ist. Sie sollte doch gänzlich einfach sein, wenn sie jenes Letzte, von aller Erfahrung Unabhängige ist, wofür Du sie ausgibst. – Die Philosophie löst die Knoten in unserem Denken auf; daher muß ihr Resultat einfach sein, ihre Tätigkeit aber so kompliziert wie die Knoten, die sie auflöst.

4.172.6.1   2   Lichtenberg: „Unsere ganze Philosophie ist Berichtigung des Sprachgebrauchs, also, die Berichtigung einer Philosophie, und zwar der allgemeinsten."

4.7.8.1   3   (Die Fähigkeit zur Philosophie besteht in der Fähigkeit, von einer Tatsache der Grammatik einen starken und? nachhaltigen Eindruck zu empfangen.)

3.120.6.1   4   Warum die grammatischen Probleme so hart und anscheinend unausrottbar sind – weil sie mit den ältesten Denkgewohnheiten, d.h. mit den ältesten Bildern, die in unsere Sprache selbst geprägt sind, zusammenhängen. ((Lichtenberg.))

5.24.2.1   5 | Das Lehren der Philosophie hat dieselbe ungeheure Schwierigkeit, welche der Unterricht in der Geographie hätte, wenn der Schüler eine Menge falsche und viel zu einfache/und falsch vereinfachte/ Vorstellungen über den Lauf und Zusammenhang der Flußläufe?/Flüsse/ und Gebirgsketten/Gebirge/ mitbrächte. |

5.24.4.1   6 | Die Menschen sind tief in den philosophischen d.i. grammatischen Konfusionen eingebettet. Und, sie daraus zu befreien, setzt voraus, daß man sie aus den ungeheuer mannigfachen Verbindungen herausreißt, in denen sie gefangen sind. Man muß sozusagen ihre ganze Sprache umgruppieren. – Aber diese Sprache ist ja so entstanden/geworden/, weil Menschen die Neigung hatten – und haben – so zu denken. Darum geht das Herausreißen nur bei denen, die in einer instinktiven Auflehnung gegen die/Unbefriedigung mit der/ Sprache leben. Nicht bei denen, die ihrem ganzen Instinkt nach in der Herde leben, die diese Sprache als ihren eigentlichen Ausdruck geschaffen hat. |

4.219.1.1   7   Die Sprache hat für Alle die gleichen Fallen bereit; das ungeheure Netz gut erhaltener/gangbarer/ Irrwege. Und so sehen wir also Einen nach dem Andern die gleichen Wege gehen und wissen schon, wo er jetzt abbiegen wird, wo er geradaus fortgehen wird, ohne die Abzweigung zu bemerken, etc. etc.. Ich sollte also an allen den Stellen, wo falsche Wege abzweigen, Tafeln aufstellen, die über die gefährlichen Punkte hinweghelfen.

4.68.6.1	1	Man hört immer wieder die Bemerkung, daß die Philosophie eigentlich keinen Fortschritt mache, daß die gleichen philosophischen Probleme, die schon die Griechen beschäftigten, uns noch beschäftigen. Die das aber sagen, verstehen nicht den Grund, warum es so ist/sein muß/. Der ist aber, daß unsere Sprache sich gleich geblieben ist und uns immer wieder zu denselben Fragen verführt. Solange es ein Verbum ‚sein' geben wird, das zu funktionieren scheint wie ‚essen' und ‚trinken', solange es Adjektive ‚identisch', ‚wahr', ‚falsch', ‚möglich' geben wird, solange von einem Fluß der Zeit und von einer Ausdehnung des Raumes die Rede sein wird, u.s.w., u.s.w., solange werden die Menschen immer wieder an die gleichen rätselhaften Schwierigkeiten stoßen, und auf etwas starren, was keine Erklärung scheint wegheben zu können.	424
4.68.6.2		Und dies befriedigt im Übrigen ein Verlangen nach dem Überirdischen/Transcendenten/, denn, indem sie die „Grenze des menschlichen Verstandes" zu sehen glauben, glauben sie natürlich, über ihn hinaus sehen zu können.	

4.69.1.1 2 Ich lese „.... philosophers are no nearer to the meaning of ‚Reality' than Plato got, ..." . Welche seltsame Sachlage. Wie sonderbar, daß Plato dann überhaupt so weit kommen konnte! Oder, daß wir dann nicht weiter kommen konnten! War es, weil Plato so gescheit war?

5.86.2.1 3 Der Konflikt, in welchem wir uns in logischen Betrachtungen immer wieder befinden, ist wie der Konflikt zweier Personen, die miteinander einen Vertrag abgeschlossen haben, dessen letzte Formulierungen in leicht mißdeutbaren Worten niedergelegt sind, wogegen die Erläuterungen zu diesen Formulierungen alles in unmißverständlicher Weise erklären. Die eine der beiden Personen nun hat ein kurzes Gedächtnis, vergißt die Erläuterungen immer wieder, mißdeutet die Bestimmungen des Vertrages und kommt/gerät daher/ fortwährend in Schwierigkeiten. Die andere muß immer von frischem an die Erläuterungen im Vertrag erinnern und die Schwierigkeit wegräumen. 425

3.191.1.1 4 Erinnere Dich daran, wie schwer es Kindern fällt, zu glauben, (oder einzusehen) daß ein Wort wirklich zwei ganz verschiedene Bedeutungen hat/haben kann/.

2.319.6.1 5 Das Ziel der Philosophie ist es, eine Mauer dort zu errichten, wo die Sprache ohnehin aufhört.

2.302.4.1 6 Die Ergebnisse der Philosophie sind die Entdeckung irgend eines schlichten Unsinns, und Beulen, die sich der Verstand beim Anrennen an die Grenze/das Ende/ der Sprache geholt hat. Sie, die Beulen, lassen uns den Wert jener Entdeckung verstehen./erkennen./

3.252.5.1 7 Welcher Art ist unsere Untersuchung? Untersuche ich die Fälle, die ich als Beispiele anführe, auf ihre Wahrscheinlichkeit? oder Tatsächlichkeit? Nein, ich führe nur an, was möglich ist, gebe also grammatische Beispiele.

3.205.6.1 8 Philosophie wird nicht in Sätzen, sondern in einer Sprache niedergelegt.

3.207.10.1	1	Wie Gesetze nur Interesse gewinnen, wenn die Neigung besteht, sie zu übertreten,/wenn sie übertreten werden/ so gewinnen gewisse grammatische Regeln erst dann Interesse, wenn die Philosophen sie übertreten möchten.
4.201.2.1	2	Die Wilden haben Spiele (oder wir nennen es doch so), für die sie keine geschriebenen Regeln, kein Regelverzeichnis besitzen. Denken wir uns nun die Tätigkeit eines Forschers, die Länder dieser Völker zu bereisen und Regelverzeichnisse für ihre Spiele anzulegen. Das ist das ganze Analogon zu dem, was der Philosoph tut. ((Warum sage ich aber nicht: Die Wilden haben Sprachen (oder wir .....), ... keine geschriebene Grammatik haben ...."?))

(426)

91

Die philosophischen Probleme treten uns im praktischen Leben gar nicht entgegen (wie etwa die der Naturlehre), sondern erst, wenn wir uns bei der Bildung unserer Sätze nicht vom praktischen Zweck, sondern von gewissen Analogien in der Sprache leiten lassen.

5.185.2.1	1	Was zum Wesen der Welt gehört, kann die Sprache nicht ausdrücken.
5.185.2.2		Daher kann sie nicht **sagen**, daß Alles fließt. Nur was wir uns auch anders vorstellen könnten, kann die Sprache sagen.
5.185.2.3		Daß Alles fließt, muß im Wesen der Berührung der Sprache mit der Wirklichkeit liegen. Oder besser: daß Alles fließt, muß im Wesen der Sprache liegen. Und, erinnern wir uns: im gewöhnlichen Leben fällt uns das nicht auf – sowenig, wie die verschwommenen Ränder unseres Gesichtsfeldes („weil wir so daran gewöhnt sind", wird Mancher sagen). Wie, bei welcher Gelegenheit, glauben wir denn darauf aufmerksam zu werden? Ist es nicht, wenn wir Sätze gegen die Grammatik der Zeit bilden wollen?
3.182.2.1	2	Wenn man sagt, daß ‚alles fließt', so fühlen wir, daß wir gehindert sind, das Eigentliche, die eigentliche Realität festzuhalten. Der Vorgang auf der Leinwand entschlüpft uns eben, weil er ein Vorgang ist. Aber wir beschreiben doch etwas; und ist das ein anderer Vorgang? Die Beschreibung steht doch offenbar gerade mit dem Bild auf der Leinwand in Zusammenhang. Es muß dem Gefühl unserer Ohnmacht ein falsches Bild zugrunde liegen. Denn was wir beschreiben wollen können, das können wir beschreiben.
3.182.3.1	3	Ist nicht dieses falsche Bild das eines Bilderstreifens, der so geschwind vorbeiläuft, daß wir keine Zeit haben, ein Bild aufzufassen.
3.182.4.1	4	Wir würden nämlich in diesem Fall geneigt sein, dem Bilde nachzulaufen. Aber dazu gibt es ja im Ablauf eines Vorgangs nichts analoges.
2.147.4.1	5	Es ist merkwürdig, daß wir das Gefühl, daß das Phänomen uns entschlüpft, den ständigen Fluß der Erscheinung, im gewöhnlichen Leben nie spüren, sondern erst, wenn wir philosophieren. Das deutet darauf hin, daß es sich hier um einen Gedanken handelt, der uns durch eine falsche Verwendung unserer Sprache suggeriert wird.
2.147.5.1	6	Das Gefühl ist nämlich, daß die Gegenwart in die Vergangenheit schwindet, ohne daß wir es hindern können. Und hier bedienen wir uns doch offenbar des Bildes eines Streifens, der sich unaufhörlich an uns vorbeibewegt und den wir nicht aufhalten können. Aber es ist natürlich ebenso klar, daß das Bild mißbraucht ist. Daß man nicht sagen kann „die Zeit fließt" wenn man mit „Zeit" die Möglichkeit der Veränderung meint.

2.156.2.1	1	Daß uns nichts auffällt, wenn wir uns umsehen, im Raum herumsehen, unseren eigenen Körper fühlen etc. etc., das zeigt, wie natürlich uns eben diese Dinge sind. Wir nehmen nicht wahr, daß wir den Raum perspektivisch sehen oder daß das Gesichtsbild gegen den Rand zu in irgend einem Sinne verschwommen ist. Es fällt uns nie auf und kann uns nie auffallen, weil es die Art der Wahrnehmung ist. Wir denken nie darüber nach, und es ist unmöglich, weil es zu der Form unserer Welt keinen Gegensatz gibt.
2.156.3.1	2	Ich wollte sagen, es ist merkwürdig, daß die, die nur den Dingen, nicht unseren Vorstellungen, Realität zuschreiben, sich in der Vorstellungswelt so selbstverständlich bewegen und sich nie aus ihr heraussehen.
2.156.4.1		D.h., wie selbstverständlich ist doch das Gegebene. Es müßte mit allen Teufeln zugehen, wenn das das kleine, aus einem schiefen Winkel aufgenommene Bildchen wäre.
2.156.5.1		Dieses Selbstverständliche, das Leben, soll etwas Zufälliges, Nebensächliches sein; dagegen etwas, worüber ich mir normalerweise nie den Kopf zerbreche, das Eigentliche!
2.156.6.1		D.h., das, worüber hinaus man nicht gehen kann, noch gehen will, wäre nicht die Welt.
2.157.1.1		Immer wieder ist es der Versuch, die Welt in der Sprache abzugrenzen und hervorzuheben – was aber nicht geht. Die Selbstverständlichkeit der Welt drückt sich eben darin aus, daß die Sprache nur sie bedeutet, und nur sie bedeuten kann.
2.157.2.1		Denn, da die Sprache die Art ihres Bedeutens erst von ihrer Bedeutung, von der Welt, erhält, so ist keine Sprache denkbar, die nicht diese Welt darstellt.
5.171.1.1	3	In den Theorien und Streitigkeiten der Philosophie finden wir die Worte, deren Bedeutungen uns vom alltäglichen Leben her wohlbekannt sind, in einem ultraphysischen Sinne angewandt.
3.131.6.1	4	Wenn die Philosophen ein Wort gebrauchen und nach seiner Bedeutung forschen, muß man sich immer fragen: wird denn dieses Wort in der Sprache, die es geschaffen hat/für die es geschaffen ist/, je tatsächlich so gebraucht?
3.131.6.2		Man wird dann meistens finden, daß es nicht so ist, und das Wort gegen seine normale/entgegen seiner normalen/ Grammatik gebraucht wird. („Wissen", „Sein", „Ding".)
4.160.7.1	5	(Die Philosophen sind oft wie kleine Kinder, die zuerst mit ihrem Bleistift beliebige Striche auf ein Papier kritzeln und nun/dann/ den Erwachsenen fragen „was ist das?" – Das ging so zu: Der Erwachsene hatte dem Kind öfters etwas vorgezeichnet und gesagt: „das ist ein Mann", „das ist ein Haus", u.s.w.. Und nun macht das Kind auch Striche und fragt: was ist nun das?)

92
METHODE IN DER PHILOSOPHIE.
MÖGLICHKEIT DES RUHIGEN FORTSCHREITENS.

4.150.1.1 1 Die eigentliche Entdeckung ist die, die mich fähig macht, mit dem Philosophieren aufzuhören, wann ich will.

4.150.1.2 Die die Philosophie zur Ruhe bringt, so daß sie nicht mehr von Fragen gepeitscht ist/wird/, die sie selbst in Frage stellen.

4.150.1.3 Sondern es wird jetzt an Beispielen eine Methode gezeigt, und die Reihe dieser Beispiele kann man abbrechen/kann abgebrochen werden/.

4.150.2.1 2 Richtiger hieße es aber: Es werden Probleme gelöst (Beunruhigungen /Schwierigkeiten/ beseitigt), nicht ein Problem.

4.173.6.1 3 Die Unruhe in der Philosophie kommt daher, daß die Philosophen die Philosophie falsch ansehen, falsch sehen, nämlich gleichsam in (unendliche) Längsstreifen zerlegt, statt in (endliche) Querstreifen. Diese Umstellung der Auffassung macht die größte Schwierigkeit. Sie wollen also gleichsam den unendlichen Streifen erfassen, und klagen, daß es/dies/ nicht Stück für Stück möglich ist. Freilich nicht, wenn man unter einem Stück einen endlosen Längsstreifen versteht. Wohl aber, wenn man einen Querstreifen als Stück/ganzes, definitives Stück/ sieht.
– Aber dann kommen wir ja mit unserer Arbeit nie zu Ende! Freilich/Gewiß/ nicht, denn sie hat ja keins.

4.175.2.1 4 (Statt der turbulenten Mutmaßungen und Erklärungen wollen wir ruhige Darlegungen/Konstatierungen/ sprachlicher Tatsachen geben./?von sprachlichen Tatsachen geben.?/)/wollen wir die ruhige Feststellung sprachlicher Tatsachen./

3.276.4.1 5 Wir müssen die ganze Sprache durchpflügen.

4.219.7.1 6 (Die meisten Menschen, wenn sie eine philosophische Untersuchung anstellen sollen, machen es wie Einer, der äußerst nervös einen Gegenstand in einer Lade sucht. Er wirft Papiere aus der Lade heraus – das Gesuchte mag darunter sein – blättert hastig und ungenau unter den übrigen. Wirft wieder einige in die Lade zurück, bringt sie mit den andern durcheinander, u.s.w.. Man kann ihm dann nur sagen: Halt, wenn Du so suchst, kann ich Dir nicht suchen helfen. Erst mußt Du anfangen, in vollster Ruhe methodisch eins nach dem andern zu untersuchen; dann bin ich auch bereit, mit Dir zu suchen und mich auch in der Methode nach Dir zu richten.)

93
DIE MYTHOLOGIE IN DEN FORMEN UNSERER SPRACHE.
((PAUL ERNST.))

3.306.7.1	1	In den alten Riten haben wir den Gebrauch einer äußerst ausgebildeten Gebärdensprache.
3.306.7.2		Und wenn ich in Frazer lese, so möchte ich auf Schritt und Tritt sagen: Alle diese Prozesse, diese Wandlungen der Bedeutung, haben wir noch in unserer Wortsprache vor uns. Wenn das, was sich in der letzten Garbe verbirgt, der ‚Kornwolf' genannt wird, aber auch diese Garbe selbst, und auch der Mann der sie bindet, so erkennen wir hierin einen uns wohlbekannten sprachlichen Vorgang.
3.114.2.1	2	Der Sündenbock, auf den man seine Sünde legt und der damit in die Wüste hinausläuft, – ein falsches Bild, ähnlich denen, die die philosophischen Irrtümer verursachen.
3.276.6.1	3	Ich möchte sagen: nichts zeigt unsere Verwandtschaft mit jenen Wilden besser, als daß Frazer ein ihm und uns so geläufiges Wort wie „ghost" oder „shade" bei der Hand hat, um die Ansichten dieser Leute zu beschreiben.
3.276.7.1	4	(Das ist ja doch etwas anderes, als wenn er etwa beschriebe, die Wilden bildeten/bilden/ sich ein, daß ihnen ihr Kopf herunterfällt, wenn sie einen Feind erschlagen haben. Hier hätte **unsere Beschreibung** nichts Abergläubisches oder Magisches an sich.)
3.277.1.1	5	Ja, diese Sonderbarkeit bezieht sich nicht nur auf die Ausdrücke „ghost" und „shade", und es wird viel zu wenig Aufhebens davon gemacht, daß wir das Wort „Seele", „Geist" („spirit") zu unserem eigenen gebildeten Vokabular zählen. Dagegen ist es eine Kleinigkeit, daß wir nicht glauben, daß unsere Seele ißt und trinkt.
3.277.3.1	6	In unserer Sprache ist eine ganze Mythologie niedergelegt.
3.277.4.1	7	Austreiben des Todes oder Umbringen des Todes; aber anderseits wird er als Gerippe dargestellt, also selbst in gewissem Sinne tot. „As dead as death". ‚Nichts ist so tot wie der Tod; nichts so schön wie die Schönheit selbst!' Das Bild, worunter man sich hier die Realität denkt ist, daß die Schönheit, der Tod, etc. die reine (konzentrierte) Substanz ist,/reinen (konzentrierten) Substanzen sind,/ während sie in einem schönen Gegenstand als Beimischung vorhanden ist./sind./ – Und erkenne ich hier nicht meine eigenen Betrachtungen über ‚Gegenstand' und ‚Komplex'? (Plato.)
3.277.5.1	8	Die primitiven Formen unserer Sprache: Substantiv, Eigenschaftswort und Tätigkeitswort zeigen das einfache Bild, auf dessen Form sie alles zu bringen sucht.

2.170.2.1 1   Solange man sich unter der Seele ein Ding, einen Körper vorstellt,
               der in unserem Kopfe ist, solange ist diese Hypothese nicht gefährlich.
               Nicht in der Unvollkommenheit und Rohheit unserer Modelle liegt die
               Gefahr, sondern in ihrer Unklarheit (Undeutlichkeit).
2.170.2.2   Die Gefahr beginnt, wenn wir merken, daß das alte Modell nicht
               genügt, es nun aber nicht ändern, sondern nur gleichsam sublimieren.
               Solange ich sage, der Gedanke ist in meinem Kopf, ist alles in Ordnung;
               gefährlich wird es, wenn wir sagen, der Gedanke ist nicht in meinem
               Kopfe, aber in meinem Geist.

Phänomenologie.

94

Phänomenologie ist Grammatik.

5.176.2.1	1	Die Untersuchung der Regeln des Gebrauchs unserer Sprache, die Erkenntnis dieser Regeln und übersichtliche Darstellung, läuft auf das hinaus, d.h. leistet dasselbe, was man oft durch die Konstruktion einer phänomenologischen Sprache leisten/erzielen/ will.
5.176.2.2		Jedesmal, wenn wir erkennen, daß die und die Darstellungsweise auch durch eine andre ersetzt werden kann, machen wir einen Schritt zu diesem Ziel.
4.223.3.1	2	»Angenommen, mein Gesichtsbild wären zwei gleichgroße rote Kreise auf blauem Grund: was ist hier in zweifacher Zahl vorhanden, und was einmal? (Und was bedeutet diese Frage überhaupt?) – Man könnte sagen: wir haben hier e i n e Farbe, aber zwei Örtlichkeiten. Es wurde aber auch gesagt, rot und kreisförmig seien Eigenschaften von zwei Gegenständen, die man Flecke nennen könnte, und die in gewissen räumlichen Beziehungen zueinander stehen.« Die Erklärung „es sind hier zwei Gegenstände – Flecke –, die . . . . ." klingt wie eine Erklärung der Physik. Wie wenn Einer fragt „was sind das für rote Kreise, die ich dort sehe" und ich antworte „das sind zwei rote Laternen, etc.". Eine Erklärung wird aber hier nicht gefordert (unsere Unbefriedigung durch eine Erklärung lösen zu wollen ist der Fehler der Metaphysik). Was uns beunruhigt, ist die Unklarheit über die Grammatik des Satzes „ich sehe zwei rote Kreise auf blauem Grund"; insbesondere die Beziehungen zur Grammatik der Sätze/eines Satzes/ wie „auf dem Tisch liegen zwei rote Kugeln"; und wieder „auf diesem Bild sehe ich zwei Farben". Ich kann/darf/ natürlich statt des ersten Satzes sagen: „ich sehe zwei Flecken mit/von/ den Eigenschaften rot und kreisförmig und in der räumlichen Beziehung Nebeneinander" – und ebensowohl: „ich sehe die Farbe rot an zwei kreisförmigen Örtlichkeiten nebeneinander" – wenn ich bestimme, daß diese Ausdrücke das gleiche bedeuten sollen, wie der obige Satz. Es wird sich dann einfach die Grammatik der Wörter „Fleck", „Örtlichkeit", „Farbe", etc. nach der (Grammatik) der Wörter des ersten Satzes richten müssen. Die Konfusion entsteht hier dadurch, daß wir glauben, über das Vorhandensein oder Nichtvorhandensein eines Gegenstands (Dinges) – des Flecks – entscheiden zu müssen; wie wenn man entscheidet, ob, was ich sehe (im physikalischen Sinn) ein roter Anstrich oder ein Reflex ist.

5.164.2.1	1	Irrtümliche Anwendung unserer physikalischen Ausdrucksweise auf Sinnesdaten. „Gegenstände", d.h. Dinge, Körper im Raum des Zimmers – und „Gegenstände" im Gesichtsfeld; der Schatten eines Körpers an der Wand als Gegenstand! Wenn man gefragt wird: „existiert der Kasten noch, wenn ich ihn nicht anschaue", so ist die korrekte Antwort: „ich glaube nicht, daß ihn jemand gerade dann wegtragen wird, oder zerstören". Die Sprachform „ich nehme x wahr" bezieht sich ursprünglich auf ein Phänomen (als Argument) im physikalischen Raum (ich meine hier: im „Raum" der alltäglichen Ausdrucksweise). Ich kann diese Form daher nicht unbedenklich auf das anwenden, was man Sinnesdatum nennt, etwa auf ein optisches Nachbild. (Vergleiche auch, was wir über die Identifizierung von Körpern, und anderseits von Farbflecken im Gesichtsfeld gesagt haben.) Was es heißt: ich, das Subjekt, stehe dem Tisch, als Objekt, gegenüber, kann ich leicht verstehen; in welchem Sinne aber stehe ich meinem optischen Nachbild des Tisches gegenüber?
5.165.0.2		„Ich kann diese Glasscheibe nicht sehen, aber ich kann sie fühlen". Kann man sagen: „ich kann das Nachbild nicht s e h e n, aber . . . . . "? Vergleiche: „Ich sehe den Tisch deutlich"; „ich sehe das Nachbild deutlich". „Ich höre die Musik deutlich"; „ich höre das Ohrensausen deutlich".
5.165.0.2		Ich sehe den Tisch nicht deutlich, heißt etwa: ich sehe nicht alle Einzelheiten des Tisches; – was aber heißt es: „ich sehe nicht alle Einzelheiten des Nachbildes", oder: „ich höre nicht alle Einzelheiten des Ohrenklingens"?
5.165.0.3		Könnte man nicht sehr wohl statt „ein Nachbild sehen" sagen: „ein Nachbild haben"? Denn: ein Nachbild „s e h e n"? im Gegensatz wozu? –
5.165.0.4		„Wenn Du mich auf den Kopf schlägst, sehe ich Kreise". – „Sind es genaue Kreise, hast Du sie gemessen?" (Oder: „sind es gewiß Kreise, oder täuscht Dich Dein Augenmaß?") – Was heißt es nun, wenn man sagt: „wir können nie einen genauen Kreis sehen"? Soll das eine Erfahrungstatsache sein, oder die Konstatierung einer logischen Unmöglichkeit? – Wenn das letztere, so heißt es also, daß es keinen Sinn hat, vom Sehen eines genauen Kreises zu reden. Nun, das kommt drauf an, wie man das Wort gebrauchen will. „Genauer Kreis" im Gegensatz zu einem Gesichtsbild, das wir eine sehr kreisähnliche Ellipse nennen würden, kann man doch gewiß sagen. Das Gesichtsbild ist ein genauer Kreis/D a s Gesichtsbild ist dann ein genauer Kreis/, welches uns wirklich, was wir sagen würden, kreisförmig erscheint und nicht vielleicht nur sehr ähnlich einem Kreis/Kreise/. Ist anderseits von einem Gegenstand der Messung die Rede, so gibt es wieder verschiedene Bedeutungen des Ausdrucks „genauer Kreis", je nach dem Erfahrungskriterium, welches ich dafür bestimme, daß der Gegenstand genau kreisförmig ist./ . . . . . je nach dem Erfahrungskriterium, das ich für die genaue Kreisförmigkeit des Gegenstandes bestimme./ Wenn ich nun sage/wir nun sagen/: „keine Messung ist absolut genau", so erinnern wir hier an einen Zug in der Grammatik der Angabe von Messungsresultaten. Denn sonst könnte uns Einer sehr wohl antworten: „wie weißt Du das, hast Du alle Messungen untersucht?" – „Man kann nie einen genauen Kreis sehen" kann die H y p o t h e s e sein, daß genauere Messung eines kreisförmig aussehenden Gegenstandes immer zu dem Resultat führen wird, daß der Gegenstand von der Kreisform

abweicht. − Der Satz „man kann ein 100-Eck nicht von einem Kreis unterscheiden" hat nur Sinn, wenn man die beiden auf irgend eine Weise unterscheiden kann, und sagen will, man könne sie, etwa visuell, nicht unterscheiden. Wäre keine Methode der Unterscheidung vorgesehen, so hätte es also keinen Sinn, zu sagen, daß diese zwei Figuren (zwar) gleich aussehen, aber „in Wirklichkeit"/„tatsächlich"/ verschieden sind. Und jener Satz wäre dann etwa die Definition 100-Eck = Kreis.

5.165.0.4   Ist in irgendeinem Sinne ein genauer Kreis im Gesichtsfeld undenkbar, dann muß der Satz „ich sehe nie einen genauen Kreis im Gesichtsfeld" von der Art des Satzes sein: „ich sehe nie ein hohes C im Gesichtsfeld"./....., dann muß der Satz „im Gesichtsfeld ist nie ein genauer Kreis" von der Art des Satzes sein: „im Gesichtsfeld ist nie ein hohes C."/

2.191.2.1 1 Der Farbenraum wird beiläufig dargestellt durch das Oktaeder, mit den reinen Farben an den Eckpunkten und diese Darstellung ist eine grammatische, keine psychologische. Zu sagen, daß unter den und den Umständen − etwa − ein rotes Nachbild sichtbar wird, ist dagegen Psychologie (das kann sein, oder auch nicht, das andere ist a priori; das Eine kann durch Experimente festgestellt werden, das Andere nicht.)

2.194.6.1 2 Was Mach ein Gedankenexperiment nennt, ist natürlich gar kein Experiment. Im Grunde ist es eine grammatische Betrachtung.

2.193.3.1 3 Das Farbenoktaeder ist Grammatik, denn es sagt, daß wir von einem rötlichen Blau, aber nicht von einem rötlichen Grün reden können, etc..

2.220.3.1 4 Die Oktaeder-Darstellung ist eine übersichtliche Darstellung der grammatischen Regeln.

5.22.1.1 5 Wenn Einer konstatieren wollte „der Gesichtsraum ist farbig", so wären wir versucht, ihm zu antworten: „Wir können ihn uns ja gar nicht anders vorstellen (denken)". Oder: „Wenn er nicht färbig wäre, so wäre er in dem Sinne verschieden vom Gesichtsraum, wie ein Klang von einer Farbe". Richtiger aber könnte man sagen: er wäre dann eben nicht, was wir „Gesichtsraum" nennen. In der Grammatik wird auch die Anwendung der Sprache beschrieben; das, was man den Zusammenhang zwischen Sprache und Wirklichkeit nennen möchte. Wäre er aber nicht beschrieben, so wäre einerseits die Grammatik unvollständig, anderseits könnte sie aus dem Beschriebenen nicht vervollständigt werden. In dem Sinn, in welchem wir ihn uns nicht anders denken können, ist die „Färbigkeit" in der Definition des Begriffs „Gesichtsraum", d.h. in der Grammatik des Wortes „Gesichtsraum", enthalten.

3.328.2.1 6 Wenn manchmal gesagt wird: man könne das Helle nicht sehen, wenn man nicht das Dunkle sähe; so ist das kein Satz der Physik oder Psychologie − denn hier stimmt es nicht und ich kann sehr wohl eine ganz weiße Fläche sehen und nichts Dunkles daneben − sondern es muß heißen: In unserer Sprache wird „hell" als ein Teil eines Gegensatzpaars hell−dunkel gebraucht. Wie wenn man sagte: im Schachspiel wird die weiße Farbe von Figuren zur Unterscheidung von der schwarzen Farbe andrer Figuren gebraucht.

2.212.2.1   1   Ist nicht die Harmonielehre wenigstens teilweise Phänomenologie, also Grammatik?
        Die Harmonielehre ist nicht Geschmacksache.

2.221.1.1   2   Eine Kirchentonart verstehen, heißt nicht, sich an die Tonfolge gewöhnen, in dem Sinne, in dem ich mich an einen Geruch gewöhnen kann und ihn nach einiger Zeit nicht mehr unangenehm empfinde. Sondern es heißt, etwas Neues hören, was ich früher noch nicht gehört habe, etwa in der Art – ja ganz analog – wie es wäre, 10 Striche ||||||||||, die ich früher nur als 2 mal 5 Striche habe sehen können, plötzlich als ein charakteristisches Ganzes sehen zu können. Oder die Zeichnung eines Würfels, die ich nur als flaches Ornament habe sehen können, auf einmal räumlich zu sehen.

95

KANN MAN IN DIE EIGENSCHAFTEN DES GESICHTSRAUMES TIEFER EINDRINGEN? ETWA DURCH EXPERIMENTE?

2.152.3.1   1   Die Tatsache, daß man ein physikalisches Hunderteck als Kreis sieht, es nicht von einem physikalischen Kreis unterscheiden kann, sagt gar nichts über die Möglichkeit, ein Hunderteck zu sehen.

2.152.4.1   Daß es mir nicht gelingt, einen physikalischen Körper zu finden, der das Gesichtsbild eines Hundertecks gibt, ist nicht von logischer Bedeutung. Es fragt sich: Hat es Sinn von einem Gesichts-Hunderteck zu reden? Oder: Hat es Sinn, von zugleich gesehenen 30 Strichen nebeneinander zu reden. Ich glaube, nein.

2.153.1.1   Der Vorgang ist gar nicht so, daß man zuerst ein Dreieck, dann ein Viereck, Fünfeck etc. bis z.B. zum 50-Eck sieht und dann der Kreis kommt; sondern man sieht ein Dreieck, ein Viereck etc. bis vielleicht zum Achteck, dann sieht man nur mehr Viel-Ecke mit mehr oder weniger langen Seiten. Die Seiten werden kleiner, dann beginnt ein Fluktuieren zum Kreis hin und dann kommt der Kreis.

2.153.2.1   Daß eine physikalische Gerade als Tangente an einen Kreis gezogen das Gesichtsbild einer geraden Linie gibt, die ein Stück weit mit der gekrümmten zusammenläuft, beweist auch nicht, daß unser Sehraum nicht euklidisch ist, denn es könnte sehr wohl ein anderes physikalisches Gebilde das der euklidischen Tangente entsprechende Bild erzeugen. Tatsächlich aber ist ein solches Bild undenkbar.

2.220.7.1   2   Wenn man frägt, ob die Tonleiter eine unendliche Möglichkeit der Fortsetzung in sich trägt, so ist die Antwort nicht dadurch gegeben, daß man Luftschwingungen, die eine gewisse Schwingungszahl überschreiten, nicht mehr als Töne wahrnimmt, denn es könnte ja die Möglichkeit bestehen, höhere Tonempfindungen auf andere Art und Weise hervorzurufen.

3.204.2.1   3   Die Geometrie unseres Gesichtsraumes ist uns gegeben, d.h., es bedarf keiner Untersuchung bis jetzt verborgener Tatsachen, um sie zu finden. Die Untersuchung ist keine, im Sinn einer physikalischen oder psychologischen Untersuchung. Und doch kann man sagen, wir kennen diese Geometrie noch nicht. Diese Geometrie ist Grammatik und die Untersuchung eine grammatische Untersuchung.

3.204.3.1   4   Man kann sagen, diese Geometrie liegt offen vor uns (wie alles Logische) – im Gegensatz zur praktischen Geometrie des physikalischen Raumes).

3.216.12.1   5   Niemand kann uns unseren/den/ Gesichtsraum näher kennen lehren. Aber wir können seine sprachliche Darstellung übersehen lernen. Unterscheide die geometrische Untersuchung von der Untersuchung der Vorgänge im Gesichtsraum.

2.223.3.1	1	Man könnte beinahe von einer externen und einer internen Geometrie reden. Das, was im Gesichtsraum angeordnet ist, steht in dieser Art von Ordnung a priori, d.h. seiner logischen Natur nach und die Geometrie ist hier einfach Grammatik. Was der Physiker in der Geometrie des physikalischen Raumes in Beziehung zueinander setzt, sind Instrumentablesungen, die ihrer internen Natur nach nicht anders sind, ob wir in einem geraden oder sphärischen physikalischen Raum leben. D.h., nicht eine Untersuchung der logischen Eigenschaften dieser Ablesungen führt den Physiker zu einer Annahme über die Art des physikalischen Raumes, sondern die abgelesenen Tatsachen.
2.223.4.1	2	Die Geometrie der Physik hat es in diesem Sinn nicht mit der Möglichkeit, sondern mit den Tatsachen zu tun. Sie wird von Tatsachen bestätigt; in dem Sinne nämlich, in dem ein Teil einer Hypothese bestätigt wird.
2.223.5.1 2.223.6.1	3	Vergleich des Arbeitens an der Rechenmaschine mit dem Messen geometrischer Gebilde. Machen wir bei dieser Messung ein Experiment, oder verhält es sich so, wie im Falle der Rechenmaschine, daß wir nur interne Relationen feststellen und das physikalische Resultat unserer Operationen nichts beweist?
2.223.7.1	4	Im Gesichtsraum gibt es natürlich kein geometrisches Experiment.
2.223.8.1	5	Ich glaube, daß hier der Hauptpunkt des Mißverständnisses über das a priori und a posteriori der Geometrie liegt.
2.223.2.1	6	Jede Hypothese ist eine heuristische Methode. Und in dieser Lage ist, glaube ich, auch die euklidische oder eine andere Geometrie auf den Raum der physikalischen Messungen angewandt. Ganz anders verhält es sich mit dem, was man die Geometrie des Gesichtsraumes nennen kann.

Gesichtsraum im Gegensatz zum Euklidischen Raum.

2.154.3.1 1 Wenn die Aussage, daß wir nie einen genauen Kreis se h e n , bedeuten soll, daß wir z.B. keine Gerade sehen, die den Kreis in einem Punkt berührt (d.h., daß nichts in unserm Sehraum die Multiplizität der einen Kreis berührenden Geraden hat) dann ist zu d i e s e r Ungenauigkeit nicht ein beliebig hoher Grad der Genauigkeit denkbar.

2.154.3.2 Das Wort „Gleichheit" hat eine andere Bedeutung, wenn wir es auf Strecken im Sehraum anwenden, als, die es auf den physikalischen Raum angewendet hat. Die Gleichheit im Sehraum hat eine andere Multiplizität als die Gleichheit im physikalischen Raum, d a r u m

können im Sehraum g_1 und g_2 Gerade (Sehgerade) sein und die Strecken $a_1 = a_2$, $a_2 = a_3$ etc. aber n i c h t $a_1 = a_5$ sein. Ebenso hat der Kreis und die Gerade im Gesichtsraum eine andere Multiplizität als Kreis und Gerade im physikalischen Raum, denn ein kurzes Stück eines gesehenen Kreises kann gerade sein; „Kreis" und „Gerade" eben im Sinne der Gesichtsgeometrie angewandt.

2.154.3.3 Die gewöhnliche Sprache hilft sich hier mit dem Wort „scheint" oder „erscheint". Sie sagt a_1 und a_2 scheinen gleich zu sein, während zwischen a_1 und a_5 dieser Schein schon nicht mehr besteht. Aber sie benutzt das Wort „scheint" zweideutig. Denn seine Bedeutung hängt davon ab, was diesem Schein nun als das Sein entgegengestellt wird. In einem Fall ist es das Resultat einer Messung, im anderen eine weitere Erscheinung. In diesen Fällen ist also die Bedeutung des Wortes „scheinen" eine verschiedene.

2.147.3.1 2 Wenn ich sage „die obere Strecke ist so lang wie die untere" und mit diesem Satz das meine, was sonst der Satz „die obere Strecke erscheint mir so lang, wie die untere" sagt, dann hat in dem Satz das Wort „gleich" eine ganz andere Bedeutung, wie im gleichlautenden Satz, für den die Verifikation die Übertragung der Länge mit dem Zirkel ist. Darum kann ich z.B. im zweiten Fall von einem Verbessern der Vergleichsmethoden reden, aber nicht im ersten Falle. Der Gebrauch desselben Wortes „gleich" in ganz verschiedenen Bedeutungen ist sehr verwirrend. Er ist der typische Fall, daß Worte und Redewendungen, die sich ursprünglich auf die „Dinge" der physikalischen Ausdrucksweise, „die Körper im Raum" beziehen, auf die Teile unseres Gesichtsfeldes angewendet werden, wobei sie ihre Bedeutung gänzlich wechseln müssen und die Aussagen ihren Sinn verlieren, die früher einen hatten, und andere einen Sinn gewinnen, die in der ersten Ausdrucksart keinen hatten. Wenn auch eine gewisse Analogie bestehen bleibt, eben die, die uns verführt, den gleichen Ausdruck zu gebrauchen.

5.167.1.1	1	Die visuelle Gerade berührt den visuellen Kreis nicht in e i n e m Punkt, sondern in einer visuellen Strecke. – Wenn ich die? Zeichnung eines Kreises und einer Tangente ansehe, so ist/wäre/ nicht das merkwürdig, wenn/daß/ ich etwa niemals einen vollkommenen Kreis und eine vollkommene Gerade miteinander in Berührung sehe; interessant ist/wird/wäre// es erst, wenn ich sie sehe, und dann die Tangente mit dem Kreis ein Stück zusammenläuft.
5.170.2.1	2	Die Verschwommenheit, Unbestimmtheit unserer Sinneseindrücke ist nicht etwas, dem sich abhelfen läßt, eine Verschwommenheit, der auch völlige Schärfe entspricht (oder entgegensteht). Vielmehr ist diese allgemeine Unbestimmtheit, Ungreifbarkeit, dieses Schwimmen der Sinneseindrücke, das, was mit dem Worte „alles fließt" bezeichnet worden ist. Wir sagen „man sieht nie einen genauen Kreis", und wollen sagen, daß, auch wenn wir keine Abweichung von der Kreisform sehen, uns das keinen genauen Kreis gibt. (Es ist, als wollten wir sagen: wir können dieses Werkzeug nie genau führen, denn wir halten nur den Griff und das Werkzeug sitzt im Griff lose.) Was aber verstehen wir dann unter dem Begriff ‚genauer Kreis'? Wie sind wir zu diesem Begriff überhaupt gekommen? Nun, wir denken z.B. an eine genau gemessene Kreisscheibe aus einem sehr harten Stahl. Aha – also dorthin zielen wir mit dem Begriff ‚genauer Kreis'. Freilich, davon finden wir im Gesichtsbild nichts. Wir haben eben die Darstellungsform gewählt, die die Stahlscheibe genauer nennt als die Holzscheibe und die Holzscheibe genauer als die Papierscheibe. Wir haben den Begriff „genau" durch eine Reihe bestimmt, und reden von den Sinneseindrücken als Bildern, ungenauen Bildern, der physikalischen Gegenstände.
5.135.2.1	3	Zwingt mich etwas zu der Deutung, daß der Baum, den ich durch mein Fenster sehe, größer ist als das Fenster? Das kommt darauf an, wie ich die Wörter „größer" und „kleiner" gebrauche. – Denken wir uns die normale/alltägliche/ visuelle Erfahrung wäre es für uns, Stäbe in verschiedenen Lagen zu sehen, die durch Teilstriche in (visuell) gleiche Teile geteilt wären. Könnte sich da nicht ein doppelter Gebrauch der Worte „länger" und „kürzer" einbürgern. Wir würden nämlich manchmal den Stab den längeren nennen, der in mehr Teile geteilt wäre; etc..
5.140.3.1	4	Messen einer Länge im Gesichtsfeld durch Anlegen eines visuellen Maßstabes. D.i., eines Stabes, der durch Teilstriche in gleiche Teile geteilt ist. Es gibt hier eine Messung, die darin besteht, daß der Maßstab an zwei Längen/Strecken/ angelegt wird. Und zwar können 2 Maßstäbe je einer an eine Länge angelegt werden und das Kriterium für die Gleichheit der Maßeinheit ist, daß die Einheiten gleichlang aussehen. Es kann aber auch ein Maßstab von einer Länge/Strecke/ zur andern transportiert werden und das Kriterium der Konstanz der Maßeinheit ist, daß wir keine Veränderung merken. Während das Kriterium dafür, daß die gemessenen Längen sich nicht verändern etwa darin besteht, daß wir keine Bewegung der Endpunkte wahrgenommen haben. Ich kann unzählige verschiedene Bestimmungen darüber treffen, welches das Kriterium der Längengleichheit im Gesichtsbild sein soll und danach werden sich wieder verschiedene Bedeutungen der Maßangaben ergeben.

Teilbarkeit. Unendliche Teilbarkeit.

Die unendliche Teilbarkeit der euklidischen Strecke besteht in der Regel (Festsetzung), daß es Sinn hat, von einem n-ten Teil jedes Teils zu sprechen. Spricht man aber von der Teilbarkeit einer Länge im Gesichtsraum und fragt, ob eine solche noch teilbar, oder endlos teilbar ist, so suchen wir hier nach einer Regel, die einer gewissen Realität entspricht (aber wie entspricht sie ihr?). Ich sehe einen schwarzen Streifen an der Wand vor mir, – ist seine Breite teilbar? Was ist das Kriterium dafür? Hier gibt es nun unzählige Kriterien, die wir alle als Kriterien der Teilbarkeit im Gesichtsfeld bezeichnen/anerkennen/ würden, und die stufenweise in einander übergehen. Vor allem könnte die Bedeutung von „Teilbarkeit" so festgelegt werden, daß ein Versuch sie erweist; dann ist es also nicht „logische Möglichkeit" der Teilung, sondern physische Möglichkeit, und die logische Möglichkeit, die hier in Frage kommt, ist in der Beschreibung des Versuchs der Teilung gegeben – wie immer dieser Versuch ausgehn mag.

Was würden wir nun einen „Versuch der Teilung" nennen? – Etwa den, einen Strich neben den ersten zu malen, der gleichbreit aussieht und aus einem grünen und roten Längsstreifen besteht, wobei die Erinnerung das Kriterium dafür gäbe, daß der schwarze Streifen die gleiche Breite habe, die er hatte, als wir die Frage stellten. (D.h., daß wir als gleiche Breite des schwarzen Streifens jetzt und früher das bezeichnen, was als gleichbreit erinnert wird.) Anderseits könnte ich als Kriterium der Teilbarkeit des schwarzen Streifens festsetzen, daß zugleich mit ihm ein gleichbreit aussehender und geteilter Streifen gesehen wird. Und als Vollzug der möglichen Teilung würde ich dann die Ersetzung des ungeteilten durch einen geteilten bezeichnen, bei welcher der zuerst gesehene ungeteilte Streifen bestehen bleibt. Ich würde also sagen „a sei/ist/ geteilt" – weil ich b daneben sehe und „a sei/ist/ geteilt", wenn ich danach 2 Streifen von der Art b sehe. In der Aussage „a ist geteilt" bezeichnet „a" also einen Ort; das nämlich, was gleichbleibt, ob a geteilt oder ungeteilt ist. Hier gibt es nun wieder Verschiedenes, was wir als „Ort im Gesichtsfeld" und „Festlegung eines Ortes im Gesichtsfeld" bezeichnen. – Wir könnten aber einen Streifen nur dann teilbar nennen, wenn er sich in gleicher (gesehener) Breite in einen geteilten Streifen fortsetzt, oder aber, wenn es uns gelingt, einen geteilten Streifen zeitweilig an ihn (im Gesichtsfeld) anzulegen. etc. etc. – Dann aber gibt es das Kriterium der Vorstellbarkeit der Teilung. Wir sagen: „oh ja, diesen Streifen kann ich mir noch ganz leicht geteilt denken" (oder „vorstellen"). „Wenn eine Teilung dieses Streifens a in ungleiche Teile möglich ist, dann umsomehr in gleiche Teile". Und hier haben wir wieder die Festsetzung eines neuen Kriteriums der Teilbarkeit in gleiche Teile. Und hier sagt man: ich kann mir doch in diesem Fall gewiß denken, daß der Streifen halbiert wäre/wird/. Aber worin besteht diese Möglichkeit /Fähigkeit/ des Denkens? Kann ich es, wenn ich es versuche? Und wie, wenn es mir nicht gelingt? Was hier mit dem „ich kann mir .... denken" gemeint ist, erfährt man, wenn man fragt „wieso kannst Du Dir nun die Halbierung denken". Darauf ist die Antwort: „ich brauche mir doch nur den schwarzen Teil des Streifens etwas breiter zu denken"; und es wird offenbar angenommen, daß, das zu denken, keine Schwierigkeit mehr hat. In Wirklichkeit aber handelt es sich hier nicht um Schwierigkeiten /die Schwierigkeit/, sich/mir/ ein bestimmtes Bild vor's innere Auge zu rufen, und nicht um etwas, was ich versuchen und mir mißlingen kann;

sondern um die Anerkennung einer Regel der Ausdrucksweise. Diese Regel kann allerdings gegründet sein auf der/die/ Fähigkeit, sich etwas vorzustellen; d.h. die Vorstellung funktioniert in diesem Fall als Muster, also als Zeichen, und kann natürlich auch ersetzt werden durch ein gemaltes Muster. Wenn ich nämlich frage: „was versteht man unter dem Wachsen der Breite eines Streifens", so wird mir als Erklärung so etwas vorgeführt, es wird mir ein Muster gegeben, das ich, oder dessen Erinnerung ich etwa meiner Sprache einverleibe. Und so kann der, den ich frage „wieso ist der breite Streifen a teilbar, weil b teilbar ist" als Antwort den Streifen b verbreitern und mir vorführen, wie aus b ein geteilter Streifen von der Breite des a wird/werden kann/. Aber bei dieser Antwort hätte es nun sein Bewenden. Und was hat er zur Erklärung getan? Er hat mir ein Zeichen, ein Muster, in mein Zeichensystem gegeben; das ist alles.

5.142.0.2 Gibt es nun für die Teilbarkeit des Streifens im Gesichtsraum eine Grenze? Nun – das kann ich festsetzen, wie ich will. – Das heißt: ich kann ein Zeichensystem mit begrenzter Teilbarkeit, oder eins mit unbegrenzter Teilbarkeit einführen – nur kann ich natürlich die Tatsachen nicht kommandieren und muß sie dann mit dem von mir festgesetzten Zeichensystem entsprechend beschreiben. Wenn also meine Vorstellung, bezw. das Gesichtsbild eines geteilten Streifens, einen Teil meines Zeichensystems bildet, so endet dieser Teil meines Symbolismus, wo ich, aus irgend welchen Gründen unfähig bin, eine weitere Verkleinerung der Teile zu bewirken/herbeizuführen/. Dann aber kann ich mich entscheiden,/:/ entweder, zu sagen, es gäbe keine weitere Teilung mehr, d.h. von einer solchen zu reden sei sinnlos – und in diesem Falle habe ich mich gebunden, ein eventuell auftretendes Phänomen, das ich versucht wäre, eine weitere Teilung zu nennen, anders zu beschreiben; – oder aber,/:/ die Teilbarkeit im Symbolismus weitergehen zu lassen, wodurch aber nichts geändert wird, weil ja meine Reihe von Mustern, die auch zur Sprache gehört, ein Ende hat. Soweit diese Reihe von Mustern eine Reihe von Zeichen ist, kommt durch jedes neue Muster ein neues Zeichen in die Sprache. Diese Betrachtung ist meist ohne Wichtigkeit; manchmal aber wird sie wichtig. Wir haben einen dem Problem der Teilbarkeit analogen Fall, wenn gefragt wird: ist es möglich, jede beliebige Anzahl 3n von Strichen |||||||||||| mit einem Blick als Gruppe von Tripeln zu erfassen, oder jede beliebig lange Reihe solcher Striche als ein für ihre Anzahl charakteristisches Bild zu sehen, wie wir es für | || ||| |||| können? Auch hier können wir zur Beschreibung unserer Erfahrung ein endliches oder ein unendliches Zahlensystem verwenden, – denn die Reihe der Muster übersehbarer Gruppen hat ein Ende und sie determiniert den Sinn unsrer Sätze ebensosehr, wie das verwendete Zahlensystem.

5.143.0.3 Wenn ich also sagte „wir suchen nach einer Regel, die einer gewissen Realität entspricht", so liegt die Entsprechung in der Einfachheit und leichten Verständlichkeit der Darstellung. Die Regel wird durch die Tatsachen nur insofern gerechtfertigt, als die Wahl eines Koordinatensystems durch ihre Anwendung auf eine Kurve gerechtfertigt wird, die sich in dem System besonders einfach darstellen läßt.

5.143.1.1   1   Es ist möglich, im Gesichtsfeld zwei gleichlange (d.h. gleichlang gesehene) Strecken zu sehen, deren jede durch Farbgrenzen in mehrere Teile, gleiche Teile, geteilt ist und beim Zählen dieser Teile zu finden, daß ihre Anzahlen ungleich sind. Wie ist es nun mit einer Frage: „Angenommen, ich könnte 30 und 31 Teile als Zahl übersehen, wäre es auch dann möglich, zwei Strecken von 30 und 31 gesichtsgleichen Teilen als gleichlang zu sehen?" – Nun, wie ist diese Frage zu entscheiden? Vor allem: wie ist das, wenn man 30 Teile als Zahl übersieht? Was kann man dafür als Erklärung geben? Wir können freilich niemandem einen Kentaur zeigen, weil es keinen gibt, aber es ist für die Bedeutung des Wortes „Kentaur" wesentlich, daß wir einen malen, oder modellieren können. – So aber ist es auch für den Sinn des Satzes „ich kann 30 Teile als Zahl übersehen" wesentlich, was ich etwa als Beispiel dieses Überblickens zeigen kann, und daß ich keinen Fall eines Überblickens von 30 Strichen als Muster zeigen kann. Hier kann man sagen: ich kann mir das Übersehen von 30 Strichen/Überblicken von 30 Strichen als Zahlbild/ nicht vorstellen, ich weiß nicht, wie das wäre, und die Frage „wie wäre es, wenn ....." ist für mich unsinnig, denn es ist mir kein Kriterium zur Entscheidung gegeben.

5.144.2.1   2   Wenn wir die Bedeutungen der Ausdrücke „gleichlang" und anderer im Gesichtsraum mit den Bedeutungen derselben Wörter im euklidischen Raum verwechseln, dann geraten wir in/kommen wir auf/ Widersprüche und fragen dann: „Wie ist so eine Erfahrung möglich?! Wie ist es möglich, daß 24 gleichlange Strecken zusammen die gleiche Länge ergeben, wie 25 ebensolange? Habe ich wirklich so eine Erfahrung gehabt?"

4.225.3.1   3   „Ist ein Feld eines Schachbretts einfacher, als das ganze Schachbrett?" Das kommt darauf an, wie Du das Wort „einfacher" gebraucht. Meinst Du damit „aus einer kleineren Anzahl von Teilen bestehend", so sage ich: Wenn diese Teile etwa die Atome des Schachbretts sind, so ist also das Feld einfacher als das Schachbrett, – wenn Du aber vom visuellen Schachbrett sprichst,/von dem sprichst, was wir am Schachbrett sehen,/ so bestehen ja die Felder nicht aus Teilen, es sei denn, daß sie wieder aus kleineren Flecken bestehen, und wenn Du dann den Fleck den einfacheren nennst, der weniger Flecken enthält, so ist wieder das Feld einfacher als das Schachbrett. „Ist aber die gleichmäßig gefärbte Fläche einfach?" – Wenn „einfach" bedeutet: nicht aus Flecken mehrerer Farben zusammengesetzt, – ja!

| 4.226.0.2 | | Aber können wir nicht sagen: einfach ist, was sich nicht teilen |
| 4.226.0.3 | | läßt? – Wie teilen läßt? Mit dem Messer? Und mit welchem Messer? |

Beschreibe mir erst die Methode der Teilung, die Du erfolglos anwendest, dann werde ich wissen, was Du „unteilbar" nennst. Aber vielleicht willst Du sagen: „unteilbar" nenne ich nicht das, was man erfolglos zu teilen versucht, sondern das, wovon es sinnlos (unerlaubt) ist zu sagen, es bestehe aus Teilen. – Dann ist ‚unteilbar' eine grammatische Bestimmung. Eine Bestimmung also, die Du selber machen kannst und durch welche Du die Bedeutung, den Gebrauch andrer Wörter festlegst. Wenn ich etwa sage: ein einfärbiger Fleck ist unteilbar (einfach), denn, wenn ich ihn – z.B. – durch einen Strich teile, so ist er nicht mehr einfärbig, – so setze ich damit fest, in welcher Bedeutung ich das Wort „teilen" gebrauchen will. Wenn nun gefragt wird: „besteht das Gesichtsbild aus minima visibilia", so fragen wir zurück: wie verwendest Du das Wort „aus ...... bestehen"? Wenn in dem Sinn, in welchem ein Schachbrett aus schwarzen und weißen Feldern besteht, – nein! – Denn Du wolltest doch nicht leugnen, daß wir einfärbige Flecke sehen (ich meine Flecke, deren Erscheinung einfärbig ist). Wenn Du aber etwa? sagen willst, daß ein physikalischer Fleck (ein messbarer Fleck im physikalischen Raum) verkleinert werden kann, bis wir ihn aus einer bestimmten Entfernung nicht mehr sehen, daß er dann beim Entschwinden gemessen und in dieser Ausdehnung der kleinst sichtbare Fleck genannt werden kann, so stimmen wir bei.

4.226.1.1	1	Wenn wir in der Geometrie sagen, das regelmäßige Sechseck bestehe aus sechs gleichseitigen Dreiecken, so heißt das, daß es Sinn hat, von einem regelmäßigen Sechseck zu reden, das aus sechs gleichseitigen Dreiecken besteht. Wenn daraufhin gefragt würde „ist also das Sechseck einfach oder zusammengesetzt", so müßte ich antworten: bestimme Du selbst, wie Du die Wörter „einfach" und „zusammengesetzt" gebrauchen willst.
4.17.5.1	2	Es scheint, man kann einen einfärbigen Fleck nicht zusammengesetzt sehen, außer, wenn man ihn sich nicht einfärbig vorstellt. Die Vorstellung einer Trennungslinie macht den Fleck mehrfärbig, denn die Trennungslinie muß eine andere Farbe haben, als der übrige Fleck. | Auslassung 1 |
4.237.2.1	3	Ob es einen Sinn hat zu sagen „dieser Teil einer roten Fläche (der durch keine sichtbare Grenze abgegrenzt ist) ist rot" hängt davon ab, ob es einen absoluten Ort gibt. Denn, wenn im Gesichtsraum von einem absoluten Ort die Rede sein kann, dann kann ich auch diesem absoluten Ort eine Farbe zuschreiben, wenn seine Umgebung gleichfärbig ist.
4.224.1.1	4	Wir können in einem absoluten Sinne/in absolutem Sinne/ von einem Ort im Gesichtsfeld reden. Denken wir uns, daß ein roter Fleck im Gesichtsfeld verschwindet und in gänzlich neuer Umgebung wieder auftaucht, so hat es Sinn zu sagen, er tauche am gleichen Ort oder an einem andern Ort wieder auf. (Wäre ein solcher Raum mit einer Fläche vergleichbar, die von Punkt zu Punkt eine andere Krümmung hätte, so daß wir jeden Ort auf der Fläche als absolutes Merkmal angeben könnten?)

4.224.2.1	1	Der Gesichtsraum ist ein gerichteter Raum, in dem es ein Oben und Unten, Rechts und Links gibt. Und diese Bestimmungen haben nichts mit der Richtung der Schwerkraft oder der rechten und linken Hand zu tun. Sie würden auch dann ihren Sinn beibehalten, wenn wir unser ganzes Leben lang durch ein Teleskop zu den Sternen sähen. – Dann wäre unser Gesichtsfeld dunkel mit einem helleren Kreis und in diesem Lichtpunkte./.... unser Gesichtsfeld ein hellerer Kreis vom Dunkel begrenzt und im Kreis Lichtpunkte./ Nehmen wir an, wir hätten nie unsern Körper gesehen, sondern immer nur dieses Bild, wir könnten also die Lage eines Sterns nicht mit der unseres Kopfes oder unserer Füße vergleichen: was zeigt mir dann, daß mein Raum ein Oben und Unten etc. hat, oder einfach: daß er gerichtet ist? Es hat Sinn, zu sagen, daß sich das ganze Sternbild im Kreis d r e h t, obwohl es dadurch seine relative Lage zu nichts im Gesichtsraum ändert. Oder richtiger ausgedrückt: ich rede auch dann von einer Drehung im Gesichtsraum, wenn keine relative Lageänderung in ihm stattfindet.
4.224.2.2		Dieser Sachverhalt ist nicht vielleicht dadurch wegerklärt, daß man sagt: die Retina hat eben ein Oben, Unten, etc., und so ist es leicht verständlich, daß es das Analoge im Gesichtsfeld gibt. Vielmehr ist eben das nur eine D a r s t e l l u n g des Sachverhalts auf dem Umweg über die Verhältnisse in der Retina.
4.225.1.1	2	Man könnte meinen: es verhält sich im Gesichtsfeld immer so, als sähen wir mit allem Übrigen ein gerichtetes Koordinatenkreuz, wonach wir alle Richtungen fixieren können. – Aber auch das ist keine richtige Darstellung; denn sähen wir wirklich ein solches Kreuz (etwa mit Pfeilen), so wären wir im Stande, nicht nur die relativen Richtungen der Objekte dagegen zu fixieren, sondern auch die Lage des Kreuzes selbst im Raum, gleichsam gegen ein ungesehenes im Wesen dieses Raums enthaltenes Koordinatensystem.
4.225.2.1	3	Ich kann die Figur ∨ als Buchstaben, als Zeichen für „kleiner" oder für „größer" sehen, auch ohne es/sie/ mit meinem Körper zusammen zu sehen. Vielleicht wird man sagen, daß ich die Lage meines Körpers fühle, ohne ihn zu sehen. Gewiß, und ich sage eben, daß ‚die gefühlte Lage' nicht ‚die gesehene Lage' ist; daher können sie auch nicht miteinander verglichen, wohl aber einander zugeordnet werden.
4.225.2.2		Die Wörter „oben", „unten", „rechts", „links" haben andere Bedeutung im Gesichtsraum, andere im Gefühlsraum. Aber auch das Wort „Gefühlsraum" ist mehrdeutig. (Definitionen der Wörter „oben", „unten", etc. durch die Spitze des Buchstaben „V", des Zeichens „kleiner" und „größer" einerseits, anderseits durch Kopf- und Fußschmerzen; oder durch Gleichgewichtsgefühle.)

4.227.1.1   1   „Ist Distanz in der Struktur des Gesichtsraums schon enthalten, oder scheint es uns nur so, weil wir gewisse Erscheinungen des Gesichtsbildes mit gewissen Erfahrungen des Tastsinnes assoziieren, welche letztere erst Distanzen betreffen?" Woher nehmen wir diese Vermutung? Wir scheinen dergleichen irgendwo angetroffen zu haben. Denken wir nicht an folgenden Fall? diese Melodie mißfiele mir nicht, wenn ich sie nicht unter diesen unangenehmen Umständen zum erstenmal gehört hätte. Aber hier gibt es zwei Möglichkeiten: Entweder die Melodie mißfällt mir, wie manche andere, für deren Mißfallen ich jenen Grund nicht angeben würde, und es ist bloß eine Vermutung, daß die Ursache meines Mißfallens in jenem früheren Erlebnis liegt. Oder aber, wenn immer ich die Melodie höre, fällt mir jenes Erlebnis ein und macht mir das Hören der Melodie unangenehm; dann ist meine Aussage keine Hypothese über die Ursache meines Mißfallens, sondern eine Beschreibung dieses Mißfallens selbst. – Wenn also gefragt wird: „scheint es uns nur so, daß eine Strecke im Gesichtsraum selbst länger ist, als eine andere und bezieht sich das ‚länger' nicht bloß auf eine Erfahrung des Tastsinns, die wir mit dem Gesehenen assoziieren", – so ist zu antworten: Weißt Du etwas von dieser Assoziation? beschreibst Du mit ihr Dein Erlebnis, oder vermutest Du sie nur als Ursache Deines Erlebnisses? – Wenn das letztere, so können wir von Distanzen im Gesichtsraum reden, ohne auf die mögliche Ursache unserer Erfahrung Rücksicht zu nehmen. Dabei muß man sich daran erinnern, daß die Aussagen über Distanzen (daß diese Strecke gleichlang ist wie jene, oder länger als jene, etc.) einen andern Sinn haben, wenn sie sich auf den Gesichtsraum, und einen andern, wenn sie sich auf den euklidischen Raum beziehen.

4.228.1.1   2   Zu sagen, der Punkt B ist nicht zwischen A und C (die Strecke a nicht kürzer als b), sondern dies erscheine uns nur so wegen gewisser Assoziationen, klingt und ist absurd, weil wir uns eben in unserer Aussage gar nicht um eventuelle Ursachen der Erscheinung kümmern, sondern nur diese im Gegensatz zu andern Erscheinungen beschreiben.

4.228.1.2   Wenn Du sagst, der Punkt B erscheint/scheint/ Dir nur zwischen A und C (zu liegen), so antworte ich: das ist es ja, was ich sage, nur gebrauche ich dafür den Ausdruck „er liegt zwischen A und C".

4.228.1.3   Und wenn Du fragst „scheint es nicht nur so", so antworte ich: Welche Methode würdest Du denn anwenden, um die Antwort auf Deine Frage zu finden. Dann nämlich werde ich verstehen, was Dein Verdacht eigentlich betrifft. Wenn Du sagst: ist auf diesem Tisch nicht doch vielleicht etwas, was ich nicht sehe, so antworte ich: Wie könnten wir denn das Betreffende finden? Versuche mir doch eine Erfahrung zu beschreiben, die Dich sagen lassen würde/veranlassen würde, zu sagen/: „es war doch noch etwas da". Beschreibe mir die Erfahrung, die Dich davon überzeugen würde, daß B doch nicht zwischen A und C liegt, und ich werde verstehen, welcher Art der/dieser/ wirkliche Sachverhalt im Gegensatz zum scheinbaren ist. Aber Eines ist klar: die Erfahrung, die Dich das lehrt, kann nicht diejenige ändern, die ich mit den Worten beschreibe „B liegt zwischen A und C".

4.228.1.4   Dem Einwurf liegt aber eine falsche Auffassung der logischen Analyse zugrunde. Was wir vermissen ist nicht ein genaueres Hinsehen (etwa auf A, B und C) und die Entdeckung eines Vorgangs hinter dem gewöhnlich/oberflächlich/ beobachteten (dies wäre die Untersuchung eines physikalischen oder psychologischen Phänomens), sondern die Klarheit in der Grammatik der Beschreibung des alten Phänomens. Denn, sähen wir genauer hin, so sähen wir eben etwas A n d e r e s und hätten nichts für unser Problem gewonnen. D i e s e Erfahrung, nicht eine andere, sollte beschrieben werden.

4.68.1.1   1   Hat das Gesichtsfeld einen Mittelpunkt? – Es hat Sinn, in einem Bild etwa ein Kreuzchen anzubringen und zu sagen: schau' auf das Kreuz; Du wirst dann auch das Übrige sehen, aber das Kreuz ist dann im Mittelpunkt des Gesichtsfeldes.

5.135.3.1   2   Im Gesichtsraum gibt es absolute Lage. Wenn ich durch ein Aug' schaue, sehe ich meine Nasenspitze. Würde diese abgeschnitten und entfernt, mir aber dann in die Hand gegeben, so könnte ich sie ohne Hilfe des Spiegels und bloß ?durch die Kontrolle des Sehens? wieder an ihre alte Stelle setzen; auch dann, wenn sich inzwischen alles in meinem Gesichtsbild geändert hätte. Der Satz „ich sehe das sehende Auge im Spiegel" ist nur scheinbar von der Form des Satzes „ich sehe das Auge des Andern im Spiegel", denn es hat keinen Sinn zu sagen: „ich sehe das sehende Auge". Wenn ich „visuelles Auge" das Bild nenne, was mir etwa das Auge eines Andern bietet, so kann ich sagen, daß das Wort „das sehende Aug" nicht einem visuellen Auge entspricht.

2.226.1.1   3   Im Gesichtsraum gibt es absolute Lage und daher auch absolute Bewegung. Man denke sich das Bild zweier Sterne in stockfinsterer Nacht, in der ich nichts sehen kann als diese, und diese bewegen sich im Kreise umeinander.

5.136.1.1   4   Mein Gesichtsfeld weist keine Unvollständigkeit auf, die mich dazu bringen könnte, mich umzuwenden und/um/ zu sehen, was hinter mir liegt. Im Gesichtsraum gibt es kein „hinter mir"; und wenn ich mich umwende, ändert sich ja bloß mein Gesichtsbild, wird aber nicht vervollständigt. ?(Der „Raum um mich herum" ist eine Verbindung von Sehraum und Muskelgefühlsraum.)? Es hat keinen Sinn, im Gesichtsraum von der Bewegung eines Gegenstandes zu reden, die um das sehende Auge hinten herum führt.

5.136.2.1   5   Beziehung zwischen physikalischem Raum und Gesichtsraum. Denke an das Sehen bei geschlossenen Augen (Nachbilder, etc.) und an die Traumbilder.

97
DAS SEHENDE SUBJEKT UND DER GESICHTSRAUM.

3.142.7.1   1   Es ist unsinnig zu sagen „ich sehe die Dinge/diesen Gegenstand/ im Gesichtsraum". Im Gegensatz wozu? Ist es denkbar, daß ich sie/ihn/ höre, oder daß ein Anderer sie/ihn/ sieht?

3.142.8.1   2   Darum kann ich auch nicht sagen, daß der Gegenstand in meinem Gesichtsraum die Ursache dessen/davon/ ist, daß ich ihn sehe.
3.142.8.2   (Darum ist es auch Unsinn zu sagen: aus dem Urnebel haben sich die Sonnen, Planeten, die einfachsten Lebewesen und endlich ein Wesen entwickelt, das so organisiert ist, daß es all diese Dinge sehen und über sie Betrachtungen anstellen kann. Es sei denn, daß man unter diesen Betrachtungen die (rein)? physikalischen Äußerungen, im Sinne des Behaviourism, versteht. In diesem Sinne kann man auch von einer photographischen Kamera sagen, daß sie etwas wahrnehme.)

3.143.2.1   3   Wenn man gefragt würde: was ist der Unterschied zwischen einem Ton und einer Farbe, und die Antwort wäre „Töne hören wir, dagegen sehen wir die Farben"; so ist das nur eine durch Erfahrung gerechtfertigte Hypothese, wenn es überhaupt einen Sinn haben soll, das zu sagen. Und in diesem Sinn ist es denkbar, daß ich einmal Töne mit den Augen wahrnehmen, also sehen werde, und Farben hören. Das Wesentliche der Töne und Farben ist offenbar in der Grammatik der Wörter für Töne und Farben gezeigt.

5.134.2.1   4   Wenn wir vom Gesichtsraum reden, so werden wir leicht zu der Vorstellung verführt, als wäre er eine Art von Guckkasten, den jeder mit/vor/ sich herumtrüge. D.h. wir verwenden dann das Wort „Raum" ähnlich, wie wenn wir ein Zimmer einen Raum nennen. In Wirklichkeit aber bezieht sich doch das Wort „Gesichtsraum" nur auf eine Geometrie, ich meine, auf einen Abschnitt der Grammatik unserer Sprache.
5.134.2.1   In diesem Sinne gibt es keine „Gesichtsräume", die etwa jeder seinen Besitzer hätten. (Und etwa auch solche, vazierende, die gerade niemandem gehören?)

5.134.3.1   5   „Aber kann nicht ich in meinem Gesichtsraum eine Landschaft, und Du in dem Deinen ein Zimmer sehen?" – Nein, – ‚ich sehe in meinem Gesichtsraum' ist Unsinn. Es muß heißen „ich sehe eine Landschaft und Du etc." – und das wird nicht bestritten. Was uns hier irreführt, ist eben das Gleichnis vom Guckkasten, oder etwa von einer kreisrunden weißen Scheibe, die wir gleichsam als Projektionsleinwand mit uns trügen, und die der Raum ist, in dem das jeweilige Gesichtsbild erscheint. Aber der Fehler an diesem Gleichnis ist, daß es sich die Gelegenheit – die Möglichkeit – zum Erscheinen eines visuellen Bildes selbst visuell vorstellt; denn die weiße Leinwand ist ja selbst ein Bild.

5.135.1.1   1   Es ist nun wichtig, daß der Satz „das Auge, womit ich sehe, kann ich nicht unmittelbar sehen" ein verkappter Satz der Grammatik, oder Unsinn, ist. Der Ausdruck „näher am (oder, weiter vom) sehenden Auge" hat nämlich eine andere Grammatik, als der „näher an dem blauen Gegenstand, welchen ich sehe". Die visuelle Erscheinung, die der Beschreibung entspricht „A setzt die Brille auf", ist von der grundverschieden, die ich mit den Worten beschreibe: „ich setze die Brille auf". Ich könnte nun sagen: „mein Gesichtsraum hat Ähnlichkeit mit einem Kegel", aber dann muß es verstanden werden, daß ich hier den Kegel als Raum, als Repräsentanten einer Geometrie, nicht als Teil eines Raumes (Zimmer) denke. (Also ist es mit dieser Idee nicht verträglich, daß ein Mensch durch ein Loch an der Spitze in den Kegel hineinschaut/ein Loch in der Spitze des Kegels in diesen hineinschaut/.)

98

DER GESICHTSRAUM MIT EINEM BILD (EBENEN BILD) VERGLICHEN.

4.49.1.1   1 | Wer aufgefordert würde, das Gesichtsfeld zu malen und es im Ernst versuchte, würde bald sehen, daß es unmöglich ist. |

5.143.2.1   2   Verschiedene Bedeutungen der Wörter „verschwommen", „unklar".

5.166.1.1   3   Verschwommen, unklar, unscharf.
5.166.1.1   „Die Linien dieser Zeichnung sind unscharf", „meine Erinnerung an die Zeichnung ist unklar, verschwommen", „die Gegenstände am Rand meines Gesichtsfeldes sehe ich verschwommen". – Wenn man von der Verschwommenheit der Bilder am Rande des Gesichtsfeldes spricht, so schwebt Einem/einem/ oft ein Bild dieses Gesichtsfeldes vor, wie es etwa Mach entworfen hat. Die Verschwommenheit aber, die die Ränder eines Bildes/Die Verschwommenheit aber der Ränder eines Bildes ...../ auf der Papierfläche haben können, ist von gänzlich andrer Natur, als die, die man von den Rändern des Gesichtsfeldes aussagt. So verschieden, wie die Blässe der Erinnerung an eine Zeichnung, von der Blässe einer Zeichnung (selbst). Wenn im Film eine Erinnerung oder ein Traum dargestellt werden sollte, so gab man den Bildern einen bläulichen Ton. Aber die Traum- und Erinnerungsbilder haben natürlich keinen bläulichen Ton – sowenig, wie unser Gesichtsbild verwaschene Ränder hat; also sind die bläulichen Projektionen auf der Leinwand/bläulichen Bilder auf der Leinwand/ nicht unmittelbar anschauliche Bilder der Träume, sondern ‚Bilder' in noch einem andern Sinn. – Bemerken wir im gewöhnlichen Leben, wo wir doch unablässig schauen, die Verschwommenheit an den Rändern des Gesichtsfeldes? Ja, welcher Erfahrung entspricht sie eigentlich, denn im normalen Sehen kommt sie nicht vor! Nun, wenn wir den Kopf nicht drehen und wir beobachten etwas, was wir durch Drehen der Augen gerade noch sehen können, dann sehen wir etwa einen Menschen, können aber sein Gesicht nicht erkennen, sondern sehen es in gewisser Weise verschwommen. Die Erfahrung hat nicht die geringste Ähnlichkeit mit dem Sehen einer Scheibe, auf der/welcher/ Bilder gemalt sind, in der Mitte der Scheibe mit scharfen Umrissen, nach dem Rand zu mehr und mehr verschwimmend, etwa in ein allgemeines Grau unmerklich übergehend. Wir denken an so eine Scheibe, wenn wir z.B. fragen: könnte man sich nicht ein Gesichtsfeld mit gleichbleibender Klarheit der Umrisse etc. denken? Es gibt keine Erfahrung, die im Gesichtsfeld der entspräche, wenn man den Blick einem Bild entlang gleiten läßt, das von scharfen Figuren zu immer verschwommeneren übergeht.

2.151.3.1 1 Es ist z.B. wichtig, daß in dem Satz „ein roter Fleck befindet sich nahe an der Grenze des Gesichtsfeldes" das „nahe an" eine andere Bedeutung hat als in einem Satz „der rote Fleck im Gesichtsfeld befindet sich nahe an dem braunen Fleck". Das Wort „Grenze" in dem vorigen Satz hat ferner eine andere Bedeutung – und ist eine andere Wortart – als in dem Satz „die Grenze zwischen Rot und Blau im Gesichtsfeld ist ein Kreis".

2.152.1.1 2 Welchen Sinn hat es, zu sagen: Unser Gesichtsbild ist an den Rändern undeutlicher als gegen die Mitte? Wenn wir hier nämlich nicht davon reden, daß wir die physikalischen Gegenstände in der Mitte des Gesichtsfeldes deutlicher sehen.

2.152.1.1 Eines der klarsten Beispiele der Verwechslung zwischen physikalischer und phänomenologischer Sprache ist das Bild, welches Mach von seinem Gesichtsfeld entworfen hat und worin die sogenannte Verschwommenheit der Gebilde gegen den Rand des Gesichtsfeldes durch eine Verschwommenheit (in ganz anderem Sinne) der Zeichnung wiedergegeben wurde. Nein, ein sichtbares Bild des Gesichtsbildes kann man nicht machen.

2.152.1.2 Kann ich also sagen, daß die Farbflecken in der Nähe des Randes des Gesichtsfeldes keine scharfen Konturen mehr haben: Sind denn Konturen dort denkbar? Ich glaube es ist klar, daß jene Undeutlichkeit eine interne Eigenschaft des Gesichtsraumes ist. Hat z.B. das Wort „Farbe" eine andere Bedeutung, wenn es sich auf Gebilde in der Randnähe bezieht?

2.152.1.3 Die Grenzenlosigkeit des Gesichtsraums ist ohne jene „Verschwommenheit" nicht denkbar.

2.233.5.1 3 Die Gefahr, die darin liegt, Dinge einfacher sehen zu wollen, als sie in Wirklichkeit sind, wird heute oft sehr überschätzt. Diese Gefahr besteht aber tatsächlich im höchsten Grade in der phänomenologischen Untersuchung der Sinneseindrücke. Diese werden immer für viel einfacher gehalten, als sie sind.

4.129.4.1 4 | Es ist seltsam, daß ich geschrieben habe, der Gesichtsraum hat nicht die Form ⟨▭⟩ und nicht, er habe nicht die Form ⟩▭⟨ und daß ich das Erste geschrieben habe, ist sehr bezeichnend. |

3.67.3.1 5 Man bedenkt gar nicht, wie merkwürdig das dreidimensionale Sehen ist. Wie seltsam etwa ein Bild, eine Photographie aussähe, wenn wir im Stande wären, sie als Verteilung grauer, weißer und schwarzer Flecken in einer ebenen Fläche zu sehen. Was wir sehen, würde dann ganz sinnlos wirken. Ebenso, wenn wir mit einem Aug' flächenhaft sehen könnten. Es ist z.B. gar nicht klar, was geschieht, wenn wir mit zwei Augen die Gegenstände plastischer sehen, als mit einem. Denn sie wirken auch mit einem gesehen schon plastisch. Und der Unterschied zwischen Relief und Rundplastik ist auch keine richtige Analogie.

Minima Visibilia.

4.16.10.1	1	Der einfärbige Fleck in der färbigen/farbigen/ Ebene ist nicht aus kleineren Teilen zusammengesetzt, außer so, wie die Zehn etwa aus tausend Hundertsteln.
4.17.1.1	2	Das kleinste sichtbare Stück ist ein Stück der physikalischen Fläche, nicht des Gesichtsfeldes. Der Versuch, der das kleinste noch Sichtbare ermittelt, stellt eine Relation fest zwischen zw ei Erscheinungen.
4.17.2.1	3	Der/Dieser/ Versuch untersucht nicht den Gesichtsraum und man kann den Gesichtsraum nicht untersuchen. Nicht in ihn tiefer eindringen.
4.17.3.1	4	(Wenn man beschreiben wollte, was auf der Hand liegt, könnte man nicht „untersuchen, was auf der Hand liegt"./„untersuchen wollen, was auf der Hand liegt"./)
4.17.4.1	5	Man könnte glauben, das Gesichtsfeld sei aus den minima visibilia zusammengesetzt; etwa aus lauter kleinen Quadraten, die man als unteilbare Flecke sieht. Unsinn.
4.17.4.2		Das Gesichtsfeld ist nicht zusammengesetzt, wenn wir die Zusammensetzung nicht sehen. Denn bei dem Wort „Zusammensetzung" denken wir doch an die Zusammensetzung eines größeren Flecks aus kleineren.
4.17.4.3		Von kleinsten sichtbaren Teilen des Gesichtsfeldes zu reden ist irreführend; gibt es denn auch Teile des Gesichtsfeldes, die wir nicht mehr sehen? Und wenn wir etwa das Bild/Gesichtsbild/ eines Fixsterns so? nennen, so könnte das nur heißen, daß es keinen Sinn habe, hier von ‚kleiner' zu reden, und nicht, daß tatsächlich kein Fleck im Gesichtsfeld kleiner ist. Also ist der Superlativ „das kleinste ......" falsch angewendet.
2.243.2.1	6	Der kleinste sichtbare Unterschied wäre einer, der in sich selbst das Kriterium des Kleinsten trüge.
2.243.2.2		Denn im Fall des Flecks A zwischen B und C unterscheiden wir eben einige Lagen und andere unterscheiden wir nicht. Was wir aber brauchten, wäre sozusagen ein infinitesimaler Unterschied, also ein Unterschied, der es in sich selbst trüge, der Kleinste zu sein.
2.243.4.1	7	Der Gesichtsraum besteht offenbar nicht aus diskreten Teilen.
2.243.4.2		Denn sonst müßte man unmittelbar sagen können, aus welchen. Oder er besteht nur sofern aus Teilen, als man sie angeben kann.

4.233.1.1   1   Gibt es einen kleinst sichtbaren Farbunterschied? – Welche Farben sind hier gemeint? Nennen wir Farbe das Ergebnis der Mischung von Farbstoffen: dann kann ich das Experiment machen, z.B. zu einer Menge eines roten Farbstoffes eine kleine Menge eines gelben beizumischen und zu versuchen, ob ich einen Farbunterschied s e h e; wenn ja, so wiederhole ich den Versuch mit einem kleineren Zusatz des gelben Farbstoffes und immer so fort, bis der Zusatz keinen sichtbaren Unterschied mehr hervorbringt; das kleinste Quantum, welches noch einen sichtbaren Unterschied hervorbrachte, nenne ich, mit einem gewissen Faktor von Ungenauigkeit, den kleinst sichtbaren Unterschied. Das Wesentliche ist (hier)?, daß der Unterschied noch da war, also noch konstatiert wurde, als kein Unterschied mehr g e s e h e n wurde. Was ich so konstatiert habe, war der kleinst sichtbare Unterschied in den Pigmenten. Und ähnlich könnte ich von einem kleinst sichtbaren Unterschied zwischen farbigen Lichtern reden; wenn ich nur außer dem Gesicht ein anderes Mittel der Unterscheidung habe. – Anders wird es, wenn man fragt: „gibt es einen kleinst sichtbaren Unterschied zwischen den gesehenen Farben". Der müßte der kleinste in dem Sinne sein, in dem die Null die kleinste Kardinalzahl ist. Es wäre also nicht ein Unterschied, den man nicht mehr unterteilen könnte, weil das Experiment seiner Unterteilung immer mißlänge; sondern die Unmöglichkeit der Unterteilung wäre eine logische, was soviel heißt, als daß es keinen Sinn hätte, von einer Unterteilung zu reden. Der kleinst sichtbare Unterschied in diesem Sinne wäre also ein Farbunterschied einer andern Art.

4.233.2.1   2   Wenn man einen schwarzen Streifen auf weißem Grund immer dünner und dünner werden läßt, so kommt man endlich zu dem, was ich einen visuellen Strich (im Gegensatz zu einer visuellen Linie, der Grenze zweier Farben) nennen möchte. Der Strich ist kein Streifen, er hat keine Breite; d.h., wenn er von einem andern Strich durchkreuzt wird, sehen wir nicht die 4 Eckpunkte, in denen sich die Grenzlinien zweier Streifen schneiden. Es ist unsinnig, von der optischen Unterteilung eines Strichs zu reden. Ihm entspricht die Erscheinung eines Fixsterns, die sich zum visuellen Punkt, dem Schnitt zweier Farbgrenzen, ebenso verhält, wie der Strich zur Farbgrenze. Den optischen Fixstern könnte man also ein minimum visibile nennen. Aber man kann nun nicht etwa sagen, das Gesichtsfeld bestehe aus solchen Teilen! Es bestünde nur daraus/aus ihnen/, wenn wir sie sähen. Das Bild/visuelle Bild/ eines Fixsternnebels im Fernrohr, besteht aus ihnen, soweit wir sie unterscheiden können. Denn diese beiden Ausdrücke heißen eben dasselbe.

4.234.1.1   3   Wenn gefragt wird „ist unser Gesichtsfeld kontinuierlich oder diskontinuierlich", so müßte man erst wissen, von welcher Kontinuität man redet. Einen Farbübergang nennen wir kontinuierlich, wenn wir keine Diskontinuität in ihm sehen.

Farben und Farbenmischung.

4.229.1.1 1   Zu sagen, daß diese Farbe jetzt an einem Ort ist, heißt, diesen Ort vollständig beschreiben. – Zwei Farben, zwei Dampfspannungen, zwei Geschwindigkeiten, zwei elektrische Spannungen, haben nicht zugleich an einem Ort/Punkt/ Platz. – Eine merkwürdige Gesellschaft, die sich da zusammenfindet. Und auch der ‚Punkt' von dem ich rede, hat verschiedene Bedeutungen.

4.229.1.2   Wenn also „f(x)" sagt, x sei jetzt an einem bestimmten Ort, so ist also ‚f(a) · f(b)' ein Widerspruch. Warum nenne ich aber ‚f(a) · f(b)' einen Widerspruch; da doch p · ~p die Form des Widerspruchs ist? Bedeutet/Heißt/ es einfach, daß das Zeichen „fa · fb" kein Satz ist, wie etwa „ffaa" keiner ist? Unsere Schwierigkeit ist nur, daß wir doch das Gefühl haben, daß hier ein Sinn vorliegt, wenn auch ein degenerierter (Ramsey). Daß, wenn ich „und" zwischen zwei Aussagen setze, ein lebendes Wesen entstehen muß und nicht etwas Totes, wie wenn ich etwa „a · f" geschrieben hätte. Das ist ein sehr merkwürdiges und sehr tiefliegendes Gefühl. Man müßte sich darüber klar werden, was die Worte „daß hier ein Sinn vorliegt" sagen wollen.

4.229.1.3   Die Entscheidung darüber, ob „fa · fb" Unsinn ist, wie „a · f", könnte man so fällen: Ist p · ~(fa · fb) = p, oder ist die linke Seite dieser Gleichung (und also die Gleichung) Unsinn? – Kann ich nicht entscheiden, wie ich will?

4.229.1.4   Kann ich die Regel, die dem allen zu Grunde liegt, so schreiben: fa = (fa · ~(fb))? d.i.: aus fa folgt ~fb.

4.229.1.5   Ich glaubte, als ich die „Abhandlung" schrieb (und auch später noch), daß fa = fa · ~fb nur möglich wäre, wenn fa das logische Produkt aus irgend einem andern Satz und ~fb – also fa = p · ~fb – wäre, und war der Meinung, fa (z.B. eine Farbenangabe) werde sich in ein solches Produkt zerlegen lassen. Dabei hatte ich keine klare Vorstellung davon, wie ich mir die Auffindung einer solchen Zerlegung dachte. Oder vielmehr: ich dachte wohl an die Konstruktion eines Zeichens, das die richtige grammatische Verwendung in jedem Zusammenhang durch seine Beschaffenheit zum Ausdruck brächte (d.h., seine Regeln ganz einfach gestaltete und in gewissem Sinne schon in sich trüge, wie jede übersichtliche Notation); aber ich übersah, daß, wenn diese Umgestaltung des Satzes f(a) in seiner Ersetzung durch ein logisches Produkt bestehen sollte, dann die Faktoren dieses Produkts einen unabhängigen und uns bereits bekannten Sinn haben mußten/müßten/.

4.230.0.6   Als ich dann eine solche Analyse einer Farbangabe durchführen wollte, kam zum Vorschein/, zeigte sich/, was es war, was ich mir unter der Analyse vorgestellt hatte. Ich glaubte die Farbangabe als ein logisches Produkt $r \cdot s \cdot t$ ... auffassen zu können, dessen einzelne Faktoren die Ingredienzien angaben (wenn es mehrere waren), aus denen die Farbe (color, nicht pigmentum) besteht. Es muß dann natürlich auch gesagt werden, daß dies alle Ingredienzien sind und diese abschließende Bemerkung S bewirkt, daß $r \cdot s \cdot t \cdot S$ mit $r \cdot s \cdot t \cdot u \cdot S$ in Widerspruch steht. Die Farbangabe hieße dann: „an diesem Ort sind jetzt diese Farben (oder: ist jetzt diese Farbe) und sonst keine". D.h.: die Farbangabe, die in unsrer gewöhnlichen Ausdrucksweise lautet „dies (oder: hier) ist rot" würde nun „hier ist rot und sonst keine Farbe" zu lauten haben/lauten müssen/; während die Angabe „hier ist rot und blau" bedeuten sollte, daß die Farbe dieses Orts eine Mischfarbe aus rot und blau sei: Die Farbangaben/Sätze/ nähmen da folgende Form an: „in dieser Farbe ist rot enthalten", „in dieser Farbe ist nur rot enthalten", „in dieser Farbe ist nur rot und blau enthalten", etc.. – Aber dies gibt nicht die rechte Grammatik: Es müßte das Vorhandensein eines roten Stiches ohne irgend einen andern Stich die rein rote Färbung dieses Orts bedeuten; das scheint uns unsinnig und der Fehler klärt sich so auf: Es muß im Wesen (in der Grammatik) dieses roten Stiches liegen, daß ein Mehr oder Weniger von ihm möglich ist; ein rötliches Blau kann dem reinen Rot näher und weniger nahe liegen, also in diesem Sinne mehr oder weniger Rot enthalten. Der Satz, welcher angibt, daß Rot als Ingrediens einer Farbe hier vorhanden ist, müßte also irgendwie eine Quantität von Rot nennen/angeben/; dann aber muß dieser Satz auch außerhalb des logischen Produkts Sinn haben, und es müßte also Sinn haben zu sagen, daß dieser Ort rein rot gefärbt ist und die und die Quantität von Rot enthalte; und das hat keinen Sinn. Und wie verhält es sich mit den einzelnen Sätzen, die einem Ort verschiedene Quantitäten, oder Grade, von Rot zuschreiben? Nennen wir zwei solche $q_1 r$ und $q_2 r$; sollen sich diese widersprechen? Angenommen $q_2 > q_1$, dann könnte zwar unsere Festsetzung sein, daß $q_2 r \cdot q_1 r$ kein Widerspruch sein solle (wie die Sätze „in diesem Korb sind 4 Äpfel" und „in diesem Korb sind 3 Äpfel", wenn das „nur" fehlt), aber dann müssen $q_2 r$ und $\sim q_1 r$ einander widersprechen; und daher müßte nach meiner alten Auffassung $q_2 r$ ein Produkt aus $q_1 r$ und einem andern Satz sein. Dieser andre Satz müßte die von q_1 auf q_2 fehlende Quantität angeben und für ihn bestünde daher die selbe Schwierigkeit. – Das Schema der Ingredienzien paßt nicht auf den Fall der Farbenmischung, wenn man unter ‚Farben' nicht Farbstoffe versteht, (nicht). Und auch in diesem Schema sind verschiedene Angaben über das verwendete Quantum eines Bestandteils widersprechende Angaben; oder, wenn ich festsetze, daß p (= ich habe 3kg Salz verwendet) und q (= ich habe 5kg Salz verwendet) einander nicht widersprechen sollen, dann doch q und ~p./dann widersprechen einander doch q und ~p./ Und es läuft alles darauf hinaus, daß der Satz „ich habe 2kg Salz verwendet" nicht heißt „ich habe 1kg Salz verwendet und ich habe 1kg Salz verwendet", daß also $f(1 + 1)$ nicht gleich ist $f(1) \cdot f(1)$.

2.159.6.1 1 Unsere Erkenntnis ist eben, daß wir es mit Maßstäben, und nicht quasi mit isolierten Teilstrichen zu tun haben.

4.231.1.1	1	Der Satz „an einem Ort hat zu einer Zeit nur eine Farbe Platz" ist natürlich ein verkappter Satz der Grammatik. Seine Verneinung ist kein Widerspruch, widerspricht aber einer Regel unserer angenommenen Grammatik.
2.158.5.1	2	Die Regeln über „und", „oder", „nicht", etc., die ich durch die W-F-Notation dargestellt habe, sind ein Teil der Grammatik über diese Wörter, aber nicht die ganze.
4.237.5.1	3	Wenn ich z.B. sage, ein Fleck ist zugleich hellrot und dunkelrot, so denke ich dabei, daß der eine Ton den andern deckt.
4.237.5.2		Hat es dann aber noch einen Sinn zu sagen, der Fleck habe den unsichtbaren, verdeckten Farbton?
4.237.5.3		Hat es gar einen Sinn, zu sagen, eine vollkommen schwarze Fläche sei weiß, man sehe nur das Weiß nicht, weil es vom Schwarz gedeckt sei? Und warum deckt das Schwarz das Weiß und nicht Weiß das Schwarz?
4.237.5.4		Wenn ein Fleck eine sichtbare und eine unsichtbare Farbe hat, so hat er diese Farben/diese zwei Farben/ jedenfalls in ganz verschiedenem Sinne.
4.238.2.1	4	„Rot und grün gehen nicht zugleich an denselben Ort" heißt nicht, sie sind tatsächlich nie beisammen, sondern, es ist Unsinn zu sagen, sie seien zugleich am selben Ort und also auch Unsinn zu sagen, sie seien nie zugleich am selben Ort.
4.238.3.1	5	Eine Mischfarbe, oder besser Zwischenfarbe, von blau und rot ist dies durch eine interne Relation zu den Strukturen von blau und rot. Richtiger ausgedrückt: was wir „eine Zwischenfarbe von blau und rot" (oder „blaurot") nennen, heißt so, wegen einer Verwandtschaft, die sich in der Grammatik der Wörter/in den grammatischen Bestimmungen über die Wörter/ „blau", „rot" und „blaurot" zeigt. (Der Satz, der von einer internen Relation der Strukturen redet, entspringt schon aus einer unrichtigen Vorstellung; aus der, welche in den Begriffen ‚rot', ‚blau', etc. komplizierte Strukturen/Gebäude/ sieht; deren innere Konstruktion die Analyse zeigen muß.) Die Verwandtschaft aber der reinen Farben und ihrer Zwischenfarbe ist elementarer Art, d.h., sie besteht nicht darin, daß der Satz, welcher einem Gegenstand die Farbe blaurot zuschreibt, aus den Sätzen besteht, die ihm die Farben rot und blau zuschreiben. Und so ist auch die Verwandtschaft verschiedener Grade eines rötlichen Blau, z.B., eine elementare Verwandtschaft.

4.232.1.1	1	Es hat Sinn von einer Färbung zu sagen, sie sei nicht rein rot, sondern enthalte einen gelblichen, oder bläulichen, weißlichen, oder schwärzlichen Stich; und es hat Sinn zu sagen, sie enthalte keinen dieser Stiche, sondern sei reines Rot. Man kann in diesem Sinne von einem reinen Blau, Gelb, Grün, Weiß, Schwarz reden, aber nicht von einem reinen Orange, Grau, oder Rötlichblau. (Von einem ‚reinen Grau' übrigens wohl, sofern man damit ein nicht-grünliches, nicht-gelbliches u.s.w. Weiß-Schwarz meint; und ähnliches gilt für ‚reines Orange', etc..) D.h. der Farbenkreis hat vier ausgezeichnete Punkte. Es hat nämlich Sinn zu sagen „dieses Orange liegt (nicht in der Ebene des Farbenkreises, sondern im Farbenraum) näher dem Rot als jenes"; aber wir können nicht, um das gleiche auszudrücken sagen „dieses Orange liegt näher dem Blaurot als jenes" oder „dieses Orange liegt näher dem Blau als jenes".
4.232.2.1	2	Die Farbenmischung, von der hier die Rede ist, bringt der Farbenkreisel hervor, aber auch er nicht, wenn ich ihn nur ruhend und dann in rascher Drehung sehe. Denn es wäre ja denkbar, daß der Kreisel im ruhenden Zustand halb rot und halb gelb ist und daß er in rascher Drehung (aus welcher Ursache/welchen Ursachen/ immer) grün erscheint. Vielmehr bringt der Farbenkreisel die Mischung nur insofern zustande, als wir sie optisch als solche wahrnehmen können/optisch kontrollieren können/. Wenn er sich nämlich nach und nach schneller und schneller dreht und wir sehen, wie aus rot und gelb orange wird. Wir sind aber darin nicht dem Farbkreisel ausgeliefert; sondern, wenn durch irgend einen unbekannten Einfluß, während der Kreisel sich schneller und schneller dreht, die Farbe seiner Scheibe ins Weißliche überginge, so würden wir nun nicht sagen, die Zwischenfarbe zwischen Rot und Gelb sei ein weißliches Orange. So wenig, wie wir sagen würden 3 + 4 sei 6, wenn beim Zusammenlegen von 3 und 4 Äpfeln einer auf unbekannte Weise verschwände und 6 Äpfel vor uns lägen. Ich gebrauche hier den Farbenkreisel nicht zu einem Experiment, sondern zu einer Rechnung.
2.215.2.1	3	Es scheint außer dem Übergang von Farbe zu Farbe auf dem Farbenkreis noch einen bestimmten anderen zu geben, den wir vor uns haben, wenn wir kleine Flecke der einen Farbe mit kleinen Flecken der andern untermischt sehen. Ich meine hier natürlich einen gesehenen Übergang.
2.215.2.2		Und diese Art des Übergangs gibt dem Wort „Mischung" eine neue Bedeutung, die mit der Relation Zwischen auf dem Farbenkreis nicht zusammenfällt.

2.215.3.1　1　Man könnte es so beschreiben: Einen orangefarbigen Fleck kann ich mir entstanden denken durch Untermischen kleiner roter und gelber Flecke, dagegen einen roten nicht durch Untermischen von violetten und orangefarbigen. – In diesem Sinn ist Grau eine Mischung von Schwarz und Weiß, und Rosa eine von Rot und Weiß, aber Weiß nicht eine Mischung von Rosa und einem weißlichen Grün.

2.215.3.2　　Nun meine ich aber nicht, daß es durch ein Experiment der Mischung festgestellt wird, daß gewisse Farben so aus anderen entstehen. Ich könnte das Experiment etwa mit einer rotierenden Farbenscheibe anstellen. Es kann dann gelingen, oder nicht gelingen, aber das zeigt nur, ob der betreffende visuelle Vorgang auf diese physikalische Weise hervorzurufen ist, oder nicht; es zeigt aber nicht, ob er möglich ist. Genau so, wie die physikalische Unterteilung einer Fläche nicht die visuelle Teilbarkeit beweisen oder widerlegen kann. Denn angenommen, ich sehe eine physikalische Unterteilung nicht mehr als visuelle Unterteilung, sehe aber die nicht geteilte Fläche im betrunkenen Zustande geteilt, war dann die visuelle Fläche nicht teilbar?

2.215.5.1　2　Man könnte sagen, Violett und Orange löschen einander bei der Mischung teilweise aus, nicht aber Rot und Gelb.

2.216.1.1　3　Orange ist jedenfalls ein Gemisch von Rot und Gelb in einem Sinne, in dem Gelb kein Gemisch von Rot und Grün ist, obwohl ja Gelb im Kreis zwischen Rot und Grün liegt.
　　Und wenn das offenbar Unsinn wäre, so frägt es sich, an welcher Stelle es anfängt Sinn zu werden; d.h., wenn ich nun im Kreis von Rot und Grün aus dem Gelb näherrücke und Gelb ein Gemisch der betreffenden beiden Farben nenne.

2.216.2.1　4　Ich erkenne nämlich im Gelb wohl die Verwandtschaft zu Rot und Grün, nämlich die Möglichkeit zum Rötlichgelb und Grünlichgelb – und dabei erkenne ich doch nicht Grün und Rot als Bestandteile von Gelb in dem Sinne, in dem ich Rot und Gelb als Bestandteile von Orange erkenne.

2.216.3.1　　Ich will sagen, daß Rot nur in dem Sinn zwischen Violett und Orange ist, wie Weiß zwischen Rosa und Grünlichweiß. Aber ist in diesem Sinn nicht jede Farbe zwischen jeden zwei anderen, oder doch zwischen solchen zweien, zu denen man auf unabhängigen Wegen von der dritten gelangen kann.

2.216.3.2　　Kann man sagen, in diesem Sinne liegt eine Farbe nur in einem gegebenen kontinuierlichen Übergang zwischen zwei andern. Also etwa Blau zwischen Rot und Schwarz.

2.217.1.2	1	Wenn man mir sagt, die Farbe eines Flecks liege zwischen Violett und Rot, so verstehe ich das und kann mir ein rötlicheres Violett als das Gegebene denken. Sagt man mir nun, die Farbe liege zwischen diesem Violett und einem Orange – wobei mir kein bestimmter kontinuierlicher Übergang in Gestalt eines gemalten Farbenkreises vorliegt – so kann ich mir höchstens denken, es sei auch hier ein rötlicheres Violett gemeint, es könnte aber auch ein rötlicheres Orange gemeint sein, denn eine Farbe, die, abgesehen von einem gegebenen Farbenkreis in der Mitte zwischen den beiden Farben liegt, gibt es nicht und aus eben diesem Grunde kann ich auch nicht sagen, an welchem Punkt das Orange, welches die eine Grenze bildet, schon zu nahe dem Gelb liegt, um noch mit dem Violett gemischt werden zu können; ich kann eben nicht erkennen, welches Orange in einem Farbenkreis 45° vom Violett entfernt liegt. Das Dazwischenliegen der Mischfarbe ist eben hier kein anderes, als das des Rot zwischen Blau und Gelb.
2.217.3.1	2	Wenn ich im gewöhnlichen Sinn sage, Rot und Gelb geben Orange, so ist hier nicht von einer Quantität der Bestandteile die Rede. Wenn daher ein Orange gegeben ist, so kann ich nicht sagen, daß noch mehr Rot es zu einem röteren Orange gemacht hätte (ich rede ja nicht von Pigmenten) obwohl es natürlich einen Sinn hat, von einem röteren Orange zu sprechen. Es hat aber z.B. keinen Sinn zu sagen, dies Orange und dies Violett enthalten gleichviel Rot. Und wieviel Rot enthielte Rot?
2.218.1.1		Der Vergleich, den man fälschlicherweise zu machen geneigt ist, ist der der Farbenreihe mit einem System von 2 Gewichten an einem Maßstab durch deren Vermehrung oder Verschiebung ich den Schwerpunkt des Systems beliebig verschieben kann.

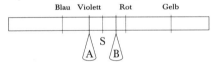

Es ist nun Unsinn, zu glauben, daß, wenn ich die Schale A auf Violett halte und B in das Feld Rot-Relb hinein verschiebe, S sich gegen Rot hin bewegen wird.

2.218.1.2	Und wie ist es mit den Gewichten, die ich auf die Schalen lege: Heißt es denn etwas, zu sagen, „mehr von diesem Rot"? Wenn ich nicht von Pigmenten spreche. Das kann nur dann etwas heißen, wenn ich unter reinem Rot eine bestimmte, vorher angenommene Anzahl von Einheiten verstehe. Dann aber bedeutet die volle Anzahl dieser Einheiten nichts, als, daß die Waagschale auf Rot steht. Es ist also mit den Verhältniszahlen wieder nur ein Ort der Waagschale, aber nicht ein Ort und ein Gewicht angegeben.

2.218.2.1 1   Solange ich nun im Farbenkreis mit meinen beiden Grenzfarben – z.B.
– im Gebiete Blau-Rot stehe und die rötere Farbe gegen Rot verschiebe,
so kann ich sagen, daß die Resultante auch gegen Rot wandert.
Überschreite ich aber mit der einen Grenzfarbe das Rot und bewege
mich gegen Gelb, so wird die Resultierende nun nicht röter! Die
Mischung eines gelblichen Rot mit einem Violett macht das Violett
nicht röter, als die Mischung von reinem Rot und dem Violett. Daß das
eine Rot nun gelber geworden ist, nimmt ja vom Rot etwas weg und
gibt nicht Rot dazu.

2.218.3.1 2   Man könnte das auch so beschreiben: Habe ich einen Farbtopf mit
violettem Pigment und einen mit Orange und nun vergrößere ich die
Menge des der Mischung zugesetztem Orange, so wird zwar die Farbe
der Mischung nach und nach aus dem Violett ins Orange übergehen,
aber nicht über das reine Rot.

2.218.4.1 3   Ich kann von zwei verschiedenen Tönen von Orange sagen, daß ich
von keinem Grund habe zu sagen, er liege näher an Rot als an Gelb. –
Ein „in der Mitte" gibt es hier nicht. – Dagegen kann ich nicht zwei
verschiedene Rot sehen und im Zweifel sein, ob eines, und welches, von
ihnen das reine Rot ist. Das reine Rot ist eben ein Punkt, das Mittel
zwischen Gelb und Rot aber nicht.

2.219.1.1 4   Es ist freilich wahr, daß man von einem Orange sagen kann, es sei
beinahe Gelb, also es liege „näher am Gelb als am Rot" und Analoges
von einem beinahe roten Orange. Daraus folgt aber nicht, daß es nun
auch eine Mitte im Sinne eines Punktes zwischen Rot und Gelb geben
müsse. Es ist eben hier ganz wie in der Geometrie des Gesichtsraums,
verglichen mit der euklidischen. Es ist hier eine andere Art von
Quantitäten als die, welche durch unsere rationalen Zahlen dargestellt
werden. Die Begriffe näher und weiter sind hier überhaupt nicht zu
brauchen, oder sind irreführend, wenn wir diese Worte anwenden.

2.219.2.1 5   Auch so: Von einer Farbe zu sagen, sie liege zwischen Rot und Blau,
bestimmt sie nicht scharf (eindeutig). Die reinen Farben aber müßte ich
eindeutig durch die Angabe bestimmen, sie liegen zwischen gewissen
Mischfarben. Also bedeutet hier das Wort „dazwischen liegen" etwas
anderes als im ersten Fall. D.h.: Wenn der Ausdruck „dazwischen
liegen" einmal die Mischung zweier einfacher Farben, ein andermal den
gemeinsamen einfachen Bestandteil zweier Mischfarben bezeichnet, so
ist die Multiplizität seiner Anwendung in jedem Falle eine andere. Und
das ist kein Gradunterschied, sondern ein Ausdruck dafür, daß es sich
um zwei ganz verschiedene Kategorien handelt.

2.219.3.1	1	Wir sagen, eine Farbe kann nicht zwischen Grüngelb und Blaurot liegen, in dem selben Sinne, wie zwischen Rot und Gelb, aber das können wir nur sagen, weil wir in diesem Falle den Winkel von 45° unterscheiden können; weil wir **Punkte** Gelb, Rot sehen. Aber eben diese Unterscheidung gibt es im andern Fall – wo die Mischfarben als primär angenommen werden – nicht. Hier könnten wir also sozusagen nie sicher sein, ob die Mischung noch möglich ist oder nicht. Freilich könnte ich beliebige Mischfarben wählen und bestimmen, daß sie einen Winkel von 45° einschließen, das wäre aber ganz willkürlich, wogegen es nicht willkürlich ist, wenn wir sagen, daß es keine Mischung von Blaurot und Grüngelb im ersten Sinne gibt.
2.219.4.1		In dem einen Falle gibt die Grammatik also den „Winkel von 45°" und nun glaubt man fälschlich, man brauche ihn nur zu halbieren und den nächsten Abschnitt ebenso um einen andern Abschnitt von 45° zu kriegen. Aber hier bricht eben das **Gleichnis** des Winkels zusammen.
2.220.1.1	2	Man kann freilich auch alle Farbtöne in einer geraden Linie anordnen, etwa mit den Grenzen Schwarz und Weiß, wie das geschehen ist, aber dann muß man eben durch Regeln gewisse Übergänge ausschließen und endlich muß das Bild auf der Geraden die gleiche Art des topologischen Zusammenhangs bekommen, wie auf dem Oktoeder. Es ist dies ganz analog, wie das Verhältnis der gewöhnlichen Sprache zu einer „logisch geklärten" Ausdrucksweise. Beide sind einander vollkommen äquivalent, nur drückt die eine die Regeln der Grammatik schon durch die äußere Erscheinung aus.
2.221.2.1	3	Wenn mir zwei nahe aneinander liegende – etwa – rötliche Farbtöne gegeben sind, so ist es unmöglich darüber zu zweifeln, ob beide zwischen Rot und Blau, beide zwischen Rot und Gelb, oder der eine zwischen Rot und Blau, der andere zwischen Rot und Gelb gelegen ist. Und mit dieser Entscheidung haben wir auch entschieden, ob beide sich mit Blau, mit Gelb, oder der eine sich mit Blau, der andere mit Gelb mischen, und das gilt, wie nahe immer man die Farbtöne aneinander bringt, solange wir die Pigmente überhaupt der Farbe nach unterscheiden können.

Idealismus, etc..

DIE DARSTELLUNG DES UNMITTELBAR WAHRGENOMMENEN.

2.145.1.1   1   Es kommt uns vor, als wäre die Erinnerung eine etwas sekundäre Art der Erfahrung, im Vergleich zur Erfahrung des Gegenwärtigen. Wir sagen „daran können wir uns nur erinnern". Als wäre in einem primären Sinn die Erinnerung ein etwas schwaches und unsicheres Bild dessen, was wir ursprünglich in voller Deutlichkeit vor uns hatten.

2.145.2.1   In der physikalischen Sprache stimmt das: Ich sage „ich kann mich nur undeutlich an dieses Haus erinnern".

2.145.3.1   2   Und warum es nicht dabei sein Bewenden haben lassen? Denn diese Ausdrucksweise sagt ja doch alles, was wir sagen wollen und was sich sagen läßt! Aber wir wollen sagen, daß es sich auch noch anders sagen läßt; und das ist wichtig.

2.145.4.1   In dieser andern Ausdrucksweise wird der Nachdruck gleichsam auf etwas anderes gelegt. Die Worte „scheinen", „Irrtum", etc. haben nämlich eine gewisse Gefühlsbetonung, die den Phänomenen nicht wesentlich ist. Sie hängt irgendwie mit dem Willen und nicht bloß mit der Erkenntnis zusammen.

2.145.5.1   Wir reden z.B. von einer optischen Täuschung und verbinden mit diesem Ausdruck die Idee eines Fehlers, obwohl ja nicht wesentlich ein Fehler vorliegt; und wäre im Leben für gewöhnlich das Aussehen wichtiger, als die Resultate der Messung, so würde auch die Sprache zu diesen Phänomenen eine andere Einstellung zeigen.

2.145.6.1   Es gibt nicht – wie ich früher glaubte – eine primäre Sprache im Gegensatz zu unserer gewöhnlichen, der „sekundären". Aber insofern könnte man im Gegensatz zu unserer Sprache von einer primären reden, als in dieser keine Bevorzugung gewisser Phänomene vor anderen ausgedrückt sein dürfte; sie müßte sozusagen absolut sachlich sein.

2.155.1.1	1	Es ist jetzt an der Zeit, Kritik am Worte „Sinnesdatum" zu üben. Sinnesdatum ist die Erscheinung dieses Baumes, ob nun „wirklich ein Baum dasteht" oder eine Attrappe, ein Spiegelbild, eine Halluzination etc. Sinnesdatum ist die Erscheinung des Baumes, und was wir sagen wollen ist, daß diese sprachliche Darstellung nur e i n e Beschreibung, aber nicht d i e wesentliche ist. Genau so, wie man von dem Ausdruck „m e i n Gesichtsbild" sagen kann, daß es nur e i n e Form der B e s c h r e i b u n g, aber nicht etwa die einzig mögliche und richtige ist. Die Ausdrucksform „die Erscheinung dieses Baumes" enthält nämlich die Anschauung, als bestünde ein notwendiger Zusammenhang dessen, was wir diese Erscheinung nennen, mit der „Existenz eines Baumes" und zwar, entweder durch eine wahre Erkenntnis oder einen Irrtum. D.h., wenn von der „Erscheinung eines Baumes" die Rede ist, so hielten wir entweder etwas für einen Baum, was einer ist, oder etwas, was keiner ist. Dieser Zusammenhang aber besteht nicht.
2.155.1.2		Die Idealisten möchten der Sprache vorwerfen, daß sie das Sekundäre als primär und das Primäre als sekundär darstellt. Aber das ist nur in diesen unwesentlichen, und mit der Erkenntnis nicht zusammenhängenden Wertungen der Fall („nur" die Erscheinung). Davon abgesehen enthält die gewöhnliche Sprache keine Entscheidung über primär und sekundär. Es ist nicht einzusehen, inwiefern der Ausdruck „die Erscheinung eines Baumes" etwas dem Ausdruck „Baum" sekundäres darstellt. Der Ausdruck „nur ein Bild" geht auf die Vorstellung zurück, daß wir das Bild eines Apfels nicht essen können.
2.266.3.1	2	Zur Frage nach der Existenz der Sinnesdaten. Man sagt, wenn etwas rot scheint, so muß E t w a s rot gewesen s e i n; wenn etwas kurze Zeit zu dauern s c h i e n, so muß E t w a s kurze Zeit gedauert haben; etc.. Man könnte nämlich fragen: Wenn etwas rot schien, woher wissen wir denn, daß es gerade r o t schien. Handelt es sich da um eine erfahrungsmäßige Zuordnung dieses Scheins mit/und/ dieser Wirklichkeit? Wenn etwas „die Eigenschaft φ zu haben schien", woher wissen wir, daß es d i e s e Eigenschaft zu haben schien – – . Was für ein Zusammenhang besteht zwischen ,es scheint so' und ,es ist so'.
2.266.3.2		Vor allem kann der Schein recht haben, oder unrecht. – Er ist auch in einem Sinne e r f a h r u n g s g e m ä ß mit der Wirklichkeit verbunden. Man sagt „das scheint Typhus zu sein" und das heißt, diese Symptome sind erfahrungsgemäß mit jenen Erscheinungen verbunden. Wenn ich sage „das scheint rot zu sein" und dann „ja, es ist wirklich rot", so habe ich für die zweite Entscheidung einen Test angewandt, der unabhängig von der ersten Erscheinung war.
3.308.1.1	3	Die Hypothese kann so aufgefaßt werden, daß sie nicht über die Erfahrung hinausgeht, d.h. nicht der Ausdruck der Erwartung künftiger Erfahrung ist. So kann der Satz „es scheint vor mir auf dem Tisch eine Lampe zu stehen" nichts weiter tun, als meine Erfahrung ?(oder, wie man sagt, unmittelbare Erfahrung)? zu beschreiben.
3.308.2.1	4	Wie verhält es sich mit der Genauigkeit dieser Beschreibung. Ist es richtig zu sagen: Mein Gesichtsbild ist so kompliziert, es ist unmöglich es ganz zu beschreiben? Dies ist eine sehr fundamentale Frage.

3.308.3.1	1	Das scheint nämlich zu sagen, daß man von Etwas sagen könnte, es könne nicht beschrieben werden, oder nicht mit den jetzt vorhandenen Mitteln, oder (doch) man wisse nicht, wie es beschreiben. (Die Frage, das Problem, in der Mathematik.)
3.308.3.2		Wie ist denn das Es gegeben, das ich nicht zu beschreiben weiß? – Mein Gesichtsbild ist ja kein gemaltes Bild, oder der Ausschnitt der Natur den ich sehe, daß ich es näher untersuchen könnte. – Ist dieses Es schon artikuliert, und die Schwierigkeit nur es in Worten darzustellen, oder soll es noch auf seine Artikulation warten?
3.308.4.1	2	„Die Blume war von einem Rötlichgelb, welches ich aber nicht genauer (oder, nicht genauer mit Worten) beschreiben kann". Was heißt das?
3.308.5.1	3	„Ich sehe es vor mir und könnte es malen".
3.308.6.1		Wenn man sagt, man könnte diese Farbe nicht mit Worten genauer beschreiben, so denkt man (immer) an eine Möglichkeit einer solchen Beschreibung (freilich, denn sonst hätte das Wort/der Ausdruck/ „genaue Beschreibung" keinen Sinn) und es schwebt einem dabei der Fall einer Messung vor, die wegen unzureichender Mittel nicht ausgeführt wurde.
3.308.7.1	4	Es ist mir nichts zur Hand, was diese oder eine ähnliche Farbe hätte.
3.309.4.1	5	Wenn man sagt, man könne das Gesichtsbild nicht ganz beschreiben, so meint man, man kann keine Beschreibung geben, nach der man sich dieses Gesichtsbild genau reproduzieren könnte.
3.309.5.1	6	Aber was heißt hier „genaue Reproduktion"? Hier liegt selbst wieder ein falsches Bild zugrunde.
3.309.6.1	7	Was ist das Kriterium der genauen Reproduktion?
3.309.7.1	8	Wir können von dem Gesichtsbild nicht w e i t e r reden, als unsere Sprache jetzt reicht. Und auch nicht mehr/weiter/ m e i n e n (denken), als unsere Sprache sagt/reicht/. (Nicht mehr meinen, als wir sagen können.)
3.309.8.1	9	Einer der gefährlichsten Vergleiche ist der des Gesichtsfelds mit einer gemalten Fläche (oder, was auf dasselbe hinauskommt, einem farbigen räumlichen Modell).
3.309.9.1	10	Hiermit hängt es zusammen: Könnte ich denn das Gesichtsbild „mit allen Einzelheiten" wiedererkennen? Oder vielmehr, hat diese Frage überhaupt einen Sinn?
3.309.10.1	11	Denn als einwandfreiste Darstellung des Gesichtsbildes erscheint uns immer noch ein gemaltes Bild oder Modell. Aber, daß die Frage nach dem „Wiedererkennen in allen Einzelheiten" sinnlos ist, zeigt schon, wie inadäquat Bild und Modell sind.

5.133.2.1	1	Phänomenologische Sprache: Die Beschreibung der unmittelbaren Sinneswahrnehmung, ohne hypothetische Zutat. Wenn etwas, dann muß doch wohl die Abbildung durch ein gemaltes Bild oder dergleichen eine solche Beschreibung der unmittelbaren Erfahrung sein. Wenn wir also z.B. in ein Fernrohr sehen und die gesehene Konstellation aufzeichnen oder malen. Denken wir uns sogar unsere Sinneswahrnehmung dadurch reproduziert, daß zu ihrer Beschreibung ein Modell erzeugt wird, welches von einem bestimmten Punkt gesehen, diese Wahrnehmungen erzeugt; das Modell könnte mit einem Kurbelantrieb in die richtige Bewegung gesetzt werden und wir könnten durch Drehen der Kurbel die Beschreibung herunterlesen. (Eine Annäherung hierzu wäre eine Darstellung im Film.)	492
5.133.2.2		Ist das keine Darstellung des Unmittelbaren – was sollte eine sein? – Was noch unmittelbarer sein wollte, müßte es aufgeben, eine Beschreibung zu sein. ?Es kommt dann vielmehr statt einer Beschreibung jener unartikulierte Laut heraus?, mit dem manche Autoren die Philosophie gerne anfangen möchten. („Ich habe, um mein Wissen wissend, bewußt etwas" Driesch.)	
5.104.3.1	2	„Was wir im physikalischen Raum denken, ist nicht das Primäre, das wir nur mehr oder weniger anerkennen können; sondern, was vom physikalischen Raum wir erkennen können, zeigt uns, wie weit das Primäre reicht und wie wir den physikalischen Raum zu deuten haben."	
3.151.4.1	3	Es scheint ein Einwand gegen die Beschreibung des unmittelbar Erfahrenen zu sein: „für wen beschreibe ich's?" Aber wie, wenn ich es abzeichne? Und die Beschreibung muß immer ein Nachzeichnen sein.	
3.151.4.2		Und soweit eine Person für das Verstehen in Betracht kommt, steht die meine und die des Anderen auf einer Stufe. Es ist doch hier ebenso wie mit den Zahnschmerzen.	
3.151.5.1		Beschreiben ist nachbilden, und ich muß nicht notwendigerweise für irgendjemand nachbilden.	493
3.151.6.1	4	Wenn ich mich mit der Sprache dem Andern verständlich mache, so muß es sich hier um ein Verstehen im Sinne des Behaviourism handeln. Daß er mich verstanden hat, ist eine Hypothese, wie, daß ich ihn verstanden habe.	
3.152.1.1	5	„Für wen würde ich meine unmittelbare Erfahrung beschreiben? Nicht für mich, denn ich habe sie ja; und nicht für jemand andern, denn der könnte sie nie aus der Beschreibung entnehmen?" – Er kann sie so viel und so wenig aus der Beschreibung entnehmen, wie aus einem gemalten Bild. Die Vereinbarungen über die Sprache sind doch mit Hilfe von gemalten Bildern (oder was diesen gleichkommt) getroffen worden. Und, unserer gewöhnlichen Ausdrucksweise nach, entnimmt er doch aus einem gemalten Bild etwas.	

„Die Erfahrung im gegenwärtigen Moment, die eigentliche Realität."

4.5.1.1   1   Es ist nämlich die Anschauung aufzugeben, daß, um vom Unmittelbaren zu reden, wir von dem Zustand in einem Zeitmoment reden müßten. Diese Anschauung ist darin ausgedrückt, wenn man sagt: „alles, was uns gegeben ist, ist das Gesichtsbild und die Daten der übrigen Sinne, sowie die Erinnerung, in dem gegenwärtigen Augenblick". Das ist Unsinn; denn was meint man mit dem „gegenwärtigen Augenblick"? Dieser Vorstellung liegt vielmehr schon ein physikalisches Bild zu Grunde, nämlich das vom Strom der Erlebnisse, den ich nun in einem Punkt/an einer Stelle/ quer durchschneide. Es liegt hier eine ähnliche Tendenz und ein ähnlicher Fehler vor, wie beim Idealismus (oder Solipsismus).

4.6.3.1   2   Der Zeitmoment, von dem ich sage, er sei die Gegenwart, die alles enthält, was mir gegeben ist, gehört selbst zur physikalischen Zeit.

4.6.4.1   3   Denn, wie ist so ein Moment bestimmt? Etwa durch einen Glockenschlag? Und kann ich denn nun die ganze, mit diesem Schlag gleichzeitige Erfahrung wirklich beschreiben? Wenn man daran denkt es zu versuchen, wird man sofort gewahr, daß es eine Fiktion ist, wovon wir reden.

4.6.5.1   4   Wir stellen uns das Erleben wie einen Filmstreifen vor, so daß man sagen kann: dieses Bild, und kein anderes, ist in diesem Augenblick vor der Linse.

4.6.6.1   5   Aber nur im? Film kann man von einem in diesem Moment gegenwärtigen Bild reden; nicht, wenn man aus dem physikalischen Raum und seiner Zeit in den Gesichtsraum und seine Zeit übergeht.

3.152.2.1   6   Es ist eben irreführend, zu sagen „das Gedächtnis sagt mir, daß dies dieselbe Farbe ist etc." Sofern es mir etwas sagt, kann es mich auch täuschen (d.h. etwas falsches sagen).

3.152.2.2   Wenn ich die unmittelbar gegebene Vergangenheit beschreibe, so beschreibe ich mein Gedächtnis, und nicht etwas, was dieses Gedächtnis anzeigt. (Wofür dieses Gedächtnis ein Symptom wäre.)

3.152.3.1   7   Und „Gedächtnis" bezeichnet hier – wie früher „Gesicht" und „Gehör" – auch nicht ein psychisches Vermögen, sondern einen bestimmten Teil der logischen Struktur unserer Welt.

5.133.3.1	1	Was wir die Zeit im Phänomen (specious present) nennen können, liegt nicht in der Zeit (Vergangenheit, Gegenwart und Zukunft) der Geschichte, ist keine Strecke der Zeit. Während, was wir unter „Sprache" verstehen,/Während der Vorgang der „Sprache"/ in der homogenen geschichtlichen Zeit abläuft. (Denke an den Mechanismus zur Beschreibung der unmittelbaren Wahrnehmung.)
5.134.1.1	2	(Von welcher Wichtigkeit ist denn diese Beschreibung des gegenwärtigen Phänomens, die für uns gleichsam zur fixen Idee werden kann. Daß wir darunter leiden, daß die Beschreibung nicht das beschreiben kann, was beim Lesen der Beschreibung vor sich geht. Es scheint, als wäre die Beschäftigung mit dieser Frage geradezu kindisch und wir in eine Sackgasse hineingeraten. Und doch ist es eine bedeutungsvolle Sackgasse, denn in sie lockt es Alle zu gehen; als wäre dort die letzte Lösung der philosophischen Probleme zu suchen. – Es ist, als käme man mit dieser Darstellung des gegenwärtigen Phänomens in einen verzauberten Sumpf, wo alles Erfaßbare verschwindet.)
5.134.1.2		Anderseits brauchen wir eine Ausdrucksweise, die Vorgänge/ Phänomene/ des Gesichtsraums getrennt von den Erfahrungen andrer Art darstellt.
5.136.3.1	3	(Wir befinden uns mit unserer Sprache (als physischer Erscheinung) sozusagen nicht im Bereich des projizierten Bildes auf der Leinwand, sondern im Bereich des Films, der durch die Laterne geht. Und wenn ich zu dem Vorgang auf der Leinwand Musik machen will, muß das, was sie hervorruft, sich wieder im Gebiet des Films abspielen. Das gesprochene Wort im Sprechfilm, das die Vorgänge auf der Leinwand begleitet, ist ebenso fliehend?/fließend?/, wie diese Vorgänge, und nicht das Gleiche wie der Tonstreifen. Der Tonstreifen begleitet nicht das Spiel auf der Leinwand.)
5.180.2.1	4	Ein Gedanke über die Darstellbarkeit der unmittelbaren Realität durch die Sprache:
5.180.2.2		„Der Strom des Lebens, oder der Strom der Welt, fließt dahin, und unsere Sätze werden, sozusagen, nur in Augenblicken verifiziert. Unsere Sätze werden nur von der Gegenwart verifiziert. – Sie müssen also so gemacht sein, daß sie von ihr verifiziert werden können. Sie müssen das Zeug haben, um von ihr verifiziert werden zu können. Dann haben sie also in irgendeiner Weise die Kommensurabilität mit der Gegenwart /Dann sind sie also in irgendeiner Weise mit der Gegenwart kommensurabel/ und diese/dies/ können sie nicht haben/sein/ trotz ihrer raum-zeitlichen Natur, sondern diese muß sich zur Kommensurabilität verhalten, wie die Körperlichkeit eines Maßstabes zu seiner Ausgedehntheit, mit der/mittels der/ er mißt. Im Falle des Maßstabes kann man auch nicht sagen: ‚Ja, der Maßstab mißt die Länge trotz seiner Körperlichkeit; freilich, ein Maßstab, der nur Länge hätte, wäre das Ideal, wäre der reine Maßstab'. Nein, wenn ein Körper Länge hat, so kann es keine Länge ohne einen Körper geben – und wenn ich auch verstehe, daß in einem bestimmten Sinn nur die Länge des Maßstabs mißt, so bleibt doch, was ich in die Tasche stecke der Maßstab, – der Körper und nicht die Länge."

„Nur die Erfahrung des gegenwärtigen Augenblicks hat Realität". – Soll das heißen, daß ich heute früh nicht aufgestanden bin? Oder, daß ein Ereignis, dessen ich mich in diesem Augenblick nicht erinnere /entsinne/, nicht stattgefunden hat? – Soll hier ‚gegenwärtige Erfahrung' im Gegensatz stehen zu zukünftiger und vergangener Erfahrung? Oder ist es ein Beiwort, wie das Wort „rational" in „rationale Zahl", so daß man die beiden Wörter auch durch eines ersetzen könnte und das Beiwort auf eine grammatische Eigentümlichkeit hinweist. Und was wird in diesem Falle vom Subjekt ausgesagt, wenn ihm Realität zugesprochen wird? Betonen wir hier nicht wieder eine grammatische Eigentümlichkeit, in derselben Weise, wie wenn man sagt/etwa, als wenn man sagte:/ „nur die Kardinalzahlen sind wirkliche Zahlen". (Kronecker soll gesagt haben, nur die Kardinalzahlen seien von Gott erschaffen, alle anderen seien Menschenwerk.) – Heißt es ‚gegenwärtige Erfahrung' im Gegensatz zu zukünftiger und vergangener, dann meint man mit diesen Erfahrungen etwa physikalische Vorgänge; und wenn ich das Bild von der Laterna magica gebrauche und die zeitlichen Beziehungen in räumliche übersetze, so ist die gegenwärtige Erfahrung im physikalischen Sinn das Bild auf dem Filmstreifen, das sich vor dem Objektiv der Laterne befindet. (Ich kann nicht sagen: „das sich jetzt vor dem Objektiv der Laterne befindet".) Auf der einen Seite dieses Bildes sind/liegen/ die vergangenen, auf der andern die zukünftigen Bilder (die beiden Seiten sind durch Eigentümlichkeiten des Apparates charakterisiert). Das Bild auf der Leinwand gehört der Zeit des Filmstreifens nicht an; man kann von ihm nicht in dem eben beschriebenen Sinne sagen, es sei gegenwärtig. (Im Gegensatz wozu? – Das Wort ‚gegenwärtig', wenn man es hier benützt, bezeichnet nicht einen Teil eines Raumes im Gegensatz zu andern Teilen, sondern charakterisiert einen Raum.) Der Satz, nur die gegenwärtige Erfahrung habe Realität, wäre nun hier der Satz, daß nur das Bild vor dem Objektiv dem Bild auf der Leinwand entspricht. Und das könnte allerdings ein Erfahrungssatz sein und das Gleichnis läßt uns hier in Stich, wenn wir die Entsprechung zwischen Film und Leinwand (die Projektionsart) nicht so festsetzen/festlegen/, daß sich dadurch das Bild auf dem Film, welches dem Bild auf der Leinwand entspricht, als das Bild vor dem Objektiv der Laterne ergibt.

IDEALISMUS.

2.273.2.1   1   [Ich sehe undeutlich eine Verbindung zwischen dem Problem des Solipsismus oder Idealismus und dem, der Bezeichnungsweise eines Satzes. Wird etwa das Ich in diesen Fällen durch den Satz ersetzt und das Verhältnis des Ich zur Wirklichkeit durch das Verhältnis von Satz und Wirklichkeit?]

3.181.5.1   2   Dem, der sagt „aber es steht doch wirklich ein Tisch hier" muß man antworten: „Freilich steht ein wirklicher Tisch hier, – im Gegensatz zu einem nachgemachten".

3.181.5.2   Wenn er aber nun weiterginge und sagte: die Vorstellungen seien nur Bilder der Dinge, so müßte ich (ihm) widersprechen und sagen, daß der Vergleich der Vorstellung mit einem Bilde des Körpers gänzlich irreführend sei, da es für ein Bild wesentlich sei, daß es mit seinem Gegenstand verglichen werden kann.

3.182.1.1   3   Wenn aber Einer sagt „die Vorstellungen sind das einzig Wirkliche", so muß ich sagen, daß ich hier das Wort/Prädikat/ „wirklich" nicht verstehe und nicht weiß, was für eine Eigenschaft man damit eigentlich den Vorstellungen zuspricht und – etwa – den Körpern abspricht. Ich kann ja nicht begreifen, wie man mit Sinn – ob wahr oder falsch – eine Eigenschaft Vorstellungen und physischen Körpern zuschreiben kann.

3.245.8.1   4   (Der Mensch, der in den Spiegel sieht um sich zwinkern zu sehen; und was er nun wirklich sieht. Ungeeignete physikalische Theorien.)

4.67.3.1   5   (Zeitdauer eines Tones und Zeitdauer einer akustischen Schwingung.)

3.296.10.1   6   Das Wahre am Idealismus ist eigentlich, daß der Sinn des Satzes aus seiner Verifikation ganz hervorgeht.

3.297.1.1	1	Wenn der Idealismus sagt, der Baum sei nur meine Vorstellung, so ist ihm vorzuhalten, daß der Ausdruck „dieser Baum" nicht dieselbe Bedeutung hat wie „meine Vorstellung von diesem Baum". Sagt der Idealismus, meine Vorstellung allein existiert (hat Realität) nicht der Baum, so mißbraucht er das Wort „existieren" oder „Realität haben".
3.297.1.2		1.) Du scheinst ja hier zu sagen, daß die Vorstellung eine Eigenschaft hat, die der Baum nicht hat. Aber wie weißt Du das? Hast Du alle Vorstellungen und Bäume daraufhin untersucht? Oder ist das ein Satz a priori, dann soll er in eine grammatische Regel gefaßt werden, die sagt, daß man von der Vorstellung etwas Bestimmtes mit Sinn aussagen darf, nicht aber vom Baum. 2.) Was soll es aber heißen, von einer Vorstellung Realität auszusagen? Dem Sprachgebrauch /Gebrauch/ entsprechend höchstens/nur/, daß diese Vorstellung vorhanden ist. In anderm Sinne – freilich – sagen wir aber auch von einem Baum aus, er existiere (habe Realität) im Gegensatz zu dem Fall etwa, daß er bereits umgehauen ist. Und es bleibt nur übrig, daß das Wort „Baum" in der Bedeutung, in der man sagen kann „der Baum wird umgehauen und verbrannt" einer anderen grammatischen Kategorie angehört, als der Ausdruck „meine Vorstellung vom Baum" etwa im Satz: „Meine Vorstellung vom Baum wird immer undeutlicher". Sagt aber der Realismus, die Vorstellungen seien doch „nur die subjektiven Bilder/Abbilder/ der Dinge", so ist zu sagen, daß dem eine falsche Analogie/ein falscher Vergleich/ zwischen der Vorstellung von einem Ding und dem Bild des Dinges zu Grunde liegt. Und zwar einfach, weil es wohl möglich ist, ein Ding zu sehen u n d sein Bild (etwa nebeneinander), aber nicht ein Ding und die Vorstellung davon.
3.297.1.3		Es handelt sich um die Grammatik des Wortes ‚Vorstellung' im Gegensatz zur Grammatik der ‚Dinge'.
4.180.1.1	2		(Es könnte sich eine seltsame Analogie daraus ergeben, daß das Okular auch des riesigsten Fernrohrs nicht größer sein darf/nicht größer ist/, als unser Auge.)	

5.187.1.1 1 Wer den Satz, nur die gegenwärtige Erfahrung sei real, bestreiten will (was ebenso falsch ist, wie ihn zu behaupten) wird etwa fragen, ob denn ein Satz wie „Julius Cäsar ging über die Alpen" nur den gegenwärtigen Geisteszustand Desjenigen beschreibt, der sich mit dieser Sache beschäftigt. Und die Antwort ist natürlich: Nein! er beschreibt ein Ereignis, das, wie wir glauben, vor ca. 2000 Jahren stattgefunden hat. Wenn nämlich das Wort „beschreibt" so aufgefaßt wird, wie in dem Satz „der Satz ‚ich schreibe' beschreibt, was ich gegenwärtig tue". Der Name Julius Cäsar bezeichnet eine Person. – Aber was sagt denn das alles? Ich scheine mich ja um die eigentliche philosophische Antwort drücken zu wollen! – Aber Sätze, die von Personen handeln, d.h. Personennamen enthalten, können eben auf sehr verschiedene Weise verifiziert werden. – Fragen wir uns nur, warum wir den Satz glauben. – Daß es (z.B.) denkbar ist, die Leiche Cäsars noch zu finden, hängt unmittelbar mit dem Sinn des Satzes über Julius Cäsar zusammen. Aber auch, daß es denkbar/möglich/ ist, eine Schrift zu finden, aus der hervorgeht, daß so ein Mann nie gelebt hat und seine Existenz zu bestimmten Zwecken erdichtet worden ist/sei/. Diese/Solche/ Möglichkeiten gibt es (aber) für einen Satz: „ich sehe einen roten Fleck über einen grünen dahinziehen" nicht; und das ist es, was wir damit meinen, wenn wir sagen, daß dieser Satz in unmittelbarerer Art Sinn hat, als jener/der/ über Julius Cäsar./, dieser Satz habe in .... Sinn, als ..../..... Und das meinen wir, wenn wir sagen, dieser Satz habe ...../

104

„Schmerzen haben."

2.116.1.1   1   Zur Erklärung des Satzes „er hat Zahnschmerzen" sagt man etwa: „ganz einfach, ich weiß, was es heißt, daß i ch Zahnschmerzen habe, und wenn ich sage, daß er Zahnschmerzen hat, so meine ich, daß er jetzt das hat, was ich damals hatte". Aber was bedeutet „er" und was bedeutet „Zahnschmerzen h a b e n". Ist das eine Relation, die die Zahnschmerzen damals zu mir hatten und jetzt zu ihm. Dann wäre ich mir also jetzt auch der Zahnschmerzen bewußt, und dessen daß er sie jetzt hat, wie ich eine Geldbörse jetzt in seiner Hand sehen kann, die ich früher in meiner gesehen habe.

2.116.1.2   Hat es einen Sinn zu sagen „ich habe Schmerzen, ich merke sie aber nicht"? Denn in diesem Satz könnte ich dann allerdings statt „ich habe" „er hat" einsetzen. Und umgekehrt, wenn die Sätze „er hat Schmerzen" und „ich habe Schmerzen" auf der gleichen logischen Stufe stehen, so muß ich im Satz „er hat Schmerzen, die ich nicht fühle" statt „er hat" „ich habe" setzen können. – Ich könnte auch so sagen: Nur insofern ich Schmerzen haben kann, die ich nicht fühle, kann er Schmerzen haben, die ich nicht fühle. Es könnte dann noch immer der Fall sein, daß ich tatsächlich die Schmerzen, die ich habe, immer fühle, aber es muß Sinn haben, das zu verneinen.

2.124.5.1   2   Der Begriff der Zahnschmerzen als eines Gefühlsdatums ist allerdings auf den Zahn des Anderen ebenso anwendbar, wie auf den meinen, aber nur in dem Sinne, in dem es ganz wohl möglich wäre, in dem Zahn in eines andern Menschen Mund Schmerzen zu empfinden. Im Einklang mit der gegenwärtigen Ausdrucksweise würde man aber diese Tatsache nicht durch die Worte „ich fühle seinen Zahnschmerz" ausdrücken, sondern durch „ich habe in seinem Zahn Schmerzen". – – Man kann nun sagen: Freilich hast Du nicht seinen Zahnschmerz, denn es ist auch dann sehr wohl möglich, daß er sagt „ich fühle in diesem Zahn nichts". Und sollte ich in diesem Fall sagen „Du lügst, ich fühle, wie Dein Zahn schmerzt"?

2.187.1.1   3   Wenn ich jemand, der Zahnschmerzen hat, bemitleide, so setze ich mich in Gedanken an seine Stelle. Aber ich setze m ich an seine Stelle.

2.187.3.1   4   Die Frage ist, ob es Sinn hat zu sagen: „Nur A kann den Satz ‚A hat Schmerzen' verifizieren, ich nicht". Wie aber wäre es, wenn dieser Satz falsch wäre, wenn i ch also den Satz verifizieren könnte, kann es etwas anderes heißen, als daß dann ich Schmerzen fühlen müßte! Aber wäre das eine Verifikation? Vergessen wir nicht: es ist Unsinn, zu sagen, ich müßte meine oder seine Schmerzen fühlen.

2.187.3.2   Man könnte auch so fragen: Was in meiner Erfahrung rechtfertigt das ‚meine' in „ich fühle m e i n e Schmerzen". Wo ist die Multiplizität des Gefühls, die dieses Wort rechtfertigt, und es kann nur dann gerechtfertigt sein, wenn an seine Stelle auch ein anderes treten kann.

2.188.4.1	1	„Ich habe Schmerzen" ist, im Falle ich den Satz gebrauche, ein Zeichen ganz anderer Art, als es für mich im Munde eines Anderen ist; und zwar darum, weil es im Munde eines Anderen für mich so lange sinnlos ist, als ich nicht weiß, welcher Mund es ausgesprochen hat. Das Satzzeichen besteht in diesem Falle nicht im Laut allein, sondern in der Tatsache, daß dieser Mund den Laut hervorbringt. Während im Falle ich es sage, oder denke, das Zeichen der Laut allein ist.
2.194.7.1	2	Angenommen, ich hätte stechende Schmerzen im rechten Knie und bei jedem Stich zuckt mein rechtes Bein. Zugleich sehe ich einen anderen Menschen, dessen Bein in gleicher Weise zuckt und der über stechende Schmerzen klagt; und zu gleicher Zeit fängt mein linkes Bein ebenso an zu zucken, obwohl ich im linken Knie keine Schmerzen fühle. Nun sage ich: mein Gegenüber hat offenbar in seinem Knie dieselben Schmerzen, wie ich in meinem rechten Knie. Wie ist es aber mit meinem linken Knie, ist es nicht in genau dem gleichen Fall, wie das Knie des Anderen?
2.194.8.1	3	Wenn ich sage „A hat Zahnschmerzen", so gebrauche ich die Vorstellung des Schmerzgefühls in der selben Weise, wie etwa den Begriff des Fließens, wenn ich vom Fließen des elektrischen Stromes rede.
2.195.1.1	4	Ich sammle gleichsam sinnvolle Sätze über Zahnschmerzen, das ist der charakteristische Vorgang einer grammatischen Untersuchung. Ich sammle nicht wahre, sondern sinnvolle Sätze und darum ist diese Betrachtung keine psychologische. (Man möchte sie oft eine Metapsychologie nennen.)
2.195.2.1	5	Man könnte sagen: Die Philosophie sammle fortwährend ein Material von Sätzen, ohne sich um ihre Wahr- oder Falschheit zu kümmern; nur im Falle der Logik und Mathematik hat sie es nur mit den „wahren" Sätzen zu tun.
2.195.3.1	6	Die Erfahrung des Zahnschmerzgefühls ist nicht die, daß eine Person Ich etwas hat.
2.195.4.1	7	In den Schmerzen unterscheide ich eine Intensität, einen Ort, etc., aber keinen Besitzer.
2.195.5.1		Wie wären etwa Schmerzen, die gerade niemand hat? Schmerzen, die gerade niemandem gehören?
2.195.6.1 2.195.6.2	8	Die Schmerzen werden als etwas dargestellt, das man wahrnehmen kann, im Sinne, in dem man eine Zündholzschachtel wahrnimmt. – Das Unangenehme sind dann freilich nicht die Schmerzen, sondern nur das Wahrnehmen der Schmerzen.
2.195.7.1	9	Wenn ich einen Anderen bedaure, weil er Schmerzen hat, so stelle ich mir wohl die Schmerzen vor, aber ich stelle mir vor, daß ich sie habe.
2.195.9.1	10	Soll ich mir auch die Schmerzen eines auf dem Tisch liegenden Zahnes denken können, oder die Schmerzen eines Teetopfs? Soll man etwa sagen: es ist nur nicht wahr, daß der Teetopf Schmerzen hat, aber ich kann es mir denken?!

2.195.11.1	1	Die beiden Hypothesen, daß die Anderen Schmerzen haben, und die, daß sie keine haben, und sich nur so benehmen wie ich, wenn ich welche habe, müssen ihrem Sinne nach identisch sein, wenn alle m ö g l i c h e Erfahrung, die die eine bestätigt, auch die andere bestätigt. Wenn also keine Entscheidung zwischen beiden durch die Erfahrung denkbar ist.
2.196.1.1	2	Zu sagen, daß die Anderen keine Schmerzen haben, setzt aber voraus, daß es Sinn hat zu sagen, daß sie Schmerzen haben.
2.196.1.2		Ich glaube, es ist klar, daß man in demselben Sinne sagt, daß andere Menschen Schmerzen haben, in welchem man sagt, daß ein Stuhl keine hat.
2.196.2.1	3	Wie wäre es, wenn ich zwei Körper hätte, d.h. wenn mein Körper aus zwei getrennten Leibern bestünde?
2.196.2.1		Hier sieht man – glaube ich – wieder, wie das Ich nicht auf derselben Stufe mit den Andern steht, denn wenn die Andern je zwei Körper hätten, so könnte ich es nicht erkennen.
2.196.3.1		Kann ich mir denn die Erfahrung mit zwei Leibern denken? Die Gesichtserfahrung gewiß nicht.
2.196.4.1	4	Das Phänomen des Schmerzgefühls in einem Zahn, welches ich kenne, ist in der Ausdrucksweise der gewöhnlichen Sprache dargestellt durch „ich habe in dem und dem Zahn Schmerzen". Nicht durch einen Ausdruck von der Art „an diesem Ort ist ein Schmerzgefühl". Das g a n z e Feld dieser Erfahrung wird in dieser Sprache durch Ausdrücke von der Form „ich habe ...." beschrieben. Die Sätze von der Form „N hat Zahnschmerzen" sind für ein ganz anderes Feld reserviert. Wir können daher nicht überrascht sein, wenn in den Sätzen „N hat Zahnschmerzen" nichts mehr auf jene Art mit der Erfahrung Zusammenhängendes gefunden wird.
3.150.8.1	5	Wenn man sagt, die Sinnesdaten seien „privat", niemand anderer könne meine Sinnesdaten sehen, hören, fühlen, und meint damit nicht eine Tatsache unserer Erfahrung, so müßte das ein philosophischer Satz sein; und was gemeint ist, drückt sich darin aus, daß eine Person in die Beschreibung von Sinnesdaten nicht eintritt.
3.150.9.1	6	Denn, k a n n ein Anderer meine Zahnschmerzen nicht haben, so kann i c h sie – in diesem Sinne – auch nicht haben.
3.150.10.1	7	In dem Sinne, in welchem es nicht erlaubt ist zu sagen, der Andere habe diese Schmerzen, ist es auch nicht erlaubt zu sagen, ich habe/hätte/ sie.
3.150.11.1	8	Was wesentlich privat ist, oder scheint, hat keinen Besitzer.
3.151.1.1	9	Was soll es heißen: er hat d i e s e Schmerzen? außer, er hat s o l c h e Schmerzen: d.h., von solcher Stärke, Art, etc.. Aber nur in dem Sinn kann auch ich „diese Schmerzen" haben.
3.151.2.1 3.151.3.1	10	Das heißt, die Subjekt-Objekt Form ist darauf nicht anwendbar. Die Subjekt-Objekt Form bezieht sich auf den Leib und die Dinge um ihn, die auf ihn wirken.

3.151.7.1	1	In der nicht-hypothetischen Beschreibung des Gesehenen, Gehörten – diese Wörter bezeichnen hier grammatische Formen – tritt das Ich nicht auf, es ist hier von Subjekt und Objekt nicht die Rede.
3.177.8.1	2	Der Solipsismus könnte durch die Tatsache widerlegt werden, daß das Wort „ich" in der Grammatik keine zentrale Stellung hat, sondern ein Wort ist, wie jedes andre Wort.
3.178.2.1	3	Wie im Gesichtsraum, so gibt es in der Sprache kein metaphysisches Subjekt.
4.188.2.1	4	| Die Schwierigkeit, die uns das Sprechen über den Gesichtsraum ohne Subjekt macht und über „meine und seine Zahnschmerzen", ist die, die Sprache einzurenken, daß sie richtig in den Tatsachen sitzt. |
5.176.1.1	5	Behaviourism. „Mir scheint, ich bin traurig, ich lasse den Kopf so hängen".
5.176.1.2		Warum hat man kein Mitleid, wenn eine Tür ungeölt ist und beim Auf- und Zumachen schreit? Haben wir mit dem Andern, der sich benimmt wie wir, wenn wir Schmerzen haben, Mitleid – auf philosophische Erwägungen hin, die zu dem Ergebnis geführt haben, daß er leidet, wie wir? Ebensogut könnten uns die Physiker damit Furcht einflößen, daß sie uns versichern, der Fußboden sei gar nicht kompakt, wie er scheine, sondern bestehe aus losen Partikeln, die regellos herumschwirren. „Aber wir hätten doch mit dem Andern nicht Mitleid, wenn wir wüßten, daß er nur eine Puppe ist, oder seine Schmerzen bloß heuchelt." Freilich, – aber wir haben auch ganz bestimmte Kriterien dafür, daß etwas eine Puppe ist, oder daß Einer seine Schmerzen heuchelt und diese Kriterien stehen eben im Gegensatz zu denen, die wir Kriterien dafür nennen, daß etwas keine Puppe (sondern etwa ein Mensch) ist und seine Schmerzen nicht heuchelt (sondern wirklich Schmerzen hat).
5.177.1.1	6	Hat es Sinn zu sagen, zwei Menschen hätten denselben Körper? Welches wären die Erfahrungen, die wir mit diesem Satz beschrieben? Daß ich darauf käme, daß das, was ich meine Hand nenne, und bewege, an dem Körper eines Andern sitzt, ist natürlich denkbar, denn ich sehe, während ich jetzt schreibe, die Verbindung meiner Hand mit meinem übrigen Körper nicht. Und ich könnte wohl darauf kommen, daß sich die frühere Verbindung gelöst hat und also auch, daß meine Hand jetzt an dem Arm eines Andern sitzt.

5.179.1.1   1   Von Sinnesdaten in dem Sinne dieses Worts, in dem es undenkbar ist, daß der Andere sie hat, kann man eben aus diesem Grunde auch nicht sagen, daß der Andere sie nicht hat. Und eben darum ist es auch sinnlos zu sagen, daß ich, im Gegensatz zum Andern, sie habe. – Wenn man sagt „seine Zahnschmerzen kann ich nicht fühlen", meint man damit, daß man die Zahnschmerzen des Andern bis jetzt nie gefühlt hat? Wie unterscheiden sich seine Zahnschmerzen von den meinen? Wenn das Wort „Schmerzen" in den Sätzen „ich habe Schmerzen" und „er hat Schmerzen" die gleiche Bedeutung hat, – was heißt es dann zu sagen, daß er nicht dieselben Schmerzen haben kann, wie ich? Wie können sich denn verschiedene Schmerzen voneinander unterscheiden? Durch Stärke, durch den Charakter des Schmerzes (stechend, bohrend, etc.) und durch die Lokalisation im Körper. Wenn nun aber diese Charakteristika bei beiden dieselben sind? – Wenn man aber einwendet, ihr Unterschied/, der Unterschied der Schmerzen/ sei eben der, daß in einem Falle ich sie habe, im andern Fall er! – dann ist also die besitzende Person eine Charakteristik der Schmerzen selbst. Aber was ist dann mit dem Satz „ich habe Schmerzen" oder „er hat Schmerzen" ausgesagt? – Wenn das Wort „Schmerzen" in beiden Fällen die gleiche Bedeutung hat, dann muß man die Schmerzen der Beiden miteinander vergleichen können; und wenn sie in Stärke etc., etc. miteinander übereinstimmen, so sind sie die gleichen; wie zwei Anzüge die gleiche Farbe besitzen, wenn sie in Bezug auf Helligkeit, Sättigung, etc. miteinander übereinstimmen.

5.179.1.2   Wenn man fragt „ist es denkbar, daß ein Mensch die Schmerzen des Andern fühlt?" so schweben einem dabei die Schmerzen (etwa Zahnschmerzen) des Andern gleichsam als ein Körper, ein Volumen, vor im Mund des Andern und die Frage scheint zu fragen, ob wir an diesem Schmerzvolumen teilhaben können. Etwa dadurch, daß sich unser beider Wangen durchdrängen. Aber auch das scheint dann nicht zu genügen und wir müßten ganz mit ihm zusammenfallen/und wir müßten uns ganz mit ihm decken/.

5.188.1.1   2   1) „Ich habe Schmerzen"
            „N hat Schmerzen"
   dagegen 2) „Ich habe graue Haare"
            „N hat graue Haare"

Die verschiedenen philosophischen Schwierigkeiten und Konfusionen in Verbindung mit dem ersten Beispiel lassen sich zum größten Teil auf die Verwechslung der Grammatik der Fälle 1) und 2) zurückführen.

5.188.1.2   Es hat Sinn zu sagen: „ich sehe seine Haare, aber nicht die meinen", oder „ich sehe meine Hände täglich, aber nicht die seinen" und dieser Satz ist analog dem: „ich sehe meine Wohnung täglich, aber nicht die seine". – Dagegen ist es Unsinn: „ich fühle meine Schmerzen, aber nicht die seinen".

5.188.1.3   Die Ausdrucksweise unserer Sprache in den beiden Fällen 1) und 2) ist natürlich nicht ‚falsch', aber sie ist irreführend. „Eine herrenlose Wohnung", „herrenlose Zahnschmerzen". Es gibt Menschen, die Untersuchungen darüber anstellen, „ob es ungesehene Gesichtsbilder gibt" und sie glauben, daß das eine Art wissenschaftlicher Untersuchung (über diese Phänomene) ist.

5.188.1.4 „Wie ein Satz verifiziert wird, – das sagt er": und nun sieh Dir daraufhin die Sätze an: „Ich habe Schmerzen", „N hat Schmerzen".

5.188.1.4 Wenn nun aber ich der N bin? – Dann haben dennoch die beiden Sätze verschiedenen Sinn.

5.188.1.5 „Die Sache ist doch ganz einfach: ich spüre freilich seine Schmerzen nicht, aber er spürt sie eben (und so sind alle Verhältnisse doch? symmetrisch)". Aber dieser Satz ist eben Unsinn. – Um nun die Asymmetrie der Erfahrung mit Bezug auf mich und den Andern deutlich zum Ausdruck zu bringen, könnte ich eine asymmetrische Ausdrucksweise vorschlagen:

Alte Ausdrucksweise:	Neue Ausdrucksweise:
W. hat Schmerzen.	Es sind Schmerzen vorhanden.
W. hat Schmerzen in seiner linken Hand.	Es sind Schmerzen in der linken Hand des W..
N. hat Schmerzen.	N. benimmt sich wie W., wenn Schmerzen vorhanden sind.
N. heuchelt Schmerzen in seiner Hand.	N. heuchelt das Benehmen des W., wenn Schmerzen in seiner Hand sind.
Ich bedauere N., weil er Schmerzen hat.	Ich bedauere N., weil er sich benimmt, wie etc..

5.189.0.6 Da wir für jeden sinnvollen Ausdruck der alten Ausdrucksweise einen der neuen setzen und für verschiedene alte, verschiedene neue, so muß, was Eindeutigkeit und Verständlichkeit anlangt, die neue Ausdrucksweise der alten gleichwertig sein. – Aber könnte man denn nicht eine solche asymmetrische Ausdrucksweise ebensogut für Sätze der Art „ich habe graue Haare", „N. hat graue Haare" konstruieren? Nein. Man muß nämlich verstehen, daß der Name „W." in den Sätzen der rechten Seite sinnvoll durch andere Namen ersetzt werden können muß. Und ist das nicht der Fall, dann braucht weder „W." noch ein anderer Name in diesen Sätzen vorzukommen/vorkommen/. Ersetzt man nämlich „W." durch den Namen eines andern Menschen, so wird etwa gesagt, daß ich in der Hand eines anderen Körpers als des meinigen Schmerzen empfinde. Es wäre z.B. denkbar, daß ich mit einem Andern Körper wechsle/Andern den Körper wechsle/; etwa aufwache, meinen alten Körper mir gegenüber auf einem Sessel sitzen sehe, und mich im Spiegel sehend fände, daß ich das Gesicht und den Körper meines Freundes angenommen habe. Ich betrachte nun den Personennamen als Name eines Körpers. Und es hat nun Sinn zu sagen: „ich habe im Körper des N (oder im Körper N) Zahnschmerzen (in der asymmetrischen Ausdrucksweise: „in einem Zahn des N sind Schmerzen"); aber es hat keinen Sinn, zu sagen „ich habe auf dem Kopf des N graue Haare", außer, das soll heißen: „N hat graue Haare".

5.189.0.7   Aber ist (denn) die vorgeschlagene asymmetrische Ausdrucksweise
richtig? Warum sage ich „N benimmt sich wie W, wenn er ...."?
Wodurch ist denn W charakterisiert? Doch durch die Formen etc.
seines Körpers und durch dessen kontinuierliche Existenz im Raum.
Sind aber diese Dinge für die Erfahrung der Schmerzen wesentlich?
Könnte ich mir nicht folgende Erfahrung denken: ich wache mit
Schmerzen in der linken Hand auf und finde, daß sie ihre Gestalt
geändert hat und jetzt so aussieht, wie die Hand meines Freundes,
während er meine Hand erhalten hat. Und worin besteht die
Kontinuität meiner Existenz im Raum? Wenn mir jemand Verläßlicher
erzählte, er sei, während ich geschlafen habe, bei mir gesessen, plötzlich
sei mein Körper verschwunden und sei plötzlich wieder erschienen – ist
es unmöglich das zu glauben? – Und worin besteht etwa die Kontinuität
meines Gedächtnisses? In welcher Zeit ist es kontinuierlich? Oder
besteht die Kontinuität darin, daß im Gedächtnis keine Lücke ist? Wie
im Gesichtsfeld keine ist. (Denn überlege nur, wie wir den blinden Fleck
merken!) Und was hätte diese Kontinuität mit der zu tun, die für den
Gebrauch des Personennamens W. wesentlich ist/von Bedeutung ist/?
Die Erfahrung der Schmerzen läßt sich in ganz anderer Umgebung als
der von uns gewohnten denken. ?(Denken wir doch nur, daß man
tatsächlich Schmerzen in der Hand haben kann, obwohl es diese im
physikalischen Sinn gar nicht mehr gibt, weil sie einem amputiert
worden ist.)? In diesem Sinne könnte man Zahnschmerzen ohne Zahn,
Kopfschmerzen ohne Kopf etc. haben. Wir machen eben hier einfach
eine Unterscheidung, wie die zwischen Gesichtsraum und
physikalischem Raum, oder Gedächtniszeit und physikalischer Zeit. –
Danach nun ist es unrichtig, die Ausdrucksweise einzuführen
„N benimmt sich wie W, wenn ....". Man könnte vielleicht sagen
„N benimmt sich, wie der Mensch in dessen Hand Schmerzen sind".
Warum sollte man aber überhaupt die Erfahrung der Schmerzen zur
Beschreibung des bewußten Benehmens heranziehen? – Wir wollen
doch einfach zwei verschiedene Erfahrungsgebiete trennen; wie wenn
wir Tasterfahrung und Gesichtserfahrung an einem Körper trennen.
Und verschiedener kann nichts sein, als die Schmerzerfahrung und die
Erfahrung, einen menschlichen Körper sich winden sehen/zu sehen/,
Laute ausstoßen zu hören, etc.. Und zwar besteht hier kein Unterschied
zwischen meinem Körper und dem des Andern, denn es gibt auch die
Erfahrung, die Bewegungen des eigenen Körpers zu sehen und die von
ihm ausgestoßenen Laute zu hören.

5.190.0.8   Denken wir uns, unser Körper würde aus unserem Gesichtsfeld entfernt, etwa, indem man ihn gänzlich durchsichtig machte; er behielte aber die Fähigkeit, in einem geeigneten Spiegel in der uns gewohnten Weise zu erscheinen, so daß wir etwa die sichtbaren Äußerungen unserer Zahnschmerzen wesentlich wie die eines fremden Körpers wahrnähmen. Dies ergäbe auch eine ganz andere Koordination zwischen sehendem Auge und Gesichtsraum, als die uns selbstverständlich erscheinende alltägliche. (Denke an das Zeichnen eines Vierecks mit seinen Diagonalen im Spiegel.) Wenn wir uns aber so die Möglichkeit denken können, daß wir unsern sichtbaren Körper nur als Bild in einem Spiegel kennten, so ist es nun auch denkbar, daß dieser Spiegel wegfiele und wir ihn nicht anders sähen, als irgend einen andern menschlichen Körper. – Wodurch wäre er dann aber als mein Körper charakterisiert? Nun, nur dadurch, daß ich z.B. die Berührung dieses Körpers fühlen würde, nicht aber die eines andern, etc.. So ist es auch nicht mehr wesentlich, daß der Mund unterhalb des sehenden Auges meine Worte spricht. (Und das ist von großer Wichtigkeit.) Auch wenn ich meinen Körper sehe, wie ich ihn jetzt sehe, d.h. von seinen Augen aus, ist es denkbar, daß ich mit Andern den Körper tausche. Die Erfahrung bestünde einfach in dem, was man als eine sprunghafte Änderung meines Körpers und seiner Umgebung beschreiben würde. Ich würde einmal die Körper A, B, C, D von E aus, und E von den Augen dieses Körpers sehen, und plötzlich etwa C, D, E, A von B aus und B aus dessen Augen; etc.. Noch einfacher aber wird die Sache, wenn ich alle Körper – meinen, sowie die fremden – überhaupt nicht aus Augen sehe, und sie also, was ihre visuelle Erscheinung betrifft, alle auf gleicher Stufe stehen. Dann ist es klar, was es heißt, daß ich im Zahn des Andern Schmerzen haben kann; – wenn ich dann überhaupt noch bei der Bezeichnung bleiben will, die einen Körper „meinen" nennt und also einen anderen den „eines Andern". Denn es ist nun vielleicht praktischer, die Körper einfach/nur/ mit Eigennamen zu bezeichnen. – Es gibt also jetzt eine Erfahrung: die, der Schmerzen in einem Zahn eines der existierenden menschlichen Körper; das ist nicht die, die ich in der gewöhnlichen Ausdrucksweise mit den Worten „A hat Zahnschmerzen" beschriebe, sondern mit den Worten „ich habe in einem Zahn des A Schmerzen". Und es gibt die andere Erfahrung: einen Körper, sei es meiner oder ein andrer, sich winden zu sehen. Denn, vergessen wir nicht: Die Schmerzen haben zwar einen Ort im Raum, sofern man z.B. sagen kann, sie wandern, oder seien an zwei Orten zugleich, etc.: aber ihr Raum ist nicht der visuelle oder physikalische. – Und nun haben wir zwar eine neue Ausdrucksweise, sie ist aber nicht mehr asymmetrisch. Sie bevorzugt nicht einen Körper, einen Menschen zum Nachteil des andern, ist also nicht solipsistisch. – So ist alles/alle Erfahrung/ ohne Ansehen der Person verteilt. Aber wir teilen anders. Es werden die Dinge in unsrer Betrachtungsweise anders zusammengefaßt. Wie wenn man einmal die Zeit zum Raum rechnet und einmal nicht, oder wie wenn man einen Wald als Holzblock mit Löchern ansähe. Oder die Bahn des Mondes um die Sonne einmal als Kreisbahn um die Erde, die sich verschiebt, – ein andermal als Wellenlinie, die um die Sonne läuft. (Wäre die Erde etwa nicht sichtbar, so könnte es eine merkwürdige neue Betrachtungsweise sein, die Wellenbewegung des Mondes um die Sonne als Kreisbahn um einen kreisenden Körper/um ein kreisendes Zentrum/ aufzufassen.) Man könnte auf diese Weise gewisse Vorurteile zerstören, die auf die besondere uns geläufige Betrachtungsart aufgebaut wären. – Sehr klar wird der Charakter der anderen Betrachtungsweise, wenn man an die analoge Verschiebung/Veränderung/ der Grenzen durch die Einführung des Begriffs der Gedächtniszeit denkt. Es ist ganz ähnlich der veränderten Betrachtung der Mondbewegung. Eine Grenze, die früher mit anderen in der Zeichnung zusammenlief, wird plötzlich stark ausgezogen und hervorgehoben. – –

105

GEDÄCHTNISZEIT.

2.146.2.1 1 „Ist die Zeit, in der die Erlebnisse des Gesichtsraums vor sich gehen, ohne Tonerlebnisse denkbar? Es scheint, ja. Und doch, wie seltsam, daß etwas eine Form sollte haben können, die auch ohne eben diesen Inhalt denkbar wäre. Oder lernt der, dem das Gehör geschenkt würde, damit auch eine neue Zeit kennen?"

2.146.2.2   Die hergebrachten Fragen taugen zur logischen Untersuchung der Phänomene nicht. Diese schaffen sich ihre eigenen Fragen, oder vielmehr, geben ihre eigenen Antworten.
     Die Zeit ist ja nicht ein Zeitraum, sondern eine Ordnung.

2.148.1.1 2 Denn „die Zeit" hat eine andere Bedeutung, wenn wir das Gedächtnis als die Quelle der Zeit auffassen und wenn wir es als ein aufbewahrtes Bild des vergangenen Ereignisses auffassen.

2.148.1.2   Wenn wir das Gedächtnis als ein Bild auffassen, dann ist es ein Bild eines physikalischen Ereignisses. Das Bild verblaßt und ich merke sein Verblassen, wenn ich es mit andern Zeugnissen des Vergangenen vergleiche. Hier ist das Gedächtnis nicht die Quelle der Zeit, sondern mehr oder weniger gute Aufbewahrerin dessen, was „wirklich" gewesen ist, und dieses war eben etwas, wovon wir auch andere Kunde haben können, ein physikalisches Ereignis. – Ganz anders ist es, wenn wir nun das Gedächtnis als Quelle der Zeit betrachten. Es ist hier kein Bild und kann auch nicht verblassen – in dem Sinne, wie ein Bild verblaßt, so daß es seinen Gegenstand immer weniger getreu darstellt. Beide Ausdrucksweisen sind in Ordnung und gleichberechtigt, aber nicht miteinander vermischbar. Es ist ja klar, daß die Ausdrucksweise vom Gedächtnis als einem Bild, nur ein Bild ist; genau so, wie die Ausdrucksweise, die die Vorstellungen „Bilder der Gegenstände in unserem Geiste" (oder dergleichen) nennt. Was ein Bild ist, das wissen wir, aber die Vorstellungen sind doch gar keine Bilder, denn sonst kann ich das Bild sehen und den Gegenstand, dessen Bild es ist, aber hier ist es offenbar ganz anders. Wir haben eben ein Gleichnis gebraucht und nun tyrannisiert uns das Gleichnis. In der Sprache dieses Gleichnisses kann ich mich nicht außerhalb des Gleichnisses bewegen. Es muß zu Unsinn führen, wenn man mit der Sprache dieses Gleichnisses über das Gedächtnis als Quelle unserer Erkenntnis, als Verifikation unserer Sätze, reden will. Man kann von gegenwärtigen, vergangenen und zukünftigen Ereignissen in der physikalischen Welt reden, aber nicht von gegenwärtigen, vergangenen und zukünftigen Vorstellungen, wenn man als Vorstellung nicht doch wieder eine Art physikalischen Gegenstand (etwa jetzt ein physikalisches Bild, statt des Körpers) bezeichnet; sondern gerade eben das Gegenwärtige. Man kann also den Zeitbegriff, d.h. die Regeln der Syntax, wie sie von den physikalischen Substantiven gelten, nicht in der Welt der Vorstellung anwenden, d.h. nicht dort, wo man sich einer radikal anderen Ausdrucksweise bedient.

3.197.12.1	1	Kann ich sagen, das Drama hat seine eigene Zeit, die nicht ein Abschnitt der historischen Zeit ist. D.h., ich kann in ihm von früher und später reden, aber die Frage hat keinen Sinn, ob die Ereignisse, etwa, vor oder nach Cäsars Tod geschehen sind.	519

3.182.6.1 2 Das Gleichnis vom Fluß/Fließen/ der Zeit ist natürlich irreführend und muß uns, wenn wir daran festhalten, in Verlegenheiten führen/landen/.

4.219.2.1 3 Was Eddington über ‚die Richtung der Zeit' und den Entropiesatz sagt, läuft darauf hinaus, daß die Zeit ihre Richtung umkehren würde, wenn die Menschen eines Tages anfingen rückwärts zu gehen. Wenn man will, kann man das freilich so nennen; man muß dann nur darüber klar sein, daß man damit nichts anderes sagt, als daß die Menschen ihre Gehrichtung geändert haben.

4.231.2.1 4 Die meisten Rätsel, die uns das Wesen der Zeit aufzugeben scheint, kann man durch die Betrachtung einer Analogie verstehen, die in einer oder der andern Form den verschiedenen falschen Auffassungen zu Grunde liegt: Es ist der Vorgang, im Projektionsapparat, durch welchen der Film läuft einerseits, und auf der Leinwand anderseits.

4.231.2.2 Wenn man sagt, die Zukunft sei bereits präformiert, so heißt das offenbar: die Bilder des Filmstreifens, welche den zukünftigen Vorgängen auf der Leinwand entsprechen, sind bereits vorhanden. Aber für das, was ich in einer Stunde tun werde, gibt es ja keine solchen Bilder, und wenn es sie gibt, so dürfen wir wieder nicht die Bilder auf dem Zukunftsteil des Filmstreifens mit den zukünftigen Ereignissen auf der Leinwand verwechseln. Nur von jenen können wir sagen, daß sie präformiert sind, d.h. jetzt schon existieren. Und bedenken wir, daß der Zusammenhang der Ereignisse auf der Leinwand mit dem, was die Filmbilder zeigen ein empirischer ist; wir können aus ihnen kein Ereignis auf der Leinwand prophezeien, sondern nur hypothetisch vorhersagen. Auch – und hier liegt eine andere Quelle des Mißverständnisses – können wir nicht sagen „es ist jetzt der Fall, daß dieses Ereignis in einer Stunde eintreten wird" oder „es ist um 5 Uhr der Fall, daß ich um 7 Uhr spazierengehen werde".

4.234.2.1	1	»Wenn die Erinnerung kein Sehen in die Vergangenheit ist, wie wissen wir dann überhaupt, daß sie mit Beziehung auf die Vergangenheit zu deuten ist? Wir könnten uns dann einer Begebenheit erinnern und zweifeln, ob wir in unserm Erinnerungsbild ein Bild der Vergangenheit oder der Zukunft haben.
4.234.2.2		Ich kann natürlich sagen: ich sehe nicht die Vergangenheit, sondern nur ein Bild der Vergangenheit. Aber woher weiß ich, daß es ein Bild der Vergangenheit ist, wenn dies nicht im Wesen des Erinnerungsbildes liegt. Haben wir etwa durch die Erfahrung gelernt, diese Bilder als Bilder der Vergangenheit zu deuten? Aber was hieße hier überhaupt „Vergangenheit"?«
4.234.2.2		Die Daten unseres Gedächtnisses sind geordnet; diese Ordnung nennen wir Gedächtniszeit, im Gegensatz zur physikalischen Zeit, der Ordnung der Ereignisse in der physikalischen Welt. Gegen den Ausdruck „Sehen in die Vergangenheit" sträubt sich unser Gefühl mit Recht; denn es ?gibt uns ein Bild davon?/denn es ruft das Bild hervor/, daß Einer einen Vorgang in der physikalischen Welt sieht, der jetzt gar nicht geschieht, sondern schon vorüber ist. Und die Vorgänge, welche wir „Vorgänge in der physikalischen Welt", und die, welche wir „Vorgänge in unserer Erinnerung" nennen, sind einander wirklich nur zugeordnet. Denn wir reden von einem Fehlerinnern und das Gedächtnis ist nur eines von den Kriterien dafür, daß etwas in der physikalischen Welt geschehen ist.
4.234.3.1	2	Die Erinnerungszeit unterscheidet sich unter anderem dadurch von der physikalischen, daß sie ein Halbstrahl ist, dessen Endpunkt /Anfangspunkt/ die Gegenwart ist. Der Unterschied zwischen Erinnerungszeit und physikalischer Zeit ist natürlich ein logischer. D.h.: die beiden Ordnungen könnten sehr wohl mit ganz verschiedenen Namen bezeichnet werden und man nennt sie nur beide „Zeit", weil eine gewisse grammatische Verwandtschaft besteht, ganz wie zwischen Kardinal- und Rationalzahlen; Gesichtsraum, Tastraum und physikalischem Raum; Farbtönen und Klangfarben, etc., etc..
5.136.4.1	3	Gedächtniszeit. Sie ist (wie der Gesichtsraum) nicht ein Teil der großen Zeit, sondern die spezifische Ordnung der Ereignisse oder Situationen im Gedächtnis/in der Erinnerung/. In dieser Zeit gibt es z.B. keine Zukunft. Gesichtsraum und physikalischer Raum, Gedächtniszeit und physikalische Zeit, verhalten sich zueinander nicht wie ein Stück der Kardinalzahlenreihe zum Gesetz dieser Reihe („der/zur/ ganzen Zahlenreihe"), sondern, wie das System der Kardinalzahlen zu dem, der rationalen Zahlen. Und dieses Verhältnis erklärt auch den Sinn der Meinung, daß der eine Raum den andern einschließt, enthält.
5.156.6.1	4	Messung des Raumes und des räumlichen Gegenstandes. Das Seltsame am leeren Raum und an der leeren Zeit. Die Zeit (und der Raum) ein ätherischer Stoff. Von Substantiven verleitet, glauben wir an eine Substanz/.... verleitet, nehmen wir eine Substanz an/. Ja?, wenn wir der Sprache die Zügel überlassen und nicht dem Leben, dann entstehen die philosophischen Probleme.
5.156.6.2		„Was ist die Zeit?" – schon in der Frage liegt der Irrtum: als wäre die Frage: woraus, aus welchem Stoff, ist die Zeit gemacht. Wie man etwa fragt, woraus ist dieses feine Kleid gemacht.

5.157.2.1 1 Die alles gleichmachende Gewalt der Sprache, die sich am krassesten im Wörterbuch zeigt, und die es möglich macht, daß die Zeit personifiziert werden konnte; was nicht weniger merkwürdig ist, als es wäre, wenn wir Gottheiten der logischen Konstanten hätten.

5

„Hier" und „Jetzt".

4.8.1.1	1	In gewissem Sinne ist die Bedeutung der Wörter „hier", „jetzt" (etc.) die einzige, die ich nicht von vornherein festlegen kann. Aber das ist natürlich irreführend ausgedrückt: Die Bedeutung ist festzulegen und festgelegt, wenn die Regeln bezüglich dieser Worte festgelegt sind, und das kann geschehen, ehe sie in einem bestimmten Fall angewandt werden; denn wozu auch sonst ein Wort in verschiedenen Fällen gebrauchen.
4.8.2.1	2	Die Wörter „hier", „jetzt", etc. bezeichnen den Ursprung /Anfangspunkt/ eines Koordinatensystems: Wie der Buchstabe „O", aber sie beschreiben nicht seine Lage gegenüber den? Gegenständen im Raum./.... sie stehen nicht für Beschreibungen der Lage des Punktes O im Verhältnis zu räumlichen Gegenständen. Sie stehen nicht für die Beschreibung einer räumlichen Situation./
4.16.4.1	3	Unterschied zwischen Sage und Märchen, Märchen (und andere Dichtungen) vom Jetzt und Hier abgeschnitten.
4.16.5.1	4	Es ist aber ein wichtiger Satz in der Grammatik des Wortes „hier", daß es keinen Sinn hat, „hier" zu schreiben, wo eine Ortsangabe stehen soll; daß ich also auf einem Gegenstand kein Täfelchen befestigen soll, mit der Aufschrift „Dieser Gegenstand ist immer nur hier zu benützen".
4.16.7.1	5	Ich kann natürlich in Bezug auf die Wörter „jetzt" und „hier" etc. nur tun, was ich sonst tue, nämlich ihren Gebrauch beschreiben. Und/Aber/ diese Beschreibung muß allgemein sein, d.h. im Vorhinein, vor jedem Gebrauch.
4.15.8.1	6	Hier und Jetzt sind geometrische Begriffe, wie etwa der Mittelpunkt meines Gesichtsfeldes.
4.16.1.1	7	Hier und Jetzt haben nicht eine größere Multiplizität, als sie zu haben scheinen. Das anzunehmen ist die große Gefahr. Ersetze sie, durch welchen Ausdruck Du willst, immer ist es nur ein Wort – und daher eins so gut wie das andere.
4.55.7.1	8	Das, was „particular" ist, ist das Ereignis. Das Ereignis, das durch die Worte beschrieben wird, „heute hat es geregnet" und am nächsten Tag durch „gestern hat es geregnet".
4.54.11.1	9	Was ist denn die „gegenwärtige Situation"? Nun, daß das und das der Fall ist. Nicht: „daß das und das jetzt der Fall ist".

4.55.1.1	1	„Jetzt" ist ein Wort. Wozu brauche ich dieses Wort? ‚Jetzt' – im Gegensatz wozu? – Im Gegensatz zu ‚in einer Stunde', ‚vor 5 Minuten', etc. etc.
4.55.1.2		„Jetzt" bezeichnet kein System, sondern gehört zu einem System. Es wirkt nicht magisch; wie auch sonst kein Wort.

4.55.3.1 2 Wenn die Sprache sich mit dem Gelde vergleichen läßt, an dem an und für sich nichts liegt, sondern das nur indirekt von Bedeutung ist, weil man damit/mit ihm/ Gegenstände kaufen kann, die für uns Bedeutung haben; so kann man sagen/so möchte man vielleicht sagen/, daß hier beim Gebrauch der Wörter „ich", „hier", „jetzt" etc. der Tauschhandel in den Geldhandel eintritt. (?)

3.73.1.1 3 Wenn ich sage „ich gehe jetzt dorthin", so kommt in dem Symbol manches vor, was in dem Zeichen allein nicht liegt. Der Satz, wenn ich ihn etwa von unbekannter Hand geschrieben, irgendwo vorfinde, sagt gar nichts; das Wort „ich", das Wort „jetzt" und „dorthin" sind allein ohne die Gegenwart der sprechenden Person, der gegenwärtigen Situation und der im Raum gezeigten Richtung bedeutungslos.

3.73.2.1 4 „Jetzt", „früher", „hier", „dort", „ich", „du", „dieses", sind solche Wörter zur Anknüpfung an die Wirklichkeit.
3.73.3.1   „Aber die Wirklichkeit, die solcherart zum Symbol gehört, fällt unter die Herrschaft der Grammatik".

3.73.6.1 5 Nun könnte man fragen: Gehört die Windrose noch zum Plan? Oder vielmehr: gehört die Regel, nach der die Windrose angewandt wird, noch zum Plan? Und es ist klar, daß ich diese Regel durch eine andere Orientierungsregel ersetzen kann, in der von der Windrose nicht die Rede ist, sondern statt dessen etwa von einem Weg auf dem Plan und was ihm in der Gegend entspricht.

3.74.7.1 6 Wenn (in einem Satz „ich will, daß Du dorthin gehst") der Sprechende, der Angesprochene und der Pfeil der die Richtung weist, zum Symbolismus gehören, so spielen sie in ihm jedenfalls eine ganz andere Rolle, als die Wörter.

3.74.8.1 7 Wenn aber die Grammatik den ganzen Symbolismus umfassen soll, wie zeigt sich in ihr die Ergänzungsbedürftigkeit der Wörter „ich", „du", „dieses", etc. durch Gegenstände der Realität?

3.75.1.1 8 Denn, daß jener Satz ohne eine solche Ergänzung nichts sagt, muß die Grammatik sagen. Wenn sie das vollständige Geschäftsbuch der Sprache sein soll (wie ich es meine).

3.66.1.1 9 Ich will immer zeigen, daß alles was in/an/ der Logik „business" ist, in der Grammatik gesagt werden muß.
3.66.2.1   Wie etwa der Fortgang eines Geschäftes aus den Geschäftsbüchern ?muß vollständig herausgelesen werden können?. So daß man, auf die Geschäftsbücher deutend, muß sagen können: Hier! hier muß sich alles zeigen; und was sich hier nicht zeigt, gilt nicht. Denn am Ende muß sich hier alles Wesentliche abspielen.
3.66.3.1   Alles wirklich Geschäftliche – heißt das – muß sich in der Grammatik abwickeln.

3.75.5.1	1	Wie erklärt die Grammatik das Wort „jetzt"? Doch wohl durch die Regeln, die sie für seinen Gebrauch angibt. Das Gleiche für das Wort „ich".
3.76.4.1	2	Ich könnte mir denken, daß Einer, um das Wort „jetzt" zu erklären, auf den gegenwärtigen Stand der Zeiger einer Uhr zeigt/gegenwärtigen Zeigerstand einer Uhr zeigt/. Sowie er zur Erklärung des Ausdrucks „in fünf Minuten" auf die Ziffer der Uhr zeigen kann, wo der Zeiger sich in fünf Minuten befinden wird.
3.76.4.1		Es ist klar, daß dadurch nur die Uhr in unsere Zeichensprache einbezogen wird.
3.76.5.1	3	Das Wort „jetzt" wirkt gleichsam als Schlag eines Zeitmessers. Es gibt durch sein Ertönen eine Zeit an. Man kann es ja auch wirklich durch ein anderes Zeitzeichen ersetzen. Wenn man z.B. sagt: tu das, wenn ich in die Hände klatsche. Das Klatschen ist dann ein Zeitzeichen, wie der Pfeil ein Richtungszeichen ist, wenn ich sage „gehe dort ⟶ hin".
3.77.1.1	4	Wenn mir z.B. die Rede, die ein Anderer gestern gesprochen hat, mitgeteilt wird: „es geschieht heute das und das", so muß ich verstehen, daß der Satz, wenn ich ihn höre, nicht so verifiziert werden kann, wie er zu verifizieren war, als er ursprünglich ausgesprochen wurde. Die Grammatik sagt mir: wenn ich gestern sagte „heute geschieht es", so heißt das soviel, wie wenn ich heute sage „gestern ist es geschehen".
3.78.1.1	5	Wenn man nun sagt „dieser Mensch heißt N", so muß uns die Grammatik sagen, daß diese Wortfolge keinen Sinn hat, wenn sie nicht durch ein Hinweisen ergänzt wird.

527

Farbe, Erfahrung, etc. als formale Begriffe.

3.11.2.1   1   Man überlege: welchen Grund hat man, ein neues Phänomen Farbe zu nennen, wenn es sich nicht in unser bisheriges Farbenschema einfügt.

3.259.1.1   2   Erfahrung ist nicht etwas, das man durch Bestimmungen von einem Andren abgrenzen kann, was nicht Erfahrung ist; sondern eine logische Form.

4.44.6.1   3   Die Erfahrung (Der Begriff der Erfahrung) scheint (uns)? von völligem Dunkel begrenzt.

4.44.6.2   Aber auch Schwarz ist/wäre/ eine Farbe, und wenn eine Farbe gegen Schwarz abgegrenzt ist, so durch eine Farbgrenze, wie jede andre.

3.325.2.1   4   Unmittelbare Erfahrung (Sinnes-Datum) ist entweder ein Begriff von trivialer Abgrenzung oder eine Form.

Grundlagen der Mathematik.

108

Die Mathematik mit einem Spiel verglichen.

4.103.3.1	1	Was spricht man der Mathematik ab, wenn man sagt, sie sei nur ein Spiel (oder: sie sei ein Spiel)?
4.103.4.1	2	Ein Spiel, im Gegensatz wozu? – Was spricht man ihr zu, wenn man sagt, ihre Sätze hätten Sinn?/Was spricht man ihr zu, wenn man sagt (sie sei kein Spiel), ihre Sätze hätten Sinn?/
4.103.5.1	3	Der Sinn außerhalb des Satzes.
4.103.6.1		Und was geht uns der an? Wo zeigt er sich und was können wir mit ihm anfangen? (Auf die Frage „was ist der Sinn dieses Satzes?" antwortet ein Satz./kommt ein Satz zur Antwort./
4.103.7.1		(„Aber der mathematische Satz drückt doch? einen Gedanken aus". – Welchen Gedanken? –)
4.103.8.1	4	Kann er durch einen anderen Satz ausgedrückt werden? oder nur durch diesen Satz? – Oder überhaupt nicht? In diesem Falle geht er uns nichts an.
4.103.9.1	5	Will man bloß die mathematischen Sätze von andern Gebilden, den Hypothesen, etc. etwa? unterscheiden? Daran tut man recht, und daß dieser Unterschied besteht, unterliegt ja keinem Zweifel.
4.103.10.1	6	Will man sagen, die Mathematik werde gespielt, wie das Schach, oder eine Patience und es gebe dabei ein Gewinnen oder Ausgehen/und es laufe dabei auf ein Gewinnen oder Ausgehen hinaus,/ so ist das offenbar unrichtig.
4.104.1.1	7	Sagt man, daß die seelischen Vorgänge, die den Gebrauch der mathematischen Symbole begleiten, andere sind, als die, die das Schachspielen begleiten/Schachspiel begleiten/, so weiß ich darüber nichts zu sagen.
4.104.2.1	8	Es gibt auch beim Schach einige Konfigurationen, die unmöglich sind, obwohl jeder Stein in einer ihm erlaubten Stellung steht. (Z.B. wenn/(Wenn z.B./ die Anfangsstellung der Bauern intakt ist und ein Läufer schon auf dem Feld.) Aber man könnte sich ein Spiel denken, in welchem/worin/ die Anzahl der Züge vom Anfang der Partie notiert würde, und dann gäbe es den Fall, daß nach n Zügen diese Konfiguration nicht eintreten könnte und man es der Konfiguration doch nicht ohneweiters ansehen kann, ob sie als n^{te} möglich ist, oder nicht.
4.104.3.1	9	Die Handlungen im Spiel müssen den Handlungen im Rechnen entsprechen. (Ich meine: darin muß die Entsprechung bestehen, oder, so müssen die beiden einander zugeordnet sein.)

3.152.5.1	1	Handelt die Mathematik von Zeichen/Schriftzeichen/? Ebensowenig, wie das Schachspiel von Holzfiguren handelt.	
3.152.6.1		Wenn wir von dem Sinn mathematischer Sätze reden, oder, wovon sie handeln, so gebrauchen wir ein falsches Bild. Es ist nämlich hier auch so, als ob unwesentliche, willkürliche, Zeichen das Wesentliche – eben den Sinn – miteinander gemein hätten/gemeinsam haben/.	
3.153.1.1	2	Weil die Mathematik ein Kalkül ist und daher wesentlich von nichts handelt, gibt es keine Metamathematik.	532
4.114.6.1 4.114.6.2	3	Wie verhält sich die Schachaufgabe (das Schachproblem) zur Schachpartie? – Denn, daß die Schachaufgabe der Rechenaufgabe entspricht, eine Rechenaufgabe ist, ist klar.	

3.152.5.1   1   Handelt die Mathematik von Zeichen/Schriftzeichen/? Ebensowenig, wie das Schachspiel von Holzfiguren handelt.

3.152.6.1   Wenn wir von dem Sinn mathematischer Sätze reden, oder, wovon sie handeln, so gebrauchen wir ein falsches Bild. Es ist nämlich hier auch so, als ob unwesentliche, willkürliche, Zeichen das Wesentliche – eben den Sinn – miteinander gemein hätten/gemeinsam haben/.

3.153.1.1   2   Weil die Mathematik ein Kalkül ist und daher wesentlich von nichts handelt, gibt es keine Metamathematik.

4.114.6.1
4.114.6.2   3   Wie verhält sich die Schachaufgabe (das Schachproblem) zur Schachpartie? – Denn, daß die Schachaufgabe der Rechenaufgabe entspricht, eine Rechenaufgabe ist, ist klar.

4.114.7.1   4   Ein arithmetisches Spiel wäre z.B. folgendes: Wir schreiben auf gut Glück eine vierstellige Zahl hin, etwa 7368; dieser Zahl soll man sich dadurch nähern, daß man die Zahlen 7, 3, 6 und 8 in irgendeiner Reihenfolge miteinander multipliziert. Die Spielteilnehmer rechnen mit Bleistift auf Papier, und wer in der geringsten Anzahl von Operationen der Zahl 7368 am nächsten kommt, hat gewonnen. (Übrigens lassen sich eine Menge der mathematischen Rätselfragen zu solchen Spielen umformen.)

4.114.8.1   5   Angenommen, einem Menschen wäre Arithmetik nur zum Gebrauch in einem arithmetischen Spiel gelehrt worden. Hätte er etwas anderes gelernt als der, welcher Arithmetik zum normalen/gewöhnlichen/ Gebrauch lernt? Und wenn er nun im Spiel 21 mit 8 multipliziert und 168 erhält, tut er etwas Andres, als der, welcher herausfinden wollte, wieviel 21×8 ist?

4.115.1.1   6   Man wird sagen: Der Eine wollte doch eine Wahrheit finden, während der Andre nichts dergleichen wollte.

4.115.2.1   7   Nun könnte man diesen Fall etwa mit dem des Tennisspiels vergleichen wollen, in welchem der Spieler eine bestimmte Bewegung macht, der Ball darauf in bestimmter Weise fliegt und man diesen Schlag nun als Experiment auffassen kann, durch welches man eine bestimmte Wahrheit erfahren hat, oder aber auch als eine Spielhandlung, mit dem alleinigen Zweck, das Spiel zu gewinnen.

4.115.3.1   Dieser Vergleich würde aber nicht stimmen, denn wir sehen im Schachzug kein Experiment (was wir übrigens **auch** könnten), sondern eine Handlung einer Rechnung.

4.115.4.1   8   Es könnte Einer vielleicht sagen: In dem arithmetischen Spiel werden wir zwar multiplizieren $\frac{21 \times 8}{168}$, aber die Gleichung $21 \times 8 = 168$ wird nicht im Spiel vorkommen. Aber ist das nicht ein äußerlicher Unterschied? und warum sollen wir nicht auch so multiplizieren (und gewiß dividieren), daß die Gleichung als solche angeschrieben wird?

4.115.5.1	1	Also kann man nur einwenden, daß in dem Spiel die Gleichung kein Satz ist. Aber was heißt das? Wodurch wird sie dann zu einem Satz? Was muß noch dazu kommen, damit sie ein Satz wird? – Handelt es sich nicht um die Anwendung/Verwendung/ der Gleichung (oder der Multiplikation)? – Und Mathematik ist es wohl dann, wenn es zum Übergang von einem Satz zu einem andern verwendet wird. Und so wäre das unterscheidende Merkmal zwischen Mathematik und Spiel mit dem Begriff des Satzes (nicht ‚mathematischen Satzes') gekuppelt, und verliert damit für uns seine Aktualität.	
4.115.6.1	2	Man könnte aber sagen, daß der eigentliche Unterschied darin bestehe, daß für Bejahung und Verneinung im Spiel kein Platz sei. Es wird da z.B. multipliziert und $21 \times 8 = 148$ wäre ein falscher Zug, aber „$\sim(21 \times 8 = 148)$", welches ein richtiger arithmetischer Satz ist, hätte in unserm Spiel nichts zu suchen.	534
4.115.7.1	3	(Da mag man sich daran erinnern, daß in der Volksschule nie mit Ungleichungen gearbeitet wird, vom Kind nur die richtige Ausführung der Multiplikation verlangt wird und nie – oder höchst selten – die Konstatierung einer Ungleichung.)	
4.116.1.1	4	Wenn ich in unserm Spiel 21×8 ausrechne, und wenn ich es tue, um damit eine praktische Aufgabe zu lösen, so ist jedenfalls die Handlung der Rechnung in beiden Fällen die gleiche (und auch für Ungleichungen könnte in einem Spiele Platz geschaffen werden). Dagegen ist mein übriges Verhalten zu der Rechnung jedenfalls in den zwei Fällen verschieden.	
4.116.1.2		Die Frage ist nun: kann man von dem Menschen, der im Spiel die Stellung „$21 \times 8 = 168$" erhalten hat, sagen, er habe herausgefunden, daß 21×8 168 sei? Und was fehlt ihm dazu? Ich glaube, es fehlt nichts, es sei denn eine Anwendung der Rechnung.	
4.116.2.1	5	Die Arithmetik ein Spiel zu nennen, ist ebenso falsch, wie das Schieben von Schachfiguren (den Schachregeln gemäß) ein Spiel zu nennen; denn es kann auch eine Rechnung sein.	
4.116.3.1	6	Man müßte also sagen: Nein, das Wort „Arithmetik" ist nicht der Name eines Spiels. (Das ist natürlich wieder eine Trivialität.) – Aber die Bedeutung des Wortes „Arithmetik" kann erklärt werden durch die Beziehung der Arithmetik zu einem arithmetischen Spiel, oder auch durch die Beziehung der Schachaufgabe zum Schachspiel.	535
4.116.3.2		Dabei aber ist es wesentlich, zu erkennen, daß dieses Verhältnis nicht das ist, einer Tennisaufgabe zum Tennisspiel.	
4.116.3.3		Mit „Tennisaufgabe" meine ich etwa die Aufgabe, einen Ball unter gegebenen Umständen in bestimmter Richtung zurückzuwerfen. (Klarer wäre der Fall, vielleicht?, einer Billardaufgabe.) Die Billardaufgabe ist keine mathematische Aufgabe (obwohl zu ihrer Lösung Mathematik angewendet werden kann). Die Billardaufgabe ist eine physikalische Aufgabe und daher „Aufgabe" im Sinne der Physik; die Schachaufgabe ist eine mathematische Aufgabe und daher „Aufgabe" in einem andern (im mathematischen) Sinn.	

4.116.4.1	1	In dem Kampf zwischen dem „Formalismus" und der „inhaltlichen Mathematik", – was behauptet denn jeder Teil? Dieser Streit ist so ähnlich dem, zwischen Realismus und Idealismus! Darin z.B./Auch darin/, daß er bald obsolet (geworden)? sein wird und daß beide Parteien, entgegen ihrer täglichen? Praxis, Ungerechtigkeiten? behaupten?.
4.116.5.1	2	Die Arithmetik ist kein Spiel, niemandem wäre es eingefallen, unter den Spielen der Menschen die Arithmetik zu nennen.
4.117.1.1	3	Worin besteht denn das Gewinnen und Verlieren in einem Spiel (oder das Ausgehen der Patience)? Natürlich nicht in der Konfiguration /Situation des Spiels/, die das Gewinnen – z.B. – hervorbringt. Wer gewinnt, muß durch eine eigene/besondere/ Regel festgestellt werden. („Dame" und „Schlagdame" sind nur durch diese Regel unterschieden.)
4.117.2.1	4	Konstatiert nun die Regel etwas, die sagt, „wer zuerst seine Steine im Feld des Andern hat, hat gewonnen"? Wie ließe sich das verifizieren? Wie weiß ich, ob Einer gewonnen hat? Etwa daraus, daß er sich freut?
4.117.3.1		Diese Regel sagt doch wohl: Du mußt versuchen, Deine Steine so rasch als möglich etc..
4.117.4.1		Die Regel in dieser Form bringt das Spiel schon mit dem Leben in Zusammenhang. Und man könnte sich denken, daß in einer Volksschule, in der das Schachspielen ein obligater Gegenstand/ein Lehrgegenstand/ wäre, die Reaktion des Lehrers auf das schlechte Spiel eines Schülers dieselbe/genau dieselbe/ wäre, wie die auf eine falsch gerechnete Rechenaufgabe.
4.117.5.1	5	Ich möchte beinahe sagen: Im Spiel gibt es (zwar) kein „wahr" und „falsch", dafür gibt es aber in der Arithmetik kein „Gewinnen" und „Verlieren".
4.117.6.1	6	Ich sagte einmal, es wäre denkbar, daß Kriege auf einer Art großem Schachbrett nach den Regeln des Schachspiels ausgefochten würden. Aber: Wenn es wirklich bloß nach den Regeln des Schachspiels ginge, dann brauchte man eben kein Schlachtfeld für diesen Krieg, sondern er könnte auf einem gewöhnlichen Brett gespielt werden. Und dann wäre es (eben)? im gewöhnlichen/normalen/ Sinne kein Krieg. Aber man könnte sich ja auch eine Schlacht von den Regeln des Schachspiels geleitet denken. Etwa so, daß der „Läufer" mit der „Dame" nur kämpfen dürfte, wenn seine Stellung zu ihr es ihm im Schachspiel erlaubte, sie zu „nehmen".
4.118.3.1	7	Könnte man sich eine Schachpartie gespielt denken, d.h., sämtliche Spielhandlungen ausgeführt denken, aber in einer andern Umgebung, so daß dieser Vorgang nun nicht die Partie eines Spiels genannt würde/genannt werden könnte/?
4.118.4.1		Gewiß, es könnte sich ja um eine Aufgabe handeln, die die Beiden miteinander lösen. (Und einen Fall für die Nützlichkeit einer solchen Aufgabe kann man sich ja nach dem Oberen leicht konstruieren.)

4.118.5.1	1	Die Regel über das Gewinnen und Verlieren unterscheidet eigentlich nur zwei Pole. Welche Bewandtnis es (dann)? mit dem hat, der gewinnt (oder verliert), geht sie eigentlich nichts an. Ob z.B. der Verlierende dann etwas zu zahlen hat.
4.118.5.2		(Und ähnlich, kommt es uns ja vor, verhält es sich mit dem „richtig" und „falsch" im Rechnen.)

4.119.3.1 2 In der Logik geschieht immer wieder, was in dem Streit über das Wesen der Definition geschehen ist. Wenn man sagt, die Definition habe es nur mit Zeichen zu tun und ersetze bloß ein kompliziertes Zeichen durch ein einfacheres/ein Zeichen durch ein anderes/, so wehren sich die Menschen dagegen und sagen, die Definition leiste nicht n u r das, oder es gebe eben verschiedene Arten von Definitionen/der Definition/ und die interessante und wichtige sei nicht die (reine) „Verbaldefinition".

4.119.3.2 Sie glauben nämlich, man nehme der Definition ihre Bedeutung, Wichtigkeit, wenn man sie als bloße Ersetzungsregel, die von Zeichen handelt, hinstellt. Während die B e d e u t u n g der Definition in ihrer Anwendung liegt, quasi in ihrer Lebenswichtigkeit. Und eben das geht (heute) in dem Streit zwischen Formalismus, Intuitionismus, etc. vor sich. Es ist den Leuten? unmöglich, die Wichtigkeit einer Sache/Handlung /Tatsache/, ihre Konsequenzen, ihre Anwendung, von ihr selbst zu unterscheiden; die Beschreibung einer Sache von der Beschreibung ihrer Wichtigkeit.

4.119.4.1 3 Immer wieder hören wir (so)?, daß der Mathematiker mit dem Instinkt arbeitet (oder etwa, daß er nicht mechanisch nach der Art eines Schachspielers vorgehe), aber wir erfahren nicht, was das mit dem Wesen der Mathematik zu tun haben soll. Und wenn ein solches psychisches Phänomen in der Mathematik eine Rolle spielt, wie weit wir überhaupt exakt über die Mathematik reden können, und wie weit nur mit der Art der Unbestimmtheit, mit der wir über Instinkte, etc. reden müssen.

4.120.1.1 4 Immer wieder möchte ich sagen: I c h kontrolliere die Geschäftsb̶ü̶c̶h̶e̶r̶ der Mathematiker; die seelischen Vorgänge in den Inhabern?, so wichtig sie sind, kümmern mich nicht./.... die seelischen Vorgänge, Freuden, Depressionen, Instinkte, der Geschäftsleute?, so wichtig sie in andrer Beziehung sind, kümmern mich nicht./

Es gibt keine Metamathematik.

3.153.5.1	1	Kein Kalkül kann ein philosophisches Problem entscheiden.
3.153.7.1		Der Kalkül kann uns nicht prinzipielle Aufschlüsse über die Mathematik geben.
3.153.8.1	2	Es kann daher/darum/ auch keine „führenden Probleme" der mathematischen Logik geben, denn das wären solche, deren Lösung uns endlich berechtigen würde/das Recht geben würde/ Arithmetik zu treiben, wie wir es tun.
3.153.9.1	3	Und dazu können wir nicht auf den Glücksfall der Lösung eines mathematischen Problems warten.
4.39.2.1	4	Ich sagte oben „Kalkül ist kein mathematischer Begriff"; das heißt, das Wort ‚Kalkül' ist kein Schachstein der Mathematik.
4.39.2.2		Es brauchte in der Mathematik nicht vorzukommen. – Und wenn es doch in einem Kalkül gebraucht wird, so ist dieser nun kein Metakalkül. Vielmehr ist dann dieses Wort wieder nur ein Schachstein wie alle andern.
3.153.4.1	5	Auch die Logik ist keine Metamathematik, d.h. auch Operationen des logischen Kalküls können/das Arbeiten mit dem logischen Kalkül kann/ keine wesentlichen Wahrheiten ü b e r die Mathematik zu Tage fördern. Siehe hierzu das „Entscheidungsproblem" und ähnliches in der modernen mathematischen Logik.
4.204.3.1	6	| Durch Russell, aber besonders durch Whitehead, ist in die Philosophie eine Pseudoexaktheit gekommen, die die schlimmste Feindin wirklicher Exaktheit ist. Am Grunde liegt hier der Irrtum, ein Kalkül könne die metamathematische Grundlage der Mathematik sein. |
4.32.3.1	7	Die Zahl ist durchaus kein „grundlegender mathematischer Begriff". Es gibt so viele Kalküle/Rechnungen/, in denen von Zahlen nicht die Rede ist.
4.32.3.2		Und was die Arithmetik betrifft, so ist es mehr oder weniger willkürlich, was wir noch Zahlen nennen wollen. Und im Übrigen ist der Kalkül – z.B. – der Kardinalzahlen zu beschreiben, d.h. seine Regeln sind anzugeben, und damit sind die Grundlagen der Arithmetik gegeben./und damit ist die Arithmetik begründet./und damit ist der Arithmetik der Grund gelegt.//
4.32.4.1	8	Lehre sie uns, dann hast Du sie begründet.
4.105.2.1	9	| Hilbert stellt Regeln eines bestimmten Kalküls als Regeln einer/der/ Metamathematik auf. |

2.260.7.1	1	Es ist ein Unterschied, ob ein System auf ersten Prinzipien ruht, oder ob es bloß von ihnen ausgehend entwickelt wird. Es ist ein Unterschied, ob es, wie ein Haus, auf seinen untersten Mauern ruht oder ob es, wie etwa ein Himmelskörper, im Raum frei schwebt und wir bloß unten zu bauen angefangen haben, obwohl wir es auch irgendwo anders hätten tun können.
2.260.8.1	2	Die Logik und die Mathematik ruht nicht auf Axiomen; so wenig eine Gruppe auf den sie definierenden Elementen und Operationen ruht. Hierin liegt der Fehler, das Einleuchten, die Evidenz, der Grundgesetze als Kriterium der Richtigkeit in der Logik zu betrachten.
2.260.8.2		Ein Fundament, das auf nichts steht, ist ein schlechtes Fundament.
3.295.1.1	3	$(p \cdot q) \vee (p \cdot {\sim}q) \vee ({\sim}p \cdot q) \vee ({\sim}p \cdot {\sim}q)$: Das wird meine Tautologie, und ich würde dann nur sagen, daß sich jeder „Satz der Logik"/jedes „Gesetz der Logik"/ nach bestimmten Regeln auf diese Form bringen läßt. Das heißt aber dasselbe, wie/als/: sich von ihr ableiten läßt; und hier wären wir bei der Russell'schen Art der Demonstration angelangt und alles, was wir dazusetzen ist nur, daß diese Ausgangsform selber kein selbständiger Satz ist und daß dieses und alle anderen „Gesetze der Logik" die Eigenschaft haben $p \cdot \text{Log} = p$, $p \vee \text{Log} = \text{Log}$.
5.7.1.1	4	Das Wesen des „logischen Gesetzes" ist es ja, daß es im Produkt mit irgendeinem Satz diesen Satz ergibt. Und man könnte den Kalkül Russells auch mit Erklärungen beginnen von der Art: $$p \supset p \; : \; q = q$$ $$p \; : \; p \vee q = p \text{ etc..}$$

541

Beweis der Relevanz.

2.257.1.1　1　Wenn man die Lösbarkeit beweist, so muß in diesem Beweis irgendwie der Begriff ‚Lösung' vorhanden sein. (In dem Mechanismus des Beweises muß irgend etwas diesem Begriff entsprechen.) Aber dieser Begriff ist nicht durch eine äußere Beschreibung zu repräsentieren, sondern nun wirklich darzustellen.

5.108.2.1　2　Der Beweis der Beweisbarkeit eines Satzes wäre der Beweis des Satzes selbst. Dagegen gibt es etwas, was wir den Beweis der Relevanz nennen könnten. Das wäre z.B. der Beweis, der mich davon überzeugt, daß ich die Gleichung 17 × 38 = 456 nachprüfen k a n n, noch ehe ich es getan habe. Woran erkenne ich nun, daß ich 17 × 38 = 456 überprüfen kann, während ich das beim Anblick eines Integralausdrucks vielleicht nicht weiß? Ich erkenne offenbar, daß er nach einer bestimmten Regel gebaut ist und auch, wie die Regel/Vorschrift/ zur Lösung der Aufgabe an dieser Bauart des Satzes haftet. Der Beweis der Relevanz ist dann etwa eine Darstellung der allgemeinen Form der Lösungsmethode, etwa der Multiplikationsaufgaben, die die allgemeine Form der Sätze erkennen läßt, deren Kontrolle sie möglich macht. Ich kann dann sagen, ich erkenne, daß diese Methode auch diese Gleichung nachprüft, obwohl ich die Nachprüfung noch nicht vollzogen habe.

5.109.2.1　3　Wenn von Beweisen der Relevanz (und ähnlichen Dingen der Mathematik) geredet wird, so geschieht es immer, als hätten wir, abgesehen von den einzelnen Operationsreihen, die wir Beweise der Relevanz nennen, noch einen ganz scharfen umfassenden Begriff so eines Beweises oder überhaupt eines mathematischen Beweises. Während in Wirklichkeit dieses Wort wieder in vielen, mehr oder weniger verwandten Bedeutungen angewandt wird. (Wie etwa die Wörter „Volk", „König", „Religion", etc.; siehe Spengler.) Denken wir nur an die Rolle, die in/bei/ der Erklärung so eines Wortes ein Beispiel spielt. Denn, wenn ich erklären will, was ich unter „Beweis" verstehe, werde ich auf Beispiele von Beweisen zeigen müssen, wie ich bei der Erklärung des Wortes „Apfel" auf Äpfel zeigen werde. Mit der Erklärung des Wortes „Beweis" verhält es sich nun wie mit der des Wortes „Zahl": ich kann das Wort „Kardinalzahl" erklären, indem ich auf Beispiele von Kardinalzahlen weise, ja, ich kann geradezu für dieses Wort das Zeichen „1, 2, 3, u.s.w. ad inf." gebrauchen; ich kann anderseits das Wort „Zahl" erklären, indem ich auf verschiedene Zahlenarten hinweise; aber dadurch werde ich den Begriff „Zahl" nun nicht so scharf fassen, wie früher den der Kardinalzahl, es sei denn, daß ich sagen will, daß nur diejenigen Gebilde, die wir heute als Zahlen bezeichnen, den Begriff „Zahl" konstituieren. Dann aber kann man von keiner neuen Konstruktion sagen, sie sei die Konstruktion einer Zahlenart. Das Wort „Beweis" aber wollen wir ja so gebrauchen, daß es nicht einfach durch eine Disjunktion gerade heute üblicher Beweise definiert wird, sondern in Fällen/sondern wir wollen es in Fällen/ gebrauchen, von denen wir uns heute „noch gar keine Vorstellung machen können". Soweit der Begriff des Beweises s c h a r f gefaßt ist, ist er es durch einzelne Beweise, oder durch Reihen von Beweisen (den Zahlenreihen analog) und das müssen wir bedenken, wenn wir uns anschicken, mit voller Exaktheit über Beweise der Relevanz, der Widerspruchsfreiheit, etc. etc. zu reden./wenn wir mit voller Exaktheit über Beweise der Relevanz, der Widerspruchsfreiheit, etc. etc. reden wollen./

5.110.1.1 1 Man kann sagen: Ein Beweis der Relevanz wird den Kalkül des Satzes, auf den er sich bezieht, ä n d e r n. Einen Kalkül mit diesem Satz r e c h t f e r t i g e n kann er nicht; in dem Sinn, in welchem die Ausführung der Multiplikation 17 × 23 das Anschreiben der Gleichung 17 × 23 = 391 rechtfertigt. Wir müßten nur dem Wort „rechtfertigen" ausdrücklich jene Bedeutung geben. Dann darf man aber nicht glauben, daß die Mathematik, ohne diese Rechtfertigung, in irgend einem allgemeineren und allgemein feststehenden Sinne unerlaubt, oder mit einem Dolus behaftet sei. (Das wäre ähnlich, als wollte Einer sagen: „der Gebrauch des Wortes ‚Steinhaufen' ist im Grunde unerlaubt, ehe wir nicht offiziell festgelegt haben, wieviel Steine einen Haufen machen". Durch so eine Festlegung würde der Gebrauch des Wortes „Haufen" modifiziert, aber nicht in irgend einem allgemein anerkannten Sinne ‚gerechtfertigt'. Und wenn eine solche offizielle Definition gegeben würde/wäre/, so wäre dadurch nicht der Gebrauch, den man früher von dem Wort gemacht hat, als unrichtig/etwas Unrichtiges/ gekennzeichnet.)

5.110.2.1 2 Der Beweis der Kontrollierbarkeit von 17 × 23 = 391 ist ‚Beweis' in einem andern Sinne dieses Worts, als der, der Gleichung selbst. (Der Müller mahlt, der Maler malt: beide ….) Die Kontrollierbarkeit der Gleichung ersehen/entnehmen/ wir aus ihrem Beweis in analoger Weise, wie die Kontrollierbarkeit des Satzes „die Punkte A und B sind nicht durch eine Windung der Spirale getrennt" aus der Figur. Und man sieht auch schon, daß der Satz, der die Kontrollierbarkeit aussagt, ‚Satz' in einem andern Sinne ist, als der, dessen Kontrollierbarkeit behauptet wird. Und hier kann man wieder nur sagen: Sieh Dir den Beweis an, dann wirst Du sehen, w a s hier bewiesen wird, was „der bewiesene Satz" genannt wird.

5.111.1.1 3 Kann man sagen, daß wir zu jedem Schritt eines Beweises eine frische Intuition brauchen? (Individualität der Zahlen.) Es wäre etwa so: Ist mir eine allgemeine (variable) Regel gegeben, so muß ich immer von neuem erkennen, daß diese Regel auch h i e r angewendet werden kann (daß sie auch für d i e s e n Fall gilt). Kein Akt der Voraussicht kann mir diesen Akt der E i n s i c h t ersparen. Denn tatsächlich ist die Form, auf die die Regel angewandt wird, bei jedem neuen Schritte eine neue. – Es handelt sich aber hier nicht um einen Akt der E i n s i c h t, sondern um einen Akt der E n t s c h e i d u n g.

5.111.2.1 4 Der sogenannte Beweis der Relevanz steigt die Leiter zu seinem Satz nicht hinauf, denn dazu m u ß man jede Stufe nehmen, sondern zeigt nur, daß die Leiter in der Richtung zu jenem Satze führt. (In der Logik gibt es kein Surrogat.) Es ist auch der Pfeil, der die Richtung weist, kein Surrogat für das Durchschreiten aller Stufen bis zum bestimmten Ziel.

Beweis der Widerspruchsfreiheit.

3.153.3.1   1   Irgendetwas sagt mir: eigentlich dürfte ein Widerspruch in den Axiomen eines Systems nicht schaden, als bis er offenbar wird. Man denkt sich einen versteckten Widerspruch wie eine versteckte Krankheit, die schadet, obwohl (und vielleicht gerade deshalb weil) sie sich uns nicht deutlich zeigt. Zwei Spielregeln aber, die einander für einen bestimmten Fall widersprechen, sind vollkommen in Ordnung, bis dieser Fall eintritt und dann erst wird es nötig, durch eine weitere Regel zwischen ihnen zu entscheiden.

3.147.5.1   2   Der Beweis der Widerspruchsfreiheit der Axiome, von dem die Mathematiker heute soviel Aufhebens machen. Ich habe das Gefühl: wenn in den Axiomen eines Systems ein Widerspruch wäre, so wäre das gar nicht so ein großes Unglück. Nichts leichter, als ihn zu beseitigen.

4.104.7.1   3   „Man darf ein System von Axiomen nicht benützen, ehe seine Widerspruchsfreiheit nachgewiesen ist."
4.104.7.2   „In den Spielregeln dürfen keine Widersprüche vorkommen".
4.104.7.3   Warum nicht? „Weil man dann nicht wüßte, wie man zu spielen hat"?
4.104.8.1   Aber wie kommt es, daß man auf den Widerspruch mit dem Zweifel reagiert?
4.104.9.1   Auf den Widerspruch reagiert man überhaupt nicht. Man könnte nur sagen: Wenn das wirklich so gemeint ist (wenn der Widerspruch hier stehen soll), so versteh' ich es nicht. Oder: ich hab' es nicht gelernt. Ich verstehe die Zeichen nicht. Ich habe nicht gelernt, was ich daraufhin tun soll, ob es überhaupt ein Befehl ist; etc..

4.105.1.1   4   Wie wäre es etwa, wenn man in der Arithmetik zu den üblichen Axiomen die Gleichung $2 \times 2 = 5$ hinzunehmen wollte? Das hieße natürlich, daß das Gleichheitszeichen nun seine Bedeutung geändert /gewechselt/ hätte, d.h., daß nun andere Regeln für das Gleichheitszeichen gälten.

4.105.3.1   5   Wenn ich nun sagte: „also kann ich es nicht als Ersetzungszeichen gebrauchen; so hieße das, daß seine Grammatik nun nicht mehr mit der des Wortes „ersetzen" („Ersetzungszeichen", etc.) übereinstimmt. Denn das Wort „kann" in diesem Satz deutet nicht auf eine physische (physiologische, psychologische) Möglichkeit.

4.105.4.1   6   „Die Regeln dürfen einander nicht widersprechen", das ist wie: „die Negation darf nicht verdoppelt eine Negation ergeben". Es liegt nämlich in der Grammatik des Wortes „Regel", daß „p · ~p" (wenn „p" eine Regel ist) keine Regel ist./.... daß „p ∨ ~p" keine Regel ist (wenn „p" eine Regel ist)./

4.105.5.1	1	Das heißt, man könnte also auch sagen: die Regeln können/dürfen/ einander widersprechen, wenn andre Regeln für das Wort/für den Gebrauch des Wortes/ „Regel" gelten – wenn das Wort „Regel" eine andere Bedeutung hat.	548

4.105.6.1 2 Wir können eben auch hier nicht begründen (außer (etwa) biologisch oder historisch) und/sondern/ (können) nur beschreiben, wie das Wort „Regel" gebraucht wird./.... sondern nur die Übereinstimmung oder? den Gegensatz der Regeln für gewisse Wörter konstatieren, also sagen, daß diese Worte mit? diesen Regeln gebraucht werden./

4.106.4.1 3 Es läßt sich nicht zeigen, beweisen, daß man gewisse/diese/ Regeln als Regeln dieser Handlung gebrauchen kann.
4.106.4.2   Außer, indem man zeigt, daß die Grammatik der Bezeichnung /Beschreibung/ der Handlung mit der jener Regeln übereinstimmt.

5.37.1.1 4 „In den Regeln darf kein Widerspruch sein", das klingt so, wie eine Vorschrift: „in einer Uhr darf der Zeiger nicht locker auf seiner Welle sitzen". Man erwartet sich dann eine Begründung: weil sonst ..... Im ersten Falle könnte diese Begründung aber nur lauten: weil es sonst kein Regelverzeichnis ist. Es ist eben wieder ein Fall der grammatischen Struktur, die sich logisch nicht begründen läßt.

4.122.1.1 5 | Zum indirekten Beweis, daß eine Gerade über einen Punkt hinaus nur eine Fortsetzung hat: Wir nahmen an, es könne eine Gerade zwei Fortsetzungen haben. – Wenn wir das annehmen, so muß diese Annahme einen Sinn haben – . Was heißt es aber: das annehmen? Es heißt nicht, eine naturgeschichtlich falsche Annahme machen, wie etwa die, daß ein Löwe zwei Schwänze hätte. – Es heißt nicht, etwas annehmen, was gegen die Konstatierung einer Tatsache spricht/verstößt/. Es heißt vielmehr, eine Regel annehmen; und gegen die ist weiter nichts zu sagen, außer daß sie etwa einer anderen widerspricht und ich sie darum fallen lasse.
4.122.1.2   Wenn im Beweis nun eine Gerade gezeichnet wird, die sich gabelt, so darf das an und für sich nicht absurd sein, und ich kann nur sagen: so etwas/das/ nenne ich keine Gerade./Wenn im Beweis nun gezeichnet wird ⌐⌐⌐ , und das eine Gerade darstellen soll, die sich gabelt, so ist darin nichts Absurdes (Widersprechendes), es sei denn, daß wir eine Festsetzung getroffen haben, der es widerspricht./

4.122.2.1 6 Wenn nachträglich ein Widerspruch gefunden wird, so waren vorher die Regeln noch nicht klar und eindeutig. Der Widerspruch macht also nichts, denn er ist dann durch das Aussprechen einer Regel zu entfernen.

4.122.3.1 7 In einem völlig geklärten System |mit klarer Grammatik|/In einem grammatisch geklärten System/ gibt es keinen versteckten Widerspruch, ?denn da muß die Regel gegeben sein?, nach welcher ein Widerspruch zu finden ist. Versteckt kann der Widerspruch nur in dem Sinn sein, daß er gleichsam im „Kraut-und-Rüben"/in der Unordnung/ der Regeln, in dem ungeordneten Teil der Grammatik versteckt ist; ?das aber macht nichts?/?dort aber macht er nichts?/, da er durch ein Ordnen der Grammatik zu entfernen ist.

549

4.122.4.1   1   Warum dürfen sich Regeln nicht widersprechen? Weil es sonst keine Regeln wären. |

Die Begründung der Arithmetik, in der diese auf ihre Anwendungen vorbereitet wird. (Russell, Ramsey.)

2.233.4.1	1	Man empfindet immer eine Scheu, die Arithmetik zu begründen, indem man etwas über ihre Anwendung ausspricht. Sie scheint fest genug in sich selbst begründet zu sein. Und das kommt natürlich daher, daß die Arithmetik ihre eigene Anwendung ist.
2.234.6.1 2.234.7.1	2	Man könnte sagen: Wozu die Anwendung der Arithmetik einschränken, sie sorgt für sich selbst. (Ich kann ein Messer herstellen ohne Rücksicht darauf, welche Klasse von Stoffen ich damit werde schneiden lassen; das wird sich dann schon zeigen.)
2.234.8.1		Gegen die Abgrenzung des Anwendungsgebiets spricht nämlich das Gefühl, daß wir die Arithmetik verstehen können, ohne ein solches Gebiet im Auge zu haben. Oder sagen wir so: Der Instinkt sträubt sich gegen alles, was nicht bloß eine Analyse der schon vorhandenen Gedanken ist.
2.234.4.1 2.234.4.2	3	Man könnte sagen: Die Arithmetik ist eine Art Geometrie; d.h., was in der Geometrie die Konstruktionen auf dem Papier sind, sind in der Arithmetik die Rechnungen (auf dem Papier). – Man könnte sagen, sie ist eine allgemeinere Geometrie.
2.235.2.1	4	Es handelt sich immer darum, ob und wie es möglich ist, die allgemeinste Form der Anwendung der Arithmetik darzustellen. Und hier ist eben das Seltsame, daß das in gewissem Sinne nicht nötig zu sein scheint. Und wenn es wirklich nicht nötig ist, dann ist es auch unmöglich.
2.235.3.1	5	Es scheint nämlich die allgemeine Form ihrer Anwendung dadurch dargestellt zu sein, daß n i c h t s über sie ausgesagt wird. (Und ist das eine mögliche Darstellung, so ist es auch die einzig richtige.)
2.235.5.1	6	Der Sinn der Bemerkung, daß die Arithmetik eine Art Geometrie sei, ist eben, daß die arithmetischen Konstruktionen autonom sind, wie die geometrischen, und daher sozusagen ihre Anwendbarkeit selbst garantieren.
2.235.5.2		Denn auch von der Geometrie muß man sagen können, sie sei ihre eigene Anwendung.
4.73.3.1	7	(In dem Sinne von möglichen und wirklich gezogenen Geraden könnten /können/, wir auch von möglichen und wirklich dargestellten Zahlen reden.)
2.237.4.1	8	|||||||||| Das ist eine arithmetische Konstruktion und in ⊤ ⊤ ⊤ etwas erweitertem Sinn auch eine geometrische.

2.237.5.1	1	Angenommen, mit dieser Rechnung wollte ich folgende Aufgabe lösen: Wenn ich 11 Äpfel habe und Leute mit je 3 Äpfeln beteilen will, wieviele Leute kann ich beteilen? Die Rechnung liefert mir die Lösung 3. Angenommen nun, ich vollzöge alle Handlungen des Beteilens und am Ende hätten 4 Personen je 3 Äpfel in der Hand. Würde ich nun sagen, die Ausrechnung hat ein falsches Resultat ergeben? Natürlich nicht. Und das heißt ja nur, daß die Ausrechnung kein Experiment war.
2.238.1.1		Es könnte scheinen, als berechtigte uns die mathematische Ausrechnung zu einer Vorhersagung, etwa, daß ich 3 Personen werde beteilen können und 2 Äpfel übrigbleiben werden. So ist es aber nicht. Zu dieser Vorhersagung berechtigt uns eine physikalische Hypothese, die außerhalb der Rechnung steht. Die Rechnung ist nur eine Betrachtung der logischen Formen, der Strukturen, und kann an sich nichts Neues liefern.
2.238.3.1	2	Wenn 3 Striche auf dem Papier das Zeichen für die 3 sind, dann kann man sagen, die 3 ist in unserer Sprache so anzuwenden, wie sich 3 Striche anwenden lassen.
4.240.1.1	3	Ich sagte: „Eine Schwierigkeit der Frege'schen Theorie ist die Allgemeinheit der Worte ‚Begriff' und ‚Gegenstand'. Denn, da man Tische, Töne, Schwingungen und Gedanken zählen kann, so ist es schwer, sie alle unter einen Hut zu bringen". – Aber was heißt es: „man kann sie zählen"? Doch, daß es Sinn hat, sie zu zählen/, auf sie die Kardinalzahlen anzuwenden/. Wenn wir aber das wissen, diese grammatische Regel wissen, was brauchen wir uns da den Kopf über die andern grammatischen Regeln zu zerbrechen, wenn es sich uns nur um eine Rechtfertigung der Anwendung der Kardinalarithmetik handelt? Es ist nicht schwer „sie alle unter einen Hut zu bringen", sondern sie sind, soweit das für diesen Zweck/Fall/ nötig ist, unter einen Hut gebracht.
4.240.2.1	4	Die Arithmetik aber kümmert sich (wie wir alle sehr wohl wissen) überhaupt nicht um diese Anwendung. Ihre Anwendbarkeit sorgt für sich selbst.
4.240.3.1	5	Daher ist alles ängstliche Suchen nach den Unterschieden zwischen Subjekt-Prädikat-Formen, aber auch die Konstruktion von Funktionen ‚in extension' (Ramsey), zur Begründung der Arithmetik Zeitverschwendung.

5.9.4.1	1	Die Gleichung 4 Äpfel + 4 Äpfel = 8 Äpfel ist eine Ersetzungsregel, die ich verwende, wenn ich nicht das Zeichen „4 + 4" durch „8", sondern das Zeichen „4 Äpfel + 4 Äpfel" durch „8 Äpfel" ersetze.
5.9.4.2		Man muß sich aber davor hüten zu glauben „4 Äpfel + 4 Äpfel = 8 Äpfel" ist die konkrete Gleichung, dagegen 4 + 4 = 8 der abstrakte Satz, wovon die erste Gleichung nur eine spezielle Anwendung ist/sei/. So daß zwar die Arithmetik der Äpfel viel weniger allgemein ist/wäre/, als die eigentliche allgemeine, aber eben in ihrem beschränkten Bereich (für Äpfel) gälte. – Es gibt aber keine „Arithmetik der Äpfel", denn die Gleichung mit den benannten Zahlen/4 Äpfel + 4 Äpfel = 8 Äpfel/ ist nicht ein Satz, der von Äpfeln handelt. Man kann sagen, daß in dieser Gleichung das Wort „Äpfel" keine Bedeutung hat. (Wie man es überhaupt von dem Zeichen in einer Zeichenregel sagen kann, die seine Bedeutung bestimmen hilft.)
5.59.2.1	2	Wie kann man Vorbereitungen zum Empfang von etwas eventuell Existierendem treffen, – in dem Sinn, in welchem Russell und Ramsey das (immer) tun wollten? Man bereitet etwa die Logik für die Existenz von vielstelligen Relationen vor, oder für die Existenz einer unendlichen Zahl von Gegenständen. –
5.59.3.1	3	Nun kann man doch für die Existenz eines Dinges vorsorgen: Ich mache z.B. ein Kästchen, um den Schmuck hineinzulegen, der vielleicht einmal gemacht werden wird. – Aber hier kann ich doch sagen, was der Fall sein muß, – welcher Fall es ist, für den ich vorsorge. Ich kann diesen Fall jetzt so gut beschreiben,/Dieser Fall läßt sich jetzt so gut beschreiben,/ wie, nachdem er schon eingetreten ist; und auch dann, wenn er nie eintritt. (Lösung mathematischer Probleme.) Dagegen sorgen Russell und Ramsey für eine eventuelle Grammatik vor.
5.59.4.1	4	Man denkt einerseits, daß es die Mathematik mit der Art der Funktionen zu tun hat und ihren Gegenständen/Argumenten/, von deren Anzahlen sie handelt. Aber man will sich nicht durch die uns jetzt bekannten Funktionen binden lassen und man weiß nicht, ob jemals eine gefunden werden wird, die 100 Argumentstellen hat; also muß man vorsorgen und eine Funktion konstruieren, die alles für die 100-stellige Relation vorbereitet, wenn sich eine finden sollte. – Was heißt es aber überhaupt: „es findet sich (oder: es gibt) eine 100-stellige Relation"? Welchen Begriff haben wir von ihr? oder auch von einer 2-stelligen? – Als Beispiel einer 2-stelligen Relation gibt man etwa die zwischen Vater und Sohn. Aber welche Bedeutung hat dieses Beispiel für die weitere logische Behandlung der 2-stelligen Relationen? Sollen wir uns jetzt statt jedes „a R b" vorstellen „a ist der Vater des b"? – Wenn aber nicht, ist dann das Beispiel, oder irgend eins überhaupt, essentiell? Spielt dieses Beispiel nicht die gleiche Rolle, wie eines in der Arithmetik, wenn ich jemandem 3 × 6 = 18 an 3 Reihen zu je 6 Äpfeln erkläre?
5.60.0.2		Hier handelt es sich um unsern Begriff der Anwendung. – Man hat etwa die Vorstellung von einem Motor, der erst leer geht, und dann eine Arbeitsmaschine treibt.

5.60.1.1	1	Aber was gibt die Anwendung der Rechnung?/Aber was erhält die Rechnung von ihrer Anwendung?/ Fügt sie ihr einen neuen Kalkül zu/bei/? dann ist sie ja jetzt eine andere Rechnung. Oder gibt sie ihr in irgend einem, der Mathematik (Logik) wesentlichem, Sinne Substanz? Wie kann man dann überhaupt, auch nur zeitweise, von der Anwendung absehen?
5.60.2.1	2	Nein, die Rechnung mit Äpfeln ist wesentlich dieselbe, wie die mit Strichen oder Ziffern. Die Arbeitsmaschine setzt den Motor fort, aber die Anwendung (in diesem Sinne) nicht die Rechnung.
5.60.3.1	3	Wenn ich nun sage: „die Liebe ist ein Beispiel einer 2-stelligen Relation", – /Wenn ich nun, um ein Beispiel zu geben, sage: „die Liebe ist eine 2-stellige Relation, – / sage ich hier etwas über die Liebe aus? Natürlich nicht. Ich gebe eine Regel für den Gebrauch des Wortes „Liebe" und will etwa sagen, daß wir dieses Wort z.B. so gebrauchen.
5.60.4.1	4	Nun hat man aber doch das Gefühl, daß mit dem Hinweis auf die 2-stellige Relation ‚Liebe' in die Hülse des Relationskalküls Sinn gesteckt wurde. – Denken wir uns eine geometrische Demonstration statt an einer Zeichnung oder an analytischen Symbolen an einem Lampenzylinder vorgenommen/durchgeführt/. Inwiefern ist hier von der Geometrie eine Anwendung gemacht? Tritt denn der Gebrauch des Glaszylinders als Lampenglas in die geometrische Überlegung ein? Und tritt der Gebrauch des Wortes „Liebe" in einer Liebeserklärung in meine Überlegungen über die 2-stelligen Relationen ein?
5.60.5.1	5	Wir haben es mit verschiedenen Verwendungen, Bedeutungen, des Wortes „Anwendung" zu tun. „Die Multiplikation wird in der Division angewandt"; „der Glaszylinder wird in der Lampe angewandt"; „die Rechnung ist auf diese Äpfel angewandt".
5.60.6.1	6	Hier kann man nun sagen: Die Arithmetik ist ihre eigene Anwendung. Der Kalkül ist seine eigene Anwendung.
5.60.6.2		Wir können nicht in der Arithmetik für eine grammatische Anwendung vorsorgen. Denn, ist die Arithmetik nur ein Spiel, so ist für sie auch ihre Anwendung nur ein Spiel, und entweder das gleiche Spiel (dann führt es uns nicht weiter), oder ein anderes – und dann konnten wir das schon in der reinen Arithmetik betreiben.
5.61.1.1	7	Wenn also der Logiker sagt, er habe für eventuell existierende 6-stellige Relationen in der Arithmetik vorgesorgt, so können wir fragen: Was wird denn nun zu dem, was Du vorbereitet hast, hinzukommen /hinzutreten/, wenn es seine Anwendung findet/finden wird/? Ein neuer Kalkül? – aber den hast Du ja eben nicht vorbereitet. Oder etwas, was den Kalkül nicht tangiert? – dann interessiert uns das nicht, und der Kalkül, den Du uns gezeigt hast, ist uns Anwendung genug.
5.61.2.1	8	Die unrichtige Idee ist, daß die Anwendung eines Kalküls in der Grammatik der wirklichen Sprache, ihm eine Realität zuordnet, eine Wirklichkeit gibt, die er früher nicht hatte./Die unrichtige Idee ist: die Anwendung eines Kalküls auf die wirkliche Sprache verleihe ihm eine Realität, die er früher/vorher/ nicht hatte./

| 5.61.3.1 | 1 | Aber, wie gewöhnlich in unserem Gebiet, liegt hier der Fehler nicht darin, daß man etwas Falsches glaubt, sondern darin, daß man auf eine irreführende Analogie hinsieht. |

| 5.61.4.1 | 2 | Was geschieht denn, wenn die 6-stellige Relation gefunden wird? Wird quasi ein Metall gefunden, das nun die gewünschten (vorher beschriebenen) Eigenschaften (das richtige spezifische Gewicht, die Festigkeit, etc.) hat? Nein; ein Wort wird gefunden, das wir tatsächlich in unsrer Sprache so verwenden, wie wir etwa den Buchstaben R verwendet haben. „Ja, aber dieses Wort hat doch Bedeutung und ‚R' hatte keine! Wir sehen also jetzt, daß dem ‚R' etwas entsprechen kann". Aber die Bedeutung des Wortes besteht ja nicht darin, daß ihm etwas entspricht. Außer etwa, wo es sich um Namen und benannten Gegenstand handelt, aber da setzt der Träger des Namens nur den Kalkül fort, also die Sprache. Und es ist nicht so, wie wenn man sagt: „diese Geschichte hat sich tatsächlich zugetragen, sie war nicht bloße Fiktion/Erfindung/". |

| 5.61.5.1 | 3 | Das alles hängt auch mit dem falschen Begriff der logischen Analyse zusammen, den Russell, Ramsey und ich hatten. So daß man auf eine endliche logische Analyse der Tatsachen wartet, wie auf eine chemische von Verbindungen. Eine Analyse, durch die man dann etwa eine 7-stellige Relation wirklich findet, wie ein Element, das tatsächlich das spezifische Gewicht 7 hat. |

| 5.61.6.1 | 4 | Die Grammatik ist für uns ein reiner Kalkül. (Nicht die Anwendung eines auf die Realität.) |

| 5.64.3.1 | 5 | „Wie kann man Vorbereitungen für etwas eventuell Existierendes treffen" heißt: Wie kann man die Arithmetik auf eine Logik aufbauen, in der man im Speziellen noch Resultate einer Analyse der/unserer/ Sätze erwartet, und dabei für alle eventuellen Resultate durch eine Konstruktion a priori aufkommen wollen? – Man will sagen: „Wir wissen nicht, ob es sich nicht herausstellen wird, daß es keine Funktionen mit 4 Argumentstellen gibt, oder, daß es nur 100 Argumente gibt, die in Funktionen einer Variablen sinnvoll eingesetzt werden können. Gibt es z.B. (die Annahme scheint immerhin möglich) nur eine solche Funktion F und 4 Argumente a, b, c, d, und hat es in diesem Falle Sinn, zu sagen ‚2 + 2 = 4', da es keine Funktionen gibt, um die Teilung in 2 und 2 zu bewerkstelligen?" Und nun, sagt man sich, werden wir für alle eventuellen Fälle vorbauen. Aber das heißt natürlich nichts: Denn einerseits baut der Kalkül nicht für eine eventuelle Existenz vor, sondern er konstruiert sich die Existenz, die er überhaupt braucht. Anderseits sind die scheinbaren hypothetischen Annahmen über die logischen Elemente (den logischen Aufbau) der Welt nichts andres, als Angaben der Elemente eines Kalküls; und die können freilich auch so getroffen/gemacht/ werden, daß es darin ein 2 + 2 nicht gibt. |

5.65.0.2   Treffen wir etwa Vorbereitungen für die Existenz von 100 Gegenständen, indem wir 100 Namen einführen und einen Kalkül mit ihnen. Und nehmen wir jetzt an, es werden wirklich 100 Gegenstände gefunden. Aber wie ist das, wenn jetzt den Namen Gegenstände zugeordnet werden, die ihnen früher nicht zugeordnet waren? ändert sich jetzt der Kalkül? – was hat diese Zuordnung überhaupt mit ihm zu tun? Erhält er durch sie mehr Wirklichkeit? Oder gehörte er früher bloß zur Mathematik, jetzt aber zur Logik? – Was ist das für eine Frage: „gibt es 3-stellige Relationen", „gibt es 1000 Gegenstände"? Wie ist das zu entscheiden? – Aber es ist doch Tatsache, daß wir eine 2-stellige Relation angeben können, etwa die Liebe, und eine 3-stellige, etwa die Eifersucht, aber, vielleicht, nicht eine 27-stellige! – Aber was heißt es „eine 2-stellige Relation angeben"? Das klingt (ja)? so, als würden wir auf ein Ding hinweisen und sagen „siehst Du, da ist so ein Ding" (wie wir es nämlich vorher beschrieben haben). Aber so etwas findet ja gar nicht statt (der Vergleich von dem Hinweisen ist gänzlich falsch). „Die Beziehung der Eifersucht kann nicht in 2-stellige Beziehungen aufgelöst werden": das klingt ähnlich wie: „Alkohol kann nicht in Wasser und eine feste Substanz zerlegt werden". Liegt das nun in der Natur der Eifersucht? (Vergessen wir nicht: der Satz „A ist wegen B auf C eifersüchtig" kann ebensowenig zerlegt werden wie der: „A ist wegen B auf C nicht eifersüchtig".) Das, worauf man hinweist, ist etwa die Gruppe der Leute A, B und C. – „Aber wenn nun Lebewesen plötzlich den 3-dimensionalen Raum kennen lernten, nachdem sie bisher nur die Ebene kannten, aber in ihr doch eine 3-dimensionale Geometrie entwickelt hätten?!" Würde diese Geometrie nun/damit/ geändert, würde sie inhaltsreicher? – „Ja, aber ist es denn nicht so, als hätte ich mir z.B. einmal beliebige Regeln gesetzt, die es mir verböten in meinem Zimmer bestimmte Wege zu gehen, die ich, was die physikalischen Hindernisse betrifft, ohne weiteres gehen könnte, – und als würden dann physikalische Bedingungen eintreten, etwa Möbel in das Zimmer gestellt, die mich nun zwängen, mich nach den Regeln zu bewegen, die ich mir erst willkürlich gegeben hatte? Wie also der 3-dimensionale Kalkül noch ein Spiel war, da gab es eigentlich noch keine 3 Dimensionen; denn das x, y, z gehorchten nur den Regeln, weil ich es so wollte; jetzt, wo wir sie mit den wirklichen 3 Dimensionen gekuppelt haben, k ö n n e n sie sich nicht mehr anders bewegen." Aber das ist eine bloße Fiktion. Denn hier handelt es sich nicht um eine Verbindung mit der Wirklichkeit, die nun die Grammatik in ihrer Bahn hält! Die „Verbindung der Sprache mit der Wirklichkeit", etwa durch die hinweisenden Definitionen, macht die Grammatik nicht zwangsläufig (rechtfertigt die Grammatik nicht). Denn diese bleibt immer nur ein frei im Raume schwebender Kalkül, der nur/zwar/ erweitert, aber nicht gestützt werden kann. Die „Verbindung mit der Wirklichkeit" erweitert nur die Sprache, aber zwingt sie zu nichts. Wir reden von der Auffindung einer 27-stelligen Relation: aber einerseits kann mich keine Entdeckung zwingen, (das Zeichen und) den Kalkül der 27-stelligen Relation zu gebrauchen; andrerseits kann ich diesen Kalkül/die Handlungen dieses Kalküls/ selbst mittels dieser Notation beschreiben.

5.9.1.1   1   Wenn man in der Logik scheinbar mehrere verschiedene Universen betrachtet (wie Ramsey), so betrachtet man in Wirklichkeit verschiedene Spiele. Die Erklärung eines „Universums" würde z.B. in Ramseys Fall einfach die/eine/ Definition $(\exists x)\, \varphi x \stackrel{\text{Def}}{=} \varphi a \vee \varphi b \vee \varphi c \vee \varphi d$ sein.

Ramsey's Theorie der Identität.

2.233.1.1   1   Die Theorie der Identität bei Ramsey macht den Fehler, den man machen würde, wenn man sagte, ein gemaltes Bild könne man auch als Spiegel benutzen, wenn auch nur für eine einzige Stellung, wo dann übersehen wird, daß das Wesentliche am Spiegel gerade das ist, daß man aus ihm auf die Stellung des Körpers vor dem Spiegel schließen kann, während man im Fall des gemalten Bildes erst wissen muß, daß die Stellungen übereinstimmen, ehe man das Bild als Spiegelbild auffassen kann.

4.240.4.1   2   Wenn die Dirichlet'sche Auffassung der Funktion einen strengen Sinn hat, so muß sie sich in einer Definition ausdrücken, die das Funktionszeichen mit der Tabelle als gleichbedeutend erklärt.

5.4.1.1   3   Ramsey definiert $x = y$ als
$(\phi_e) \cdot \phi_e x \equiv \phi_e y$.
Aber nach den Erklärungen, die er über seine Funktionszeichen „ϕ_e" gibt, ist
$(\phi_e) \cdot \phi_e x \equiv \phi_e x$ die Aussage: „jeder Satz ist sich selbst äquivalent"
$(\phi_e) \cdot \phi_e x \equiv \phi_e y$ die Aussage: „jeder Satz ist jedem Satz äquivalent".
[Ramsey erklärt „$x = x$" auf einem Umweg als die Aussage .... und „$x = y$" als ....]

5.4.1.1   Er hat also mit seiner Erklärung nichts andres erreicht, als was die zwei Definitionen
$x = x \stackrel{\text{Def}}{=}$ Tautologie
$x = y \stackrel{\text{Def}}{=}$ Contradiktion bestimmen. (Das Wort „Tautologie" kann hier durch jede beliebige Tautologie ersetzt werden und das gleiche gilt für „Contradiktion".)

5.4.1.2 Soweit ist nichts geschehn, als Erklärungen der zwei verschiedenen Zeichenformen x = x und x = y zu geben. Diese Erklärungen können natürlich durch zwei Klassen von Erklärungen ersetzt werden, z.B.:

$$\left.\begin{array}{l} a = a \\ b = b \\ c = c \end{array}\right\} = \text{Taut.} \qquad \left.\begin{array}{l} a = b \\ b = c \\ c = a \end{array}\right\} = \text{Cont.}$$

Nun aber schreibt Ramsey:

„$(\exists x, y) \cdot x \neq y$", d.h. „$(\exists x, y) \cdot \sim(x = y)$", –

dazu hat er aber gar kein Recht: denn, was bedeutet in diesem Zeichen das „x = y"? Es ist ja weder das Zeichen „x = y", welches ich in der Definition oben gebraucht habe, noch natürlich das „x = x" in der vorhergehenden Definition. Also ist es ein noch unerklärtes Zeichen. Um übrigens die Müßigkeit jener/dieser/ Definitionen einzusehen, lese man sie (wie sie der Unvoreingenommene lesen würde) so: Ich erlaube, statt des Zeichens „Taut.", dessen Gebrauch wir kennen, das Zeichen „a = a" oder „b = b", etc. zu setzen; und statt des Zeichens „Cont." („~Taut.") die Zeichen „a = b", „a = c", etc.. Woraus übrigens hervorgeht, daß (a = b) = (c = d) = (a ≠ a) = etc.!
Es braucht wohl nicht gesagt zu werden, daß ein so definiertes Gleichheitszeichen nichts mit demjenigen zu tun hat, welches wir zum Ausdruck einer Ersetzungsregel brauchen.

5.5.0.3 Ich kann nun „$(\exists x, y) \cdot x \neq y$" natürlich wieder erklären; etwa als a ≠ a .v. a ≠ b .v. b ≠ c .v. a ≠ c; diese Erklärung aber ist eigentlich Humbug und ich sollte unmittelbar schreiben

$(\exists x, y) \cdot x \neq y \stackrel{\text{Def}}{=} \text{Taut.}$. (D.h. das Zeichen auf der linken Seite würde mir als ein neues – unnötiges – Zeichen für „Taut." gegeben.) Denn wir dürfen nicht vergessen, daß nach der Erklärung „a = a", „a = b", etc. unabhängige Zeichen sind und nur insofern zusammenhängen, als eben die Zeichen „Taut." und „Cont.".

5.5.0.4 Die Frage ist hier die nach der Nützlichkeit der „extensiven" Funktionen, denn die Ramsey'sche Erklärung des Gleichheitszeichens ist ja so eine Bestimmung durch die Extension. Welcher Art ist/Worin besteht/ nun die extensive Bestimmung einer Funktion? Sie ist offenbar eine Gruppe von Definitionen. Z.B. die:

fa = p Def
fb = q Def
fc = r Def

Diese Definitionen erteilen uns die Erlaubnis, statt der uns bekannten Sätze „p", „q", „r" die Zeichen „fa", „fb", „fc" zu setzen. Zu sagen, durch diese drei Definitionen werde/sei/ die Funktion f(ξ) bestimmt, sagt gar nichts, oder dasselbe, was die drei Definitionen sagen.

5.5.0.5 Denn die Zeichen „fa", „fb", „fc" sind Funktion und Argument nur, sofern es auch die Wörter „Ko(rb)", „Ko(pf)" und „Ko(hl)" sind. (Es macht dabei keinen Unterschied, ob die „Argumente" „rb", „pf", „hl" sonst noch als Wörter gebraucht werden, oder nicht.)

5.5.0.6 (Welchen Zweck also die Definitionen haben können, außer den, uns irrezuführen, ist schwer einzusehn.)

5.5.0.7 Das Zeichen „$(\exists x) \cdot fx$" heißt zunächst gar nichts; denn die Regeln für Funktionen im alten Sinn des Wortes gelten ja hier nicht. Für diese wäre eine Definition fa = ... Unsinn. Das Zeichen „$(\exists x) \cdot fx$" ist, wenn keine ausdrückliche Erklärung dafür gegeben wird, nur wie ein Rebus zu verstehen, in welchem auch die Zeichen eine Art uneigentliche Bedeutung haben.

5.5.0.8 Jedes der Zeichen „a = a", „a = c", etc. in den Definitionen $(a = a) \stackrel{\text{Def}}{=} \text{Taut.}$, etc. ist ein **Wort**.

5.5.0.9 Der Endzweck der Einführung der extensiven Funktionen war übrigens die Analyse von Sätzen über unendliche Extensionen und dieser Zweck ist verfehlt, da eine extensive Funktion durch eine Liste von Definitionen eingeführt wird.

5.70.2.1 1 Es besteht eine Versuchung, die Form der Gleichung für die Form von Tautologien und Kontradiktionen zu halten, und zwar darum, weil es scheint, als könne man sagen, x = x ist selbstverständlich wahr (und) x = y selbstverständlich falsch. Eher noch kann man natürlich ?sagen, daß x = x die Rolle einer Tautologie spielt, als x = y die der Kontradiktion?/kann man natürlich x = x mit einer Tautologie vergleichen, als x = y mit einer Kontradiktion/, da ja alle richtigen (und „sinnvollen") Gleichungen der Mathematik von der Form x = y sind. Man könnte x = x eine degenerierte Gleichung nennen (Ramsey nannte sehr richtig Tautologien und Kontradiktionen degenerierte Sätze) und zwar eine richtige degenerierte Gleichung (den Grenzfall einer Gleichung). Denn wir gebrauchen Ausdrücke der Form x = x wie richtige Gleichungen, wobei wir uns vollkommen bewußt sind, daß es sich um degenerierte Gleichungen handelt. Im gleichen Fall sind Sätze in geometrischen Beweisen, wie etwa: „der Winkel α ist gleich dem Winkel β, der Winkel γ ist sich selbst gleich, ...".

5.71.0.2 Man könnte nun einwenden, daß richtige Gleichungen der Form x = y auch Tautologien, dagegen falsche, Kontradiktionen sein müßten, weil man ja die richtige Gleichung muß beweisen können und das, indem man die beiden Seiten der Gleichung transformiert, bis eine Identität x = x herauskäme. Aber obwohl durch diesen Prozeß die erste Gleichung als richtig erwiesen ist und insofern die Identität x = x das Endziel der Transformationen war, so ist sie nicht das Endziel in dem Sinne, als hätte man durch die Transformationen der Gleichung ihre richtige Form geben wollen, wie man einen krummen Gegenstand zurechtbiegt, und als habe sie nun in der Identität diese vollkommene Form (endlich) erreicht. Man kann also nicht sagen: die richtige Gleichung ist ja eigentlich eine Identität. Sie ist eben keine Identität.

Der Begriff der Anwendung der Arithmetik (Mathematik).

4.58.2.1   1   Wenn man sagt: „es muß der Mathematik wesentlich sein, daß sie angewandt werden kann", so meint man, daß diese Anwendbarkeit /Anwendbarkeit/ nicht die eines Stückes Holz ist, von dem ich sage „das werde ich zu dem und dem anwenden können".

5.177.2.1   2   Die Geometrie ist nicht die Wissenschaft (Naturwissenschaft) von den geometrischen Ebenen, geometrischen Geraden und geometrischen Punkten, im Gegensatz etwa zu einer anderen Wissenschaft, die von den groben, physischen Geraden, |- |Strichen, |- |Flächen etc. handelt und deren Eigenschaften angibt. Der Zusammenhang der Geometrie mit Sätzen des praktischen Lebens, die von Strichen, Farbgrenzen, Kanten und Ecken etc. handeln, ist nicht der, daß sie über ähnliche Dinge spricht, wie diese Sätze, wenn auch über ideale Kanten, Ecken, etc.; sondern der, zwischen diesen Sätzen und ihrer Grammatik. Die angewandte Geometrie ist die Grammatik der Aussagen über die räumlichen Gegenstände. Die sogenannte geometrische Gerade verhält sich zu einer Farbgrenze nicht wie etwas Feines zu etwas Grobem, sondern wie Möglichkeit zur Wirklichkeit. (Denke an die Auffassung der Möglichkeit als Schatten der Wirklichkeit.)

3.248.14.1   3   Man kann eine Kreisfläche beschreiben, die durch Durchmesser in 8 kongruente Teile geteilt ist, aber es ist sinnlos, das von einer elliptischen Fläche zu sagen. Und darin liegt, was die Geometrie in dieser Beziehung von der Kreis- und Ellipsenfläche aussagt.

4.146.3.1   4 | Ein Satz, der auf einer falschen Rechnung beruht (wie etwa „er teilte das 3m lange Brett in 4 Teile zu je 1m") hat keinen Sinn/ist unsinnig/ und das wirft ein Licht auf den Sinn der Ausdrücke „Sinn haben" und „etwas mit dem Satz meinen"./… und das beleuchtet, was es heißt „Sinn zu haben" und „etwas mit dem Satz meinen"./ |

2.144.1.1   5   Wie ist es mit dem Satz „die Winkelsumme im Dreieck ist 180°"? Dem sieht man es jedenfalls nicht an, daß er ein Satz der Syntax ist.

2.144.1.2   Der Satz „Gegenwinkel sind gleich" heißt, ich werde, wenn sie sich bei der Messung nicht als gleich erweisen, die Messung für falsch erklären und „die Winkelsumme im △ ist 180°" heißt, ich werde, wenn sie sich bei einer Messung nicht als 180° erweist, einen Messungsfehler annehmen. Der Satz ist also ein Postulat über die Art und Weise der Beschreibung der Tatsachen. Also ein Satz der Syntax.

Über Kardinalzahlen.

115

KARDINALZAHLENARTEN.

5.140.1.1 1   Was die Zahlen sind? – Die Bedeutungen der Zahlzeichen; und die Untersuchung dieser Bedeutung ist die Untersuchung der Grammatik der Zahlzeichen.

5.140.2.1 2   Wir suchen nicht nach einer Definition des Zahl-Begriffs, sondern nach einer Klärung der Grammatik des Wortes „Zahl" und der Zahlwörter. /, sondern versuchen eine Darlegung der Grammatik des Wortes „Zahl" und der Zahlwörter./

5.88.2.1 3   Es gibt unendlich viele Kardinalzahlen, weil wir dieses unendliche System konstruieren und es das der Kardinalzahlen nennen. Es gibt auch ein Zahlensystem „1, 2, 3, 4, 5, viele" und auch eines: „1, 2, 3, 4, 5,". Und warum sollte ich das nicht auch ein System von Kardinalzahlen nennen? (und also ein endliches).

5.66.1.1 4   Daß das axiom of infinity nicht ist, wofür Russell es gehalten hat, daß es weder ein Satz der Logik, noch auch – wie es da steht – ein Satz der Physik ist, ist klar. Ob der Kalkül damit, in eine ganz andre Umgebung gebracht (in ganz anderer „Interpretation"), irgendwo eine praktische Anwendung finden könnte, weiß ich nicht.

5.66.1.2   Von den logischen Begriffen, z.B. von dem (oder: einem) der Unendlichkeit, könnte man sagen: ihre Essenz beweise ihre Existenz.

5.125.3.1 5   (Frege hätte noch gesagt: „es gibt vielleicht Völker/Menschen/, die in der Kenntnis der Kardinalzahlenreihe nicht über die 5 hinausgekommen sind (und etwa das Übrige der Reihe nur in unbestimmter Form sehen), aber diese Reihe existiert unabhängig von uns". Existiert das Schachspiel unabhängig von uns, oder nicht? –)

5.31.2.1 6   Eine sehr interessante Erwägung über die Stellung des Zahlbegriffs in der Logik ist die: Wie steht/ist/ es mit dem Zahlbegriff, wenn ein Volk keine Zahlwörter besitzt, sondern sich statt dieser immer eines Abacus bedient, etwa einer Russischen Rechenmaschine?/..... sondern sich zum Zählen, Rechnen, etc. ausschließlich eines Abacus bedient, etwa der Russischen Rechenmaschine?/

5.31.2.2   (Nichts wäre interessanter, als die Arithmetik dieser Menschen zu untersuchen und man verstünde wirklich, daß es hier keinen Unterschied zwischen 20 und 21 gibt/daß hier kein Unterschied zwischen 20 und 21 existiert/besteht//.)

5.41.2.1	1	Könnte man auch eine Zahlenart den Kardinalzahlen entgegensetzen, deren Reihe der der Kardinalzahlen ohne der 5 entspräche? Oh ja; nur wäre diese Zahlenart zu **nichts** zu brauchen, wozu die Kardinalzahlen es sind. Und die 5 fehlt diesen Zahlen nicht, wie ein Apfel, den man aus einer Kiste voller Äpfel herausgenommen/genommen/ hat und wieder hineinlegen kann, sondern die 5 fehlt dem Wesen dieser Zahlen; sie **kennen** die 5 nicht (wie die Kardinalzahlen die Zahl $\frac{1}{2}$ nicht kennen). Angewendet würden also diese Zahlen (wenn man sie so nennen will) in einem Fall, in dem die Kardinalzahlen (mit der 5) nicht mit Sinn angewendet werden könnten.
5.41.2.2		(Zeigt sich hier nicht die Unsinnigkeit des Geredes von der „Grundintuition"?)
4.28.4.1	2	Wenn die Intuitionisten von der „Grundintuition" sprechen, – ist diese ein psychologischer Prozeß? Und wie kommt er dann in die Mathematik? Oder ist, was sie meinen, nicht doch nur ein Urzeichen (im Sinne Freges); ein Bestandteil eines Kalküls?
2.252.6.1	3	So seltsam es klingt, so ist es möglich, die Primzahlen bis – sagen wir – zur 7 zu kennen und daher ein endliches System von Primzahlen zu besitzen. Und was wir die Erkenntnis nennen, daß es unendlich viele Primzahlen gibt, ist in Wahrheit die Erkenntnis eines neuen, und mit dem andern gleichberechtigten, Systems.
5.19.4.1	4	Wenn man bei geschlossenen Augen ein Flimmern sieht, unzählige Lichtpünktchen, die kommen und verschwinden, – wie man es etwa beschreiben würde – so hat es keinen Sinn, hier von einer ‚Anzahl' der zugleich gesehenen Pünktchen zu reden. Und man kann nicht sagen „es sind immer eine bestimmte Anzahl von Lichtpünktchen da, wir wissen sie bloß nicht"; dies entspräche einer Regel, die dort angewandt wird, ?wo von einer Kontrolle dieser Anzahl gesprochen werden kann?.
4.146.4.1	5	| Es hat Sinn zu sagen: Ich verteilte viele unter viele. Aber der Satz „ich konnte die vielen Nüsse nicht unter die vielen Menschen verteilen" kann nicht heißen, daß es logisch unmöglich war. Man kann auch nicht sagen: „in manchen Fällen ist es möglich, viele unter viele zu verteilen und in manchen nicht"; denn darauf frage ich: in **welchen** Fällen ist dies möglich und in welchen unmöglich? und darauf könnte nicht mehr im Viele-System geantwortet werden. |
5.11.1.1	6	Von einem Teil meines Gesichtsfeldes zu sagen, er habe keine Farbe, ist Unsinn; ebenso – natürlich auch – zu sagen, er habe Farbe (oder, eine Farbe). Wohl aber/Anderseits/ hat es Sinn zu sagen, er habe nur **eine** Farbe (sei einfärbig, oder **gleichfärbig**), er habe mindestens zwei Farben, nur zwei Farben, u.s.w..
5.11.1.2		Ich kann also in dem Satz „dieses Viereck in meinem Gesichtsfeld hat mindestens zwei Farben" statt „zwei" nicht „eine" substituieren. Oder auch: „das Viereck hat nur eine Farbe" heißt nicht – analog $(\exists x) \varphi x \cdot \sim(\exists x, y) \varphi x \cdot \varphi y$ – „das Viereck hat eine Farbe, aber nicht zwei Farben".

5.12.0.3   1   Ich rede hier von dem Fall, in dem/welchem/ es sinnlos ist zu sagen, „der Teil des Raumes habe/hat/ keine Farbe". Wenn ich die gleichfärbigen (einfärbigen) Flecke in dem Viereck zähle, so hat es übrigens Sinn zu sagen, es seien keine solchen vorhanden, wenn die Farbe des Vierecks sich kontinuierlich ändert. Es hat dann natürlich auch Sinn zu sagen, in dem Viereck sei „ein gleichfärbiger Fleck oder mehrere" und auch, das Viereck habe eine Farbe aber nicht zwei Farben. – Von diesem Gebrauch aber des Satzes „das Viereck hat keine Farbe" sehe ich jetzt ab und spreche von einem System, in welchem, daß eine Fläche/ein Viereck//ein Flächenstück/eine Figur// eine Farbe hat, selbstverständlich ist/genannt wird/ also, richtig ausgedrückt, in welchem dieser Satz Unsinn ist./in welchem es diesen Satz nicht gibt./ Wenn man den Satz selbstverständlich nennt, so meint man eigentlich das, was eine grammatische Regel ausdrückt/dasjenige, was eine grammatische Regel ausdrückt/, die die Form der Sätze über den Gesichtsraum, z.B., beschreibt. Wenn man nun die Zahlangabe der Farben im Viereck mit dem Satz „in dem Viereck ist eine Farbe" beginnt, dann darf das natürlich nicht der Satz der Grammatik über die „Färbigkeit" des Raumes sein.

5.12.0.4   Was meint man, wenn man sagt „der Raum ist färbig"? (Und, eine sehr interessante Frage: welcher Art ist diese Frage?) Nun, man sieht etwa zur Bestätigung herum und blickt auf die verschiedenen Farben um sich her und möchte etwa sagen: wohin ich schaue, ist eine Farbe. Oder: ?Es ist doch alles färbig, alles sozusagen angestrichen?. Man denkt sich hier die Farben im Gegensatz zu einer Art (von)? Farblosigkeit, die aber bei näherem Zusehen wieder zur Farbe wird. Wenn man übrigens zur Bestätigung sich umsieht, so schaut man vor allem auf ruhige und einfärbige Teile des Raumes und lieber nicht auf bewegte/unruhige/, unklar gefärbte (fließendes Wasser, Schatten, etc.). Muß man sich dann gestehen, daß man eben alles Farbe nennt, was man sieht, so will man es nun als eine Eigenschaft des Raumes an und für sich (nicht mehr der Raumteile) aussagen, daß er färbig sei. Das heißt aber, vom Schachspiel zu sagen, daß es das Schachspiel sei und es kann nun nur auf eine Beschreibung des Spiels hinauslaufen. Und nun kommen wir zu einer Beschreibung der räumlichen Sätze; aber ohne (eine)? Begründung, und als müßte man sie mit einer andern Wirklichkeit in Übereinstimmung bringen.

5.12.0.5   Zur Bestätigung des Satzes „der Gesichtsraum ist färbig" sieht man sich (etwa) um und sagt: das hier ist schwarz, und schwarz ist eine Farbe; das ist weiß, und weiß ist eine Farbe; u.s.w.. „Schwarz ist eine Farbe" aber faßt man so auf, wie „Eisen ist ein Metall" (oder vielleicht besser „Gips ist eine Schwefelverbindung").

5.13.0.6   Mache ich es sinnlos zu sagen, ein Teil des Gesichtsraumes habe keine Farbe, so wird die (Frage nach der) Analyse der Angabe der Zahl der Farben in einem Teil des Gesichtsraumes ganz ähnlich der, der Angabe der Zahl der Teile eines Vierecks, etwa, das ich durch Striche in begrenzte Flächenteile teile.

5.13.0.6   Auch hier kann ich es als sinnlos ansehen, zu sagen, das Viereck „bestehe aus 0 Teilen". Man kann daher nicht sagen, es bestehe „aus einem oder mehreren Teilen", oder es „habe mindestens e i n e n Teil". Denken wir uns den speziellen Fall eines Vierecks, das durch parallele Striche geteilt ist. Daß dieser Fall sehr speziell ist, macht (uns) nichts, denn wir halten ein Spiel nicht für weniger bemerkenswert, weil es nur eine sehr beschränkte Anwendung hat. Ich kann hier die Teile entweder so zählen, wie es gewöhnlich geschieht, und dann heißt es nichts, zu sagen, es seien 0 Teile vorhanden. Ich könnte aber auch eine Zählung denken, die den ersten Teil sozusagen als selbstverständlich ansieht und ihn nicht zählt oder als 0, und die nur die Teile hinzuzählt, die hinzugeteilt wurden. Anderseits könnte man sich ein Herkommen denken, nach dem, etwa?, Soldaten in Reih und Glied immer mit der Anzahl von Soldaten gezählt werden, welche über e i n e n Soldaten angetreten sind (etwa, indem die Anzahl der möglichen Kombinationen des Flügelmanns und eines andern Soldaten der Reihe angegeben werden soll). Aber auch ein Herkommen könnte existieren, wonach die Anzahl der Soldaten immer um 1 größer als die wirkliche angegeben wird. Das wäre etwa ursprünglich geschehen, um einen bestimmten Vorgesetzten über die wirkliche Zahl zu täuschen, dann aber habe es sich als Zählweise für Soldaten eingebürgert. (Akademisches Viertel). Die Anzahl der verschiedenen Farben in einer Fläche könnte auch durch die Anzahl der möglichen Kombinationen zu zwei Gliedern angegeben werden. Und dann kämen für diese Anzahl nur die Zahlen $\frac{n \cdot (n-1)}{2}$ in Betracht und es wäre dann sinnlos, von 2 oder 4 Farben in einer Fläche zu reden, wie jetzt von $\sqrt{2}$ oder i Farben. Ich will sagen, daß nicht die Kardinalzahlen wesentlich primär und die – nennen wir's – Kombinationszahlen 1, 3, 6, 10, etc. sekundär sind. Man könnte auch eine Arithmetik der Kombinationszahlen konstruieren und diese wäre in sich so geschlossen, wie die Arithmetik der Kardinalzahlen. Aber ebenso natürlich kann es eine Arithmetik der geraden Zahlen oder der Zahlen 1, 3, 4, 5, 6, 7..... geben. Es ist natürlich das Dezimalsystem zur Schreibung dieser Zahlenarten ungeeignet.

5.15.1.1   1   Denken wir uns eine Rechenmaschine, die, anstatt mit Kugeln, mit Farben in einem Streifen rechnet. Und während wir jetzt auf unserm Abacus mit Kugeln, oder den Fingern, die Farben in einem Streifen zählen, so würden wir dann die Kugeln auf einer Stange, oder die Finger an unserer Hand, mit Farben in einem Streifen zählen. Wie aber müßte diese Farbenrechenmaschine konstruiert sein, um funktionieren zu können? Wir brauchten ein Zeichen dafür, daß keine Kugeln an der Stange sitzen. Man muß sich den Abacus als ein Gebrauchsinstrument denken und als Mittel der Sprache. Und, so wie man etwa 5 durch die fünf Finger einer Hand darstellen kann (man denke an eine Gebärdensprache), so würde man es durch den Streifen mit 5 Farben darstellen. Aber für die 0 brauche ich ein Zeichen, sonst habe ich die nötige Multiplizität nicht. Nun, da kann ich entweder die Bestimmung treffen, daß die Farbe/Fläche/ schwarz die 0 bezeichnen soll (dies ist natürlich willkürlich und die einfärbige rote Fläche täte es ebensogut); oder aber die einfärbige Fläche soll 0 bezeichnen, die zweifärbige 1, etc.. Es ist ganz gleichgültig, welche Bezeichnungsweise ich wähle. Und man sieht hier, wie sich die Mannigfaltigkeit der Kugeln auf die Mannigfaltigkeit der Farben in einer Fläche projiziert.

5.37.3.1	1	Es hat keinen Sinn, von einem schwarzen Zweieck im weißen Kreis zu reden; und dieser Fall ist analog dem: es ist sinnlos zu sagen, das Viereck bestehe aus 0 Teilen (keinem Teil).
5.37.3.2		Hier haben wir etwas, wie eine untere Grenze des Zählens, noch ehe wir die Eins erreichen.
5.37.2.1	2	
5.37.4.1		
5.37.4.2		

```
                                        ┌──┐   ──    0
  ┌──┐   ┌ · ┐   ┌·┐   ┌  ·  ┐   ┌─┬──┐   1
  ┌──┐   ┌· ·┐   ┌··┐  ┌ · · ┐   ┌─┬─┬┐   2
  ┌──┐   ┌···┐   ┌···┐ ┌· · ·┐   ┌─┬─┬─┐  3
  ┌──┐   ┌····┐  ┌····┐┌·····┐   ┌─┬─┬─┬┐ 4
    I      II      III     IV       V
```

Ist Teile Zählen in I das Gleiche, wie Punkte Zählen in IV? Und worin besteht der Unterschied? Man kann das Zählen der Teile in I auffassen als ein Zählen von Vierecken. Dann kann man aber auch sagen „in dieser Zeile ist kein Viereck"; und dann zählt man nicht Teile. Es beunruhigt uns die Analogie zwischen dem Zählen der Punkte und der Teile, und das Versagen dieser Analogie.

5.37.4.3 Darin, die ungeteilte Fläche als „Eins" zu zählen, ist etwas Seltsames; dagegen finden wir keine Schwierigkeit darin, die einmal geteilte als Bild der 2 zu sehen. Man möchte hier viel lieber zählen „0, 2, 3, etc.". Und dies entspricht der Satzreihe: „das Viereck ist ungeteilt", „das Viereck ist in 2 Teile geteilt", etc..

5.38.4.2. 3 Das Natürlichste ist, die Reihe der Schemata \/ aufzufassen als
    A   Und hier kann man nun das erste Schema mit ‚0'
    A B bezeichnen, das zweite mit ‚1', das dritte aber etwa mit ‚3',
    A B C wenn man an alle möglichen Unterschiede denkt, und das
    A B C D vierte mit ‚6'. Oder man nennt das dritte Schema ‚2' (wenn
    etc.. man sich bloß um eine Anordnung kümmert) und das
          vierte ‚3'.

5.39.1.1 4 Man kann die Teilgkeit des Vierecks [▱] beschreiben, indem man sagt: es ist in fünf/5/ Teile geteilt, oder: es sind 4 Teile davon abgetrennt worden, oder: es hat das Teilungsschema ABCDE, oder: man kommt durch alle Teile, indem man 4 Grenzen passiert, oder: das Viereck ist geteilt (d.h. in 2 Teile), der eine Teil wieder geteilt und beide Teile dieser Teilung geteilt, – etc..

5.39.1.2 Ich will zeigen, daß nicht nur eine Methode besteht, die Teilgkeit zu beschreiben.

5.39.4.1 5 Man wird sich aber vielleicht auch enthalten, den Unterschied überhaupt mit einer Zahl zu bezeichnen, sondern sich ganz an die Schemata A, AB, ABC, etc. halten. Oder es auch so schreiben:
1, 12, 123, etc., oder, was auf das gleiche hinauskommt: 0, 01, 012, etc..

5.39.4.2 Diese kann man sehr wohl auch Zahlzeichen nennen.

5.39.5.1 6 Die Schemata: A, AB, ABC, etc.; 1, 12, 123, etc.; I, II, III, etc.; □, □, □, □, etc.; 0, 1, 2, 3, etc.; 1, 2, 3, etc.; 1, 12, 121323, etc.; etc. – sind alle gleich fundamental.

5.40.2.3	1	Man wundert sich nun darüber, daß das Zahlenschema, mit welchem man Soldaten in einer Kaserne zählt, nicht auch für die Teile eines Vierecks gelten soll. Aber das Schema der Soldaten in der Kaserne ist ▢, ▢▢, ▢▢▢, das der Teile des Vierecks ▢, ▯▯, ▯▯▯. Keines ist im Vergleich zum andern primär.
5.41.1.2	2	Ich kann die Reihe der Teilungsschemata sowohl mit der Reihe 1, 2, 3, etc. als auch mit der Reihe 0, 1, 2, 3, etc. vergleichen.
5.41.1.3		Zähle ich die Teile, so gibt es in meiner Zahlenreihe keine 0, denn die Reihe fängt mit e i n e m Buchstaben an, während die Reihe ▢, ·, · ·, etc. nicht mit e i n e m Punkt anfängt. Ich kann dagegen auch mit dieser Reihe alle Tatsachen der Teilung darstellen, nur „zähle ich dann nicht die Teile".

5.42.2.3	3	Unrichtig ausgedrückt, aber so, wie man es zunächst ausdrücken würde, lautet das Problem: „warum kann man sagen ‚es gibt 2 Farben auf dieser Fläche' und nicht ‚es gibt e i n e Farbe auf dieser Fläche'?" Oder: wie muß ich die grammatische Regel ausdrücken, daß ich nicht mehr versucht bin Unsinniges zu sagen, und daß sie mir selbstverständlich ist? Wo liegt der falsche Gedanke, die falsche Analogie, durch die ich verführt werde, die Sprache unrichtig zu gebrauchen? Wie muß ich die Grammatik darstellen, daß diese Versuchung wegfällt? Ich glaube, daß die Darstellung durch die Reihen A und ▢ die Unklarheit hebt.
		           A B ·
		           A B C · ·
		           u.s.w. u.s.w.

5.42.2.4		Es kommt alles darauf an, ob ich mit einer Zahlenreihe zähle, die mit 0 anfängt, oder mit einer, die mit 1 anfängt.
5.42.2.5		So ist es auch, wenn ich die Längen von Stäben, oder die Größen von Hüten zähle.
5.42.2.6		Wenn ich mit Zählstrichen zähle, so könnte ich sie dann so schreiben: I, ⫽, ⫽⫽, ⫽⫽, um zu zeigen, daß es auf den Richtungs u n t e r s c h i e d ankommt und der einfache Strich der 0 entspricht (d.h. der Anfang ist).
4.81.3.1	4	Es hat hier übrigens mit den Zahlzeichen (1), ((1) + 1), etc. eine gewisse Schwierigkeit: Nämlich die, daß wir sie nach einer gewissen Länge nicht mehr unterscheiden können, ohne die Striche zu zählen, also ohne die Zeichen in a n d e r e zu übersetzen. „IIIIIIIIIII" und „IIIIIIIIIII" kann man nicht in dem Sinne unterscheiden – sie sind also nicht in demselben Sinn verschiedene Zeichen – wie „10" und „11". Übrigens würde dasselbe natürlich auch im Dezimalsystem geschehen (denken wir an die Zahlen 1111111111 und 11111111111), aber das ist nicht ohne Bedeutung. –

4.82.1.1	1	Denken wir uns den Fall, es gäbe uns Einer eine Rechenaufgabe in der Strichnotation, etwa: ||||||||||| + |||||||||| und während wir rechneten machte er sich den Spaß, Striche, ohne daß wir es bemerkten, wegzuwischen und dazuzugeben. Er würde uns dann immer sagen „die Rechnung stimmt ja nicht" und wir würden sie immer von neuem durchlaufen, stets zum Narren gehalten. – Ja, strenggenommen, ohne den Begriff eines Kriteriums der Richtigkeit der Rechnung. –
4.82.2.1		Hier könnte man nun Fragen aufwerfen, wie die: Ist es nun nur sehr wahrscheinlich, daß 464 + 272 = 736 ist? Und ist also nicht auch 2 + 3 = 5 nur sehr wahrscheinlich? Und was/wo/ ist denn die objektive Wahrheit, der sich diese Wahrscheinlichkeit nähert? D.h., wie bekommen wir denn einen Begriff davon, daß 2 + 3 eine gewisse Zahl wirklich ist, abgesehen von dem, was sie? uns zu sein scheint? –
4.82.3.1	2	Wenn man nämlich fragen würde: was ist das Kriterium in der Strichnotation, daß wir zweimal das gleiche Zahlzeichen vor uns haben? – Die Antwort könnte sein: „wenn es beidemale gleich aussieht", oder „wenn es beidemale die gleiche Anzahl von Strichen enthält". Oder soll es heißen: wenn eine 1 → 1 Zuordnung etc. möglich ist?
4.237.1.1	3	Wie kann ich wissen, daß |||||||| und |||||||| dasselbe Zeichen sind? Es genügt doch nicht, daß sie ähnlich ausschauen. Denn es ist nicht die ungefähre Gleichheit der Gestalt, was die Identität der Zeichen ausmachen darf, sondern gerade eben die Zahlengleichheit.
4.109.9.1 4.109.9.2	4	| Das Problem der Unterscheidung von 1 + 1 + 1 + 1 + 1 + 1 + 1 und 1 + 1 + 1 + 1 + 1 + 1 + 1 + 1 ist viel wichtiger/fundamentaler/, als es auf den ersten Blick scheint. Es handelt sich um den Unterschied zwischen physikalischer und visueller Zahl. |

116

2 + 2 = 4.

2.200.7.1   1   Die Kardinalzahl ist eine interne Eigenschaft einer Liste.

4.235.2.1   2   Hat die Anzahl wesentlich etwas mit einem Begriff zu tun? Ich glaube, das kommt darauf hinaus, zu fragen, ob es einen Sinn hat, von einer Anzahl von Gegenständen zu reden, die nicht unter einen Begriff gebracht sind. Hat es z.B. Sinn zu sagen „a, b und c sind drei Gegenstände"? – Es ist allerdings ein Gefühl vorhanden, das uns sagt: Wozu von Begriffen reden, die Zahl hängt ja nur vom Umfang des Begriffes ab, und wenn der einmal bestimmt ist, so kann der Begriff sozusagen abtreten. Der Begriff ist nur eine Methode/nur ein Hilfsmittel/, um einen Umfang zu bestimmen, der Umfang aber ist selbständig und in seinem Wesen unabhängig vom Begriff; denn es kommt ja auch nicht darauf an, durch welchen Begriff wir den Umfang bestimmt haben. Das ist das Argument für die extensive Auffassung. Dagegen kann man zuerst sagen: Wenn der Begriff wirklich nur ein Hilfsmittel ist, um zum Umfang zu gelangen, dann hat der Begriff in der Arithmetik nichts zu suchen; dann muß man eben die Klasse gänzlich von dem zufällig mit ihr verknüpften Begriff scheiden. Im entgegengesetzten Fall aber ist der vom Begriff unabhängige Umfang nur eine Chimäre und dann ist es besser, von ihm überhaupt nicht zu reden, sondern nur vom Begriff.

4.236.0.2   Das Zeichen für den Umfang eines Begriffes ist eine Liste. Man könnte – beiläufig – sagen: die Zahl/Anzahl/ ist die externe Eigenschaft eines Begriffs und die interne seines Umfangs (der Liste der Gegenstände, die unter ihn fallen). Die Anzahl ist das Schema eines Begriffsumfangs. D.h.: Die Zahlangabe ist, wie Frege sagte, die Aussage über einen Begriff (ein Prädikat). Sie bezieht sich nicht auf einen Begriffsumfang, d.i. auf eine Liste, die etwa der Umfang eines Begriffes sein kann. Aber die Zahlangabe über einen Begriff ist ähnlich dem Satz, welcher aussagt, daß eine bestimmte Liste der Umfang dieses Begriffs sei. Von so einer Liste wird Gebrauch gemacht, wenn ich sage: „a, b, c, d fallen unter den Begriff F(x)". „a, b, c, d" ist die Liste. Natürlich sagt der Satz nichts anderes, als Fa · Fb · Fc · Fd; aber er zeigt, mit Hilfe der Liste geschrieben, seine Verwandtschaft mit
„(∃x, y, z, u) Fx · Fy · Fz · Fu", welches wir kurz „(∃||||x) · F(x)" schreiben können.

4.236.0.3   Die Arithmetik hat es mit dem Schema |||| zu tun. – Aber redet denn die Arithmetik von Strichen, die ich mit Bleistift auf Papier mache? – Die Arithmetik redet nicht von den Strichen, sie operiert mit ihnen.

2.235.1.1   3   Die Zahlangabe enthält nicht immer eine Verallgemeinerung oder Unbestimmtheit: „Die Strecke AB ist in 2 (3, 4, 5, etc.) gleiche Teile geteilt".

| 5.6.1.1 | 1 | Wenn man wissen will, was „2 + 2 = 4" heißt, muß man fragen, wie wir es (erhalten), es? ausrechnen. Wir betrachten dann den Vorgang der Berechnung als das Wesentliche, und diese Betrachtungsweise ist die des gewöhnlichen Lebens, wenigstens, was die Zahlen anbelangt, für die wir eine Ausrechnung bedürfen. Wir dürfen uns ja nicht schämen, die Zahlen/Ziffern/ und Rechnungen so aufzufassen, wie sie die alltägliche Arithmetik jedes Kaufmanns auffaßt. Wir rechnen dann 2 + 2 = 4 und überhaupt die Regeln des kleinen Einmaleins gar nicht aus, sondern nehmen sie – sozusagen als Axiome – an und rechnen nur mit i h r e r H i l f e. Wir könnten aber natürlich auch 2 + 2 = 4 ausrechnen und die Kinder tun es auch durch Abzählen. Gegeben die Ziffernfolge 1 2 3 4 5 6, ist die Ausrechnung: 1 $\underline{2}$ 1 $\underline{2}$
    1 2 3 $\underline{4}$. |

| 5.7.3.1 | 2 | Definitionen zur Abkürzung:
(∃x) φx : ~(∃x, y) φx · φy $\stackrel{\text{Def}}{=}$ (Ex) φx
(∃x, y) φx · φy : ~(∃x, y, z) φx · φy · φz $\stackrel{\text{Def}}{=}$ (Ex, y) φx · φy
u.s.w.
(Ex) φx $\stackrel{\text{Def}}{=}$ (E I x) φx
(Ex, y) φx · φy = (E I I x) φx = (E 2x) φx
u.s.w. |

5.7.4.1	3	Man kann zeigen daß (E I I x) φx · (E I I I x) · ψx · $\underbrace{\text{~(∃x) φx · ψx}}_{\text{Ind.}}$.⊃. (E I I I I I x) φx ∨ ψx eine Tautologie ist.
5.7.4.2		Hat man damit den arithmetischen Satz 2 + 3 = 5 demonstriert? Natürlich nicht. Man hat auch nicht gezeigt, daß (E I I x) φx · (E I I I x) ψx . Ind. .⊃. (E I I + I I I x) φx · ψx tautologisch ist, denn von einer Summe „I I + I I I" war in unsern Definitionen noch/ja/ gar keine Rede. (Ich werde die Tautologie zur Abkürzung in der Form „E I I · E I I I ⊃ E I I I I I" schreiben.) Wenn nun die Frage ist, welche Anzahl von Strichen rechts von „⊃" bei gegebener linker Seite das Ganze zu einer Tautologie machen, so kann man diese Zahl finden, man kann auch finden, daß sie im vorigen Fall I I + I I I ist, aber genausogut, daß sie I + I I I I oder I + I I I + I ist, denn sie ist dies alles. Man kann aber auch eine Induktion finden, die zeigt, daß – algebraisch ausgedrückt – E n · E m .⊃. E n + m tautologisch wird. Dann habe ich z.B. ein Recht E 17 · E 28 .⊃. E 17 + 28 als Tautologie anzusehen. Aber ist nun dadurch die Gleichung 17 + 28 = 45 gegeben? Durchaus nicht! Dies muß ich mir vielmehr nun erst ausrechnen. Es hat nun auch Sinn, nach dieser allgemeinen Regel E 2 · E 3 ⊃ E 5 als Tautologie hinzuschreiben; wenn ich, (sozusagen), noch nicht weiß, was 2 + 3 ergeben wird; denn 2 + 3 hat nur sofern Sinn, als es noch ausgerechnet werden muß.
5.7.4.3		Daher hat die Gleichung I I + I I I = I I I I I nur dann einen Witz, wenn das Zeichen „I I I I I" so wiedererkannt wird, wie das Zeichen „5"; nämlich unabhängig von der Gleichung.

| 5.8.2.1 | 1 | Mein Standpunkt unterscheidet sich dadurch von dem der Leute, die heute über die Grundlagen der Arithmetik schreiben, daß ich es nicht nötig habe, einen bestimmten Kalkül, z.B. den des Dezimalsystems, zu verachten. Einer ist für mich so gut wie der andere. Einen besondern Kalkül gering zu achten ist so, als wollte man Schach spielen ohne wirkliche Figuren, weil das zu wenig abstrakt, zu speziell sei. Soweit es auf die Figuren **nicht** ankommt, sind eben die einen so gut wie die andern. Und soweit ein Spiel sich von dem andern doch unterscheidet, ist eben ein Spiel so gut, d.h. so interessant, wie das andere. Keines aber ist sublimer als das andre./Und soweit die Spiele sich doch voneinander unterscheiden, ist eben ...../ |

5.8.3.1	2	Welches ist der Beweis von E		· E			.⊃. E					, der der Ausdruck unseres Wissens ist, daß dies ein richtiger logischer Satz ist?
5.8.3.2		Er macht offenbar davon Gebrauch, daß man (∃x).... als logische Summe behandeln kann. Wir übersetzen etwa von dem Symbolismus
5.8.3.3		⊠⊠ („wenn in jedem Quadrat ein Stern ist, so sind zwei im ganzen? Rechteck") in den Russell'schen. Und es ist nicht, als gäben wir mit der Tautologie in dieser Schreibweise einer Meinung Ausdruck, die uns plausibel erscheint und (die)? der Beweis dann bestätigt; sondern, was uns plausibel erscheint ist, daß dieser Ausdruck eine Tautologie (ein Gesetz der Logik) ist.

| 5.10.3.1 | 3 | Die Reihe von Sätzen
$$(\exists x) : aRx \cdot xRb$$
$$(\exists x, y) : aRx \cdot xRy \cdot yRb$$
$$(\exists x, y, z) : aRx \cdot xRy \cdot yRz \cdot zRb$$
u.s.f.
kann man sehr wohl so ausdrücken:
  „es gibt ein Glied zwischen a und b"
  „es gibt zwei Glieder zwischen a und b"
u.s.w.
und kann das etwa schreiben $(\exists 1x)\, aRxRb$, $(\exists 2x)\, aRxRb$, etc.. Es ist aber klar, daß zum Verständnis dieser Ausdrücke die obere Erklärung nötig ist, weil man sonst nach Analogie von $(\exists 2x) \cdot \varphi x = (\exists x, y)\, \varphi x \cdot \varphi y$ glauben könnte $(\exists 2x)\, aRxRb$ sei gleichbedeutend einem Ausdruck $(\exists x, y)\, aRxRb \cdot aRyRb$. |

| 5.10.3.2 | | Ich könnte natürlich auch statt „$(\exists x, y)\, F(x, y)$" schreiben „$(\exists 2x, y)\, F(x, y)$". Aber die Frage wäre nun: was habe ich dann unter „$(\exists 3x, y)\, F(x, y)$" zu verstehen? Aber hier läßt sich eine Regel geben; und zwar brauchen wir eine, die uns in der Zahlenreihe beliebig weiterführt. Z.B. die:
$$(\exists 3x, y)\, F(x, y) = (\exists x, y, z) : F(x, y) \cdot F(x, z) \cdot F(y, z)$$
$$(\exists 4x, y)\, F(x, y) = (\exists x, y, z, n) : F(x, y) \cdot F(x, z) \cdot \ldots$$ es folgen die Kombinationen zu zwei Elementen. U.s.f.. Es könnte aber auch definiert werden:
$$(\exists 3x, y) \cdot F(x, y) = (\exists x, y, z)\, F(x, y) \cdot F(y, x) \cdot F(x, z) \cdot F(z, x) \cdot F(y, z) \cdot F(z, y)$$
u.s.f..
„$(\exists 3x) \cdot F(x, y)$" entspräche etwa dem Satz der Wortsprache „$F(x, y)$ wird von 3 Dingen befriedigt" und auch dieser Satz bedürfte einer Erklärung um eindeutig zu werden. |

| 5.11.0.3 | Soll ich nun sagen, daß in den/diesen/ verschiedenen Fällen das Zeichen „3" eine andere/verschiedene/ Bedeutung hat? Drückt nicht vielmehr das Zeichen „3" das aus, was den verschiedenen Interpretationen gemeinsam ist? Warum hätte ich es sonst gewählt. Es gelten ja auch die gleichen Regeln von dem Zeichen „3" in dieser wie/und/ in jener Verwendung/in jedem dieser Zusammenhänge/. Es ist nach wie vor durch 2 + 1 zu ersetzen; etc.. Allerdings aber ist ein Satz nach dem Vorbild von E|| · E||| ⊃ E||||| nun keine Tautologie. Zwei Menschen, die miteinander in Frieden leben und drei weitere Menschen, die miteinander in Frieden leben geben nicht fünf Menschen, die miteinander in Frieden leben. Aber das heißt nicht, daß nun 2 + 3 nicht 5 ist. Vielmehr läßt sich die Addition nur nicht so anwenden. Denn man könnte sagen: 2 Menschen, die ..... und 3 Menschen, die .... und von denen jeder mit jedem der ersten Gruppe in Frieden lebt = 5 Menschen die ..... |
| 5.11.0.4 | Mit andern Worten die Zeichen von der Form (∃1x, y) F(x, y), (∃2x, y) F(x, y), etc. haben die Multiplizität der Kardinalzahlen, wie die Zeichen (∃1x) φx, (∃2x) φx, etc. und wie auch die Zeichen (E1x) φx, (E2x) φx, etc.. |

5.62.1.1   1   „Es gibt nur 4 rote Dinge, aber die bestehen nicht aus 2 und 2, weil es keine Funktion gibt, die sie zu je zweien unter einen Hut bringt". Das hieße, den Satz 2 + 2 = 4 etwa so auffassen: Wenn auf einer Fläche 4 Kreise zu sehen sind, so haben je 2 von ihnen immer eine bestimmte Eigentümlichkeit miteinander gemein; sagen wir etwa ein Zeichen innerhalb des Kreises. (Dann sollen natürlich auch je 3 der Kreise ein Zeichen gemeinsam haben, etc..) Denn, wenn ich überhaupt etwas über die Wirklichkeit annehme, warum nicht d a s ? Das „axiom of reducibility" ist wesentlich von keiner andern Art. In diesem Sinne könnte man sagen, daß zwar 2 und 2 immer 4 ergeben, aber 4 nicht immer aus 2 und 2 besteht. (Nur durch die gänzliche Vagueheit und Allgemeinheit des Reduktionsaxioms werden wir zu dem Glauben verleitet, als handle es sich hier/es handle sich hier/ – wenn überhaupt um einen sinnvollen Satz – um mehr, als eine willkürliche Annahme, zu der kein Grund vorhanden ist. Drum ist es hier und in allen ähnlichen Fällen äußerst klärend, diese Allgemeinheit, die die Sache ja doch nicht mathematischer macht, ganz fallen zu lassen und statt ihrer ganz spezialisierte Annahmen zu machen.)

5.62.2.1   2   Man möchte sagen: 4 muß nicht immer aus 2 und 2 bestehen, aber es kann, wenn es wirklich aus Gruppen besteht, aus 2 und 2 wie aus 3 und 1, etc., bestehen; aber nicht aus 2 und 1, oder 3 und 2, etc.; und so bereiten wir eben alles für den Fall vor, daß 4 in Gruppen zerlegbar ist. Aber dann hat es eben die Arithmetik gar nicht mit der wirklichen Zerlegung zu tun, sondern nur mit jener Möglichkeit der Zerlegung. Die Behauptung könnte ja auch die sein, daß von einer Gruppe von 4 Punkten auf dem Papier immer je 2 durch einen Strich verbunden sind. /Die Behauptung könnte ja auch die sein, daß, wenn immer ich eine Gruppe von 4 Punkten auf einem Papier sehe, je 2 von ihnen durch eine Klammer verbunden sind./

5.62.2.2   Oder: um je 2 solche Gruppen von 2 Punkten sei in der Welt immer ein Kreis gezogen.

5.62.3.1 1 Dazu kommt nun, daß, z.B., die Aussage, daß in einem weißen Viereck 2 schwarze Kreise zu sehen sind, nicht die Form „$(\exists x, y)$ etc." hat. Denn, gebe ich den Kreisen Namen, dann beziehen sich diese Namen gerade auf die Orte der Kreise und ich kann nicht von ihnen sagen, sie seien entweder in dem einen oder dem andern Viereck. Ich kann wohl sagen: „in beiden Vierecken zusammen sind 4 Kreise", aber das heißt nicht, daß ich von jedem einzeln sagen kann, daß er im einen oder andern Viereck sei. Denn der Satz „dieser Kreis ist in diesem Viereck" ist im angenommenen Fall sinnlos.

5.63.1.1 2 Was bedeutet nun der Satz „in den 2 Vierecken zusammen sind 4 Kreise"? Wie konstatiere ich das? Indem ich die Zahlen in beiden addiere? Die Zahl der Kreise in beiden Vierecken zusammen bedeutet also dann das Resultat der Addition der beiden Zahlen. – Oder ist es etwa das Resultat einer besondern/eigenen/ Zählung, die durch beide Vierecke geht; oder die Zahl von Strichen, die ich erhalte, wenn ich einen Strich einem Kreis zuordne, ob er nun in einem oder im andern Viereck ist. Man kann nämlich sagen: „jeder Strich ist

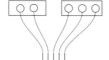

entweder einem Kreis zugeordnet, der in dem einen, oder einem Kreis, der in dem andern Viereck steht"; aber nicht: „dieser Kreis steht entweder in diesem oder im andern Viereck", wenn „dieser Kreis" eben durch seine Lage charakterisiert ist. Dies kann nur dann hier sein, wenn „dies" und „hier" nicht dasselbe bedeuten. Dagegen kann dieser Strich einem Kreis in diesem Viereck zugeordnet sein, denn er bleibt dieser Strich, auch wenn er einem Kreis im andern Viereck zugeordnet ist.

5.63.2.1 3   Sind in diesen beiden Kreisen zusammen 9 Punkte oder 7? Wie man es gewöhnlich versteht, 7. Aber muß ich es so verstehen? Warum soll ich nicht die Punkte, die beiden Kreisen gemeinsam angehören, doppelt zählen:

5.63.2.2 Anders ist es, wenn man fragt: „wieviel Punkte sind innerhalb der stark ausgezogenen Grenze?" Denn hier kann ich sagen: es sind 7, in dem Sinne, in welchem in den Kreisen 5 und 4 sind.

5.63.3.1 4 Man könnte nun sagen: die Summe von 4 und 5 nenne ich die Zahl, welche die unter den Begriff $\varphi x \vee \psi x$ fallenden Gegenstände haben, wenn $(E4x) \varphi x \cdot (E5x) \psi x \cdot$ Ind. der Fall ist. Und zwar heißt das (nun)? nicht, daß die Summe von 4 und 5 nur in der Verbindung mit Sätzen von der Art $(\exists 4x) \cdot \varphi x$ etc. verwendet werden darf, sondern es heißt: Wenn Du die Summe von n und m bilden willst, setze die Zahlen links von „. $\supset$." in die Form $(\exists nx) \varphi x \cdot (\exists mx) \psi x$ etc. ein, und die Zahl, die rechts stehen muß, um aus dem ganzen Satz/Ausdruck/ eine Tautologie zu machen, ist die Summe von m und n. Dies ist also eine Additionsmethode, und zwar eine äußerst umständliche.

5.63.4.1 5 Vergleiche: „Wasserstoff und Sauerstoff geben zusammen Wasser" – „2 Punkte und 3 Punkte geben zusammen 5 Punkte".

| 5.64.1.1 | 1 | Bestehen denn z.B. 4 Punkte in meinem Gesichtsfeld, die ich „als 4", nicht „als 2 und 2 sehe", aus 2 und 2? Ja, was heißt das? Soll es heißen, ob sie in irgendeinem Sinne in Gruppen von je 2 Punkten geteilt waren? Gewiß nicht. (Denn dann müßten sie ja wohl auch in allen andern denkbaren Weisen geteilt sein.) Heißt es, daß sie sich in Gruppen von 2 und 2 teilen l a s s e n ? also, daß es S i n n h a t, von solchen Gruppen in den vieren zu reden? – Jedenfalls entspricht doch das dem Satz „2 + 2 = 4", daß ich nicht sagen kann, die Gruppe der 4 Punkte, die ich gesehen habe, habe aus getrennten Gruppen von 2 und 3 Punkten bestanden. Jeder wird sagen: das ist unmöglich, d e n n 3 + 2 = 5. (Und „unmöglich" heißt hier „unsinnig".) |

5.64.2.1 2 „Bestehen 4 Punkte aus 2 und 2" kann eine Frage nach einer physikalischen oder optischen/visuellen/ Tatsache sein; dann ist es nicht die Frage der Arithmetik. Die arithmetische Frage könnte aber allerdings in der Form gestellt werden: „K a n n eine Gruppe von 4 Punkten aus getrennten Gruppen von je 2 Punkten bestehen".

5.66.2.1 3 „Angenommen, ich glaubte, es gäbe überhaupt nur eine Funktion und die 4 Gegenstände, die sie befriedigen. Später komme ich darauf, daß sie noch von einem fünften Ding befriedigt wird; ist jetzt das Zeichen ‚4' sinnlos geworden?" – Ja, wenn i m K a l k ü l die 4 nicht existiert, dann ist ‚4' sinnlos./Ja, wenn es i m K a l k ü l die 4 nicht gibt, dann ist ‚4'/sie?/ sinnlos./

5.66.3.1 4 Wenn man sagt, es wäre möglich, mit Hilfe der Tautologie
$$(E2x)\varphi x \cdot (E3x)\psi x \cdot \text{Ind.} \supset (E5x)\varphi x \vee \psi x \ldots \quad A)$$
zu addieren, so wäre das folgendermaßen zu verstehen: Zuerst ist es möglich, nach gewissen Regeln herauszufinden, daß
$$(Ex)\varphi x \cdot (Ex)\psi x \cdot \text{Ind.} \supset (Ex,y)\varphi x \vee \psi x \vee \varphi y \vee \psi y \text{ tautologisch ist.}$$
$(Ex)\varphi x$ ist eine Abkürzung für
$$(\exists x)\varphi x \cdot \sim (\exists x,y)\varphi x \cdot \varphi y.$$
Ich werde ferner Tautologien der Art A zur Abkürzung so schreiben: $(E\ )(E\ ) \supset (E\ )$

5.67.0.2 So geht also aus den Regeln hervor, daß $(Ex)(Ex) \supset (Ex,y)$, $(Ex,y)(Ex) \supset (Exyz)$ und andere Tautologien. Ich schreibe „und andere" und nicht „u.s.w. ad inf.", weil man mit diesem Begriff noch nicht operieren muß.

4.81.2.1 5 Als die Zahlen im Dezimalsystem hingeschrieben waren, gab es Regeln, nämlich die der Addition für je zwei Zahlen von 0 bis 9, und die reichten mir, entsprechend angewandt, für Additionen aller Zahlen aus. Welche Regel entspricht nun diesen Elementarregeln? Es ist offenbar, daß wir uns in einer Rechnung wie σ weniger Regeln merken brauchen als in 17 + 28. Ja, wohl nur e i n e allgemeine und gar keine der Art 3 + 2 = 5. Im Gegenteil, wieviel 3 + 2 ist, scheinen wir jetzt a b l e i t e n, ausrechnen zu können.

4.81.5.1 6 Die Aufgabe ist 2 + 3 = ? und man schreibt
    1, 2, 3, 4, 5̲, 6, 7.
    1, 2; 1, 2, 3
So rechnen Kinder tatsächlich, wenn sie „abzählen". (Und dieser Kalkül muß so gut sein wie ein anderer.)

| 4.82.6.1 | 1 | Es ist übrigens klar, daß das Problem, ob $5 + (4 + 3) = (5 + 4) + 3$ ist, sich so lösen läßt: $\underbrace{|||||||||||||}_{\overset{5\quad 4\quad 3}{}}$ denn diese Konstruktion hat genau die Multiplizität jedes andern Beweises dieses Satzes. |

| 4.83.1.1 | 2 | A B C D E F G H I J K L M N O   Wenn ich die Zahl nach
| | | A B C D E, A B C D . . . . . .   ihrem letzten Buchstaben nenne, so
| | | A   .   I, A B C   beweist das, daß
| | | A   .   L $(E + D) + C = E + (D + C) = L$.
| 4.83.2.1 | | .   A B C D, A B C   Diese Form des Beweises ist
| | | .   A   G   gut, weil sie deutlich zeigt, daß das
| | | A   .   E, A   G   Ergebnis wirklich errechnet ist und
| | | A   L   weil man aus ihr doch auch wieder
| | | den allgemeinen Beweis
| | | herauslesen kann.

| 4.83.3.1 | 3 | Es ist hier eine gute Mahnung – so seltsam sie klingt –: treibe hier? nicht Philosophie, sondern Mathematik. |

| 5.67.0.2 | 4 | Unser Kalkül braucht überhaupt noch nichts von der Bildung einer Reihe ‚(Ex)', ‚(Exy)', ‚$(Exyz)$', etc. zu wissen, sondern kann einfach einige, etwa 3, dieser Zeichen einführen, ohne das „u.s.w.". Wir können nun einen Kalkül mit einer endlichen Reihe von Zeichen einführen, indem wir eine Reihenfolge gewisser Zeichen festsetzen, etwa die der Buchstaben des Alphabets, und schreiben:

$(Ea) (Ea) \supset (Eab)$
$(Eab) (Ea) \supset (Eabc)$
$(Eab) (Eab) \supset (Eabcd)$
u.s.w. bis zum z.

Die rechte Seite (rechts vom „$\supset$") kann man dann aus der linken durch einen Kalkül der Art finden:

$$\begin{array}{c} a \quad b \quad c \quad d \quad e \quad f \ldots \ldots z \\ a \quad b \quad - \quad - \quad - \\ \hline - \quad - \quad a \quad b \quad c \\ a \quad b \quad c \quad d \quad e \end{array} \quad B)$$

Dieser Kalkül ergäbe sich aus den Regeln zur Bildung der Tautologien als eine Vereinfachung. – Dieses Gesetz der Bildung eines Reihenstückes aus zwei andern vorausgesetzt, kann ich für das erste nun die Bezeichnung „Summe der beiden andern" einführen und also definieren:

$a + a \overset{\text{Def}}{=} a b$
$a + a b \overset{\text{Def}}{=} a b c$
u.s.w. bis z.

Hätte man an einigen Beispielen die Regel des Kalküls B erklärt, so könnte man auch diese Definitionen als Spezialfälle einer allgemeinen Regel betrachten und nun Aufgaben stellen von der Art:
     „a b c + a b = ?".
Es liegt nun nahe, die Tautologie
α) $(E\,ab)\,(E\,ab) \supset (E\,abcd)$ mit der Gleichung
β) $ab + ab = abcd$ zu verwechseln. – Aber diese ist eine Ersetzungsregel, jene ist keine Regel, sondern eben eine Tautologie. Das Zeichen „$\supset$" in α entspricht in keiner Weise dem „$=$" in β. |

| 5.67.0.3 | | Man vergißt, daß das Zeichen „$\supset$" in α ja nicht sagt, daß die beiden Zeichen rechts und links von ihm eine Tautologie ergeben. |

| 5.68.0.4 | | Dagegen könnte man einen Kalkül konstruieren, in welchem die Gleichung $\xi + \eta = \zeta$ als eine Transformation erhalten wird (aus)? der Gleichung:
γ) $(E\xi) \cdot (E\eta) \supset (E\zeta) =$ Taut.
So, daß ich also sozusagen $\zeta = \xi + \eta$ erhalte, wenn ich ζ aus der Gleichung γ herausrechne. |

| 5.68.1.1 | 1 | Wie tritt der Begriff der Summe in diese Überlegungen ein? – Im ursprünglichen Kalkül, der (etwa) feststellt, daß die Form
δ) $(E\xi) \cdot (E\eta) \supset (E\zeta)$
(z.B.)? tautologisch wird für $\xi = xy$, $\eta = x$ und $\zeta = xyz$, ist von Summierung nicht die Rede. – Dann bringen wir ein Zahlensystem in den Kalkül (etwa das System a b c d .... z). Und endlich definieren wir die Summe zweier Zahlen als diejenige Zahl ζ, welche die Gleichung γ löst. |

| 5.68.2.1 | 2 | (Wenn wir statt „$(Ex)(Ex) \supset (Ex, y)$" schrieben: „$(Ex)(Ex) \supset (Ex+x)$", so hätte das keinen Sinn; es sei denn, daß die Notation von vornherein nicht
ı) „(Ex) etc", „(Exy) etc", „$(Exyz)$ etc" lautet, sondern:
κ) „(Ex) etc", „$(Ex+x)$ etc", „$(Ex+x+x)$ etc". |

| 5.68.2.1 | | Denn warum sollten wir plötzlich statt
„$(Exy)(Ex) \supset (Exyz)$" schreiben:
„$(Exy)(Ex) \supset (Exy+x)$"? das wäre nur eine Verwirrung der Notation. – Nun sagt man: Es vereinfacht doch das Hinschreiben der Tautologie sehr, wenn man in der rechten Klammer gleich die Ausdrücke der beiden linken hinschreiben kann. Aber diese Schreibweise ist ja noch gar nicht erklärt; ich weiß ja nicht, was $(Exy+x)$ bedeutet, daß nämlich $(Exy+x) = (Exyz)$ ist. |

| 5.68.2.1 | | Wenn man aber von vornherein die Notation „(Ex)", „$(Ex+x)$", „$(Ex+x+x)$", so hätte vorerst nur der Ausdruck „$(Ex+x+x+x)$" Sinn, aber nicht „$(E(x+x)+(x+x))$". |

| 5.69.0.2 | | Die Notation κ ist auf einer Stufe mit/im gleichen Fall wie/ ı. Daß/Ob/ sich in der Form δ eine Tautologie ergibt, kann man etwa kurz durch das Ziehen von Verbindungslinien kalkulieren, also

$(\overbrace{Exy)(Exy}) \supset (\overbrace{Exyzn})$ und analog

$(\overbrace{Ex+x)(Ex+x}) \supset (Ex+x+x+x)$.

Die Bögen/Verbindungslinien/ entsprechen nur der Regel, die in jedem Fall für die Kontrolle der Tautologie gegeben sein muß. Von einer Addition ist hier noch keine Rede. Die tritt erst ein, wenn ich mich entschließe – z.B. – statt „xyzn" „xy+xy" zu schreiben, und zwar in Verbindung mit einem Kalkül, der nach Regeln die Ableitung einer Ersetzungsregel „$xy+xy = xyzn$" erlaubt. Addition liegt auch dann nicht vor, wenn ich in der Notation κ schreibe „$(Ex)(Ex) \supset (Ex+x)$", sondern erst, wenn ich zwischen „$x+x$" und „$(x)+(x)$" unterscheide und schreibe:
$(x)+(x) = (x+x)$. |

5.69.1.1 1 Ich kann „die Summe von ξ und η" („$\xi + \eta$") als die Zahl ζ definieren (oder: „den Ausdruck" – wenn wir uns scheuen, das Wort Zahl zu gebrauchen) – ich kann „$\xi + \eta$" als die Zahl ζ definieren, die den Ausdruck δ tautologisch macht; – man kann aber auch „$\xi + \eta$", z.B., durch den Kalkül B definieren (unabhängig von dem der Tautologien) und nun die Gleichung $(E\xi)(E\eta) \supset (E\xi + \eta) =$ Taut. beweisen /ableiten/.

5.69.2.1 2 Eine Frage, die sich leicht einstellt, ist die: müssen wir die Kardinalzahlen in Verbindung mit der Notation $(\exists x, y, \ldots) \varphi x \cdot \varphi y \ldots$ einführen? Ist der Kalkül der Kardinalzahlen irgendwie an den mit den Zeichen „$(\exists x, y, \ldots) \varphi x \cdot \varphi y \ldots$" gebunden? Ist etwa der letztere die einzige, und vielleicht wesentlich einzige, Anwendung der Kardinalzahlen des ersten/ersteren/? Was die „Anwendung der Kardinalarithmetik auf die/in der/ Grammatik" betrifft, so kann man auf das verweisen, was wir über den Begriff der Anwendung eines Kalküls gesagt haben. – Man könnte nun unsere Frage auch so stellen: Kommen die Kardinalzahlen in den Sätzen unserer Sprache immer hinter dem Zeichen „$\exists$" vor: wenn wir uns nämlich die Sprache in die Russell'sche Notation übersetzt denken? Diese Frage hängt unmittelbar mit der zusammen: Wird das Zahlzeichen in der Sprache immer als Charakterisierung eines Begriffes – einer Funktion – gebraucht? Die Antwort darauf ist, daß unsere Sprache die Zahlzeichen immer in Verbindung mit/als Attribute von/ Begriffswörtern gebraucht – daß aber diese Begriffswörter unter sich gänzlich verschiedenen grammatischen Systemen angehören (was man daraus sieht, daß das eine in Verbindungen Bedeutung hat, in denen das andre sinnlos ist), so daß die Norm, die sie zu Begriffswörtern macht, für uns uninteressant wird. Eine ebensolche Norm aber ist die Schreibweise „$(\exists x, y, \ldots)$ etc."; sie ist die direkte Übersetzung einer Norm unserer Wortsprachen, nämlich des Ausdruckes „es gibt ....", eines Sprachschemas/Ausdrucksschemas/, in das unzählige logische/grammatische/ Formen gepreßt sind.

5.70.1.1 3 Übrigens ist das Zahlzeichen, jetzt in einem andern Sinne, nicht mit „$\exists$" verbunden: insofern nämlich „$(\exists 3x)\ldots$" nicht in „$(\exists 2 + 3x)\ldots$" enthalten ist./.... insofern/da/ nämlich „$(\exists 3)_x \ldots$" nicht in „$(\exists 2 + 3)_x \ldots$" enthalten ist./

5.71.1.1 1   Wenn wir von den, mittels „=" konstruierten Funktionen (x = a ∨ x = b etc.) absehen, so wird nach Russells Theorie 5 = 1, wenn es keine Funktion gibt, die nur von einem Argument, oder nur von 5 Argumenten, befriedigt wird. Dieser Satz scheint natürlich auf den ersten Blick unsinnig; denn, wie kann man dann sinnvoll sagen, daß es keine solchen Funktionen gibt. Russell müßte sagen, daß man die beiden Aussagen, daß es Fünfer- und Einserfunktionen gibt, nur dann getrennt machen kann, wenn wir in unserem Symbolismus eine Fünfer- und eine Einserklasse haben. Er könnte etwa sagen, daß seine Auffassung richtig sei, weil ich, ohne das Paradigma der Klasse 5 im Symbolismus, gar nicht sagen könne, eine Funktion werde von 5 Argumenten befriedigt. – D.h., daß aus der Existenz des Satzes „(∃φ) : (E1x) · φx" seine Wahrheit schon hervorgeht. – Man scheint also sagen zu können: schau' auf diesen Satz, dann wirst Du sehen, daß er wahr ist. Und in einem, für uns irrelevanten, Sinn ist das auch möglich: Denken wir uns etwa auf die Wand eines Zimmers mit roter Farbe geschrieben: „in diesem Zimmer befindet sich etwas Rotes". –

5.71.1.2   Dieses Problem hängt damit zusammen, daß ich in der hinweisenden Definition von dem Paradigma (Muster) nichts aussage, sondern nur mit seiner Hilfe Aussagen mache; daß es zum Symbolismus gehört und nicht einer der Gegenstände ist, auf den ich ihn anwende /auf den ich den Symbolismus anwende/.

5.72.0.3   Ist z.B. „1 Fuß" definiert als die Länge eines bestimmten Stabes in meinem Zimmer, und ich würde etwa statt „diese Tür ist 6 Fuß hoch" sagen: „diese Tür hat sechsmal diese⟶ Länge (wobei ich auf den Einheitsstab zeige)", – dann könnte man nicht (etwa) sagen: „der Satz ‚es gibt einen Gegenstand von 1 Fuß Länge' beweist sich selbst, denn ich könnte diesen Satz gar nicht aussprechen, wenn es keinen Gegenstand von dieser Länge gäbe"; denn vom Einheitsstab kann ich nicht aussagen, daß er 1 Fuß lang sei. (Wenn ich nämlich statt „1 Fuß" das Zeichen „diese⟶ Länge" einführe, so hieße die Aussage, daß der Einheitsstab die Länge 1 Fuß hat: „dieser Stab hat diese Länge" (wobei ich beidemale auf den gleichen Stab zeige).) So kann man von der Gruppe der Striche, welche etwa als Paradigma der 3 steht nicht sagen, es bestehe aus 3 Strichen.

5.72.0.4   „Wenn jener Satz nicht wahr ist, so gibt es diesen Satz gar nicht" – das heißt: „wenn es diesen Satz nicht gibt, so gibt es ihn nicht". Und ein Satz kann das Paradigma im andern nie beschreiben, sonst ist es eben nicht Paradigma. Wenn die Länge des Einheitsstabes durch die Längenangabe „1 Fuß" beschrieben werden kann, dann ist er nicht das Paradigma der Längeneinheit, denn sonst müßte jede Längenangabe mit seiner Hilfe gemacht werden.

5.72.1.1	1	Ein Satz „~($\exists\varphi$) : (E x) · φx" muß, wenn wir ihm überhaupt einen Sinn geben, von der Art dessen/des Satzes/ sein: „es gibt keinen Kreis auf dieser Fläche, der nur **einen** schwarzen Fleck enthält". (Ich meine: er muß einen ähnlich **bestimmten** Sinn haben; und nicht vague bleiben, wie er in der Russell'schen Logik und in meiner der Abhandlung wäre.)
5.72.1.2		Wenn nun aus den Sätzen „~($\exists\varphi$) : (E x) φx" ..... (ρ und ~($\exists\varphi$) : (E x, y) φx · φy ..... (σ folgt, daß 1 = 2 ist, so ist hier mit „1" und „2" nicht das gemeint, was wir sonst damit meinen, denn die Sätze ρ und σ würden in der Wortsprache lauten: „es gibt keine Funktion, die nur von einem Ding befriedigt wird" und „es gibt keine Funktion, die nur von 2 Dingen befriedigt wird". Und dies sind nach den Regeln unserer Sprache Sätze mit verschiedenem Sinn.
5.73.1.1	2	Man ist versucht zu sagen: „Um ‚($\exists$x, y) · φx · φy' ausdrücken zu können /auszudrücken/, brauchen wir 2 Zeichen ‚x' und ‚y'." Aber das heißt nichts. Was wir dazu **brauchen**, ist vielleicht Papier und Feder; und der Satz heißt so wenig, wie: „um ‚p' auszudrücken, brauchen wir ‚p'". /Was wir dazu **brauchen**, sind, etwa, die Schreibutensilien, nicht die Bestandteile des Satzes. Ebensowenig hieße es, zu sagen: „Um ‚($\exists$x, y) · φx · φy' auszudrücken, brauchen wir das Zeichen ‚($\exists$x, y) · φx · φy'."/
5.139.1.1	3	Wenn man fragt: „was heißt denn dann ‚5 + 7 = 12' – was für ein Sinn oder Zweck bleibt denn noch für diesen Ausdruck, nachdem man die Tautologien etc. aus dem arithmetischen Kalkül ausgeschaltet /ausgeschlossen/ hat, – so ist die Antwort: Diese Gleichung ist eine Ersetzungsregel, die sich auf bestimmte allgemeine Ersetzungsregeln, die Regeln der Addition, stützt. Der Inhalt von 5 + 7 = 12 ist (wenn einer es nicht wüßte) genau das, was den Kindern Schwierigkeiten macht, wenn sie diesen Satz im Rechenunterricht lernen.
5.139.2.1	4	Keine Untersuchung der Begriffe, nur die Einsicht in den Zahlenkalkül kann vermitteln, daß 3 + 2 = 5 ist. Das ist es, was sich in uns auflehnt gegen den Gedanken, daß „($\exists$3x) φx · ($\exists$2x) ψx · Ind. $\supset$ ($\exists$5x) φx $\vee$ ψx" der Satz 3 + 2 = 5 sein könnte. Denn das, wodurch wir diesen/dasjenige, wodurch wir jenen/ Ausdruck als Tautologie erkennen, kann sich selbst nicht aus einer Betrachtung von Begriffen ergeben, sondern muß aus dem Kalkül zu ersehen sein. Denn die Grammatik ist ein Kalkül. D.h., was im Tautologien-Kalkül noch außer dem Zahlenkalkül da ist, rechtfertigt diesen nicht und ist, wenn wir uns für ihn interessieren, nur Beiwerk.
5.150.1.1	5	Die Kinder lernen in der Schule wohl 2 × 2 = 4, aber nicht 2 = 2.

Zahlangaben innerhalb der Mathematik.

4.239.1.1 1   Worin liegt der Unterschied zwischen der Zahlangabe über einen Begriff /Zahlangabe, die sich auf einen Begriff/ und der Zahlangabe, die sich auf eine Variable bezieht? Die Erste ist ein Satz, der von dem Begriff handelt, die zweite eine grammatische Regel die Variable betreffend.

4.239.1.2   Kann ich aber nicht eine Variable dadurch bestimmen, daß ich sage, ihre Werte sollen alle Gegenstände sein, die eine bestimmte Funktion befriedigen? – Dadurch bestimme ich ja die Variable nicht, außer wenn ich weiß, welche Gegenstände die Funktion befriedigen, d.h., wenn mir diese Gegenstände auch auf andre Weise (etwa durch eine Liste) gegeben sind; und dann wird die Angabe der Funktion überflüssig. Wissen wir nicht, ob ein Gegenstand die Funktion befriedigt, so wissen wir nicht, ob er ein Wert der Variablen sein soll und die Grammatik der Variablen ist dann in dieser Beziehung einfach nicht bestimmt/ausgesprochen/.

4.239.2.1 2   Zahlangaben in der Mathematik (z.B. „die Gleichung $x^2 = 1$ hat 2 Wurzeln") sind daher von ganz anderer Art, als Zahlangaben außerhalb der Mathematik („auf dem Tisch liegen 2 Äpfel").

2.212.1.1 3   Wenn man sagt, AB lasse 2 Permutationen zu, so klingt das, als mache man eine allgemeine Aussage, analog der „in dem Zimmer sind 2 Menschen", wobei über die Menschen noch nichts weiter gesagt ist und bekannt sein braucht. Das ist aber im Falle AB nicht so. Ich kann AB, BA nicht allgemeiner beschreiben und daher kann der Satz, es seien 2 Permutationen möglich, nicht weniger sagen, als, es sind die Permutationen AB und BA möglich. Zu sagen, es sind 6 Permutationen von 3 Elementen möglich kann nicht weniger, d.h. etwas allgemeineres sagen, als das Schema zeigt: A B C Denn es ist unmöglich, die Zahl
                    A C B
                    B A C
                    B C A
                    C A B
                    C B A
der möglichen Permutationen zu kennen, ohne diese selbst zu kennen. Und wäre das nicht so, so könnte die Kombinatorik nicht zu ihren allgemeinen Formeln kommen. Das Gesetz, welches wir in der Bildung der Permutationen erkennen, ist durch die Gleichung $p = n!$ dargestellt. Ich glaube, in demselben Sinn, wie der Kreis durch die Kreisgleichung. – Ich kann freilich die Zahl 2 den Permutationen AB, BA zuordnen, sowie die 6 den ausgeführten Permutationen von ABC, aber das gibt mir nicht den Satz der Kombinationslehre. – Das was ich in AB, BA sehe, ist eine interne Relation, die sich daher nicht beschreiben läßt.

D.h. das läßt sich nicht beschreiben, was diese Klasse von Permutationen komplett macht. – Zählen kann ich nur, was tatsächlich da ist, nicht die Möglichkeiten. Ich kann aber z.B. berechnen, wieviele Zeilen ein Mensch schreiben muß, wenn er in jede Zeile eine Permutation von 3 Elementen setzt und solange permutiert, bis er ohne Wiederholung nicht weiter kann. Und das heißt, er braucht 6 Zeilen, um auf diese Weise die Permutationen ABC, ACB etc. hinzuschreiben, denn dies sind eben „die Permutationen von A, B, C". Es hat aber keinen Sinn zu sagen, dies seien alle Permutationen von ABC.

2.212.3.1 1 Eine Kombinationsrechenmaschine ist denkbar ganz analog der Russischen.

2.213.1.1 2 Es ist klar, daß es eine mathematische Frage gibt; „wieviele Permutationen von – z.B. – 4 Elementen gibt es", eine Frage von genau derselben Art, wie die „wieviel ist 25×18". Denn es gibt eine allgemeine Methode zur Lösung beider.

2.213.1.1 Aber die Frage gibt es auch nur mit Bezug auf diese Methode.

2.213.2.1 3 Der Satz, es gibt 6 Permutationen von 3 Elementen, ist identisch mit dem Permutationsschema und darum gibt es hier keinen Satz „es gibt 7 Permutationen von 3 Elementen", denn dem entspricht kein solches Schema.

2.213.3.1 4 Man könnte die Zahl 6 in diesem Falle auch als eine andere Art von Anzahl, die Permutationszahl von A, B, C auffassen. Das Permutieren als eine andere Art des Zählens.

2.209.5.1 5 Wenn man wissen will, was ein Satz bedeutet, so kann man immer fragen „wie weiß ich das". Weiß ich, daß es 6 Permutationen von 3 Elementen gibt, auf die gleiche Weise wie, daß 6 Personen im Zimmer sind? Nein. Darum ist jener Satz von anderer Art als dieser.

2.213.4.1 6 Man kann auch sagen, der Satz „es gibt 6 Permutationen von 3 Elementen" verhält sich genau so zum Satz „es sind 6 Leute im Zimmer", wie der Satz $3 + 3 = 6$, den man auch in der Form „es gibt 6 Einheiten in $3 + 3$" aussprechen könnte. Und wie ich in dem einen Fall die Reihen im Permutationsschema zähle, so kann ich im andern die Striche in $\begin{matrix}|||\\|||\end{matrix}$ zählen.

2.213.5.1 7 Wie ich $4 \times 3 = 12$ durch das Schema beweisen kann: $\begin{matrix}\circ&\circ&\circ\\\circ&\circ&\circ\\\circ&\circ&\circ\end{matrix}$, so kann ich $3! = 6$ durch das Permutationsschema beweisen.

5.9.3.1 8 Der Satz „die Relation R verbindet zwei Gegenstände miteinander", wenn das soviel heißen soll, wie „R ist eine zweistellige Relation" ist ein Satz der Grammatik.

ZAHLENGLEICHHEIT.
LÄNGENGLEICHHEIT.

5.14.1.1 1 Wie soll man nun den Satz auffassen „diese Hüte haben die gleiche Größe", oder „diese Stäbe haben die gleiche Länge", oder „diese Flecke haben die gleiche Farbe"? Soll man sie in der Form schreiben: „(∃L) La · Lb"? Aber wenn das in der gewöhnlichen Weise gemeint wird, also mit den gewöhnlichen Regeln gebraucht wird, so müßte es ja dann Sinn haben zu schreiben „(∃L) La" also „der Fleck a hat eine Farbe", „der Stab hat eine Länge". Ich kann freilich „(∃L) La · Lb" für „a und b sind gleichlang" schreiben, wenn ich nur weiß und berücksichtige, daß „(∃L) La" sinnlos ist; aber dann wird die Notation irreführend und verwirrend. („eine Länge haben", „einen Vater haben".) – Wir haben hier den Fall, den wir in der gewöhnlichen Sprache oft so ausdrücken: „Wenn a die Länge L hat, so hat b auch L"; aber hier hätte der Satz „a hat die Länge L" gar keinen Sinn, oder doch nicht als Aussage über a; und der Satz lautet richtiger „nennen wir die Länge von a ‚L', so ist die Länge von b auch ‚L' und ‚L' ist eben hier wesentlich eine Variable. Der Satz hat übrigens die Form eines Beispiels, eines Satzes, der als Beispiel zum allgemeinen Satz dienen kann und man würde etwa auch fortfahren/fortsetzen/: „wenn z.B. a 5m lang ist/die Länge 5m hat/, so hat b auch 5m, u.s.w.". – Zu sagen „die Stäbe a und b haben die gleiche Länge" sagt nämlich gar nichts über die Länge jedes Stabes; denn es sagt auch nicht, „daß jeder der beiden eine Länge hat". Der Fall hat also gar keine Ähnlichkeit mit dem: „A und B haben den gleichen Vater" und „der Name des Vaters von A und B ist ‚N'", wo ich einfach für die allgemeine Bezeichnung den Eigennamen einsetze. ‚5m' ist aber nicht der Name der betreffenden Länge, von der zuerst nur gesagt wurde, daß a und b sie beide besäßen. Wenn es sich um Längen im Gesichtsfeld handelt, können wir zwar sagen, die beiden Längen seien gleich, aber wir können sie im allgemeinen nicht mit einer Zahl „benennen". – Der Satz „ist L die Länge von a, so hat auch b die Länge L" schreibt seine Form nur als eine von der Form eines/des/ Beispiels /von der eines Beispiels/ derivierte (Form) hin. Und man könnte den allgemeinen Satz auch wirklich durch eine Anführung/Aufzählung/ von Beispielen mit einem „u.s.w." ausdrücken. Und es ist eine Wiederholung desselben Satzes, wenn ich sage: „a und b sind gleichlang; ist die Länge von a L, so ist die Länge von b auch L; ist a 5m lang, so ist auch b 5m lang, ist a 7m, so ist b 7m, u.s.w.". Die dritte Fassung zeigt schon, daß in dem Satz nicht das „und" zwischen zwei Formen steht, wie in „(∃x) φx · ψx", so daß man auch „(∃x) φx" und „(∃x) ψx" schreiben dürfte.

5.15.0.2   Nehmen wir als Beispiel auch den Satz „in den beiden Kisten sind gleichviel Äpfel". Wenn man diesen Satz in der Form schreibt „es gibt eine Zahl, die die Zahl der Äpfel in beiden Kisten ist", so kann man auch hier nicht die Form bilden: „es gibt eine Zahl, die die Zahl der Äpfel in dieser Kiste ist", oder „die Äpfel in dieser Kiste haben eine Zahl". Schreibe ich:

$$(\exists x)\, \varphi x \cdot \sim(\exists x,y)\, \varphi x \cdot \varphi y = (\exists_n 1x)\, \varphi x = \varphi 1 \text{ etc.},$$

so könnte man den Satz „die Anzahl der Äpfel in den beiden Kisten ist die gleiche" schreiben:

„$(\exists n)\, \varphi n \cdot \psi n$". „$(\exists n)\, \varphi n$" aber wäre kein Satz.

5.17.0.3   1   Will man den Satz „unter φ und ψ fallen gleichviele Gegenstände" in übersichtlicher Notation schreiben, so ist man vor allem versucht, ihn in der Form „$\varphi n \cdot \psi n$" zu schreiben. Und ferner empfindet man das nicht als logisches Produkt von φn und ψn, so daß es also auch Sinn hätte zu schreiben $\varphi n \cdot \psi 5$ – sondern es ist wesentlich, daß nach ‚φ' und ‚ψ' der gleiche Buchstabe folgt und $\varphi n \cdot \psi n$ ist eine Abstraktion aus logischen Produkten $\varphi 4 \cdot \psi 4$, $\varphi 5 \cdot \psi 5$, etc., nicht selbst ein logisches Produkt.

5.17.0.3   (Es würde also auch nicht aus $\varphi n \cdot \psi n$ φn folgen. ‚$\varphi n \cdot \psi n$' verhält sich vielmehr zu einem logischen Produkt ähnlich wie der Differenzialquotient zu einem Quotienten.) Es ist so wenig ein logisches Produkt, wie die Photographie einer Familiengruppe eine Gruppe von Photographien ist. Darum kann uns also die Form „$\varphi n \cdot \psi n$" irreführen und es wäre vielleicht eine Schreibweise der Art „$\overline{\varphi n \cdot \psi n}$" vorzuziehen; aber auch „$(\exists n)\, \varphi n \cdot \psi n$", wenn die Grammátik dieses Zeichens festgelegt ist. Man kann dann festlegen:
$(\exists n)\, \varphi n = \text{Taut.}$, was soviel heißt wie $(\exists n)\, \varphi n \cdot p = p$. Also
$(\exists n)\, \varphi n \vee \psi n = \text{Taut.}$, $(\exists n)\, \varphi n \supset \psi n = \text{Taut.}$, $(\exists n)\, \varphi n | \psi n = \text{Cont.}$, etc..
$\varphi 1 \cdot \psi 1 \cdot (\exists n)\, \varphi n \cdot \psi n = \varphi 1 \cdot (\exists n)\, \varphi n \cdot \psi n$
$\varphi 2 \cdot \psi 2 \cdot (\exists n)\, \varphi n \cdot \psi n = \varphi 2 \cdot (\exists n)\, \varphi n \cdot \psi n$
etc. ad inf..
Und überhaupt sind die Rechnungsregeln für $(\exists n)\, \varphi n \cdot \psi n$ daraus abzuleiten, daß man schreiben kann: $(\exists n)\, \varphi n \cdot \psi n = \varphi 0 \cdot \psi 0 \vee \varphi 1 \cdot \psi 1 \vee \varphi 2 \cdot \psi 2 \vee \varphi 3 \cdot \psi 3 \vee$ u.s.w. ad inf.. Es ist klar, daß dies keine logische Summe ist, da „u.s.w. ad inf." kein Satz ist. Die Notation $(\exists n)\, \varphi n \cdot \psi n$ ist aber auch nicht unmißverständlich; denn man könnte sich wundern, warum man hier statt $\varphi n \cdot \psi n$ nicht ϕn sollte setzen können und dann sollte ja „$(\exists n)\, \phi n$" nichtssagend werden. Das klärt sich natürlich auf, wenn man auf die Notation $\sim(\exists x)\, \varphi x$ für $\varphi 0$, $(\exists x) \cdot \varphi x \cdot \sim(\exists x,y)\, \varphi x \cdot \varphi y$ für $\varphi 1$, etc. zurückgeht, beziehungsweise auf $(\exists_n 0x)\, \varphi x$ für $\varphi 0$, $(\exists_n 1x)\, \varphi x$ für $\varphi 1$, etc.. Denn dann ist zu unterscheiden zwischen $(\exists_n 1x)\, \varphi x \cdot (\exists_n 1x)\, \psi x$ und $(\exists_n 1x)\, \varphi x \cdot \psi x$. Und geht man auf $(\exists n)\, \varphi n \cdot \psi n$ über, so bedeutet das $(\exists n) : (\exists_n nx)\, \varphi x \cdot (\exists_n nx)\, \psi x$ (welches nicht nichtssagend ist) und nicht $(\exists n) : (\exists_n nx)\, \varphi x \cdot \psi x$, welches nichtssagend ist.

5.18.1.1	1	Die Worte „gleichzahlig", „längengleich", „gleichfärbig", etc. haben ähnliche aber verschiedene Grammatik./aber nicht die gleiche Grammatik./ – In allen Fällen liegt die Auffassung des Satzes als eine endlose logische Summe nahe, deren Glieder die Form φn · ψn haben. Außerdem hat jedes dieser Worte mehrere verschiedene Bedeutungen, d.h., könnte selbst wieder durch mehrere Wörter mit verschiedener Grammatik ersetzt werden. Denn „gleichzahlig" heißt etwas anderes, wenn es auf Striche angewandt wird, die gleichzeitig im Gesichtsraum sind, als wenn es sich auf die Äpfel in zwei Kisten bezieht; und „gleichlang" auf den/im/ Gesichtsraum angewandt ist verschieden von „gleichlang" im euklidischen Raum; und die Bedeutung von „gleichfärbig" hängt von dem Kriterium ab, das wir für die Gleichfärbigkeit annehmen.
5.18.2.1	2	Wenn es sich um Flecke im Gesichtsraum handelt, die wir zu gleicher Zeit sehen, so hat das Wort „gleichlang" verschiedene Bedeutung, je nachdem die Strecken unmittelbar angrenzend oder von einander entfernt sind. In der Wortsprache hilft man sich da oft/häufig/ mit dem Wort „es scheint".
5.18.3.1	3	Die Gleichzahligkeit, wenn es sich um eine Anzahl von Strichen handelt, „die man übersehen kann", ist eine andere als die, welche nur durch Zählen der Striche festgestellt werden kann.
5.18.3.1		Verschiedene Kriterien der Gleichzahligkeit: I und II die Zahl, die man unmittelbar erkennt; III das Kriterium der Zuordnung; IV hier muß man beide Klassen zählen; V man erkennt das gleiche Muster. (Das sind natürlich nicht die einzigen Fälle.)
5.18.4.1	4	Im Fall der Längengleichheit im euklidischen Raum mag man sagen, sie bestehe darin, daß beide Strecken die gleiche Zahl von cm messen, beide 5cm, beide 10cm, etc.. Wenn es sich aber um die Längengleichheit zweier Strecken im Gesichtsraum handelt, so gibt es hier nicht eine Länge L die beide haben.
5.19.1.1	5	Man möchte sagen: zwei Stäbe müssen immer entweder gleichlang oder verschieden lang sein. Aber was heißt das? Es ist natürlich eine Regel der Ausdrucksweise. „In den zwei Kisten müssen entweder gleichviel Äpfel oder verschiedene Anzahlen sein". Das Anlegen zweier Maßstäbe an je eine Strecke soll die Methode sein, wie ich herausfinde, ob die beiden Strecken gleichlang sind: sind sie aber gleich lang, wenn die beiden Maßstäbe gerade nicht angelegt sind? Wir würden in diesem Fall sagen, wir wissen nicht, ob die beiden während dieser Zeit gleich oder verschieden lang sind. Aber man könnte auch sagen, sie haben während dieser Zeit keine Längen, oder etwa keine numerischen Längen.
5.19.2.1	6	Ähnliches, wenn auch nicht das Gleiche, gilt von der Zahlengleichheit.

5.19.3.1 1   Es gibt hier die Erfahrung, daß wir eine Anzahl Punkte sehen, deren
              Anzahl wir nicht unmittelbar sehen können, die wir aber während des
              Zählens überblicken können, so daß es Sinn hat zu sagen, sie haben sich
              während des Zählens nicht verändert. Anderseits aber gibt es auch den
              Fall einer Gruppe von Körpern/Gegenständen/ oder Flecken, die wir
              nicht übersehen können, während wir sie zählen, so daß es hier das
              frühere Kriterium, daß die Gruppe sich während des Zählens nicht
              verändert, nicht gibt.

5.20.1.1 2   Russells Erklärung der Gleichzahligkeit ist aus verschiedenen Gründen
              ungenügend. Aber die Wahrheit ist, daß man in der Mathematik keine
              solche Erklärung der Gleichzahligkeit braucht. Hier ist überhaupt alles
              falsch aufgezäumt.

5.20.1.2   Was uns verführt die Russell'sche, oder Frege'sche, Erklärung
              anzunehmen, ist der Gedanke, zwei Klassen von Gegenständen (Äpfeln
              in zwei Kisten) seien gleichzahlig, wenn man sie einander 1 zu 1
              zuordnen könne. Man denkt sich die Zuordnung als eine Kontrolle der
              Gleichzahligkeit. Und hier macht man in Gedanken wohl noch eine
              Unterscheidung zwischen Zuordnung und Verbindung durch eine
              Relation; und zwar wird die Zuordnung zur Verbindung, was die
              „geometrische Gerade" zu einer wirklichen ist, eine Art idealer
              Verbindung; einer Verbindung, die quasi von der Logik vorgezeichnet
              ist und durch die Wirklichkeit nun nachgezogen werden kann. Es ist die
              Möglichkeit, aufgefaßt als eine schattenhafte Wirklichkeit. Dies hängt
              dann wieder mit der Auffassung von „$(\exists x) \cdot \varphi x$" als Ausdruck der
              Möglichkeit von φx zusammen.

5.20.1.3   „φ und ψ sind gleichzahlig" (ich werde dies schreiben „$S(\varphi \cdot \psi)$",
              oder auch einfach „S") soll ja aus „$\varphi 5 \cdot \psi 5$" folgen; aber aus $\varphi 5 \cdot \psi 5$ folgt
              nicht, daß φ und ψ durch eine 1–1 Relation R verbunden sind (dies
              werde ich „$\pi(\varphi, \psi)$" oder „π" schreiben). Man hilft sich, indem man sagt,
              es bestehe dann eine Relation der Art
              „$x = a \cdot y = b \,.\vee.\, x = c \cdot y = d \,.\vee.\, $ u.s.w.".
              Aber, erstens, warum definiert man dann nicht gleich S als das Bestehen
              einer solchen Relation. Und wenn man darauf antwortet, diese
              Definition/Erklärung/ würde die Gleichzahligkeit bei unendlichen
              Anzahlen nicht einschließen, so ist zu sagen, daß dies nur auf eine Frage
              der „Eleganz" hinausläuft, da ich letzten Endes für endliche Zahlen
              meine Zuflucht doch zu den „extensiven" Beziehungen nehmen müßte.
              Aber diese führen uns auch zu nichts: denn, zu sagen, zwischen φ und ψ
              bestehe eine Beziehung – z.B. – der Form $x = a \cdot y = b \vee x = c \cdot y = d$
              sagt nichts andres, als
              $(\exists x, y)\, \varphi x \cdot \varphi y \cdot \sim(\exists x, y, z)\, \varphi x \cdot \varphi y \cdot \varphi z\, :$
              $(\exists x, y)\, \psi x \cdot \psi y \cdot \sim(\exists x, y, z)\, \psi x \cdot \psi y \cdot \psi z.$
              (Was ich in der Form schreibe
              $(\exists_n 2x)\, \varphi x \cdot (\exists_n 2x)\, \psi x.$
              Und, zu sagen, zwischen φ und ψ bestehe eine der Beziehungen
              $x = a \cdot y = b;\; x = a \cdot y = b \,.\vee.\, x = c \cdot y = d$; etc. etc., heißt nichts andres
              als, es bestehe eine der Tatsachen $\varphi 1 \cdot \psi 1;\; \varphi 2 \cdot \psi 2$; etc. etc.. Nun hilft
              man sich mit der größeren Allgemeinheit, indem man sagt, zwischen φ
              und ψ bestehe irgend eine 1–1 Relation und vergißt, daß man dann
              doch für die Bezeichnung dieser Allgemeinheit die Regel festlegen muß,
              nach welcher „irgend eine Relation" auch die Relationen der Form
              $x = a \cdot y = b$ etc. einschließt. Dadurch, daß man mehr sagt, kommt man
              nicht drum herum, das Engere zu sagen, das in dem Mehr vorhanden
              sein soll. (Die Logik läßt sich nicht betrügen.)

5.21.0.4 In dem Sinne von S also, in welchem S aus $\varphi 5 \cdot \psi 5$ folgt, wird es durch die Russell'sche Erklärung nicht erklärt. Vielmehr braucht man da eine Reihe von Erklärungen

$$\left.\begin{array}{l}\varphi 0 \cdot S = \varphi 0 \cdot \psi 0 = \psi 0 \cdot S \\ \varphi 1 \cdot S = \varphi 1 \cdot \psi 1 = \psi 1 \cdot S \\ \text{etc. ad inf.}\end{array}\right\} \ldots \alpha$$

Dagegen wird π als Kriterium der Gleichzahligkeit gebraucht und kann natürlich in einem andern Sinne von S auch S gleichgesetzt werden. (Und man kann dann nur sagen: Wenn in Deiner /einer/ Notation $S = \pi$ ist, dann bedeutet S nichts andres als π.)

5.21.0.5 Es folgt zwar nicht π aus $\varphi 5 \cdot \psi 5$, wohl aber $\varphi 5 \cdot \psi 5$ aus $\pi \cdot \varphi 5$.

$$\pi \cdot \varphi 5 = \pi \cdot \varphi 5 \cdot \psi 5 = \pi \cdot \psi 5$$

u.s.w.

Also kann man schreiben:

$$\left.\begin{array}{l}\pi \cdot \varphi 0 = \pi \cdot \varphi 0 \cdot \psi 0 = \pi \cdot \varphi 0 \cdot S \\ \pi \cdot \varphi 1 = \pi \cdot \varphi 1 \cdot \psi 1 = \pi \cdot \varphi 1 \cdot S \\ \pi \cdot \varphi 2 = \pi \cdot \varphi 2 \cdot \psi 2 = \pi \cdot \varphi 2 \cdot S \\ \text{u.s.w. ad inf.}\end{array}\right\} \ldots \beta$$

Und dies kann man dadurch ausdrücken, daß man sagt, die Gleichzahligkeit folge aus π. Und man kann auch die Regel geben $\pi \cdot S = \pi$, die mit den Regeln, oder der Regel, β und der Regel α übereinstimmt.

5.22.3.1 1 Die Regel „aus π folgt S" also $\pi \cdot S = \pi$ könnte man auch ganz gut weglassen; die Regel β tut denselben Dienst.

5.22.3.2 Schreibt man S in der Form

$$\varphi 0 \cdot \psi 0 \mathbin{.\vee.} \varphi 1 \cdot \psi 1 \mathbin{.\vee.} \varphi 2 \cdot \psi 2 \mathbin{.\vee.} \ldots$$

ad inf., so kann man mit grammatischen Regeln, die der gewohnten Sprache entsprechen, leicht $\pi \cdot S = \pi$ ableiten. Denn

$(\varphi 0 \cdot \psi 0 \mathbin{.\vee.} \varphi 1 \cdot \psi 1 \text{ etc. ad inf.}) \cdot \pi = \varphi 0 \cdot \psi 0 \cdot \pi \vee$
$\varphi 1 \cdot \psi 1 \cdot \pi \vee \text{ etc. ad inf.} = \varphi 0 \cdot \pi \vee \varphi 1 \cdot \pi \vee$
$\varphi 2 \cdot \pi \vee \text{ etc. ad inf.} = \pi \cdot (\varphi 0 \vee \varphi 1 \vee \varphi 2 \text{ etc. ad inf.}) = \pi$.

Der Satz „$\varphi 0 \vee \varphi 1 \vee \varphi \vee$ etc. ad inf." muß als Tautologie behandelt werden.

5.22.4.1 2 Man kann den Begriff der Gleichzahligkeit so auffassen, daß es keinen Sinn hat, von zwei Gruppen von Punkten Gleichzahligkeit oder das Gegenteil auszusagen, wenn es sich nicht um zwei Reihen handelt, deren eine zum mindesten einem Teil der andern 1–1 zugeordnet ist. Zwischen solchen Reihen kann dann nur von einseitiger oder gegenseitiger Inklusion /Einschließung/ die Rede sein. Und diese hat eigentlich mit besondern Zahlen so wenig zu tun, wie die Längengleichheit oder Ungleichheit im Gesichtsraum mit Maßzahlen. Die Verbindung mit den Zahlen kann gemacht werden, muß aber nicht gemacht werden. Wird die Verbindung mit der Zahlenreihe gemacht, so wird die Beziehung der gegenseitigen Inklusion oder Längengleichheit der Reihen zur Beziehung der Zahlengleichheit. Aber nun folgt nicht nur $\psi 5$ aus $\pi \cdot \varphi 5$ sonden auch π aus $\varphi 5 \cdot \psi 5$. Das heißt, hier ist $S = \pi$.

MATHEMATISCHER BEWEIS.

119

WENN ICH SONST ETWAS SUCHE, SO KANN ICH DAS FINDEN
BESCHREIBEN, AUCH WENN ES NICHT EINGETRETEN IST; ANDERS,
WENN ICH DIE LÖSUNG EINES MATHEMATISCHEN PROBLEMS SUCHE.
MATHEMATISCHE EXPEDITION UND POLAREXPEDITION.

2.221.6.1 1 Wie kann es in der Mathematik Vermutungen geben? Oder vielmehr: Welcher Natur ist das, was in der Mathematik wie eine Vermutung aussieht? Wenn ich also etwa Vermutungen über die Verteilung der Primzahlen anstelle.

2.222.1.1 Ich könnte mir z.B. denken, daß jemand in meiner Gegenwart Primzahlen der Reihe nach hinschriebe, ich wüßte nicht, daß es die Primzahlen sind – ich könnte etwa glauben, es seien Zahlen, wie sie ihm eben einfielen – und nun versuchte ich irgendein Gesetz in ihnen zu finden. Ich könnte nun geradezu eine Hypothese über diese Zahlenfolge aufstellen, wie über jede andere, die ein physikalisches Experiment ergibt.

2.222.1.1 In welchem Sinne habe ich nun hiedurch eine Hypothese über die Verteilung der Primzahlen aufgestellt?

2.222.2.1 2 Man könnte sagen, eine Hypothese in der Mathematik hat den Wert, daß sie die Gedanken an einen bestimmten Gegenstand – ich meine ein bestimmtes Gebiet – heftet und man könnte sagen „wir werden gewiß etwas Interessantes über diese Dinge herausfinden".

2.222.3.1 3 Das Unglück ist, daß unsere Sprache so grundverschiedene Dinge mit jedem der Worte „Frage", „Problem", „Untersuchung", „Entdeckung" bezeichnet. Ebenso mit den Worten „Schluß", „Satz", „Beweis".

2.222.4.1 4 Es frägt sich wieder, welche Art der Verifikation lasse ich für meine Hypothese gelten? Oder kann ich vorläufig – faute de mieux – die empirische gelten lassen, solange ich noch keinen „strengen Beweis" habe? Nein. Solange ein solcher Beweis nicht besteht, besteht gar keine Verbindung zwischen meiner Hypothese und dem „Begriff" der Primzahl.

2.222.6.1 5 Erst der sogenannte Beweis verbindet die Hypothese überhaupt mit den Primzahlen als solchen. Und das zeigt sich daran, daß – wie gesagt – bis dahin die Hypothese als eine rein physikalische aufgefaßt werden kann. – Ist andererseits der Beweis geliefert, so beweist er gar nicht, was vermutet worden war, denn in die Unendlichkeit hinein kann ich nicht vermuten. Ich kann nur vermuten, was bestätigt werden kann, aber durch die Erfahrung kann nur eine endliche Zahl von Vermutungen bestätigt werden, und den Beweis kann man nicht vermuten, solange man ihn nicht hat, und dann auch nicht.

2.246.2.1	1	Angenommen, es hätte Einer den pythagoräischen Lehrsatz zwar nicht bewiesen, wäre aber durch Messungen der Katheten und Hypotenusen zur „Vermutung" dieses Satzes geführt worden. Und nun fände er den Beweis und sagt, er habe nun bewiesen, was er früher vermutet hatte: so ist doch wenigstens das eine merkwürdige Frage: An welchem Punkt des Beweises kommt denn nun das heraus, was er früher durch die einzelnen Versuche bestätigt fand? denn der Beweis ist doch wesensverschieden von der früheren Methode. – Wo berühren sich diese Methoden, da sie angeblich in irgendeinem Sinne das Gleiche ergeben? D.h.: Wenn der Beweis und die Versuche nur verschiedene Ansichten Desselben (derselben Allgemeinheit) sind.
2.246.2.2		(Ich sagte „aus der gleichen Quelle fließt nur Eines" und man könnte sagen, es wäre doch zu sonderbar, wenn aus so verschiedenen Quellen dasselbe fließen sollte. Der Gedanke, daß aus verschiedenen Quellen dasselbe fließen kann ist uns von der Physik, d.h. von den Hypothesen so geläufig/vertraut/. Dort schließen wir immer von Symptomen auf die Krankheiten und wissen, daß die verschiedensten Symptome, Symptome Desselben sein können.)
2.246.3.1	2	Wie könnte man nach der Statistik das vermuten, was dann der Beweis zeigte?
2.247.3.1	3	Wo soll aus dem Beweis dieselbe Allgemeinheit hervorspringen, die die früheren Versuche wahrscheinlich machten?
2.247.4.1	4	Ich hatte die Allgemeinheit vermutet, ohne den Beweis zu vermuten (nehme ich an) und nun beweist der Beweis gerade die Allgemeinheit, die ich vermutete!?
2.251.5.1	5	Angenommen, jemand untersuchte gerade Zahlen auf das Stimmen des Goldbach'schen Satzes hin. Er würde nun die Vermutung aussprechen – und die läßt sich aussprechen – daß, wenn er mit dieser Untersuchung fortfährt, er solange er lebt keinen widersprechenden Fall antreffen werde. Angenommen, es werde nun ein Beweis des Satzes gefunden, – beweist der dann auch die Vermutung des Mannes? Wie ist das möglich?
2.330.3.1	6	Nichts ist verhängnisvoller für das philosophische Verständnis, als die Auffassung von Beweis und Erfahrung als zweier verschiedener, also doch vergleichbarer Verifikationsmethoden.

| 2.228.8.1 | 1 | Welcher Art war Sheffers Entdeckung, daß p ∨ q und ~p sich durch p/q
| 2.229.1.1 | | ausdrücken lassen? – Man hatte keine Methode, nach p/q zu suchen und wenn man heute eine fände, so könnte das keinen Unterschied machen.
| 2.229.2.1 | | Was war es, was wir vor der Entdeckung nicht wußten? (Es war nichts, was wir nicht wußten, sondern etwas, was wir nicht kannten.)
| 2.229.3.1 | | Das sieht man sehr deutlich, wenn man sich den Einspruch erhoben denkt, p/p sei gar nicht das, was ~p sagt. Die Antwort ist natürlich, daß es sich nur darum handelt, daß das System p/q etc. die nötige Multiplizität hat. Sheffer hat also ein symbolisches System gefunden, das die nötige Multiplizität hat.
| 2.229.3.2 | | Ist es ein Suchen, wenn ich das System Sheffers nicht kenne und sage, ich möchte ein System mit nur einer logischen Konstanten konstruieren. Nein!
| 2.229.3.3 | | Die Systeme sind ja nicht in einem Raum, so daß ich sagen könnte: Es gibt Systeme mit 3 und 2 logischen Konstanten und nun suche ich die Zahl der Konstanten in derselben Weise zu vermindern. Es gibt hier keine selbe Weise.

| 4.154.2.1 | 2 | | Wenn auf die Lösung – etwa – des Fermat'schen Problems Preise ausgesetzt sind, so könnte man mir vorhalten: Wie kannst Du behaupten/sagen/, daß es dieses Problem nicht gebe; wenn Preise auf die Lösung ausgesetzt sind, so muß es das Problem wohl geben. Ich müßte sagen: Gewiß, nur mißverstehen die, die darüber reden, die Grammatik des Wortes „mathematisches Problem" und des Wortes „Lösung". Der Preis ist eigentlich auf die Lösung einer naturwissenschaftlichen Aufgabe gesetzt; (gleichsam) auf das Äußere der Lösung (darum spricht man z.B. auch von einer Riemann'schen Hypothese). Die Bedingungen der Aufgabe sind äußerliche; und wenn die Aufgabe gelöst ist, so entspricht, was geschehen ist, der gestellten Aufgabe/der Stellung der Aufgabe/, wie die Lösung einer physikalischen Aufgabe dieser Aufgabe.

| 4.154.3.1 | 3 | Wäre die Aufgabe, eine Konstruktion des regelmäßigen Fünfecks zu finden, so ist die Konstruktion in dieser Aufgabenstellung durch das physikalische Merkmal charakterisiert, daß sie tatsächlich ein durch Messung definiertes regelmäßiges Fünfeck liefern soll. Denn den Begriff der konstruktiven Fünfteilung (oder des konstruktiven Fünfecks) haben wir ja noch gar nicht./erhalten wir ja erst durch die Konstruktion./

| 4.154.4.1 | 4 | Ebenso im Fermat'schen Satz haben wir ein empirisches Gebilde, das wir als Hypothese deuten, also – natürlich – nicht als Ende einer Konstruktion. Die Aufgabe fragt also, in gewissem Sinne, nach etwas Anderem, als was die Lösung gibt. |

| 4.154.6.1 | 5 | | Natürlich steht auch der Beweis des Gegenteils des Fermat'schen Satzes, z.B., – im gleichen Verhältnis zur Aufgabe, wie der Beweis des Satzes. (Beweis der Unmöglichkeit einer Konstruktion.) |

5.115.1.1	1	Sofern man die Unmöglichkeit der 3-Teilung als eine physische Unmöglichkeit darstellen kann, indem man z.B. sagt: „versuch' nicht, den Winkel in 3 gleiche Teile zu teilen, es ist hoffnungslos!", insofern beweist der „Beweis der Unmöglichkeit" diese n i c h t. Daß es hoffnungslos ist, die Teilung zu versuchen, das hängt mit physikalischen Tatsachen zusammen.	620
5.157.4.1	2	Denken wir uns, jemand stellte sich folgendes/dieses/ Problem: Es ist ein Spiel zu erfinden: das Spiel soll auf einem Schachbrett gespielt werden; jeder Spieler soll 8 Steine haben; von den weißen Steinen sollen 2 (die „Konsulen"), die an den Enden der Anfangsposition stehen, durch die Regeln irgendwie ausgezeichnet sein; sie sollen eine größere Bewegungsfreiheit haben als die andern; von den schwarzen Steinen soll einer (der „Feldherr") ein ausgezeichneter sein; ein weißer Stein nimmt einen schwarzen (und umgekehrt), indem er sich an dessen Stelle setzt; das ganze Spiel soll eine gewisse Analogie mit den Punischen Kriegen haben. Das sind die Bedingungen, denen das Spiel zu genügen hat. – Das ist gewiß eine Aufgabe, und eine Aufgabe ganz andrer Art, als die, herauszufinden, wie Weiß im Schachspiel unter gewissen Bedingungen gewinnen könne. – Denken wir uns nun aber die Frage /das Problem/: „Wie kann Weiß in unserm/dem/ Kriegsspiel, dessen Regeln wir noch nicht genau kennen, in 20 Zügen gewinnen?" – Dieses Problem wäre ganz analog den Problemen der Mathematik (nicht ihren Rechenaufgaben).	
4.43.3.1	3	Was versteckt ist, muß gefunden werden können. (Versteckter Widerspruch.)	
4.43.4.1	4	Was versteckt ist, muß sich auch, ehe es gefunden wurde, ganz beschreiben lassen, als wäre es (schon)? gefunden.	621
4.43.5.1	5	Wenn man sagt, der Gegenstand ist so versteckt, daß es unmöglich ist, ihn zu finden, so hat das guten Sinn und die Unmöglichkeit ist hier natürlich keine logische; d.h., es hat S i n n, von dem Finden des Gegenstandes zu reden und auch, es zu beschreiben; und wir leugnen nur, daß das/es/ geschehen wird.	

2.256.1.1	1	Man könnte so sagen: Wenn ich etwas suche – ich meine, den Nordpol, oder ein Haus in London – so kann ich das, was ich suche, vollständig beschreiben, ehe ich es gefunden habe (oder gefunden habe, daß es nicht da ist) und diese Beschreibung wird in jedem Fall logisch einwandfrei sein. Während ich im Falle des „Suchens" in der Mathematik, wo es nicht in einem System geschieht, das was ich suche, nicht beschreiben kann, oder nur scheinbar; denn, könnte ich es in allen Einzelheiten beschreiben, so hätte ich es eben schon, und ehe es vollständig beschrieben ist, kann ich nicht sicher sein, ob das was ich suche, logisch einwandfrei ist, sich also überhaupt beschreiben läßt; d.h. diese unvollkommene Beschreibung läßt gerade das aus, was notwendig wäre, damit etwas gesucht werden könnte. Sie ist also nur eine Scheinbeschreibung des „Gesuchten".
2.256.1.2		Irregeführt wird man hier leicht durch die Rechtmäßigkeit einer unvollkommenen Beschreibung im Falle des Suchens eines wirklichen Gegenstandes, und hier spielt wieder eine Unklarheit über die Begriffe ‚Beschreibung' und ‚Gegenstand' hinein. Wenn man sagt, ich gehe auf den Nordpol und erwarte mir dort eine Flagge zu finden, so hieße das in der Russell'schen Auffassung: ich erwarte mir Etwas (ein X) zu finden, das eine Flagge – etwa von dieser und dieser Farbe und Größe – ist. Und es scheint dann, als bezöge sich die Erwartung (das Suchen) auch hier nur auf eine Beschreibung/indirekte Kenntnis/ und nicht auf den Gegenstand selbst, den ich erst dann direkt/eigentlich/ kenne (knowledge by acquaintance), wenn ich ihn vor mir habe (während ich früher/vorher/ nur indirekt mit ihm bekannt bin). Aber das ist Unsinn. Was immer ich dort wahrnehmen kann – soweit es eine Bestätigung meiner Erwartung ist – kann ich auch schon vorher beschreiben. Und „beschreiben" heißt hier nicht, etwas darüber aussagen, sondern es aussprechen, d.h.: Was ich suche, muß ich vollständig beschreiben können.
2.256.2.1	2	Die Frage ist: Kann man sagen, daß die Mathematik heute gleichsam ausgezackt – oder ausgefranst – ist und daß man sie deshalb wird abrunden können. Ich glaube, man kann das erstere nicht sagen, ebensowenig wie man sagen kann, die Realität sei struppig, weil es 4 primäre Farben, 7 Töne in einer Oktav, 3 Dimensionen im Sehraum etc. gäbe.
2.255.3.1	3	Die Mathematik „abrunden" kann man so wenig, wie man sagen kann „runden wir die 4 primären Farben auf 5 oder 10 ab", oder „runden wir die 8 Töne einer Oktav auf 10 ab".
2.221.4.1	4	Vergleich zwischen einer mathematischen Expedition und einer Polarexpedition. Diesen Vergleich anzustellen hat Sinn und ist sehr nützlich.
2.221.4.2	5	Wie seltsam wäre es, wenn eine geographische Expedition nicht sicher wüßte, ob sie ein Ziel, also auch ob sie überhaupt einen Weg hat. Das können wir uns nicht denken, es gibt Unsinn. Aber in der mathematischen Expedition verhält es sich geradeso. Also wird es vielleicht am besten sein, den Vergleich ganz fallen zu lassen.
2.221.5.1		Es wäre wie eine Expedition, die des Raumes nicht sicher wäre!

2.252.3.1 1 Könnte man sagen, daß die arithmetischen oder geometrischen Probleme immer so ausschauen, oder fälschlich so aufgefaßt werden können, als bezögen sie sich auf Gegenstände im Raum, während sie sich auf den Raum selbst beziehen?

2.254.3.1 2 Raum nenne ich das, dessen man beim Suchen gewiß sein kann.

Beweis, und Wahrheit und Falschheit eines mathematischen Satzes.

5.114.1.1   1   Der bewiesene mathematische Satz hat in seiner Grammatik zur Wahrheit hin ein Übergewicht. Ich kann, um den Sinn von $25 \times 25 = 625$ zu verstehen, fragen: wie wird dieser Satz bewiesen. Aber ich kann nicht fragen: wie wird – oder würde – sein Gegenteil bewiesen; denn es hat keinen Sinn, vom Beweis des Gegenteils von $25 \times 25 = 625$ zu reden. Will ich also eine Frage stellen, die von der Wahrheit des Satzes unabhängig ist, so muß ich von der Kontrolle seiner Wahrheit, nicht von ihrem Beweis, oder Gegenbeweis, reden. Die Methode der Kontrolle entspricht dem, was man den Sinn des mathematischen Satzes nennen kann. Die Beschreibung dieser Methode ist allgemein und bezieht sich auf ein System von Sätzen, etwa den Sätzen der Form $a \times b = c$.

5.115.2.1   2   Man kann nicht sagen: „ich werde ausrechnen, daß es so ist", sondern „ob es so ist". Also, ob so, oder anders.

5.117.1.1   3   Die Methode der Kontrolle der Wahrheit entspricht dem Sinn des mathematischen Satzes. Kann von so einer Kontrolle nicht die Rede sein, dann bricht die Analogie der „mathematischen Sätze" mit dem, was wir sonst Satz nennen, zusammen. So gibt es eine Kontrolle für die Sätze der Form „$(\exists)^n_m \ldots$" und „$\sim(\exists)^n_m \ldots$", die sich auf Intervalle beziehen.

5.117.1.1   4   Denken wir nun an die Frage: „hat die Gleichung $x^2 + ax + b = 0$ eine reelle Lösung". Hier gibt es wieder eine Kontrolle und die Kontrolle scheidet zwischen den Fällen $(\exists \ldots)$ etc. und $\sim(\exists \ldots)$ etc.. Kann ich aber in demselben Sinne auch fragen und kontrollieren „ob die Gleichung eine Lösung hat"? es sei denn, daß ich diesen Fall wieder mit andern in ein System bringe.

5.117.2.1   5   (In Wirklichkeit konstruiert der „Beweis des Hauptsatzes der Algebra" eine neue Art von Zahlen.)

5.85.2.1   6   Gleichungen sind eine Art von Zahlen. (D.h. sie können den Zahlen ähnlich behandelt werden.)

5.117.3.1   1   Der „Satz der Mathematik", welcher durch eine Induktion bewiesen ist –, so aber, daß man nach dieser Induktion nicht in einem System von Kontrollen suchen/fragen/ kann, – ist nicht ‚Satz' in dem Sinne, in welchem es die Antwort auf eine mathematische Frage ist.

5.117.3.2   „Jede Gleichung G hat eine Wurzel". Und wie, wenn sie keine hat? können wir diesen Fall beschreiben, wie den, daß sie keine rationale Lösung hat? Was ist das Kriterium dafür, daß eine Gleichung keine Lösung hat? Denn dieses Kriterium muß gegeben sein/werden/, wenn die mathematische Frage einen Sinn haben soll und wenn das, was die Form eines Existenzsatzes hat, „Satz" im Sinne der Antwort auf eine Frage sein soll./und wenn der Existenzsatz Antwort auf eine Frage sein soll./

5.117.3.3   (Worin besteht die Beschreibung des Gegenteils; worauf stützt sie sich; auf welche Beispiele, und wie sind diese Beispiele mit einem besonderen Fall des bewiesenen Gegenteils verwandt? Diese Fragen sind nicht etwa nebensächlich, sondern absolut wesentlich.)

5.117.3.4   (Die Philosophie der Mathematik besteht in einer genauen Untersuchung der mathematischen Beweise – nicht darin, daß man die Mathematik mit einem Dunst umgibt.)

5.94.1.1   2   Wenn in den Diskussionen über die Beweisbarkeit der mathematischen Sätze gesagt wird, es gäbe wesentlich Sätze der Mathematik, deren Wahrheit oder Falschheit unentschieden bleiben müsse, so bedenken /wissen/, die es sagen, nicht, daß solche Sätze, wenn wir sie gebrauchen können und „Sätze" nennen wollen, ganz andere Gebilde sind, als was sonst „Satz" genannt wird: denn der Beweis ändert die Grammatik des Satzes. Man kann wohl ein und dasselbe Brett einmal als Windfahne, ein andermal als Wegweiser verwenden; aber das feststehende nicht als Windfahne und das bewegliche nicht als Wegweiser. Wollte jemand sagen „es gibt auch bewegliche Wegweiser", so würde ich ihm antworten: „Du willst wohl sagen, ‚es gibt auch bewegliche Bretter'; und ich sage nicht, daß das bewegliche Brett unmöglich irgendwie verwendet werden kann, – nur nicht als Wegweiser".

5.94.1.2   Das Wort „Satz", wenn es hier überhaupt Bedeutung haben soll, ist äquivalent einem Kalkül und zwar jedenfalls dem, in welchem $p \lor {\sim}p = $ Taut. ist (das „Gesetz des ausgeschlossenen Dritten" gilt). Soll es nicht gelten, so haben wir den Begriff des Satzes geändert. Aber wir haben damit keine Entdeckung gemacht (etwas gefunden, das ein Satz ist, und dem und dem Gesetz nicht gehorcht); sondern eine neue Festsetzung getroffen, ein neues Spiel angegeben.

WENN DU WISSEN WILLST, WAS BEWIESEN WURDE, SCHAU DEN
BEWEIS AN.

4.120.6.1 1 Die Mathematiker verirren sich nur dann, wenn sie über Kalküle im
Allgemeinen reden wollen; und zwar darum, weil sie dann die
besondern Bestimmungen vergessen, die jedem besonderen Kalkül als
Grundlagen dienen/zu Grunde liegen/.

4.112.6.1 2 Der Grund, warum alle Philosophien der Mathematik fehlgehen, ist der,
daß man in der Logik nicht allgemeine Dicta durch Beispiele begründen
kann, wie in der Naturgeschichte. Sondern jeder besondere Fall hat die
größtmögliche?/volle?/ Bedeutung, und anderseits/wieder/ ist mit ihm
alles erschöpft, und man kann keinen allgemeinen Schluß aus ihm
ziehen (also keinen Schluß)./.... Bedeutung, aber alles ist mit ihm
erschöpft ...../

4.132.2.1 3 Eine logische Fiktion gibt es nicht und darum kann man nicht mit
logischen Fiktionen arbeiten; und muß jedes Beispiel ganz ausführen.

4.132.3.1 4 In der Mathematik kann es nur mathematische Schwierigkeiten
/troubles/ geben, nicht philosophische.

4.131.8.1 5 Der Philosoph notiert eigentlich nur das, was der Mathematiker so?
gelegentlich über seine Tätigkeit hinwirft.

4.132.1.1 6 Der Philosoph kommt leicht in die Lage eines ungeschickten Direktors,
der, statt seine Arbeit zu tun und nur darauf zu schauen, daß seine
Angestellten ihre Arbeit richtig machen, ihnen ihre Arbeit abnimmt und
sich so eines Tages mit fremder Arbeit überladen sieht, während die
Angestellten zuschaun und ihn kritisieren.
4.132.1.2   Besonders ist er geneigt, sich die Arbeit des Mathematikers
aufzuhalsen.

5.108.1.1 7 Wenn Du wissen willst, was der Ausdruck „Stetigkeit einer Funktion"
bedeutet, schau' den Beweis der Stetigkeit an; der wird ja zeigen, was er
beweist. Aber sieh nicht das Resultat an, wie es in Prosa hingeschrieben
/ausgedrückt/ ist und auch nicht, wie es in der Russell'schen Notation
lautet, die ja bloß eine Übersetzung des Prosaausdrucks ist; sondern
richte Deinen Blick dorthin, wo im Beweis noch gerechnet wird. Denn
der Wortausdruck des angeblich bewiesenen Satzes ist meist
irreführend, denn er verschleiert das eigentliche Ziel des Beweises, das
in diesem mit voller Klarheit zu sehen ist.

5.111.5.1 8 „Wird die Gleichung von irgend welchen Zahlen befriedigt?"; „sie wird
von Zahlen befriedigt"; „sie wird von allen Zahlen (von keiner Zahl)
befriedigt". Hat Dein Kalkül Beweise? und welche? daraus erst wird
man den Sinn dieser Sätze und Fragen entnehmen können.

2.173.3.1	1	Sage mir wie Du suchst und ich werde Dir sagen was Du suchst.
5.74.1.1	2	Wir werden uns zuerst fragen müssen: Ist der mathematische Satz bewiesen? und wie? Denn der Beweis gehört zur Grammatik des Satzes! – Daß das so oft nicht eingesehen wird, kommt daher, daß wir hier wieder auf der Bahn einer uns irreführenden Analogie denken. Es ist, wie gewöhnlich in diesen Fällen, eine Analogie aus unserm naturwissenschaftlichen Denken. Wir sagen z.B. „dieser Mann ist vor 2 Stunden gestorben", und wenn man uns fragt „wie läßt sich das feststellen", so können wir eine Reihe von Anzeichen (Symptomen) dafür angeben. Wir lassen aber auch die Möglichkeit dafür offen, daß etwa die Medizin bis jetzt unbekannte Methoden entdeckt, die Zeit des Todes festzustellen und das heißt: Wir können solche mögliche Methoden auch jetzt schon beschreiben, denn nicht ihre Beschreibung wird entdeckt, sondern, es wird nur experimentell festgestellt, ob die Beschreibung den Tatsachen entspricht. So kann ich z.B. sagen: eine Methode besteht darin, die Quantität des Hämoglobins im Blut zu finden, denn diese nehme mit der Zeit nach dem Tode, nach dem und dem Gesetz, ab. Das stimmt natürlich nicht, aber, wenn es stimmte, so würde sich dadurch an der von mir erdichteten Beschreibung nichts ändern. Nennt man nun die medizinische Entdeckung „die Entdeckung eines Beweises dafür, daß der Mann vor 2 Stunden gestorben ist", so muß man sagen, daß diese Entdeckung an der Grammatik des Satzes „der Mann ist vor 2 Stunden gestorben" nichts ändert. Die Entdeckung ist die Entdeckung, daß eine bestimmte Hypothese wahr ist (oder: mit den Tatsachen übereinstimmt). Diese Denkweise sind wir nun so gewöhnt, daß wir den Fall der Entdeckung eines Beweises in der Mathematik unbesehen für den gleichen oder einen ähnlichen halten. Mit Unrecht: denn, kurz gesagt, den mathematischen Beweis konnte man nicht beschreiben, ehe er gefunden war.
5.74.1.2		Der ‚medizinische Beweis' hat die Hypothese, die er bewiesen hat, nicht in einen neuen Kalkül eingegliedert und ihm also keinen neuen Sinn gegeben; der mathematische Beweis gliedert den mathematischen Satz in einen neuen Kalkül ein, er verändert seine Stellung in der Mathematik. Der Satz mit seinem Beweis gehört einer andern Kategorie an, als der Satz ohne den Beweis. (Der unbewiesene mathematische Satz – Wegweiser der mathematischen Forschung, Anregung zu mathematischen Konstruktionen.)
5.94.3.1	3	Sind die Variablen von derselben Art in den Gleichungen: $$x^2 + y^2 + 2xy = (x + y)^2$$ $$x^2 + 3x + 2 = 0$$ $$x^2 + ax + b = 0$$ $$x^2 + xy + z = 0 \quad ?$$ Das kommt auf die Verwendung dieser Gleichungen an. – Aber der Unterschied zwischen N°1 und N°2 (wie sie gewöhnlich gebraucht werden) ist nicht einer der Extension der Werte, die sie befriedigen. Wie beweist Du den Satz „N°1 gilt für alle Werte von x und y" und wie den Satz „Es gibt Werte von x, die N°2 befriedigen"? Soviel Analogie in diesen Beweisen ist, soviel Analogie ist im Sinn der beiden Sätze.

| 5.95.2.1 | 1 | Aber kann ich nicht von einer Gleichung sagen: „Ich weiß, sie stimmt für einige Substitutionen nicht – ich erinnere mich nicht, für welche –; ob sie aber allgemein nicht stimmt, das weiß ich nicht"? – Aber was meinst Du damit, wenn Du sagst, Du weißt das? Wie weißt Du es? Hinter den Worten „ich weiß ...." ist ja nicht ein bestimmter Geisteszustand, der der Sinn dieser Worte wäre. Was kannst Du mit diesem Wissen anfangen? denn das wird zeigen, worin dieses Wissen besteht. Kennst Du eine Methode, um festzustellen, daß die Gleichung allgemein ungiltig ist? Erinnerst Du Dich daran, daß die Gleichung für einige Werte von x zwischen 0 und 1000 nicht stimmt? Hat Dir jemand bloß die Gleichung gezeigt und gesagt, er habe Werte für x gefunden, die die Gleichung nicht befriedigen, und weißt Du vielleicht selbst nicht, wie man dies für einen gegebenen Wert konstatiert? etc. etc.. |

632

| 5.115.5.1 | 2 | „Ich habe ausgerechnet, daß es keine Zahl gibt, welche .....". – In welchem Rechnungssystem kommt diese Rechnung vor? – Dies wird uns zeigen, in welchem Satzsystem der errechnete Satz ist. (Man fragt auch: „wie rechnet man so etwas aus?") |

5.115.6.1	3	„Ich habe gefunden, daß es so eine/eine solche/ Zahl gibt".
5.115.6.1		„Ich habe ausgerechnet, daß es keine solche Zahl gibt".
5.116.6.2		Im ersten Satz darf ich nicht „keine" statt „eine" einsetzen. – Und wie, wenn ich im zweiten statt „keine" „eine" setze? Nehmen wir an, die/eine/ Rechnung ergibt nicht den Satz „~(∃n) etc.", sondern „(∃n) etc.". Hat es dann etwa Sinn zu sagen: „nur Mut! jetzt mußt Du einmal auf eine solche Zahl kommen, wenn Du nur lang genug probierst"? Das hat nur Sinn, wenn der Beweis nicht „(∃n) etc." ergeben, sondern dem Probieren Grenzen gesteckt hat, also etwas ganz anderes geleistet hat. D.h., das, was wir den Existenzsatz nennen, der uns eine Zahl suchen lehrt, hat zum Gegenteil nicht den Satz „(n) · etc.", sondern einen Satz, der sagt, daß in dem und dem Intervall keine Zahl ist, die .... Was ist das Gegenteil des Bewiesenen? – Dazu muß man auf den Beweis schauen. Man kann sagen: das Gegenteil des bewiesenen Satzes ist das, was statt seiner durch einen bestimmten Rechnungsfehler im Beweis bewiesen worden wäre. Wenn nun z.B. der Beweis, daß ~(∃n) etc. der Fall ist, eine Induktion ist, die zeigt, daß, soweit ich auch gehe, eine solche Zahl nicht vorkommen kann, so ist das Gegenteil dieses Beweises (ich will einmal diesen Ausdruck gebrauchen) nicht der Existenzbeweis in unserem Sinne. – Es ist hier nicht, wie im Fall des Beweises, daß keine oder eine der Zahlen a, b, c, d die Eigenschaft E hat; und diesen Fall hat man immer als Vorbild vor Augen. Hier könnte ein Irrtum darin bestehen, daß ich glaube c hätte die Eigenschaft und, nachdem ich den Irrtum eingesehen hätte, wüßte ich, daß keine der Zahlen die Eigenschaft hat. Die Analogie bricht eben hier zusammen.

633

| 5.116.0.3 | | (Das hängt damit zusammen, daß ich nicht in jedem Kalkül, in dem ich Gleichungen gebrauchen, eo ipso auch die Verneinungen von Gleichungen gebrauchen darf. Denn $2 \times 3 \neq 7$ heißt nicht, daß die Gleichung „$2 \times 3 = 7$" nicht vorkommen soll, wie etwa die Gleichung „$2 \times 3 = sinus$", sondern die Verneinung ist eine Ausschließung innerhalb eines von vornherein bestimmten Systems. Eine Definition kann ich nicht verneinen, wie eine nach Regeln abgeleitete Gleichung.) |

5.116.0.4		Sagt man, das Intervall im Existenzbeweis sei nicht wesentlich, da ein andres Intervall es auch getan hätte, so heißt das natürlich nicht, daß das Fehlen einer Intervallangabe es auch getan hätte. – Der Beweis der Nichtexistenz hat zum Beweis der Existenz nicht das Verhältnis eines Beweises von p zum Beweis des Gegenteils.
5.116.0.5		Man sollte glauben, in den Beweis des Gegenteils von „$(\exists n)$ etc." müßte sich eine Negation einschleichen/verirren/ können, durch die irrtümlicherweise „$\sim(\exists n)$ etc." bewiesen wird.
5.116.0.6		Gehen wir doch einmal, umgekehrt, von den Beweisen aus und nehmen wir an, sie wären uns ursprünglich gezeigt worden und man hätte uns dann gefragt: was beweisen diese Rechnungen? Sieh auf die Beweise und entscheide dann, was sie beweisen.
4.70.2.1	1	Ich brauche nicht zu behaupten, man müsse die n Wurzeln der Gleichung n-ten Grades konstruieren können, sondern ich sage nur, daß der Satz „diese Gleichung hat n Wurzeln" etwas anderes heißt, wenn ich ihn durch Abzählen der konstruierten Wurzeln, und wenn ich ihn anderswie bewiesen habe. Finde ich aber eine Formel für die Wurzeln einer Gleichung, so habe ich einen neuen Kalkül konstruiert und keine Lücke eines alten ausgefüllt.
4.70.3.1	2	Es ist daher Unsinn zu sagen, der Satz ist erst bewiesen, wenn man eine solche Konstruktion aufzeigt. Denn dann haben wir eben etwas Neues konstruiert, und was wir jetzt unter dem Hauptsatz der Algebra verstehen, ist eben, was der gegenwärtige ‚Beweis' uns zeigt.
4.80.7.1	3	„Jeder Existenzbeweis muß eine Konstruktion dessen enthalten, dessen Existenz er beweist". Man kann nur sagen „ich nenne ‚Existenzbeweis' nur einen, der eine solche Konstruktion enthält". Der Fehler ist/liegt darin/, daß man glaubt/vorgibt/ einen klaren Begriff des Existenzbeweises/der Existenz/ zu besitzen.
4.80.7.2		Man glaubt ein Etwas, die Existenz, beweisen zu können, so daß man nun unabhängig vom Beweis von ihr überzeugt ist. (Die Idee der, voneinander – und daher wohl auch vom Bewiesenen – unabhängigen Beweise!) In Wirklichkeit ist Existenz das, was man mit dem beweist, was man „Existenzbeweis" nennt. Wenn die Intuitionisten und Andere darüber reden, so sagen sie: „Dieser Sachverhalt, die Existenz, kann man nur so, und nicht so, beweisen". Und sehen nicht, daß sie damit einfach das definiert haben, was sie Existenz nennen. Denn die Sache verhält sich eben nicht so, wie wenn man sagt: „daß ein Mann in dem Zimmer ist, kann man nur dadurch beweisen, daß man hineinschaut, aber nicht, indem man an der Türe horcht".
4.80.8.1	4	Wir haben keinen Begriff der Existenz unabhängig von unserm Begriff des Existenzbeweises.
5.156.3.1	5	Warum ich sage, daß wir einen Satz, wie den Hauptsatz der Algebra, nicht finden, sondern konstruieren? – Weil wir ihm beim Beweis einen neuen Sinn geben, den er früher gar nicht gehabt hat. Für diesen Sinn gab es vor dem sogenannten Beweis nur eine beiläufige Vorlage in der Wortsprache.

| 5.156.5.1 | 1 | Denken wir, Einer würde sagen: das Schachspiel mußte nur **entdeckt** werden, es war immer da! Oder das **reine** Schachspiel war immer da, nur das materielle, von Materie verunreinigte, haben wir gemacht. |

| 5.156.4.1 | 2 | Wenn durch Entdeckungen ein Kalkül der Mathematik geändert wird, – können wir den alten Kalkül nicht behalten (aufheben)? (D.h., müssen wir ihn wegwerfen?) Das ist ein sehr interessanter Aspekt. Wir haben nach der Entdeckung des Nordpols nicht zwei Erden: eine mit, und eine ohne den Nordpol. Aber nach der Entdeckung des Gesetzes der Verteilung der Primzahlen, zwei Arten von Primzahlen. |

| 5.192.1.1 | 3 | Die mathematische Frage muß so exakt sein, wie der mathematische Satz. Wie irreführend die Ausdrucksweise der Wortsprache den Sinn der mathematischen Sätze darstellt, sieht man, wenn man sich die Multiplizität eines mathematischen Beweises vor Augen stellt/führt/ und bedenkt, daß der Beweis zum S i n n des bewiesenen Satzes gehört, d.h. den Sinn bestimmt. Also nicht etwas ist, was bewirkt, daß wir einen bestimmten Satz glauben, sondern etwas, was uns zeigt, w a s w i r glauben, – wenn hier von glauben eine Rede sein kann. Begriffswörter in der Mathematik: Primzahl, Kardinalzahl, etc.. Es scheint darum unmittelbar Sinn zu haben, wenn gefragt wird: „Wieviel Primzahlen gibt es?" („Es glaubt der Mensch, wenn er nur Worte hört, ...".) In Wirklichkeit ist diese Wortzusammenstellung einstweilen Unsinn; bis für sie eine besondere Syntax gegeben wurde. Sieh' den Beweis dafür an, „daß es unendlich viele Primzahlen gibt" und dann die Frage, die er zu beantworten scheint. Das Resultat eines intrikaten Beweises kann nur insofern einen einfachen Wortausdruck haben, als das System von Ausdrücken, dem dieser Ausdruck angehört, in seiner Multiplizität einem System solcher Beweise entspricht. – Die Konfusionen in diesen Dingen sind ganz darauf zurückzuführen, daß man die Mathematik als eine Art Naturwissenschaft behandelt. Und das wieder hängt damit zusammen, daß sich die Mathematik von der Naturwissenschaft abgelöst hat. Denn, solange sie in unmittelbarer Verbindung mit der Physik betrieben wird, ist es klar, daß s i e keine Naturwissenschaft ist. (Etwa, wie man einen Besen nicht für ein Einrichtungsstück des Zimmers halten kann, solange man ihn dazu benützt, die Einrichtungsgegenstände zu säubern.) |

| 4.69.2.1 | 4 | Ist nicht die Hauptgefahr die, daß uns der Prosa-Ausdruck des Ergebnisses einer mathematischen Operation einen Kalkül vortäuscht, der gar nicht vorhanden ist. Indem er seiner äußern Form nach einem System anzugehören scheint, das es hier gar nicht gibt. |

4.67.4.2 1 Ein Beweis ist Beweis eines (bestimmten)? Satzes, wenn er es nach einer Regel ist, nach der dieser Satz diesem Beweis zugeordnet ist. D.h., der Satz muß einem System von Sätzen angehören und der Beweis einem System von Beweisen. Und jeder Satz der Mathematik muß einem Kalkül der Mathematik angehören. (Und kann nicht in Einsamkeit thronen und sich sozusagen nicht unter andere Sätze mischen.)

4.67.4.3 Also ist auch der Satz „jede Gleichung n-ten Grades hat n Lösungen" nur ein Satz der Mathematik, sofern er einem System von Sätzen, und sein Beweis einem korrespondierenden System von Beweisen, entspricht. Denn welchen guten Grund habe ich, dieser Kette von Gleichungen etc. (dem sogenannten Beweis) diesen Prosasatz zuzuordnen. Es muß doch aus dem Beweis – nach einer Regel – hervorgehen, von welchem Satz er der Beweis ist.

4.67.5.1 2 Nun liegt es aber im Wesen dessen, was wir als Satz bezeichnen, daß es sich verneinen lassen muß. Und auch die Verneinung des bewiesenen Satzes muß mit dem Beweis zusammenhängen; so nämlich, daß sich zeigen läßt, unter welchen andern, entgegengesetzten, Bedingungen sie herausgekommen wäre.

DAS MATHEMATISCHE PROBLEM.
ARTEN DER PROBLEME.
SUCHEN.
„AUFGABEN" IN DER MATHEMATIK.

5.109.1.1 1   Wo man fragen kann, kann man auch suchen, und wo man nicht
               suchen kann, kann man auch nicht fragen. Und auch nicht antworten.

5.111.3.1 2   Wo es keine Methode des Suchens gibt, da kann auch die Frage keinen
               Sinn haben. – Nur wo eine Methode der Lösung ist, ist eine Frage (d.h.
               natürlich nicht: „nur wo die Lösung gefunden ist, ist eine Frage"). –
               D.h.: dort wo die Lösung des Problems nur von einer Art Offenbarung
               erwartet werden kann, ist auch keine Frage. Einer Offenbarung
               entspricht keine Frage. –

5.105.3.1 3   Die Annahme der Unentscheidbarkeit setzt voraus, daß zwischen den
               beiden Seiten einer Gleichung, sozusagen, eine unterirdische
               Verbindung besteht; daß die Brücke nicht in Symbolen geschlagen
               werden kann. Aber dennoch besteht: denn sonst wäre die Gleichung
               sinnlos. – Aber die Verbindung besteht nur, wenn w i r sie durch
               Symbole/einen Kalkül/ gemacht haben. Der Übergang ist nicht durch eine
               dunkle Spekulation hergestellt, von andrer Art als das was er verbindet.
               (Wie ein dunkler Gang zwischen zwei lichten Orten.)

5.112.1.1 4   Ich kann den Ausdruck „die Gleichung G ergibt die Lösung L" nicht
               eindeutig anwenden, solange ich keine Methode der Lösung besitze; weil
               „ergibt" eine Struktur bedeutet, die ich, ohne sie zu kennen, nicht
               bezeichnen kann. Denn das heißt das Wort „ergibt" zu verwenden,
               ohne seine Grammatik zu kennen. Ich könnte aber auch sagen: Das
               Wort „ergibt" hat andere Bedeutung, wenn ich es so verwende, daß es
               sich auf eine Methode der Lösung bezieht, und eine andere, wenn dies
               nicht der Fall ist. Es verhält sich hier mit „ergibt" ähnlich, wie mit dem
               Wort „gewinnen" (oder ‚verlieren"), wenn das Kriterium des
               „Gewinnens" einmal ein bestimmter Verlauf der Partie ist (hier muß ich
               die Spielregeln kennen, um sagen zu können, ob Einer gewonnen hat),
               oder ob ich mit „gewinnen" etwas meine, was sich etwa/beiläufig/ durch
               „zahlen müssen" ausdrücken ließe.
5.112.1.2   Wenn wir „ergibt" im ersten Sinne/in der ersten Bedeutung/
               anwenden, so heißt „die Gleichung ergibt L": wenn ich die Gleichung
               nach gewissen Regeln transformiere, so erhalte ich L. So wie die
               Gleichung $25 \times 25 = 620$ besagt, daß ich 620 erhalte, wenn ich auf
               25×25 die Multiplikationsregeln anwende. Aber diese Regeln müssen
               mir nun/hier/ schon gegeben sein, ehe das Wort „ergibt" Bedeutung hat,
               und ehe die Frage einen Sinn hat, ob die Gleichung L ergibt.

5.113.1.1	1	Es genügt also nicht zu sagen „p ist beweisbar", sondern es muß heißen: beweisbar nach einem bestimmten System.
5.113.1.2		Und zwar behauptet der Satz nicht, p sei beweisbar nach dem System S, sondern nach seinem System, dem System von p. Daß p dem System S angehört, das läßt sich nicht behaupten (das muß sich zeigen). – Man kann nicht sagen, p gehört zum System S; man kann nicht fragen, zu welchem System p gehört; man kann nicht das System von p suchen. „p verstehen" heißt, sein System kennen. Tritt p scheinbar von einem System in das andere über, so hat in Wirklichkeit p seinen Sinn gewechselt.
5.126.5.1	2	Es ist unmöglich, Entdeckungen neuartiger Regeln zu machen, die von einer uns bekannten Form (etwa dem sinus eines Winkels) gelten. Sind es neue Regeln, so ist es nicht die alte Form.
5.122.2.1	3	Kenne ich die Regeln der elementaren Trigonometrie, so kann ich den Satz sin 2x = 2 sin x cos x kontrollieren, aber nicht den Satz $\sin x = x - \frac{x^3}{3!} + \frac{x^5}{5!} - \ldots$ Das heißt aber, daß der sinus der elementaren Trigonometrie und der sinus der höheren Trigonometrie verschiedene Begriffe sind.
5.122.2.2		Die beiden Sätze stehen gleichsam auf zwei verschiedenen Ebenen. In der ersten kann ich mich bewegen, soweit ich will, ich werde nie zu dem Satz auf der höheren Ebene kommen.
5.122.2.3		Der Schüler, dem das Rüstzeug der elementaren Trigonometrie zur Verfügung stünde und von dem die Überprüfung der Gleichung $\sin x = x - \frac{x^3}{3!} \ldots$ verlangt würde, fände das, was er zur Bewältigung dieser Aufgabe braucht, eben nicht vor. Er kann die Frage nicht nur nicht beantworten, sondern er kann sie auch nicht verstehen. (Sie wäre wie die Aufgabe, die der Fürst im Märchen dem Schmied stellt: ihm einen „Klamank" zu bringen. Busch, Volksmärchen.)
4.74.9.1	4	Man nennt es eine Aufgabe, wenn gefragt wird „wieviel ist 25 × 16", aber auch eine Aufgabe: Was ist das $\int \sin^2 x \, dx$? Die erste hält man zwar für viel leichter als die zweite, sieht aber nicht, daß sie in verschiedenem Sinn ‚Aufgaben' sind. Der Unterschied ist natürlich kein psychologischer; und/denn/ es handelt sich nicht drum, ob der Schüler die Aufgabe lösen kann, sondern ob der Kalkül sie lösen kann, oder, welcher Kalkül sie lösen kann.
4.74.10.1	5	Die Unterschiede, auf die ich aufmerksam machen kann, sind solche, wie sie jeder Bub in der Schule wohl kennt. Aber man verachtet diese Unterschiede später, wie die Russische Rechenmaschine (und den zeichnerischen Beweis in der Geometrie) und sieht sie als unwesentlich an, statt als wesentlich und fundamental.
4.75.1.1	6	Es ist uninteressant, ob man/der Schüler/ eine Regel weiß, nach der man/er/ $\int \sin^2 x \, dx$ gewiß lösen kann, aber nicht, ob der Kalkül, den wir vor uns haben (und den er zufälligerweise benützt) eine solche Regel enthält.
4.75.1.2		Nicht, ob der Schüler es kann, sondern ob der Kalkül es kann und wie er es tut, interessiert uns.
4.75.2.1	7	Im Falle 25 × 16 = 370 nun, schreibt der Kalkül, den wir benützen, jeden Schritt zur Prüfung dieser Gleichung vor.

4.72.5.1	1	Ein merkwürdiges Wort: „Es ist mir gelungen, das zu beweisen".
4.72.5.2		(Das ist es, was im Falle 25 × 16 = 400 niemand sagen würde.)

5.113.3.1 2 Man könnte erklären/festlegen/: „Was man anfassen kann, ist ein Problem. – Nur wo ein Problem sein kann, kann etwas behauptet werden."

5.113.2.1 3 Würde denn aus dem Allen nicht das Paradox folgen: daß es in der Mathematik keine schweren Probleme gibt; weil, was schwer ist, kein Problem ist? Was folgt, ist, daß das „schwere mathematische Problem", d.h. das Problem der mathematischen Forschung, zur Aufgabe „25 × 25 = ?" nicht in dem Verhältnis steht, wie etwa ein akrobatisches Kunststück zu einem einfachen Purzelbaum (also einfach in dem Verhältnis: sehr leicht zu sehr schwer), sondern daß es ‚Probleme' in verschiedenen Bedeutungen des Wortes sind.

4.131.2.1 4 „Du sagst ‚wo eine Frage ist, da ist auch ein Weg zu ihrer Beantwortung', aber in der Mathematik gibt es doch Fragen, zu deren Beantwortung wir keinen Weg sehen". – Ganz richtig, und daraus folgt nur, daß wir in diesem Fall das Wort ‚Frage' in anderem Sinn gebrauchen, als im oberen Fall. Und ich hätte vielleicht sagen sollen „es sind hier zwei verschiedene Formen und nur für die erste möchte ich das Wort ‚Frage' gebrauchen". Aber dieses Letztere ist nebensächlich. Wichtig ist, daß wir es hier mit zwei verschiedenen Formen zu tun haben. (Und daß Du Dich in der Grammatik des Wortes ‚Art' nicht auskennst, wenn Du nun sagen willst, es seien eben nur zwei verschiedene A r t e n von Fragen.)

4.172.4.1 5 „Ich weiß, daß es für diese Aufgabe eine Lösung gibt, obwohl ich die Lösung/Art der Lösung/ noch nicht habe". – In welchem Symbolismus w e i ß ich es?/weißt Du es?/

4.172.5.1 6 „Ich weiß, daß es da ein Gesetz geben muß". Ist dieses Wissen ein amorphes, das Aussprechen des Satzes begleitendes Gefühl? Dann interessiert es uns nicht. Und ist es ein symbolischer Prozeß – nun, dann ist die Aufgabe, ihn in einem klaren/offenbaren/ Symbolismus auszudrücken/darzustellen/.

5.182.1.1 7 Was heißt es: den Goldbach'schen Satz g l a u b e n? Worin besteht dieser Glaube? In einem Gefühl der Sicherheit, wenn wir den Satz aussprechen, oder hören? Das interessiert uns nicht. Ich weiß ja auch nicht, wie weit dieses Gefühl durch den Satz selbst hervorgerufen sein mag. Wie greift der Glaube in diesen Satz ein? Sehen wir nach, welche Konsequenzen er hat, wozu er uns bringt. „Er bringt mich zum Suchen nach einem Beweis dieses Satzes". – Gut, jetzt sehen wir noch nach, worin Dein Suchen eigentlich besteht; dann werden wir wissen, ?wie es sich mit Deinem Glauben an den Satz verhält./.... was es mit dem Glauben an den Satz auf sich hat./?

4.29.5.1	1	Man darf nicht an einem Unterschied der Formen vorbeigehen – wie man wohl an einem Unterschied zwischen Anzügen vorbeigehen kann, wenn er etwa sehr gering ist.
4.29.5.2		In gewissem Sinne gibt es für uns – nämlich in der Grammatik – nicht ‚geringe Unterschiede'. Und überhaupt bedeutet ja das Wort Unterschied etwas ganz anderes, als dort wo es sich um einen Unterschied zweier Dinge/Sachen/ handelt.
5.23.1.1	2	Der Philosoph spürt Wechsel im Stil einer Ableitung, an denen der Mathematiker von heute, mit seinem stumpfen Gesicht ruhig vorübergeht. – Eine höhere Sensitivität ist es eigentlich, was den Mathematiker der Zukunft von dem heutigen unterscheiden wird; und die wird die Mathematik – gleichsam – stutzen; weil man dann mehr auf die absolute Klarheit, als auf ein/das/ Erfinden neuer Spiele bedacht sein wird.
5.157.3.1	3	Die philosophische Klarheit wird auf das Wachstum der Mathematik den gleichen Einfluß haben, wie das Sonnenlicht auf das Wachsen der Kartoffeltriebe. (Im dunklen/dunkeln/ Keller wachsen sie meterlang.)
5.126.1.1	4	Den Mathematiker muß es bei meinen mathematischen Ausführungen grausen, denn seine Schulung hat ihn immer davon abgelenkt, sich Gedanken und Zweifeln, wie ich sie aufrolle, hinzugeben. Er hat sie als etwas Verächtliches ansehen lernen und hat, um eine Analogie aus der Psychoanalyse (dieser Absatz erinnert an Freud) zu gebrauchen, einen Ekel vor diesen Dingen erhalten, wie vor etwas Infantilem. D.h., ich rolle alle jene Probleme auf, die etwa ein Knabe/Kind/ beim Lernen der Arithmetik, etc. als Schwierigkeiten empfindet und die der Unterricht unterdrückt, ohne sie zu lösen. Ich sage also zu diesen unterdrückten Zweifeln: ihr habt ganz recht, fragt nur, und verlangt nach Aufklärung!

EULERSCHER BEWEIS.

2.321.6.1 1   Kann man aus der Ungleichung:
$1 + \frac{1}{2} + \frac{1}{3} + \frac{1}{4} + \ldots \neq (1 + \frac{1}{2} + \frac{1}{2^2} + \frac{1}{2^3} + \ldots) \cdot (1 + \frac{1}{3} + \frac{1}{3^2} + \frac{1}{3^3} + \ldots)$
eine Zahl $\underline{v}$ ableiten/konstruieren/, die jedenfalls in den Kombinationen der rechten Seite noch fehlt? Der Euler'sche Beweis dafür, daß es „unendlich viele Primzahlen gibt" soll ja ein Existenzbeweis sein, und wie ist der ohne Konstruktion möglich?

2.322.1.1 2 $\sim 1 + \frac{1}{2} + \frac{1}{3} + \ldots = (1 + \frac{1}{2} + \frac{1}{2^2} + \ldots) \cdot (1 + \frac{1}{3} + \frac{1}{3^2} + \ldots)$
Das Argument läuft so: Das rechte Produkt ist eine Reihe von Brüchen $\frac{1}{n}$, in deren Nenner alle Kombinationen $2^\nu 3^\mu$ vorkommen; wären das alle Zahlen, so müßte diese Reihe die gleiche sein, wie die $1 + \frac{1}{2} + \frac{1}{3} + \ldots$ und dann müßten auch die Summen gleich sein. Die linke ist aber ∞ und die rechte nur eine endliche Zahl $\frac{2}{1} \cdot \frac{3}{2} = \underline{3}$, also fehlen in der rechten Reihe unendlich viele Brüche, d.h. es gibt in der rechten Reihe Brüche, die in der linken nicht vorkommen. Und nun handelt es sich darum: ist dieses Argument richtig? Wenn es sich hier um endliche Reihen handelte, so wäre alles klar/durchsichtig/. Denn dann könnte man aus der Methode der Summation eben herausfinden, welche Glieder der linken Reihe auf die rechte Reihe fehlen. Man könnte nur fragen: wie kommt es, daß die rechte Reihe ∞ gibt, was muß sie außer den Gliedern der linken enthalten, daß es so wird? Ja es frägt sich: hat eine Gleichung, wie die obere $1 + \frac{1}{2} + \frac{1}{3} + \ldots = 3$ überhaupt einen Sinn? Ich kann ja aus ihr nicht herausfinden, welche Glieder links zuviel sind. Wie wissen wir, daß alle Glieder der rechten auch in der linken Seite vorkommen? Im Fall endlicher Reihen kann ich es erst sagen, wenn ich mich Glied für Glied davon überzeugt habe; – und dann sehe ich zugleich, welche übrigbleiben. – Es fehlt uns hier die Verbindung zwischen dem Resultat der Summe und den Gliedern, die einzige, die den Beweis erbringen könnte. – Am klarsten wird alles, wenn man sich die Sache mit einer endlichen Gleichung ausgeführt denkt:
$1 + \frac{1}{2} + \frac{1}{3} + \frac{1}{4} + \frac{1}{5} + \frac{1}{6} \neq (1 + \frac{1}{2}) \cdot (1 + \frac{1}{3}) = 1 + \frac{1}{2} + \frac{1}{3} + \frac{1}{6}$
Wir haben hier wieder das Merkwürdige, was man etwa einen Indizienbeweis in der Mathematik nennen könnte – der ewig unerlaubt ist. Oder, einen Beweis durch Symptome. Das Ergebnis der Summation ist ein Symptom dessen (oder wird als eines aufgefaßt), daß rechts Glieder sind, die links fehlen. Die Verbindung des Symptoms, mit dem, was man beweisen/bewiesen haben/ möchte, ist lose. D.h. es ist eine Brücke nicht geschlagen, aber man gibt sich damit zufrieden, daß man das andere Ufer sieht.

2.322.1.2   Alle Glieder der rechten Seite kommen in der linken Seite vor, aber die Summe links gibt ∞ und die rechte nur einen endlichen Wert – also müssen ..... aber in der Mathematik muß garnichts, außer was ist.

2.322.1.2   Die Brücke muß geschlagen werden.

2.322.1.3   In der Mathematik gibt es kein Symptom, das kann es nur im psychologischen Sinne für den Mathematiker geben.

2.322.1.4   Man könnte auch so sagen: Es kann sich in der Mathematik nicht auf etwas schließen lassen, was sich nicht **sehen** läßt.

2.323.1.1   1   Das ganze lose Wesen jener Beweisführung beruht wohl auf der Verwechslung der Summe und des Grenzwerts der Summe.

2.323.1.2   Das sieht man klar: **wie weit immer** man die rechte Reihe fortsetzt, immer kann man die linke auch soweit bringen, daß sie alle Glieder der rechten einschließt. (Dabei bleibt noch **offen**, ob die? dann auch noch andre Glieder enthält.)

2.323.2.1   2   Man könnte auch so fragen: Wenn du nur diesen Beweis hättest, was könntest du/man nur diesen Beweis hätte, was könnte man/ nun daraufhin wagen? Wenn wir etwa die Primzahlen bis N gefunden hätten, könnten wir nun daraufhin ins Unendliche auf die Suche nach einer weiteren Primzahl gehen – da uns der Beweis verbürgt, daß wir eine finden werden? Das ist doch Unsinn. – Denn das „wenn wir nur lange genug suchen" heißt garnichts. (Bezieht sich auf Existenzbeweise im Allgemeinen.)

2.323.3.1   3   Könnte ich auf diesen Beweis hin weitere Primzahlen links hinzufügen? Gewiß nicht, denn ich weiß ja garnicht, wie ich welche finden kann und das heißt: ich habe ja gar keinen Begriff der Primzahl, der Beweis hat mir keinen gegeben. Ich könnte nur beliebige Zahlen (bezw. Reihen) hinzufügen.

2.323.5.1   4   (Die Mathematik ist angesogen mit falschen Deutungen.)

2.323.6.1   5   („Es **muß** noch eine Primzahl/solche Zahl/ kommen" heißt in der Mathematik nichts. Das hängt unmittelbar damit zusammen, daß es „in der Logik nichts Allgemeineres und Spezielleres gibt".)

2.323.7.1   6   Wenn die Zahlen alle Kombinationen von 2 und 3 wären, so müßte

$$\left(\lim_{n\to\infty}\sum_{\nu=0}^{\nu=n}\frac{1}{2^\nu}\right)\cdot\left(\lim_{n\to\infty}\sum_{\nu=0}^{\nu=n}\frac{1}{3^\nu}\right) \text{ den } \lim_{m\to\infty}\sum_{n=1}^{n=m}\frac{1}{n} \text{ ergeben,}$$

– sie ergibt ihn aber nicht …. Was folgt daraus? (Satz des ausgeschlossenen Dritten.) Daraus folgt nichts, als daß die Grenzwerte der Summen verschieden sind; also nichts (Neues). Nun könnte man aber untersuchen, woran das liegt. Dabei wird man vielleicht auf Zahlen stoßen, die durch $2^\nu \cdot 3^\mu$ nicht darstellbar sind, also auf größere Primzahlen, nie aber wird man sehen, daß **keine** Anzahl solcher ursprünglicher Zahlen zur Darstellung aller Zahlen genügt.

2.324.2.1 1 $1 + \frac{1}{2} + \frac{1}{3} + \ldots \neq 1 + \frac{1}{2} + \frac{1}{2^2} + \frac{1}{2^3} + \ldots$
Wieviel Glieder der Form $\frac{1}{2^\nu}$ ich auch zusammennehmen mag, nie ergibt es mehr als 2, während die ersten 4 Glieder der linken Reihe schon mehr als 2 ergeben. (Hierin muß also schon der Beweis liegen.) Und hierin liegt er auch und zugleich die Konstruktion einer Zahl, die keine Potenz von 2 ist, denn die Regel heißt nun: finde den Abschnitt der Reihe, der jedenfalls 2 übertrifft, dieser muß eine Zahl enthalten, die keine Potenz von 2 ist.

2.324.3.1 $(1 + \frac{1}{2} + \frac{1}{2^2} + \ldots) \cdot (1 + \frac{1}{3} + \frac{1}{3^2} + \ldots) \cdot \ldots \cdot (1 + \frac{1}{n} + \frac{1}{n^2} + \ldots) = n.$ 649
Wenn ich nun die Summe $1 + \frac{1}{2} + \frac{1}{3} + \ldots$ so weit ausdehne, bis sie n überschreitet, dann muß dieser Teil ein Glied enthalten, das in der rechten Reihe nicht gefunden werden kann, denn enthielte die rechte Reihe alle diese Glieder, dann müßte sie eine größere und keine kleinere Summe ergeben.

2.325.1.1 2 Die Bedingung, unter der ein Teil der Reihe $1 + \frac{1}{2} + \frac{1}{3} + \ldots$, etwa $\frac{1}{n} + \frac{1}{n+1} + \frac{1}{n+2} + \ldots \frac{1}{n+\nu}$, gleich oder größer als 1 wird, ist folgende:
Es soll also werden:
$$\frac{1}{n} + \frac{1}{n+1} + \frac{1}{n+2} + \ldots \frac{1}{n+\nu} \gtreqless 1$$
Formen wir die linke Seite um in:
$$\frac{1 + \frac{n}{n+1} + \frac{n}{n+2} + \ldots \frac{n}{n+\nu}}{n} =$$
$$= \frac{1 + (1 - \frac{1}{n+1}) + (1 - \frac{2}{n+2}) + \ldots (1 - \frac{n-1}{n+(n-1)}) + \frac{n}{2n} + \frac{n}{2n+1} + \frac{n}{2n+2} + \ldots + \frac{n}{n+\nu}}{n} \Rightarrow$$
$$\Rightarrow \frac{n - \frac{1}{2} n \cdot (n-1) \cdot \frac{1}{n+1} + (\nu - n + 1)\frac{n}{n+\nu}}{n} = 1 - \frac{n-1}{2n+2} + \frac{\nu - n + 1}{n + \nu} \gtreqless 1$$
$$\therefore 2n\nu + 2\nu - 2n^2 - 2n + 2n + 2 - n^2 - n\nu + n + \nu \gtreqless 0$$
$$n\nu + 3\nu - 3n^2 + 2 + n \gtreqless 0$$
$$\underline{\underline{\nu \gtreqless \frac{3n^2 - (n+2)}{n+3} < 3n - 1}}$$

Dreiteilung des Winkels, etc.

5.122.3.1 1 Man könnte sagen: In der Geometrie der euklidischen Ebene kann man nach der 3-Teilung des Winkels nicht suchen, weil es sie nicht gibt – und nach der 2-Teilung nicht, weil es sie gibt.

5.122.4.1 2 In der Welt der Euklidischen Elemente kann ich ebensowenig nach der 3-Teilung des Winkels fragen, wie ich nach ihr suchen kann. Es ist von ihr einfach nicht die Rede.

5.126.3.1 3 (Ich kann der Aufgabe der 3-Teilung des Winkels in einem größern System ihren Platz bestimmen, aber nicht im System der Euklidischen Geometrie nach der Möglichkeit der 3-Teilung fragen/nach ihrer Lösbarkeit fragen/danach fragen, ob sie lösbar ist/. In welcher Sprache sollte ich denn danach fragen? in der euklidischen? – Und ebensowenig kann ich in der euklidischen Sprache nach der Möglichkeit der 2-Teilung des Winkels im euklidischen System fragen. Denn das würde in dieser Sprache auf eine Frage nach der Möglichkeit schlechthin hinauslaufen, welche immer Unsinn ist.)

5.122.5.1 4 Wir müssen übrigens hier eine Unterscheidung zwischen gewissen Arten von Fragen machen, eine Unterscheidung, die wieder zeigt, daß, was wir in der Mathematik „Frage" nennen, von dem verschieden ist, was wir im alltäglichen Leben so nennen. Wir müssen unterscheiden zwischen einer Frage „wie teilt man den Winkel in 2 gleiche Teile" und der Frage „ist diese Konstruktion die Halbierung des Winkels". Die Frage hat nur Sinn in einem Kalkül, der uns eine Methode zu ihrer Lösung gibt; nun kann uns ein Kalkül sehr wohl eine Methode zur Beantwortung der einen Frage geben, aber nicht zur Beantwortung der andern. Euklid z.B. lehrt uns nicht nach der Lösung seiner Probleme suchen, sondern gibt sie uns und beweist, daß es die Lösungen sind. Das ist aber keine psychologische oder pädagogische Angelegenheit, sondern eine mathematische. D.h. der Kalkül (den er uns gibt) ermöglicht es uns nicht, nach der Konstruktion zu suchen. Und ein Kalkül, der es ermöglicht, ist eben ein anderer. (Vergleiche auch Methoden des Integrierens mit denen des Differenzierens; etc..)

4.74.8.1 5 Es gibt eben in der Mathematik sehr Verschiedenes, was alles Beweis genannt wird und diese Verschiedenheiten sind logische. Was also ‚Beweis' genannt wird, hat nicht mehr miteinander zu tun, als was ‚Zahl' genannt wird.

5.113.4.1	1	Welcher Art ist der Satz „die 3-Teilung des Winkels mit Zirkel und Lineal ist unmöglich"? Doch wohl von derselben, wie: „in der Reihe der Winkelteilungen F(n) kommt keine F(3) vor, wie in der Reihe der Kombinationszahlen $\frac{n \cdot (n-1)}{2}$ keine 4". Aber welcher Art ist dieser Satz? Von der des Satzes: „in der Reihe der Kardinalzahlen kommt $\frac{1}{2}$ nicht vor". Das ist offenbar eine (überflüssige) Spielregel, etwa wie die: im Damespiel kommt keine Figur vor, die „König" genannt wird. Und die Frage, ob eine 3-Teilung möglich ist, ist dann die, ob es eine 3-Teilung im Spiel gibt, ob es eine Figur im Damespiel gibt, die „König" genannt wird, und etwa eine ähnliche Rolle spielt, wie der Schachkönig. Diese Frage wäre natürlich einfach durch eine Bestimmung zu beantworten, aber sie würde kein Problem, keine Rechenaufgabe stellen. Hätte also einen andern Sinn, als eine, deren Antwort lautete: ich werde ausrechnen, ob es so etwas gibt. (Etwa: „ich werde ausrechnen, ob es unter den Zahlen 5, 7, 18, 25, eine gibt, die durch 3 teilbar ist".) Ist nun die Frage nach der Möglichkeit der 3-Teilung des Winkels von dieser Art? Ja, – wenn man im Kalkül ein allgemeines System hat, um, etwa, die Möglichkeit der n-Teilung zu berechnen.
5.114.0.2		Warum nennt man diesen Beweis den Beweis dieses Satzes? Der Satz ist ja kein Name, sondern gehört (als Satz) einem Sprachsystem an: Wenn ich sagen kann „es gibt keine 3-Teilung", so hat es Sinn zu sagen „es gibt keine 4-Teilung" etc. etc.. Und ist dies ein Beweis des ersten Satzes (ein Teil seiner Syntax), so muß es also entsprechende Beweise (oder Gegenbeweise) für die andern Sätze des Satzsystems geben, denn sonst gehören sie nicht zu demselben System.
5.123.1.1	2	Ich kann nicht fragen, ob die 4 unter den Kombinationszahlen vorkommt, wenn dieses/das/ mein Zahlensystem ist. Und nicht, ob $\frac{1}{2}$ unter den Kardinalzahlen vorkommt, oder zeigen, daß es nicht eine von ihnen ist, außer, wenn ich „Kardinalzahlen" einen Teil eines Systems nenne, welches auch $\frac{1}{2}$ enthält. (Ebensowenig kann ich aber auch sagen oder beweisen, daß 3 eine der Kardinalzahlen ist.) Die Frage heißt vielmehr etwa so: „Geht die Division 1 : 2 in ganzen Zahlen aus", und das läßt sich nur fragen in einem System, worin das Ausgehen und das Nichtausgehen vorkommt/bekannt ist/. (Die Ausrechnung muß Sinn haben.)
5.123.2.1		Bezeichnen wir mit „Kardinalzahlen" nicht einen Teil der rationalen Zahlen, so können wir nicht ausrechnen, ob $\frac{81}{3}$ eine Kardinalzahl ist, sondern, ob die Division 81 : 3 ausgeht oder nicht.
5.123.3.1	3	Statt des Problems der 3-Teilung des Winkels mit Lineal und Zirkel können wir nun ein ganz entsprechendes, aber viel übersichtlicheres, untersuchen. Es steht uns ja frei, die Möglichkeiten der Konstruktion mit Lineal und Zirkel weiter einzuschränken. So können wir z.B. die Bedingung setzen, daß sich die Öffnung des Zirkels nicht verändern läßt. Und wir können festsetzen, daß die einzige Konstruktion, die wir kennen – oder besser: die unser Kalkül kennt – diejenige ist, die man zur Halbierung einer Strecke AB benützt, nämlich:

5.123.4.1 1   (Das könnte z.B. tatsächlich die primitive Geometrie eines Volkes sein. Und für sie gälte das, was ich über die Gleichberechtigung der Zahlenreihe „1, 2, 3, 4, 5, viele" mit der Reihe der Kardinalzahlen gesagt habe. Überhaupt ist es für unsere Untersuchungen ein guter Trick, sich die Arithmetik oder Geometrie eines primitiven Volks auszumalen /vorzustellen/.)

5.123.4.2   Ich will diese Geometrie das System α nennen und fragen: „ist die 3-Teilung der Strecke im System α möglich?"

5.123.4.3   Welche 3-Teilung ist in dieser Frage gemeint? – denn davon hängt offenbar der Sinn der Frage ab. Ist z.B. die physikalische 3-Teilung gemeint? D.h. die 3-Teilung durch Probieren und Nachmessen. In diesem Falle ist die Frage vielleicht zu bejahen. Oder die optische 3-Teilung? d.h. die Teilung, deren Resultat drei gleichlang aussehende Teile sind? Wenn wir z.B. durch ein verzerrendes Medium sehen, so ist es ganz leicht vorstellbar, daß uns die Teile a, b, und c gleichlang erscheinen.

5.124.0.4
5.124.0.5   Nun könnte man die Resultate der Teilungen im System α nach der Zahl der erzeugten Teile durch die Zahlen 2, 2^2, 2^3, u.s.w. darstellen; und die Frage, ob die 3-Teilung möglich ist, könnte bedeuten: ist eine der Zahlen in dieser Reihe = 3. Diese Frage kann freilich nur gestellt werden, wenn die 2, 2^2, 2^3, etc. in einem andern System (etwa den Kardinalzahlen) eingebettet sind; nicht, wenn sie selbst unser Zahlensystem sind; denn dann kennen wir – oder unser System – eben die 3 nicht. – Aber wenn unsere Frage lautet: ist eine der Zahlen 2, 2^2, 2^3, etc. gleich 3, so ist hier eigentlich von einer 3-Teilung der Strecke nicht die Rede. Immerhin kann/könnte/ die Frage nach der Möglichkeit der 3-Teilung so aufgefaßt werden. – Eine andere Auffassung erhalten wir nun, wenn wir dem System α ein System β hinzufügen, worin es die Streckenteilung nach Art dieser Figur gibt. Es kann nun gefragt werden: ist die Teilung β in 108 Teile eine Teilung der Art α? Und diese Frage könnte wieder auf die hinauslaufen: ist 108 eine Potenz von 2? aber sie könnte auch auf eine andere Entscheidungsart hinweisen (einen andern Sinn haben), wenn wir die Systeme α und β zu einem geometrischen Konstruktionssystem verbinden; so zwar, daß es sich nun in diesem System beweisen läßt, daß die beiden Konstruktionen die gleichen Teilungspunkte B, C, D „liefern müssen".

5.124.0.6   Denken wir nun, es hätte Einer im System α eine Strecke AB in 8 Teile geteilt, nehme diese nun zu den Strecken a, b, c zusammen und fragte: ist das eine 3-Teilung/eine Teilung in 3 gleiche Teile/.

5.124.0.6
5.124.0.7
(Wir könnten uns den Fall übrigens leichter mit einer größeren Anzahl ursprünglicher Teile vorstellen, die es möglich macht, 3 gleichlang aussehende Gruppen von Teilen zu bilden.) Die Antwort auf diese Frage wäre der Beweis, daß 2^3 nicht durch 3 teilbar ist; oder der Hinweis darauf, daß sich die Teile a, b, c wie 1 : 3 : 4 verhalten. Und nun könnte man fragen: habe ich also im System α nicht doch einen Begriff von der 3-Teilung, nämlich der Teilung, die die Teile a, b, c im Verhältnis 1 : 1 : 1 hervorbringt? Gewiß, ich habe nun einen neuen Begriff ‚3-Teilung einer Strecke' eingeführt; wir könnten ja sehr wohl sagen, daß wir durch die 8-Teilung der Strecke AB die Strecke CB in 3 gleiche Teile geteilt haben, wenn das eben heißen soll: wir haben eine Strecke erzeugt, die aus 3 gleichen Teilen besteht.

5.125.0.8
Die Perplexität, in der wir uns bezüglich des Problems der 3-Teilung befanden, war etwa die: Wenn die 3-Teilung des Winkels unmöglich ist – logisch unmöglich – wie kann man dann überhaupt nach ihr fragen? Wie kann man das logisch Unmögliche beschreiben und nach seiner Möglichkeit sinnvoll fragen? D.h., wie kann man logisch nicht zusammenpassende Begriffe zusammenstellen (gegen die Grammatik, also unsinnig) und sinnvoll nach der Möglichkeit dieser Zusammenstellung fragen? – Aber dieses Paradox fände sich ja wieder, wenn man fragt: „ist $25 \times 25 = 620$?" – da es doch logisch unmöglich ist, daß diese Gleichung stimmt; ich kann ja nicht beschreiben, wie es wäre, wenn –. Ja, der Zweifel ob $25 \times 25 = 620$ (oder der, ob es $= 625$ ist) hat eben den Sinn, den die Methode der Prüfung ihm gibt. Und die Frage nach der Möglichkeit der 3-Teilung hat den Sinn, den die Methode der Prüfung ihr gibt. Es ist ganz richtig: wir stellen uns hier nicht vor, oder beschreiben, wie es ist, wenn $25 \times 25 = 620$ ist, und das heißt eben, daß wir es hier mit einer andern (logischen) Art von Frage zu tun haben, als etwa der: „ist diese Straße 620 oder 625m lang?"

5.125.1.1   1
(Wir sprechen von einer „Teilung des Kreises in 7 Teile" und von einer Teilung des Kuchens in 7 Teile.)

125

SUCHEN UND VERSUCHEN.

2.246.1.1   1   Wenn man jemandem, der es noch nicht versucht hat, sagt „versuche die Ohren zu bewegen", so wird er zuerst etwas in der Nähe der Ohren bewegen, was er schon früher bewegt hat, und dann werden sich entweder auf einmal seine Ohren bewegen oder nicht. Man könnte nun von diesem Vorgang sagen: er versucht die Ohren zu bewegen. Aber wenn das ein Versuch genannt werden kann, so ist es einer in einem ganz anderen Sinn als der, die Ohren (oder die Hände) zu bewegen, wenn wir zwar „wohl wissen, wie es zu machen ist", aber sie jemand hält, so daß wir sie schwer oder nicht bewegen können. Der Versuch im ersten Sinne entspricht einem Versuch „ein mathematisches Problem zu lösen", zu dessen Lösung es keine Methode gibt. Man kann sich immer um das scheinbare Problem bemühen. Wenn man mir sagt „versuche durch den bloßen Willen den Krug dort am anderen Ende des Zimmers zu bewegen" so werde ich ihn anschauen und vielleicht irgendwelche seltsame Bewegungen mit meinen Gesichtsmuskeln machen; also selbst in diesem Falle scheint es einen Versuch zu geben.

2.247.2.1   2   Denken wir daran, was es heißt, etwas im Gedächtnis zu suchen.
2.247.2.2   Hier liegt gewiss etwas wie ein Suchen im eigentlichen Sinn vor.

2.247.2.3   3   Versuchen, eine Erscheinung hervorzurufen, aber heißt nicht, sie suchen.
2.247.2.4   Angenommen, ich taste meine Hand nach einer schmerzhaften Stelle ab, so suche ich wohl im Tastraum, aber nicht im Schmerzraum. D.h., was ich eventuell finde, ist eigentlich eine Stelle und nicht der Schmerz. D.h., wenn die Erfahrung auch ergeben hat, daß drücken einen Schmerz hervorruft, so ist doch das Drücken kein Suchen nach einem Schmerz. So wenig, wie das Drehen einer Elektrisiermaschine das Suchen nach einem Funken ist.

4.114.4.1   4 | Kann man versuchen, zu einer Melodie den falschen Takt zu schlagen? Oder: Wie verhält sich dieses Versuchen/dieser Versuch/ zu dem, ein Gewicht zu heben, das uns zu schwer ist? |

4.152.5.1   5 | Es ist nicht nur höchst bedeutsam, daß man die Gruppe ||||| auf vielerlei Arten sehen kann (in vielerlei Gruppierungen), sondern (noch)? viel mehr bemerkenswerter, daß man es willkürlich tun kann. D.h., daß es einen ganz bestimmten Vorgang gibt, eine bestimmte „Auffassung" auf Befehl zu bekommen; und daß es – dem entsprechend – auch einen ganz bestimmten Vorgang des vergeblichen Versuchens gibt. So kann man auf Befehl die Figur ⊙‿⊙ so sehen, daß der eine oder der andere Vertikalstrich die Nase, dieser oder jener Strich der Mund wird, und kann unter Umständen das eine oder das andere vergeblich versuchen. |

4.152.6.1 1 | Das Wesentliche ist hier, daß dieser Versuch den Charakter desjenigen hat, ein Gewicht mit der Hand zu heben; nicht den Charakter des Versuchs, in welchem man Verschiedenes tut, verschiedene Mittel ausprobiert, um (z.B.) ein Gewicht zu heben. In den zwei Fällen hat das Wort „Versuch" ganz verschiedene Bedeutungen. (Eine außerordentlich folgenreiche grammatische Tatsache.) |

INDUKTIONSBEWEIS.

PERIODIZITÄT.

Inwiefern beweist der Induktionsbeweis einen Satz?

4.69.3.1 1 Ist der Induktionsbeweis ein Beweis von $a + (b + c) = (a + b) + c$, so muß man sagen können: die **Rechnung liefert**, daß $a + (b + c) = (a + b) + c$ ist (und kein anderes Resultat).

4.69.3.2 Denn dann muß erst die Methode der Berechnung (allgemein) bekannt sein und, wie wir darauf 25×16 ausrechnen können, so auch $a + (b + c)$. Es wird also erst eine allgemeine Regel zur Ausrechnung aller solcher Aufgaben gelehrt und danach die besondere gerechnet. – Welches ist aber hier die allgemeine Methode der Ausrechnung? Sie muß auf allgemeinen Zeichenregeln beruhen (– etwa, wie? dem associativen Gesetz –).

5.114.2.1 2 Wenn ich $a + (b + c) = (a + b) + c$ negiere, so hat das nur Sinn, wenn ich etwa sagen will: es ist nicht $a + (b + c) = (a + b) + c$, sondern $= (a + 2b) + c$. Denn es fragt sich: was ist der Raum, in welchem ich den Satz negiere? wenn ich ihn abgrenze, ausschließe, – wovon?

5.114.2.2 Die Kontrolle von $25 \times 25 = 625$ ist die Ausrechnung von 25×25, die Berechnung der rechten Seite; – kann ich nun $a + (b + c) = (a + b) + c$ errechnen, das Resultat $(a + b) + c$ ausrechnen? Je nachdem man es als berechenbar oder unberechenbar betrachtet, ist es beweisbar oder nicht. Denn ist der Satz eine Regel, der jede Ausrechnung folgen muß, ein Paradigma, dann hat es keinen Sinn, von einer Ausrechnung der Gleichung zu reden; sowenig, wie von der einer Definition.

5.114.2.3 Das, was die Ausrechnung möglich macht, ist das System, dem der Satz angehört und das auch die Rechenfehler bestimmt, ?die sich bei der Ausrechnung machen lassen?. Z.B. ist $(a + b)^2 = a^2 + 2ab + b^2$ und nicht $= a^2 + ab + b^2$; aber $(a + b)^2 = -4$ ist kein möglicher Rechenfehler in diesem System.

5.115.3.1 3 Ich könnte ja auch ganz beiläufig (siehe andere Bemerkungen) sagen: „$25 \times 64 = 160$, $64 \times 25 = 160$; das beweist, daß $a \times b = b \times a$ ist" (und diese Redeweise ist nicht vielleicht lächerlich und falsch; sondern man muß sie nur recht deuten). Und man kann richtig daraus schließen: also läßt sich „$a \cdot b = b \cdot a$" in **einem** Sinne berechnen/beweisen/.

5.115.3.2 Und ich will sagen: Nur in dem Sinne, in welchem die Ausrechnung so eines Beispiels Beweis des algebraischen Satzes genannt werden kann, ist der Induktionsbeweis ein Beweis dieses Satzes. Nur insofern kontrolliert er den algebraischen Satz. (Er kontrolliert seine Struktur/seinen Bau/, nicht seine Allgemeinheit.)

5.115.4.1 4 (Die Philosophie prüft nicht die Kalküle der Mathematik, sondern nur, was die Mathematiker über diese Kalküle sagen.)

DER REKURSIVE BEWEIS UND DER BEGRIFF DES SATZES. HAT DER BEWEIS EINEN SATZ ALS WAHR ERWIESEN UND EINEN ANDERN/SEIN GEGENTEIL/ ALS FALSCH?

5.129.1.1   1   Hat der rekursive Beweis von $a + (b + c) = (a + b) + c \ldots$ A) eine Frage beantwortet? und welche? Hat er eine Behauptung als wahr erwiesen und also ihr Gegenteil als falsch?

5.129.1.2   Das, was Skolem/man/ den rekursiven Beweis von A nennt, kann man so schreiben:
$$\left.\begin{array}{l} a + (b + 1) = (a + b) + 1 \\ a + (b + (c + 1)) = a + ((b + c) + 1) = (a + (b + c)) + 1 \\ (a + b) + (c + 1) = ((a + b) + c) + 1 \end{array}\right\} \text{B}$$

5.129.1.3   In diesem Beweis kommt offenbar der bewiesene Satz gar nicht vor. – Man müßte nur eine allgemeine Bestimmung machen/treffen/, die den Übergang zu ihm erlaubt. Diese Bestimmung könnte man so ausdrücken:
$$\left.\begin{array}{ll} \alpha & \varphi(1) = \psi(1) \\ \beta & \varphi(c + 1) = F(\varphi(c)) \\ \gamma & \psi(c + 1) = F(\psi(c)) \end{array}\right\} \begin{array}{l} \Delta \\ \varphi(c) = \psi(c) \end{array}$$

Wenn 3 Gleichungen von der Form α, β, γ bewiesen sind, so sagen wir, es sei „die Gleichung Δ für alle Kardinalzahlen bewiesen". Das ist eine Erklärung dieser Ausdrucksform durch die erste. Sie zeigt, daß wir das Wort „beweisen" im zweiten Fall anders gebrauchen als im ersten. Es ist jedenfalls irreführend, zu sagen, wir hätten die Gleichung Δ oder A bewiesen, und vielleicht besser zu sagen, wir hätten ihre Allgemeingültigkeit bewiesen, obwohl das wieder in anderer Hinsicht irreführend ist.

5.129.1.4   Hat nun der Beweis B eine Frage beantwortet, eine Behauptung als wahr erwiesen? Ja, welches ist denn der Beweis B: Ist/ist/ es die Gruppe der 3 Gleichungen von der Form α, β, γ, oder die Klasse der Beweise dieser Gleichungen? Diese Gleichungen b e h a u p t e n ja etwas (und beweisen nichts in dem Sinne, in dem s i e bewiesen werden). Die Beweise von α, β, γ aber beantworten die Frage, ob diese 3 Gleichungen stimmen, und erweisen die Behauptung als wahr, daß sie stimmen. Ich kann nun erklären: die Frage, ob A für alle Kardinalzahlen gilt, solle bedeuten: „gelten für die Funktionen
$$\varphi(\xi) = a + (b + \xi), \; \psi(\xi) = (a + b) + \xi$$
Gleichungen α, β und γ?" Und dann ist diese Frage durch den rekursiven Beweis von A beantwortet, wenn hierunter die Beweise von α, β, γ verstanden werden (bezw. die Festsetzung von α und die Beweise von β und γ mittels α).

5.130.0.5   Ich kann also sagen, daß der rekursive Beweis ausrechnet, daß die Gleichung A einer gewissen Bedingung genügt; aber es ist nicht eine Bedingung der Art, wie sie etwa die Gleichung $(a + b)^2 = a^2 + 2ab + b^2$ erfüllen muß, um „richtig" genannt zu werden. Nenne ich A „richtig", weil sich Gleichungen von der Form α, β, γ dafür beweisen lassen, so verwende ich jetzt das Wort „richtig" anders, als im Falle der Gleichungen α, β, γ, oder $(a + b)^2 = a^2 + 2ab + b^2$.

| 5.130.0.6 | Was heißt „1 : 3 = 0˙3"? heißt es dasselbe wie „$\underline{1}_1$: 3 = 0˙3"? – Oder ist diese Division der Beweis des ersten Satzes? D.h.: steht sie zu ihm im Verhältnis der Ausrechnung zum Bewiesenen?

„1 : 3 = 0˙3" ist ja nicht von der Art, wie
„1 : 2 = 0˙5"; vielmehr entspricht
„$\underline{1}_0$: 2 = 0˙5" dem „$\underline{1}_1$: 3 = 0˙3" (aber nicht dem „$\underline{1}_1$: 3 = 0˙3".)
Ich will einmal statt der Schreibweise „1 : 4 = 0˙25" die gebrauchen /annehmen/:
„$\underline{1}_0$: 4 = 0˙25" also z.B. „$\underline{3}_0$: 8 = 0˙375"

dann kann ich sagen, diesem Satz entspricht nicht der: 1 : 3 = 0˙3, sondern z.B. der: „$\underline{1}_{\bar{1}}$: 3 = 0˙333". 0˙3 ist nicht in dem Sinne Resultat (Quotient) der Division, wie 0˙375. Denn die Zahl 0˙375/die Ziffer „0˙375"/ war uns vor der Division 3 : 8 bekannt; was aber bedeutet „0˙3" losgelöst von der periodischen Division? – Die Behauptung, daß die Division a : b als Quotienten 0˙ċ ergibt, ist dieselbe wie die: die erste Stelle des Quotienten sei c und der erste Rest gleich dem Dividenden. |
5.130.0.7	Nun steht B zur Behauptung, A gelte für alle Kardinalzahlen, im selben Verhältnis, wie $\underline{1}_1$: 3 = 0˙3 zu 1 : 3 = 0˙3.
5.130.1.1	Der Gegensatz zu der Behauptung „A gilt für alle Kardinalzahlen" ist nun: eine der Gleichungen α, β, γ sei falsch. Und die entsprechende Frage sucht keine Entscheidung zwischen einem (x) fx und einem (∃x) ~fx.
5.130.2.1 1	Die Konstruktion der Induktion ist nicht e i n Beweis, sondern eine bestimmte Zusammenstellung (ein Muster im Sinne von Ornament) von Beweisen. Man kann ja auch nicht sagen: ich beweise eine Gleichung, wenn ich drei beweise. Wie die Sätze einer Suite nicht e i n e n Satz ergeben.
5.132.1.1 2	Man kann auch so sagen: Sofern man die Regel, in irgendeinem Spiel Dezimalbrüche zu bilden, die nur aus der Ziffer 3 bestehen, sofern man d i e s e R e g e l als eine Art Zahl auffaßt, kann eine Division sie nicht zum Resultat haben, sonden nur das, was man periodische Division nennen kann und was die Form a_a : b = c hat.

128

INDUKTION, (x)·φx UND (Ex)·φx. INWIEFERN ERWEIST DIE INDUKTION DEN ALLGEMEINEN SATZ ALS WAHR UND EINEN EXISTENTIALSATZ ALS FALSCH?

5.118.2.1   1
$$3 \times 2 = 5 + 1$$
$$3 \times (a + 1) = 3 + (3 \times a) = (5 + b) + 3 = 5 + (b + 3)$$
Warum nennst Du denn diese Induktion den Beweis dafür, daß (n) : n > 2 .⊃. 3 × n ≠ 5 ?! – Nun, siehst Du denn nicht, daß der Satz, wenn er für n = 2 gilt, auch für n = 3 gilt, und dann auch für n = 4, und daß es immer so weiter geht? (Was erkläre ich denn, wenn ich das Funktionieren des induktiven Beweises erkläre?) Du nennst ihn also einen Beweis für „f(2) · f(3) · f(4) · u.s.w.", ist er aber nicht vielmehr die Form der Beweise für „f(2)" und „f(3)" und „f(4)" u.s.w.? Oder kommt das auf eins hinaus? Nun, wenn ich die Induktion den Beweis eines Satzes nenne, dann darf ich es nur, wenn das nichts anderes heißen soll, als daß sie jeden Satz einer gewissen Form beweist. (Und mein Ausdruck bedient sich der Analogie vom Verhältnis der Sätze „alle Säuren färben Lackmuspapier rot", „Schwefelsäure färbt Lackmuspapier rot".)

5.118.2.2   Denken wir nun, jemand sagte „prüfen wir nach, ob f(n) für alle n gilt" und nun fängt er an, die Reihe zu schreiben:
$$3 \times 2 = 5 + 1$$
$$3 \times (2 + 1) = (3 \times 2) + 3 = (5 + 1) + 3 = 5 + (1 + 3)$$
$$3 \times (2 + 2) = (3 \times (2 + 1)) + 3 = (5 + (1 + 3)) + 3 = 5 + (1 + 3 + 3)$$
und nun bricht er ab und sagt: „ich sehe schon, daß es für alle n gilt". – So hat er also eine Induktion gesehen! Aber hatte er denn nach einer Induktion gesucht? Er hatte ja gar keine Methode, um nach ihr/einer/ zu suchen. Und hätte er nun keine entdeckt, hätte er damit eine Zahl gefunden, die der Bedingung nicht entspricht? – Die Regel der Kontrolle kann ja nicht lauten: sehen wir nach, ob sich eine Induktion findet, oder ein Fall, für den das Gesetz nicht gilt. – Wenn das Gesetz vom ausgeschlossenen Dritten nicht gilt, so heißt das nur, daß unser Ausdruck nicht mit einem Satz zu vergleichen ist.

5.119.0.3   Wenn wir sagen, die Induktion beweise den allgemeinen Satz, so denken wir: sie beweist, daß dieser Satz und nicht sein Gegenteil wahr ist/so wollen wir natürlich zur Ausdrucksform übergehen, sie beweise, daß dies, und nicht sein Gegenteil der Fall ist/. Welches wäre aber das Gegenteil des Bewiesenen? Nun, daß (∃n) ~fn der Fall ist. Damit verbinden wir zwei Begriffe: den einen, den ich aus meinem gegenwärtigen Begriff des Beweises von (n) f(n) herleite, und einen andern, der von der Analogie mit (∃x) φx hergenommen ist. (Wir müssen ja bedenken, daß „(n) fn" kein Satz ist, solange ich kein Kriterium seiner Wahrheit habe; und dann nur den Sinn hat, den ihm dieses Kriterium gibt. Ich konnte freilich, schon ehe ich das Kriterium hatte/besaß/, etwa nach einer Analogie zu (x) fx ausschauen.) Was ist nun das Gegenteil von dem, was die Induktion beweist? Der Beweis von $(a + b)^2 = a^2 + 2ab + b^2$ rechnet diese Gleichung aus im Gegensatz etwa zu $(a + b)^2 = a^2 + 3ab + b^2$. Was rechnet der Induktionsbeweis aus?

5.119.1.1 1 Die Gleichungen:
$3 + 2 = 5 + 1, 3 \times (a + 1) = (3 \times a) + 3, (5 + b) + 3 = 5 + (b + 3)$
im Gegensatz also etwa zu
$3 + 2 = 5 + 6, 3 \times (a + 1) = (4 \times a) + 2$, etc..
Aber dieses Gegenteil entspricht ja nicht dem Satz $(\exists x)\ \varphi x$. – Ferner ist
nun mit jener Induktion im Gegensatz jeder Satz von der Form $\sim f(n)$,
nämlich/d.h./ der Satz „$\sim f(2)$", „$\sim f(3)$", u.s.w.; d.h. die Induktion ist d a s
G e m e i n s a m e in der Ausrechnung/den Ausrechnungen/ von $f(2), f(3)$,
u.s.w.; aber sie ist nicht die Ausrechnung „aller Sätze der Form $f(n)$", da
ja nicht eine Klasse von Sätzen in dem Beweis vorkommt, die ich „alle
Sätze der Form $f(n)$" nenne. Jede einzelne nun von diesen
Ausrechnungen ist die Kontrolle eines Satzes von der Form $f(n)$. Ich
konnte nach der Richtigkeit dieses Satzes fragen und eine Methode zu
ihrer Kontrolle anwenden, die durch die Induktion nur auf eine
einfache Form gebracht war. Nenne ich aber die Induktion „den Beweis
eines allgemeinen Satzes", so kann ich nach der Richtigkeit dieses Satzes
nicht fragen (sowenig, wie nach der Richtigkeit der Form der
Kardinalzahlen). Denn, was ich Induktionsbeweis nenne, gibt mir keine
Methode zur P r ü f u n g, ob der allgemeine Satz richtig oder falsch ist;
diese Methode müßte mich vielmehr lehren, auszurechnen (zu prüfen),
ob sich für einen bestimmten Fall eines Systems von Sätzen eine
Induktion bilden läßt, oder nicht. (Was so geprüft wird, ist, ob alle n die
oder jene Eigenschaft haben, wenn ich so sagen darf; aber nicht, ob alle
sie haben, oder ob es einige gibt, die sie nicht haben. Wir rechnen z.B.
aus, daß die Gleichung $x^2 + 3x + 1 = 0$ keine rationalen Lösungen hat
(daß es keine rationale Zahl gibt, die ....) und nicht die Gleichung
$x^2 + 2x + \frac{1}{2}$, dagegen die Gleichung $x^2 + 2x + 1 = 0$, etc..)

5.120.1.1 2 Daher wir es seltsam empfinden, wenn uns gesagt wird, die Induktion
beweise den allgemeinen Satz; da wir das richtige Gefühl haben, daß
wir ja in der Sprache der Induktion die allgemeine Frage gar nicht
hätten stellen können. Da uns ja nicht zuerst eine Alternative gestellt
war (sondern nur zu sein schien, solange uns ein Kalkül mit endlichen
Klassen vorschwebte).

5.120.1.2 Die Frage nach der Allgemeinheit hätte/hatte/ vor dem Beweis
noch gar keinen Sinn, also ist sie auch keine Frage, denn die Frage hätte
nur Sinn gehabt, wenn eine allgemeine Methode zur Entscheidung
bekannt war, e h e der besondere Beweis bekannt war./Die Frage nach
der Allgemeinheit hatte vor dem Beweis noch gar keinen Sinn, also war
sie auch keine Frage, denn die hätte nur Sinn gehabt, wenn eine
allgemeine Methode der Entscheidung bekannt war, e h e der besondere
Beweis bekannt war./

5.120.1.3 Denn der Induktionsbeweis entscheidet nichts./.... entscheidet
keine Streitfrage./.... entscheidet nicht in einer Streitfrage./

5.120.2.1 3 Wenn gesagt wird: „der Satz ‚(n) fn' folgt aus der Induktion" heiße nur:
jeder Satz der Form $f(n)$ folge aus der Induktion; – „der Satz ‚$(\exists n)\ \sim fn$'
widerspreche/widerspricht/ der Induktion" heiße nur: jeder Satz der
Form $\sim f(n)$ werde durch die Induktion widerlegt, – so kann man sich
damit zufrieden geben/so kann man damit einverstanden sein/, aber
wird jetzt fragen: Wie gebrauchen wir den Ausdruck „der Satz $(n)\ f(n)$"
richtig? Was ist seine Grammatik? (Denn daraus, daß ich ihn in
gewissen Verbindungen gebrauche, folgt nicht, daß ich ihn überall dem
Ausdruck „der Satz $(x)\ \varphi x$" analog gebrauche.)

5.121.1.1　1　Denken wir, es stritten sich Leute darüber, ob in der Division 1 : 3 lauter Dreier im Quotienten herauskommen müßten; sie hätten aber keine Methode, wie dies zu entscheiden sei/um dies zu entscheiden/. Nun bemerkt Einer von ihnen die induktive Eigenschaft von $1\overset{.}{1}: 3 = 0\overset{.}{3}$ und sagt: jetzt weiß ich's, es müssen lauter 3 im Quotienten stehen. Die Andern hatten an d i e s e Art der Entscheidung nicht gedacht. Ich nehme an, es habe ihnen unklar etwas von einer Entscheidung durch stufenweise Kontrolle vorgeschwebt, und daß sie diese Entscheidung freilich nicht herbeiführen könnten. Halten sie nun an ihrer extensiven Auffassung fest, so ist allerdings durch die Induktion eine Entscheidung herbeigeführt, denn die Induktion zeigt für jede Extension des Quotienten, daß sie aus lauter 3 besteht. Lassen sie aber die extensive Auffassung fallen, so entscheidet die Induktion nichts. Oder nur das, was die Ausrechnung von $1\overset{.}{1}: 3 = 0\overset{.}{3}$ entscheidet: nämlich, daß ein Rest bleibt, der gleich dem Dividenden ist. Aber mehr nicht. Und nun kann es allerdings eine richtige Frage geben, nämlich: ist der Rest, der bei dieser Division bleibt, gleich dem Dividenden? und diese Frage ist jetzt an die Stelle der alten extensiven getreten und ich kann natürlich den alten Wortlaut beibehalten, aber er ist jetzt außerordentlich irreleitend, denn sie/er/ läßt es immer so erscheinen, als wäre die Erkenntnis der Induktion nur ein Vehikel, das uns in die Unendlichkeit tragen kann. (Das hängt auch damit zusammen, daß das Zeichen „u.s.w." sich auf eine interne Eigenschaft des Reihenstückes, das ihm vorhergeht, bezieht und nicht auf seine Extension.)

5.121.1.2　　　Die Frage „gibt es eine rationale Zahl, die die Wurzel von $x^2 + 3x + 1 = 0$ ist" ist freilich durch eine Induktion entschieden,/:/ – aber hier habe ich eben eine Methode konstruiert, um Induktionen zu bilden; und die Frage hat ihren Wortlaut nur, weil es sich um eine Konstruktion von Induktionen handelt. D.h. die Frage wird durch eine Induktion entschieden, wenn ich nach dieser Induktion fragen konnte. Wenn mir also ihr Zeichen von vornherein auf ja und nein bestimmt war, so daß ich rechnerisch zwischen ihnen entscheiden konnte, wie z.B., ob der Rest in 5 : 7 gleich oder ungleich dem Dividenden sein wird. (Die Verwendung der Ausdrücke „alle ...." und „es gibt ...." für diese Fälle hat eine gewisse Ähnlichkeit mit der Verwendung des Wortes „unendlich" im Satz „heute habe ich ein Lineal mit unendlichem Krümmungsradius gekauft".)

5.171.4.1   1 $1_1 : 3 = 0\dot{}3$ entscheidet durch ihre Periodizität nichts, was früher offen
gelassen war. Wenn vor der Entdeckung der Periodizität Einer
vergebens nach einer 4 in der Entwicklung von 1 : 3 gesucht hätte, so
hätte er doch die Frage „gibt es eine 4 in der Entwicklung von 1 : 3"
nicht sinnvoll stellen können; d.h., abgesehen davon, daß er
tatsächlich zu keiner 4 gekommen war, können wir ihn davon
überzeugen, daß er keine Methode besitzt, seine Frage zu entscheiden.
Oder wir könnten auch sagen: abgesehen von dem Resultat seiner
Tätigkeit könnten wir ihn über die Grammatik seiner Frage und die
Natur seines Suchens aufklären (wie einen heutigen Mathematiker über
analoge Probleme). „Aber als Folge der Entdeckung der Periodizität
hört er nun doch gewiß auf, nach einer 4 zu suchen! Sie überzeugt ihn
also, daß er nie eine finden wird." – Nein. Die Entdeckung der
Periodizität bringt ihn vom Suchen ab, wenn er sich nun neu einstellt.
Man könnte ihn fragen: „Wie ist es nun, willst Du noch immer nach
einer 4 suchen?" (Oder hat Dich, sozusagen, die Periodizität auf andere
Gedanken gebracht.)

5.172.0.2   Und die Entdeckung der Periodizität ist in Wirklichkeit die
Konstruktion eines neuen Zeichens und Kalküls. Denn es ist irreführend
ausgedrückt, wenn wir sagen, sie bestehe darin, daß es uns
aufgefallen sei, daß der erste Rest gleich dem Dividenden ist. Denn
hätte man Einen, der die periodische Division nicht kannte, gefragt,/:/
ist in dieser Division der erste Rest gleich dem Dividenden, so hätte er
natürlich „ja" gesagt; es wäre ihm also aufgefallen. Aber damit hätte ihm
nicht die Periodizität auffallen brauchen/müssen/; d.h.: er hätte damit
nicht den Kalkül mit den Zeichen $a_a : b = c$ gefunden.

5.172.0.3   Ist nicht, was ich hier sage, immer dasselbe,/sage, das,/ was Kant
damit meinte, daß $5 + 7 = 12$ nicht analytisch, sondern synthetisch a
priori sei?

129

WIRD AUS DER ANSCHREIBUNG DES REKURSIONSBEWEISES NOCH EIN WEITERER SCHLUSS AUF DIE ALLGEMEINHEIT GEZOGEN, SAGT DAS REKURSIONSSCHEMA NICHT SCHON ALLES WAS ZU SAGEN WAR?

4.107.2.1 1 Man sagt für gewöhnlich, die rekursiven Beweise beweisen/zeigen/, daß die algebraischen Gleichungen für alle Kardinalzahlen gelten; aber es kommt hier momentan nicht darauf an, ob dieser Ausdruck glücklich oder schlecht gewählt ist, sondern nur darauf, ob er in allen Fällen die gleiche Bedeutung hat./ob er in allen Fällen die gleiche, klar bestimmte, Bedeutung hat./

4.107.4.1 2 Und ist es da nicht klar, daß die rekursiven Beweise tatsächlich dasselbe für alle „bewiesenen" Gleichungen zeigen?

4.107.5.1 3 Und das heißt doch, daß zwischen dem rekursiven Beweis und dem von ihm bewiesenen Satz immer die gleiche (interne) Beziehung besteht?

4.107.7.1 4 Es ist ja übrigens ganz klar, daß es so einen rekursiven, oder richtiger, iterativen „Beweis" geben muß. (Der uns die Einsicht vermittelt, daß es „mit allen Zahlen so gehen muß".)
4.107.7.2   [D.h. es scheint mir klar, und daß ich einem Anderen die Richtigkeit dieser Sätze für die Kardinalzahlen durch einen Prozeß der Iteration begreiflich machen könnte.]

4.63.4.1 5 Wie aber weiß ich $28 + (45 + 17) = (28 + 45) + 17$ ohne es bewiesen zu haben? Wie kann mir ein allgemeiner Beweis einen besonderen Beweis schenken? Denn ich könnte doch den besondern Beweis führen, und wie treffen sich da die beiden Beweise, und wie, wenn sie nicht übereinstimmen?

4.107.8.1 6 D.h.: Ich möchte Einem zeigen, daß das distributive Gesetz wirklich im Wesen der Anzahl liegt und nicht etwa nur in diesem bestimmten Fall zufällig gilt; werde ich da nicht durch einen Prozeß der Iteration zu zeigen versuchen, daß das Gesetz gilt und immer weiter gelten muß? Ja, – daraus ersehen wir, was wir hier darunter verstehen, daß ein Gesetz für alle Zahlen gelten muß.

4.108.1.1 7 Und inwiefern kann man diesen Vorgang nicht den/einen/ Beweis des (distributiven) Gesetzes nennen?

4.108.4.1	1	Und dieser Begriff des ‚begreiflich-Machens' kann uns hier wirklich helfen./.... kann uns hier helfen./.... ist hier ein Segen./
4.108.4.2		Denn man könnte sagen: das Kriterium dafür, ob etwas ein Beweis eines Satzes ist, ist, ob man ihn dadurch begreiflich machen kann. (Natürlich handelt es sich da wieder nur um eine Erweiterung unserer grammatischen Betrachtungen über das Wort/des Wortes/ „Beweis"; nicht um ein psychologisches Interesse an dem Vorgang des Begreiflich-machens.)
4.109.1.1	2		„Dieser Satz ist für alle Zahlen durch das rekursive Verfahren bewiesen". Das ist der Ausdruck, der so ganz irreführend ist. Es klingt so, als würde hier ein Satz, der konstatiert, daß das und das für alle Kardinalzahlen gilt, auf einem Wege als wahr erwiesen, und als sei dieser Weg ein Weg in einem Raum denkbarer Wege.
4.109.1.2		Während die Rekursion in Wahrheit nur sich selber zeigt, wie auch die Periodizität./.... wie auch die Periodizität nur sich selbst zeigt./	
4.63.3.1	3	Wir sagen nicht, daß der Satz f(x), wenn f(1) gilt und aus f(c) f(c + 1) folgt, d a r u m für alle Kardinalzahlen wahr ist; sondern: „der Satz f(x)" gilt für alle Kardinalzahlen h e i ß t „er gilt für x = 1 und f(c + 1) folgt aus f(c)".
4.63.3.2		Und hier ist ja der Zusammenhang mit der Allgemeinheit in endlichen Bereichen ganz klar, denn eben das wäre in einem endlichen Bereich allerdings der Beweis dafür, daß f(x) für alle Werte von x gilt und e b e n d a s ist der Grund, warum wir auch im arithmetischen Falle sagen, f(x) gelte für alle Zahlen.
4.122.5.1	4	Zum mindesten muß ich sagen, daß, welcher Einwand gegen den Beweis B gilt, auch z.B. gegen den der Formel $(a + b)^n =$ etc. gilt.
4.122.5.1		Auch hier, müßte ich dann sagen, nehme ich nur eine algebraische Regel in Übereinstimmung mit den Induktionen der Arithmetik an.
4.122.6.1	5	$f(n) \cdot (a + b) = f(n + 1)$ $f(1) = a + b$ also: $f(1) \cdot (a + b) = (a + b)^2 = f(2)$ also: $f(2) \cdot (a + b) = (a + b)^3 = f(3)$ u.s.w. Soweit ist es klar. Aber nun: „a l s o $(a + b)^n = f(n)$"!
4.122.6.2		Ist denn hier ein weiterer Schluß gezogen? Ist denn hier noch
4.122.6.3		etwas zu konstatieren?
4.123.1.1	6	Ich würde aber doch fragen, wenn mir Einer die Formel $(a + b)^n = f(n)$
4.123.2.1		zeigt: wie ist man denn dazu gekommen? Und als Antwort käme doch die Gruppe $f(n) \cdot (a + b) = f(n + 1)$. Ist sie also nicht ein Beweis des $f(1) = a + b$ algebraischen Satzes? – Oder antwortet sie nicht eher auf die Frage „was bedeutet der algebraische Satz"?
4.123.5.1	7	Ich will sagen: hier ist doch mit der Induktion alles erledigt.

4.135.7.1   1   Der Satz, daß A für alle Kardinalzahlen gilt, ist eigentlich der Komplex B. Und sein Beweis, der Beweis von β und γ. Aber das zeigt auch, daß dieser Satz in einem andern Sinne Satz ist, als eine Gleichung, und sein /dieser/ Beweis in anderm Sinne Beweis eines Satzes.

4.135.7.2   Vergiß hier nicht, daß wir nicht erst den Begriff des Satzes haben, dann wissen, daß die Gleichungen mathematische Sätze sind, und dann erkennen, daß es noch andere Arten von mathematischen Sätzen gibt!

130
Inwiefern verdient der Rekursionsbeweis den Namen eines ‚Beweises'.
Inwiefern ist der Übergang nach dem Paradigma A durch den Beweis von B gerechtfertigt?

4.83.8.1   1   Man kann nicht eine Rechnung als den Beweis eines Satzes bestimmen. /zum Beweis eines Satzes ernennen./

4.83.9.1   2   Ich möchte sagen: Muß man diese Rechnung/die Induktionsrechnung/ den Beweis des Satzes I nennen? D.h., tut's keine andere Beziehung?

4.80.5.1   3   (Die unendliche Schwierigkeit ist die „allseitige Betrachtung" des Kalküls.)

4.136.1.1   4   „Der Übergang ist gerechtfertigt" heißt in einem Falle, daß er nach bestimmten gegebenen Formen vollzogen werden kann. Im andern Fall wäre die Rechtfertigung, daß der Übergang nach Paradigmen geschieht, die selbst eine bestimmte Bedingung befriedigen.

4.136.2.1   5   Man denke sich, daß für ein Brettspiel solche Regeln gegeben würden, die aus lauter Wörtern ohne „r" bestünden, und daß ich eine Regel gerechtfertigt nenne, wenn sie kein „r" enthält. Wenn nun jemand sagte, er habe für das und das Spiel nur eine Regel aufgestellt, nämlich, daß die Züge Regeln entsprechen müßten, die kein „r" enthalten. – Ist denn das eine Spielregel (im ersten Sinn)? Geht das Spiel nicht doch nach den Regeln/nach der Klasse von Regeln/ vor sich, die nur alle jener ersten Regel entsprechen sollen?

4.136.4.1   6   Es macht mir jemand die Konstruktion von B vor und sagt nun, A ist bewiesen. Ich frage: „Wieso? – ich sehe nur, daß Du um A eine Konstruktion mit Hilfe von α/ρ/ gemacht hast". Nun sagt er: „Ja, aber wenn das möglich ist, so sage ich eben, A sei bewiesen". Darauf antworte ich: „Damit hast Du mir nur gezeigt, welchen neuen Sinn Du mit dem Wort ‚beweisen' verbindest".

4.136.5.1   7   In einem Sinn heißt es, daß Du das Paradigma mittels ρ so und so konstruiert hast, in dem andern, nach wie vor, daß eine Gleichung dem Paradigma entspricht.

4.137.4.1   8   Wenn wir fragen „ist das ein Beweis oder nicht?", so bewegen wir uns in den Formen der Wortsprache./.... in der Wortsprache./

4.137.5.1   Nun ist natürlich nichts dagegen einzuwenden, wenn Einer sagt: Wenn die Glieder des Übergangs in einer Konstruktion der und der Art stehen, so sage ich, die Rechtmäßigkeit des Übergangs ist bewiesen.

4.137.6.1	1	Was wehrt sich in mir gegen die Auffassung von B als einem Beweis von A? Zuerst entdecke ich, daß ich den Satz von „allen Kardinalzahlen" in meiner Rechnung nirgends brauche. Ich habe den Komplex B mit Hilfe von ρ konstruiert und bin dann auf die Gleichung A übergegangen; von „allen Kardinalzahlen" war dabei keine Rede. (Dieser Satz ist eine Begleitung der Rechnung in der Wortsprache, die mich hier nur verwirren kann.) Aber nicht nur fällt dieser allgemeine Satz überhaupt fort, sondern kein anderer tritt an seine Stelle.
4.138.2.1	2	Der Satz, der die Allgemeinheit behauptet, fällt also weg, „es ist nichts bewiesen", „es folgt nichts".
4.138.2.2		„Ja, aber die Gleichung A folgt, sie steht nun an Stelle des allgemeinen Satzes". – Ja in wiefern folgt sie denn? Offenbar verwende ich hier „folgt" in einem ganz andern Sinn, als dem normalen, da das, woraus A folgt, kein Satz ist. Das ist es auch, warum wir fühlen, daß das Wort „folgen" nicht richtig angewandt ist.
4.138.3.1	3	Wenn man sagt „aus dem Komplex B folgt, daß $a + (b + c) = (a + b) + c$", so schwindelt Einem. Man fühlt, daß man da auf irgend eine Weise einen Unsinn geredet hat, obwohl es äußerlich richtig klingt.
4.138.4.1	4	Daß eine Gleichung folgt, heißt eben schon etwas (hat seine bestimmte Grammatik).
4.138.5.1	5	Aber wenn ich höre „aus B folgt A", so möchte ich fragen: „was folgt?" Daß $a + (b + c)$ gleich $(a + b) + c$ ist, ist ja eine Festsetzung, wenn es nicht auf normale Weise aus einer Gleichung folgt.
4.138.6.1	6	Wir können unsern Begriff des Folgens mit A und B nicht zur Deckung bringen./Wir können unsern Begriff des Folgens dem A und B nicht aufpassen./.... nicht aufsetzen, er paßt hier nicht.//
4.139.2.1	7	„Ich werde Dir beweisen, daß $a + (b + n) = (a + b) + n$". Niemand erwartet sich nun den Komplex B zu sehen. Man erwartet eine andere Regel über a, b und n zu hören, die den Übergang von der einen auf die andere Seite vermittelt. Wenn mir statt dessen B und das Schema R gegeben wird, so kann ich das keinen Beweis nennen, eben weil ich unter Beweis etwas anderes verstehe.
4.139.2.2		Ja ich werde dann etwa sagen: „Ach so, das nennst Du ‚Beweis', ich habe mir vorgestellt ....".
4.139.3.1	8	Der Beweis von $17 + (18 + 5) = (17 + 18) + 5$ wird allerdings nach dem Schema B geführt und dieser Zahlensatz ist von der Form A. Oder auch: B ist der Beweis des Zahlensatzes; aber eben deshalb nicht von A.
4.139.4.1	9	„Ich werde Dir A_I, A_{II}, A_{III} aus dem einen/aus einem/ Satz ableiten". – Man denkt dabei natürlich an eine Ableitung, wie sie mit Hilfe dieser Sätze gemacht wird. – Man denkt, es wird eine Art von kleineren Kettengliedern gegeben werden, durch die wir alle diese großen ersetzen können.
4.139.4.2		Und da haben wir doch ein bestimmtes Bild; und es wird uns etwas ganz Anderes geboten.
4.139.4.3		Die Gleichung wird durch den induktiven Beweis, quasi, der Quere, statt der Länge nach zusammengesetzt.

4.140.1.1	1	Wenn wir nun die Ableitung ausführen/rechnen/, so kommen wir endlich zu dem Punkt, wo die Konstruktion von B vollendet ist. Aber hier heißt es nun „also gilt diese Gleichung". Aber diese Worte heißen ja nun? etwas anderes als, wo? wir sonst eine Gleichung aus Gleichungen folgern. Die Worte „die Gleichung folgt daraus?" haben ja schon eine Bedeutung. Und hier wird eine Gleichung allerdings konstruiert, aber nach einem andern Prinzip.
4.140.3.1	2	Wenn ich sage „aus dem Komplex folgt die Gleichung", so ‚folgt' hier eine Gleichung aus etwas, was gar keine Gleichung ist.
4.141.1.1	3	Man kann nicht sagen: die Gleichung, wenn sie aus B folgt, folge doch aus einem Satz, nämlich aus $\alpha \cdot \beta \cdot \gamma$; denn es kommt eben darauf an, wie ich aus diesem Satz A erhalte; ob nach einer Regel des Folgens. Welches die Verwandtschaft der Gleichung zum Satz $\alpha \cdot \beta \cdot \gamma$ ist. (Die Regel, die in diesem Falle zu A führt macht gleichsam einen Querschnitt durch $\alpha \cdot \beta \cdot \gamma$, sie faßt den Satz anders auf, als eine Regel des Folgens.)
4.141.2.1	4	Wenn uns die Ableitung von A aus α versprochen war und wir sehen nun den Übergang von B auf A, so möchten wir sagen: „ach, so war es nicht gemeint". So, als hätte jemand mir versprochen, er werde mir etwas schenken und nun sagt er: so, jetzt schenke ich Dir meine Zeit /mein Vertrauen/.
4.141.4.1	5	Darin, daß der Übergang von B auf A kein Folgen ist, liegt auch, was ich damit meinte, daß nicht das logische Produkt $\alpha \cdot \beta \cdot \gamma$ die Allgemeinheit ausdrückt.
4.157.3.1	6	Ich sage, $(a + b)^2 =$ etc. ist mit Hilfe von A_I, A_{II}, etc. bewiesen, weil die Übergänge von $(a + b)^2$ zu $a^2 + 2ab + b^2$ alle von der Form A_I, oder A_{II}, etc., sind. In diesem Sinne ist in III auch der Übergang von $(b + 1) + a$ auf $(b + a) + 1$ nach A_I gemacht, aber nicht der Übergang von $a + n$ auf $n + a$!
4.149.8.1	7	Daß man sagt „die Richtigkeit der Gleichung ist bewiesen", zeigt schon, daß Beweis nicht jede Ableitung/Konstruktion/ ist. /.... Konstruktion der Gleichung ist./
4.158.3.1	8	Es zeigt mir jemand die Komplexe B und ich sage „das sind keine Beweise der Gleichungen A". Nun sagt er: „Du siehst aber noch nicht das System, nach dem diese Komplexe gebildet sind", und zeigt es mir /und macht mich darauf aufmerksam/. Wie konnte das die B zu Beweisen machen? –
4.158.4.1	9	Durch diese Einsicht steige ich in eine andere, sozusagen höhere, Ebene; während der Beweis auf der tieferen hätte geführt werden müssen/geführt werden müßte/.
4.158.7.1	10	Nur ein bestimmter Übergang von Gleichungen zu einer Gleichung ist ein Beweis dieser letzteren. ?Dieser ist hier nicht gemacht/Dieser findet hier nicht statt/? und alles Andere kann auf die Sprache keinen Einfluß (mehr)? haben./.... und alles Andere kann B nicht mehr zum Beweis von A machen./

| 4.158.9.1 | 1 | Aber kann ich eben nicht sagen, daß, wenn ich dies über A bewiesen habe, ich damit A bewiesen habe? Und woher kam dann überhaupt die Täuschung, daß ich es dadurch bewiesen hätte? denn diese muß doch einen tieferen Grund haben. |

| 4.159.1.1 | 2 | Nun, wenn es eine Täuschung ist, so kam sie jedenfalls von unserer Ausdrucksweise in der Wortsprache her „dieser Satz gilt für alle Zahlen"; denn der algebraische Satz war ja nach dieser Auffassung nur eine andere Schreibweise dieses Satzes (der Wortsprache). Und diese Ausdrucksweise ließ den Fall aller Zahlen mit dem Fall ‚aller Menschen in diesem Zimmer' verwechseln. (Während wir, um die Fälle zu unterscheiden, fragen: Wie verifiziert man den einen und wie den andern.) |

| 4.159.3.1 | 3 | Wenn ich mir die Funktionen φ, ψ, F exakt definiert/bestimmt/ denke und nun das Schema des Induktionsbeweises schreibe, –

$$\begin{array}{c} R \\ B \begin{cases} \alpha & \varphi(1) = \psi(1) \\ \beta & \varphi(c+1) = F(\varphi(c)) \\ \gamma & \psi(c+1) = F(\psi(c)) \end{cases} \begin{array}{c} A \\ \ldots\ldots \varphi n = \psi n \end{array} \end{array}$$

auch dann kann ich nicht sagen, der Übergang von φr auf ψr sei auf Grund von ρ gemacht worden (wenn der Übergang in α, β, γ nach ρ gemacht wurde – in speziellen Fällen ρ = α). Er bleibt der Gleichung A entsprechend gemacht und ich könnte nur sagen, er entspreche dem Komplex B, wenn ich nämlich ?diesen als ein anderes Zeichen statt der Gleichung A auffasse?. |

| 4.159.4.1 | 4 | Denn das Schema des Übergangs mußte ja α, β und γ enthalten. |

| 4.159.5.1 | 5 | Tatsächlich ist R nicht das Schema des Induktionsbeweises B_{III}; dieses ist viel komplizierter, da es das Schema B_I enthalten muß. |

| 4.159.6.1 | 6 | Es ist nur dann nicht ratsam, etwas ‚Beweis' zu nennen, wenn die übliche Grammatik des Wortes ‚Beweis' mit der Grammatik des betrachteten Gegenstandes nicht übereinstimmt. |

| 4.160.1.1 | 7 | Die tiefgehende Beunruhigung rührt am Schluß von einem kleinen, aber offen zu Tage liegenden Zug des überkommenen Ausdrucks her. |

| 4.161.4.1 | 1 | Was heißt es, daß R den Übergang A/Übergang von der Form A/
| 4.161.5.1 | | rechtfertigt? Es heißt wohl, daß ich mich entschieden habe, nur solche
| | | Übergänge in meinem Kalkül zuzulassen, denen ein Schema B
| | | entspricht, dessen Sätze α, β, γ wieder nach/aus/ ρ ableitbar sein sollen.
| | | (Und das hieße natürlich nichts anderes, als daß ich nur die Übergänge
| | | A_I, A_{II}, etc. zuließe und diesen Schemata B entsprächen.) Richtiger
| | | wäre es, zu schreiben „und diesen Schemata der Form R entsprechen".
| | | Ich wollte mit dem Nachsatz in der Klammer sagen, der Schein der
| | | Allgemeinheit – ich meine, der Allgemeinheit des Begriffs der
| | | Induktionsmethode – ist unnötig, denn es kommt am Schluß doch nur
| | | darauf hinaus, daß die speziellen Konstruktionen B_I, B_{II}, etc. um die
| | | Seiten der Gleichungen A_I, A_{II}, etc. konstruiert wurden. Oder: es ist ein
| | | Luxus, dann noch das Gemeinsame dieser Konstruktionen zu erkennen;
| | | alles was maßgebend ist, sind d i e s e Konstruktionen (selber). Denn
| | | alles, was dasteht, sind d i e s e Beweise. Und der Begriff, unter den die
| | | Beweise fallen, ist überflüssig, denn wir haben nie etwas mit ihm
| | | gemacht. Wie der Begriff Sessel überflüssig ist, wenn ich nur – auf die
| | | Gegenstände weisend – sagen will „stelle dies und dies und dies in mein
| | | Zimmer" (obwohl die drei Gegenstände Sessel sind). (Und eignen sich
| | | diese Geräte nicht, um darauf zu sitzen, so wird das dadurch nicht
| | | anders, daß man auf eine Ähnlichkeit zwischen ihnen aufmerksam
| | | macht.) Das heißt aber nichts anderes, als daß der einzelne Beweis
| | | unsere Anerkennung als solchen braucht (wenn ‚Beweis' bedeuten soll,
| | | was es bedeutet); hat er die nicht, so kann keine Entdeckung einer
| | | Analogie mit anderen solchen Gebilden sie ihm geben/verschaffen/. Und
| | | der Schein des Beweises entsteht dadurch, daß α, β, γ und A
| | | Gleichungen sind, und daß eine allgemeine Regel gegeben werden
| | | kann, nach der man aus B A bilden (und es in diesem Sinne ableiten)
| | | kann.
| 4.162.0.2 | | Auf diese a l l g e m e i n e R e g e l kann man n a c h t r ä g l i c h
| | | aufmerksam werden. (Wird man nun dadurch aber darauf aufmerksam,
| | | daß die B doch in Wirklichkeit Beweise der A sind?) Man wird da auf
| | | eine Regel aufmerksam, mit der man hätte beginnen können und
| | | mittels der und α man A_I, A_{II}, etc. hätte konstruieren/bauen/ können.
| | | Niemand aber würde sie in diesem Spiel einen Beweis genannt haben.

| 4.162.1.1 | 2 | Woher dieser Konflikt: „Das ist doch kein Beweis!" – „das ist doch ein
| | | Beweis!"?

| 4.162.2.1 | 3 | Man könnte sagen: Es ist wohl wahr, ich zeichne im Beweis von B
| | | mittels α die Konturen der Gleichung A nach,/die Konturen der
| | | Gleichung A mittels α nach,/ aber nicht auf die Weise, die ich nenne „A
| | | mittels α beweisen".

| 4.162.3.1 | 4 | Die Schwierigkeit, die in dieser/durch diese/ Betrachtung zu überwinden
| | | ist/überwunden werden soll/ ist, den Induktionsbeweis als etwas Neues,
| | | sozusagen, n a i v zu betrachten.

4.163.3.1	1	Wenn wir also oben sagten, wir können mit R beginnen, so ist dieses Beginnen mit R in gewisser Weise Humbug. Es ist nicht so, wie wenn ich eine Rechnung mit der Ausrechnung von 526 × 718 beginne. Denn hier ist diese Problemstellung der Anfangspunkt eines Weges. Während ich dort das R sofort wieder verlasse und wo anders beginnen muß. Und wenn es geschehen ist, daß ich einen Komplex von der Form R konstruiert habe, dann ist es wieder gleichgültig, ob ich mir das früher äußerlich vorgesetzt habe, weil mir dieser Vorsatz, mathematisch (gesprochen), d.h. im Kalkül, doch nichts geholfen hat. Es bleibt also bei der Tatsache, daß ich jetzt einen Komplex von der Form R vor mir habe.
4.163.7.1	2	Wir könnten uns denken, wir kennten nur den Beweis B_I und würden nun sagen: Alles, was wir haben, ist diese Konstruktion. Von einer Analogie dieser mit anderen Konstruktionen, von einem allgemeinen Prinzip bei der Ausführung dieser Konstruktionen, ist gar keine Rede. – Wenn ich nun so B und A sehe, muß ich fragen: warum nennst Du das aber einen Beweis gerade von A_I? – (ich frage noch nicht: warum nennst Du es einen Beweis von A). Was hat dieser Komplex mit A_I zu tun? Als Antwort muß er? mich auf die Beziehung zwischen A und B aufmerksam machen, die in V ausgedrückt ist.
4.164.7.1	3	Es zeigt uns jemand B_I und erklärt uns den Zusammenhang mit A_I, d.i., daß die rechte Seite von A so und so erhalten wurde, etc. etc.. Wir verstehen ihn; und er fragt uns (nun)?: ist nun das ein Beweis von A? Wir würden/werden/ antworten: gewiß nicht!
4.164.7.2		Hatten wir nun alles verstanden, was über diesen Beweis zu verstehen war? Ja. Hatten wir auch die allgemeine Form des Zusammenhangs von B und A gesehen? Ja!
4.164.7.3		Und wir könnten auch daraus schließen, daß man so aus jedem A ein B konstruieren kann und also auch umgekehrt A aus B.
4.165.1.1	4	Dieser Beweis ist nach einem bestimmten Plan gebaut (nach dem noch andere Beweise gebaut sind). Aber dieser Plan kann den Beweis nicht zum Beweis machen. Denn wir haben jetzt hier nur die eine Verkörperung dieses Planes, und können von dem Plan als allgemeinem Begriff (ganz)? absehen. Der Beweis muß für sich sprechen und der Plan ist nur in ihm verkörpert, aber selbst kein Bestandteil/kein Instrument/ des Beweises. (Das wollte ich immer sagen.) Daher nützt es mich nichts, wenn man mich auf die Ähnlichkeiten zwischen Beweisen aufmerksam macht, um mich davon zu überzeugen, daß sie Beweise sind.
4.78.2.1	5	Ist nicht unser Prinzip: keinen Begriff/kein Begriffswort/ zu verwenden, wo keiner/keines/ nötig ist? – D.h. die Fälle zu zeigen, in denen das Begriffswort in Wirklichkeit für eine Liste/Aufzählung/ steht. /D.h. in den Fällen, in denen das Begriffswort für eine Liste steht, dies klar zu machen./D.h. die Fälle, in denen das Begriffswort in Wirklichkeit für eine Liste/Aufzählung/ steht, als solche zu erklären./

4.167.1.1	1	Wenn ich nun früher sagte „das ist doch kein Beweis", so meinte ich ‚Beweis' in einem bereits festgelegten Sinne, in welchem es aus A und B allein zu ersehen ist. Denn in diesem Sinne kann ich sagen: Ich verstehe doch ganz genau, was B tut und in welchem Verhältnis es zu A steht. Jede weitere Belehrung ist überflüssig und das ist kein Beweis./und das, was da ist, ist kein Beweis./ In diesem Sinne habe ich es nur mit B und A allein zu tun; ich sehe außer ihnen nichts und nichts anderes geht mich an.
4.167.1.2		Dabei sehe ich das Verhältnis nach der Regel V sehr gut/wohl/, aber es kommt für mich als Konstruktionsbehelf gar nicht in Frage. Sagte mir jemand, während meiner Betrachtung von B und A, daß man auch hätte B aus A (oder umgekehrt) nach einer Regel konstruieren können, so könnte ich ihm nur sagen „komm' mir nicht mit unwesentlichen Sachen". Denn das ist ja selbstverständlich, und ich sehe sofort, daß es B nicht zu einem Beweis von A macht. Denn, daß es so eine allgemeine Regel gibt, könnte nur zeigen/Denn diese allgemeine Regel könnte nur zeigen/, daß B der Beweis von A und keinem andern Satz/der Beweis gerade von A/ ist, wenn es überhaupt ein Beweis wäre. D.h., daß der Zusammenhang zwischen B und A einer Regel gemäß ist, kann nicht zeigen, daß B ein Beweis von A ist. Und jeder solche Zusammenhang könnte zur Konstruktion von B aus A (und umgekehrt) benützt werden.
4.167.3.1	2	Wenn ich also sagte „R/V/ wird ja gar nicht zur Konstruktion benützt, also haben wir mit ihm nichts zu tun", so hätte es heißen müssen: Ich habe es doch nur mit A und B allein zu tun. Es genügt doch, wenn ich A und B miteinander konfrontiere und nun frage „ist B ein Beweis von A"; und also brauche ich A nicht aus B nach einer vorher festgelegten Regel zu konstruieren, sondern es genügt, daß ich die einzelnen A – wie viele es sind – den einzelnen B gegenüberstelle. Ich brauche eine Konstruktionsregel nicht; und das ist wahr. Ich brauche eine vorher aufgestellte Konstruktionsregel nicht (aus der ich dann erst die A gewonnen hätte).
4.168.4.1	3	Ich meine: Im Skolem'schen Kalkül brauchen wir diesen Begriff nicht /brauchen wir keinen solchen Begriff/, es genügt die Liste.
4.168.4.2		Es geht uns nichts verloren, wenn wir nicht sagen „wir haben die Grundgesetze A bewiesen"/„wir haben die Grundgesetze A auf diese Weise bewiesen"/, sondern bloß zeigen, daß sich ihnen – in gewisser Beziehung analoge – Konstruktionen zuordnen lassen.
4.169.1.1	4	Der Begriff der Allgemeinheit (und der Rekursion), der in diesen Beweisen gebraucht wird, ist nicht allgemeiner, als er aus diesen Beweisen unmittelbar herauszulesen ist.

4.169.2.1	1	Die Klammer in R, welche α, β und γ zusammenhält, kann weiter nichts bedeuten, als daß wir den Übergang in A (oder einem von der Form A) als berechtigt ansehen, wenn die Glieder (Seiten) des Übergangs in einer, durch das Schema B charakterisierten Beziehung, zu einander stehen. Es nimmt dann B den Platz von A. Und wie es früher hieß: der Übergang ist in meinem Kalkül erlaubt, wenn er einem der A entspricht, so kann es jetzt heißen/so heißt es jetzt/: er ist erlaubt, wenn er einem der B entspricht.
4.169.3.1		Damit aber hätten wir noch keine Vereinfachung, keine Reduktion gewonnen.
4.170.4.1	2	Der Gleichungskalkül ist gegeben. In diesem Kalkül hat ‚Beweis' eine festgelegte/fixe/ Bedeutung. Nenne ich nun auch die induktive Rechnung einen Beweis, so erspart mir dieser Beweis doch nicht die Kontrolle, ob die Übergänge der Gleichungskette, nach diesen bestimmten Regeln (oder Paradigmen) gemacht sind. Ist das der Fall, so sage ich, die letzte Gleichung der Kette sei bewiesen; oder auch, die Gleichungskette stimme.
4.171.5.1	3	Denken wir uns, wir kontrollieren die Rechnung $(a + b)^3 = \ldots$ in der ersten/auf die erste/ Weise und beim ersten Übergang sagt er: „ja, dieser Übergang geschieht (wohl/zwar/) nach $a(b + c) = ab + ac$, aber stimmt das auch?" Und nun zeigten wir ihm die Ableitung dieser Gleichung im induktiven Sinne. –
4.171.7.1	4	In einer Bedeutung heißt die Frage „stimmt die Gleichung G": läßt sie sich nach den Paradigmen herleiten? – Im andern Fall heißt es: lassen sich die Gleichungen α, β, γ nach dem Paradigma (oder den Paradigmen) herleiten? – Und hier haben wir die beiden Bedeutungen der Frage (oder des Wortes ‚Beweis') auf e i n e Ebene gestellt (in e i n e m System ausgedrückt) und können sie nun vergleichen (und sehen, daß sie nicht Eines sind).
4.172.2.1	5	Und zwar leistet dieser neue Beweis nicht, was man annehmen könnte, daß er nämlich den Kalkül auf eine kleinere/engere/ Grundlage setzte – wie es etwa geschieht, wenn wir durch $p \mid q$ $p \vee q$ und $\sim p$ ersetzen, oder die Zahl der Axiome vermindern. Denn, wenn man nun sagt, man habe alle die Grundgleichungen A aus ρ allein abgeleitet, so heißt hier das Wort „abgeleitet" etwas (ganz) andres. (Was man sich bei dieser Versprechung erwartet, ist die Ersetzung der großen Kettenglieder durch kleinere, nicht durch zwei halbe Kettenglieder.) Und in einem Sinne hat man durch diese Ableitungen alles beim alten gelassen. Denn es bleibt im neuen Kalkül ein Kettenglied des alten wesentlich als ein solches bestehn. Die alte Struktur wird n i c h t aufgelöst. So daß man sagen muß, der alte Gang des Beweises bleibt bestehen. Und es bleibt im a l t e n Sinne auch die Unreduzierbarkeit.
4.172.3.1	6	Man kann daher auch nicht sagen, Skolem habe das algebraische System auf eine kleinere Grundlage gesetzt, denn er hat es in einem andern Sinne als dem algebraischen ‚begründet'./denn er hat es in einem andern Sinne als dem der Algebra ‚begründet'./

| 4.173.3.1 | 1 | Wird ein Zusammenhang der A durch die Induktionsbeweise mittels α gezeigt und ist dies nicht das Zeichen dafür, daß wir es hier doch mit Beweisen zu tun haben? – Es wird nicht d e r Zusammenhang gezeigt, den ein Zerlegen der Übergänge A in Übergänge ρ herstellen würde. Und e i n Zusammenhang der A ist ja schon vor jedem Beweis zu sehen. |

5.161.1.1 2 Ich kann die Regel R auch so schreiben:
$$\begin{bmatrix} a + (1+1) = (a+1)+1 \\ a + (\xi + 1) \quad (a+\xi)+1 \\ a + ((\xi+1)+1) \quad (a + (\xi+1))+1 \end{bmatrix} \ldots S$$
oder auch so:
$a + (b+1) = (a+b) + 1$, wenn ich R oder S als Erklärung oder Ersatz für diese Form nehme.

5.161.1.2 Wenn ich nun sage, in
$$\left. \begin{array}{ll} \alpha & a + (b+1) = (a+b)+1 \\ \beta & a + (b + (c+1)) = a + ((b+c)+1) = (a + (b+c))+1 \\ \gamma & (a+b) + (c+1) = ((a+b)+c)+1 \end{array} \right\} \ldots B$$
seien die Übergänge durch die Regel R gerechtfertigt, – so kann man mir drauf antworten: „Wenn Du das eine Rechtfertigung nennst, so hast Du die Übergänge gerechtfertigt. Du hättest uns aber ebensoviel gesagt, wenn Du uns nur auf die Regel R und ihre formale Beziehung zu α (oder zu α, β und γ) aufmerksam gemacht hättest."

5.161.1.3 Ich hätte also auch sagen können: Ich nehme die Regel R in der und der Weise als Paradigma meiner Übergänge.

5.161.1.4 Wenn nun Skolem etwa nach seinem Beweis für das assoziative Gesetz übergeht zu:
$$\left. \begin{array}{l} a + 1 = 1 + a \\ a + (b+1) = (a+b) + 1 \\ (b+1) + a = b + (1+a) = b + (a+1) = (b+a) + 1 \end{array} \right\} \ldots C$$
und sagt, der erste und dritte Übergang in der dritten Zeile seien nach dem bewiesenen assoziativen Gesetz gerechtfertigt, – so sagt er uns damit nicht mehr,/so erfahren wir damit nicht mehr,/ als wenn er sagte, die Übergänge seien nach dem Paradigma $a + (b+c) = (a+b) + c$ gemacht (d.h., sie entsprechen dem Paradigma) und es sei ein Schema α, β, γ mit Übergängen nach dem Paradigma α abgeleitet. – „Aber rechtfertigt B nun diese Übergänge, oder nicht?" – Was meinst Du mit dem Wort ‚rechtfertigen'? – „Nun, der Übergang ist gerechtfertigt, wenn wirklich ein Satz, der für alle Zahlen gilt, bewiesen ist." – Aber in welchem Falle wäre das geschehen? Was nennst Du einen Beweis davon, daß ein Satz für alle Kardinalzahlen gültig ist? Wie weißt Du, ob der Satz (wirklich) für alle Kardinalzahlen giltig/gültig/ ist, da Du es nicht ausprobieren kannst. Dein e i n z i g e s Kriterium ist ja der Beweis. Du b e s t i m m s t also wohl eine Form und nennst sie die des Beweises, daß ein Satz für alle Kardinalzahlen gilt. Dann haben wir eigentlich gar nichts davon, daß uns zuerst die allgemeine Form dieser Beweise gezeigt wird; da ja dadurch nicht gezeigt wird, daß nun der besondere Beweis wirklich das leistet, was wir von ihm verlangen; ich meine: da hiedurch der besondere Beweis nicht als einer gerechtfertigt, erwiesen ist, der einen Satz für alle Kardinalzahlen beweist. Der rekursive Beweis muß vielmehr seine eigene Rechtfertigung sein. Wenn wir unsern Beweisvorgang wirklich als den Beweis einer solchen Allgemeinheit rechtfertigen wollen, tun wir vielmehr etwas anderes: wir gehen Beispiele einer Reihe durch, und diese Beispiele und das Gesetz, was wir in ihnen erkennen, befriedigt uns nun, und wir sagen: ˀja, unser Beweis leistet wirklich, was wir wollten.ˀ Aber wir müssen nun

bedenken, daß wir mit der Angabe dieser Beispielreihe die
Schreibweise B und C nur in eine andere (Schreibweise) übersetzt haben.
(Denn die Beispielreihe ist nicht die unvollständige Anwendung der
allgemeinen Form, sondern ein anderer Ausdruck dieser Form/des
Gesetzes/.) Und weil die Wortsprache, wenn sie den Beweis erklärt,
erklärt was er beweist, den Beweis nur in eine andere Ausdrucksform
übersetzt, so können wir diese Erklärung auch ganz weglassen. Und
wenn wir das tun, so werden die mathematischen Verhältnisse viel
klarer, nicht verwischt durch die mehrdeutigen/Vieles bedeutenden/
Ausdrücke der Wortsprache. Wenn ich z.B. B unmittelbar neben A
setze, ohne Dazwischenkunft des Wortes „alle"/ohne Vermittlung durch
den Ausdruck der Wortsprache „für alle Kardinalzahlen etc."/, so kann
kein falscher Schein eines Beweises von A durch B entstehen. Wir sehen
dann ganz nüchtern, wie weit die Beziehungen von B zu A und zu
a + b = b + a reichen und wo sie aufhören./Wir sehen dann die
nüchternen, (nackten) Beziehungen zwischen A und B, und wie weit sie
reichen./ Man lernt so erst, unbeirrt von der alles gleichmachenden
Form der Wortsprache, die eigentliche Struktur dieser Beziehung
kennen, und was es mit ihr auf sich hat.

5.163.0.5   Man sieht hier vor allem, daß wir in/an/ dem Baum der Strukturen
B, C, etc. interessiert sind, und daß an ihm zwar allenthalben die Form
$$\varphi(1) = \psi(1)$$
$$\varphi(n + 1) = F(\varphi n)$$
$$\psi(n + 1) = F(\psi n)$$
zu sehen ist, gleichsam eine bestimmte Astgabelung, – daß aber diese
Gebilde in verschiedenen Anordnungen, und Verbindungen
untereinander, auftreten, und daß sie nicht in dem Sinne
Konstruktionselemente bilden/sind/, wie die Paradigmen im Beweis von
$a + (b + (c + 1)) = (a + (b + c)) + 1$ oder $(a + b)^2 = a^2 + 2ab + b^2$. Der
Zweck der „rekursiven Beweise" ist ja, den algebraischen Kalkül mit
dem der Zahlen in Verbindung zu setzen. Und der Baum der
rekursiven Beweise „rechtfertigt" den algebraischen Kalkül nur, wenn
das heißen soll, daß er ihn mit dem arithmetischen in Verbindung
bringt. Nicht aber in dem Sinn, in welchem die Liste der Paradigmen
den algebraischen Kalkül, d.h. die Übergänge in ihm, rechtfertigt.

5.163.0.5   Wenn man also die Paradigmen der Übergänge tabuliert, so hat das dort Sinn, wo das Interesse darin liegt, zu zeigen, daß die und die Transformationen alle bloß mit Hilfe jener – im übrigen willkürlich gewählten – Übergangsformen zustande gebracht sind. Nicht aber dort, wo sich die Rechnung in einem andern Sinne rechtfertigen soll, wo also das Anschauen der Rechnung – ganz abgesehen von dem Vergleich mit einer Tabelle vorher festgelegter Normen – uns lehren muß, ob wir sie zulassen sollen oder nicht. Skolem hätte uns also keinen Beweis des assoziativen und kommutativen Gesetzes versprechen brauchen/sollen/, sondern einfach sagen können, er werde uns einen Zusammenhang der Paradigmen der Algebra mit den Rechnungsregeln der Arithmetik zeigen. Aber ist das nicht Wortklauberei? hat er denn nicht die Zahl der Paradigmen reduziert und uns z.B. statt jener beiden Gesetze eines, nämlich $a + (b + 1) = (a + b) + 1$ gegeben? Nein. Wenn wir z.B. $(a + b)^4 =$ etc. (r) beweisen, so könnten wir dabei von dem vorher bewiesenen Satz $(a + b)^2 =$ etc. (s) Gebrauch machen. Aber in diesem Fall lassen sich die Übergänge in r, die durch s gerechtfertigt wurden, auch durch jene Regeln rechtfertigen, mit denen s bewiesen wurde. Und es verhält sich dann s zu jenen ersten Regeln, wie ein durch Definition eingeführtes Zeichen zu den primären Zeichen, mit deren Hilfe es definiert wurde. Man kann die Definition immer auch eliminieren und auf die primären Zeichen übergehen. Wenn wir aber in C einen Übergang machen, der durch B gerechtfertigt ist, so können wir diesen Übergang nun nicht auch mit α allein machen. Wir haben eben mit dem, was hier Beweis genannt wird, nicht einen Schritt/Übergang/ in Stufen zerlegt, sondern etwas ganz andres getan.

Der rekursive Beweis reduziert die Anzahl der Grundgesetze nicht.

4.110.6.1	1	Wir haben also hier nicht den Fall, in welchem eine Gruppe von Grundgesetzen durch eine mit weniger Gliedern bewiesen wird, aber nun weiter in den Beweisen alles im Gleichen bleibt. (Wie auch in einem System von Grundbegriffen an der späteren Entwicklung dadurch nichts geändert wird, daß man die Anzahl der Grundbegriffe durch Definitionen reduziert.)
4.110.7.1		(Übrigens, welche verdächtige Analogie, zwischen „Grundgesetzen" und „Grundbegriffen"!)
4.111.1.1	2	Es ist gleichsam/etwa/ so: der Beweis eines alten Grundgesetzes setzt sonst das System der Beweise (einfach) nach rückwärts fort. Die Rekursionsbeweise aber setzen das System von algebraischen Beweisen (mit den alten Grundgesetzen) nicht nach rückwärts fort, sondern sind ein neues System, das mit dem ersten nur parallel zu laufen scheint.
4.111.3.1 4.111.4.1	3	Das ist eine seltsame Bemerkung, daß in den Induktionsbeweisen der Grundregeln nach wie vor ihre Unreduzierbarkeit (Unabhängigkeit) sich zeigen muß/?zu Tage treten muß?/. Was, wenn man das für den Fall von gewöhnlichen Beweisen (oder Definitionen) sagte, also für den Fall, wo die Grundregeln eben weiter reduziert werden, eine neue Verwandtschaft zwischen ihnen gefunden (oder konstruiert) wird.
4.112.1.1	4	Wenn ich darin recht habe, daß durch die Rekursionsbeweise die Unreduzierbarkeit/Unabhängigkeit/ intakt bleibt, dann ist damit (wohl)? alles gesagt, was ich gegen den Begriff vom Rekursions-„Beweis" sagen /vorbringen/ wollte/kann/.
4.169.4.1	5	Der induktive Beweis zerlegt den Übergang in A nicht. Ist es nicht das, was macht, daß ich mich dagegen sträube, ihn Beweis zu nennen? Warum ich versucht bin zu sagen, er kann auf keinen Fall – nämlich auch, wenn man A durch R und α konstruiert – mehr tun, als etwas ü b e r den Übergang zu zeigen.
4.169.6.1	6	Wenn man sich einen Mechanismus aus Zahnrädern und diese aus lauter gleichen keilförmigen Stücken und je einem Ring, der sie zu einem Rad zusammenhält, zusammengesetzt denkt, so blieben in einem gewissen Sinne die Einheiten des Mechanismus doch die Zahnräder.
4.169.8.1	7	Es ist so: Wenn ein Faß aus Dauben und Böden besteht, so halten doch nur alle diese in dieser (bestimmten) Verbindung (als Komplex) die Flüssigkeit und bilden als Behälter neue Einheiten.

4.170.5.1	1	Denken wir uns eine Kette, sie besteht aus Gliedern und es ist möglich, (je) ein solches Glied durch zwei kleinere zu ersetzen. Die Verbindung, die die Kette macht, kann dann, statt durch die großen, ganz durch die kleineren/kleinen/ Glieder gemacht werden. Man könnte sich aber auch denken, daß jedes Glied der Kette aus – etwa – zwei halbringförmigen Teilen bestünde, die zusammen das Glied bildeten, einzeln aber nicht als Glieder verwendet werden könnten.
4.170.5.2		Es hätte nun ganz verschiedenen Sinn, einerseits, zu sagen: die Verbindung, die die großen Glieder machen, kann durch lauter kleine Glieder gemacht werden; – und anderseits: diese Verbindung kann durch lauter halbe große Glieder gemacht werden. Was ist der Unterschied?
4.171.1.1	2	Der eine Beweis ersetzt eine großgliedrige Kette durch eine kleingliedrige, der andere zeigt, wie man die (alten) großen Glieder aus mehreren Bestandteilen zusammensetzen kann.
4.171.2.1	3	Ähnlichkeit, sowie/und/ Verschiedenheit der beiden Fälle sind augenfällig/klar zu Tage liegend/.
4.171.3.1	4	Der Vergleich des Beweises mit der Kette ist natürlich ein logischer Vergleich und also ein vollkommen exakter Ausdruck dessen, was er illustriert.

Periodizität
$1 : 3 = 0\dot{\ }3.$

5.127.1.1   1   Man faßt die Periodizität eines Bruches, z.B. 1/3, so auf, als bestünde /bestehe/ sie darin, daß etwas, was man die Extension des unendlichen Dezimalbruchs nennt, nur aus/aus lauter/ Dreien besteht, und daß die Gleichheit des Restes dieser Division mit dem Dividenden nur das Anzeichen für diese Eigenschaft der unendlichen Extension sei. Oder aber man korrigiert diese Meinung dahin, daß nicht eine unendliche Extension diese Eigenschaft habe, sondern eine unendliche Reihe endlicher Extensionen; und hierfür sei wieder die Eigenschaft der Division ein Anzeichen. Man kann nun sagen: die Extension mit einem Glied sei $0\dot{\ }3$, die mit 2 Gliedern $0\dot{\ }33$, die mit dreien $0\dot{\ }333$, u.s.w.. Das ist eine Regel und das „u.s.w." bezieht sich auf die Regelmäßigkeit, und die Regel könnte auch geschrieben werden „[$0\dot{\ }3$, $0\dot{\ }\mathcal{E}$, $0\dot{\ }\mathcal{E}3$]". Das, was aber durch die Division $\underline{1}_1: 3 = 0\dot{\ }3$ bewiesen ist, ist diese Regelmäßigkeit im Gegensatz zu einer andern, nicht die Regelmäßigkeit im Gegensatz zur Unregelmäßigkeit. Die periodische Division, also $\underline{1}_1: 3 = 0\dot{\ }3$ (im Gegensatz zu $1_1: 3 = 0\dot{\ }3$) beweist eine Periodizität der Quotienten, d.h. sie bestimmt die Regel (die Periode), legt sie fest, aber ist nicht ein Anzeichen dafür, daß eine Regelmäßigkeit „vorhanden ist". Wo ist sie denn vorhanden? Etwa in den bestimmten Entwicklungen, die ich auf diesem Papier gebildet habe. Aber das sind doch nicht „die Entwicklungen". (Hier werden wir irregeführt von der Idee der nicht aufgeschriebenen, idealen Extensionen, die ein ähnliches Unding sind, wie die idealen, nicht gezogenen geometrischen Geraden, die wir gleichsam nur in der Wirklichkeit nachziehen, wenn wir sie zeichnen.) Wenn ich sagte „das ‚u.s.w.' bezieht sich auf die Regelmäßigkeit", so unterschied ich es von dem ‚u.s.w.' in „er las alle Buchstaben: a, b, c, u.s.w.". Wenn ich sage: „die Extensionen von 1 : 3 sind $0\dot{\ }3$, $0\dot{\ }33$, $0\dot{\ }333$, u.s.w.", so gebe ich drei Extensionen und – eine Regel. Unendlich ist nur diese, und zwar in keiner andern Weise, als die Division $\underline{1}_1: 3 = 0\dot{\ }3$.

4.26.6.1   2   Von dem Zeichen „$0\dot{\ }3$" kann man sagen: es ist keine Abkürzung.

5.127.1.1   1   Und das Zeichen „[0˙3, 0˙ξ, 0˙ξ3]" ist kein Ersatz für eine Extension, sondern das vollwertige Zeichen selbst; und ebensogut ist „0˙3̇". Es sollte uns doch zu denken geben, daß ein Zeichen der Art „0˙3̇" **genügt**, um damit zu machen, was wir brauchen. Es ist kein Ersatz, und im Kalkül gibt es keinen Ersatz.

5.128.0.2   Wenn man meint, die besondere Eigenschaft der Division $\underline{1}_1 : 3 = 0˙\dot{3}$ sei ein Anzeichen für die Periodizität des unendlichen Dezimalbruchs, oder **der** Dezimalbrüche der Entwicklung, so heißt das, /so ist das ein Anzeichen dafür,/ daß etwas regelmäßig **ist**; aber was? Die Extensionen, die ich gebildet habe? Aber andere gibt es ja nicht. Am absurdesten würde die Redeweise, wenn man sagte: die Eigenschaft der Division sei ein Anzeichen dafür, daß das Resultat die Form [0˙a, 0˙ξ, 0˙ξa] habe; das wäre so, als wollte man sagen: eine Division ist das Anzeichen dafür, daß eine Zahl herauskommt. Das Zeichen „0˙3̇" drückt seine Bedeutung nicht von einer größeren Entfernung aus, als „0˙333…. ", denn dieses Zeichen gibt eine Extension von drei Gliedern und eine Regel; die Extension 0˙333 ist für unsere Zwecke nebensächlich und so bleibt nur die Regel, die „[0˙3, 0˙ξ, 0˙ξ3]" ebensogut gibt. Der Satz „die Division wird nach der ersten Stelle periodisch" heißt **soviel** wie: „der erste Rest ist gleich dem Dividenden". Oder auch: der Satz „die Division wird von der ersten Stelle an ins Unendliche die gleiche Ziffer erzeugen" heißt „der erste Rest ist gleich dem Dividenden"; so wie der Satz „dieses Lineal hat einen unendlichen Radius" heißt, es sei gerade.

5.128.1.1   2   Man könnte nun sagen: die Stellen des/eines/ Quotienten von 1 : 3 sind **notwendig alle** 3, und das würde wieder nur heißen, daß der erste Rest gleich dem Dividenden ist und die erste Stelle des Quotienten 3. Die Verneinung des ersten Satzes ist daher gleich der Verneinung des zweiten. Es ist also dem „notwendig alle" nichts entgegengesetzt, was man „zufällig alle" nennen könnte; „notwendig alle" ist sozusagen **ein** Wort. Ich brauche nur fragen: Was ist das Kriterium der notwendigen Allgemeinheit, und was wäre das, der zufälligen (das Kriterium dafür also, daß zufällig alle Zahlen die Eigenschaft ξ haben)?

Der rekursive Beweis als Reihe von Beweisen.

5.131.1.1   1   Der „rekursive Beweis" ist das allgemeine Glied einer Reihe von Beweisen. Er ist also ein Gesetz, nach dem man Beweise konstruieren kann. Wenn gefragt wird, wie es möglich ist, daß mir diese allgemeine Form den Beweis eines speziellen Satzes, z.B. $7 + (8 + 9) = (7 + 8) + 9$ ersparen kann, so ist die Antwort, daß sie nur alles zum Beweis dieses Satzes vorbereitet hat, ihn aber nicht beweist (er kommt ja in ihr nicht vor). Der Beweis besteht vielmehr aus der allgemeinen Form zusammen mit dem Satz.

5.131.2.1   2   Unsere gewöhnliche Ausdrucksweise trägt den Keim der Verwirrung in ihre Fundamente, indem sie das Wort „Reihe" einerseits im Sinne von ‚Extension', anderseits im Sinne von ‚Gesetz' gebraucht. Das Verhältnis der beiden kann man sich an der Maschine klarmachen, die Schraubenfedern erzeugt. Hier wird durch einen schraubenförmig gewundenen Gang ein Draht geschoben, der nun so viele Schraubenwindungen erzeugt, als man erzeugen will. Das, was man die unendliche Schraube nennt, ist nicht vielleicht etwas von der Art der endlichen Drahtstücke, oder etwas, dem sich diese nähern je länger sie werden, sondern das Gesetz der Schraube, wie es in dem kurzen Gangstück verkörpert ist. Der Ausdruck „unendliche Schraube" oder „unendliche Reihe" ist daher irreführend.

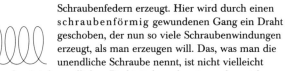

5.131.3.1   3   Wir können also den rekurrierenden Beweis immer auch als Reihenstück mit dem „u.s.w." anschreiben und er verliert dadurch nicht seine Strenge. Und zugleich zeigt diese Schreibweise klarer sein Verhältnis zur Gleichung A. Denn nun verliert der rekursive Beweis jeden Schein einer Rechtfertigung von A im Sinne eines algebraischen Beweises – etwa von $(a + b)^2 = a^2 + 2ab + b^2$. Dieser Beweis mit Hilfe der algebraischen Rechnungsregeln ist vielmehr ganz analog einer Ziffernrechnung.

4.77.3.1   4 $5 + (4 + 3) = 5 + (4 + (2 + 1)) = 5 + ((4 + 2) + 1) = (5 + (4 + 2)) + 1 = (5 + (4 + (1 + 1))) + 1 = ((5 + 4) + 2) + 1 = (5 + 4) + 3$ ..... (A)

4.77.4.1   Das ist einerseits der Beweis von $5 + (4 + 3) = (5 + 4) + 3$, anderseits kann man es als Beweis von $5 + (4 + 4) = (5 + 4) + 4$ etc. etc. gelten lassen, d.h. benützen.

4.77.4.2   Wenn ich nun sage: A ist der Beweis des Satzes $a + (b + c) = (a + b) + c$, so würde das Eigentümliche am Übergang vom Beweis zum Satz viel auffälliger.

4.79.3.1   5   Definitionen führen nur praktische Abkürzungen ein, aber wir könnten auch ohne sie auskommen. Aber wie ist es mit den rekursiven Definitionen?

4.79.4.1	1	Anwendung der Regel $a + (b + 1) = (a + b) + 1$ kann man zweierlei nennen: $4 + (2 + 1) = (4 + 2) + 1$ ist eine Anwendung in einem Sinne, im andern: $4 + (2 + 1) = ((4 + 1) + 1) + 1 = (4 + 2) + 1$.
5.132.3.1	2	Die rekursive Definition ist eine Regel zur Bildung von Ersetzungsregeln. Oder auch das allgemeine Glied einer Reihe von Definitionsreihen. Sie ist ein Wegweiser, der alle Ausdrücke einer bestimmten Form auf einem Wege heimweist.
5.151.1.1	3	Man könnte – wie gesagt – den Induktionsbeweis ganz ohne die Benützung von Buchstaben (mit voller Strenge) anschreiben. Die rekursive Definition $a + (b + 1) = (a + b) + 1$ müßte dann als Definitionsreihe geschrieben werden. Diese Reihe verbirgt sich nämlich in der Erklärung ihres Gebrauchs. Man kann natürlich auch der Bequemlichkeit halber die Buchstaben in der Definition beibehalten, muß sich aber dann in der Erklärung auf ein Zeichen der Art „1, (1) + 1, ((1) + 1) + 1, u.s.w." beziehen; oder, was auf dasselbe hinausläuft, „[1, ξ, ξ + 1]". Hier darf man aber nicht etwa glauben, daß dieses Zeichen eigentlich lauten sollte „(ξ) · [1, ξ, ξ + 1]"! –
5.151.1.1		Der Witz unserer Darstellung ist ja, daß der Begriff „alle Zahlen" nur durch eine Struktur der Art „[1, ξ, ξ + 1]" gegeben ist. Die Allgemeinheit ist durch diese Struktur im Symbolismus dargestellt und kann nicht durch ein (x)fx beschrieben werden.
5.151.1.2		Natürlich ist die sogenannte „rekursive Definition" keine Definition im hergebrachten Sinne des Worts, weil keine Gleichung. Denn die Gleichung „$a + (b + 1) = (a + b) + 1$" ist nur ein Bestandteil von ihr. Noch ist sie das logische Produkt von Gleichungen. Sie ist vielmehr ein Gesetz, wonach Gleichungen gebildet werden; wie [1, ξ, ξ + 1] keine Zahl ist, sondern ein Gesetz etc.. (Das Überraschende/Verblüffende/ am Beweis von $a + (b + c) = (a + b) + c$ ist ja, daß er aus einer Definition allein hervorgehen soll. Aber α ist keine Definition, sondern eine allgemeine Additionsregel.)
5.151.1.3		Anderseits ist die Allgemeinheit dieser Regel keine andere, als die der periodischen Division $\underline{1}_1: 3 = 0\dot{\,}3$. D.h. es ist in der Regel nichts offen gelassen, ergänzungsbedürftig oder dergleichen.
5.151.1.4		Und vergessen wir nicht: Das Zeichen „[1, ξ, ξ + 1]" … N interessiert uns nicht als ein suggestiver Ausdruck des allgemeinen Gliedes der Kardinalzahlenreihe, sondern nur, sofern es mit analog gebauten Zeichen in Gegensatz tritt: N im Gegensatz zu, etwa, [2, ξ, ξ + 3]; kurz als Zeichen, als Instrument, in einem Kalkül. Und das Gleiche gilt natürlich von $\underline{1}_1: 3 = 0\dot{\,}3$. (Offen gelassen wird in der Regel nur ihre Anwendung.)
5.151.1.4	4	$1+(1+1)=(1+1)+1,\ 2+(1+1)=(2+1)+1,\ 3+(1+1)=(3+1)+1,\ 4\ldots\ldots$ u.s.w. $1+(2+1)=(1+2)+1,\ 2+(2+1)=(2+2)+1,\ 3+(2+1)=(3+2)+1,\ \ldots\ldots$ u.s.w. $1+(3+1)=(1+3)+1,\ 2+(3+1)=(2+3)+1,\ 3+(3+1)=(3+3)+1,\ \ldots\ldots$ u.s.w. — — u. s. w. — — — — — — So könnte man die Regel „$a + (b + 1) = (a + b) + 1$" anschreiben.

5.152.1.1   1
$$\left[\begin{array}{ll} a+(1+1) = (a+1)+1 \\ a+(\xi+1) \quad (a+\xi)+1 \\ a+((\xi+1)+1) \quad ((a+\xi)+1)+1 \end{array}\right] \ldots R$$

5.152.2.1   In der Anwendung der Regel R, deren Beschreibung ja zu der Regel selbst als ein Teil ihres Zeichens gehört, läuft a der Reihe [1, ξ, ξ + 1] entlang und das könnte natürlich durch ein beigefügtes Zeichen, etwa „a → N" angegeben werden. (Die zweite und dritte Zeile der Regel R könnte man zusammen die Operation nennen, wie das zweite und dritte Glied des Zeichens N.) So ist auch die Erläuterung zum Gebrauch der rekursiven Definition α ein Teil dieser Regel selber; oder auch eine Wiederholung ebenderselben/der/ Regel in andrer Form: sowie „1, 1 + 1, 1 + 1 + 1, u.s.w." das g l e i c h e bedeutet, wie (d.h. übersetzbar ist in) „[1, ξ, ξ + 1]". Die Übersetzung in die Wortsprache e r k l ä r t den Kalkül mit den neuen Zeichen, da wir den Kalkül mit den Zeichen der Wortsprache schon beherrschen.

5.152.2.2   Das Zeichen einer Regel ist ein Zeichen eines Kalküls wie jedes andere; seine Aufgabe ist nicht, suggestiv ?(auf eine Anwendung hin)? zu wirken, sondern, im Kalkül nach einem System/nach Gesetzen/ gebraucht zu werden. Daher ist die äußere Form, wie die eines Pfeiles nebensächlich, wesentlich aber das System, worin das Regelzeichen verwendet wird. Das System von Gegensätzen – sozusagen – wovon/von denen/worin// das Zeichen sich unterscheidet, etc..

5.152.2.3   Das, was ich hier die Beschreibung der Anwendung nenne, enthält ja selbst ein „u.s.w.", kann also nur eine Ergänzung oder ein Ersatz des Regelzeichens selbst sein.

5.153.1.1   2   Was ist nun der Gegensatz eines allgemeinen Satzes, wie a + (b + (1 + 1)) = a + ((b + 1) + 1)? Welches ist das System von Sätzen, innerhalb dessen diese Regel/dieser Satz/ verneint wird? Oder auch: wie, in welcher Form, kann dieser Satz mit andern in Widerspruch geraten? Oder: welche Frage kann er beantworten, zwischen welchen Alternativen entscheiden? – Nicht zwischen einer „(n) fn" und einer „(∃n) ~fn"; denn die Allgemeinheit ist dem Satz von der Regel R zugebracht. Sie kann ebensowenig in Frage gestellt/gezogen/ werden, wie das System der Kardinalzahlen./Oder: Welche Frage beantwortet er? Nicht/Gewiß nicht/ die, ob (n) fn oder (∃n) ~fn der Fall ist, etc../ Die Allgemeinheit einer Regel kann eo ipso nicht in Frage gestellt werden.

5.153.1.2   Denken wir uns nun den allgemeinen Satz als Reihe geschrieben
p₁₁, p₁₂, p₁₃, ...   und verneint. Wenn wir ihn als (x) f(x) auffassen, so
p₂₁, p₂₂, p₂₃, ...   ist er ein logisches Produkt/so betrachten wir ihn als
p₃₁, p₃₂, p₃₃, ...   logisches Produkt/ und sein Gegenteil ist die
– – – – –   logische Summe der Verneinungen von p_{11}, p_{12}, etc..
Diese Disjunktion (nun)? ist mit jedem beliebigen Produkt $p_{11} \cdot p_{21} \cdot p_{22} \cdot p_{12} \ldots p_{mn}$ vereinbar. (Gewiß, wenn man den Satz mit einem logischen Produkt vergleicht, so wird er unendlich vielsagend und sein Gegenteil nichtssagend.) (Bedenke aber: das „u.s.w." steht im Satz nach einem Beistrich, nicht nach einem „und" („."). Das „u.s.w." ist kein Zeichen ihrer U n v o l l s t ä n d i g k e i t.)

5.153.2.1   Ist denn die Regel R unendlich vielsagend? wie ein ungeheuer langes logisches Produkt?

5.153.2.2   Daß man die Zahlenreihe durch die Regel laufen läßt, ist eine gegebene Form; darüber wird nichts behauptet und kann nichts verneint werden.

5.153.2.3		Das Durchleiten des Zahlenstromes ist ja nichts, wovon ich sagen kann, ich könne es beweisen. Beweisen kann ich nur etwas über die Form, den Model, durch den ich den Zahlenstrom leite.
5.153.2.4		Kann man nun nicht sagen, daß die allgemeine Zahlenregel $a + (b + c) = (a + b) + c \ldots$ A) eben die Allgemeinheit hat wie $a + (1 + 1) = (a + 1) + 1$ (indem diese für jede Kardinalzahl, jene für jedes Kardinalzahlentripel gilt); und daß der rekursive Beweis /Induktionsbeweis/ von A die Regel A rechtfertigt? Daß wir also die Regel A geben dürfen, weil der Beweis zeigt, daß sie immer stimmt?
5.154.0.5		Rechtfertigt $\underline{1}_1 : 3 = 0\dot{3}$ die Regel „$1 \overset{1}{!} 3 = 0\dot{3}$, $1 \overset{2}{!} 3 = 0\dot{3}3$, $1 \overset{3}{!} 3 = 0\dot{3}33$, u.s.w."? ..... P
5.154.0.6		A ist eine vollkommen verständliche Regel; so wie die Ersetzungsregel P. Eine solche Regel kann ich aber darum nicht geben, weil ich die einzelnen Fälle von A schon durch eine andere Regel berechnen kann, wie ich P nicht als Regel geben kann, wenn ich eine Regel gegeben habe, mit der ich $1 \overset{!}{!} 3 = 0\dot{3}$, etc. berechnen kann.
5.154.1.1	1	Wie wäre es, wenn man außer den Multiplikationsregeln noch „$25 \times 25 = 625$" als Regel festsetzen wollte? (Ich sage nicht „$25 \times 25 = 624$"!) – $25 \times 25 = 625$ hat nur Sinn, wenn die Art der Rechnung/Ausrechnung/ bekannt ist, die zu dieser Gleichung gehört, und hat nur Sinn in Bezug auf diese Rechnung. A hat nur Sinn mit Bezug auf die Art der Ausrechnung von A. Denn ?die erste Frage wäre hier eben?: ist das eine Bestimmung/Festsetzung/, oder ein errechneter Satz? Denn ist $25 \times 25 = 625$ eine Festsetzung (Grundregel), dann bedeutet das Multiplikationszeichen etwas anderes, als es z.B. in Wirklichkeit bedeutet. (D.h. wir haben es mit einer andern Rechnungsart zu tun.) Und ist A eine Festsetzung, dann definiert das die Addition anders, als wenn es ein errechneter Satz ist. Denn die Festsetzung ist ja dann eine Erklärung des Additionszeichens und die Rechenregeln/Rechenregel/, die A auszurechnen erlauben, eine andere Erklärung desselben Zeichens. Ich darf hier nicht vergessen, daß α, β, γ nicht der Beweis von A ist, sondern nur die Form des Beweises, oder des Bewiesenen ist; α, β, γ definiert also A.
5.154.1.2		Darum kann ich nur sagen „$25 \times 25 = 625$ wird bewiesen", wenn die Beweismethode fixiert ist, unabhängig von dem speziellen Beweis. Denn diese Methode bestimmt erst die Bedeutung von „$\xi \times \eta$", also, was bewiesen wird. Insofern gehört also die Form $\underline{a}_a : b = c$ zur Beweismethode, die den Sinn von $\dot{c}$ erklärt. Etwas anderes ist dann die Frage, ob ich richtig gerechnet habe. – Und so gehört α, β, γ zur Beweismethode, die den Sinn des Satzes A erklärt.
5.154.1.3		Die Arithmetik ist ohne eine Regel A vollständig, es fehlt ihr nichts. Der Satz A wird (nun)? mit Entdeckung einer Periodizität, mit der Konstruktion eines neuen Kalküls, in die Arithmetik eingeführt. Die Frage nach der Richtigkeit dieses Satzes hätte vor dieser Entdeckung (oder Konstruktion) so wenig Sinn, wie die Frage nach der Richtigkeit von „$1 \overset{!}{!} 3 = 0\dot{3}$, $1 \overset{?}{!} 3 = 0\dot{3}3$, … ad inf.".
5.155.0.4		Nun ist die Festsetzung P verschieden vom Satz „$1 : 3 = 0\dot{3}$" und in diesem Sinne ist „$a + (b + \dot{c}) = (a + b) + \dot{c}$" verschieden von einer Regel (Festsetzung) A. Die beiden gehören andern Kalkülen an. Der Beweis, die Rechtfertigung, einer Ersetzungsregel A ist der rekursive Beweis nur insofern, als er die allgemeine Form der Beweise arithmetischer Sätze von der Form A ist./Der Beweis, die Rechtfertigung, einer Regel A ist der Beweis von α, β, γ nur insofern, als ..../

5.155.1.1   1   Die Periodizität ist nicht das Anzeichen (Symptom) dafür, daß es so weitergeht, aber der Ausdruck „so geht es immer weiter" ist nur eine Übersetzung in eine andere Ausdrucksweise ?der Periodizität des Zeichens?/des periodischen Zeichens/. (Gäbe es außer dem periodischen Zeichen noch etwas, wofür die Periodizität nur ein Symptom ist, so müßte dieses Etwas seinen spezifischen Ausdruck haben, der nichts anderes wäre, als der vollständige Ausdruck dieses Etwas.)

EIN ZEICHEN AUF BESTIMMTE WEISE SEHEN, AUFFASSEN.
ENTDECKEN EINES ASPEKTS EINES MATHEMATISCHEN AUSDRUCKS.
„DEN AUSDRUCK IN BESTIMMTER WEISE SEHEN".
HERVORHEBUNGEN.

4.111.2.1   1   Ich sprach früher von Verbindungsstrichen, Unterstreichungen, etc. um die korrespondierenden, homologen, Teile der Gleichungen eines Rekursionsbeweises zu zeigen. Im Beweis:

$$\begin{cases} a+(b+\overset{\gamma}{1})=(a+b)+\overset{\alpha}{1} \\ a+(b+(\underbrace{c+1}_{\delta}))=(a+(b+c))+\overset{\beta}{1} \\ (a+b)+(\underbrace{c+1}_{\zeta})=((a+b)+c)+\overset{\epsilon}{1} \end{cases}$$

entspricht z.B. die Eins α nicht der β sondern dem c der nächsten Gleichung; β aber entspricht nicht δ, sondern dem ε; und γ nicht dem δ sondern dem c + δ, etc..

4.111.2.1   Oder in:

$$\overset{\overset{\alpha}{\frown}}{\underset{\kappa\ \lambda\ \beta\ \iota\ \epsilon\ \zeta}{(a+1)+1=(a+1)+1}}$$

$$\underset{\mu\ \eta\ \theta}{\overset{\gamma\ \overset{\delta}{\frown}}{1+(a+1)=(1+a)+1}}$$

entspricht nicht ι dem κ und ε dem λ, sondern ι dem α und ε dem β; und nicht β dem ζ, aber ζ dem θ und α dem δ und β dem γ und γ dem μ, aber nicht dem θ, u.s.w..

4.125.9.1   2   Wie verhält es sich mit einer Rechnung wie:
$(5+3)^2 = (5+3)\cdot(5+3) = 5\cdot(5+3) + 3\cdot(5+3) = 5\cdot 5 + 5\cdot 3 + 3\cdot 5 + 3\cdot 3 = 5^2 + 2\cdot 5\cdot 3 + 3^2 \ldots$ R)
aus welcher wir auch eine allgemeine Regel des Quadrierens eines Binoms herauslesen können?

4.126.1.1   Wir können diese Rechnung sozusagen arithmetisch und algebraisch auffassen/ansehen/.

4.126.2.1   Und dieser Unterschied in der Auffassung träte z.B. zu Tage, wenn das Beispiel gelautet hätte $(5+2)^2 = 5^2 + \overset{\alpha}{2}\cdot\overset{\beta}{2}\cdot 5 + \overset{\beta}{2}^2$ und wir nun in der algebraischen Auffassung die 2 an den Stellen β einerseits, und an der Stelle α anderseits unterscheiden mußten, während sie in der arithmetischen Auffassung nicht zu unterscheiden wären. Wir betreiben eben – glaube ich – beide Male einen andern Kalkül.

4.126.3.1   3   Nach der einen Auffassung wäre z.B. die obige/vorige/ Rechnung ein Beweis von $(7+8)^2 = 7^2 + 2\cdot 7\cdot 8 + 8^2$, nach der anderen nicht.

| 4.129.3.1 | 1 | Wir könnten ein Beispiel rechnen, um uns zu vergewissern, daß $(a + b)^2$ gleich $a^2 + b^2 + 2ab$ und nicht $a^2 + b^2 + 3ab$ ist – wenn wir es etwa vergessen hätten; aber wir könnten nicht in diesem Sinn kontrollieren, ob die Formel allgemein gilt. Auch diese Kontrolle gibt es natürlich und ich könnte in der Rechnung $(5 + 3)^2 = \ldots = 5^2 + 2 \cdot 5 \cdot 3 + 3^2$ nachsehen, ob die 2 im zweiten Glied ein allgemeiner Zug der Gleichung ist oder einer, der von den speziellen Zahlen des Beispiels abhängt. |

| 4.130.8.1 | 2 | Ich mache $(5 + 2)^2 = 5^2 + 2 \cdot 2 \cdot 5 + 2^2$ zu einem andern Zeichen, indem ich schreibe:

$$(5 + \overset{\beta}{2})^2 = \overset{\alpha}{5^{\overline{2}}} + \overset{\alpha}{\overline{2}} \cdot \overset{\beta}{2} \cdot \overset{\alpha}{5} + \overset{\beta}{2^{\overline{2}}}$$

und dadurch „andeute, welche Züge der rechten Seite von den besonderen Zahlen der linken herrühren", etc.. |

| 4.131.1.1 | 3 | (Ich erkenne jetzt? die Wichtigkeit dieses Prozesses der Zuordnung. Er ist der Ausdruck einer neuen Betrachtung der Rechnung und daher die/der/ Betrachtung einer neuen Rechnung.) |

| 4.126.7.1 | 4 | Ich muß, um ‚A zu beweisen', erst – wie man sagen würde – die Aufmerksamkeit auf etwas ganz Bestimmtes richten/.... auf ganz bestimmte Züge in/von/ B lenken/. (Wie in der Division $1\overset{\cdot 0}{_{1}} : 3 = 0\dot{\cdot}3$.) |

| 4.126.8.1 | 5 | (Und von dem, was ich dann sehe, hatte das α sozusagen noch gar keine Ahnung.) |

| 4.127.4.1 | 6 | Es verhält sich hier zwischen Allgemeinheit und Beweis der Allgemeinheit, wie zwischen Existenz und Existenzbeweis. |

| 4.132.4.1 | 7 | Wenn α, β, γ bewiesen sind, muß der allgemeine Kalkül erst erfunden werden. |

| 4.132.7.1 | 8 | Es kommt uns ganz selbstverständlich vor, auf die Induktionsreihe hin „$a + (b + c) = (a + b) + c$" zu schreiben; weil wir nicht sehen, daß wir damit einen ganz neuen Kalkül beginnen. (Ein Kind, das gerade rechnen lernt, würde in dieser Beziehung klarer sehen als wir.) |

| 4.142.1.1 4.142.3.1 | 9 | Die Hervorhebungen geschehen durch das Schema R und könnten so ausschauen:

$$\left.\begin{array}{l} \overbrace{a + (b + 1)}^{f_1\ (1)} = \overbrace{(a + b)}^{f_2\ (1)} + 1 \\ \overbrace{a + (b + (c + 1))}^{f_1\ (c + 1)} = \overbrace{|a + (b + c)|}^{f_1\ (c) + 1} + 1 \\ \overbrace{(a + b) + (c + 1)}^{f_2\ (c + 1)} = \overbrace{|(a + b) + c|}^{f_2\ (c) + 1} + 1 \end{array}\right\}$$

Es hätte aber natürlich auch genügt (d.h. wäre ein Symbol derselben Multiplizität gewesen) B anzuschreiben und dazu:
$f_1\xi = a + (b + \xi)$, $f_2\xi = (a + b) + \xi$. |

| 4.142.3.1 | | (Und dabei ist wieder zu bedenken/anzumerken/, daß jedes Symbol – wie explicit auch immer – mißverstanden werden kann. –) |

| 4.142.5.1 | 1 | Wer etwa zuerst darauf aufmerksam macht, daß B so gesehen werden kann, der führt ein neues Zeichen ein; ob er nun die Hervorhebungen mit B verbindet oder auch das Schema R daneben schreibt. Denn dann ist eben R das neue Zeichen. Oder, wenn man will, auch B zusammen mit R. Die Weise, wie er darauf aufmerksam gemacht hat, gibt das neue Zeichen. |

| 4.143.1.1 | 2 | Man könnte etwa sagen: Hier wurde die untere Gleichung als $a + b = b + a$ gebraucht; und analog: hier wurde B als A gebraucht, wobei B aber gleichsam der Quere nach gelesen wurde. Oder: B wurde als A gebraucht, aber die neue Gleichung/der neue Satz/das neue Zeichen/ wird aus $\alpha \cdot \beta \cdot \gamma$ so zusammengestellt, daß, indem man nun? A aus B herausliest, man nicht $\alpha \cdot \beta \cdot \gamma$ in jener Art von Verkürzung liest, in der man die Prämisse im Folgesatz vor sich hat./.... im Folgesatz liest./ /.... daß, indem man nun A aus B herausliest, $\alpha \cdot \beta \cdot \gamma$ nicht in jener Art von Verkürzung erscheint, in der man ..../ |

| 4.143.4.1 | 3 | Was heißt es nun: „Ich mache Dich drauf aufmerksam, daß hier in beiden Funktionszeichen das gleiche Argument/Zeichen/ steht (vielleicht hast Du es nicht bemerkt)"? Heißt das, daß er den Satz nicht verstanden hatte? – Und doch hat er etwas nicht bemerkt, was wesentlich zum Satz gehörte; nicht etwa (so)?, als hätte er eine externe Eigenschaft des Satzes nicht bemerkt. (Hier sieht man wieder, welcher Art das ist, was man „verstehen eines Satzes" nennt.) |

| 4.144.4.1 | 4 | Das Bild vom längs und quer Durchlaufen ist natürlich wieder ein **logisches** Bild und darum ein ganz exakter Ausdruck eines grammatischen Verhältnisses. Es ist also nicht davon zu sagen: „das ist ein bloßes Gleichnis, wer weiß, wie es sich in der Wirklichkeit verhält". /Der Vergleich vom längs und quer Durchlaufen ist wieder? ein **logisches** Bild und darum nicht ein unverbindliches Gleichnis, sondern ein korrekter Ausdruck eines grammatischen Verhältnisses /einer grammatischen Tatsache/./.... und darum nicht als unverbindliches Gleichnis über die Achsel anzusehen, sondern ...../ |

4.145.2.1	5	Wenn ich sagte, das neue Zeichen mit den Hervorhebungen müsse ja doch aus dem alten ohne die Hervorhebungen abgeleitet sein /entstehen/, so heißt das nichts, weil ich ja das Zeichen mit den Hervorhebungen abgesehen von seiner Entstehung betrachten kann. Es stellt sich mir dann (Frege) dar, als drei Gleichungen, d.h., als die Figur dreier Gleichungen mit gewissen Unterstreichungen etc..
4.145.2.2		Daß diese Figur ganz analog der der drei Gleichungen ohne den Unterstreichungen ist, ist allerdings bedeutsam, wie es ja auch bedeutsam ist, daß die Kardinalzahl 1 und die Rationalzahl 1 analogen Regeln unterworfen sind, aber es hindert nicht, daß wir hier ein anderes/neues/ Zeichen haben.
4.145.4.1		Ich treibe jetzt etwas ganz Neues mit diesem Zeichen.

| 4.145.5.1 | 6 | Verhält es sich hier nicht so, wie in dem Fall, den ich einmal annahm, daß der Kalkül der Wahrheitsfunktionen von Frege und Russell mit der Kombination $\sim p \cdot \sim q$ der Zeichen „$\sim$" und „$\cdot$" betrieben worden wäre, ohne daß man das gemerkt hätte, und daß nun Sheffer, statt eine neue Definition zu geben, nur auf eine Eigentümlichkeit der bereits benützten Zeichen aufmerksam gemacht hätte. |

| 4.145.7.1 | 1 | Man hätte immer Dividieren können, ohne je auf die Periodizität aufmerksam zu werden. Hat man sie gesehen, so hat man etwas Neues gesehn. |

| 4.146.1.1 | 2 | Könnte man das aber dann nicht ausdehnen und sagen: „ich hätte Zahlen miteinander multiplizieren können, ohne je auf den Spezialfall aufmerksam zu werden, in dem ich eine Zahl mit sich selbst multipliziere, und also ist x^2 nicht einfach $x \cdot x$". Die Schaffung des Zeichens „x^2" könnte man den Ausdruck dafür nennen, daß man auf diesen Spezialfall aufmerksam geworden ist. Oder, man hätte (immer) a mit b multiplizieren und durch c dividieren können, ohne darauf aufmerksam zu werden, daß man „$\frac{a \cdot b}{c}$" auch „$a \cdot \frac{b}{c}$" schreiben kann und daß das analog $a \cdot b$ ist. Und weiter: das ist doch der Fall des Wilden, der die Analogie zwischen ||||| und |||||| noch nicht sieht, oder die, zwischen || und |||||. |

| 4.147.2.1 | 3 | $[a + (b + 1) \stackrel{\alpha}{=} (a + b) + 1]$ & $[a + (b + (c + 1)) \stackrel{\beta}{=} (a + (b + c)) + 1]$ & $[(a + b) + (c + 1) \stackrel{\gamma}{=} ((a + b) + c) + 1]$.$\stackrel{\text{Def}}{=}$. $a + (b + c)$.$\Im$. $(a + b) + c$ .... U) |

und allgemein:

$[f_1(1) \stackrel{\rho}{=} f_2(1)]$ & $[f_1(c + 1) \stackrel{\beta}{=} f_1(c) + 1]$ & $[f_2(c + 1) \stackrel{\gamma}{=} f_2(c) + 1]$.$\stackrel{\text{Def}}{=}$. $f_1(c)$.$\Im$. $f_2(c)$ .... V.

| 4.149.1.2 | 4 | Man könnte die Definition U sehen, ohne zu wissen, **warum** ich so definiere./so abkürze./ |
| 4.149.1.3 | | Man könnte die Definition sehen, ohne ihren Witz zu verstehen. – Aber dieser Witz ist eben etwas Neues, das in ihr als spezieller Ersetzungsregel noch nicht liegt. |

| 4.149.2.1 | 5 | Auch ist „$\Im$" natürlich kein Gleichheitszeichen, in dem Sinn wie sie in α, β und γ stehen. |
| 4.149.3.1 | | Aber man kann leicht zeigen, daß $\Im$ gewisse formale Eigenschaften mit = gemein hat. |

| 4.160.8.1 | 6 | Es wäre – nach den angenommenen Regeln – falsch, das Gleichheitszeichen s o zu gebrauchen:
$\Delta \ldots [(a + b)^2 = a \cdot (a + b) + b \cdot (a + b) = \ldots = a^2 + 2ab + b^2]$.=. $[(a + b)^2 = a^2 + 2ab + b^2]$
wenn damit gemeint sein soll, daß die linke Seite der Beweis der rechten ist. |
| 4.160.8.2 | | Könnte man sich aber nicht diese Gleichung als Definition aufgefaßt denken? Wenn es z.B. immer Gebrauch gewesen wäre, statt der rechten Seite die ganze Kette anzuschreiben/hinzuschreiben/, und man nun die Abkürzung einführte. |

| 4.160.8.3 | 7 | Freilich k a n n Δ als Definition aufgefaßt werden! Denn das linke Zeichen wird tatsächlich gebraucht, und warum sollte man es nicht nach dieser Übereinkunft abkürzen./... durch das rechte ersetzen./ Nur gebraucht man dann dieses oder jenes anders, als es jetzt üblich ist. /.... und warum sollte man es dann nicht nach dieser Übereinkunft abkürzen. Nur gebraucht man dann das rechte oder linke Zeichen anders, als wir es jetzt gebrauchen./als es jetzt üblich ist.// |

4.161.2.1	1	Es ist nie genügend hervorgehoben worden, daß ganz verschiedene Arten von Zeichenregeln in der Form der Gleichung geschrieben werden.
4.161.3.1	2	Die ‚Definition' $x \cdot x = x^2$ kann/könnte/ so aufgefaßt werden, daß sie nur erlaubt, statt des Zeichens „$x \cdot x$" das Zeichen „x^2" zu setzen, also analog der Definition $1 + 1 = 2$; aber auch so (und so wird sie tatsächlich aufgefaßt), daß sie erlaubt, a^2 statt $a \cdot a$, und $(a + b)^2$ statt $(a + b) \cdot (a + b)$ zu setzen; auch so, daß für das x jede beliebige Zahl eintreten kann.
4.142.6.1	3	Wer entdeckt, daß ein Satz p aus einem von der Form $q \supset p \cdot q$ folgt, der konstruiert ein neues Zeichen, das Zeichen dieser Regel. (Ich nehme dabei an, ein Kalkül mit p, q, $\supset$, $\cdot$, sei schon früher gebraucht worden, und nun träte diese Regel hinzu und schaffe damit einen neuen Kalkül.)
4.146.5.1	4	In der Notation „x^2" verschwindet ja wirklich die Möglichkeit, das eine der x/den einen der Faktoren x/ durch eine andere Zahl zu ersetzen. Ja, es wären zwei Stadien der Entdeckung (oder Konstruktion) von x^2 denkbar. Daß man etwa zuerst statt „x^2" „$x=$" setzt, ehe es Einem nämlich auffällt, daß es das System $x \cdot x$, $x \cdot x \cdot x$, etc. gibt, und daß man dann erst hierauf kommt. Ähnliches ist in der Mathematik unzählige Male vorgekommen. (Liebig bezeichnete ein Oxyd noch nicht so, daß der Sauerstoff darin/in der Notation/ als gleichwertiges Element mit dem Oxydierten/.... als Element wie das Oxydierte/ auftrat. Und, so seltsam das klingt, man könnte auch mit allen uns heute bekannten Daten dem Sauerstoff durch eine ungeheuer künstliche Interpretation – d.h. grammatische Konstruktion – eine solche Ausnahmestellung verschaffen; natürlich nur in der Form der Darstellung.)
4.148.1.1	5	Mit den Definitionen $x \cdot x = x^2$, $x \cdot x \cdot x = x^3$ kommen nur die Zeichen „x^2" und „x^3" zur Welt (und soweit war es noch nicht nötig, Ziffern als Exponenten zu schreiben).
4.149.7.1	6	| Der Prozeß der Generalisation/Verallgemeinerung/ schafft ein neues Zeichensystem. |
2.254.2.1	7	Sheffers Entdeckung ist natürlich nicht die der Definition $\sim p \cdot \sim q = p/q$. Diese Definition hätte Russell sehr wohl haben können, ohne doch damit das Sheffer'sche System zu besitzen, und anderseits hätte Sheffer auch ohne diese Definition sein System begründen können. Sein System ist ganz in den Zeichen „$\sim p \cdot \sim p$" für „$\sim p$" und „$\sim(\sim p \cdot \sim q) \cdot \sim(\sim p \cdot \sim q)$" für „$p \vee q$" enthalten und p/q gestattet nur eine Abkürzung. Ja, man kann sagen, daß einer sehr wohl hätte das Zeichen „$\sim(\sim p \cdot \sim q) \cdot \sim(\sim p \cdot \sim q)$" für „$p \vee q$" kennen können, ohne das System $p/q \cdot / \cdot p/q$ in ihm zu erkennen.
2.254.4.1	8	Machen wir die Sache noch klarer durch die Annahme der beiden Frege'schen Urzeichen „$\sim$" und „$\cdot$", so bleibt hier die Entdeckung bestehen, wenn auch die Definitionen geschrieben werden, $\sim p \cdot \sim p = \sim p$ und $\sim(\sim p \cdot \sim p) \cdot \sim(\sim q \cdot \sim q) = p \cdot q$. Hier hat sich an den Urzeichen scheinbar gar nichts geändert.

2.254.5.2	1	Man könnte sich auch denken, daß jemand die ganze Frege'sche oder Russell'sche Logik schon in diesem System hingeschrieben hätte und doch, wie Frege, „~" und „·" seine Urzeichen nennte, weil er das andere System in seinen Sätzen nicht sähe.
2.258.2.1	2	Es ist klar, daß die Entdeckung des Sheffer'schen Systems in $\sim p \cdot \sim p = \sim p$ und $\sim(\sim p \cdot \sim p) \cdot \sim(\sim q \cdot \sim q) = p \cdot q$ der Entdeckung entspricht, daß $x^2 + ax + \frac{a^2}{4}$ ein Spezialfall von $a^2 + 2ab + b^2$ ist.
2.258.3.1	3	Daß etwas so angesehen werden kann, sieht man erst, wenn es so angesehen ist.
2.258.3.2		Daß ein Aspekt möglich ist, sieht man erst, wenn er da ist.
	4	Das klingt, als könnte die Sheffer'sche Entdeckung gar nicht in Zeichen dargestellt werden. (periodische Division) Aber das liegt daran, daß man die Anwendung/Verwendung/ des Zeichens in seiner Einführung nicht voraus nehmen kann (die Regel ist und bleibt ein Zeichen und von ihrer Anwendung getrennt).
4.76.3.1	5	Die allgemeine Regel für den Induktionsbeweis kann ich natürlich nur dann anwenden, wenn ich die Substitution entdecke, durch die sie anwendbar wird. So wäre es möglich, daß einer die Gleichungen $(a+1) + 1 = (a+1) + 1$ $1 + (a+1) = (1+a) + 1$ sähe, ohne auf die Substitution $a = x$, $F_1(x) = x+1$, $F_1(x+1) = (x+1)+1$, $F_2(x+1) = 1+(x+1)$, $F_2(x) = 1+x$ zu kommen.
4.77.1.1	6	Wenn ich übrigens sage, ich v e r s t e h e die Gleichungen als besondern Fall jener Regel, so muß doch das Verständnis das sein, was sich in der Erklärung der Beziehung zwischen der Regel und den Gleichungen zeigt, also, was wir durch die Substitutionen ausdrücken. Sehe ich diese nicht als einen Ausdruck dessen an, was ich verstehe, dann gibt es keinen; aber dann hat es auch keinen Sinn, von einem Verständnis zu reden, zu sagen, ich verstehe etwas Bestimmtes. Denn nur dort hat es Sinn, vom Verstehen zu reden, wo wir e i n e s verstehen, im Gegensatz zu etwas anderem. Und dies/diesen Gegensatz/ drücken eben Zeichen aus.
4.77.1.2		Ja, das Sehen der internen Beziehung kann nur wieder das Sehen von etwas sein, das sich beschreiben läßt, wovon man sagen kann, „ich sehe, daß es sich so verhält", also wirklich etwas von der Natur der Zeichen der Zuordnung/von der Natur der Zuordnungszeichen/ (wie Verbindungsstriche, Klammern, Substitutionen, etc.). Und alles andere kann nur in der Anwendung des Zeichens der allgemeinen Regel in einem besonderen Fall liegen.
4.27.1.1	7	Es ist, als entdeckten wir an gewissen Körpern, die vor uns liegen, Flächen, mit denen sie aneinandergereiht werden können. Oder vielmehr, als entdeckten wir, daß sie mit den und den Flächen, die wir auch schon früher gekannt/gesehen/ hatten, aneinandergereiht werden können. Es ist das die Art der Lösung vieler Spiele oder Rätselfragen.
4.27.2.1	8	Der, welcher/der/ die Periodizität entdeckt, erfindet einen neuen Kalkül. Die Frage ist, wie unterscheidet sich der Kalkül mit der periodischen Division von dem Kalkül, der die Periodizität nicht kennt?

4.27.3.1   1   (Wir hätten einen Kalkül mit Würfeln betreiben können, ohne je auf die Idee zu kommen, sie zu Prismen aneinanderzureihen.)

Der Induktionsbeweis, Arithmetik und Algebra.

4.112.7.1   1   Wozu brauchen wir denn das kommutative Gesetz? Doch nicht, um die Gleichung $4 + 6 = 6 + 4$ anschreiben zu können, denn diese Gleichung wird durch ihren besonderen Beweis gerechtfertigt. Und es kann freilich auch der Beweis des kommutativen Gesetzes als ihr Beweis verwendet werden, aber dann ist er eben (hier)/jetzt/ ein spezieller (arithmetischer) Beweis. Ich brauche das Gesetz also, um danach mit Buchstaben zu operieren.

4.112.8.1   Und diese Berechtigung kann mir der Induktionsbeweis nicht geben.

4.113.8.1   2   Aber eines ist klar: Wenn uns der Rekursionsbeweis das Recht gibt, algebraisch zu rechnen, dann auch der arithmetische? Beweis L./dann gibt uns auch der arithmetische? Beweis L dieses Recht./

4.120.3.1   3   Auch so: Der Rekursionsbeweis hat es – offenbar/natürlich/ – wesentlich mit Zahlen zu tun. Aber was gehen mich die an, wenn ich rein algebraisch operieren will. Oder: Der Rekursionsbeweis ist nur dann zu gebrauchen?/benützen?/, wenn ich mit ihm den/durch ihn einen/ Übergang in einer Zahlenrechnung rechtfertigen will.

4.120.4.1   4   Man könnte nun aber fragen: Also brauchen wir (beide:) sowohl den Induktionsbeweis als auch das assoziative Gesetz, da ja dieses Übergänge der Zahlenrechnung nicht begründen kann, und jener nicht Transformationen in der Algebra?

4.120.5.1   5   Ja, hat man (denn)? vor den Skolem'schen Beweisen das assoziative Gesetz – z.B. – hingenommen, ohne den entsprechenden Übergang in einer Zahlenrechnung durch Rechnung begründen/ausführen/ zu können? D.h.: konnte man vorher $5 + (4 + 3) = (5 + 4) + 3$ nicht ausrechnen, sondern hat es als Axiom betrachtet?

4.124.3.1   6   Wenn ich sage, die periodische Zahlenrechnung beweist den Satz, der mich zu jenen Übergängen berechtigt, wie hätte dieser Satz gelautet, wenn man ihn als Axiom angenommen und nicht bewiesen hätte?

4.124.3.2   Wie hätte der Satz gelautet, nach welchem ich $5 + (7 + 9) = (5 + 7) + 9$ gesetzt hätte, ohne es beweisen zu können? Es ist doch offenbar, daß es so einen Satz nie gegeben hat.

4.131.5.1   7   Könnte man auch so sagen: In der Arithmetik wird das assoziative Gesetz überhaupt nicht gebraucht, sondern da arbeiten wir (nur)? mit besonderen Zahlenrechnungen.

4.131.5.2   Und die Algebra, auch wenn sie sich der arithmetischen Notation bedient, ist ein ganz anderer Kalkül, und nicht aus dem arithmetischen abzuleiten.

4.128.1.1	1	Auf die Frage „ist 5 × 4 = 20?" könnte man antworten: „sehen wir nach, ob es mit den Grundregeln der Arithmetik übereinstimmt"; und entsprechend könnte ich sagen: sehen wir nach, ob A mit den Grundregeln übereinstimmt. Aber mit welchen? Nun, wohl mit α.
4.128.2.1	2	Aber zwischen α und A liegt eben die Notwendigkeit einer Festsetzung darüber, was wir hier „Übereinstimmung" nennen wollen.
4.128.4.1	3	D.h. zwischen α und A liegt die Kluft von Arithmetik und Algebra/von der Arithmetik zur Algebra/, und wenn B als Beweis von A gelten soll, so muß diese (Kluft)? durch eine Bestimmung überbrückt werden.
4.128.5.1	4	Nun ist ganz klar, daß wir Gebrauch von so einer Idee der Übereinstimmung machen, wenn wir uns nur z.B. rasch ein Zahlenbeispiel ausrechnen, um dadurch die Richtigkeit eines algebraischen Satzes zu kontrollieren.
4.128.5.2		Und in diesem Sinne könnte ich z.B. rechnen

$$\begin{array}{cc} 25 \times 16 & 16 \times 25 \\ \hline 25 & 32 \\ 150 & 80 \\ \hline 400 & 400 \end{array}$$

und sagen: „ja, ja, es stimmt, a·b = b·a" – wenn ich mir vorstelle, daß ich das vergessen hätte.

5.132.4.1	5	A, als Regel für das algebraische Rechnen, kann nicht rekursiv bewiesen werden; das würde man besonders klar sehen, wenn man den „rekursiven Beweis" als eine Reihe arithmetischer Ausdrücke hinschriebe. Denkt man sie sich hingeschrieben (d.h. ein Reihenstück mit dem „u.s.w."), aber ohne die Absicht irgend etwas zu „beweisen", und nun fragte Einer: „beweist dies a + (b + c) = (a + b) + c?", so würden wir erstaunt zurückfragen: „wie kann es denn so was beweisen? in der Reihe kommen doch nur Ziffern und keine Buchstaben vor!" – Wohl aber könnte man nun sagen: Wenn ich für das Buchstabenrechnen die Regel A einführe, so kommt dieser Kalkül dadurch in einem bestimmten Sinn in Einklang mit dem Kalkül der Kardinalzahlen, wie ich ihn durch das Gesetz der Additionsregeln (rekursive Definition a + (b + 1) = (a + b) + 1) festgelegt habe.

Das Unendliche in der Mathematik.
Extensive Auffassung.

Allgemeinheit in der Arithmetik.

5.73.2.1 1 „Welchen Sinn hat ein Satz der Art ‚(∃n) 3 + n = 7'?" Man ist hier in einer seltsamen Schwierigkeit: einerseits empfindet man es als Problem, daß der Satz die Wahl zwischen unendlich vielen Werten von n hat, andrerseits scheint uns der Sinn des Satzes in sich gesichert und nur für uns (etwa) noch zu erforschen, da wir doch „wissen, was ‚(∃x) · φx' bedeutet". Wenn Einer sagte, er wisse nicht, was „(∃n) 3 + n = 7" bedeute,/welchen Sinn „(∃n) · 3 + n = 7" habe,/ so würde man ihm antworten: „aber Du weißt doch, was dieser Satz sagt: $3 + 0 = 7 \lor 3 + 1 = 7 \lor 3 + 2 = 7$ und so weiter!" Aber darauf kann man antworten: „Ganz richtig – der Satz ist also keine logische Summe, denn sie endet nicht mit ‚und so weiter' und das, worüber ich nicht klar bin, ist eben diese Satzform ‚$\varphi(0) \lor \varphi(1) \lor \varphi(2) \lor$ u.s.w.' – und Du hast mir nur statt der ersten unverständlichen Satzform/Satzart/ eine zweite gegeben und zwar mit dem Schein, als gäbest Du mir etwas altbekanntes, nämlich eine Disjunktion."

5.73.2.2 Wenn wir nämlich meinen, daß wir doch unbedingt „(∃n) etc." verstehen, so denken wir zur Rechtfertigung an andre Fälle des Gebrauchs der Notation „(∃ ....)....", beziehungsweise der Ausdrucksform „es gibt ...." unserer Wortsprache. Darauf kann man aber nur sagen: Du ver gleichst also den Satz „(∃n)...." mit jenem Satz „es gibt ein Haus in dieser Stadt, welches ....", oder „es gibt zwei Fremdwörter auf dieser Seite". Aber mit dem Vorkommen der Worte „es gibt" in diesen Sätzen ist ja die Grammatik dieser Allgemeinheit noch nicht bestimmt. Und dieses Vorkommen weist auf nichts andres hin, als eine gewisse Analogie in den Regeln. Wir werden also ruhig diese Regeln von vorne untersuchen können, ohne uns von der Bedeutung von „(∃...)..." in andern Fällen stören zu lassen./ohne uns von der Bedeutung, die „(∃...)..." in andern Fällen hat, stören zu lassen.//Wir werden also die Grammatik der Allgemeinheit „(∃n) etc." ohne vorgefaßtes Urteil untersuchen können, d.h., ohne uns von der Bedeutung ...../

5.75.1.1 1 „Alle Zahlen haben vielleicht die Eigenschaft ε". Wieder ist die Frage: was ist die Grammatik dieses allgemeinen Satzes? Denn damit ist uns nicht gedient, daß wir die Verwendung des Ausdrucks „alle ...." in andern grammatischen Systemen kennen. Sagt man: „Du weißt doch, was es heißt! es heißt: $\varepsilon(0) \cdot \varepsilon(1) \cdot \varepsilon(2)$ u.s.w.", so ist damit wieder nichts erklärt; außer, daß der Satz kein logisches Produkt ist. Und man wird, um die Grammatik des Satzes verstehen zu lernen, fragen: Wie gebraucht man diesen Satz? Was sieht man als Kriterium seiner Wahrheit an? Was ist seine Verifikation? – Wenn keine Methode vorgesehen ist, um zu entscheiden, ob der Satz wahr oder falsch ist, ist er ja zwecklos und d.h. sinnlos. Aber hier kommen wir nun zur Illusion, daß allerdings eine solche Methode der Verifikation vorgesehen ist, die sich nur einer menschlichen Schwäche wegen nicht durchführen läßt. Diese Verifikation besteht darin, daß man alle (unendlich vielen) Glieder des Produktes $\varepsilon(0) \cdot \varepsilon(1) \cdot \varepsilon(2) \ldots$ auf ihre Richtigkeit prüft. Hier wird logische mit physischer Unmöglichkeit verwechselt./Hier wird das, was man ‚logische Unmöglichkeit' nennt, mit physischer Unmöglichkeit verwechselt./ Denn dem Ausdruck „alle Glieder des unendlichen Produktes auf ihre Richtigkeit prüfen" glaubt man Sinn gegeben zu haben, weil man das Wort „unendlich viele" für die Bezeichnung einer riesig großen Zahl hält. Und bei der „Unmöglichkeit, die unendliche Zahl von Sätzen zu prüfen" schwebt uns die Unmöglichkeit vor, eine sehr große Anzahl von Sätzen zu prüfen, wenn wir etwa nicht die nötige Zeit haben.

5.75.1.2 Erinnere Dich daran, daß, in dem Sinn, in welchem es unmöglich ist, eine unendliche Anzahl von Sätzen zu prüfen, es auch unmöglich ist, das/es/ zu versuchen. – Wenn wir uns mit den Worten „Du weißt doch, was ‚alle ....' heißt" auf die Fälle berufen, in welchen diese Redeweise gebraucht wird, so kann es uns doch nicht gleichgültig sein, wenn wir einen Unterschied zwischen diesen Fällen und dem Fall sehen, für welchen der Gebrauch der Worte gerechtfertigt/erklärt/ werden sollte. – (Gewiß), wir wissen, was heißt, „eine Anzahl von Sätzen auf ihre Richtigkeit prüfen" und gerade auf dieses Verständnis berufen wir uns ja, wenn wir verlangen, man solle nun auch den Ausdruck „unendlich viele Sätze ...." verstehen. Aber ist denn der Sinn des ersten Ausdrucks von der Erfahrung, die mit ihm verknüpft ist/den Erfahrungen, die mit ihm verknüpft sind/, unabhängig?/Aber hängt denn der Sinn des ersten Ausdrucks nicht von den spezifischen Erfahrungen ab, die ihm entsprechen?/ Und gerade diese Erfahrungen fehlen ja in der Verwendung (dem Kalkül) des zweiten Ausdrucks; es sei denn, daß ihm solche Erfahrungen zugeordnet werden, die von den ersten grundverschieden sind.

4.236.1.1   1   Ramsey schlug einst vor, den Satz, daß unendlich viele Gegenstände eine Funktion f(ξ) befriedigen, durch die Verneinung sämtlicher Sätze

$\sim(\exists x)\ fx$

$(\exists x)\ fx \cdot \sim(\exists x, y)\ fx \cdot fy$

$(\exists x, y)\ fx \cdot fy \cdot \sim(\exists x, y, z)\ fx \cdot fy \cdot fz$

u. s. w.

auszudrücken. – Aber diese Verneinung ergäbe die Reihe

$(\exists x)\ fx$

$(\exists x, y)\ fx \cdot fy$

$(\exists x, y, z)$ etc. etc..

Aber diese Reihe ist wieder ganz überflüssig: denn erstens enthält ja der zuletzt angeschriebene Satz alle vorhergehenden und zweitens nützt uns dieser auch nichts, da er ja nicht von einer unendlichen Anzahl von Gegenständen handelt. Die Reihe kommt also in Wirklichkeit auf einen Satz hinaus:

4.236.1.1   „$(\exists x, y, z \ldots$ ad inf.$)\ fx \cdot fy \cdot fz \cdot \ldots$ ad inf.".

Und mit diesem Zeichen können wir gar nichts anfangen, wenn wir nicht seine Grammatik kennen. Eines aber ist klar: wir haben es nicht mit einem Zeichen von der Form „$(\exists x, y, z)\ fx \cdot fy \cdot fz$" zu tun; wohl aber mit einem Zeichen, dessen Ähnlichkeit mit diesem dazu gemacht scheint, uns irrezuführen.

5.107.1.1   2   „m > n" kann ich allerdings definieren als $(\exists x)\ m - n = x$, aber dadurch habe ich es in keiner Weise analysiert. Man denkt nämlich, daß durch die Verwendung des Symbolismus „$(\exists \ldots) \ldots$" eine Verbindung hergestellt ist/sei/ zwischen „m größer als n" und andern Sätzen von der Form „es gibt ....", vergißt aber, daß damit zwar eine gewisse Analogie betont ist, aber nicht mehr; da das Zeichen „$\exists \ldots$ $\ldots$" in unzählig vielen verschiedenen ‚Spielen' gebraucht wird. (Wie es eine ‚Dame' im Schach- und im Damespiel gibt.) Wir müssen also erst die Regeln wissen, wie/nach denen/ es hier verwendet wird. Und da wird sofort klar, daß diese Regeln hier mit den Regeln für die Subtraktion zusammenhängen. Denn, wenn wir – wie gewöhnlich – fragen: „wie weiß ich – d.h. woraus geht es hervor –, daß es eine Zahl x gibt, die der Bedingung m – n = x genügt", so kommen darauf die Regeln für die Subtraktion zur Antwort. Und nun sehen wir, daß wir mit unserer Definition nicht viel gewonnen haben. Ja, wir hätten gleich als Erklärung von ‚m > n' die Regeln angeben können, nach welchen man so einen Satz – z.B. im Falle ‚32 > 17' – überprüft.

5.107.2.1   3   Wenn ich sage: „für jedes n gibt es ein δ, das die Funktion kleiner macht als n", so muß ich mich auf ein allgemeines arithmetisches Kriterium beziehen, das anzeigt, wann $F(\delta) < n$.

5.107.3.1   4   Wenn ich wesentlich keine Zahl hinschreiben kann, ohne ein Zahlensystem, so muß sich das auch in der allgemeinen Behandlung der Zahl wiederspiegeln. Das Zahlensystem ist nicht etwas Minderwertiges – wie eine Russische Rechenmaschine – das nur für Volksschüler Interesse hat, während die höhere, allgemeine Betrachtung davon absehen kann.

5.107.4.1	1	Es geht auch nichts von der Allgemeinheit der Betrachtung verloren, wenn ich die Regeln, die die Richtigkeit und Falschheit von ‚m > n' (also seinen Sinn) bestimmen, etwa im/für das/ Dezimalsystem gebe. Ein System brauche ich ja doch und die Allgemeinheit ist dadurch gewahrt, daß man die Regeln gibt, nach denen von einem System in ein anderes übersetzt wird.
2.329.5.1	2	Ein Beweis in? der Mathematik ist allgemein, wenn er allgemein anwendbar ist. Eine andere Allgemeinheit kann nicht im Namen der Strenge gefordert werden. Jeder Beweis stützt sich auf bestimmte Zeichen, auf eine bestimmte Zeichengebung. Es kann nur die eine Art der Allgemeinheit eleganter erscheinen, als die andere. ((Dazu die Verwendung des Dezimalsystems in Beweisen über δ und η.))
4.74.6.1	3	„Streng" heißt: klar.
5.76.2.1	4	„Den mathematischen Satz kann man sich vorstellen, als ein Lebewesen, das selbst weiß, ob es wahr oder falsch ist. (Zum Unterschied von den empirischen Sätzen/Sätzen der Empirie/.)
5.76.2.2		Der mathematische Satz weiß selbst, daß er wahr, oder daß er falsch ist. Wenn er von allen Zahlen handelt, so muß er auch schon alle Zahlen übersehen. Wie der Sinn, so muß auch seine Wahrheit oder Falschheit in ihm liegen."
5.76.3.1	5	„Es ist, als wäre die Allgemeinheit eines Satzes ‚(n) · ε(n)' nur eine Anweisung auf die eigentliche, wirkliche, mathematische Allgemeinheit eines Satzes. Gleichsam nur eine Beschreibung der Allgemeinheit, nicht diese selbst. Als bilde der Satz nur auf rein äußerliche Weise ein Zeichen, dem erst von innen Sinn gegeben werden muß."
5.76.4.1	6	„Wir fühlen: Die Allgemeinheit, die die mathematische Behauptung hat, ist anders als die Allgemeinheit des Satzes, der bewiesen ist."
5.76.5.1	7	„Man könnte sagen: ein mathematischer Satz ist der Hinweis auf einen Beweis."
5.76.6.1	8	Wie wäre es, wenn ein Satz seinen Sinn selber nicht ganz erfaßte. Wenn er sich quasi selber zu hoch wäre? – Und das nehmen eigentlich die Logiker an.
5.76.7.1	9	Den Satz, der von allen Zahlen handelt, kann man sich nicht durch ein endloses Schreiten verifiziert denken, denn, wenn das Schreiten endlos ist, so führt es ja eben nicht zu einem Ziel.
5.76.7.2		Denken wir uns eine unendlich lange Baumreihe, und ihr entlang, damit wir sie inspizieren können, einen Weg. Sehr gut, so muß dieser Weg endlos sein. Aber wenn er endlos ist, so heißt das, daß man ihn nicht zu Ende gehen kann. D.h., er bringt mich nicht dazu, die Reihe zu übersehen. Der endlose Weg hat nämlich nicht ein „unendlich fernes" Ende, sondern kein Ende.

| 5.76.8.1 | 1 | Man kann auch nicht sagen: „Der Satz kann alle Zahlen nicht successive erfassen, so muß er sie durch den Begriff fassen", – als ob das faute de mieux so wäre: „Weil er es so nicht kann, muß er es auf andre Weise tun". Aber ein successives Erfassen ist schon möglich, nur führt es eben nicht zur Gesamtheit. Diese liegt: nicht auf dem Weg, den wir schrittweise gehn, – und nicht: am unendlich fernen Ende dieses Weges. (Das alles heißt nur „$\mathcal{E}(0) \cdot \mathcal{E}(1) \cdot \mathcal{E}(2)$ u.s.w." ist nicht das Zeichen eines logischen Produkts.) |

| 5.77.1.1 | 2 | „Alle Zahlen können nicht zufällig eine Eigenschaft $\mathcal{E}$ besitzen; sondern nur ihrem Wesen (als Zahlen) nach./Wesen nach./" – Der Satz „die Menschen, welche rote Nasen haben, sind gutmütig" hat auch dann nicht denselben Sinn wie der Satz „die Menschen, welche Wein trinken, sind gutmütig", wenn die Menschen, welche rote Nasen haben, eben die sind, die Wein trinken. Dagegen: wenn die Zahlen m, n, o der Umfang eines mathematischen Begriffs f sind, so daß also fm · fn · fo der Fall ist, dann hat der Satz, welcher sagt, daß die Zahlen, die f befriedigen, die Eigenschaft $\mathcal{E}$ haben, den gleichen Sinn wie „$\mathcal{E}(m) \cdot \mathcal{E}(n) \cdot \mathcal{E}(o)$". Denn die beiden Sätze „$f(m) \cdot f(n) \cdot f(o)$" und „$\mathcal{E}(m) \cdot \mathcal{E}(n) \cdot \mathcal{E}(o)$" lassen sich, ohne daß wir dabei den Bereich der Grammatik verlassen, in einander umformen. |

| 5.77.1.2 | | Sehen wir uns nun den Satz an: „alle n Zahlen, welche der Bedingung F(x) genügen, haben zufälligerweise die Eigenschaft $\mathcal{E}$." Da kommt es drauf an, ob die Bedingung F(ξ) eine mathematische ist. Ist sie das, nun dann kann ich ja aus F(x) $\mathcal{E}$(x) ableiten, wenn auch über die Disjunktion der n Werte von F(ξ). (Denn hier gibt es eben eine Disjunktion.) Hier werde ich also nicht von einem Zufall reden. – Ist die Bedingung eine nicht-mathematische, so wird man dagegen vom Zufall reden können. Z.B. wenn ich sage: alle Zahlen, die ich heute auf den Omnibussen gelesen habe, waren zufällig Primzahlen. (Dagegen kann man natürlich nicht sagen: „die Zahlen 17, 3, 5, 31, sind zufällig Primzahlen", ebensowenig wie: „die Zahl 3 ist zufällig eine Primzahl".) „Zufällig" ist wohl der Gegensatz von „allgemein ableitbar"; aber man kann sagen: der Satz „17, 3, 5, 31 sind Primzahlen" ist allgemein ableitbar – so sonderbar das klingt –, wie auch der Satz $2 + 3 = 5$. |

| 5.77.1.3 | | Gehen wir nun zu unserm ersten Satz zurück, so fragen wir wieder: Wie soll denn der Satz „alle Zahlen haben die Eigenschaft $\mathcal{E}$" gemeint sein? wie soll man ihn denn wissen können? denn diese Festsetzung gehört ja zur Festsetzung seines Sinnes! Das Wort „zufällig" deutet doch auf eine Verifikation durch successive Versuche und dem widerspricht, daß wir nicht von einer endlichen Zahlenreihe reden. |

| 5.78.1.1 | 3 | In der Mathematik sind Beschreibung und Gegenstand äquivalent. „Die fünfte Zahl der Zahlenreihe hat diese Eigenschaften" sagt dasselbe wie „5 hat diese Eigenschaften". Die Eigenschaften eines Hauses folgen nicht aus seiner Stellung in einer Häuserreihe; dagegen sind die Eigenschaften einer Zahl die Eigenschaften einer Stellung. |

5.86.3.1	1	Man kann sagen, daß die Eigenschaften einer bestimmten Zahl nicht vorauszusehen sind. Man sieht sie erst, wenn man zu ihr kommt.
5.86.3.2		Das Allgemeine ist die Wiederholung einer Operation. Jedes Stadium dieser Wiederholung hat seine Individualität. Nun ist es nicht etwa so, daß ich durch die Operation von einer Individualität zur andern fortschreite. So daß die Operation das Mittel wäre, um von einer zur andern zu kommen. Gleichsam das Vehikel, das bei jeder Zahl anhält, die man nun betrachten kann. Sondern die dreimalige /dreimal iterierte/ Operation +1 erzeugt und ist die Zahl drei.
5.86.3.3		(Im Kalkül sind Prozeß und Resultat einander äquivalent.)
5.87.1.1		Ehe ich aber nun von „allen diesen Individualitäten", oder „der Gesamtheit dieser Individualitäten" sprechen wollte, müßte ich mir gut überlegen, welche Bestimmungen ich in diesem Falle für den Gebrauch der Worte „alle" und „Gesamtheit" gelten lassen will.
5.108.4.1	2	Es ist schwer, sich von der extensiven Auffassung ganz frei zu machen: So denkt man: „Ja, aber es muß doch eine innere Beziehung zwischen $x^3 + y^3$ und z^3 bestehen, da doch (zum mindesten) die Extensionen dieser Ausdrücke, wenn ich sie nur kennte, das Resultat einer solchen Beziehung darstellen müßten". Etwa: „Es müssen doch entweder wesentlich alle Zahlen die Eigenschaft $\mathcal{E}$ haben, oder nicht; da doch alle Zahlen die Eigenschaft haben, oder nicht; wenn ich auch nicht wissen kann, welches der Fall ist."/; wenn ich das auch nicht wissen kann."/
5.94.2.1	3	„Wenn ich die Zahlenreihe durchlaufe, so komme ich entweder einmal zu einer Zahl von der Eigenschaft $\mathcal{E}$, oder niemals." Der Ausdruck „die Zahlenreihe durchlaufen" ist Unsinn; außer es wird ihm ein Sinn gegeben, der aber die vermutete Analogie mit dem „durchlaufen der Zahlen von 1 bis 100" aufhebt.
5.105.4.1	4	Wenn Brouwer die Anwendung des Satzes vom ausgeschlossenen Dritten in der Mathematik bekämpft, so hat er recht, soweit er sich gegen ein Vorgehen richtet, das den Beweisen empirischer Sätze analog ist. Man kann in der Mathematik nie etwas auf die Art beweisen: Ich habe 2 Äpfel auf dem Tisch liegen gesehen; jetzt ist nur einer da; also hat A einen Apfel gegessen. – Man kann nämlich nicht durch Ausschließung gewisser Möglichkeiten eine neue beweisen, die nicht, durch die von uns gegebenen Regeln, schon in jener Ausschließung liegt. Insofern gibt es in der Mathematik keine echten Alternativen. Wäre die Mathematik die Untersuchung von erfahrungsmäßig gegebenen Aggregaten, so könnte man durch die Ausschließung eines Teils das Nichtausgeschlossene beschreiben, und hier wäre der nicht ausgeschlossene Teil der Ausschließung des andern nicht äquivalent.
5.106.1.1	5	Die Betrachtungsweise: daß ein logisches Gesetz, weil es für ein Gebiet der Mathematik gilt, nicht notwendig auch für ein anderes gelten müsse, ist in der Mathematik gar nicht am Platz, ihrem Wesen ganz entgegen. Obwohl manche Autoren gerade das für besonders subtil halten, und entgegen den Vorurteilen.

| 5.156.2.1 | 1 | Wie es sich nun mit derjenigen Allgemeinheit in der Mathematik verhält, deren Sätze nicht von „allen Kardinalzahlen", sondern z.B. von „allen reellen Zahlen" handeln/, die nicht von „allen Kardinalzahlen", sondern z.B. von „allen reellen Zahlen" spricht/, kann man nur erkennen, wenn/indem/ man diese Sätze und ihre Beweise untersucht. /Wie es sich nun mit derjenigen Allgemeinheit, mit den Sätzen der Mathematik verhält, die nicht ..... handeln, .../ |
| 5.155.2.1 | 2 | Wie ein Satz verifiziert wird, das sagt er. Vergleiche die Allgemeinheit in der Arithmetik mit der Allgemeinheit von nicht arithmetischen Sätzen. Sie wird anders verifiziert und ist darum eine andere. Die Verifikation ist nicht bloß ein/nicht ein bloßes/ Anzeichen der Wahrheit, sondern sie bestimmt den Sinn des Satzes. (Einstein: wie eine Größe gemessen wird, das ist sie.) |

Zur Mengenlehre.

4.134.7.1	1	| „Die rationalen Punkte liegen auf der Zahlengeraden nahe beisammen /bei einander/": irreführendes Bild. |
4.16.8.1	2	Ist ein Raum denkbar, der nur alle rationalen Punkte, aber nicht die irrationalen enthält? Wäre etwa diese Struktur für unsern Raum zu ungenau/grob/? Weil wir zu den irrationalen Punkten dann (immer) nur annäherungsweise gelangen könnten?/Weil wir die irrationalen Punkte dann nur annäherungsweise erreichen könnten?/ Unser Netz wäre also nicht fein genug? Nein. Die Gesetze gingen uns ab, nicht die Extensionen.
4.16.9.1	3	Ist ein Raum denkbar, der nur alle rationalen aber nicht die irrationalen Punkte enthält?
4.16.9.2		Und das heißt nur: Sind die irrationalen Zahlen nicht in den rationalen präjudiziert?
4.16.9.3		Sowenig, wie das Schachspiel im Damespiel.
4.16.9.4		Die irrationalen Zahlen füllen keine Lücke aus, die die rationalen offen lassen.
5.106.2.1	4	Man wundert sich darüber, daß „zwischen den überall dicht liegenden rationalen Punkten" noch die irrationalen Platz haben. (Welche Verdummung!) Was zeigt eine Konstruktion, wie die des Punktes $\sqrt{2}$? Zeigt sie diesen Punkt, wie er doch noch zwischen den rationalen Punkten Platz hat? Sie zeigt, daß der durch die Konstruktion erzeugte Punkt, nämlich als Punkt dieser Konstruktion, nicht rational ist. – Und was entspricht dieser Konstruktion in der Arithmetik? Etwa eine Zahl, die sich doch noch zwischen die rationalen Zahlen hineinzwängt? Ein Gesetz, das nicht vom Wesen der rationalen Zahl ist.
5.106.3.1	5	Die Erklärung des Dedekind'schen Schnittes gibt vor, sie wäre anschaulich/gibt vor, anschaulich zu sein/, wenn sie sagt/gesagt wird/: Es gibt 3 Fälle: entweder hat die Klasse R ein erstes Glied und L kein letztes, etc.. In Wahrheit lassen sich 2 dieser 3 Fälle gar nicht vorstellen. Außer, wenn die Wörter „Klasse", „erstes Glied", „letztes Glied" gänzlich ihre anscheinend/vorgeblich/ beibehaltenen alltäglichen Bedeutungen wechseln. Wenn man nämlich – starr darüber, daß Einer von einer Klasse von Punkten redet, die rechts von einem gegebenen Punkt liegt und keinen Anfang hat – sagt: gib uns doch ein Beispiel so einer Klasse, – so zieht er das von den rationalen Zahlen hervor! Aber hier ist ja gar keine Klasse von Punkten im alltäglichen/ursprünglichen/ Sinn!
5.104.1.1	6	Der Schnittpunkt zweier Kurven ist nicht das gemeinsame Glied zweier Klassen von Punkten, sondern der Durchschnitt zweier Gesetze. Es sei denn, daß man die erste Ausdrucksweise, sehr irreführend, durch die zweite definiert.

2.267.5.1	1	Es mag nach dem Vielen, was ich schon darüber gesagt habe, trivial klingen, wenn ich jetzt sage, daß der Fehler in der mengentheoretischen Betrachtungsweise immer wieder darin liegt, Gesetze und Aufzählungen (Listen) als wesentlich Eins zu betrachten und sie aneinander zu reihen; da, wo das eine nicht ausreicht, das Andere seinen Platz ausfüllt.
2.200.4.1	2	Das Symbol für eine Klasse ist eine Liste.
2.268.2.1	3	Die Schwierigkeit liegt auch hier wieder in der Bildung mathematischer Scheinbegriffe. Wenn man z.B. sagt: Man kann die Kardinalzahlen ihrer Größe nach in eine Folge ordnen, aber nicht die rationalen Zahlen, so ist darin unbewußt die Voraussetzung enthalten, als hätte der Begriff des Ordnens der Größe nach für die rationalen Zahlen doch einen Sinn, und als erwiese sich dieses Ordnen nun beim Versuch als unmöglich (was voraussetzt, daß der Versuch denkbar ist). – So denkt man, ist es möglich zu versuchen die reellen Zahlen (als wäre es ein Begriff wie etwa ‚Äpfel auf diesem Tisch') in eine Reihe zu ordnen, und es erwiese sich nun als undurchführbar.
2.268.3.1	4	Wenn der Mengenkalkül sich in seiner Ausdrucksweise soviel als möglich an die Ausdrucksweise des Kalküls der Kardinalzahlen anlehnt, so ist das wohl in mancher Hinsicht belehrend, weil es auf gewisse formale Ähnlichkeiten hinweist, aber auch irreführend, wenn er gleichsam noch etwas ein Messer nennt, das weder Griff noch Klinge mehr hat. (Lichtenberg.)
2.330.1.1	5	(Die Eleganz eines mathematischen Beweises kann nur den einen Sinn haben, gewisse Analogien besonders stark zu Tage treten zu lassen, wenn das gerade erwünscht ist, sonst entspringt sie dem Stumpfsinn und hat nur die eine Wirkung, das zu verhüllen, was klar und offenbar sein sollte. Das stumpfsinnige Streben nach Eleganz ist eine Hauptursache, warum die Mathematiker ihre eigenen Operationen nicht verstehen, oder es entspringt die Verständnislosigkeit und jenes Streben einer gemeinsamen Quelle.)
4.120.2.1	6	Die Menschen sind im Netz der Sprache gefangen/verstrickt/ und wissen es nicht.
5.93.3.1	7	„Es gibt einen Punkt, in dem die beiden Kurven einander schneiden." Wie weißt Du das? Wenn Du es mir sagst, werde ich wissen, was der Satz „es gibt …." für einen Sinn hat.

5.88.3.1	1	Wenn man wissen will, was der Ausdruck „das Maximum einer Kurve" bedeutet, so frage man sich: wie findet man es? – Was anders gefunden wird, ist etwas anderes. Man definiert es als den Punkt der Kurve, der höher liegt als alle andern, und hat dabei wieder die Idee, daß es nur unsere menschliche Schwäche ist, die uns verhindert, alle Punkte der Kurve einzeln durchzugehen und den höchsten unter ihnen auszuwählen. Und dies führt zu der Meinung, daß der höchste Punkt unter einer endlichen Anzahl von Punkten wesentlich dasselbe ist, wie der höchste Punkt einer Kurve, und daß man hier eben auf zwei verschiedene Methoden das Gleiche findet, wie man auf verschiedene Weise feststellt, daß jemand im Nebenzimmer ist: anders etwa, wenn die Tür geschlossen ist und wir zu schwach sind, sie zu öffnen, und anders, wenn wir hinein können. Aber, wie gesagt, menschliche Schwäche liegt dort nicht vor, wo die scheinbare Beschreibung der Handlung „die wir nicht ausführen können" sinnlos ist. Es würde freilich nichts schaden, ja sehr interessant sein, die Analogie zwischen dem Maximum einer Kurve und dem Maximum (in anderm Sinne) einer Klasse von Punkten zu sehen, solange uns die Analogie nicht das Vorurteil eingibt, es liege im Grunde beidemale dasselbe vor.
5.89.1.1	2	Es ist der gleiche Fehler unserer Syntax, der den geometrischen Satz „die Strecke läßt sich durch einen Punkt in zwei Teile teilen" als die gleiche Form darstellt, wie den Satz: „die Strecke ist unbegrenzt teilbar"; so daß man scheinbar in beiden Fällen sagen kann: „nehmen wir an, die mögliche Teilung sei ausgeführt/vollzogen/." „In zwei Teile teilbar" und „unbegrenzt teilbar" haben eine gänzlich verschiedene Grammatik. Man operiert fälschlich mit dem Worte „unendlich", wie mit einem Zahlwort; weil beide in der Umgangssprache auf die Frage „wieviele …." zur Antwort kommen.
5.89.2.1	3	„Das Maximum ist doch aber höher, als jeder beliebige andre Punkt der Kurve." Aber die Kurve besteht ja nicht aus Punkten, sondern ist ein Gesetz, dem Punkte gehorchen. Oder auch: ein Gesetz, nach dem Punkte konstruiert werden können. Wenn man nun fragt: „welche Punkte", – so kann ich nur sagen: „nun, z.B., die Punkte P, Q, R, etc.". Und es ist einerseits so, daß keine Anzahl von Punkten gegeben werden kann, von denen man sagen könnte, sie seien alle Punkte, die auf der Kurve liegen, daß man anderseits auch nicht von einer solchen Gesamtheit von Punkten reden kann, die nur wir Menschen nicht aufzählen können, die sich aber beschreiben läßt und die man die Gesamtheit aller Punkte der Kurve nennen könnte, – eine Gesamtheit, die für uns Menschen zu groß wäre. Es gibt ein Gesetz einerseits und Punkte auf der Kurve anderseits – aber nicht „alle Punkte der Kurve". Das Maximum liegt höher als irgend welche Punkte der Kurve, die man etwa konstruiert, aber nicht höher als eine Gesamtheit von Punkten; es sei denn, daß das Kriterium hiervon, und also der Sinn dieser Aussage, wieder nur die Konstruktion aus dem Gesetz der Kurve ist.

5.90.1.1	1	Das Gewebe der Irrtümer auf diesem Gebiet ist natürlich ein sehr kompliziertes. Es tritt z.B. noch die Verwechslung zweier verschiedener Bedeutungen des Wortes „Art" hinzu. Man gibt nämlich zu, daß die unendlichen Zahlen eine andre Art Zahlen sind, als die endlichen, aber man mißversteht nun, worin hier der Unterschied verschiedener Arten besteht. Daß es sich nämlich hier nicht um die Unterscheidung von Gegenständen nach ihren Eigenschaften handelt, wie wenn man rote Äpfel von gelben unterscheidet, sondern um verschiedene logische Formen. – So versucht Dedekind eine unendliche Klasse zu beschreiben; indem er sagt, es sei eine, die einer echten Teilklasse ihrer selbst ähnlich ist. Hierdurch hat er scheinbar eine Eigenschaft angegeben, die die Klasse haben muß, um unter den Begriff ‚unendliche Klasse' zu fallen. (Frege.) Denken wir uns nun die Anwendung dieser/der/ Definition. Ich soll also in einem bestimmten Fall untersuchen, ob eine Klasse endlich ist oder nicht, etwa ob eine bestimmte Baumreihe endlich oder endlos ist. Ich nehme also, der Definition folgend, eine Teilklasse dieser Baumreihe und untersuche, ob sie der ganzen Klasse ähnlich (d.h. 1-1 koordinierbar) ist! (Hier fängt gleichsam schon Alles an zu lachen.) Das heißt ja gar nichts: denn, nehme ich eine „endliche Klasse" als Teilklasse, so muß ja der Versuch, sie der ganzen Klasse 1 zu 1 zuzuordnen eo ipso mißlingen; und mache ich den Versuch an einer unendlichen Teilklasse, – – aber das heißt ja schon erst recht nichts, denn, wenn sie unendlich ist, kann ich den Versuch dieser Zuordnung gar nicht machen. – Das, was man im Fall einer endlichen Klasse ‚Zuordnung aller ihrer Glieder mit andern' nennt, ist etwas ganz anderes, als das, was man z.B. eine Zuordnung aller Kardinalzahlen mit allen Rationalzahlen nennt. Die beiden Zuordnungen, oder, was man in den zwei Fällen mit diesem Wort bezeichnet, gehören verschiedenen logischen Kategorien/Typen/ an. Und es ist nicht die „unendliche Klasse" eine Klasse, die mehr Glieder im gewöhnlichen Sinn des Wortes „mehr" enthält, als die endlichen. Und wenn man sagt, daß eine unendliche Zahl größer ist, als eine endliche, so macht das die beiden nicht vergleichbar, weil in dieser Aussage das Wort „größer" eine andere Bedeutung hat, als etwa im Satz „5 größer als 4".
5.91.0.2		Die Definition gibt nämlich vor, daß aus dem Gelingen oder Mißlingen des Versuchs, eine wirkliche Teilklasse der ganzen Klasse zuzuordnen, hervorgeht, daß sie unendlich bzw. endlich ist. Während es einen solchen entscheidenden Versuch gar nicht gibt. – ‚Unendliche Klasse' und ‚endliche Klasse' sind verschiedene logische Kategorien; was von der einen Kategorie sinnvoll ausgesagt werden kann, kann es nicht von der andern.
5.172.1.1	2	Der Satz, daß eine Klasse einer ihrer Subklassen nicht ähnlich ist, ist für endliche Klassen nicht wahr, sondern eine Tautologie. Die grammatischen Regeln über die Allgemeinheit der generellen Implikation in dem Satz „k ist eine Subklasse von K" enthalten das, was der Satz, K sei eine unendliche Klasse, sagt./Die grammatischen Regeln über die Allgemeinheit der/jener/ generellen Implikation im Satz „k ist eine Subklasse von K" ..../

4.78.1.1   1 | Ein Satz (wie)? „es gibt keine letzte Kardinalzahl" verletzt den naiven – und rechten – Sinn. Wenn ich frage „wer war der letzte Mann der Prozession" und die Antwort lautet „es gibt keinen letzten", so verwirrt sich mir das Denken; was heißt das „es gibt keinen letzten"? ja, wenn die Frage geheißen hätte „wer war der Fahnenträger", so hätte ich die Antwort verstanden „es gibt keinen Fahnenträger". Und nach einer solchen Antwort ist ja jene sinnlose/verwirrende/ gebildet. Wir fühlen nämlich mit Recht: wo von einem Letzten die Rede sein kann, da kann nicht ‚kein Letzter' sein. Das heißt aber natürlich: Der Satz „es gibt keine letzte" müßte richtig lauten: es hat keinen Sinn, von einer „letzten Kardinalzahl" zu reden, dieser Ausdruck ist unrechtmäßig gebildet. |

4.128.3.1   2 | „Hat die Prozession ein Ende" könnte auch heißen: ist sie eine in sich geschlossene Prozession. Und nun könnte man sagen/Und nun höre ich die Mathematiker? sagen/ „da siehst Du ja, daß Du Dir sehr wohl einen solchen Fall vorstellen kannst, daß etwas kein Ende hat; warum soll es dann nicht auch andere solche Fälle/?einen andern solchen Fall?/ geben können?" – Aber die Antwort ist: Die „Fälle" in diesem Sinn des Wortes sind grammatische Fälle und sie bestimmen erst den Sinn der Frage. Die Frage „warum soll es nicht auch andere Fälle geben können" ist d e r analog gebildet: „Warum soll es nicht noch andere Fälle von Mineralien/andere Mineralien/ geben können, die im Dunkeln leuchten", aber hier handelt es sich um Fälle der Wahrheit einer Aussage, dort um ?Fälle, die den Sinn eines Satzes bestimmen?/dort um Fälle, die den Sinn bestimmen/. |

5.96.1.1   3   Die Ausdrucksweise: m = 2n ordne eine Klasse einer ihrer echten Teilklassen/Subklassen/ zu, kleidet einen einfachen/trivialen/ Sinn durch Heranziehung einer irreführenden Analogie in eine paradoxe Form. (Und statt sich dieser paradoxen Form als etwas Lächerlichem zu schämen, brüstet man sich eines Sieges über alte Vorurteile des Verstandes.) Es ist genau so, als stieße man die Regeln des Schach um und sagte, es habe sich gezeigt, daß man Schach auch ganz anders spielen könne. So verwechselt man erst das Wort „Zahl" mit einem Begriffswort wie „Apfel", spricht dann von einer „Anzahl der Anzahlen" und sieht nicht, daß man in diesem Ausdruck nicht beidemal das gleiche Wort „Anzahl" gebrauchen sollte; und endlich hält man es für eine Entdeckung, daß die Anzahl der geraden Zahlen die gleiche ist wie die der geraden und ungeraden.

5.96.2.1   4   Weniger irreführend ist es, zu sagen „m = 2n gibt die Möglichkeit der Zuordnung jeder Zahl mit einer andern", als „m = 2n ordnet alle Zahlen anderen zu". Aber auch hier muß erst die Grammatik die Bedeutung des Ausdrucks „Möglichkeit der Zuordnung" lehren.

5.111.4.1   5   (Es ist beinahe unglaublich, wie ein Problem durch die irreführenden Ausdrucksweisen, die Generation auf Generation rundherum stellt, gänzlich, auf Meilen, blockiert wird, so daß es beinahe unmöglich wird, dazuzukommen.)

5.96.3.1	1	Wenn 2/zwei/ Pfeile in derselben Richtung zeigen, ist es dann nicht absurd, diese Richtungen „gleich lang" zu nennen, weil, was in der Richtung des einen Pfeiles liegt, auch in der des andern liegt? – Die Allgemeinheit von m = 2n ist ein Pfeil, der der Operationsreihe entlang weist. Und zwar kann man sagen, der Pfeil weist in's Unendliche; aber heißt das, daß es ein Etwas, das Unendliche, gibt, auf das er – wie auf ein Ding – hinweist? – Der Pfeil bezeichnet gleichsam die Möglichkeit der Lage von Dingen in seiner Richtung. Das Wort „Möglichkeit" ist aber irreführend, denn, was möglich ist, wird man sagen, soll eben nun wirklich werden. Auch denkt man dabei immer an zeitliche Prozesse und schließt daraus daß die Mathematik nichts mit der Zeit zu tun hat, daß die Möglichkeit in ihr bereits Wirklichkeit ist.
5.96.3.2		Die „unendliche Reihe der Kardinalzahlen" oder „der Begriff der Kardinalzahl" ist nur so eine Möglichkeit, – wie aus dem Symbol „[0, ξ, ξ + 1]" klar hervorgeht. Dieses Symbol selbst ist ein Pfeil, dessen Feder die „0", dessen Spitze „ξ + 1" ist. Es ist möglich, von Dingen zu reden, die in der Richtung des Pfeils liegen, aber irreführend oder absurd, von allen möglichen Lagen der Dinge in der Pfeilrichtung als einem Äquivalent dieser Richtung selbst zu reden. Wenn ein Scheinwerfer Licht in den unendlichen Raum wirft, so beleuchtet er allerdings alles, was in der Richtung seiner Strahlen liegt, aber man soll nicht sagen, er beleuchtet die Unendlichkeit.
2.267.4.1	2	Es ist immer mit Recht höchst verdächtig, wenn Beweise in der Mathematik allgemeiner geführt werden, als es der bekannten Anwendung des Beweises entspricht. Es liegt hier immer der Fehler vor, der in der Mathematik allgemeine Begriffe und besondere Fälle sieht. In der Mengenlehre treffen wir auf Schritt und Tritt diese verdächtige Allgemeinheit. Man möchte immer sagen: „Kommen wir zur Sache!"
2.267.4.2		Jene allgemeinen Betrachtungen haben stets nur Sinn, wenn man einen bestimmten Anwendungsbereich im Auge hat.
2.267.4.3		Es gibt eben in der Mathematik keine Allgemeinheit, deren Anwendung auf spezielle Fälle sich noch nicht voraussehen ließe.
2.267.4.4		Man empfindet darum die allgemeinen Betrachtungen der Mengenlehre (wenn man sie nicht als Kalkül ansieht) immer als Geschwätz und ist ganz erstaunt, wenn einem eine Anwendung dieser Betrachtungen gezeigt wird. Man empfindet, es geht da etwas nicht ganz mit rechten Dingen zu.
3.88.6.1	3	Der Unterschied zwischen etwas Allgemeinem, das man wissen könne und dem Besonderen, das man aber nicht wisse; oder zwischen der Beschreibung des Gegenstandes, die man kenne, und dem Gegenstand, den man nicht gesehen hat, ist auch ein Stück, das man von der physikalischen Beschreibung der Welt in die Logik hinüber genommen hat. Daß unsere Vernunft Fragen erkennen kann, aber deren Antworten nicht, gehört auch hierher.

5.93.1.1	1	Die Mengenlehre sucht das Unendliche auf eine allgemeinere Art zu fassen, als es die Untersuchung der Gesetze der reellen Zahlen kann. Sie sagt, daß das wirklich Unendliche mit dem mathematischen Symbolismus überhaupt nicht zu fassen ist, und daß es also nur beschrieben und nicht dargestellt werden kann. Die Beschreibung würde es etwa so erfassen, wie man eine Menge von Dingen, die man nicht alle in der Hand halten kann, in einer Kiste verpackt trägt. Sie sind dann unsichtbar, und doch wissen wir, daß wir sie tragen (gleichsam indirekt). Man könnte von dieser Theorie sagen, sie kaufe die Katze im Sack. Soll sich's das Unendliche in seiner Kiste einrichten, wie es will.
5.93.1.2		Darauf beruht auch die Idee, daß man logische Formen beschreiben kann. In so einer Beschreibung werden die Strukturen und etwa zuordnende Relationen in verpacktem Zustand präsentiert /gezeigt//.... werden uns die Strukturen in einer Verpackung gezeigt, die ihre Form unkenntlich macht/ und so sieht es aus, als könne man von einer Struktur reden, ohne sie in der Sprache selber wiederzugeben. So verpackte Begriffe dürfen wir allerdings verwenden, aber unsere Zeichen haben ihre Bedeutung dann über Definitionen, die eben die Begriffe/Strukturen/ so verhüllt haben; und gehen wir diesen Definitionen nach, so werden die Strukturen wieder enthüllt. (Vergl. Russells Definition von „R_*".)
5.93.2.1	2	Es geht, sozusagen, die Logik nichts an, wieviele Äpfel vorhanden sind, wenn von „allen Äpfeln" geredet wird; dagegen ist es anders mit den Zahlen: für die ist sie einzeln verantwortlich.
4.32.1.1	3	Die Mathematik besteht aus Rechnungen./Die Mathematik besteht ganz aus Rechnungen./
2.321.2.1	4	In der Mathematik ist alles Algorithmus, nichts Bedeutung; auch dort, wo es so scheint, weil wir mit Worten über die mathematischen Dinge zu sprechen scheinen. Vielmehr bilden wir dann eben mit diesen Worten einen Algorithmus
2.267.3.1	5	In der Mengenlehre müßte man das, was Kalkül ist, trennen von dem, was Lehre sein will (und natürlich nicht sein kann). Man muß also die Spielregeln von unwesentlichen Aussagen über die Schachfiguren trennen.
3.181.4.1	6	Wie Frege in Cantor's angebliche Definition von „größer", „kleiner", „+", „-", etc. statt dieser Zeichen neue Wörter einsetzte, um zu zeigen, daß keine wirkliche Definition vorliege, ebenso könnte man in der ganzen Mathematik statt der geläufigen Wörter, insbesondere statt des Wortes „unendlich" und seiner Verwandten ganz neue, bisher bedeutungslose Ausdrücke setzen, um zu sehen, was der Kalkül mit diesen Zeichen wirklich leistet und was er nicht leistet. Wenn die Meinung verbreitet wäre, daß das Schachspiel uns einen Aufschluß über Könige und Türme gäbe, so würde ich vorschlagen, den Figuren neue Formen und andere Namen zu geben, um die Einsicht zu erleichtern /um zu demonstrieren/, daß alles zum Schachspiel Gehörige in seinen/den/ Regeln liegen muß.

4.83.4.1	1	Was ein geometrischer Satz bedeutet, welche/was für eine Art der/ Allgemeinheit er hat, das muß sich alles zeigen, wenn wir sehen, wie er angewendet wird. Denn, wenn Einer auch etwas Unfaßbares /Unerreichbares/ mit ihm meinte/meinen könnte/, so hilft ihm das nicht, da er ihn ja doch nur ganz offenbar/offen/, und jedem verständlich, anwenden kann.
4.83.4.2		Wenn sich etwa jemand unter dem Schachkönig auch etwas Mystisches vorstellt, so kümmert uns das nicht, weil er ja doch mit ihm nur auf den 8 × 8 Feldern des Schachbretts ziehen kann.
5.103.2.1	2	Es gibt ein Gefühl: „In der Mathematik kann es nicht Wirklichkeit und Möglichkeit geben. Alles ist auf einer Stufe. Und zwar in gewissem Sinne wirklich". – Und das ist richtig. Denn Mathematik ist ein Kalkül; und der Kalkül sagt von keinem Zeichen, daß es nur möglich wäre, sondern er hat es nur mit den Zeichen zu tun, mit denen er wirklich operiert. (Vergleiche die Begründung der Mengenlehre mit der Annahme eines möglichen Kalküls mit unendlichen Zeichen.)
5.97.1.1	3	Die Mengenlehre, wenn sie sich auf die menschliche Unmöglichkeit eines direkten Symbolismus des Unendlichen beruft, führt dadurch die denkbar krasseste Mißdeutung ihres eigenen Kalküls ein. Es ist freilich eben diese Mißdeutung, die für die Erfindung dieses Kalküls verantwortlich ist. Aber der Kalkül an sich ist natürlich dadurch nicht als etwas Falsches erwiesen (höchstens als etwas Uninteressantes), und es ist sonderbar, zu glauben, daß dieser Teil der Mathematik durch irgend welche philosophische (oder mathematische) Untersuchungen gefährdet ist. (Ebenso könnte das Schachspiel durch die Entdeckung gefährdet werden, daß sich Kriege zwischen zwei Armeen nicht so abspielen, wie der Kampf auf dem Schachbrett.) Was der Mengenlehre verloren gehen muß, ist vielmehr die Atmosphäre von Gedankennebeln, die den bloßen Kalkül umgibt. Also die Hinweise auf einen, der Mengenlehre zugrunde liegenden, fiktiven Symbolismus, der nicht zu ihrem Kalkül verwendet wird, und dessen scheinbare Beschreibung in Wirklichkeit Unsinn ist. (In der Mathematik können/dürfen/ wir alles fingieren, nur nicht einen Teil unseres Kalküls.)

Extensive Auffassung der reellen Zahlen.

5.28.1.1   1 | Das Rätselhafte am Kontinuum ist, wie das Rätselhafte der Zeit für Augustinus, dadurch bedingt, daß wir durch die Sprache verleitet werden, ein Bild auf sie anzuwenden, das nicht paßt. Die Mengenlehre behält das unpassende Bild des Diskontinuierlichen bei, aber sagt diesem Bilde Widersprechendes von ihm aus, mit der Idee, mit Vorurteilen zu brechen. Während in Wirklichkeit darauf hingewiesen werden sollte, daß dieses Bild eben nicht paßt und daß man es allerdings nicht strecken kann, ohne es zu zerbrechen/zerreißen/, aber ein neues und in gewissem Sinne dem alten ähnliches brauchen kann. |

4.118.7.1   2 | Der Wirrwarr in der Auffassung des „wirklich Unendlichen" kommt von dem unklaren Begriff der irrationalen Zahl her. D.h. davon, daß die logisch verschiedensten Gebilde, ohne klare Begrenzung des Begriffs, „irrationale Zahl" genannt werden. Die Täuschung, als hätte man einen festen Begriff, rührt daher/beruht darauf/, daß man in Zeichen von der Art „0˙abcd... ad inf." einen Standard/Begriff/Bild/ zu haben glaubt, dem sie (die Irrationalzahlen) jedenfalls entsprechen müssen. |

5.87.4.1   3   „Angenommen, ich schneide eine Strecke dort, wo kein rationaler Punkt (keine rationale Zahl) ist". Aber kann man denn das? Von was für Strecken sprichst Du? – „Aber, wenn meine Meßinstrumente fein genug wären, so könnte ich mich doch durch fortgesetzte Bisektionen einem gewissen Punkt unbegrenzt nähern." – Nein, denn ich könnte ja eben niemals erfahren, ob mein Punkt ein solcher ist. Meine Erfahrung wird immer nur sein, daß ich ihn bis jetzt nicht erreicht habe. „Aber wenn ich nun mit einem absolut genauen Reißzeug die Konstruktion der $\sqrt{2}$ durchgeführt hätte und mich nun dem erhaltenen Punkt durch Bisektion nähere, dann weiß ich doch, daß dieser Prozeß den konstruierten Punkt niemals erreichen wird." – Aber das wäre doch sonderbar, wenn so die eine Konstruktion der andern sozusagen etwas vorschreiben könnte! Und so ist es ja auch nicht. Es ist sehr leicht möglich, daß ich bei der ‚genauen' Konstruktion der $\sqrt{2}$ zu einem Punkt komme, den die Bisektion, sagen wir nach 100 Stufen, erreicht; – aber dann werden wir sagen: unser Raum ist nicht euklidisch. –

5.87.5.1   4   Der „Schnitt in einem irrationalen Punkt" ist ein Bild, und ein irreführendes Bild.

2.265.7.1   5   Ein Schnitt ist ein Prinzip der Teilung in größer und kleiner.

5.87.6.1   6   Sind durch den Schnitt einer Strecke die Resultate aller Bisektionen, die sich dem Schnittpunkt nähern sollen, vorausbestimmt? Nein.

5.88.1.1 1   In dem vorigen Beispiel, in dem ich mich bei der successiven
Einschränkung eines Intervalls durch Bisektionen einer Strecke von den
Ergebnissen des Würfelns leiten ließ, hätte ich ebensowohl das
Anschreiben eines Dezimalbruches vom Würfeln leiten lassen können.
So bestimmt auch die Beschreibung „endloser Vorgang des Wählens
zwischen 1 und 0" beim Anschreiben eines Dezimalbruches kein
Gesetz. Man möchte etwa sagen: Die Vorschrift des endlosen Wählens
zwischen 0 und 1 in diesem Falle könnte durch ein Symbol
„0˙⁰⁰⁰₁₁₁⋯ ad inf." wiedergegeben werden. Wenn ich aber ein Gesetz so
andeute: „0˙001001001... ad inf.", so ist es nicht das endliche
Reihenstück als Spezimen der unendlichen Reihe, was ich zeigen will,
sondern die aus ihm entnehmbare Gesetzmäßigkeit. Aus „0˙⁰⁰⁰₁₁₁⋮⋮⋮ ad inf."
entnehme ich eben kein Gesetz, sondern gerade den Mangel eines
Gesetzes.

5.91.1.1 2   (Welches Kriterium gibt es dafür, daß die irrationalen Zahlen komplett
sind? Sehen wir uns eine irrationale Zahl an: Sie läuft entlang einer
Reihe rationaler Näherungswerte. Wann verläßt sie diese Reihe?
Niemals. Aber sie kommt allerdings auch niemals zu einem Ende.

5.91.1.2   Angenommen, wir hätten die Gesamtheit aller irrationalen Zahlen
mit Ausnahme einer einzigen. Wie würde uns diese abgehen? Und wie
würde sie nun – wenn sie dazukäme, die Lücke füllen? – Angenommen,
es wäre π. Wenn die irrationale Zahl durch die Gesamtheit ihrer
Näherungswerte gegeben ist, so gäbe es bis zu jedem beliebigen Punkt
eine Reihe, die mit der von π übereinstimmt. Allerdings kommt für jede
solche Reihe ein Punkt der Trennung. Aber dieser Punkt kann beliebig
weit „draußen" liegen, so daß ich zu jeder Reihe, die π begleitet, eine
finden kann, die es weiter begleitet. Wenn ich also die Gesamtheit der
irrationalen Zahlen habe, außer π, und nun π einsetze, so kann ich
keinen Punkt angeben, an dem π nun wirklich nötig wird, es hat an
jedem Punkt einen Begleiter, der es vom Anfang an begleitet.

5.91.1.3   Auf die Frage „wie würde uns π abgehen", müßte man antworten:
π, wenn es eine Extension wäre, würde uns niemals abgehen. D.h., wir
könnten niemals eine Lücke bemerken, die es füllt. Wenn man uns
fragte: „aber hast Du auch einen unendlichen Dezimalbruch, der die
Ziffer m an der r-ten Stelle hat und n an der s-ten, etc.?" – wir könnten
ihm immer dienen.)

5.91.2.1 3   „Die gesetzmäßig fortschreitenden unendlichen Dezimalbrüche sind
noch ergänzungsbedürftig durch eine unendliche Menge ungeordneter
/regelloser/ unendlicher Dezimalbrüche, die ‚unter den Tisch fielen',
wenn wir uns auf die gesetzmäßig erzeugten beschränkten."
Wo ist so ein nicht gesetzmäßig erzeugter unendlicher Dezimalbruch?
Und wie können wir ihn vermissen? Wo ist die Lücke, die er
auszufüllen hätte?

5.91.3.1 4   Wie ist es, wenn man die verschiedenen Gesetze der Bildung von
Dualbrüchen durch die Menge der endlichen Kombinationen der
Ziffern 0 und 1 sozusagen kontrolliert? – Die Resultate eines Gesetzes
durchlaufen die endlichen Kombinationen und die Gesetze sind daher,
was ihre Extensionen anlangt, komplett, wenn alle endlichen
Kombinationen durchlaufen werden.

5.92.1.1   1   Wenn man sagt: zwei Gesetze sind identisch, wenn sie auf jeder Stufe das gleiche Resultat ergeben, so erscheint uns das wie eine ganz allgemeine Regel. In Wirklichkeit aber hat dieser Satz verschiedenen Sinn, je nachdem was das Kriterium dafür ist, daß sie auf jeder Stufe das gleiche Resultat liefern. (Denn die supponierte allgemein anwendbare Methode des endlosen Probierens gibt es ja nicht!) Wir decken also die verschiedensten Bedeutungen mit einer, von einer Analogie hergenommenen, Redeweise und glauben nun, wir hätten die verschiedensten Fälle in e i n e m System vereinigt.

5.92.2.1   2   (Die Vorschriften/Gesetze/, die den irrationalen Zahlen entsprechen, gehören insofern alle der gleichen Type an, als sie alle schließlich Vorschriften zur successiven Erzeugung von Dezimalbrüchen sein müssen. Die gemeinsame Dezimalnotation bedingt in gewissem Sinne, eine gemeinsame Type.)

5.92.2.2   Man könnte das auch so sagen: Beim Approximieren durch fortgesetzte Zweiteilung kann man sich j e d e m Punkt der Strecke durch r a t i o n a l e Zahlen nähern. Es gibt keinen Punkt, dem man sich nur durch irrationale Schritte einer bestimmten Type nähern könnte. Dies ist natürlich nur, in andere Worte gekleidet, die Erklärung, daß wir unter irrationaler Zahl einen unendlichen Dezimalbruch verstehen. Und diese Erklärung wieder ist weiter nichts, als eine beiläufige Erklärung der Dezimalnotation, etwa mit einer Andeutung, daß wir Gesetze unterscheiden, die periodische Dezimalbrüche liefern und andere.

5.148.4.1   3   Durch die falsche Auffassung des Wortes „unendlich" und der Rolle der „unendlichen Entwicklung" in der Arithmetik der reellen Zahlen, wird man zu der Meinung verführt, es gäbe eine einheitliche Notation der irrationalen Zahlen (nämlich eben die der unendlichen Extensionen, z.B. der unendlichen Dezimalbrüche).

5.148.4.2   Dadurch, daß man bewiesen hat, daß für jedes Paar von Kardinalzahlen x und y $(\frac{x}{y})^2 \neq 2$ ist, ist doch nicht $\sqrt{2}$ e i n e r Zahlenart – genannt „die irrationalen Zahlen" – eingeordnet. Diese Zahlenart müßte ich doch erst aufbauen; oder: von der neuen Zahlenart ist mir doch nicht mehr bekannt, als i c h bekannt mache.

Arten irrationaler Zahlen.
(π′, P, F)

5.145.1.1 1   π′ ist eine Regel zur Erzeugung von Dezimalbrüchen, und zwar ist die Entwicklung von π′ dieselbe, wie die von π, außer wenn in der Entwicklung von π eine Gruppe 777 vorkommt; in diesem Falle tritt statt dieser Gruppe die Gruppe 000. Unser Kalkül kennt keine Methode, um zu finden, wo wir in der Entwicklung von π auf so eine Gruppe stoßen.

5.145.1.1   P ist eine Regel zur Erzeugung von Dualbrüchen. In der Entwicklung steht an der n-ten Stelle eine 1 oder eine 0, je nachdem n prim ist oder nicht.

5.145.1.1   F ist eine Regel zur Erzeugung von Dualbrüchen. An der n-ten Stelle steht eine 0, außer dann, wenn ein Zahlentripel x, y, z aus den ersten 100 Kardinalzahlen die Gleichung $x^n + y^n = z^n$ löst.

5.145.2.1 2   Man möchte sagen, die einzelnen Ziffern der Entwicklung (von π z.B.) sind immer nur die Resultate, die Rinde des fertigen Baumes. Das, worauf es ankommt, oder woraus noch etwas Neues wachsen kann, ist im Innern des Stammes, wo die Triebkräfte sind. Eine Änderung des Äußeren ändert den Baum überhaupt nicht. Um ihn zu ändern, muß man in den noch lebenden Stamm gehen.

5.145.3.1 3   Ich nenne „$π_n$" die Entwicklung von π bis zur n-ten Stelle. Dann kann ich sagen: Welche Zahl $π′_{100}$ ist, verstehe ich; nicht aber π′, weil π ja gar keine Stellen hat, ich also auch keine durch andere ersetzen kann. /Welche Zahl $π′_{100}$ ist/bedeutet/, verstehe ich; nicht aber, (welche) π′, weil ...../ Anders wäre es, wenn ich z.B. die Division a ^{5}:^{3} b als eine Regel zur Erzeugung von Dezimalbrüchen erkläre, durch Division und Ersetzung jeder 5 im Quotienten durch eine 3. Hier kenne ich z.B. die Zahl 1 ^{5}:^{3} 7. – Und wenn unser Kalkül eine Methode enthält, ein Gesetz der Lagen von 777 in der Entwicklung von π zu berechnen, dann ist nun im Gesetz von π von 777 die Rede, und das Gesetz kann durch die Substitution von 000 für 777 geändert werden. Dann aber ist π′ etwas anderes, als das, was ich oben definiert habe; es hat eine andere Grammatik, als die von mir angenommene. In unserm Kalkül gibt es keine Frage, ob π gleich oder größer ist als π′/ob π π′ ist oder nicht/ und keine solche Gleichung oder Ungleichung. π′ ist mit π unvergleichbar. Und zwar kann man nun nicht sagen „noch unvergleichbar", denn, sollte ich einmal etwas π′ Ähnliches konstruieren, das mit π vergleichbar ist, dann wird das eben darum nicht mehr π′ sein. Denn π′ sowie π sind ja Bezeichnungen für ein Spiel, und ich kann nicht sagen, das Damespiel werde noch mit weniger Steinen gespielt als das Schach, da es sich ja einmal zu einem Spiel mit 16 Steinen entwickeln könne. Dann wird es nicht mehr das sein, was wir „Damespiel" nennen. (Es sei denn, daß ich mit diesem Wort gar nicht ein Spiel bezeichne, sondern etwa eine Charakteristik mehrerer Spiele; und auch diesen Nachsatz kann man auf π′ und π anwenden.) Da es nun ein Hauptcharakteristikum einer Zahl ist, mit andern Zahlen vergleichbar zu sein, so ist die Frage, ob man π′ eine Zahl nennen soll und ob eine reelle Zahl; wie immer man es aber nennt, so ist das Wesentliche, daß π′ in einem andern Sinne Zahl ist, als π. – Ich kann ja auch ein Intervall einen Punkt nennen; ja es kann einmal praktisch sein, das zu tun; aber wird es nun einem Punkt ähnlicher, wenn ich vergesse, daß ich hier das Wort „Punkt" in doppelter Bedeutung gebraucht habe?

5.146.0.2   Es zeigt sich hier klar, daß die Möglichkeit der Dezimalentwicklung π′ nicht zu einer Zahl im Sinne von π macht. Die Regel für diese Entwicklung ist natürlich eindeutig, so eindeutig wie die für π oder $\sqrt{2}$, aber das ist kein Argument dafür, daß π′ eine reelle Zahl ist; wenn man die Vergleichbarkeit mit andern reellen Zahlen /mit rationalen Zahlen/ für ein wesentliches Merkmal der reellen Zahl nimmt. Man kann ja auch von dem Unterschied zwischen den rationalen und den irrationalen Zahlen abstrahieren, aber der Unterschied verschwindet doch dadurch nicht. Daß π′ eine eindeutige Regel zur Entwicklung von Dezimalbrüchen ist, bedeutet /konstituiert/ natürlich eine Ähnlichkeit zwischen π′ und π oder $\sqrt{2}$; aber auch ein Intervall hat Ähnlichkeit mit einem Punkt, etc.. Allen Irrtümern, die in diesem Kapitel der Philosophie der Mathematik gemacht werden, liegt immer wieder die Verwechslung zu Grunde zwischen internen Eigenschaften einer Form (der Regel als Bestandteil des Regelverzeichnisses) und dem, was man im gewöhnlichen Leben „Eigenschaft" nennt (rot als Eigenschaft dieses Buches). Man könnte auch sagen: die ?Widersprüche und Unklarheiten? werden dadurch hervorgerufen, daß die Mathematiker /Menschen/ einmal unter einem Wort, z.B. „Zahl", ein bestimmtes Regelverzeichnis verstehen, ein andermal ein variables Regelverzeichnis; so als nennte ich „Schach" einmal das bestimmte Spiel, wie wir es heute spielen, ein andermal das Substrat einer bestimmten historischen Entwicklung.

5.147.1.1   1   „Wieweit muß ich π entwickeln, um es einigermaßen zu kennen?" – Das heißt natürlich nichts. Wir kennen es also schon, ohne es überhaupt zu entwickeln. Und, in diesem Sinne, könnte man sagen, kenne ich π′ gar nicht. Hier zeigt sich nur ganz deutlich, daß π′ einem anderen System angehört als π, und das erkennt man, wenn man, statt „die Entwicklungen" der beiden zu vergleichen, die Art der Gesetze allein ins Auge faßt.

5.147.2.1   1   Zwei mathematische Gebilde, deren eines ich in meinem Kalkül mit jeder rationalen Zahl vergleichen kann, das andere nicht, – sind nicht Zahlen im gleichen Sinne des Wortes. Der Vergleich der Zahl mit einem Punkt auf der Zahlgeraden/Zahlengeraden/ ist nur stichhältig, wenn man für je zwei Zahlen a und b sagen kann, ob a rechts von b, oder b rechts von a liegt.

5.147.3.1   Es genügt nicht, daß man den Punkt durch Verkleinerung seines Aufenthaltsortes – angeblich – mehr und mehr bestimmt, sondern man muß ihn konstruieren. Fortgesetztes Würfeln schränkt zwar den möglichen Aufenthalt des Punktes unbeschränkt ein, aber es bestimmt keinen Punkt. Der Punkt ist nach jedem Wurf (oder jeder Wahl) noch unendlich unbestimmt – oder richtiger: er ist nach jedem Wurf unendlich unbestimmt. Ich glaube, hier werden wir von der absoluten Größe der Gegenstände in unserem Gesichtsraum irregeführt; und andrerseits von der Zweideutigkeit des Ausdrucks „sich einem Punkte/Gegenstand/ nähern". Von einer Strecke im Gesichtsfeld kann man sagen, sie nähere sich durch Einschrumpfen immer mehr einem Punkt; d.h. sie werde einem Punkt immer ähnlicher. Dagegen wird die euklidische Strecke durch Einschrumpfen einem Punkt nicht ähnlicher, sie bleibt ihm vielmehr immer gleich unähnlich, weil ihre Länge den Punkt, sozusagen, gar nichts angeht. Wenn man von der euklidischen Strecke sagt, sie nähere sich durch Einschrumpfen einem Punkt, so hat das nur Sinn, sofern schon ein Punkt bezeichnet ist, dem sich ihre Enden nähern, und kann nicht heißen, sie erzeuge durch Einschrumpfen einen Punkt. Sich einem Punkt nähern hat eben zwei Bedeutungen: es heißt einmal, ihm räumlich näher kommen, dann muß er schon da sein, denn ich kann mich in diesem Sinne einem Menschen nicht nähern, der nicht vorhanden ist. Anderseits heißt es „einem Punkt ähnlicher werden", wie man etwa sagt, die Affen haben sich dem Stadium des Menschen in ihrer Entwicklung genähert, die Entwicklung habe den Menschen erzeugt.

5.148.1.1   2   Zu sagen „zwei reelle Zahlen sind identisch, wenn sie in allen Stellen ihrer Entwicklung übereinstimmen", hat nur dann Sinn, wenn ich dem Ausdruck „in allen Stellen übereinstimmen", durch eine Methode diese Übereinstimmung festzustellen, einen Sinn gegeben habe. Und das Gleiche gilt natürlich für den Satz „sie stimmen nicht überein, wenn sie an irgend einer Stelle nicht übereinstimmen".

5.148.2.1   3   Könnte man aber nicht auch umgekehrt π' als das Ursprüngliche, und also als den zuerst angenommenen Punkt, betrachten und dann über die Berechtigung von π im Zweifel sein? – Was ihre Extensionen betrifft, sind sie natürlich gleichberechtigt; was uns aber dazu veranlaßt, π einen Punkt auf der Zahlengeraden zu nennen, ist seine Vergleichbarkeit mit den Rationalzahlen.

5.148.3.1   1   Wenn ich π, oder sagen wir $\sqrt{2}$, als Regel zur Erzeugung von Dezimalbrüchen auffaße, so kann ich natürlich eine Modifikation dieser Regel erzeugen, indem ich sage, es solle jede 7 in der Entwicklung von $\sqrt{2}$ durch eine 5 ersetzt werden; aber diese Modifikation ist von ganz andrer Art/Natur/ als die, welche, etwa, durch eine Änderung des Radikanden, oder des Wurzelexponenten erzeugt wird. Ich nehme z.B. in das modifizierte Gesetz eine Beziehung zum Zahlensystem der Entwicklung auf, die in dem ursprünglichen Gesetz $\sqrt{2}$ nicht vorhanden war. Die Änderung des Gesetzes ist von viel fundamentalerer Art, als es zuerst den Anschein haben könnte. Ja, wenn wir das falsche Bild von der unendlichen Extension vor uns haben, dann kann es allerdings scheinen, als ob ich durch die Hinzufügung der Ersetzungsregel 7→5 zur $\sqrt{2}$ diese viel weniger verändert hätte, als etwa durch Änderung der $\sqrt{2}$ in $\sqrt{2\dot{1}}$, denn die Entwicklungen von $\sqrt{2}^{7\to 5}$ lauten denen von $\sqrt{2}$ sehr ähnlich, während die Entwicklung der $\sqrt{2\dot{1}}$ schon nach der zweiten Stelle gänzlich von der der $\sqrt{2}$ abweicht.

5.149.1.1   2   Gebe ich eine Regel ρ zur Bildung von Extensionen an, aber so, daß mein Kalkül kein Mittel kennt, vorherzusagen, wie oft höchstens sich eine scheinbare Periode der Extension wiederholen kann, dann ist ρ von einer reellen Zahl insofern verschieden, als ich $\rho - a$ in gewissen Fällen nicht mit einer Rationalzahl vergleichen kann, so daß der Ausdruck $\rho - a = b$ unsinnig wird. Wäre z.B. die mir bekannte Entwicklung von ρ bis auf weiteres $3\dot{1}411111\ldots$, so ließe es sich von der Differenz $\rho - 3\dot{1}41$ nicht sagen, sie sei größer, oder sie sei kleiner, als 0; sie läßt sich also in diesem Sinne nicht mit 0 vergleichen, also nicht mit einem Punkt der Zahlenachse, und sie und ρ nicht in demselben Sinne Zahl nennen wie einen dieser Punkte.

4.107.3.1   3 | Die Ausdehnung eines Begriffes der Zahl, des Begriffs ‚alle', etc. erscheint uns (ganz) harmlos; aber sie ist es nicht, wenn/sobald/ wir vergessen, daß wir unsern Begriff tatsächlich geändert haben. |

4.151.1.1   4 | Was die irrationalen Zahlen betrifft, so sagt meine Untersuchung nur, daß es falsch (oder irreführend) ist, von Irrationalzahlen zu sprechen, indem man sie als Zahlenart den Kardinalzahlen und Rationalzahlen gegenüberstellt, weil man „Irrationalzahlen" in Wirklichkeit verschiedene Zahlenarten nennt, – voneinander so verschieden, wie die Rationalzahlen von jeder dieser Arten. |

5.149.2.1   5   Es wäre eine gute Frage für die Scholastiker gewesen: „Kann Gott alle Stellen von π kennen".

5.149.3.1 1 Es tritt uns bei diesen Überlegungen immer wieder etwas entgegen, was man „arithmetisches Experiment" nennen möchte. Was herauskommt ist zwar durch das Gegebene bestimmt, aber ich kann nicht erkennen, w i e es dadurch bestimmt ist. So geht es mit dem Auftreten der 7 in der Entwicklung von π; so ergeben sich auch die Primzahlen als Resultate eines Experiments. Ich kann mich davon überzeugen, daß 31 eine Primzahl ist, aber ich sehe den Zusammenhang nicht zwischen ihr (ihrer Lage in der Reihe der Kardinalzahlen) und der Bedingung, der sie entspricht. – Aber diese Perplexität ist nur die Folge eines falschen Ausdrucks. Der Zusammenhang, den ich nicht zu sehen glaube, existiert gar nicht. Ein – sozusagen unregelmäßiges – Auftreten der 7 in der Entwicklung von π gibt es gar nicht, denn es gibt ja keine Reihe, die „d i e Entwicklung von π" hieße. Es gibt Entwicklungen von π, nämlich die, die man entwickelt hat (vielleicht 1000) und in diesen kommt die 7 nicht „regellos" vor, denn ihr Auftreten in ihnen läßt sich beschreiben. – (Dasselbe für die „Verteilung der Primzahlen". Wer uns ein Gesetz dieser Verteilung gibt, gibt uns eine n e u e Zahlenreihe, neue Zahlen.) (Ein Gesetz des Kalküls, das ich nicht kenne, ist kein Gesetz.) (Nur was ich s e h e, ist ein Gesetz; nicht, was ich b e s c h r e i b e. Nur das hindert mich, mehr in meinen Zeichen auszudrücken, als ich verstehen kann.)

5.150.4.1 2 Hat es keinen Sinn, – auch dann, wenn der Fermat'sche Satz bewiesen ist, – zu sagen F = 0˙11? (Wenn ich etwa in der Zeitung davon läse.) Ja, ich werde dann sagen: „nun können wir also schreiben ‚F = 0˙11'". D.h. es liegt nahe, das Zeichen „F" aus dem früheren Kalkül, in dem es keine Rationalzahl bezeichnete, in den neuen hinüberzunehmen und nun 0˙11 damit zu bezeichnen.

5.150.5.1 3 F wäre ja eine Zahl, von der wir nicht wüßten, ob sie rational oder irrational ist. Denken wir uns eine Zahl, von der wir nicht wüßten, ob sie eine Kardinalzahl oder eine Rationalzahl ist. – Eine Beschreibung im Kalkül gilt eben nur als dieser bestimmte Wortlaut und hat nichts mit einem Gegenstand der Beschreibung zu tun, der vielleicht einmal gefunden werden wird.

2.255.6.1 4 Man könnte was ich meine auch in den Worten ausdrücken: Man kann keine Verbindung von Teilen der Mathematik oder Logik herausfinden, die schon vorhanden war, ohne daß man es wußte.

5.193.1.1 5 In der Mathematik gibt es kein „noch nicht" und kein „bis auf weiteres" (außer in dem Sinne, in welchem man sagen kann, man habe noch nicht 1000-stellige Zahlen miteinander multipliziert).

5.157.1.1 6 „Ergibt die Operation, z.B., eine rationale Zahl?" – wie kann das gefragt werden, wenn man keine Methode zur Entscheidung der Frage hat? denn die Operation e r g i b t doch nur im festgesetzten Kalkül. Ich meine: „ergibt" ist doch wesentlich präsens/zeitlos/. Es heißt doch nicht: „ergibt mit der Zeit"! – sondern: ergibt nach der gegenwärtigen Regel. /.... nach der jetzt bekannten, festgesetzten Regel./

5.84.2.2 1 „Die Lage aller Primzahlen muß doch irgendwie vorausbestimmt sein. Wir rechnen sie nur successive aus, aber sie sind alle schon bestimmt. Gott kennt sie sozusagen alle. Und dabei scheint es doch möglich, daß sie nicht durch ein Gesetz bestimmt sind. –" – Immer wieder das Bild von der Bedeutung eines Wortes, als einer vollen Kiste, deren Inhalt uns mit ihr und in ihr verpackt gebracht wird, und den wir nur zu untersuchen haben. – Was wissen wir denn von den Primzahlen? Wie ist uns denn dieser Begriff überhaupt gegeben? Treffen wir nicht selbst die Bestimmungen über ihn? Und wie seltsam, daß wir dann annehmen, es müssen Bestimmungen über ihn getroffen sein, die wir nicht getroffen haben. Aber der Fehler ist begreiflich. Denn wir gebrauchen das Wort „Primzahlen" und es lautet ähnlich wie „Kardinalzahlen", „Quadratzahlen", „gerade Zahlen", etc.. So denken wir, es wird sich ähnlich gebrauchen lassen, vergessen aber, daß wir ganz andere – andersartige – Regeln für das Wort „Primzahl" gegeben haben, und kommen nun mit uns selbst in einen seltsamen Konflikt. – Aber wie ist das möglich? die Primzahlen sind doch die uns wohlbekannten Kardinalzahlen, – wie kann man dann sagen, der Begriff der Primzahl sei in anderem Sinne ein Zahlbegriff, als der der Kardinalzahl? Aber hier spielt uns wieder die Vorstellung einer „unendlichen Extension" als einem Analogon/eines Analogons/ zu den uns bekannten „endlichen" Extensionen einen Streich. Der Begriff ‚Primzahl' ist freilich mit Hilfe des Begriffes ‚Kardinalzahl' erklärt, aber nicht „die Primzahlen" mit Hilfe „der Kardinalzahlen"; und den Begriff ‚Primzahl' haben wir in wesentlich anderer Weise aus dem Begriff ‚Kardinalzahl' abgeleitet, als, etwa, den Begriff ‚Quadratzahl'. (Wir können uns also nicht wundern, wenn er sich anders benimmt.) Man könnte sich sehr wohl eine Arithmetik denken, die – sozusagen – beim Begriff ‚Kardinalzahl' sich nicht aufhält, sondern gleich zu dem der Quadratzahl übergeht (diese Arithmetik wäre natürlich nicht so anzuwenden, wie die unsere). Aber der Begriff ‚Quadratzahl' hätte dann nicht den Charakter, den er in unserer Arithmetik hat; daß nämlich wesentlich ein Teilbegriff sei, daß die Quadratzahlen wesentlich ein Teil der Kardinalzahlen seien; sondern sie wären eine komplette Reihe mit einer kompletten Arithmetik. Und nun denken wir uns dasselbe für die Primzahlen gemacht! Da würde es klar, daß diese nun in einem andern Sinne „Zahlen" seien, als z.B. die Quadratzahlen; und als die Kardinalzahlen.

5.171.3.1 2 Könnten die Berechnungen eines Ingenieurs ergeben, daß die Stärke /daß eine Dimension/ eines Maschinenteils bei gleichmäßig wachsender Belastung in der Reihe der Primzahlen fortschreiten müsse?/, daß die Stärken eines Maschinenteils ..... müssen?/

REGELLOSE UNENDLICHE DEZIMALZAHL.

5.82.1.1   1   „Regellose unendliche Dezimalzahl". Die Auffassung ist immer die, als ob wir nur Wörter unserer Umgangssprache zusammenstellen brauchten, und die Zusammenstellung hätte damit einen Sinn, den wir jetzt eben erforschen müßten – wenn er uns nicht gleich ganz klar sein sollte. Es ist, als wären die Wörter Ingredienzien einer chemischen Verbindung, die wir zusammenschütten, sich miteinander verbinden lassen, und nun müßten wir eben die Eigenschaften der (betreffenden) Verbindung untersuchen. Wer sagte, er verstünde den Ausdruck „regellose unendliche Dezimalzahl" nicht, dem würde geantwortet: „das ist nicht wahr, Du verstehst ihn sehr gut! weißt Du nicht, was die Worte „regellos", „unendlich" und „Dezimalzahl" bedeuten?! – Nun, dann verstehst Du auch ihre Verbindung". Und mit dem ‚Verständnis' ist hier gemeint, daß er diese Wörter in gewissen Fällen anzuwenden weiß und etwa eine Vorstellung mit ihnen verbindet. In Wirklichkeit tut der, welcher diese Worte zusammenstellt und fragt „was bedeutet das" etwas ähnliches, wie die kleinen Kinder, die ein Papier mit regellosen Strichen bekritzeln, es dem Erwachsenen zeigen und fragen: „was ist das?"

5.84.2.1   2   „Unendlich kompliziertes Gesetz", „unendlich komplizierte Konstruktion". („Es glaubt der Mensch, wenn er nur Worte hört, es müsse sich dabei auch etwas denken lassen".)

5.87.2.1   3   Wie unterscheidet sich ein unendlich kompliziertes Gesetz vom Fehlen eines Gesetzes?

5.87.3.1   4   (Vergessen wir nicht: Die Überlegungen der Mathematiker über das Unendliche sind doch lauter endliche Überlegungen. Womit ich nur meine, daß sie ein Ende haben.)

5.82.2.1   5   „Eine regellose unendliche Dezimalzahl kann man sich z.B. dadurch erzeugt denken, daß endlos gewürfelt wird und die Zahl der Augen jedesmal eine Dezimalstelle ist". Aber, wenn endlos gewürfelt wird, kommt ja eben kein endgültiges Resultat heraus.

5.82.4.1   6   „Nur der menschliche Intellekt kann das nicht erfassen, ein höherer könnte es!" Gut, dann beschreibe mir die Grammatik des Ausdrucks „höherer Intellekt"; was kann ein solcher erfassen und was nicht, und unter welchen Umständen/in welchem Falle (der Erfahrung)/ sage ich, daß ein Intellekt etwas erfaßt? Du wirst dann sehen, daß die Beschreibung des Erfassens das Erfassen selbst ist. (Vergleiche: Lösung eines mathematischen Problems.)

Nehmen wir an, wir würfen mit einer Münze „Kopf und Adler" und teilen nun eine Strecke $\overline{AB}$ nach folgender Regel: „Kopf" sagt: A⊢——————+—+ɪɪɪ——⊣B nimm die linke Hälfte und teile sie, wie der nächste Wurf vorschreibt. „Adler" sagt: nimm die rechte Hälfte etc.. Durch fortgesetztes Würfeln erzeuge ich dann Schnittpunkte, die sich in einem immer kleineren Intervall bewegen. Beschreibt es nun die Lage eines Punktes, wenn ich sage, es solle der sein, dem sich bei fortgesetztem Würfeln die Schnitte unendlich nähern? Hier glaubt man etwa einen Punkt bestimmt zu haben, der einer regellosen unendlichen Dezimalzahl entspricht. Aber die Beschreibung bestimmt doch ausdrücklich: k e i n e n Punkt; es sei denn, daß man sagt, daß die Worte „Punkt auf dieser Strecke" auch „einen Punkt bestimmen". Wir verwechseln hier die Vorschrift des Würfelns mit der mathematischen Vorschrift, etwa Dezimalstellen der $\sqrt{2}$ zu erzeugen. Diese mathematischen Vorschriften s i n d die Punkte. D.h., es lassen sich zwischen diesen Vorschriften Beziehungen finden, die in ihrer Grammatik den Beziehungen „größer" und „kleiner" zwischen zwei Strecken analog sind und daher mit diesen Worten bezeichnet werden. Die Vorschrift, Stellen der $\sqrt{2}$ auszurechnen, ist das Zahlzeichen der irrationalen Zahl selbst; und ich rede hier von einer „Zahl", weil ich mit diesen Zeichen (gewissen Vorschriften zur Bildung von Rationalzahlen) ähnlich rechnen kann, wie mit den Rationalzahlen selbst. Will ich also analog sagen, die Vorschrift des endlosen Halbierens nach Kopf und Adler bestimme einen Punkt, eine Zahl, so müßte das heißen, daß diese Vorschrift als Zahlzeichen, d.h. analog andern Zahlzeichen, gebraucht werden kann. Das ist aber natürlich nicht der Fall. Sollte diese Vorschrift einem Zahlzeichen entsprechen, so höchstens (sehr entfernt) dem unbestimmten Zahlwort „einige", denn sie tut nichts, als eine Zahl offen zu lassen. Mit einem Wort, ihr entspricht nichts anderes, als das ursprüngliche Intervall AB.

Appendix 1

Komplex und Tatsache.

3.294.6.1	1	Der Gebrauch des Wortes „Tatsache" und „Tat". – „Das war eine edle Tat". – „Aber das ist ja nie geschehen". –
3.294.6.1		Es liegt nahe, das Wort „Tat" so gebrauchen zu wollen, daß es nur dem wahren Satz entspricht. Man redet dann also nicht von einer Tat, die nie/nicht/ getan wurde. Aber der Satz „das war eine edle Tat" muß doch seinen Sinn behalten, auch wenn ich mich darin irre, daß geschehen ist, was ich die Tat nenne. Und darin liegt bereits alles Wichtige und ich kann nur die Bestimmung treffen, daß ich die Wörter „Tat", „Tatsache", (etwa auch „Ereignis") nur in einem Satz verwenden werde, der komplett, das Bestehen dieser Tatsache behauptet.
3.295.4.1	2	Es wäre besser, die Einschränkung in dem Gebrauch dieser Wörter fallen zu lassen, da sie nur irreführend wirkt, und ruhig zu sagen „diese Tat ist nicht begangen worden", „diese Tatsache besteht nicht", „dieses Ereignis ist nicht eingetreten".
3.302.7.1	3	Komplex ist nicht gleich Tatsache. Denn von einem Komplex sage ich z.B., er bewege sich von einem Ort zum andern, aber nicht von einer Tatsache.
3.302.7.2		Daß aber dieser Komplex sich jetzt dort befindet, ist eine Tatsache.
3.303.3.1	4	„Dieser Gebäudekomplex wird eingerissen" heißt so viel wie „die Gebäude, die so beisammenstehen, werden eingerissen".
3.303.4.1	5	Die Blume, das Haus, das Sternbild nenne ich Komplexe, und zwar, von Ziegeln, von Blättern, von Sternen, etc..
3.303.4.2		Daß dieses Sternbild hier steht, kann allerdings durch einen Satz beschrieben werden, worin nur von seinen Sternen die Rede ist und das Wort ‚Sternbild', oder sein Name, nicht vorkommen.
3.303.5.1	6	Aber das ist auch alles, was man von der Beziehung zwischen Komplex und Tatsache sagen kann. Und Komplex ist ein räumlicher Gegenstand, bestehend aus räumlichen Gegenständen. (Wobei der Begriff ‚räumlich' einiger Ausdehnung fähig ist.)
3.303.6.1	7	Ein Komplex besteht aus seinen Teilen, den gleichartigen Dingen, die ihn bilden. (Dies ist natürlich ein Satz der Grammatik über die Wörter ‚Komplex', ‚Teil' und ‚bestehen'.)
3.303.7.1	8	Zu sagen, ein roter Kreis bestehe aus Röte und Kreisförmigkeit, oder sei ein Komplex aus diesen Bestandteilen, ist ein Mißbrauch dieser Wörter und irreführend (Frege wußte dies).
3.303.7.2		Ebenso irreführend, zu sagen, die Tatsache, daß dieser Kreis rot ist (daß ich müde bin), sei ein Komplex aus den Bestandteilen Kreis und Röte (aus Mir/dem Ich/ und der Müdigkeit).

3.303.8.1	1	Auch ist das Haus nicht ein Komplex aus den Ziegeln und ihren räumlichen Beziehungen. D.h., auch das ist gegen den richtigen Gebrauch der Worte/des Wortes/.
3.303.9.1	2	Man kann nun zwar auf eine Konstellation zeigen und sagen: diese Konstellation besteht ganz aus Gegenständen/Bestandteilen/, die ich schon kenne; aber man kann nicht ‚auf eine falsche Tatsache zeigen' und dies sagen.
3.304.2.1	3	Der Ausdruck „eine Tatsache beschreiben" oder „die Beschreibung einer Tatsache" für die Aussage, die das Bestehen der Tatsache behauptet, ist auch irreführend, weil es so klingt, wie „das Tier beschreiben, das ich gesehen habe".
3.304.3.1	4	Man sagt freilich auch „auf eine Tatsache hinweisen", aber das heißt immer „auf die Tatsache hinweisen, daß ….". Dagegen heißt „auf eine Blume zeigen" (oder „hinweisen") nicht, darauf hinweisen, daß diese Blüte auf diesem Stengel sitzt; denn von dieser Blüte und diesem Stengel braucht da gar nicht die Rede zu sein.
3.304.4.1	5	Ebensowenig kann es heißen, auf die Tatsache hinweisen, daß dort diese Blume steht.
3.304.5.1	6	Auf eine Tatsache hinweisen heißt, etwas behaupten, aussagen. ‚Auf eine Blume hinweisen' heißt das nicht.
3.304.6.1	7	Auch die Kette besteht (nur)? aus ihren Gliedern, nicht aus ihnen und ihren/deren/ räumlichen Beziehungen.
3.304.7.1	8	Die Tatsache, daß diese Glieder so zusammenhängen, besteht aus gar nichts.
3.304.8.1	9	Die Wurzel dieser Verwechslung ist der verwirrende Gebrauch des Wortes „Gegenstand".
3.304.9.1	10	Der Teil kleiner als das Ganze. Das gäbe auf Tatsache und Konstituent angewandt eine Absurdität.
5.36.3.1	11	Das Schema: Ding–Eigenschaft. Man sagt: eine Handlung habe eine Eigenschaft! etwa die der Schnelligkeit; oder die? der Güte.

BEGRIFF UND GEGENSTAND.
EIGENSCHAFT UND SUBSTRAT.

5.137.1.1   1   Begriff und Gegenstand: das ist bei Russell und Frege eigentlich
Eigenschaft und Ding; und zwar denke ich hier an einen räumlichen
Körper und seine Farbe. Man kann auch sagen: Begriff und Gegenstand,
– das ist Prädikat und Subjekt. Und die Subjekt-Prädikat-Form ist eine
Ausdrucksform menschlicher Sprachen. Es ist die Form „x ist y" (x ∈ y):
„mein Bruder ist groß", „das Gewitter ist nahe", „dieser Kreis ist rot",
„August ist stark", „2 ist eine Zahl", „dieses Ding ist ein Stück Kohle".

5.137.1.2   Wie nun die Physik von Körpern der Erfahrung den Begriff des
materiellen Punktes abgezogen hat, ähnlich hat man von der
Subjekt-Prädikat-Form unserer Sprachen die Subjekt-Prädikat-Form der
Logik abgezogen. Die reine S-P-Form soll nun a ∈ f(x) sein, wo „a" der
Name eines Gegenstandes ist. Sehen wir uns nun nach einer
Anwendung dieses Schemas um. Bei „Name eines Gegenstandes" denkt
man zuerst an Namen von Personen und andern räumlichen
Gegenständen (der Diamant Koh-i-Noor). So ein Name wird dem Ding
durch eine hinweisende Erklärung gegeben („das↗ ist/heißt/ ‚N'").
Diese Erklärung/Definition/ könnte aufgefaßt werden als eine Regel zur
Ersetzung der auf den Gegenstand hinweisenden Geste durch das Wort
„N"; so zwar, daß man statt des Namens „N" immer wieder jene Geste
setzen kann. Ich hätte also z.B. erklärt „dieser Mann heißt ‚N'" und sage
nun: „‚N' ist ein Mathematiker", „N ist faul", etc., und hätte in jedem
dieser Sätze statt ‚N' ‚dieser Mann' (mit der hinweisenden Geste) setzen
können. (Dann wäre es übrigens besser gewesen, die hinweisende
Erklärung lauten zu lassen: „dieser Mann heiße/heißt/ ‚N'", oder
„diesen Mann will ich ‚N' nennen", denn die frühere Fassung ist auch
der Satz, daß dieser Mann so genannt wird.)

5.137.1.2   Dies ist aber nicht die normale Art der Anwendung eines Namens;
für die ist es wesentlich, daß ich nicht vom Namen auf ein Zeichen der
Gebärdensprache zurückgreifen kann. Wenn nämlich N aus dem
Zimmer geht und später ein Mann ins Zimmer tritt, so hat – wie wir
den Namen „N" gebrauchen – die Frage Sinn, ob dieser Mann N ist, ob
dieser Mann derselbe ist, der vorhin das Zimmer verlassen hat. Und der
Satz „N ist wieder eingetreten/ins Zimmer getreten/" hat nur Sinn,
wenn ich die Frage entscheiden kann. Und es wird einen andern Sinn
haben, je nachdem, was das Kriterium dafür ist, daß dies derselbe/der/
Gegenstand ist, den ich früher ‚N' genannt habe. Je nach der Art dieses
Kriteriums werden also für das Zeichen ‚N' andere Regeln gelten, es
wird in anderem Sinne des Wortes ein ‚Name' sein. Und so kommt es,
daß das Wort ‚Name' und das ihm entsprechende ‚Gegenstand' die
Überschrift für eine Unzahl verschiedener/verschiedene/
Regelverzeichnisse ist/?einer Legion verschiedener Regelverzeichnisse
entspricht?/.

5.138.0.3   Geben wir räumlichen Gegenständen Namen, so beruht unsere Verwendung dieser Namen auf einem Kriterium der Identität, das die Kontinuität der Bewegung der Körper und ihre Undurchdringlichkeit zur Voraussetzung hat. Könnte ich also mit zwei Körpern A und B das tun, was ich mit ihren Schattenbildern an der Wand tun kann, aus ihnen Eins machen und aus dem Einem wieder zwei, so wäre die Frage sinnlos, welcher von den beiden nach der Trennung A und welcher B ist. Es sei denn, daß ich nun ein ganz neues Kriterium der Identität einführe, etwa die Form ihrer Bahn (für den Namen eines Flusses, der aus dem Zusammenfluß zweier Flüsse entsteht, gibt es so eine Regel: der resultierende Fluß erhält den Namen desjenigen Quellflusses, in dessen Richtung annähernd er weiterfließt).

5.138.0.3   Denken wir an die möglichen Kriterien der Identität, etwa von Farbflecken in meinem Gesichtsfeld (oder den Figuren auf der Leinwand des Kinos) und an die verschiedenen Verwendungsarten eines Namens, den ich einem solchen Fleck oder einer Figur gebe.

5.138.0.4   Gehen wir nun zur Schreibweise „$(\exists x)\, fx$" über, so ist klar, daß dies eine Sublimierung der Ausdrucksform unserer Sprache ist: „es gibt Menschen auf dieser Insel", „es gibt Sterne, die wir nicht sehen". Und einem Satz „$(\exists x)\, fx$" soll nun immer ein Satz „fa" entsprechen, und „a" soll ein Name sein. Man soll also sagen können: „$(\exists x)\, fx$, nämlich a und b" („es gibt einen Wert von x, der fx befriedigt, nämlich a und b"), oder „$(\exists x)\, fx$, z.B. a" etc.. Und dies ist auch möglich in einem Falle wie: „es gibt Menschen auf dieser Insel, nämlich die Herrn A, B, C, D". Aber ist es denn für den Sinn des Satzes „es gibt Menschen auf dieser Insel" wesentlich, daß wir sie benennen können, also ein bestimmtes Kriterium für die Identifizierung festlegen? Das ist es nur dann, wenn der Satz „$(\exists x)\, fx$" als eine Disjunktion von Sätzen von der Form „$f(\xi)$" definiert wird, wenn also z.B. festgesetzt wird: „es gibt Menschen auf dieser Insel" heiße „auf dieser Insel ist entweder Herr A oder B oder C oder D oder E"; wenn man also den Begriff ‚Mensch' als eine Extension bestimmt (was natürlich ganz gegen die normale Verwendung dieses Wortes wäre). (Dagegen bestimmt man z.B. den Begriff „primäre Farbe" wirklich als Extension.)

5.139.0.5   Es hat also auf den Satz „$(\exists x)\, fx$" nicht in allen Fällen die Frage einen Sinn „welche x befriedigen f". „Welcher rote Kreis vom Durchmesser 1cm befindet sich in der Mitte dieses Vierecks?" – Man darf die Frage „welcher Gegenstand befriedigt f?" nicht mit der Frage verwechseln „was für ein Gegenstand etc.?" Auf die erste Frage müßte ein Name zur Antwort kommen, die Antwort müßte also die Form „$f(a)$" annehmen können; auf die Frage „was für ein ....." aber ist die Antwort „$(\exists x)\, fx \cdot \varphi x$". So kann es sinnlos sein, zu fragen „welchen roten Fleck siehst Du?" aber Sinn haben, zu fragen: „was für einen roten Fleck siehst Du" (einen runden, viereckigen, etc.).

3.12.1.1   1   Ich möchte sagen: die alte Logik hat viel mehr Konvention und Physik in sich als man geglaubt hat. Wenn das Substantiv der Name eines Körpers ist, das Verbum etwa zur Bezeichnung einer Bewegung, das Adjektiv der Eigenschaft eines Körpers dient, dann sieht man wohl, wie voraussetzungsvoll diese Logik ist und kann annehmen, daß diese ursprünglichen Voraussetzungen (auch) noch tiefer in die Anwendung dieser Worte, in die Logik der Sätze reicht.

4.239.3.1	1	(Es wäre unsere Aufgabe, Figuren verschiedener Gestalt, die sich in einer Ebene I befänden in eine Ebene II zu projizieren. Wir könnten dann eine Projektionsmethode bestimmen (etwa die der orthogonalen Projektion) und nach ihr die Abbildung ausführen. Wir könnten dann auch leicht von den Bildern auf der Ebene II auf die Figuren in I schließen./Schlüsse ziehen./ Wir können aber auch diesen Weg einschlagen: Wir bestimmen etwa (vielleicht weil uns diese Darstellung am bequemsten ist), daß die Bilder in der zweiten Ebene sämtlich Kreise sein sollen, – was immer die abgebildeten Figuren in der ersten Ebene sein mögen. D.h., verschiedene Figuren der ersten Ebene werden durch verschiedene Projektionsmethoden in die zweite abgebildet. Um dann die Kreise in II als Bilder der Figuren in I zu verstehen/deuten/, werde ich zu jedem Kreis die Projektionsmethode angeben müssen; die (bloße) Tatsache aber, daß sich eine Figur in II als ein Kreis in I darstellt, sagt nun (allein noch) nichts über die (Gestalt der) abgebildete(n) Figur (aus)?. Daß das Bild in II ein Kreis ist, ist ja die festgesetzte Norm der/unserer/ Abbildung. – Dasselbe geschieht nun, wenn wir die Wirklichkeit nach der Subjekt-Prädikat-Norm in unsere Sprache abbilden. Das Subjekt-Prädikat Schema dient als Projektion unzähliger verschiedener logischer Formen.
4.239.4.1	2	„Begriff und Gegenstand" Freges, das ist nichts anderes als Subjekt und Prädikat.
2.207.4.1	3	Wenn ein Tisch braun angestrichen ist, so ist es leicht, sich das Holz als den Träger der Eigenschaft braun zu denken und man kann sich das vorstellen, was gleichbleibt, wenn die Farbe wechselt. Ja, auch im Falle e i n e s bestimmten Kreises, der einmal rot, einmal blau erscheint. Es ist also leicht, sich vorzustellen, w a s rot ist, aber schwer, was kreisförmig ist. Was b l e i b t hier, wenn Form und Farbe wechseln? Denn die Lage ist ein Teil der Form und es ist willkürlich, wenn ich festsetze, der Mittelpunkt soll fest bleiben und die Form sich nur durch den Radius ändern.
2.207.5.1		Wir werden uns wieder an die gewöhnliche Sprache halten müssen, und die sagt, daß ein F l e c k kreisförmig ist.
2.207.5.2		Es ist klar, daß hier das Wort „Träger der Eigenschaft" eine ganz falsche – unmögliche – Vorstellung gibt. – Wenn ich einen Klumpen Ton habe, so kann ich mir den als Träger einer Form denken und daher, ungefähr, kommt auch diese Vorstellung.
2.207.6.1		„Der Fleck ändert seine Form" und „der Tonklumpen ändert seine Form" sind eben verschiedene Satzformen.
2.207.9.1	4	Man kann sagen „miß nach, ob d a s ein Kreis ist" oder „sieh nach, ob d a s, was dort liegt ein Hut ist". Man kann auch sagen „miß nach, ob d a s ein Kreis ist oder eine Ellipse", aber nicht „.... ob das ein Kreis ist oder ein Hut" auch nicht „sieh nach, ob das ein Hut ist oder rot".
2.208.1.1	5	Wenn ich auf eine Linie zeige und sage „das ist ein Kreis" so kann man einwenden, daß, wenn es kein Kreis wäre, es nicht mehr d a s wäre. D.h.: was ich mit dem Wort „das" meine, muß unabhängig von dem sein, was davon ausgesagt wird.
2.208.2.1		(„War d a s Donner, oder ein Schuß". Man kann aber in diesem Falle nicht fragen „war das ein Lärm".)

2.208.8.1	1	Worin unterscheiden sich 2 gleichgroße rote Kreise? Diese Frage klingt so, als wären sie ja doch ungefähr Eines und nur durch eine Kleinigkeit unterschieden.
2.208.9.1		In der Darstellungsart durch Gleichungen drückt sich das Gemeinsame durch die Form der Gleichung aus und die Verschiedenheit durch die Verschiedenheit der Mittelpunktskoordinaten.
2.208.10.1		So ist es, als ob hier die Mittelpunktskoordinaten das wären, was den unter den Begriff fallenden Gegenständen entspräche.
2.208.11.1		Könnte man denn nicht statt „dies ist ein Kreis" sagen, „dieser Punkt ist Mittelpunkt eines Kreises"? Denn, Mittelpunkt eines Kreises zu sein, ist eine externe Eigenschaft des Punktes.
2.210.2.1	2	Was braucht es zu einer Beschreibung, daß – sagen wir – ein Buch an einer bestimmten Stelle ist? Die interne Beschreibung des Buches, d.i. des Begriffes und die Beschreibung seiner Lage, und die wäre durch Angabe der Koordinaten dreier Punkte möglich. Der Satz „ein solches Buch ist hier" würde dann heißen, es hat diese 3 Tripel von Bestimmungskoordinaten. Denn die Angabe des Hier darf eben nicht präjudizieren was hier ist.
2.210.2.2		Ist es nun aber nicht dasselbe, ob ich sage „dies ist ein Buch" und „hier ist ein Buch"? Der Satz würde dann etwa darauf hinauskommen, zu sagen „das sind 3 (bestimmte) Eckpunkte eines solchen Buches".
2.210.3.1		Man kann ähnlich auch sagen „dieser Kreis ist die Projektion einer Kugel" oder „dies ist die Erscheinung eines Menschen".
2.210.5.1		Alles was ich sage kommt darauf hinaus, daß $\varphi(x)$ eine externe Beschreibung von x sein muß.
2.210.6.1		Wenn ich nun in diesem Sinne im dreidimensionalen Raum sage „hier ist ein Kreis" und ein andermal „hier ist eine Kugel", sind die beiden Hier von gleicher Art? Ich will fragen: Kann man von demselben ‚Gegenstand' sinnvoll sagen: er sei ein Kreis und: er sei eine Kugel? Ist das Subjekt dieser Prädikate von der gleichen Type? Beide könnten doch die 3 Koordinaten des betreffenden Mittelpunkts sein. Aber die Lage des Kreises im dreidimensionalen Raum ist ja durch seine Mittelpunktskoordinaten nicht bestimmt.
2.225.7.1 2.225.8.1 2.226.2.1	3	Andererseits kann man freilich sagen: „Was mich nervös macht, ist nicht der Lärm, sondern die Farbe" und hier könnte es scheinen, als ob eine Variable eine Farbe und einen Lärm als Wert annähme. („Laute und Farben können als sprachliche Ausdrucksmittel dienen".) Es ist klar, daß jener Satz von der Art ist: „Wenn Du einen Schuß hörst, oder mich winken siehst, laufe davon". Denn dieser Art ist die Vereinbarung auf der die Funktion der gehörten oder gesehenen Sprache beruht.
2.264.1.1	4	„Ist es denkbar, daß zwei Dinge alle Eigenschaften miteinander gemein haben?" – Wenn es nicht denkbar ist, so ist auch das Gegenteil nicht denkbar.
2.248.1.1	5	Ja, wir sprechen vom Kreis, seinem Durchmesser, etc., etc. wie von einem Begriff, dessen Eigenschaften wir beschreiben, gleichgültig, welche Gegenstände unter diesen Begriff fallen. – Dabei ist aber ‚Kreis' gar kein Prädikat im ursprünglichen Sinn. Und überhaupt ist die Geometrie der Ort, wo die Begriffe der verschiedensten Gebiete miteinander vermischt werden.

Gegenstand.

4.17.6.1	1	„Ein Gegenstand läßt sich, in gewissem Sinne, nicht beschreiben" (auch bei Plato: „er kann nicht beschrieben/erklärt/ werden, sondern nur benannt") Mit „Gegenstand" meint man hier „Bedeutung eines nicht weiter definierbaren Wortes" und mit „Beschreibung" oder „Erklärung" eigentlich: Definition. Denn, daß der Gegenstand ‚von außen beschrieben werden' kann, daß ihm etwa Eigenschaften beigelegt /zugeschrieben/ werden können, wird natürlich nicht geleugnet.
4.18.1.1	2	Wir denken also bei einem Satz, wie dem oberen, an einen Kalkül mit undefinierbaren – aber richtig gesagt, undefinierten – Zeichen, den Namen, und sagen von ihnen, daß sie nicht erklärt werden können.
3.256.11.1	3	„Was ein Wort bedeutet, kann man/ein Satz/ nicht sagen".
3.280.7.1	4	Wie unterscheidet sich denn blau von rot?
3.280.8.1		Wir meinen doch nicht, daß das eine die, das andere jene Eigenschaften hat. Übrigens sind Eigenschaften von Blau und Rot, daß dieser Körper (oder Ort) blau, jener rot ist.
3.280.9.1	5	Auf die Frage „welcher Unterschied ist denn zwischen blau und rot" möchte man antworten: das eine ist blau, das andre rot. Aber das heißt natürlich nichts und man denkt hier in Wirklichkeit an den Unterschied der Flächen oder Örter, die diese Farben haben. Sonst nämlich hat die Frage überhaupt keinen Sinn.
	6	Vergleiche dagegen: Wie unterscheidet sich Orange von Rosa? Das eine ist eine Mischung von Gelb und Rot, das andre von Weiß und Rot. Und man kann dem entsprechend sagen: Blau entsteht aus Purpur, indem dieses immer bläulicher wird, Rot, wenn es immer rötlicher wird.
3.280.10.1	7	Was ich sage heißt also: Rot kann man nicht beschreiben. Aber kann man es denn nicht malerisch darstellen, indem man etwas rot malt?
3.280.11.1	8	Nein, das ist keine malerische Darstellung der Bedeutung des Wortes ‚rot' (die gibt es nicht).
3.280.11.2		Das Porträt von Rot.
3.281.1.1	9	Aber jedenfalls ist es doch nicht Zufall, daß man zur Erklärung der Bedeutung des Wortes ‚rot' naturgemäß auf einen roten Gegenstand zeigt!
3.281.2.1	10	(Was daran natürlich ist, ist in diesem Satze dargestellt durch das zweimalige Vorkommen/Auftreten/ des Wortes ‚rot'.)
	11	Und zu sagen Blau liege auf der bläulichen Seite von Blaurot und Rot auf der rötlichen, ist ein Satz der Grammatik und ist also einer Definition verwandt. Und man kann ja auch sagen: bläulicher = dem Blau ähnlicher.

4.57.2.1 1 „Wer die Farbe Grün einen Gegenstand nennt, muß sagen, daß dieser Gegenstand im Symbolismus vorkommt. Denn sonst wäre der Sinn des Symbolismus, also daß es ein Symbolismus ist, nicht gewährleistet."
Aber was ist damit von Grün oder dem Wort „Grün" ausgesagt? ((Dieser Satz bezieht sich auf eine bestimmte Auffassung der Beziehung des Bedeutens und auf eine bestimmte Fragestellung, diese Beziehung betreffend.))

Appendix 2

Unendlich lang.

5.101.1.1   1   Wenn man vom Begriff ‚Unendlichkeit' redet, muß man sich daran erinnern, daß dieses Wort viele verschiedene Bedeutungen hat, und daran, von welcher wir jetzt gerade reden. Ob z.B. von der Unendlichkeit einer Zahlenreihe und der Kardinalzahlen insbesondere. Wenn ich z.B. sage: ‚unendlich' sei eine Charakteristik einer Regel, so beziehe ich mich auf eine bestimmte Bedeutung des Worts. Wir könnten aber sehr wohl sagen, ein kontinuierlicher Farbenübergang sei ein Übergang „durch unendlich viele Stufen", wenn wir nur nicht vergessen, daß wir hier die Bedeutung des Ausdrucks „unendlich viele Stufen" durch die Erfahrung des Farbenübergangs neu definieren. (Wenn auch nach Analogie mit anderen Gebrauchsweisen des Wortes „unendlich".)

5.105.2.1   2   Sehen wir einen kontinuierlichen Farbenübergang, eine kontinuierliche Bewegung, dann sehen wir keine Teile, keine Sprünge (nicht „unendlich viele"; außer, ich gebe diesem Ausdruck jetzt diese Bedeutung).

5.103.1.1   3   (Wenn man sagt, daß dieses Gebiet unseres Gegenstands außerordentlich schwer ist, so ist das insofern/insoweit/ nicht wahr, als nicht etwa von außerordentlich schwer vorstellbaren oder komplizierten Dingen die Rede ist, sondern nur insofern, als es außerordentlich schwer ist, an den unzähligen Fallen, die hier in der Sprache für uns aufgestellt sind, vorbeizukommen.)

4.222.1.1   4   »Ich sagte einmal, es gäbe keine extensive Unendlichkeit. Ramsey sagte darauf: „Kann man sich nicht vorstellen, daß ein Mensch ewig lebt, d.h. einfach, nie stirbt, und ist das nicht extensive Unendlichkeit?" – Ich kann mir doch gewiß denken, daß ein Rad sich dreht und nie stehen bleibt.« Welches seltsame Argument: „ich kann es mir denken"! Überlegen wir (uns)?, welche Erfahrung wir als Bestätigung oder Beweis dafür betrachten würden, daß das Rad nie aufhören wird sich zu drehen. Vergleichen wir diese Erfahrung mit der, welche uns lehrt, daß das Rad einen Tag, ein Jahr, 10 Jahre lang, sich dreht und wir werden einfach den Unterschied der Grammatik der Aussagen „.... bleibt nie stehn" und „.... bleibt in 100 Jahren stehn" erkennen. Denken wir an die Art der Evidenz, welche man für die Behauptung anführen könnte, daß zwei Himmelskörper sich ohne aufzuhören um einander drehen. Denken wir an das Gesetz der Trägheit, und daran, wie es bestätigt wird.

4.223.1.1 1 »Angenommen wir wanderten auf einer Geraden in den euklidischen Raum hinaus und begegneten alle 10m eine eiserne Kugel ad inf..« Wieder: Welcherlei Erfahrung würde ich als Bestätigung hiefür ansehen und welche anderseits dafür, daß 10000 Kugeln in einer Reihe vorhanden sind? – Eine Bestätigung der ersten Art wäre etwa folgende: Ich beobachte die schwingende Bewegung eines Körpers. Experimente haben mich gelehrt, daß dieser Körper durch eiserne Kugeln nach einem bestimmten Gesetz angezogen wird; die Annahme von 100 solchen Kugeln in einer Reihe in bestimmter Lage zum Testkörper erklärt, unter der Annahme jenes Anziehungsgesetzes, das beobachtete (oder angenommene) Verhalten annähernd; je mehr Kugeln wir aber in der Reihe annehmen, um so genauer entspricht das errechnete Resultat dem beobachteten. Es hat dann Sinn zu sagen, die Erfahrung bestätige die Annahme einer unendlichen Reihe von Kugeln. Aber so verschieden diese Erfahrung vom Sehen einer Anzahl von Kugeln ist, so verschieden ist der Sinn der Zahlangabe von der, einer „unendlichen Zahl".

4.223.2.1 2 »Die bloß negative Beschreibung des nicht-Aufhörens kann keine positive Unendlichkeit liefern.« Bei dem Ausdruck „positive Unendlichkeit" dachte ich natürlich an eine zählbare (= endliche) Menge von Dingen (Stühle in diesem Zimmer) und wollte sagen, das Vorhandensein der kolossalen Anzahl solcher Dinge könne aus dem, was uns das nicht-Aufhören anzeigt, nicht geschlossen werden. Ich mache also hier den seltsamen Fehler in der Form meiner Aussage, eine Tatsache zu leugnen, statt zu leugnen, daß ein bestimmter Satz Sinn hat, oder richtiger, zu zeigen, daß zwei ähnlich klingende Angaben verschiedene Grammatik haben.

5.78.2.1 3 Welche seltsame Frage: „kann man sich eine endlose Baumreihe denken?"! Wenn man von einer ‚endlosen Baumreihe' spricht, so wird doch, was man meint, mit den Erfahrungen zusammenhängen, die man „das Sehen einer Baumreihe", „das Zählen einer Baumreihe", „das Messen einer Baumreihe", etc. nennt. „Können wir uns eine unendliche Baumreihe denken"! Gewiß, wenn wir festgesetzt haben, was darunter zu verstehen ist; d.h.: wenn wir diesen Begriff mit all dem in Verbindung gebracht haben, mit den Erfahrungen, die für uns den Begriff der Baumreihe bestimmen.

5.78.2.2 Was ist das Kriterium in der Erfahrung, dafür daß eine Baumreihe unendlich ist? denn daraus werde ich sehen, wie diese Aussage zu verstehen ist. Oder gibst Du mir kein solches Kriterium, – was fange ich dann mit dem Begriff „unendliche Baumreihe" an? Was hat dieser Begriff etwa mit dem zu tun, was ich sonst eine Baumreihe nenne? Oder meintest Du am Ende doch nur: eine ungeheuer lange Baumreihe?!

5.78.3.1 1 „Aber wir kennen doch eine Erfahrung, wenn wir eine Baumreihe entlang gehen, die wir das Aufhören der Reihe nennen können. Nun, eine endlose Baumreihe ist eine solche, an der wir diese Erfahrung nie machen". – Aber was bedeutet hier „nie"? Ich kenne eine Erfahrung, die ich mit den Worten beschreibe: „er hat in dieser Stunde nie gehustet", oder „er hat in seinem Leben nie gelacht". Von einer entsprechenden /analogen/ Erfahrung kann nicht gesprochen werden, wenn sich das „nie" nicht auf ein Zeitintervall bezieht. Die Analogie läßt uns also hier wieder im Stich und ich muß von neuem untersuchen, wie das Wort „nie" in diesem Falle sinnvoll verwendet werden kann. – Solche Verwendungen lassen sich nun allerdings finden, aber sie sind eben eigens auf ihre Regeln zu untersuchen. Es kann z.B. der Satz, daß eine Baumreihe unendlich lang ist (oder der, daß wir nie zu einem Ende kommen werden), ein Naturgesetz von der Art des Trägheitsgesetzes sein, das ja sagt, ein Körper bewege sich unter bestimmten Umständen mit konstanter Geschwindigkeit in einer Geraden; und hier könnte ja auch gesagt werden, die Bewegung werde unter diesen Umständen nie enden. Fragt man nach der Verifikation so eines Satzes, so kann man vor allem sagen, daß er falsifiziert wird, wenn die Bewegung (die Baumreihe) zu einem Ende kommt. Von einer Verifikation kann hier keine Rede sein, und das heißt, daß wir es mit einer grundverschiedenen Art von Satz (oder mit einem Satz in einem andern Sinn dieses Wortes) zu tun haben. Ich will natürlich nicht sagen, daß dies die einzige sinnvolle Verwendung des Ausdrucks „unendliche Baumreihe", oder des Wortes „nie" (in alle Ewigkeit) sei. Aber jede dieser Verwendungen muß eigens beschrieben/untersucht/ werden und hat ihre eigenen Gesetze. Es nützt uns nichts, daß wir eine Redeform fertig in unserer gewöhnlichen Sprache vorfinden, weil diese Sprache jedes ihrer Wörter in den verschiedensten Bedeutungen gebraucht, und, daß wir den Gebrauch des Wortes in einem Fall verstehn, erspart uns nicht die Untersuchung seiner Grammatik in einem andern. So meinen wir etwa: „es ist doch gewiß möglich, sich ein unendlich langes Leben vorzustellen, denn unendlich lang lebt der, der einfach nie stirbt". Aber der Gebrauch des Wortes „nie" ist eben gar nicht so einfach.

5.79.1.1 1 Reden wir nun von einem endlosen Leben im Sinne einer Hypothese (vergl. Trägheitsgesetz) und, der es lebt, wählt nacheinander aus den Brüchen zwischen 1 und 2, 2 und 3, 3 und 4, etc. ad inf. einen beliebigen Bruch aus und schreibt ihn auf. Erhalten wir so eine „Selektion aus allen jenen Intervallen"? Nein, denn sein Wählen hat kein Ende. Es hat keinen Sinn, jemals von ihm zu sagen, er habe die Selektion beendet. Kann ich aber nicht sagen, daß doch alle Intervalle an die Reihe kommen müssen, da ich keines nennen kann, das nicht an die Reihe käme? Aber daraus, daß er jedes Intervall einmal erreichen wird, folgt doch nicht, daß er alle einmal erreicht haben wird. Denn, wenn wir das Wort „erreichen" so verwenden, daß „er etwas zu einer bestimmten Zeit erreicht" (d.h. in diesem grammatischen Zusammenhang), dann heißt, daß er „jedes Intervall einmal erreicht" etwa: daß er das erste nach der ersten Sekunde, das zweite nach der zweiten, das dritte nach der dritten erreicht, u.s.w. ad inf.. Es wird also hier ein Gesetz mit dem Ausdruck „u.s.w. ad inf." gegeben. Dann hieße aber, daß er alle Intervalle erreicht, daß er sie zu einer bestimmten Zeit erreicht, der Prozeß also zu einem Ende kommt, – was der ersten Annahme widerspricht. Folgert man also daraus, daß er jedes Intervall erreicht, daß er sie alle erreicht, so verwendet man das Wort „erreicht" das zweitemal in ganz anderer Weise!

5.80.0.2 „Denken wir uns aber nun einen Mann, der im Auswählen aus den Intervallen eine immer größere Übung bekäme, so daß er zur ersten Wahl eine Stunde, zur zweiten eine halbe, zur dritten ein Viertel brauchte, u.s.w. ad inf.. Dann würde der ja in zwei Stunden mit der ganzen Arbeit fertig!" Stellen wir uns einmal den Vorgang vor. Das Auswählen bestünde etwa im Aufschreiben des Bruches, also in einer Bewegung der Hand. Diese Bewegung würde nun immer schneller; so schnell sie aber auch wird, so gibt es immer ein letztes Intervall, das in einer bestimmten Zeit von ihr erledigt wird. Die Überlegung unseres/des/ Einwands beruhte auf der Bildung der Summe $1 + \frac{1}{2} + \frac{1}{4} + \ldots$, aber die ist ja ein Grenzwert von Summen und keine Summe, in dem Sinne dieses Wortes, in welchem z.B. $1 + \frac{1}{2} + \frac{1}{4}$ eine Summe ist. Wenn ich sagte „er braucht eine Stunde zur ersten Wahl, eine halbe Stunde zur zweiten, ein Viertel zur dritten, u.s.w. ad inf.", so hat diese Angabe nur so lange Sinn, als ich nicht nach der Geschwindigkeit des Wählens im Zeitpunkte $t = 2$ frage, denn für diesen ergibt unsere Rechnung keinen Wert (denn den Wert $c = \infty$ gibt es hier für uns nicht, da wir ihm keine Erfahrung zugeordnet haben). Für jeden Punkt vor $t = 2$ liefert mir mein Gesetz eine Geschwindigkeit, ist also soweit brauchbar und in Ordnung. Der Fehlschluß liegt also erst im Satz „dann würde er in zwei Stunden mit der Arbeit fertig". (Soweit man dies einen Fehlschluß nennen darf, da ja der Satz für diesen Fall sinnlos ist.)

5.80.1.1 1 Denken wir uns nun die Hypothese, jemand werde unter gewissen Umständen die Ziffern der Zahl π (etwa im Sechsersystem) würfeln. Diese Hypothese ist also ein Gesetz, mit dessen Hilfe ich für jeden Wurf die Zahl der geworfenen Augen ausrechnen kann. Wie aber, wenn wir die Hypothese dahin modifizierten, daß jemand unter gewissen Umständen nicht die Ziffern von π werfen werde! Sollte das nicht auch einen Sinn haben? Wie aber kann man je wissen, daß diese Hypothese richtig ist, da er ja zu jeder gegebenen Zeit π gemäß geworfen haben mag und die Hypothese dadurch doch nicht widerlegt ist. Aber das heißt doch eben, daß wir es hier mit einer andern Art von Hypothese zu tun haben; mit einer Satzart, für die in ihrer Grammatik keine Falsifikation vorgesehen ist. Und es steht mir frei, das „Satz", oder „Hypothese", oder ganz anders zu nennen, wenn ich will. (π ist kein Dezimalbruch/Bruch/, sondern ein Gesetz, nach welchem Brüche gebildet werden.)

5.81.1.1 2 Die Unendlichkeit der Zeit ist keine Ausdehnung.

5.81.2.1 3 Wenn wir fragen: „worin besteht die Unendlichkeit der Zeit", so wird man uns sagen: „darin, daß kein Tag der letzte ist, daß auf jeden Tag wieder ein Tag folgt". Hier werden wir aber wieder verleitet, die Sache durch eine Analogie falsch zu sehen. Wir vergleichen nämlich etwa die Folge der Tage mit der Folge von Ereignissen (in der Zeit) z.B. den Schlägen einer Uhr. Wir machen dann manchmal die Erfahrung, daß 4 Schlägen ein 5ter folgt. Hat es nun auch Sinn, von der Erfahrung zu reden, daß auf vier Tage ein fünfter folgt? Und kann man sagen: „siehst Du, ich habe es Dir vorhergesagt: es wird auf den vierten noch einer folgen"? (So gut könnte man sagen, es sei eine Erfahrung, daß auf den vierten gerade der fünfte folgt und kein andrer.) Wir reden hier aber nicht von der Vorhersage, es werde die Sonne nach dem vierten Tag sich so wie bisher bewegen; das ist eine echte Vorhersage. Nein, in unserm Fall handelt es sich nicht um eine Vorhersage, kein Ereignis wird prophezeit, sondern wir sagen etwa: daß es Sinn hat, in Bezug auf jeden Sonnenauf- und Untergang von einem nächsten zu sprechen. Denn die Bedeutung der Bezeichnung eines Zeitmaßes ist ja an ein Geschehnis gebunden: den Umlauf eines Zeigers, die Bewegung der Erde, etc. etc.; sagen wir aber „auf jede Stunde folgt eine nächste", und haben wir die Stunde etwa durch den Umlauf eines bestimmten Zeigers (als Paradigma) definiert, so wollen wir mit jeder Aussage dennoch (doch) nicht prophezeien, daß sich dieser Zeiger in alle Ewigkeit so weiterdrehen wird; – wir wollen aber sagen: daß er sich „immer so weiterdrehen kann"; und das ist eben eine Aussage über die Grammatik unserer Zeitbestimmungen.

5.82.3.1 4 Stellen wir uns vor, daß ein Mann, der unendlich lange Zeit gelebt hat, weil er nie geboren wurde, sagt: „Jetzt schreibe ich die letzte Ziffer von π hin, nämlich die 3 Einer". Er hatte an jedem Tag seines Lebens eine Ziffer hingeschrieben und niemals damit angefangen; jetzt ist er fertig geworden.

5.104.6.1	1	Man denkt, eine große Zahl sei dem Unendlichen doch näher als eine kleine. Das Unendliche konkurriert mit dem Endlichen nicht. ?Es ist das, was wesentlich kein Endliches ausschließt.?
5.104.6.2		Der Raum hat keine Ausdehnung, nur die räumlichen Gegenstände sind ausgedehnt. Die Unendlichkeit ist eine Eigenschaft des Raumes. (Und das zeigt, daß sie keine unendliche Ausdehnung ist.)
5.95.1.1	2	„A ist mein Ahne" das heißt: „A ist mein Vater, oder der Vater meines Vaters, oder der Vater des Vaters meines Vaters, oder u.s.w.". Wohl, aber dadurch haben wir nur ein Satzzeichen für ein anderes gesetzt, den Sinn aber noch nicht bestimmt, denn wir haben ihn ja nicht – wie es leicht scheint – auf den uns bekannten Sinn einer logischen Summe zurückgeführt. – Ich werde also weiter fragen: „Wie weiß man das, daß A ein Ahne des B ist?" denn das heißt: „in welchen Fällen will ich sagen, A sei ein Ahne des B", oder auch: „was verstehe ich unter einem ‚Ahnen des B'". Nenne ich so Jeden der eine bestimmte Eigenschaft hat, die unserer Erfahrung nach in der Familie des B erblich ist? Wenn das die Definition ist, so kann ich etwa von einem Menschen feststellen, daß er kein Ahne des B ist. Oder aber, ist der Satz so aufzufassen, daß es eine/die/ Feststellung, daß Einer kein Ahne des B ist, nicht gibt (daß diese Feststellung also in unserer Grammatik nicht vorgesehen wurde), sondern nur die, daß jemand Ahne des B ist: dann aber haben wir es mit einer ganz andern Satzart zu tun, als im ersten Fall. (Erinnere Dich übrigens daran, daß unter den Eigenschaften, die in der Familie des B erblich sind, natürlich nicht die sein darf ‚ein Ahne des B, oder B, zu sein' und vergleiche Russells Definition von „R$_*$".)
5.99.1.1	3	Damit, daß gesagt wird, daß aus der unendlichen Hypothese „(n) · (∃nx) φx" (wie ich sie, der Kürze wegen, jetzt schreiben will) jeder beliebige Satz (∃nx) φx folgt und sie selbst aus keinem logischen Produkt dieser Sätze, ist natürlich noch gar nichts über den weiteren Gebrauch dieses Spiels gesagt.
5.100.1.1	4	Vergleichen wir die Sätze: „ich richte meine Handlungsweise darauf ein, daß dieser Zustand noch 2 Jahre dauern wird" und „ich richte meine Handlungsweise/mich/ darauf ein, daß dieser Zustand ewig dauern wird". – Hat der Satz Sinn: „ich glaube (oder erwarte, oder hoffe), daß es die unendliche Zeit hindurch so bleiben wird"? –
5.100.1.2		Man kann sagen: „ich mache/treffe/ Vorbereitungen für die nächsten 3 Tage", oder 10 Jahre, etc., und auch „ich mache/treffe/ Vorbereitungen auf unbestimmte Zeit"; – aber auch: „auf unendliche Zeit"? Wenn ich „Vorbereitungen auf unbestimmte Zeit treffe", dann läßt sich gewiß ein Zeitraum angeben, für den ich jedenfalls keine Vorbereitungen mehr mache/treffe/. D.h., aus dem Satz „ich mache /treffe/ Vorbereitungen für unbestimmte Zeit" folgt nicht jeder beliebige Satz von der Form: „ich mache/treffe/ Vorbereitungen für n Jahre".
5.100.1.3		Denken wir gar an den Satz: „ich vermute, daß dieser Zustand ohne Ende andauern/so weitergehen/ wird"!

5.100.1.4 Oder an den komischen Klang der Widerlegung: „Du hast gesagt, dieses Uhrwerk werde immer so weitergehen, – nun, es steht jetzt schon". Wir fühlen, daß ja doch auch jede endliche Vorhersage einer zu langen Gangdauer durch die Tatsache widerlegt wäre, und die Widerlegung daher in irgend einem Sinn mit der Behauptung inkommensurabel sei. – Es ist nämlich Unsinn, zu sagen: „das Uhrwerk ist nicht unendlich weiter gelaufen, sondern nach 10 Jahren stehen geblieben" (oder, noch komischer: „...., sondern schon nach 10 Jahren stehen geblieben").

5.100.1.5 Wie seltsam, wenn man sagte: „Es gehört große Kühnheit dazu, etwas auf 100 Jahre vorauszusagen; – aber welche Kühnheit muß dazu gehören, um etwas auf unendliche Zeit vorauszusagen, wie es Newton im Trägheitsgesetz getan hat!"

5.100.1.6 „Ich glaube, das wird immer so weitergehen". – „Ist es nicht genug (for all practical purposes), wenn Du sagst, Du glaubst, es werde noch 10000 Jahre so weiter gehen?" – Wir müssen nämlich fragen: kann es Gründe zu diesem Glauben geben? Welches sind sie? Welches sind die Gründe zur Annahme, daß die Uhr noch 1000 Jahre lang weiter gehen wird; welches, die Gründe für die Annahme, daß sie noch 10000 Jahre gehen wird; – und welches nun die Gründe zur unendlichen Annahme?! – Das ist es ja, was den Satz „ich vermute, daß es endlos so weitergehen wird" so komisch macht; wir wollen fragen: warum vermutest Du das? Wir wollen nämlich sagen, daß es sinnlos ist zu sagen, man vermute das, – weil es/: weil es/ sinnlos ist, von Gründen so einer Vermutung zu reden.

5.101.0.7 Denken wir an den Satz: „dieser Komet wird sich in einer Parabel von der Gleichung .... bewegen". Wie wird dieser Satz gebraucht? Er kann nicht verifiziert werden; d.h.: wir haben keine Verifikation in seiner Grammatik für ihn vorgesehen (das heißt natürlich nicht, daß man nicht sagen kann, es sei wahr; denn „p ist wahr" sagt dasselbe wie „p"). Der Satz kann uns nun dazu bringen, bestimmte Beobachtungen zu machen. Aber für die hätte es immer auch eine endliche Vorhersage getan. Er wird auch gewisse Handlungen bestimmen. Z.B. könnte er uns davon abhalten, den Kometen an dem und dem Ort zu suchen. Aber auch dazu hätte eine endliche Angabe genügt. Die Unendlichkeit der Hypothese besteht nicht in ihrer Größe, sondern in ihrer Unabgeschlossenheit.

5.104.2.1 1 „Einmal wird die Welt untergehen": eine unendliche Hypothese.

5.104.5.1 2 Der Satz: daß einmal – in der unendlichen Zukunft – ein Ereignis (z.B. der Weltuntergang) eintreten werde, hat eine gewisse formale Ähnlichkeit mit dem, was wir Tautologie nennen.

UNENDLICHE MÖGLICHKEIT.

5.97.2.1   1   Verschiedene Verwendung des Wortes „können" in den Sätzen: „in dieser Richtung können 3 Dinge liegen" und „in dieser Richtung können unendlich viele Dinge liegen". Welchen Sinn, d.h. welche Grammatik, könnte nun so eine Ausdrucksweise haben? Man könnte z.B. sagen: „in der natürlichen Zahlenreihe 1, 2, 3, 4, ... können auf die „1" unendlich viele Ziffern folgen"; das heißt dasselbe wie: „die Operation +1 darf immer wieder (oder: ohne Ende) gebraucht werden. Wenn also z.B. Einer nach der Ziffer 100 die Ziffer 100 + 1 anschreibt, so hat er nach jener Regel das Recht dazu. Dagegen hat es hier keinen Sinn, zu sagen: „wenn es erlaubt ist unendlich viele Ziffern hinzuschreiben, so schreiben wir unendlich viele Ziffern hin (oder versuchen es)!" – Ich würde den, der das sagt, darauf hinweisen, daß „unendlichviele" nicht als Zahlwort gebraucht ist; daß es nicht in die Form „ich schreibe n Ziffern" statt dem n eingesetzt werden darf. Daß also, was ich erlaube, nicht ist, eine bestimmte Anzahl von Ziffern hinzuschreiben (nämlich eine Anzahl, die etwa „unendlichviele" hieße, denn so habe ich keine der Ziffern genannt), sondern: daß man in dem Anschreiben von Ziffern nach der gegebenen Regel soweit gehen darf, als man will, wie weit das auch sein mag. Ich darf dann natürlich auch nicht sagen: „ich kann in dem Anschreiben der Ziffern soweit gehn, als ich will, aber nicht bis zur Anzahl Unendlich", weil ja von so einer Ziffer „Unendlich" gar keine Rede ist (da ich keine solche eingeführt habe). „Es können .... unendlich viele Ziffern folgen" könnte also besser gesagt werden: „Es können .... unendlich Ziffern folgen". „Unendlich" wird hier also adverbial gebraucht.

5.98.0.2   Analog, wenn ich sage, eine Division erzeugt einen unendlichen Dezimalbruch, so gibt es nicht ein Resultat der Division, das „unendlicher Dezimalbruch" heißt, in dem Sinn, in welchem die Zahl 0·142 ein Resultat von 1 : 7 ist. Die Division liefert nicht als Endresultat eine Dezimalzahl, oder eine Anzahl von Dezimalzahlen – vielmehr kann man nicht von „ihrem Endresultat" reden; und sie liefert endlos Dezimalbrüche; nicht „einen endlosen Dezimalbruch". „Endlos" wird adverbial gebraucht.

5.98.0.3   Denken wir uns nun folgenden Fall: Ich hätte eine besondere Art Würfel konstruiert und würde nun voraussagen: „ich werde mit diesem Würfel die Stellen von π würfeln". Diese Aussage ist von anderer Form, als die scheinbar analoge: „ich werde mit diesem Würfel die ersten 10 Stellen von π würfeln". Denn im zweiten Fall gibt es einen Satz „ich werde in einer Stunde die ersten 10 Stellen von π gewürfelt haben", während dieser Satz unsinnig (nicht falsch) wird, wenn ich in ihm statt „die ersten 10 Stellen" „die Stellen" setze. Würde ich nun sagen: „es ist möglich, mit einem Würfel unendlich oft zu würfeln", so könnte das heißen „es ist jede beliebige Anzahl von Würfen möglich, denkbar" und nicht, es sei eine bestimmte Anzahl von Würfen denkbar, die „unendlich" hieße. „Unendlich oft" hieße „beliebig oft", und zu sagen: „wenn Du unendlich oft würfeln kannst, so tue es", hieße: „wenn Du beliebig oft werfen kannst, so tue es". (Diener: „Und wann pflegen der Herr Baron zu speisen?" – Neuer Reicher: „Ich speise, wann vornehme Herren speisen". – Diener: „Vornehme Herren speisen zu verschiedenen Zeiten". – N.R.: „So werde ich auch zu verschiedenen Zeiten speisen".) Im Satz „es ist jede beliebige Anzahl von Würfen möglich" kann „möglich" soviel heißen wie „logisch möglich" („denkbar") und dann ist der Satz/ist er/ eine Regel, kein Erfahrungssatz, und von analoger Art, wie die Regel: „auf 1 können endlos Ziffern folgen". Wir könnten ihn aber auch als einen Erfahrungssatz auffassen, eine Art Hypothese: dann aber wäre er die Art Hypothese, für welche keine Verifikation vorgesehen ist, aber eine Falsifikation, und er wäre also ein Satz von andrer Art (‚Satz' in einem andern Sinne) als der Erfahrungssatz: „es sind mit diesem Würfel 3 Würfe möglich". Dieser – im Gegensatz zu der Regel „es sind 3 Würfe denkbar" – würde etwa sagen: „der Würfel wird nach 3 Würfen noch brauchbar sein"; die Hypothese „es sind mit diesem Würfel unendlich viele Würfe möglich", würde sagen: „so oft man auch würfelt, dieser Würfel wird nicht abgenützt werden". Daß dies Sätze von verschiedener Art sind, sieht man sehr klar, wenn man an den unsinnigen Befehl „würfle unendlich oft" oder „würfle ad infinitum" denkt, im Gegensatz zum sinnvollen: „würfle 3 mal". Denn für den Befehl ist die Kontrolle seiner Ausführung wesentlich.

5.102.1.1   1   Wenn wir sagen möchten, die Unendlichkeit ist eine Eigenschaft der Möglichkeit, nicht der Wirklichkeit, oder: das Wort „unendlich" gehöre immer zum Wort „möglich", und dergleichen, – so kommt das darauf hinaus, zu sagen: das Wort „unendlich" sei immer ein Teil einer Regel.

5.102.1.2   Wir wehren uns gegen die Auffassung des Unendlichen, als einer ungeheuern Größe. (Die wir merkwürdigerweise ohne Schwierigkeit erfassen, während eine große endliche Zahl zu groß sein kann, um von uns hingeschrieben zu werden. Gleichsam, als könnten wir uns zwar durch die Reihe der endlichen Zahlen nicht durcharbeiten, aber wohl von außen herum zum Unendlichen gelangen.)

5.102.1.3   Denken wir uns, wir erzählten jemandem: „gestern kaufte ich mir ein Lineal mit unendlichem Krümmungsradius". Aber hier kommt doch das Wort „unendlich" in einer Beschreibung der Wirklichkeit vor. – Aber ich kann doch nie die Erfahrung haben, die mich berechtigte zu sagen, daß das Lineal wirklich den Radius unendlich hat, da der Radius 100^{100}km es gewiß auch schon tut. – Wohl, aber dann kann ich eben auch nicht die Erfahrung haben, die mich berechtigt, zu sagen, das Lineal sei gerade. Und die Worte „gerade" (oder ein andermal „parallel") und „unendlich" sind im gleichen Fall. Ich meine: Wenn das Wort „gerade", oder „parallel", oder „längengleich", etc. etc. in einem Erfahrungssatz/in einer Beschreibung der Wirklichkeit/ stehn darf, dann auch das Wort „unendlich".

5.102.1.4   „Unendlich ist nur die Möglichkeit" heißt: „unendlich' ist ein Zusatz zu ‚u.s.w.'". Und soweit es dies ist, gehört es in eine Regel, ein Gesetz. In die Beschreibung der Erfahrung gehört es nur soweit nicht, als man unter „Erfahrung, die einem Gesetz entspricht" eine endlose Reihe von Erfahrungen meint. – Das Wort „unendlich ist nur die Möglichkeit, nicht die Wirklichkeit" ist irreleitend. Man kann sagen: „unendlich ist hier nur die Möglichkeit". – Und man fragt mit Recht: Was ist denn an dieser Hypothese (vom Lauf des Kometen z.B.) unendlich? ist an dieser Annahme, an diesem Gedanken, etwas ungeheuer groß?!

5.102.1.5   Denken wir uns, die Fee im Märchen sagte: „Du wirst so viel Goldstücke erhalten, als Du Dir wünschst, aber Du darfst nur einmal wünschen". – Ist ihr Versprechen nicht erfüllt, wenn ich kriege, was ich mir wünsche? Und war meine Wahl nicht unbeschränkt? Wäre der Fall nicht ein anderer gewesen, wenn sie dem Betrag eine Grenze gesetzt hätte, – wie weit immer sie sie auch gezogen hätte?/.... sie die Grenze auch gezogen hätte?/

5.103.0.6   Kann ich nun nicht sagen: die Freiheit, die mir die Fee gelassen hat, war unendlich? Und ist damit nicht eine Wirklichkeit beschrieben? – Wenn nun Einer sagt: „Nein, die Freiheit der Wahl ist nur eine Möglichkeit", so vermengt er die Aussage: daß mir die Fee eine unendliche Freiheit gelassen hat, – welche/welches/ keine Regel der Grammatik ist –, mit der Regel, die mir erlaubt, in Übereinstimmung mit dem Versprechen der Fee eine beliebige Zahl von Goldstücken zu nennen.

5.103.0.7   Man könnte das auch so sagen: Wenn der Begriff der Unendlichkeit in der Beschreibung der Realität angewendet wird, so ist in solchen Beschreibungen nicht von ‚unendlichen Linealen' die Rede, sondern etwa von Linealen mit unendlichem Krümmungsradius; und nicht von ‚unendlich vielen Goldstücken', sondern etwa von der unendlichen Freiheit, die mir Einer läßt, mir Goldstücke zu wünschen.

5.103.0.8		Wenn wir sagen: „die Möglichkeit der Bildung von Dezimalstellen in der Division 1 : 3 ist unendlich", so stellen wir damit keine Naturtatsache fest, sondern geben eine Regel des Kalküls. Sage ich aber: „ich lasse Dir die unendliche Freiheit, so viele Stellen zu bilden, als Du willst, ich werde Dich nicht hindern", so stelle ich damit nicht die Regel eines Kalküls auf, sondern mache eine Vorhersage. „Ja, aber doch nur als Beschreibung einer Möglichkeit". – Nein, einer Wirklichkeit! aber natürlich nicht der von „unendlich vielen Stellen"; das wäre doch gerade der grammatische Fehler/der Unsinn/, den wir vermeiden müssen.
5.103.0.9		Und es bleibt natürlich in diesen Erfahrungssätzen „unendlich" die Eigenschaft einer Regel, wenn man es so ausdrücken will, und das heißt nichts anderes, als daß es auch hier durch „u.s.w. ad inf." wiedergegeben werden kann; und zugleich ist das auch alles, was damit gemeint ist, wenn man sagt: die Unendlichkeit sei ein Prädikat der Möglichkeit.
5.104.4.1	1	Angenommen, in einem Spiel lautete eine Spielregel: „Man schreibe einen Bruch auf, der zwischen 0 und 1 liegt"; – ist diese Regel nicht ganz verständlich? braucht hier eine Einschränkung gegeben zu werden? (Oder die Regel: „Man schreibe eine Zahl auf, die größer als 100 ist".)
2.262.2.1	2	Die Grammatik kann ihre Regeln nicht auf gut Glück allgemein aussprechen (d.h. sie offenlassen).
2.262.3.1 2.262.3.2	3	Denken wir uns ein Damespiel, in dem es erlaubt wäre, ein beliebig großes Brett zu verwenden, ich meine ein Brett mit einer beliebig großen Anzahl von Feldern (also 64, 81, 100, etc.). D.h. natürlich nicht „es ist erlaubt, ein Brett mit unendlich vielen Feldern zu verwenden". Wir könnten dieses Spiel nicht gut ein unendliches nennen.
2.262.4.1	4	Die Möglichkeit entspricht immer einer Erlaubnis in den grammatischen Spielregeln.
2.262.4.2		Denn, was man unendliche Möglichkeit nennt, entspricht etwas, was man eine unendliche Erlaubnis nennen könnte. Und das ist natürlich nicht die Erlaubnis, etwas Unendliches zu tun.
5.104.7.1	5	Die unendliche Teilbarkeit besteht darin, daß jede beliebige endliche Anzahl von Teilen denkbar ist (aber keine unendliche).
5.105.1.1	6	Wenn man sagt: „der Raum ist unendlich teilbar", so heißt das eigentlich: der Raum besteht nicht aus einzelnen Dingen (Teilen). Die unendliche Teilbarkeit bedeutet in gewissem Sinne, daß der Raum nicht teilbar ist, daß eine Teilung ihn nicht tangiert. Daß er damit nichts zu tun hat: Er besteht nicht aus Teilen. Er sagt gleichsam zur Realität: Du kannst in mir machen, was Du willst. (Du kannst in mir so oft geteilt sein, als Du willst.)
5.105.1.2		Der Raum gibt der Wirklichkeit eine unendliche Gelegenheit der Teilung.
5.105.1.3	7	(Und darum steht in der ersten Klammer vom „(n) · (∃nx) φx" nur ein Buchstabe. Offenbar nur eine Gelegenheit, nichts anderes. – Wir denken zu wenig daran, daß das Zeichen wirklich nicht mehr bedeuten kann, als es ist./als wir es bedeuten lassen./)

4.236.2.1	1	»Die Zeit erscheint uns essentiell als **unendliche** Möglichkeit. Und zwar, offenbar, unendlich nach dem, was wir über ihre Struktur wissen.« D.h. unendlich, nach ihrer Grammatik.
3.10.3.1	2	Die Grammatik ist nicht unendlich kompliziert, weil sie die endlose Bildung von Zahlzeichen zuläßt.
4.25.1.1	3	Es muß, um die unendliche Möglichkeit zu erklären, genug sein, auf die Züge des Zeichens hinzuweisen, die uns eben zur Annahme dieser unendlichen Möglichkeit führen, besser: aus denen wir diese unendliche Möglichkeit ersehen. Das heißt (nur), das Tatsächliche des Zeichens muß genügen, und nicht die Möglichkeiten des Zeichens in Betracht kommen, die sich nur wieder in einer Beschreibung von Zeichen zeigen könnten. Es muß also in dem Zeichen „$\mid 1, \xi, \xi+1 \mid$" – dem Ausdruck der Bildungsregel – schon alles enthalten sein. Ich darf mit der unendlichen Möglichkeit nicht wieder ein mythisches Element in die Logik/Grammatik/ einführen. Beschreibt man den Vorgang der Division $1\dot{0}:3 = 0\dot{3}$, der zu dem Quotienten $0\dot{3}$ und dem Rest 1 führt, so muß in dieser Beschreibung schon die unendliche Möglichkeit der Fortsetzung mit immer dem gleichen Erfolg liegen, denn etwas Anderes ist uns ja nicht gegeben, wenn wir sehen, „daß es immer so weiter gehen muß".
4.25.1.2		Und wenn wir die „unendliche Möglichkeit der Fortsetzung sehen", so können wir doch nichts sehen, was nicht beschrieben ist, wenn wir eben das Zeichen beschreiben, was wir sehen.

APPENDIX 3

GLEICHUNGEN UND UNGLEICHUNGEN SIND
FESTSETZUNGEN ODER DIE FOLGEN VON FESTSETZUNGEN.

2.239.1.1	1	Eine Ungleichung, wie eine Gleichung muß entweder das Resultat einer Ausrechnung, oder eine Festsetzung sein.
2.239.2.1	2	So wie die Gleichungen als Zeichenregeln, im Gegensatz zu Sätzen, aufgefaßt werden können, so muß es auch bei den Ungleichungen geschehen können.
2.239.4.1	3	Die Verneinung der Gleichung ist so ähnlich der Verneinung eines Satzes und so verschieden von ihr, wie die Bejahung der Gleichung und die Bejahung eines Satzes.
2.239.8.1 2.239.8.2	4	Ein mathematischer Satz kann nur eine Festsetzung sein, oder ein nach einer bestimmten Methode aus Festsetzungen errechnetes Resultat. Und das muß für „9 ist durch 3 teilbar" oder „9 ist durch 3 nicht teilbar" gelten.
2.239.9.1	5	Wie errechnet man $2 \times 2 \neq 5$?
2.241.3.1	6	Wesentlich ist vielleicht nur, daß man einsieht, daß, was sich durch Ungleichungen ausdrückt, wesentlich, d.h. formell verschieden ist von dem durch Gleichungen Ausgedrückten. Und so kann man ein Gesetz, das die Stellen eines Dezimalbruchs liefert und mit Ungleichungen arbeitet, gar nicht unmittelbar mit einem vergleichen, welches mit Gleichungen arbeitet. Wir haben hier ganz verschiedene Methoden vor uns, und daher verschiedene Arten arithmetischer Gebilde.
2.241.4.1	7	D.h. man kann nicht in der Arithmetik Gleichungen und etwas Anderes (etwa Ungleichungen) ohne weiteres auf eine Stufe stellen, als wären es etwa verschiedene Tiergattungen. Sondern die beiden Methoden werden dann kategorisch verschieden sein und miteinander unvergleichbare Gebilde bestimmen (definieren).
4.104.4.1	8	Welche Gleichung, etwa, von der Form abc... × cde... = ghi... ist richtig, welche falsch?

4.104.5.1 4.104.5.2	9	Ja, kann man von dem Schriftzeichen (überhaupt) sagen, es sei richtig (oder falsch)?
		     Das nämlich hängt mit dem Sinn der Antwort zusammen: „richtig ist die Gleichung, die man nach den Regeln erzeugen kann" im Gegensatz zu der: „richtig ist die Gleichung, die man nach den Regeln erzeugt hat".
		     Was ist das Kriterium dafür, daß man die Gleichung nach den Regeln erzeugen kann?

4.104.6.1	10	Das ist klar, daß die Position (Gleichung) nur im System, worin sie erzeugt werden kann, richtig oder falsch ist.

2.264.3.1 1 $((1)+1) \stackrel{\text{Def}}{=} 2$, $((((1)+1)+1)+1) \stackrel{\text{Def}}{=} 4$, $a+(b+1) \stackrel{\text{Def}}{=} (a+b)+1$,

$2+2 \stackrel{\text{I}}{=} ((1)+1)+((1)+1) \stackrel{\text{II}}{=} (((1)+1)+1)+1 \stackrel{\text{III}}{=} 4 \quad \therefore 2+2=4$

Dasjenige, was $2+2=4$ bedeutungsvoll macht, das also, was macht, daß $2+2=4$ richtig und $2+2=5$ falsch ist und nicht zwei gleichberechtigte Festsetzungen, ist die Beweisbarkeit von $2+2=4$, und nur sie. Daß also $((1)+1)+((1)+1) = (((1)+1)+1)+1$ zu dem allgemeinen System $a+(b+1) = (a+b)+1$ gehört.

2.264.4.1 2   Ohne diese Beweisbarkeit wäre $2+2=4$ eine willkürliche Zeichenregel und von richtig oder falsch bei ihr nicht die Rede. Die Demonstrabilität macht die Gleichung zu etwas, was sich mit einem Satz vergleichen läßt.

2.264.5.1 3   „$a+(b+1) = (a+b)+1$" eine Definition zu nennen, ist eigentlich schon ein Fehler, denn es ist eine Zeichenregel ganz anderer Art als z.B. $(1)+1=2$.

2.264.6.1 4   Man könnte nun fragen: Welche Bedeutung hat $2+2=4$? ist es nicht eine Zeichenregel? Wenn ja, so ist es willkürlich. Die Antwort ist, daß die Bedeutung von $2+2=4$ nicht in ihm selbst, sondern in seiner Beweisbarkeit, das heißt in seiner Beziehung zu anderen Zeichenregeln liegt, also in seiner/der/ Zugehörigkeit zu einem System. D.h. also, daß jener Beweis (ebenso) interne Beziehungen zwischen 2 und 4 aufzeigt, wie der Beweis, daß $p \supset q \cdot p \cdot \supset \cdot q$ eine Tautologie ist, interne Beziehungen zwischen $p \supset q \cdot p$ und q zeigt.

2.264.9.1 5   Eine Gleichung gewinnt erst in einem Kalkül mathematische Bedeutung.

2.265.1.1 6   So ist „$\lim_{n \to \infty} \frac{1}{n} = 0$" eine willkürliche Ersetzungsregel, solange der Ausdruck „lim etc." nicht in einem Limes-Kalkül steht.

2.330.4.1 7   Eine Ungleichung ist so gut eine syntaktische Regel wie eine Gleichung. Die Analogie der Wahrheitsfunktionen in Verbindung mit Gleichungen mit den Wahrheitsfunktionen der Sätze ist eine vollständige – d.h. die geltenden Regeln sind in beiden Fällen dieselben – nur daß eben die Gleichungen keine Sätze sind.

2.330.4.2   (Wir haben ja in den Wahrheitsfunktionen auf Hypothesen angewendet ein weiteres Beispiel solcher Analogien.)

2.332.1.1 8   Ist es nicht klar: die Sätze der reinen Mathematik können nur als Zeichenregeln angewendet werden./können in ihrer Anwendung nur Zeichenregeln sein./ (Nur Bedingungen des Sinns.)

2.332.2.1 1 Auch „3 + 4 < 9" ist keine Mitteilung – wie etwa, daß eine gewisse Strecke länger ist als 9 Meter (ein Haus höher als 9m). – Es ist nach dem, was wir unter „3", „4" und „9" verstehen, selbstverständlich (d.h. beweisbar). Wir sehen es aber damit immer noch so wie den Fall des Hauses an, nur daß es sich etwa dort um etwas weniger Selbstverständliches handelt. Aber er ist überhaupt mit dem des Satzes unvergleichbar. – Wenn ich zuerst sagte „es ist selbstverständlich", so heißt das, es ist hier nicht von einem Satz die Rede, sondern von einer Zeichenregel, die übrigens aus einer allgemeinen Regel folgt.

2.332.2.2 Immer wieder drängt es uns zum Vergleich von „3 + 4 < 9" mit einem Satz „wenn man diese beiden Stäbe aneinander legt, so reichen sie noch nicht bis dahinauf". Und das ist selbst auf den Fall

$$\underbrace{\overbrace{1\ 2\ 3\ 4\ 5\ 6\ 7\ 8\ 9}^{c}}_{\underbrace{1\ 2\ 3}_{a}\ \underbrace{1\ 2\ 3\ 4}_{b}}$$

der Strecken a, b, c anzuwenden. Aber dieser Satz über die Strecken a, b, c ist eben nicht der arithmetische. Dieser ist vielmehr entweder der Ausdruck einer bloßen/reinen/ Willkür, – daß wir das Zeichen „9" in der oberen Reihe erst an eine so späte Stelle gesetzt haben, oder, wenn dies so angenommen ist, selbstverständlich. Wäre „3 + 4 < 9" nicht eine willkürliche Festsetzung oder die Folge aus einer Festsetzung, so ginge es die Arithmetik nichts an. – Warum man es manchmal gern eine Tautologie nennen möchte (die es in meinem Sinne nicht ist) ist eben, weil man sagen möchte „ja, wenn Du das festsetzt, dann ist es ja selbstverständlich". ((Ich schreibe Paraphrasen über logische Erkenntnisse.))

2.333.1.1 2 Der arithmetische Satz sagt nämlich nicht, daß man in einer Ziffernreihe durch Anlegen von 1 2 3 und 1 2 3 4 nicht bis zum Zeichen „9" kommt, sondern er steht dafür, daß es in der Reihe 1 2 3 4 5 6 7 8 9 nicht geschieht. Diese Reihe ist im arithmetischen Satz präsupponiert und er ist daher keine Beschreibung von außen dieser Reihe. – Man könnte es auch so sagen: Es ist ein Satz: „der Stab a und der Stab b sind aneinandergereiht kürzer, als der Stab c; oder der Stab a ist 3m lang, b 4m und c 9m". Aber ich kann nicht sagen, daß die Länge des längeren Stabes länger ist als die des kürzeren./Aber von den Längen kann ich nicht aussagen, daß die Länge des längern Stabes .....//Aber ich kann nicht sagen, daß die Länge 9m länger ist, als die Längen 4m + 3m./4m und 3m zusammen.// Diese Längen sind etwas, was ich von den Stäben mit Recht oder Unrecht aussage, um zu zeigen, daß sie, die Stäbe, in gewissen Verhältnissen zueinander stehen, aber dazu muß der Sinn dieser Längenangaben schon fixiert sein und kann nicht erst durch einen Satz noch behauptet werden.

2.333.1.2 Oder: Die Angabe, daß a 3m, b 4m, c 9m lang ist, ist eben die, durch welche ich zeige daß, c länger ist als a und b zusammen. Ein Satz, der sagte, daß 3m und 4m < 9m entspräche einem Satz, der sagte, daß länger ist als kürzer (oder groß > klein").

2.333.1.3 Ein solcher Ausdruck entspräche vielmehr dem, was festzusetzen ist, ehe überhaupt etwas gesagt werden kann.

2.333.1.4 „3 + 4 < 9" gehört eben auch zum „Spiel" und ist eine Stellung der Figuren, die nur mit den allgemeinen Regeln übereinstimmen kann, oder nicht.

2.333.1.5 Länger und kürzer sind eine externe Eigenschaft der Stäbe, aber eine interne der Längen. (Sie durch einen Satz auszudrücken hieße etwa, die Bedeutung eines Wortes durch einen Satz, worin das Wort steht, aussprechen zu wollen.)

Appendix 4

Allgemeinheit einer Demonstration.

4.28.7.1	1	Es ist, als gäbe es eine allgemeine Auffassung des Zeichens (etwa eines Dreiecks in der geometrischen Konstruktion etc.).
4.28.2.3 4.28.3.1	2	Von dem Gebrauch des allgemeinen Dreiecks gelten dann andere Regeln als von dem, des speziellen. (Man sagt: „auf die Größe dieses Dreiecks kommt es hier nicht an".)
2.236.1.1	3	Allgemeinheit der euklidischen Beweise. Man sagt, die Demonstration wird an einem Dreieck durchgeführt, der Beweis gilt aber für alle Dreiecke – oder für jedes beliebige Dreieck. Erstens ist es sonderbar, daß, was für ein Dreieck gilt, darum für alle andern gelten sollte. Es wäre doch nicht möglich, daß ein Arzt einen Menschen untersucht und nun schließt, daß, was er bei diesem konstatiert, auch für alle andern wahr sein muß. Und wenn ich nun die Winkel in einem Dreieck messe und addiere, so kann ich auch wirklich nicht schließen, daß die Winkelsumme nun bei jedem andern Dreieck ebensogroß sein wird. Es ist ja klar, daß der euklidische Beweis nichts über eine Gesamtheit von Dreiecken aussagen kann. Ein Beweis kann nicht über sich selbst hinausgehen.
2.236.1.2		Die Konstruktion des Beweises ist aber wieder kein Experiment, und wäre sie es, so könnte das Resultat nichts für andere Fälle beweisen. Es ist darum auch gar nicht nötig, die Konstruktion mit Papier und Bleistift wirklich auszuführen, sondern die Beschreibung der Konstruktion muß genügen, um aus ihr alles Wesentliche zu ersehen. (Die Beschreibung eines Experiments genügt nicht, um aus ihr das Resultat des Experiments zu entnehmen, sondern das Experiment muß wirklich ausgeführt werden.) Die Konstruktion im euklidischen Beweis ist genau analog dem Beweis, daß $2 + 2 = 4$ mittels der Russischen Rechenmaschine.
2.249.8.1	4	Die Figur ist ein Zeichen, und nicht das Bezeichnete oder ein ungenaues Bild des Bezeichneten.
4.194.2.1	5	Wenn wir einen geometrischen Beweis mit Zirkel und Lineal führen, so bedienen wir uns eines Symbolismus mit kontinuierlichen Symbolen.
2.245.3.1	6	Wenn Einer gegen eine Euklidische Demonstration mit Lineal und Zirkel einwenden würde „ja, das sehe ich schon, daß es in diesem Falle stimmt, aber die Frage ist, ob es in allen andern Fällen stimmt", so müßten wir ihm antworten: „es stimmt ja garnicht in diesem Fall". – Und es wäre, wie schon gesagt, dasselbe, als wollte Einer zu der Demonstration, daß $p \supset q \cdot p .\supset. q$ tautologisch ist, sagen „ja, für die Buchstaben p und q stimmt es allerdings, aber gilt es allgemein?"

2.250.3.1	1	Man könnte glauben, daß sich die Allgemeingültigkeit der Figur durch Sätze rechtfertigen läßt, wie: Jedes solche Dreieck muß doch gleiche Seiten haben, weil es die Radien in einem Kreis sind und darum müssen bei jedem diese Winkel gleich sein, etc., etc.. Aber das ist wirklich **keine** Rechtfertigung. Denn was bedeuten hier Worte wie „**jedes**", etc.? Wir haben es hier nur scheinbar mit logischen Schlüssen zu tun.
2.250.3.2		(Dann folgt immer wieder der Gedanke – den ich freilich nie für eine Lösung, sondern immer nur für einen Schein gehalten habe – daß der Beweis ja gar nicht von einem Zentriwinkel, einem Kreis, etc. handelt, sondern von Kreisförmigkeit, dem Begriff Zentriwinkel, etc. Freilich ist auch an diesem Schein etwas Wahres.)
2.258.1.1	2	Die Allgemeinheit der Variablen in der Logik ist die Allgemeinheit der Demonstration. Sie besteht darin, daß die Tatsache, daß $p \supset p$ eine Tautologie ist, an einem beliebigen **speziellen** Fall **allgemeingültig demonstriert** wird. D.h., aus der Demonstration des besonderen Falles ersehe ich tatsächlich (wie immer sie gemeint war) alles, was ich in der Logik brauche. D.h., die Demonstration erhält nicht dadurch ihre Allgemeinheit, daß sie so gemeint ist, sondern indem sie tatsächlich allgemein (d.h. allgemein gültig) demonstriert. D.h., die Allgemeinheit besteht hier in der Allgemeinheit der Anwendung. Und diese ist da, sozusagen ob man es will oder nicht, einfach durch die innere Relation des Einzelfalles zum Paradigma. – Man könnte dann sagen, eine Demonstration demonstriert so allgemein, als sie anwendbar ist. D.h., sie demonstriert allgemein durch den Raum in dem sie ist.
2.259.2.1	3	Es ist nichts Allgemeines in der Demonstration, sie ist durchaus besonders; aber ihre Anwendungsmöglichkeit enthält die Allgemeinheit. /ihre Anwendungsmöglichkeit ist allgemein./
2.259.3.1	4	Die Anwendungsmöglichkeit strahlt durch den Raum und trifft den Körper, den man in diesen Raum bringt. Man könnte die Lichtstrahlen allgemein nennen, weil sie jeden beliebigen Körper beleuchten, der sich ihnen in den Weg stellt. Aber die Lichtquelle allgemein zu nennen, wäre absurd.

2.260.1.1	1	Eine Demonstration demonstriert alles, was sie demonstriert. Ihr Bereich hängt nicht davon ab, wie sie gemeint ist, sondern nur von ihr. Wie ein Scheinwerfer sein Licht soweit schickt, als er es schickt, wieweit immer wir es zu schicken meinen.
2.260.2.1		Das ist der Unterschied zwischen einer Demonstration und einem Satz. In der Demonstration wird ja nichts gesagt, sondern etwas gezeigt. Und was der Bereich ihrer Anwendung ist, hängt also von ihr und ihrem Raum ab, aber nicht von uns.
2.260.3.1		Man könnte nämlich sagen: Die Demonstration ist doch garnicht allgemein, sondern durchaus besonders. Aber sie demonstriert ja eben etwas und das gilt so allgemein, als es gilt. (Das ist ja das Gute, daß, wo immer auch Anspielungen und Andeutungen etwas gelten mögen, in der Demonstration nur das zählt, was da ist. Sie ist in der Beziehung wie ein Experiment.)
2.260.4.1		Es gibt, z.B., Euklid die Anweisung zur Halbierung einer Strecke, indem er die Methode (an einem Beispiel) demonstriert. Nun, diese Anweisung gilt, soweit man sie anwenden kann.
2.260.4.2		Und könnte man sie in einem Fall nicht anwenden, so nützte es ihr nichts, daß sie für diesen Fall gemeint war.
2.260.6.1	2	Die Allgemeinheit der Demonstration ist nur der Raum um diese Demonstration. Die Anwendung auf einen besonderen Fall ist ein neuer Körper in diesem Raum.
3.110.4.1	3	Zu sagen „ja, die Demonstration dieses euklidischen Satzes mit Zirkel und Lineal überzeugt mich schon in diesem Fall, aber wie weiß ich, daß er auch in allen anderen Fällen stimmt", ist ganz ebenso, als wollte man sagen „ja, jetzt um 4 Uhr stimmt der Satz, aber wie weiß ich, ob er zu jeder andern Zeit stimmt". Wer das sagte, zeigte damit, daß er die Demonstration, ihr Wesen, ganz falsch verstanden hat.
3.110.4.2		Er hat sie etwa als Experiment verstanden/aufgefaßt/ und dann ist allerdings der zweite Einwand (so)? gültig, wie der erste.

Appendix 5

WIE KANN UNS EIN ALLGEMEINER BEWEIS DEN BESONDERN BEWEIS SCHENKEN?

4.64.4.1 1 Weil es sich in dem einen Fall so verhält – wie kann ich wissen, daß es sich in dem andern so verhält? Und ein ‚Sich so verhalten müssen' gibt es nicht. Ist es nicht so, so kann man auch nichts machen. Nur was von uns abhängt, können wir im Voraus bestimmen.

4.64.5.1 Man möchte wohl sagen: Die selbe Konstruktion ist ein Beweis des geometrischen Satzes für das bestimmte Dreieck; wir können sie aber auch allgemein meinen/auffassen/; oder: wir können an ihr auch einsehen, daß das, was für dieses Dreieck gilt, für jedes andre auch gelten muß. – Aber worin besteht dieses „meinen"/„auffassen"/ und das? „einsehen"? Die psychologischen Prozesse kümmern uns ja nicht. „Das Dreieck steht eben hier für irgend ein Dreieck". Aber worin besteht dieses „für etwas stehen"? Es handelt sich für uns eben wieder nur um den Ausdruck jener ‚Auffassung', d.h. den Ausdruck dessen, was wir auffassen oder einsehen und den Ausdruck dafür, daß das Dreieck nur für sich selbst oder für alle Dreiecke steht. Der Kalkül muß (wieder)? festgestellt werden.

4.64.6.1 Nicht seelische Vorgänge interessieren uns, sondern symbolische.

4.64.7.1 2 Der Beweis kann also nichts prophezeien.

4.65.1.1 3 Ist der Beweis, für A ausgeführt, auch der Beweis für B? so daß es ganz gleichgültig ist, in welchem Dreieck er gezeichnet ist. Und, wenn er also in beiden Dreiecken gezeichnet wäre, nur derselbe Beweis wiederholt wäre. Daß also das Zeichen des Beweises – der Beweis als Zeichen /Symbol/ – ebensogut aus der Konstruktion in A und dem Dreieck B bestehen könnte, wie aus diesem Dreieck und einer Konstruktion in ihm.

4.65.5.1 4 Wie macht mich der allgemeine Induktionsbeweis/Beweis/ sicher/gewiß/, daß der besondere das ergeben wird?

4.65.6.1 5 (Verachte nur nicht die simplen Kalküle, wie sie jedes Kind und jede Kaufmannsfrau benützt.)

4.65.7.1 6 |||||||||||||||| Dies muß auch ein vollkommen strenger Beweis des assoziativen Gesetzes sein.

4.65.8.1 7 Und hier kann man die beiden Fälle deutlich unterscheiden, von denen wir im geometrischen Beweis sprachen.

4.65.8.2 Denn die Figur kann als allgemeiner Beweis gelten, und auch nur als Beweis von $6 + (4 + 3) = (6 + 4) + 3$, und ich kann den Beweis von $3 + (7 + 2) = (3 + 7) + 2$ so hinschreiben: ||||||||||||||||...

Ich habe den Beweis nur oben ausgeführt (die Konstruktion gezeichnet).

4.66.1.1	1	Ein Kalkül ist nicht strenger, als ein anderer! Man muß nur die Grenzen eines jeden kennen.
4.66.1.2		Nur insofern kann man einen Kalkül unstreng nennen, als seine Regeln nicht klar formuliert sind.

4.66.3.1 2 ||||||||||||| Ich könnte oben die gleiche Konstruktion zeichnen/machen/ wie unten.

4.66.3.2 Genügt aber das als Beweis?! Ja, denn der Beweis besteht nun in der Beschreibung dessen, was ich zeichnen könnte. Und die Beschreibung eines Beweises ist ja (auch)? der Beweis. – Und nun muß ich ja das Zeichen

$$„(((1)+1)+1)+(((1)+1)+((((1)+1)+1)+1)) = (a+b)+c“$$
$$\underbrace{}_{a} \underbrace{}_{b} \underbrace{}_{c}$$

Schritt für Schritt/Stufe für Stufe/ durchgehen, um mich zu vergewissern, daß es nach diesem Plan gebaut ist. Dem Plan, für welchen/den/ der allgemeine Beweis gilt.

5.118.1.1 3 „Wie kommt es, daß ich diesen Satz (der Geometrie oder Arithmetik) nicht eigens beweisen muß, sondern, daß er durch den allgemeinen Beweis schon bewiesen ist?" Aber Du mußt ihn ja beweisen, – indem Du nämlich den besondern Satz hinschreibst, denn das Übrige ist nur, was allen Beweisen solcher Sätze gemeinsam ist. (Du mußt diesen euklidischen Satz für jedes Dreieck von neuem beweisen; nur besteht allerdings das Besondere dieses Beweises nur in der Zeichnung dieses Dreiecks, da das Übrige durch die allgemeine Form (den euklidischen Beweis) schon vorgesehen ist.)